现代物流新论

■ 陈建中　主　编
■ 陈　静　副主编

人民出版社

前　　言

　　进入 21 世纪以来，我国物流业总体规模快速增长，服务水平显著提高，物流基础设施条件逐步改善，发展环境明显好转，国家相继建立了推进物流业发展的综合协调机制，出台了支持现代物流业发展的规划和政策。2009 年 3 月 10 日，国务院发布了《物流业调整和振兴规划》。物流业作为十大产业振兴规划中唯一的服务产业，体现了国家对发展现代物流产业的高度重视。制定实施物流业调整和振兴规划，对于促进物流业自身发展和产业调整升级，服务和支撑其他产业结构调整，扩大消费，吸收就业，转变经济发展方式，增强国家综合经济竞争力，都有着重要作用和积极影响。

　　实现物流业的调整和振兴，加快物流产业发展方式转变，既是物流业自身产业结构调整和产业升级的需要，也是整个国民经济发展的客观要求。首先，经济全球化形成了生产全球化、物流全球化和销售全球化，必然要求作为生产要素的能源流、原材料流、商品流、信息流、技术流在全球自由流动和合理配置。加快发展现代物流业，能够实现资源优化配置，提高流通效率，降低物流成本，增强国民经济综合竞争力。其次，随着国际产业分工的变化，借助国际产业转移的机会，加快物流产业发展，完善物流服务体系，改善投资环境，吸引国际投资，能促进我国产业结构调整和转型升级，推动我国制造业和高新技术产业快速发展。再次，贸易全球化使得各国之间经济依赖性增强，货物贸易、服务贸易以及资金、技术与市场高度融合，形成相互依存、相互依赖的大流通、大贸易局面，必然要求加快培育国内大型物流服务企业走出国门，不断提高物流服务能力和国际竞争力。最后，随着我国经济规模的进一步扩大，居民消费水平将进一步提高，全社会商品零售额、货物运输量、对外贸易额将大幅度增长，工业品、农产品、能源及原材料等进出口商品规模会显著增加，必然对我国物流业服务能力与物流效率提出更高要求，因此调整和振兴物流产业，加快物流业现代化步伐，降低社会物流成本，对提高我国国民经济运行效率意义重大。

但是，我国物流业发展起步晚，水平低，总体来看还处在粗放型发展阶段，存在一些深层次矛盾与突出问题。如全社会物流运行效率低，成本居高不下；社会化物流需求不足和专业化物流供给能力不足问题同时存在；物流基础设施规划布局不合理，衔接不顺畅；物流信息化水平低，物流信息平台建设滞后，缺乏信息共享机制；未能建立高效便捷的综合交通运输体系，物流技术装备能力有待加强；地方封锁和行业垄断对资源整合与一体化运作形成障碍；物流服务的组织化和集约化程度不高等，凡此种种，严重影响了我国物流产业的发展。因此深入研究影响我国物流业发展的深层次矛盾，实施创新驱动战略，从理论与实践上探讨解决我国物流业发展的突出问题，是物流理论研究的重要任务。

党的十八大提出，要"实施创新驱动发展战略"，"着力增强创新驱动发展动力"，"适应国内外经济形势新变化，加快形成新的发展方式"。理论是实践的指导，创新驱动的一个重要方面首先是理论创新。改革开放三十多年来，物流理论研究对指导我国物流产业发展作出了重要贡献，但是总体来看，物流理论研究滞后于物流产业发展实践，许多深层次的问题得不到解决，主要是没有创新性的物流理论来指导物流业发展。由于缺乏创新性物流理论的指导，旧的矛盾没有解决，新的问题又不断出现，致使物流产业发展缓慢并滞后于我国市场经济体制改革。那么，当前物流理论研究都有哪些亟待解决的理论热点与实践问题呢？

1. **提高物流效率，降低物流成本，是当前及今后一个时期物流理论创新驱动的根本任务**。首先，工业品生产领域的物流成本过高。工业产品生产过程除了再加工和再生产时间外，全部是物流过程的时间。在工业品制造过程中，加工时间仅占 5％左右，而物流时间占到 90％以上，很大一部分生产成本是消耗在物流过程之中的，可见生产领域的物流对生产成本起着决定性作用。其次，农产品流通与物流费用居高不下。近年来我国农产品价格频繁出现大幅度波动、"卖难买难"现象，物流费用过高是一个不容忽视的因素。有数据显示，我国生鲜农产品的流通与物流费用约占总成本的 70％，比国际上高出 20 个百分点。农产品流通与物流成本居高不下已成为农业生产的制约因素。再次，我国物流总成本占的比率为 17.8％，而发达国家不到 10％。在物流总成本中有一个管理成本，美国、日本、德国只占 GDP 的 0.4％，而我国超过 2％，是发达国家的 5 倍。物流成本居高不下的根本原因是粗放式经营。降低物流成本，提高物流效率，已成为转变物流业发展方式，提高国民经济整体运行效率的重要理论问题之一。

2. **加快现代信息技术在物流领域广泛应用的集成创新与理论研究，提高物流信息化水平，是物流业创新驱动和提高运行效率的关键**。物流现代化关键是信息化，要增强物流产业资源整合，优化市场配置能力，提高运行效率，降低物流成本，都离不开物流信息化水平的提高，要把信息化建设作为现代物流业创新驱动的战略任务来抓。我国物流信息化建设处在起步阶段，其中企业物流信息化建设好于公共物流信息化建设。目前要鼓励物流领域信息技术的研发与集成创新，加快全国性、区域性以及城市物流公共信息平台建设，包括行业物流公共信息平台、综合运输信息平台、物流资源交易平台和大宗商品交易平台等。尽快制定物流信息技术标准和信息资源标准，建立全国性公路、铁路、航空、水路运输信息网络与货运服务公共信息系统，尽快形成物流与货运信息服务共享体系与机制。积极推广物联网、互联网、云计算、全球定位系统、地理信息系统、电子标签等技术在物流领域的应用，实现营销网、物流网、信息网的有机融合，提高各类物流信息资源的利用效率。加快构建商务、金融、税务、运输、海关、邮政、工商管理、质量检验检疫等物流管理与服务公共信息平台，扶持一批物流信息服务企业，全面提升物流信息化水平。

3. 构建全国统一、布局合理、渠道畅通、运行高效快捷的现代物流系统体系，是物流业创新驱动的难点之一。 物流系统是一项复杂的系统工程，涉及各个方面，包括物流区域规划系统、物流节点系统、物流基础设施系统、物流信息网络系统、物流通道系统、物流运载工具系统等。构建全国统一、高效的物流系统，就是要实现全国物流系统一盘棋，信息共享、渠道通畅、基础设施标准统一、运载系统无缝衔接，形成多层次、多序列、高效快捷的立体交叉物流网络结构，最终实现提高物流效率、降低物流成本的目标。这一复杂的系统工程，实现起来难度很大，需要物流业理论与实践的创新驱动。尽管《物流业调整和振兴规划》中也曾提出要优化物流业发展的区域布局，"根据市场需求、产业布局、商品流向、资源环境、交通条件、区域规划等因素，重点发展九大物流区域，建设十大物流通道和一批物流节点城市"，但由于历史原因与基础条件差等，要真正实现这一基本设想，确实存在一系列困难与问题，需要在物流理论研究与实践上进行探索，寻求解决的途径、方法与具体措施。

4. 发展绿色物流，减少碳排放，是未来物流业发展的方向与目标，也是物流理论创新驱动的重点。 我国是生产大国与消费大国，也是物流大国。提倡绿色物流，发展低碳经济，是物流业发展的一项长期任务。近年来，虽然有关绿色物流理论研究受到人们的普遍关注，但真正把绿色物流作为未来物流业发展的方向与战略任务，却还有很长的一段路要走。大力发展绿色物流，提倡绿色包装、绿色运输、绿色消费，减少碳排放，减少尾气污染，减少能源消耗，提高物流效率、效益与质量，是物流业持续发展与理论创新的重点。

5. 加快现代物流技术的研发与创新，完善物流标准化体系，提高物流装备现代化水平和物流标准化程度，是实现物流业高效运行的基础工程和重要举措，也是物流业创新驱动的重要一环。 我国物流设施、设备基础薄弱，物流技术装备落后，物流标准化体系不完善，严重影响了物流运行效率与效益。加强物流基础设施建设的衔接与协调，促进各种运输方式的配套与无缝衔接，使铁路、公路、港口码头、机场运输实现无缝对接，增强物流设施的系统性、兼容性，会大大提高物流资源的使用效率和物流运行效率。要积极开展物流新技术的研究、开发、设计与推广应用，大力推广集装技术、单元化装载技术、托盘化装载运输、厢式货车、甩挂运输等方式，推广网络化运输。完善物流标准化体系，加快制定、修订物流通用标准和重大基础标准的研究，提高物流标准化程度。完善物品编码体系，应用条形码、智能标签、无线射频识别（RFID）及电子数据交换（EDI）技术，发展可视化技术、货物跟踪技术和货物分拣技术，积极开发利用全球卫星定位系统（GNSS）、地理信息系统（GIS）、道路交通信息通信系统（VICS）、智能交通系统（ITS）等运输新技术，进一步加大研发与应用投入，真正实现物流全系统、全过程、全流程的无缝衔接，提高物流运行效率。

6. 深化物流管理体制改革，推广供应链管理模式，提高物流管理科学化水平，促进物流业转型发展，是物流理论创新驱动的一个重要方面。我国物流业成本高、效率低，与物流管理落后有很大关系。首先，体制性制约是一大障碍。物流管理体制不顺、政出多门，涉及商务部、发改委、工业和信息化部、交通部、农业部、邮政局、民航局、工商总局、质检总局等部门，经常出现推诿扯皮现象。其次，管理方式落后，未能实行供应链整合与管理。美国物流咨询公司的一项研究发现，企业以第三方物流规模效应取代自营物流，可节约成本5%；以第三方物流网络优势进行资源整合改进物流流程，可节约成本5%—10%；通过第三方物流实行供应链管理对物流流程进行重组，可节约成本10%—20%，可见实行供应链管理对提高物流效率效益的重要性。再次，由于管理体制不顺，存在地区封锁与行业垄断问题，出现市场分割，如城乡二元结构造成城乡市场分割，内外贸管理体制形成内外贸市场分割，条块管理形成条块市场分割，地方保护主义形成区域市场分割，阻碍了全国统一大市场、大流通的形成，增加了协调难度，加大了管理成本。物流理论创新驱动应深入探讨如何改革物流管理体制，建立政企分开、决策科学、分工合理、监管有力的物流综合管理体制，打破行业垄断，消除地区封锁，创造公平竞争环境，逐步建立统一开放、竞争有序的全国物流服务市场，促进物流资源公平、有序和高效流动。目前企业之间的竞争已转变为供应链与供应链之间的竞争，物流理论创新驱动重点要在物流领域推广供应链管理模式，实现生产领域物流、流通领域物流、消费领域物流的供应链整合。物流供应链管理是一项系统工程，物流理论创新驱动要以科学发展观为指导，进行物流全系统集成创新、全流程集成创新、全过程集成创新和全程序集成创新，形成科学、合理、高效、顺畅的多层次、多序列的立体交叉物流系统网络结构，进一步提高物流业的整体运行效率。

我国经济发展正处在转型期。转变经济发展方式，由资源消耗型、环境污染型发展模式转变为资源节约型、环境友好型发展模式，必须依靠科技进步，实行创新驱动发展战略。而创新驱动发展战略的关键是科技创新与理论创新。物流业如何实施创新驱动发展战略，重在进行物流科技与理论创新，只有积极进行物流技术开发与理论创新，才能给物流业发展提供理论指导，注入新的活力与动力，提高我国物流业现代化水平，推动我国国民经济运行效率和经济社会不断发展。

《中国流通经济》杂志作为中国市场学会会刊，始终"坚持以科学发展观为指导，贯彻'双百'方针，提倡学术争鸣，鼓励理论创新，加强流通经济理论研究，突出理论性、实践性、应用性等特点，深化流通体制改革，推动我国经济又好又快向前发展"的办刊宗旨，刊发了大量精品文章，其中不少文章曾荣获国家和省部级经济理论研究优秀成果奖。自2007年以来，《中国流通经济》杂志秉承学术理论刊物要引领学术理论研究的办刊理念，先后发起和组织举办了六届"中国北京流通现代化论坛"。论坛每年一个主题，结合我国物流与流通体制改革的难点、热点问题进行理论探讨，来自20多个国家和地区的数百名经济学家与著名学者参加论坛，为推动我国物流业发展和流通现代化建设，促进我国经济社会发展建言献策，其中许多政策建议为各级政府所采纳。长期以来，《中国流通经济》杂志在加强物流与流通理论研究和学科发展、深化流通体制改革、促进流通产业发展、全面提升我国流通现代化水平方面作出了重要的理论贡献。为了进一步总结经验，发扬成绩，我们从2001年以来所刊发文章中，精选了100多篇优秀论文，编辑出版了《现代物流新论》文集，集中反映我国物流与流通理论工作者对深化流通体制改革，加快流通产业发展所作出的积极探索与理论贡献。相信文集的出版对促进我国物流与流通理论研究，全面提升我国物流与流通现代化水平会起到借鉴和推动作用。

《中国流通经济》杂志总编辑　陈建中

2012年12月19日

目 录

第一编
物流理论研究

大物流论

徐寿波

近几年来，我对物流科学理论问题进行了专门研究，有些成果已在《北京交通大学学报》上公开发表，有的在 2004 年北京交通大学召开的国际物流会议上作了交流，得到国内外同行专家和国内有关部门领导的肯定。《物流科学技术的研究和发展前沿》是我研究成果中最有代表性的一篇论文，被专家学者称为"大物流论"，[①] 对此我表示十分感激。

大家知道，马克思从研究商品和商品流通开始，着重从价值形态研究了资本的生产过程、资本的流通过程和资本主义生产的总过程，最后完成了巨大原创性成果《资本论》，对社会发展和科学发展都作出了举世瞩目的贡献。为此，我们认为，从研究商品开始，着重从实物形态来研究、考察整个国民经济的生产、流通和消费过程，应该是"大物流论"研究的重要任务。

下面专门谈谈"大物流论"的五个主要理论：一是根据物流科学概念研究提出的"物的流动论"；二是根据物流科学分类研究提出的"综合物流论"；三是根据物流工程研究提出的"大物流工程论"；四是根据物流科学技术体系研究提出的"大物流科技论"；五是根据物流产业发展研究提出的"大物流产业群论"。

一、物的流动论[②③④⑤⑥]

中国"物的流动"的物流概念出现在改革开放以后的 1985 年，与日本的物流概念出现相距 20 年，与西方的物流概念出现相距七八十年。中国"物的流动

① 丁俊发：《中国物流学会的工作与中国物流学术研究——在第三届中国物流学术年会暨中国物流学会一届二次理事会上的讲话》，2004 年 10 月 15 日，见 http：//www. chinawuliu. com. cn。

② Shoubo Xu： "Prospect of Reserch and Development on 'MF Science and Technology'"，in the *Shoubo Xu Proceedings of* 2004 *International Conference on MF / Logistics*，Beijing Jiaotong University Press，2004，pp. 3～11.

③ 徐寿波：《"物流科学技术"的研究和发展前沿》，《北京交通大学学报（社会科学版）》2004 年第 3 期，第 1—6 页。

④ 徐寿波：《关于物流科学理论的几个问题（续）》，《北方交通大学学报（社会科学版）》2003 年第 3 期，第 25—28 页。

⑤ 徐寿波：《关于物流科学理论的几个问题》，《北方交通大学学报（社会科学版）》2002 年第 1 期，第 1—4 页。

⑥ 徐寿波：《关于物流技术经济研究的几个问题》，《中国物流》1985 年创刊号，第 16～18 页。

论"的物流概念，无论从其最早属性、具体内涵、行为性质和使用领域都与日本、西方有所不同。具体见表1。①

表1　中国物流概念与日本、西方物流概念比较

国别	中国	日本	美国	美国
物流概念（英文名词）	物的流动 MF(Material Flow)	物的流通 PD(Physical Distribution)	商品实体配送 PD(Physical Distribution)	军事物资、人员和装备调动（Logistics）
最早出现时间	1985年	1965年	1915年	1905年
概念最早属性	属于自然现象、社会现象和经济现象	属于经济现象	属于经济现象	属于军事现象
概念具体内涵	宏观物品的流动和微观物质的流动的总称	物质资料从供给者向需要者的物理性移动	商品实体配送	军事物资、人员和装备的调动
概念行为性质	包括管理行为在内的所有有目的和无目的行为	有目的的经济行为	有目的的经济管理行为	早先是有目的的军事后勤管理行为，现在是整个供应链管理行为的一部分
概念使用领域	经济界、社会界、自然界各个领域	流通领域	流通领域	军事领域和整个供应链

由于中国物流的概念是个新概念，与西方不同，因此直接套用西方物流的英文名词无论PD（Physical Distribution）还是Logistics都不合适。根据中国"物流"的科学概念给出一个不同于PD和Logistics的英文名词很有必要，这个新的英文名词就是"Material Flow"（简称MF）。

中国基于"物的流动论"的物流Material Flow概念，为中国物流事业和物流科学技术的发展，奠定了很好的理论基础，指明了正确的发展方向，走出了长期以来存在的"物流管理就是物流"的大误区。所谓大物流实际上就是基于"物的流动论"的MF。MF的概念里面包含了PD和Logistics的概念。同时需要指出，中国基于"物的流动论"的Material Flow与美国最早使用过的生产企业物流的英文名词Material Flow虽然相同，但不是一个概念，内涵完全不同。如果说中国的Material Flow是大物流，那么美国最早使用过的生产企业物流的Material Flow，只是包含在大物流里面的一个小物流。

---

① 应该说明，物流概念和物流定义是不同的。但由于许多文献中只有日本和西方物流定义的资料，而没有它们物流概念的资料，所以我们只能从它们的物流定义中去理解物流概念，并与中国物流概念进行比较。

二、综合物流论[①②③④]

1. 自然界物流是最早存在着的物流现象。在人类社会以前，就存在着自然界的物流现象。大家知道，宏观的物有固体、液体和气体三种。因此，物流也有固体物流、液体物流和气体物流三种。在自然界中存在最多的是气体物流，气体物流遍及宇宙，其次是液体物流，再次是固体物流。自然界物流，简称自然物流，它的特点是：物是自然界存在的物，不是经济商品的物；流的动力来自自然界，不来自人类经济活动；因为不是人类行为，所以不存在任何目的。自然界物流可以为人类造福（如水力发电、风力发电、潮汐发电等），有时也给人类带来灾难（如水灾、风灾、沙尘暴、酸雨等）。

2. 社会界物流是人类社会特有的物流现象。自从原始社会有了人类生活消费和农业生产以后，相关的各种原始物流也就出现了。社会居民的生活物流及其废弃物流，是人类自身生存发展的需要，没有任何经济目的，是任何社会最基本的不可缺少的社会界物流。古代和现代社会中也存在其他的社会界物流，例如军事战斗中的军需品即时供应物流，这类物流是为人类自身生存发展需要和为社会服务需要的非营利性的社会行为，不是经济行为。社会界物流，简称社会物流，它的特点是：物是自然界存在的物和经济商品的物；流的动力来自人类的社会活动；是非营利性社会行为。

3. 经济界物流是最晚出现的重要物流现象。自从农业社会的生产发展有了商品交换和社会分工以后，由于经济发展的需要，经济界物流发展越来越快。但是由于受物流动力的限制，物流规模不大。到了工业社会初期，发明了蒸汽机，并应用于轮船和火车，解决了物流需要的大量动力问题，因此，经济界物流得到很大发展。现代社会由于物流科技和经济的发展，所谓第三利润源泉的经济界物流就越来越受到人们的重视。经济界各地区、各产业、各行业和各企业的物流，各类物的物流，各类物流活动性质的物流，等等，我们都把它叫做经济界物流，简称经济物流。它是人类经济行为的重要组成部分，是有创造价值和剩余价值目的的企业行为。经济界物流的特点：物是经济商品的物；流的动力来自人类的经济活动；是有营利目的的经济行为。

综上所述，物流是很重要的客观事物和现象。它不仅存在于经济界，也存在于社会界和自然界；它是经济现象，也是社会现象和自然现象。物流不仅有经济

---

① Shoubo Xu："Prospect of Reserch and Development on 'MF Science and Technology'", in the *Shoubo Xu Proceedings of* 2004 *International Conference on MF / Logistics*, Beijing Jiaotong University Press，2004，pp. 3～11.

② 徐寿波：《"物流科学技术"的研究和发展前沿》，《北京交通大学学报》（社会科学版）2004 年第 3 期，第 1～6 页。

③ 徐寿波：《关于物流科学理论的几个问题（续）》，《北方交通大学学报》（社会科学版）2003 年第 3 期，第 25～28 页。

④ 徐寿波：《关于物流的科学分类问题》，《北方交通大学学报》（社会科学版）2002 年第 2 期，第 21～24页。

物流，也有社会物流和自然物流，而且它们之间有着相互联系。可以这么说，客观上存在的不是简单的一种物流现象，而是一个复杂的物流现象，所以我们把它们叫做综合物流现象。基于综合物流现象的理论观点，就是"综合物流论"。

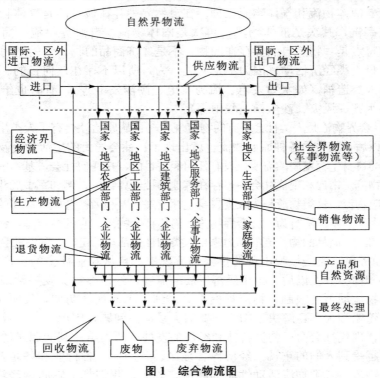

图 1　综合物流图

图 1 是综合物流（Comprehensive Material Flow）图，反映了经济界物流（Natural Material Flow，简称 NMF）、社会界物流（Social Material Flow，简称 SMF）和自然界物流（Economic Material Flow，简称 EMF）及其相互之间的关系，也反映了经济界物流中各种各样的物流。基于"综合物流论"的物流，也就是人们所称的大物流。相对于大物流来说，经济界物流、社会界物流和自然界物流都只是大物流的一个重要组成部分，而不是全部。其中经济界物流是大物流的核心，社会界物流和自然界物流是大物流的基础。

三、大物流工程论[①②]

我们研究认为，物流工程是由物流六要素或物流六力组成的综合体，将物流

---

① 徐寿波：《关于物流工程的几个问题》，《北方交通大学学报》（社会科学版）2003 年第 1 期，第 21～22 页。

② 徐寿波：《技术经济学》，江苏人民出版社 1988 年版，第 63～66 页。

科学技术最有效地应用于国民经济，造福人类。这个物流工程概念包含四点内容：一是指出物流工程是由物流六要素或物流六力组成的综合体；二是指出物流工程是应用了科学技术，包括物流硬科学技术和物流软科学技术；三是指出物流工程是要最有效地应用于国民经济；四是指出物流工程的根本目的是造福人类。这个物流工程概念是广义物流工程的概念。平常主要指物流土木建筑工程的物流工程概念是狭义的物流工程概念。

物流六要素是：（1）物流劳动人员，指从事物流的各种人员，包括物流管理人员；（2）物流劳动对象，指各种"物"；（3）物流劳动资料，指物流劳动需要的各种装备；（4）物流劳动环境，指与物流有关的各种自然、社会和政治环境；（5）物流劳动空间，指各种物流劳动场所和占地；（6）物流劳动时间，指各种物流设施建设时间和运行时间。物流六力是指：（1）人力，从事物流劳动的人员；（2）物力，从事物流劳动需要的能源和原材料；（3）财力，从事物流劳动需要的固定资产和流动资产等；（4）运力，从事物流劳动需要的运输和交通；（5）自然力，从事物流劳动需要的水、土地、空气等自然资源；（6）时力，从事物流劳动需要的时间。任何物流工程都离不开以上六要素或六力，缺一不可。从事物流的设备制造、设施建设、服务、科技开发、规划和设计等等都离不开以上六要素或六力。这是物流工程的六元结构理论。六要素和六力在本质上是一样的，但是表达方式不同。有的"要素"和"力"是完全一致的，如人的"要素"和人"力"，时间"要素"和时"力"完全一致，有的"要素"和"力"不完全一致，如财"力"不但指厂房、机器、设备等固定资产这个劳动资料"要素"，还指流动资产的占用，即劳动对象"要素"，所以"力"和"要素"不完全一致。但是六要素和六力都是独立的基本元，每个要素和每个力之间互相都是不重复的，都有自己的独立性。

物流工程是物流六元结构，物流六元的性质、质量、数量和比例不同，决定了物流工程的性质不同。物流工程有运输型的，有仓储型的，有装卸型的，有包装型的，有流通加工型的，有配送型的，有信息型的，有管理型的；有资金技术密集型的，有体力劳动密集型的，有脑力劳动密集型的；有技术先进的，有技术一般的，有技术落后的；有集约型的，有粗放型的，等等。比如，自动化仓储工程属于资金技术密集型，是技术先进的；一般仓储工程属于劳动密集型，技术不是很先进，但是"适用"。物流六元在一定程度上可以互相替代，例如，资金技术要素可以替代劳力要素和自然力要素。随着物流科技的发展，物流六元结构中科技含量越来越高。这是由物流工程的六元理论所决定的。

物流工程不仅有单项物流工程，而且有综合物流工程。单项物流工程一般是指某个物的物流工程，如煤炭物流工程、石油物流工程、电力物流工程、原材料物流工程、机器设备物流工程、日用品物流工程等等；单项物流工程还指运输、配送、仓储、装卸、包装、流通加工、信息处理等工程。综合物流工程不同于单项物流工程，它不是各个单项物流工程的简单相加，它有自己专门的综合物流工程技术。单项物流工程技术与综合物流工程技术的关系，好比汽车发动机零部件制造技术与汽车总体设计制造技术的关系一样，单项物流工程技术代替不了综合物流工程技术，综合物流工程技术也代替不了单项物流工程技术。

以上基于广义物流工程的理论观点，就是"大物流工程论"。它是大物流论的重要组成部分。

四、大物流科技论①②

长期以来，人们认为物流就是商品流通，就是做买卖，没有多少科学技术，所以物流科技没有受到人们应有的重视。改革开放以来，由于在教科书、杂志和新闻媒体上广泛传播的是西方的物流定义，因此人们错误地认为"物流管理就是物流"，物流科学技术就只有物流管理这门科学，与过去人们只关心物资管理一样，现在人们只关心物流管理。这种认识严重影响我国物流科学技术的全面发展。

我们研究认为，物流科学技术与能源科学技术、环境科学技术等综合科学技术完全一样，是综合性很强的科学技术领域，涉及自然科学、工程技术科学和人文社会科学各个学科。改革开放以来，能源科学技术、环境科学技术等很多新兴综合科学技术的产生，既是客观事物发展的需要，也是科学技术发展的需要，它们都得到了很大的发展，已经形成了自己独立的科学技术体系。但是，物流科学技术的研究和发展十分落后，至今还没有形成自己独立的物流科学技术体系。

根据科学技术是第一生产力和科教兴国战略的要求，我们认为大力加强"物流科学技术"的研究和发展实在是当务之急。为了促进物流科学技术的研究和发展，有必要创建自己独立的物流科学技术学科体系。我们研究认为，这个物流科学技术学科体系可以包括以下四部分：第一部分是物流科学技术基础学科；第二部分是物流工程技术学科；第三部分是物流科学理论学科；第四部分是物流科学技术其他学科（详见表2）。

---

① Shoubo Xu："Prospect of Reserch and Development on 'MF Science and Technology'", in the *Shoubo Xu Proceedings of* 2004 *International Conference on MF / Logistics*，Beijing Jiaotong University Press，2004，pp. 3～11.

② 徐寿波：《"物流科学技术"的研究和发展前沿》，《北京交通大学学报》（社会科学版）2004 年第 3 期，第 1～6 页。

表2 大物流科学技术学科体系

一、物流科学技术基础学科	配送工程
物流物理学	装卸工程
物流数学	仓储工程
物流化学	包装工程
物流天文学	物流加工工程
物流地理学	物流信息工程
物流生物学	物流仿真技术
物流科学技术基础学科其他学科	物流检测与监控技术
二、物流工程技术学科	物流安全工程
综合物流工程	三、物流科学理论学科
经济物流工程	物流系统与物流网络学
区域物流工程	物流技术经济学
部门物流工程	物流经济学
循环物流工程	物流管理学
社会物流工程	物流教育学
军事物流工程	物流社会学
自然物流工程	物流法学
物流基础设施工程	物流历史学
物流设备工程	物流学其他学科
运输工程	四、物流科学技术其他学科

应该指出，表2中的物流科学技术学科体系只是一个框架和建议。今后需要根据学科的发展不断进行修改、补充和完善。由表2可知，绝大多数物流学科还都是空白，需要我们去开拓和创建，这是时代赋予我们的任务。

与西方基于"物流管理就是物流"的物流科学论不同，中国的"大物流科技论"是基于"物的流动论"和"综合物流论"。可以说中国的"大物流科技论"是大物流论的重要组成部分，西方的物流管理学科只是大物流科技论中的一个子学科。

五、大物流产业论①②

众所周知，国民经济是由生产、流通、消费三大领域组成。我们认为，国民经济具有三种形态：一是实物形态；二是价值形态；三是综合形态（包括实物形态和价值形态在一起）。所以，生产、流通、消费也有三种形态。应该说，国民经济实际上是以综合形态存在的，但是为了研究问题的方便，需要从实物形态和价值形态两个方面分别进行考察和研究。马克思已经从价值形态详细研究了商品运动规律，为社会发展和科学发展作出了巨大贡献。"大物流论"着重从实物形态研究商品运动规律。

从实物形态看，整个国民经济是由物的生产、物的流动和物的消费三大领域组成，也可以说整个国民经济是由生产、物流和消费三大支柱产业群组成。这里我们把物流不仅仅看作是一个支柱产业，而是一个支柱产业群，因为它涉及运输、配送、仓储、包装、流通加工、物流信息、物流设备制造、物流设施建设、物流科技开发、物流教育、物流服务、物流管理等等产业。历史事实证明，各国经济的发展除了依靠第一支柱产业群"生产"和第二支柱产业群"消费"两个大支柱产业群以外，"物流"自然是依靠的第三个大支柱产业群。大力加强经济界物流科学技术的研究，是 21 世纪大力发展生产力的需要，是经济增长的需要，是获得第三利润的需要。

长期以来，人们认为物流只是物资管理和物流管理，不是一个产业。我们研究认为，物流不仅是一个产业，而且是一个支柱产业，不仅是一个支柱产业，更是像生产和消费一样的一个支柱产业群，这就是"物流产业群论"。也叫做"大物流产业论"。"大物流产业论"是大物流论的重要组成部分。真正要发展好整个物流事业，只有物流产业的思想还不够，必须树立"大物流产业论"思想。

以上是大物流论的五个基本理论，它们对新世纪我国物流科学技术大发展以及我国物流事业大发展，都将起到应有的作用。

（作者单位：北京交通大学物流研究院。原文载于《中国流通经济》2005 年第 5 期，被《新华文摘》2005 年第 14 期全文转载）

---

① Shoubo Xu："Prospect of Reserch and Development on 'MF Science and Technology'"，in the *Shoubo Xu Proceedings of* 2004 *International Conference on MF / Logistics*，Beijing Jiaotong University Press，2004，pp. 3～11.

② 徐寿波：《"物流科学技术"的研究和发展前沿》，《北京交通大学学报》（社会科学版）2004 年第 3 期，第 1～6 页。

大物流再论

徐寿波

一、"物流要素论"和"物流性质论"是大物流论的重要组成部分

在国内外的物流（PD、Logistics）文献中，专门研究物流要素和性质问题的文章很少。笔者为了研究物流（MF）科学分类问题，按照要素—性质—分类的研究思想，专门研究了物流要素和性质问题。2002年首次提出物流有固有和非固有两种性质（属性，Attribute）。物流固有性质有五个，其中一个是物流基本固有性质即物的性质；四个是物流一般固有性质即流动性、主体性、部门性和地域性。物流所采用的管理方式、运输方式、物流技术等等都不是每个物流所固有的性质，可以由物流主体自己选择，所以称为物流非固有性质。[①] 2005年笔者在对物流要素和性质问题进一步研究的基础上，提出物流最基本的四个固有性质：物（Material）的性质，流（Flow）的性质，物和流的主体（Party）性质，物和流的地域（Region）性质。无论自然界物流，还是社会界物流、经济界物流，都具有这四个方面的性质（RPMF）。同时，首次提出物流四要素RPMF原理。[②] 对物流的非固有性质问题笔者没有作深入研究，但有学者专门进行了研究，提出物流非固有性质有服务性S、管理性M、技术性T和经济性E四个。[③]

最近，笔者专门对"大物流论"[④]进行继续研究，认为"物流要素论"和"物流性质论"应该是"大物流论"的重要组成部分。这样，"大物流论"就有"物的流动论"、"综合物流论"、"物流要素论"、"物流性质论"、"大物流科技论"、"大物流工程论"和"大物流产业论"七个基本理论，图1是大物流论的七个基本理论及其相互关系。下面专门对物流要素理论和物流性质理论进行讨论。

---

① 徐寿波：《关于物流的科学分类问题》，《北方交通大学学报》（社会科学版）2002年第1卷第2期，第21~24页。

② 徐寿波：《关于物流的科学分类问题（续）》，《北京交通大学学报》（社会科学版）2005年第4卷第4期，第11~15页。

③ 宋耀华、侯汉平：《论传统物流与现代物流》，《北京交通大学学报》（社会科学版）2004年第3卷第1期，第10~16页。

④ 徐寿波：《大物流论》，《中国流通经济》2005年第19卷第5期，第4~7页。

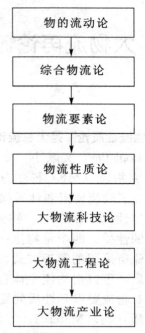

图1　大物流七个基本理论关系图

二、物流要素论

根据笔者最新研究发现，任何物流都由物质（Material）、流动（Flow）、主体（Owner）、地域（Region）和时间（Time）五个最基本要素构成（MFORT）。无论是自然界物流，还是社会界物流、经济界物流，都具有这五个最基本的要素。当然，这五个要素中物质要素最重要，是核心要素。因为任何物质都需要运动、需要流动，都有主体，都有空间地域，都需要时间。所以，流动要素、主体要素、地域要素和时间要素，均与实物这个核心要素密切相关。由此可见，任何物流都必须同时具备五个基本要素，缺少其中任何一个要素，物流就不存在，这就是物流五要素 MFORT 理论。

与前文[①]物流四要素 RPMF 原理相比较，物流五要素 MFORT 理论具有以下两个特点：第一，时间要素 T 从潜要素变为显要素。在物流四要素 RPMF 原理中，由于当时考虑到任何事物都与时间有关，时间是不言而喻的要素，所以没有把时间要素 T 特别突出出来，把 T 要素作为潜要素处理。但是考虑到物流要解决物的"空间位移"和"时间位移"问题，还有这几年来研究现代物流与传统物流问题，有必要把时间要素 T 突出出来，所以把潜要素变为显要素更为合适。

---

① 徐寿波：《关于物流的科学分类问题（续）》，《北京交通大学学报》（社会科学版）2005 年第 4 卷第 4 期，第 11～15 页。

第二，主体要素的英文符号由原来的 P 改为 O。需要指出，物质主体和物流运作主体是两个不同的概念，英文名词也不同。在经济社会领域，作为物流基本要素的物质主体应该是指物主，是物的所有者，英文名词是 Owner，而英文名词 Party 是指物流运作主体，不是指物主，两个英文名词的含义不同。在纯自然物流中，物质主体（Owner）和物流运作主体（Party）都是自然界同一个主体，即 O=P，采用 O 或 P 都可以（当然，严格来说，自然物流中，物质主体和物流运作主体也不是同一个主体，因为自然物的物主往往是某个国家，而物流运作主体则是自然界）；而在经济物流和社会物流中，由于物质主体有时把物流外包给别的物流运作主体（如第三方）去运作管理，所以物质主体和物流运作主体不是同一个主体，即 O≠P。笔者研究认为，物质主体是主要的，物流运作主体从属于物质主体，它通常由物质主体选择决定。因此笔者认为，在物流五要素理论中物流主体要素的英文符号采用 O 比采用 P 更为合适。表 1 是自然物流、社会物流和经济物流 MFORT 物流要素表。

表 1 自然物流、社会物流和经济物流 MFORT 物流要素表

类别	物流	自然界物流 （简称自然物流）	社会界物流 （简称社会物流）	经济界物流 （简称经济物流）
英文名词	Material Flow （简称 MF）	Natural Material Flow （简称 NMF）	Social Material Flow （简称 SMF）	Economic Material Flow （简称 EMF）
物质 M（Material）	宏观物质和微观物质（包括有生命和无生命的物质）	物是自然界存在的物，不是经济商品的物	物是自然、社会界存在的物	物是经济商品的物
流动 F（Flow）	流的动力来自自然界，来自人类的社会活动和经济活动；有载体有规则移动和无载体的无规则或有规则移动	流的动力来自自然界，不来自人类的社会经济活动；无载体的无规则或有规则移动	流的动力来自人类的社会活动；有载体有规则移动	流的动力来自人类的经济活动；有载体有规则移动
主体 O（Owner）	自然界、社会界和经济界所有者	自然界所有者	社会界所有者	经济界所有者
地域 R（Region）	自然界、社会界和经济界地域空间内	自然界地域空间内	社会界地域空间内	经济界地域空间内
时间 T（Time）	古代、近代和现代	古代、近代和现代	古代、近代和现代	古代、近代和现代

三、物流性质论

研究认为，物流有固有和非固有两种性质。物流固有性质反映物流基本要素的本质特征，是物流具有的不以人们主观意志为转移的客观性质。图2是物流性质图，从图中可以看到，与物流五要素 MFORT 相对应，物流固有性质有五个：物质性 M、流动性 F、主体性 O、地域性 R 和时间性 T。

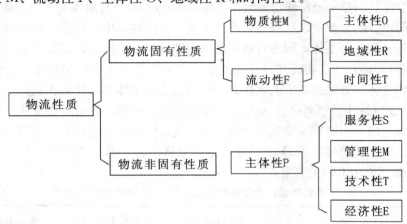

图2 物流性质图

物流非固有性质反映物流非基本要素的非本质特征，可以依据物流运作主体的主观意愿进行选择。笔者最新研究认为，物流非固有性质也应该有五个，除了原来 SMTE 四个性质以外，应该增加一个主体性 P。这个主体性 P 和固有性质主体性 O 完全不同，它不仅与 SMTE 四个非固有性质有直接关系，并且可以说是最重要的一个非固有性质，所以应该明确它是物流非固有性质。从图2中可以看到，物流非固有性质有主体性 P、服务性 S、管理性 M、技术性 T 和经济性 E 五个。

笔者研究认为，物流最基本的固有属性只有一个，这就是物流本身的性质。物流本身的性质是由物的性质决定的，有什么样的物，就有什么样的流。比如，由于物的性质不同，运输方式的要求也不同，包装的要求也不同，物流加工的要求也不同，储存的要求也不同。总之，物流的根本特性是物的性质。

物的性质包括物的物质性 M 和物的流动性 F 两个性质。任何物都是物质实体，是客观存在的一种形式，所以，物质性 M 是物的根本属性。马克思主义哲学还告诉我们，运动是物的根本属性，是物的存在方式，物和运动不可分割，"运动，就最一般的意义来说，……它包括宇宙中发生的一切变化和过程，从单纯的位置移动起直到思维"。[①] 这里物的位置移动就是物流。所以流动性 F 也是物的根本属性。物的这两个性质是统一在一起的，两者不可分割。由此可见，物的性质也就是物流的性质。物和物流有着不可分割的关系。这种关系对于自然现象或许容易理解，但是对于经济现象或许不好理解。实际上，在经济社会活动中

---

① 《马克思恩格斯选集》第3卷，人民出版社1995年版，第491页。

任何物品只有流动才能实现它的价值，才有存在的意义，人们才会生产它们、消费它们。物如果不流动，就不能实现它的价值，就会失去存在的意义。所以，物和物流不可分割也容易理解。

物流的主体性O。自然界、社会界和经济界物流都有主体。自然界物流的主体是自然界，社会界物流的主体是社会界，经济界物流的主体是经济界。物流的主体性是由物的主体性所决定的。自然界由各种各样有生命和没有生命的自然物质实体组成，如星球、土地、沙土、山脉、矿床、河流、水、阳光、空气、森林、生物、微生物等等，不同的自然物质实体就是不同的自然界物流的主体。经济界物流主体有企业、行业、产业、单位和部门。社会界物流主体有家庭、单位和军队。主体不同，主体性质也就不同，物流也就不同。

物流的地域性R。地域性是自然界、社会界和经济界物流所共有的属性。每个物无论是微观的物质还是宏观的物品，都占有自己的地域空间位置；每个流都有自己的流动地域范围，因此物流具有地域属性。地域空间具有层次性。自然界、社会界和经济界的地域空间属性都有不同层次。以社会界和经济界物流为例，从世界范围考察，最高的地域层次是国际层次（包括五大洲、各大区域），其次是国家，然后是每个国家的各个地区和地方（包括省、市、州、县、乡镇和社区）。

物流的时间性T。时间性T是所有事物共有的属性，当然也是自然界、社会界和经济界物流所共有的属性。根据我国历史学的研究，通常把19世纪中叶以前的时期称作古代，把19世纪中叶到1919年五四运动之间的时期称作近代，把五四运动开始到现在的时期称作现代。不同时期的各种物流有着各自不同的特点。

根据物流要素MFORT性质理论，就可以对复杂的物流现象进行科学分类。图3是物流五要素MFORT性质及其分类方法图，图4是物流五要素MFORT性质及其分类图。当然，按照物流非固有性质PSMTE也可以进行分类。

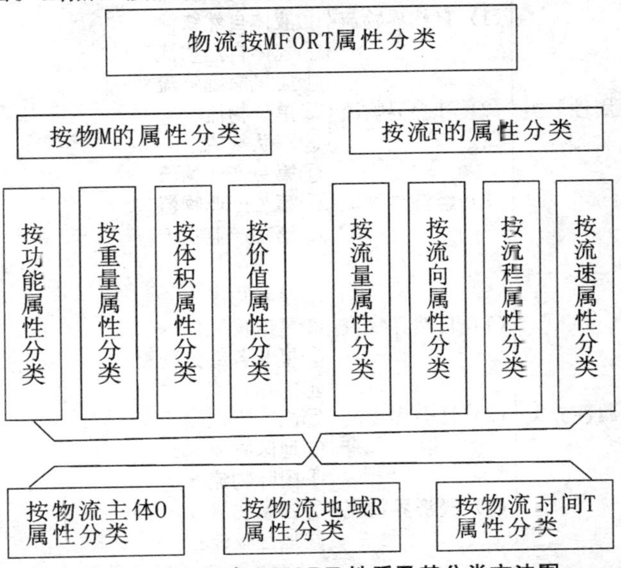

图 3　物流五要素 MFORT 性质及其分类方法图

$$
\begin{array}{l}
\textbf{1. 按物 M 的属性分类}
\begin{cases}
\text{(1) 按物的功能属性分类}
\begin{cases}
①\text{自然功能物流} \\
②\text{社会功能物流} \\
③\text{经济功能物流}
\end{cases} \\[2mm]
\text{(2) 按物的重量属性分类}
\begin{cases}
①\text{重量特别大的物流} \\
②\text{重量特别小的物流} \\
③\text{重量介于两者之间的物流}
\end{cases} \\[2mm]
\text{(3) 按物的体积属性分类}
\begin{cases}
①\text{依积特别大的物流} \\
②\text{体积特别小的物流} \\
③\text{体积介于两者之间的物流}
\end{cases} \\[2mm]
\text{(4) 按物的价值属性分类}
\begin{cases}
①\text{价值特别大的物流} \\
②\text{价值特别小的物流} \\
③\text{价值介于两者之间的物流}
\end{cases}
\end{cases}
\end{array}
$$

$$
\begin{array}{l}
\textbf{2. 按流 F 的属性分类}
\begin{cases}
\text{(1) 按流量属性分类}
\begin{cases}
①\text{流量特别大的物流} \\
②\text{流量特别小的物流} \\
③\text{流量介于两者之间的物流}
\end{cases} \\[2mm]
\text{(2) 按流向属性分类}
\begin{cases}
①\text{不同国家流向的物流} \\
②\text{不同地区流向的物流} \\
③\text{不同地点流向的物流}
\end{cases} \\[2mm]
\text{(3) 按流程属性分类}
\begin{cases}
①\text{远距离物流} \\
②\text{中距离物流} \\
③\text{近距离物流}
\end{cases} \\[2mm]
\text{(4) 按流速属性分类}
\begin{cases}
①\text{高速物流} \\
②\text{中速物流} \\
③\text{低速物流}
\end{cases}
\end{cases}
\end{array}
$$

$$
\begin{array}{l}
\textbf{3. 按主体 O 属性分类}
\begin{cases}
\text{(1) 自然界物流}
\begin{cases}
①\text{固体自然物流} \\
②\text{液体自然物流} \\
③\text{气体自然物流}
\end{cases} \\[2mm]
\text{(2) 社会界物流}
\begin{cases}
①\text{居民家庭物流} \\
②\text{单位物流} \\
③\text{军队物流}
\end{cases} \\[2mm]
\text{(3) 经济界物流}
\begin{cases}
①\text{第一产业物流} \\
②\text{第二产业物流} \\
③\text{第三产业物流}
\end{cases}
\end{cases}
\end{array}
$$

$$
\begin{array}{l}
\textbf{4. 按地域 R 属性分类}
\begin{cases}
\text{(1) 自然界物流}
\begin{cases}
①\text{星际物流} \\
②\text{星球物流} \\
③\text{星球各部分物流}
\end{cases} \\[2mm]
\text{(2) 社会界物流}
\begin{cases}
①\text{国际物流} \\
②\text{国家物流} \\
③\text{地区物流}
\end{cases} \\[2mm]
\text{(3) 经济界物流}
\begin{cases}
①\text{国际物流} \\
②\text{国家物流} \\
③\text{地区物流}
\end{cases}
\end{cases}
\end{array}
$$

5. 按时间 T 属性分类
- (1) 自然界物流
  - ①古代自然物流
  - ②近代自然物流
  - ③现代自然物流
- (2) 社会界物流
  - ①古代社会物流
  - ②近代社会物流
  - ③现代社会物流
- (3) 经济界物流
  - ①古代经济物流
  - ②近代经济物流
  - ③现代经济物流

图 4　物流五要素 MFORT 性质及其分类图

（作者单位：北京交通大学物流研究院。原文载于《中国流通经济》2007 年第 10 期）

商品物流理论

徐寿波

根据技术经济学生产要素六元理论、生活要素六元理论、生产要素层次理论和大物流理论,[1][2][3][4][5][6][7] 作者首次提出了基于人力、资产力、物力、自然力、运力、时力六大生产生活要素的商品物流理论,包括商品实物流理论、商品资金流理论和商品信息流理论三个部分,其核心是商品实物流理论。商品物流理论主要反映社会经济发展过程中商品的运动规律,商品的运动规律包括商品的实物运动规律、商品的资金运动规律和商品的信息运动规律三部分。商品实物运动形成商品实物流,商品资金运动形成商品资金流,商品信息运动形成商品信息流。根据大物流理论,无论商品实物、商品资金,还是商品信息,都是物质,商品实物流、商品资金流和商品信息流是商品物流的三种不同形态,它们都必须服从整个商品的物质运动规律。

一、商品实物流理论

根据技术经济学生产要素层次理论,作者研究认为,整个社会经济由各种各样的生产要素组成。按照在社会经济中所起作用范围大小和层次高低的不同,可将生产要素划分为四个层次(见图1),最高层次是部门生产要素层次,第二个层次是行业生产要素层次,第三个层次是单元生产要素层次,第四个层次是基本生产要素层次。

① 徐寿波:《技术经济学》,江苏人民出版社1986年版,第95~106页。

② 徐寿波:《生产要素六元理论》,《北京交通大学学报》(社会科学版)2006年第5卷第3期,第15~19页。

③ 徐寿波:《生活要素六元理论》,《北京交通大学学报》(社会科学版)2007年第6卷第1期,第15~18页。

④ 徐斌、徐寿波:《生产要素层次理论》,《北京交通大学学报》(社会科学版)2006年第5卷第4期,第15~18页。

⑤ 徐寿波:《大物流论》,《中国流通经济》2005年第19卷第5期,第4-7页。

⑥ 徐寿波:《大物流再论》,《中国流通经济》2007年第21卷第10期,第7-10页。

⑦ Shoubo Xu:"The Theory of Material Flow" in *The Research and Practical Issues of Enterprise Information Systems* Ⅱ, Volume 1, IFIP, Li Xu, A Min Tjoa, Sohail Chaudhry, Berlin:Springer, 2007, pp. xxvii−xl.

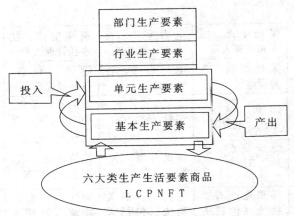

图1　生产要素四层次模型

表1为生产要素层次理论示例表。表中列出的第一产业的农业、林业、牧业和渔业，第二产业的煤炭、电力、钢铁和信息业，第三产业的通信、教育、文化和管理服务业，代表了三大产业部门不同生产行业、不同生产单元的不同基本生产要素情况。

表1　生产要素层次理论示例

部门生产要素		第一产业			
行业生产要素		农业	林业	牧业	渔业
单元生产要素		农业生产企业	林业生产企业	牧业生产企业	渔业生产企业
基本生产要素	人力	农业劳动人员	林业劳动人员	牧业劳动人员	渔业劳动人员
	资产力	农田、劳动工具、设施等	林场、劳动工具、设施等	畜牧场、种畜、工具、设施等	渔船、捕捉工具、设施等
	物力	种子、肥料、农药、水、电力等	种苗、肥料、农药、水、电力等	幼畜、饲料、水、能源等	鱼苗、饲料、水、电力等
	自然力	土地、天然农业资源、光、热等	林地、天然林业资源、光、水等	草地、天然草资源、光、热等	水域、天然渔业资源等
	运力	农业生产有关物流（包括人流）	林业生产有关物流（包括人流）	牧业生产有关物流（包括人流）	渔业生产有关物流（包括人流）
	时力	农业生产时间	林业生产时间	牧业生产时间	渔业生产时间
部门生产要素		第二产业			
行业生产要素		煤炭生产行业	电力生产行业	钢铁生产行业	信息生产行业
单元生产要素		煤炭生产企业	电力生产企业	钢铁生产企业	信息生产企业

（续表）

基本生产要素	人力	煤炭生产、技术和管理人员	电力生产、技术和管理人员	钢铁生产、技术和管理人员	信息生产、技术和管理人员
	资产力	采煤设备、各种设施等	电厂设备、各种设施等	钢铁厂设备、各种设施等	信息生产线、设备、设施等
	物力	炸药、坑木、钢铁、电力等	燃料、动力等	铁矿石、采煤、动力煤、电力等	信息材料、元器件、电力等
	自然力	煤炭资源、土地、阳光、空气等	建筑占地、水、阳光、空气等	建筑占地、水、阳光、空气等	建筑占地、水、阳光、空气等
	运力	煤炭生产有关物流（包括人流）	电力生产有关物流（包括人流）	钢铁生产有关物流（包括人流）	信息生产有关物流（包括人流）
	时力	煤炭生产时间	电力生产时间	钢铁生产时间	信息生产时间
部门生产要素		第三产业			
行业生产要素		通信服务行业	教育服务行业	文化服务行业	管理服务行业
单元生产要素		通信服务企业	教育服务单位	文化服务单位	管理服务单位
基本生产要素	人力	通信服务、技术人员	教师服务人员	文化服务人员	管理服务人员
	资产力	邮电局、通信设备、设施等	教室、教学设备、信息产品等	演出场地、道具、服装车	办公室、办公设备等
	物力	易耗材料、电力能源等	粉笔、照明、采暖、通风用能源等	灯光、照明、采暖、通风用能源等	办公易耗材料、能源等
	自然力	建筑占地、阳光、空气等	建筑占地、阳光、空气等	建筑占地、水、阳光、空气等	建筑占地、阳光、空气等
	运力	通信服务有关物流（包括人流）	教育服务有关物流（包括人流）	文化服务有关物流（包括人流）	管理服务有关物流（包括人流）
	时力	通信服务时间	上课时间	演出时间	管理工作时间

注：由于人力（Labor）、资产力（Capital）、物力（Physical）、自然力（Natural）、运力（Freight）和时力（Time）都是物质，英文名词都是"Material"，为了使物力的英文名词与"Material"有所区别，所以采用"Physical"一词，"Physical"取自实物配送"Physical Distribution（PD）"中的"Physical"。

从图1和表1可以看到，任何部门、行业和单元生产都离不开六个基本生产生活要素。根据技术经济学生产生活要素六元理论，人类社会在任何时期，进行任何生产生活活动都必须同时具备六个基本生产生活要素：人力（劳动力）、资产力（固定资产、流动资产）、物力（原材料、能源）、自然力（土地、水、矿藏）、运力和时力，六力缺一不可。在市场经济条件下，这六个基本生产生活要素都是物质商品，也是人类社会财富。

根据马克思政治经济学理论，社会经济系统由生产、流通、消费三个不同环节组成。[1] 作者研究认为，投入是与生产同样重要的一个环节，有时其至比生产环节还重要。投入环节包括科学研究实验、规划、设计、施工、建设、资金筹措、设备采购等很多组成部分，它是生产环节的基础，也是整个社会经济系统的基础。为此，作者认为有必要把投入从生产环节中分离出来，成为一个独立的环节，这样，整个社会经济系统就由投入、生产、流通、消费四个不同环节组成（见图2）。

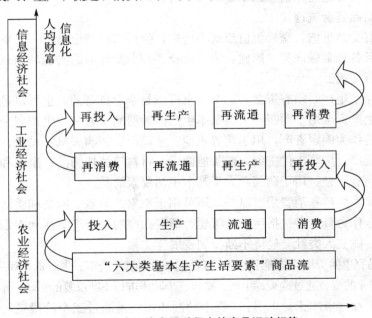

图2 社会经济发展过程中的商品运动规律

从图2可以看出，六大类基本生产生活要素商品[2]的投入、生产、流通和消费构成了整个社会的经济行为。需要指出的是，六大类基本生产生活要素商品的投入，主要来自本国的要素商品生产，利用本国的要素商品储备，同时利用国外要素商品进口；六大类基本生产生活要素商品的生产，包括一、二、三产业，行业，企业的生产；六大类基本生产生活要素商品的流通，包括一、二、三产业，

---

① 从本质看，分配与生产、流通、消费不同，属于生产关系领域，而且马克思指出分配是由生产决定的，所以分配不作为社会经济系统商品运动的一个独立环节。

② 文中的六种投入、六个基本生产生活要素、六大类基本生产生活要素、六大类基本生产生活要素商品等不同说法，实际内容都是相同的。

行业，企业所生产产品的交易流通；六大类基本生产生活要素商品的消费，包括中间消费和最终消费两大部分，中间消费是生产性质的消费，最终消费包括居民消费、社会消费、增加积累、增加库存、出口等。从整个社会经济发展的历史看，六大类基本生产生活要素商品的"投入—生产—流通—消费"和"再投入—再生产—再流通—再消费—再投入……"，不断循环再循环，就是社会经济不断发展的过程，就是商品不断运动的过程。随着商品的不断运动，社会经济不断发展，人均财富不断增加，这就是社会经济发展过程中整个商品的运动规律。商品运动规律包括商品实物、资金和信息的实体运动规律。商品的实物运动是第一位的，商品的资金运动和信息运动是第二位的。

二、商品资金流理论

商品有交换价值，交换价值反映为价格，价格都以资金量计算，资金的实物是货币以及各种金融证券。因此，货币以及各种金融证券的实物流动就是资金物流，简称资金流。

企业为了生产必须有资金，这个资金可以是企业自有的，也可以是从银行借贷来的，生产资金用于购买六大类基本生产要素商品。通常，生产资金有两种用途：一种是作为固定资产，用于购置土地、建设厂房和购买机器设备；另一种是作为流动资产，用于支付工资，购买能源、原材料等消耗物品。家庭和个人为了生活也必须有资金，用于购买六大类基本生活要素商品。

资金除了生产和消费用途以外，还可用于积累、储备、借贷和救济等。应该指出，资金作为资本是包括生产、流通、消费在内的整个经济活动中最为重要的资金用途，能使人类社会经济不断得到发展。

根据马克思的资本流动理论，资本按功能划分有货币资本、生产资本和商品资本三种。一个企业的资金通过购买、生产、销售三个阶段进行不断反复的运动，不断增值。

马克思在《资本论》中讲："资本的循环过程是通过三个阶段进行的；根据第一卷的叙述，这些阶段形成如下的序列：第一阶段：资本家作为买者出现于商品市场和劳动市场；他的货币转化成商品，或者说，经历 G —W 这个流通行为。第二阶段：资本家用购买的商品从事生产消费。他作为资本主义商品生产者进行活动；他的资本通过生产过程。结果产生了一种商品，这种商品的价值大于它的生产要素的价值。第三阶段：资本家作为卖者回到市场；他的商品转化为货币，也就是通过 W—G 这个流通行为。因此，货币资本循环的公式是：G—W…P…W′—G′，这个公式中，虚线表示流通过程的中断，W′和 G′表示由剩余价值增大了的 W 和 G。"①

---

① 《马克思恩格斯文集》第 6 卷，人民出版社 2009 年版，第 31～32 页。

上述购买、生产、销售三个阶段的资金流动过程可用图 3 表示。

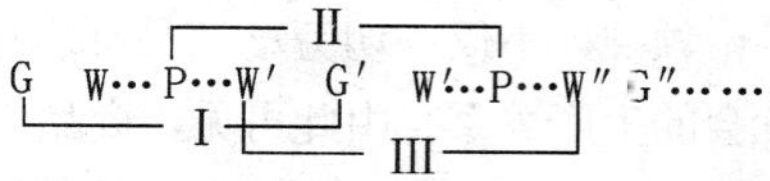

$$\begin{array}{c} \text{II} \\ \text{G} \quad \text{W} \cdots \text{P} \cdots \text{W}' \quad \text{G}' \quad \text{W}' \cdots \text{P} \cdots \text{W}'' \text{G}'' \cdots \cdots \\ \text{I} \qquad\qquad\qquad \text{III} \end{array}$$

注：G 代表资金，W 代表商品，P 代表生产过程；G′代表新的资金，W′代表新的商品，I 表示货币资金的循环，II 表示生产资金的循环、III 表示商品资金的循环。

图 3　资金的流动

从图 3 可见，货币资本循环公式为 I：G—W…P…W′—G′；生产资本循环公式为 II：P…W′—G′—W′…P；商品资本循环公式为 III：W′—G′—W′…P…W。

综上所述，商品资金流与商品实物流是一起运动的，随着商品实物流的不断发展，商品资金流也不断发展；同样，随着商品资金流的不断发展，商品实物流也不断发展。

但是，如果由于金融资本市场的发展，资金流完全脱离商品实物流，完全脱离社会经济生产生活要素商品实体而任意流动，就违反了商品物流客观规律，违背了商品物流理论，这是很危险的，严重时就会出现金融危机，影响商品实物流运动，影响商品经济实体。事实证明，商品运动中商品资金流与商品实物流必须配合协调，必须符合上述社会经济发展过程中整个商品的运动规律（参见图 2）。

三、商品信息流理论

1. 商品信息概念。有关信息的概念和定义不下百种。控制论的创始人诺伯特·维纳（N. Wiener）指出："信息就是信息，既不是物质也不是能量。"中国学者钟义信在《信息科学原理》中从不同层次详细研究了信息的定义，提出本体论层次的信息定义为"事物运动的状态和（状态变化的）方式"；认识论层次的信息定义为"主体所感知的事物运动状态及其变化方式"。[1]

作者研究认为，信息是"客观事物性质及其运动状态和方式的反映，或者说是客观事物内在和外在性质发展变化的反映"。这个定义基本与上述认识论层次的信息定义相似，"反映"代表了"主体所感知的"意思，所不同的是除了反映"事物运动状态及其变化方式"以外，还反映"客观事物性质"。这个定义与上述本体论层次的信息定义不同，作者认为"信息"与"事物运动状态和方式本身"不能等同，信息只是后者的反映而已。

事物指的是客观存在的一切物体和现象。[2] 现象与物体不同，现象不是物体本身，但来源于物体，是物体发生的事。举例来说，商品是物体，与商品有关的事是现象，商业领域的事物就包括商品和与商品有关的事。

---

[1]　钟义信：《信息科学原理》，北京邮电大学出版社 1996 年版，第 38 页。
[2]　《现代汉语词典》，商务印书馆 2003 年版，第 1153 页。

在经济界，最重要的是经济信息。在市场经济条件下，商品是社会经济的细胞，商品关系渗透到社会生活的各个领域，不仅一切劳动产品都表现为商品，连人的劳动力也成为商品，商品关系形成社会的生产关系。由此可见，商品信息是经济信息的核心。

综上所述，商品信息是"经济界商品事物性质及其运动状态和方式的反映"。商品信息既包括一切商品物质实体的信息，也包括一切与商品有关的商业活动现象的信息。需要指出的是，目前流行的"信息是物质属性"的说法在理论上是不完整的，因为信息不仅反映物（物质实体）的属性，也反映事（客观现象）的属性，因此，比较科学的说法应该是"信息是物质实体和客观现象的共同属性"。对于商业来说，信息既是商品物质实体（物）的属性，也是源于商品的商业活动（事）的属性。所以，信息是商品物质实体和商业活动现象的共同属性。

马克思在《资本论》中从研究商品的实体性和价值性两个属性入手，着重研究了商品价值和资本的运动规律，取得了巨大的成就，为人类社会经济的发展作出了伟大贡献。[①] 作者认为，在现今的信息时代，从研究商品的信息属性入手，全面研究包括商品实体、商品资本和商品信息的运动规律在内的整个商品运动规律，具有特别重要的科学价值和实践意义，与马克思生活的时代相比，现在已经具备了研究的客观条件，并且十分迫切。

2. 商品信源物质和商品信息载体物质。从信息科学的角度来看，世界上所有的物质实体可分为两类：一类是反映物质自身性质及其运动状态和方式的物质实体，叫做信源；另一类是反映信源以外其他物质的性质及其运动状态和方式的物质实体，叫做信息载体。

商品信源物质有六大类：即人力、资产力、物力、自然力、运力、时力六大生产生活要素商品。商品信息载体物质有三种类型：第一种是发送和接收信息的物质实体，如所有的生产者、服务者、消费者、邮电局、电视台、广播台、卫星、电脑、收发报机、传真机、电话机、电视机、收音机、照相机等；第二种是传递信息的物质实体，如人力输送、铁路、公路、水路、航空、电话线路、有线电视线路、光纤线路、光波、声波、无线电波、互联网等；第三种是储存信息的物质实体，如人脑、电脑硬盘、软盘、光盘、书信、资料、报刊、书籍、图片、照片、电影胶片、录像带、唱片、录音带等。

3. 包括商业信息在内的信息形式有六种类型。人们普遍公认信息有五种形式，即人体五官直接感觉到的五种形式：一是眼睛"视觉信息"，如实物、文字、数字、颜色、图像、代码、密码、暗号、符号、手势、旗语等；二是耳朵"听觉信息"，如语言、声音等；三是鼻子"嗅觉信息"，如气味等；四是口舌"味觉信

---

① 马克思：《资本论》第1卷，人民出版社1963年版，第5页。

息"，如酸、甜、苦、辣、咸等；五是身体"触觉信息"，如皮肤、毛发等与物体接触时所产生的信息，冷、热、硬、软等。除以上人体五官可直接感觉到的信息外，有学者提出第六感觉，指眼、耳、鼻、舌、身五官所具有的视、听、嗅、味、触五种感觉以外的敏锐感觉。

马克思在《资本论》中指出："对于商品体的具体性，它是没有感觉的。但是，商品所有者会用他自己五种及以上的感官来补足这种缺乏。"[1] 这就是说，商品的性质是可以依靠人的五种及以上的感官直接感觉到的，即商品信息。作者研究认为，人体感觉器官除平常所说的五官之外，还有第六器官——脑子，第六器官脑子的感觉，就是第六感觉，可叫做"意觉"。脑子"意觉信息"，如精神（Spirit）、情绪（Mood）、灵感（Inspiration）、思想（Idea）、记忆（Memory）、理解（Understand）、梦幻（Dream）等，都是人体存在的信息，脑子"意觉信息"是最重要的信息，既包括人的直接感觉信息，也包括人的间接感觉信息，既包括人的感性认识，也包括人的理性认识，脑子"意觉信息"对于人类经济社会的发展非常重要（见表2）。

表2 信息的六种类型

序号	信息类型	感觉器官
1	视觉信息	眼睛
2	听觉信息	耳朵
3	嗅觉信息	鼻子
4	味觉信息	口舌
5	触觉信息	身体
6	意觉信息	脑子

综上所述，信息有六种类型：视觉信息、听觉信息、嗅觉信息、味觉信息、触觉信息和意觉信息。由于商品信息的形式多种多样，它们所表达的信息内容也就十分丰富。人类依靠人体六个感觉器官，通过感性和理性两个方面的信息活动来认识和改造经济界商品物流客观事物，为人类造福，推动社会经济不断向前发展，这是一个不以人的意志为转移的客观规律。商品信息运动尽管不是第一位的，但却是整个商品运动中非常重要的组成部分（见图2）。

作者研究认为，商品物流活动包括商品实物流、商品资金流和商品信息流的活动，其本质上就是商业活动，所以商品物流理论也就是商业理论。

（作者单位：北京交通大学物流研究院。原文载于《中国流通经济》2008年第11期，被《人大复印报刊资料·贸易经济》2009年第2期全文转载）

---

[1] 马克思：《资本论》第1卷，人民出版社1963年版，第62页。

基于大物流分形的 X 方物流结构与优化

侯汉平　徐寿波

"大物流论"不是从价值形态而是从实物形态着重研究物的运动规律。从研究物流的性质、对象、任务和方法论上看，"大物流"实质是一种复杂性复合式综合物流，[1] 因此，"大物流"英文翻译也可为 "Complexity-Composite-Comprehensiveness Material Flow"，简写为 C3MF。在大物流论里，其中物的流动论认为 Logistics 是物流管理而不是物流（MF）的含义，[2][3] 其理论的重要意义不仅使人们走出了长期以来存在的"物流管理就是物流"的认识误区，更重要的是回归到物流（MF）自身基本客观规律的研究中去。根据大物流论思想，我们在研究物流（MF）的性质中发现，物流业务活动实现的基本单元是 PMF，即物流的主体（Party）、物质（Material））和运动（Flow），且在供应链物流上存在以 PMF 为分形单元的自相似嵌套式结构，由此形成的 PMF 分形单元集合 XPMF 称为 X 方物流。[4] 这里的 X 是物流运作参与的各方物流主体数，它既可以是单数，也可以是复数，其值由物流服务的差别化和效率化的均衡来确定。对于提供 X 方物流的公司，可以通过建立自组织和自优化机制，实现物流分形单元 PMF 在其活动空间的调整和重构，从而为委托企业供应链提供动态物流解决方案。

一、物流的性质与 MF 分形

物流的性质可以划分为固有性质和非固有性质两类。[5]

物流的固有性质是指物的实体性质和运动性质，即 MF 性质；物流的非固有性质包括物流服务（Service）、管理（Management）、技术（Technology）和经济（Economy）四个方面，简写为 SMTE。[6]

---

① 徐寿波：《大物流论》，《中国流通经济》2005 年第 19 卷第 5 期，第 4～7 页。

② 徐寿波：《关于物流科学理论的几个问题》，《北方交通大学学报》（社会科学版）2002 年第 1 卷第 1 期，第 1～4 页。

③ 徐寿波：《关于物流科学理论的几个问题（续）》，《北方交通大学学报》（社会科学版）2003 年第 2 卷第 3 期，第 25～28 页。

④ 侯汉平：《第 X 方物流理论》，《北方交通大学学报》（社会科学版）2003 年第 2 卷第 4 期，第 25～28 页。

⑤ 徐寿波：《关于物流的科学分类问题》，《北方交通大学学报》（社会科学版）2002 年第 1 卷第 2 期，第 21～24 页。

⑥ 宋耀华：《论传统物流与现代物流》，《北京交通大学学报》（社会科学版）2004 年第 3 卷第 1 期，第 10～16 页。

物流固有性质 MF 是物流服务、管理、技术和经济（SMTE）非固有性质选择优化的客观对象，SMTE 揭示了 MF 效率改善的性质，提供了 MF 选择优化的途径和方法。只有 MF 而无 SMTE，那么，物流不仅不能造福于人类，反而可能会带来大量浪费和经济损失；反之，只有 SMTE 而无 MF，那么 SMTE 也就失去存在的意义。[①]

任何形式的物流都与 MF 这一固有性质密切相关，只要在供应链上截取满足 MF 固有性质的某一链环，则必然属于物流范畴。但要利用 MF 造福于人类，就必然伴随着人类有智慧的活动和思想，具体都反映在物流主体（Party）关于 SMTE 的选择优化活动中去了。显然，SMTE 是物流主体方面（Party）意志的体现和行为的优化过程，决定了物流活动的目的性、方向性和效率性等实际的运作状态。

从物流性质讲，任何物流业务都应包括主体（Party）、物质（Material）、运动（Flow）三部分。物流服务的 PMF 结构如图 1 所示。

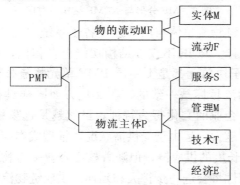

图 1 物流系统运作的 PMF 结构

任何物流系统无论是整体的还是部分的，企业内部的还是外部的，大到跨区域的宏观物流，小到工厂内部员工的物料搬运，缺少 PMF 任何一个要素，物流系统都无法有效益和高效率地运作，这是由物流固有性质和非固有性质决定的。

根据上述物流性质并结合物流外包原理，可知供应链物流任何子系统都具有 PMF 结构。无论 MF 是自营还是外包，必然都存在对其进行 SMTE 的控制主体 P。P/SMTE 在促进物流内部分工逐渐跨越企业边界向外部市场深化的过程中，当企业内增加一项交易的组织成本大于在市场上进行这项交易的成本时，企业就应该将这项交易放到公开的市场上去，[②] 据此，必然存在 PMF 外包之外包，对

① Yaohua Song, Hanping Hou："On Traditional Material Flow and Modern Material Flow"，*Proceeding of* 2004 *International Conference on Logistics / MF*，2004，pp. 67～76.

② Ronald Coase："The Nature of the Firm"，*Economic*，No. 4 (1937)，pp. 385～405.

于每一个物流子系统都可以有下一层次的 PMF 结构，这里借用 Sierprinsky 三角形①来表示供应链物流 PMF 的组织结构体系（见图2）。

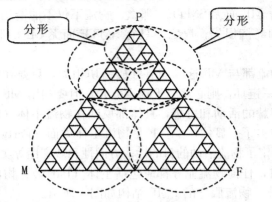

图 2　MF 分形与 XPMF 结构示意图

由此可见，供应链物流整体与局部以及各子系统之间均存在 PMF 结构和功能，遵循自相似的规律。PMF 不仅在结构功能上自相似，在目标方面也存在自相似，每一个 PMF 子块单元都是上一层 PMF 单元物流外包的一个分形，故其目标与整体供应链物流目标是一致的。在文化方面同样具有自相似特点，PMF 子块单元表现为核心企业的文化行为特征，虽然越是远离核心企业，PMF 文化行为规范自相似差异越大，且由于受供需状况、管理成本和次级企业发展要求的影响，不会形成无限长度的供应链，但随着核心企业多方物流服务商的构筑，这种文化行为的自相似性将会进一步扩大和延伸。供应链物流结构的自相似性强调自主，目标的自相似性强调自律，文化的自相似性强调协同。

可以说，供应链物流系统内任何一个相对独立的 PMF 子块单元，在结构、目标和文化等方面一定程度上都是整体的再现和缩影，可以把这种供应链物流自相似嵌套式 PMF 结构体系称为物流分形，把物流分形体系内 PMF 子块单元称为物流分形单元。由物流性质所决定，PMF 分形单元除了自相似性外，它们还具有自组织和自优化的特征，在结构功能上有相对的内部完整性，并与其周围部分有着明确的边界，这些 PMF 分形单元的集合就构成了 XPMF。每个 PMF 单元活动空间由目标、资源、约束三个坐标轴组成的三维空间②如图3所示。

图中显示了 PMF 分形单元的两种位置，▲表示 PMF 合理位置，在此范围

---

① Sierprinsky: "Sur une courbe cantorienne qui contient une image biunivoquet et continue detoute courbe donne", C. R. Acad Paris, Vol. 162 (1916), pp. 629~632.

② Hartmann M. Merkmale zur Wandlungsf: bigkeit von Produktion-systemen, Prof. Dr. — Ing. H. K. hnle (editor). Dissertation University Magdeburg, 1995.

内可以执行所有决定；如果 PMF 不能停留在给定的区域内，其位置标为非合理位置（△）。

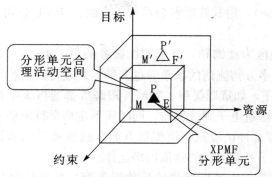

图 3 XMPF 分形单元活动空间示意图

活动空间表示 PMF 分形单元的自治权，自治权大小随活动空间的增大而增加。目标坐标轴体现了 XPMF 公司的运作策略，为了实现单元预期的协作，通过定义公司总目标和分形单元目标自相似，使单元目标与企业目标一致，全部分形单元都为共同总目标而努力，能够消除分形单元的广泛自治与相互协作之间的显著矛盾，可以避免由于各分形单元的高度自治而导致混沌；资源坐标轴表示分形单元的 SMTE 能力，每个分形单元可以自组织和自优化，决定和采用相应的方法、路线和工具等，分形单元只有在获得一定的资源时才能执行和完成相应任务；约束坐标轴表示限制，反映了分形单元在实现上述目标和能力上的可能性大小。

二、XPMF 的形成与组织：一个 X 方物流公司运作案例分析

基于大物流论的 MF 性质及其分形特征揭示了 X 方物流（XPMF）形成的内在本质和规律，然而，推动 MF 分形的外部动力还在于供应链物流出现的新变化和新趋势。下面通过文献①中戴姆勒—克莱斯勒引入 XPMF 的情况进行分析研究。

Exel 是世界上最大的供应链管理公司之一。从 20 世纪 80 年代末开始，Exel 管理着戴姆勒—克莱斯勒在美国和墨西哥的零部件组装及维修配件的供应业务，通过并购波士顿的一家为戴姆勒—克莱斯勒负责汽车维修配件配送的 Minuteman 运输公司，并组建区域配送和综合物流中心，为戴姆勒—克莱斯勒的生产和组装提供支持，同时把汽车零部件从戴姆勒—克莱斯勒配件生产部门配送给经销商。Exel 提供的服务范围相当广泛，包括路线计划和执行、零部件配送至生产线的

① Robert J. Bowman："Daimler Chrysler：Extreme Logistics? Putting an 'X' in Third—Party Services"，in http：//www. glscs. com.

顺序安排、运输整合、配送、进出口货运的管理、运输整体管理和反向物流的信息管理等。实质上，戴姆勒—克莱斯勒已经把 Exel 看作是公司的一个延伸企业（extended enterprise），由其管理着公司与供应商、3PMF 公司、4PMF 公司之间的关系。

Exel 在北美地区为戴姆勒—克莱斯勒服务的员工有 800 多人，Exel 内部的联系、与客户以及多方物流商的联系通过多种方式进行：组装厂的运营主要依靠 EDI，许多生产程序，如货运提单、零部件跟踪等都通过无纸化实现；周度、月度运行报告一般都通过电子邮件发布；同时还不定期举行电话会议或碰头会。可以说 Exel 在汽车零部件供应及物流配送方面全权负责了戴姆勒—克莱斯勒公司的战略执行，构成了一套完整的物流网络运作。

Exel 既是戴姆勒—克莱斯勒物流延伸服务商、零部件组装及维修配件的供应商，又是专业物流运营商、供应链物流解决方案的提供商。由于其在供应链物流活动中的多重角色地位，用现有物流模式理论不能说明 Exel 是第几方物流。根据 XPMF 分形理论，Exel 实际上就是典型的 XPMF 公司，它为戴姆勒—克莱斯勒提供的多方物流就是 PMF 分形单元集合中最复杂的一种组合，其具体组织实现过程可从以下四个方面来分析：

1. Exel 是供应链核心企业大物流综合服务商（XPMF 公司）。众所周知，物流业务外包有许多好处，例如，它能减少委托企业在非核心业务或活动方面的精力和时间，改善顾客服务，有效地降低某些业务活动的成本以及简化相应的管理关系等，但由此可能带来物流实际控制权转移问题。与此同时，对企业自营物流的协调与管理也有它的好处，它能够在组织内部培育物流管理的技能，对客户服务水准和相应的成本实施严格的控制，并且与关键顾客保持密切的关系和直接面对面的沟通。正是出于以上两方面的考虑，Exel 并没有采用单一的模式来应对企业物流的要求，而是通过资本参与或长期合作的方式，在委托企业的边界处将外包和自营两种物流管理形态融为一体，在统一的指挥和调度之下，不出现第四方物流，便可以将企业自营物流与外部物流整合在一起，这与现有物流服务模式有本质的不同。

2. Exel 与戴姆勒—克莱斯勒在业务活动方面出现了向各自对方领域扩展的情形。其扩展的目的在于物流各方主体掌握物流控制权，推动有利于自身的物流活动和流通形式。在当今供应链环境下，不同经济主体形式（包括供应商、制造商、物流服务运营商、批发商、零售商、用户等）面对的物流服务问题是不一样的，它们都在调整自身的物流活动，表现为第一/二方企业的物流外包而不丧失控制权；第三/四方企业物流服务外包而不失去主动权，目的都在于加强对物流过程的管理与控制，构筑自己富有效率的物流服务体系，实现物流服务的差别化和效率化，因而实践中不可能存在同一的物流服务模式，必然呈现出多样化 PMF 物流服务形态。

戴姆勒—克莱斯勒不仅是 Exel 的重要客户，构成 Exel 生存发展的基础或市场，同时也是 Exel 物流的参与者，Exel 的物流服务需要委托企业直接参与并且加以控制；对 Exel 来说，它不仅是委托企业外部物流运营商，而且是其零部件业务的供应商，同时进入委托企业内部工作，运作和使用其物流资产、人员和管理系统。Exel 与委托企业这种各自向对方领域的相互转移和渗透，必然在供应链上出现 XPMF 分形结构。本案例基本分形结构为：

$$X_\Sigma = 1 + 2 + 3 + 4 + 5$$

既具有第一/二方物流性质，又具有第三/四/五方物流性质。

3. Exel 公司的独立性和动态性。Exel 虽然为了实现对特定客户的内外资源进行整合，出现了与委托企业合资的状况，但这并不意味着 Exel 是从属或受制于委托企业。Exel 不仅仅是为一家企业服务而是为多家企业共同服务，如果 Exel 难以保证自己企业的独立性，那么就很难吸引其他客户企业进入，Exel 自身发展的空间就会受到极大的限制。同时，面对当今客户需求变化和不确定性，必然要求 Exel 公司提供的 X 方物流具有动态重组和可转换性，以适应供应链系统的调整和变化，而 XPMF 分形结构为提供动态的物流服务模式提供了可能。

4. Exel 是戴姆勒—克莱斯勒与众多物流服务提供商或 IT 服务提供商之间唯一的中介。现有物流服务模式不完全具备这一特征，如第四方物流还可以通过第三方物流为纽带与委托企业联系，而 Exel 根据委托企业需要，通过与物流服务组织合资、并购或签订长期合作协议，为不同的供应链企业提供单方或多方分形动态组合物流服务，这意味着 1PMF—5PMF 物流分形在 Exel 的统一管理下运作，由 Exel 实现戴姆勒—克莱斯勒内外物流资源和管理的集成，提供全面的供应链物流解决方案。因此，Exel 不仅要具备某个或几个业务管理方面的核心能力，更要拥有全面的综合管理能力和协调能力，将不同企业的资源进行有机整合，从而形成 Exel 独特的服务技能。本案例 Exel 提供的是包括 1PMF—5PMF 的全方位、纵深化的多方物流服务。在实践中，可根据委托企业的需要组合配置物流供应链解决方案。

从戴姆勒—克莱斯勒引入 Exel 的案例可以认识到，XPMF 的形成与组织要具备一些基本条件：一是要成为供应链核心企业物流自营与外包相结合的大物流综合服务商；二是要对供应链各经济主体构筑的 PMF 分形单元进行管理和融合；三是要根据委托企业需求变化和物流分形特征，提供一套动态供应链物流解决方案。

三、XPMF 基本分形结构及其优化

前面从大物流 MF 内在本质和外在需求变化趋势两个方面分析了 XPMF 的

形成与组织。根据 Ronald Coase 的《企业的性质》，供应链企业内外部 PMF 集合中 X 值，应该在企业内 PMF 单元组织成本与市场上 PMF 单元交易成本的均衡点上取得，如果企业内增加一项 PMF 的组织成本大于在市场上进行这项交易的成本时，企业就应该将这项交易放到公开的市场上去。从现有 PMF 分形单元出发，可以给出 XPMF 基本分形结构，如表 1 所示。

表 1　XPMF 分形动态基本结构

服务模式 X_0	XPMF										
	1				2			3		4	5
X_Σ	1+2 1+3 1+4 1+5	1+2+3 1+2+4 1+2+5 1+3+4 1+3+5 1+4+5	1+2+3+4 1+2+3+4 1+2+4+5 1+3+4+5	1+2+3+4+5	2+3 2+4 2+5	2+3+4 2+3+5 2+4+5	2+3+4+5	3+4 3+5	3+4+5	4+5	
XPMF 结构模型	▲▲	▲▲ ▲	▲ ▲▲	▲▲ ▲▲	▲▲	▲ ▲▽	▲▲ ▲▲	▲▲	▲▲ ▲	▲▲	
X 方综合物流	两方综合物流	三方综合物流	四方综合物流	五方综合物流	两方综合物流	三方综合物流	四方综合物流	两方综合物流	三方综合物流	两方综合物流	

其中 X_0 表示单方物流[1]已对此作了定义，不再赘述。X_Σ 表示多方物流分形单元组合方案。表中未考虑供应链各经济主体物流控制权的差异，从形式上剔除掉了各类重复的分形单元组合，给出了 31 种 XPMF 分形基本结构，这些基本结构之间还可以重构成更复杂的 XPMF，这里不再详述。XPMF 公司可以根据需求变化以及分形单元在活动空间的调整情况，为委托企业设计并提供动态的 XPMF 服务。

面对当今客户需求变化和不确定性，供应链系统必然要求进行相应的变化和改善，基于供应链的 XPMF 分形单元也必然随之在数量、性质及相互协作方式等方面都会有所不同或发生相应的变化。即使是在既定的供应链动态企业联盟的前提下，由于产品及市场的变化引起企业内部的组织机构、经营策略等的调整，也必然要求物流服务模式及其管理规程、业务流程、管理信息内容等发生相应的联动和权变。另外，信息技术的发展也必将引起支撑系统的软、硬件及其物流组

---

[1]　侯汉平：《第 X 方物流理论》，《北方交通大学学报》（社会科学版）2003 年第 2 期，第 25～28 页。

织方式等发生变化。而 XPMF 分形动态结构正好为这种基于供应链物流服务模式的变化提供了组织保证。

XPMF 分形单元一方面自治，一方面相互合作。如果分形单元只有自治，而没有相互合作，则必然会造成供应链物流的分割；但若强调分形单元的合作，忽视单元之间的自治，又会使 XPMF 缺乏可重构性。因此，对分形单元的自治与合作要进行综合考虑，有效的方法是在其活动空间内通过分形单元的自相似、自组织和自优化过程，实现分形单元对外标准"接口"，能够在"标准插座"上"随插随用"，以组成新的 XPMF 结构，适应供应链环境变化。

XPMF 公司的动态结构优化主要体现在两个方面：一是当环境比较稳定或业务变化可长期预测时，XPMF 系统结构随之稳定演变和发展；二是当环境激烈变化或业务变化不可预测时，XPMF 系统结构可以快速彻底重组。XPMF 公司动态结构的重构自组织和自优化包括三种过程，如图 4 所示。①

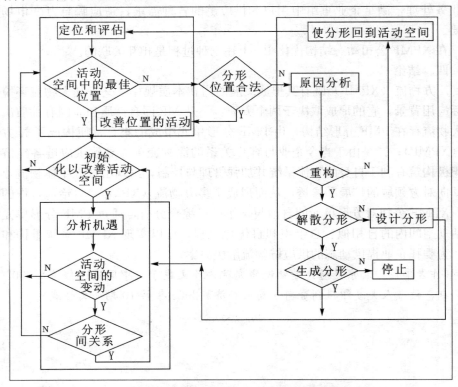

图 4　X 方物流自组织和自优化操作模型

---

① Hartmann M, Borgmann C.："Strengthening the Linkage of Strategy with Operations in Decentralized Units—Dynamic Production and Organization Structures"，沈阳先进制造研讨会，1997 年，第 5 页。

（1）当供应链环境变化时，对分形单元造成扰动，分形单元对其位置进行定位和评估。如分形单元位于活动空间内，但不是最佳位置，则需要在活动空间内从目标、资源和约束三方面调整到最佳。

（2）如果只在活动空间内改变位置不能应付环境变化时，分形单元通过改变活动空间的大小进行自优化。改变活动空间时，首先分析机遇与可能性，然后改变相应分形单元的活动空间。如果该分形单元与其他分形单元有关，则需要进一步改变相关分形单元的活动空间。

（3）如果分形单元位于其活动空间外，则需要进行自组织。首先分析原因，不需要重构则将分形单元拉回其原活动空间。如果需要重构，则重新设计相关分形单元，或者取消该分形单元并且创建新的分形单元，通过 XPMF 公司对分形单元的"释放"（去掉某些单元）与"吸收"（增加某些单元），进行 XPMF 动态移植、渐变和重构等变换，快速地反应，完成企业自适应改变和物流业务处理，满足企业重组中用户和供应链的各种需求，适应瞬息万变市场的需要。

在 XPMF 公司动态结构优化中，上述三种过程是相互关联的。

四、结论

X 方物流（XPMF）既有其形成发展的内在本质规律，又有其大物流环境下实际应用背景，它的形成取决于两个方面：一是 MF 固有性质和非固有性质决定了大物流存在 PMF 分形结构，由 PMF 分形单元组成的集合，便构成了 X 方物流（XPMF）；二是由于当今企业与客户关系的深刻变革，导致供应链各经济主体积极构筑有利于自身的物流系统并加强管理与控制，出现了各方主体物流业务活动向对方领域的扩展和渗透，从而形成了多方物流（XPMF）自治与合作的情形。XPMF 公司对分形单元的自治与合作进行综合分析，通过 PMF 分形单元在其活动空间内的自相似、自组织和自优化过程，可以实现 XPMF 系统重构和转换，为委托企业提供动态的供应链物流解决方案。

（作者单位：北京交通大学物流研究院。原文载于《中国流通经济》2005 年第 7 期，被《人大复印报刊资料·商业经济》2005 年第 10 期全文转载）

大物流与循环经济

陈建中

中国工程院院士徐寿波先生自 1985 年提出物流新概念以来，他对物流科学理论进行了深入系统的研究，逐步形成了他的"大物流理论"。①②③ 这一理论逐渐引起国内外学术界的关注，同时也得到政府有关部门领导的重视与肯定。下面，我从三个方面谈谈对大物流论的认识。

一、大物流：经济全球化的客观要求与必然产物

自 20 世纪 70 年代以来，随着科技进步与生产力的发展，经济全球化趋势迅速发展。经济全球化是指生产要素跨越国界，在全球范围内自由流动和优化配置，使世界经济相互融合成一个整体的历史过程。它是生产社会化和现代经济发展的集中表现，也是人类社会生产力发展的客观规律。

1. 大物流理论是经济全球化的必然产物。经济全球化是生产要素在全球范围内的自由流动、优化配置过程，所以它对物流业的发展在客观上提出了更高的要求，传统的物流理论与物流产业很难适应经济全球化的客观要求，这就使适应现代经济发展现实需要的大物流理论的产生成为可能。

（1）生产全球化是大物流理论产生的物质基础。经济全球化首先表现为生产活动全球化，围绕生产活动的价值供应链也要求全球化，因而对连接着生产与消费的物流产业来说，提出了更高的要求。生产全球化主要表现为传统的国际分工正在演变为世界性的分工，即从传统的以自然资源为基础的分工逐步发展成为以现代工艺、技术为基础的分工，并形成世界性的生产网络，各国生产成为世界生产的一部分，成为商品价值链中的一个环节，它有利于世界各国充分发挥优势，节约社会劳动，使生产要素达到合理配置，提高经济效益。生产全球化要求作为生产要素的能源流、原材料流、商品流、信息流、资金流、人才流、技术流等自由流动和合理配置，而且以越来越大的规模在全球范围内展开。传统物流（我们姑且称其为小物流）难以适应经济全球化的要求，生产全球化自然成为大物流理论产生的基础。

---

① 徐寿波：《大物流论》，《中国流通经济》2005 年第 5 期，第 4～7 页。

② 侯汉平、徐寿波：《基于大物流分形的 X 方物流结构与优化》，《中国流通经济》2005 年第 7 期，第 6～10 页。

③ 徐寿波：《大物流再论》，《中国流通经济》2007 年第 10 期，第 7～9 页。

（2）贸易全球化即大国际贸易也促进了大物流理论的产生。第二次世界大战后国际贸易以空前的规模和速度增长。1950 年世界出口贸易额仅为 610 亿美元，到 2000 年已高达 61800 亿美元。国际贸易对世界经济拉动作用增强，服务贸易发展迅速，国际货物贸易品种呈现多样化。而世界贸易组织的建立，使多边贸易体制正式确立。贸易全球化使得更多国家的经济依赖性增强，各国之间的货物、服务、资金、技术和市场高度融合，形成"你中有我，我中有你"的局面，相互依存、相互依赖，更多国家的经济发展依赖外贸，特别是对出口的依赖。随着大国际贸易概念的出现，催生了大物流理论的产生。

（3）金融全球化和国际资本的快速流通为大物流理论提供了资金条件。20世纪 90 年代以来，经济全球化加速了国际资本的快速流动。为了提高本国银行的竞争力，西方发达国家大银行通过收购、兼并加快了金融国际化步伐。欧洲统一大市场的建立，促成了欧元区的产生，使欧洲的金融市场演变为真正的国际金融市场，地区性经贸集团的金融业出现一体化。随着资本市场迅猛扩大，投资活动遍及全球，投资主体多元化，投资成为经济发展的新支点。金融全球化有利于提高金融市场效率，优化资源配置，调节国际收支，加深了各国经济上的相互依存，特别是在金融自由化趋势下，巨额游资在全球各地金融市场的迅速流通，使全球金融市场高度关联互动，也使得主权国家金融政策的独立性受到削弱，金融危机对发展中国家经济安全提出挑战。金融国际化和资本快速国际流通也呼唤大物流理论的产生。

（4）信息技术国际化推动了大物流理论的形成与发展。20 世纪 50 年代的信息革命，是从美国开始的。计算机的发明与应用，电脑与电信的结合，互联网的普及，使信息产业成为主导产业，其标志就是数字化、网络化、智能化。信息技术加速了经济全球化的形成，相对工业化来说，它具有补充作用：弥补了工业化的不足，如有利于降低消耗、增加效益、减轻污染；也具有替代作用：用信息资源部分地替代物质、能量资源；还具有协同作用：提供新机遇、新途径，促进自组织和演化过程。实际上，信息时代的到来，在促进经济全球化的过程中也促进传统的资源经济向信息经济和知识经济过渡，用不完全信息假设替代完全信息假设来修正传统市场经济理论。由于信息不对称会加大交易和流通成本，相反则会降低交易与流通成本，同时贸易无纸化、管理信息化，电子化贸易手段的普遍使用、电子数据交换（EDI）已在国际贸易中广泛使用，如电子商务（EC）、电子贸易撮合（ETM）、电子资金转账（ETF）等已应用于市场经济的各个领域，大大降低了交易成本与物流成本，推动了大物流理论的形成与发展。

2. 大物流理论的产生与发展，是生产社会化与经济全球化的客观要求，同时也是人类社会科技发展与生产力发展的必然规律。与小生产相联系的是微观物流即小物流；与机器生产相联系的是局部的中观物流即区域物流；而与现代经济与信息技术相联系的则是宏观物流即大物流。大物流理论的提出，既不同于我国传统的物流理论，也不同于西方的物流理论，是我国物流学者的一个原创性理论。

（1）大物流理论提出的"物的流动论"和"综合物流论"，有利于世界资源的合理流动与综合利用。大物流的物流（Material Flow，MF）是自然界物流、社会界物流与经济界物流的总称，它是指宏观物品的流动与微观物质的流动的统一。而西方物流概念无论是 Physical Distribution（PD）还是 Logistics 都是大物流的一部分即小物流。自然界物流是无目的的自然行为；社会界物流是有目的的非赢利非经济行为；而经济界物流是有赢利目的的经济行为，传统小物流只重视经济物流即经济利益，忽略社会利益和生态利益。工业社会后，人类追逐经济利益的物流活动造成包括自然资源在内的自然物和商品经济的物的非均衡非平衡流动，特别是发达国家对全球资源的掠夺、开采、垄断、高消耗、高排放，造成了全球性的能源问题、环境问题、南北问题等。大物流理论从宏观与微观相统一的基础上提出了新的理念，实现自然界物流、社会界物流、经济界物流的内在联系与统一，以达到自然资源与社会资源的合理流动、均衡发展及综合利用，最终实现生态平衡、资源合理利用和社会的可持续发展（见表1）。

表　小物流与大物流模式比较

物流模式	目的	范围	特征	结果
小物流 （经济物流）	追逐经济利益	自然物 经济物	非均衡非平衡流动 掠夺性开采 高消耗高排放	能源问题 环境问题 南北问题
大物流	实现生态平衡 可持续发展	自然界物流 社会界物流 经济界物流	合理流动 均衡发展 综合利用	生态平衡 可持续发展

（2）"大物流科技论"的提出有利于物流科学技术的研发与生产力的发展。德国经济学家提出未来世界只有三种人：生产者、物流者、消费者；徐寿波院士提出人类社会有三大科学技术：生产科学技术、物流科学技术、消费科学技术。传统物流定义认为"物流管理就是物流"，从而影响了物流科学技术的全面发展，迄今也没有形成独立的物流科学技术体系。因此创建独立的物流科学技术体系，加强物流科学技术研究，对于实现科教兴国战略和物流生产力发展有重要现实意义。

（3）大物流理论的提出有利于物流学科理论建设与人才培养。徐寿波院士关于物流科学技术学科体系的设想，主要包括四大部分：一是物流科学技术基础学科；二是物流工程技术学科；三是物流科学理论学科；四是物流科学技术其他学科。并具体列出了每个学科的研究方向与基本内容，这为物流学科理论建设与人才培养勾画了一幅蓝图，也指明了正确的发展方向。

（4）"大物流工程论"与"大物流产业论"为我国形成大物流产业群指明了途径和方向。国民经济由生产、流通、消费三大领域组成，从实物形态看，即由生产、物流、消费三大支柱产业群组成。我国第一支柱产业群"生产"和第三支柱产业群"消费"发展较快，而第二支柱产业群"物流"却相对落后，当前我国经济发展的瓶颈是生产成本较低，而交易（流通）成本很高，其中最根本的原因就是物流产业发展滞后和相当脆弱。因此尽快发展大物流产业群是实现中国经济又好又快发展的基础和关键。

二、大物流：循环经济发展的物流新模式

世界资源是有限的，而人类的需求欲望却是无限的。随着经济全球化的发展，各国经济发展对资源的依赖和需求不断增长，资源供应越来越紧张。在人类社会经济发展进程中，曾经历了三种发展模式，[①] 与此相应也形成了三种物流模式。

1. 传统经济模式及以此为基础的传统物流模式。传统经济发展模式被称为人类中心主义，即一切以人类利益为出发点和评价标准，以维护人的价值和权利作为最终价值依据，来衡量自然界的生命物质与非生命物质是否对人类有利或给人类带来好处与利益。这种观念导致了资源的无偿占用、掠夺性开发和过度消耗与浪费。传统经济发展模式即"资源—产品—污染排放"的单向线性开放式经济过程，不考虑资源与环境问题。与此相应的传统物流模式为："生产—流通—消费—废弃物排放"的单向线性开放式物流过程即小物流。所谓小物流，是指它仅是大物流 MF 的一部分，多局限在商品实体配送和物质资料从供给者向需求者的物理性移动，而不是自然界物流、社会界物流与经济界物流相互联系、相互统一的大物流。传统经济发展模式与物流模式造成地球资源的无节制消耗—无节制消费欲望的满足—生产生活废弃物的大量排放，最终导致地球资源的严重枯竭，环境不断恶化。

2. 生产过程末端治理经济模式及以此为基础的逆向物流模式。这种经济模式强调，在生产过程的末端采取措施治理污染，即西方国家工业化过程中出现的"先污染，后治理"的做法。随着环境问题、能源问题的出现，人们意识到问题的严重性，于是开始采取生产末端治理方式来解决资源环境问题。这种模式被称为生命中心主义，即认为自然界所有生命物质都是有价值的，因此应重视环境问

---

① 冯之浚：《循环经济与立法研究》，《中国流通经济》2007 年第 9 期，第 7～10 页。

题，但忽略了非生命物质即自然资源的价值与合理利用。这种生产过程末端治理模式即"资源—产品—废弃物排放—治理"的单向线性开放式经济过程。与此相应的物流模式为"生产—流通—消费—逆向物流"的单向线性开放式物流过程。其实这种物流模式仍属于小物流，即仍局限在商品实体配送与回收阶段。这种废弃物回收有的是企业自身行为，有的是社会行为如废品公司回收行为等。这种方式短期内会取得一定效果，但从整个社会经济运行过程来看，末端治理模式和逆向物流模式不仅成本巨大，属于事后处理，有些污染物的影响极其严重与深远，而且不能从根本上解决资源日趋枯竭的问题。

3. 循环经济发展模式及以此为基础的大物流新模式。为了解决地球资源的有限性和人的需求欲望的无限性的矛盾，更加合理地利用自然资源，实现人类社会的可持续发展，循环经济的发展模式便应运而生，大物流论则是适应循环经济发展要求而出现的一种新的物流模式。循环经济是按照自然生态物质循环方式运行的经济模式，它要求遵循生态规律，合理利用自然资源，在物质资源不断循环利用的基础上发展经济，遵循"减量化、再利用、资源化"原则，采用全过程处理方式，以达到减少进入生产流程的物质资源即减量化、以不同方式多次反复利用某种资源即再利用以及生产生活废弃物综合利用即资源化的目的。这种模式被称为生态中心主义，认为自然界的所有资源都是有价值的，生态系统是一个整体，局部的破坏会伤害整个生态系统的整体利益。循环经济的发展模式是"资源—产品—再生资源"的闭环反馈式循环过程，与此相应的大物流的新模式是"资源—生产—流通—消费—再生资源"的闭环反馈式全过程处理的循环物流过程。与传统小物流不同的是，大物流新模式是一种全过程处理模式，即企业从产品的设计开始，经过生产、流通、消费到再生产的全过程都要考虑产业废弃物的回收和再利用，对生产过程中产生的产业废弃物和流通、消费后的废弃产品的回收和再生利用进行全过程处理，既可以实现生产、流通、消费过程中尽量减少资源的进入和消耗的减量化原则；又可以通过回收实现将再生资源翻新、再制造后继续使用的再利用原则；还可以实现把开采过程的共生、伴生资源以及生产、流通、消费过程中产生的废弃产品回收再生利用的资源化原则。其实世界上没有垃圾，只有放错了地方的资源。大物流新模式就是要把所有资源流动到它应该去的地方，实现自然界物流、社会界物流、经济界物流的实物形态的循环利用，有利于提高经济效益，节约资源，改善生态环境，是建设资源节约型、环境友好型社会的一种新物流模式，也是发展循环经济，落实科学发展观，实现可持续发展的有效途径。

三、大物流与全球企业集成

经济全球化表现为生产全球化、贸易全球化、金融全球化、信息全球化等。

从大物流论来说，表现为物品流、商流、资金流、信息流的一体化趋势。然而居高不下的物流成本阻止了企业的市场扩张，要发展成为地区性、全国性乃至全球性的大企业，就必须走企业集成的道路，这是实现实物形态大物流的组织协调与信息决策保障。

1. 企业集成是实现实物形态大物流的客观基础。丁俊发会长有一个观点：西方人打桥牌注重配合与团队精神，中国人打麻将是各自为战，这是小生产思维方式与观念的反映。企业集成就是要强调整体协作。一个产业为了赢得竞争，必须采取被称为世界级的行为，即"永远合格的产品和过程，最短的周转时间，独具的核心竞争力，在产业范围内诠释卓越制造的领导地位以及在开发最优秀人员上的领导地位"。而形成世界级行为的条件不是劳动与资本，而是信息的有效性和易用性以及协调行动和决策的能力。[①]

一种基本的组织理论信条是一个组织的规模可以通过分解成为更小的单元而得到控制。这种分解出现两个问题：信息与协调。信息流在分立、垂直的单元中常常会被削弱，及时获得正确的信息变得困难；同时管理者必须对所有独立的单元上的决策与行动进行协调。在竞争日益激烈的环境中要实现组织的目标，决策方式显得十分紧迫又要具有柔性。管理者以企业集成作为解决方案，而企业的世界级行为也可以通过企业集成来实现。[②]

采用企业集成原则的组织将会发生变化，个体间的联系方式由等级式变为点对点，个体和小组间的相互作用通过对话和商议受到管理，信息的沟通与重要性超过等级。基于上述原则，企业集成由两个方面组成：一是更好的组织结构与行为设计；二是信息技术的应用，以提供信息获取、决策支持以及对实施行动的决定与取舍。这就是说，企业集成通过信息技术实现信息的有效性与易用性，以更好地提高决策能力和更有效地协调行动，能够迅速地响应市场变化，[③] 因此企业集成是实现大物流产业论和实物形态大物流的客观基础。

2. 企业集成的形式、层次与模型。企业集成在具体实施时会出现偏差，比较典型的问题是企业内产生了大量的信息孤岛现象，高费用的软件系统大多被用作孤立的解决方案，先进的管理理念等都无法有效付诸实施，不少学者与企业界人士提出了企业集成的概念。信息集成、过程集成、企业集成是相辅相成的。信息集成不是简单地从技术上实现企业内部各部门之间的信息共享，而是要从系统

---

① 加拿大多伦多大学企业集成实验室：《什么是企业集成》，余彤鹰编译，2000 年 11 月 1 日，见 http:// www. ee-forum. org / ei. html。

② 加拿大多伦多大学企业集成实验室：《什么是企业集成》，余彤鹰编译，2000 年 11 月 1 日，见 http:// www. ee-forum. org / ei. html。

③ 加拿大多伦多大学企业集成实验室：《什么是企业集成》，余彤鹰编译，2000 年 11 月 1 日，见 http:// www. ee-forum. org / ei. html。

运行角度保证系统中每个部分在运行的每个阶段，都能将信息在正确的时间、正确的地点、以正确的方式传送给需要该信息的人。过程集成是在完成信息集成的基础上，进行企业流程之间的协调，消除企业流程中各种冗余的非增值的流程活动，以及人为因素造成的影响企业流程效率的一切障碍，使企业流程达到总体最优。① 企业集成主要指的是沿着产品供应链方向上同类或互补企业之间为追逐共同的市场机遇而形成虚拟企业（动态联盟）之间的集成，因此企业集成也可以理解为虚拟企业之间实现的信息集成和过程集成。

关于企业集成的层次，由于企业的信息系统日益庞大、业务系统繁多，集成的方式、内涵都发生了很大变化，企业所要求的业务集成是多层次的，基本上可分为：用户互动、应用连接、流程整合、建立集成和信息集成，这5个层次既相对独立，又紧密联系，企业可根据实际需要逐渐展开实现企业集成的目标。②

从大物流产业论来看，一个企业、企业群或者产业群，要适应市场要求，关键是企业集成的好坏。而企业集成，又可分为三种模型，即宏观集成、中观集成和微观集成。所谓宏观集成，指一个企业群或产业群，松耦合地或紧耦合地集成在一起，在金融上相互支援或相互统筹，形成宏观集成，在国内外市场上保持灵敏反应，逐渐扩大市场，形成强大的竞争力。中观集成，是以产品或服务为中心的企业群的集成，如一个"主机"制造企业，与一群供应企业和销售企业集成，"主机"企业联系着两条供应链：即生产供应链与销售供应链，最终形成集成化供应链，以保持快速反应能力和适应市场需要。微观集成是一个企业内部各部分之间的集成。微观集成是基础细胞，每个企业内部的行为应该是最优的，并为企业中观集成和宏观集成奠定基础。③

3. 企业集成是实现实物形态大物流的有效途径。物流系统是一个复杂的系统，从性质来看，包括自然界物流、社会界物流、经济界物流；从内容来看，包括能流、物流、商流、资金流、信息流等；从管理形式来看，包括一体化物流管理模式、供应链管理、第三方物流、即时物流和物流信息系统等；从范围来看，有国际物流、区域物流、地区物流、地方物流等；从形式来看，有水运、陆运、空运等形式。而企业集成是实现大物流的有效途径，可以达到实物形态大物流的信息集成与过程集成，实现信息的畅通无阻和提高组织的协调决策能力。即使是小物流的物流管理过程如仓储、配送、运输、包装等，也能实现快速反应。（1）虚拟库存（Virtual Inventory）及数据仓库等技术的出现，如果需求完全确定的

① 赵天奇：《协同产品商务与企业集成》，《计算机辅助设计与制造》2001年第8期，第9~11页。

② 四木：《企业集成要分层次》，2002年7月18日，见 http://www.amteam.org/k/EAI/2002-7/447834.html。

③ 邓子琼：《企业集成的三层模型》，《计算机集成制造系统》1997年第3期，第8~14页。

情况下，供应链各个环节做到无缝连接，完全可以减少库存甚至实现零库存。(2) 信息集成通过地理信息系统（GIS）、卫星定位系统（GPS）、运输管理系统（TMS）等信息技术的应用，可以有效减少无效运输现象，减少空驶、优化运输路线与合理拼载、缩短运输距离和运输时间、提高车船运载利用率等。(3) 企业集成为物流运输工具的衔接和装卸搬运的无缝连接创造了可能。无论是传统的"四就直拨"（就厂、就库、就车站码头、就车船），还是近年出现的直接换装（Cross-docking），都以快速反应的信息系统为基础，使物品在接口功能上达到时间最短、效率最高、装卸搬运作业量达到最低。(4) 企业集成还有利于制定推行统一的物流标准，简化包装，减少货物损坏成本等。总之，企业集成为实现实物形态的大物流提供了一条有效途径。

综上所说，小物流即经济物流由于利益驱动会造成对全球资源的掠夺、开采、垄断与高消耗，形成资源的非均衡非平衡流动，造成全球性的能源问题、环境问题、南北问题等。大物流能实现自然资源的循环利用，有利于节约资源，保护环境，实现经济社会的可持续发展。因此，大物流论是物流科学技术基础理论研究的一个重大突破，是物流领域的一场革命。

（作者单位：北京物资学院。原文载于《中国流通经济》2007 年第 11 期，《新华文摘》2008 年第 5 期论点摘编，《高等学校文科学术文摘》2008 年第 1 期学术卡片，《中国社会科学文摘》2008 年第 5 期全文转载）

启动理性的物流需求

王之泰

一、物流需求方——生产企业的物流活动

企业的物流需求来自于企业自身经济活动的需要，按照与企业生产工艺过程联系的紧密程度可分为三种类型：

首先，是融合在生产工艺过程之中的物流。企业各项生产活动本身，都会产生对物流的需求。一般而言，这些需求中有很大一部分融合在生产活动的工艺过程之中，在一个确定的工艺过程中，完成这个工艺过程所需要的物流活动就是工艺过程的一部分。如果不对工艺过程作出改变，物流活动不可能分立和独立出来。以机械制造工业传送带式工艺为例，连接两个工序的传送带或者在传送带上进行装配的工艺过程中的物流活动就属于这种类型。

第二，是与生产工艺过程密切相关的相对分立的物流。所有的生产工艺流程都需要与外部进行衔接，这就派生出很多分支流程，它们之间的物流联系，有一部分是相对分立和独立的。仍然以机械制造工业传送带式工艺为例，在传送带式流水线装配活动中，需要有物流活动准时地将自己生产或外购的零部件送达传送带，这也是总体工艺过程的一部分，但没有与主二艺过程完全融合在一起，物流活动具有相对分立的特点。

第三，是与生产工艺过程无关的企业生产活动前后两端的独立物流。也就是伴随着原材料、零部件供应发生在厂内外的物流活动，以及伴随着产成品、半成品销售发生在厂内外的物流活动。这是企业与外部进行连接的物流，是跨越企业内外的物流流程。

二、生产企业的物流需求

上述物流活动派生出了若干种类的物流需求，这里不可能进行全面的细分，仅列举其中比较重要的几种：（1）与主体工艺过程一体化的物流需求，例如水泥生产企业的回转窑、冶金生产企业的高炉等与高温化学反应一体化的物流需求；（2）与辅助工艺过程一体化的物流需求，例如电厂配煤工艺过程中的物流需求；（3）与辅助工艺过程相关的独立的物流需求，例如水泥熟料仓库、机械制造业中间仓库以及相关的装卸、搬运物流活动等；（4）为调节和均衡企业生产活动而派生出的企业内的物流需求，例如企业内部物料搬运、储存保管、装卸、流通加工等物流活动；（5）原材料运入和产品运出等跨越与连接企业内外部的物流需求；

（6）在企业外部与采购相关的物流需求；（7）在企业外部与产品销售相关的物流需求。

三、企业物流需求是物流发展的真正动力

长期以来，我们一直把物流供给看成物流发展的动力，几乎全力以赴地通过推进物流产业、发展物流企业、增加物流服务供给来推动我国物流业发展，应该说这个做法已经取得了很大的成效。然而，供给毕竟只是物流市场的一个方面，而且在市场经济的前提下，供给并不是起决定作用的那个方面，主要矛盾方或者说市场的主导方——物流需求方，才是我们所要关注的方面，也是更为重要的方面。

物流服务的需求方涉及国民经济几乎所有的生产和服务型企业，出于自身发展的需要以及提高竞争能力、降低成本的需要，物流自然成为这些企业关注的重点。尤其在经济全球化环境下，供应链的日益复杂与延伸，都需要物流的支持，这样就产生了大量的物流需求，这些需求直接拉动了物流的供给，促成了社会物流的企业化、专业化、系统化发展。最终消费者的物流需求也通过这些企业传导给社会的物流供给。虽然经济学有"供给创造需求"一说，但这种创造不是凭空创造，而是本来就有潜在的需求，供给所创造的也只是把这种潜在的需求转化为了现实的需求。所以，我们应特别认识到，企业物流需求才是物流发展的真正动力。

四、理性物流需求的诠释

企业的物流需求也有原始的、初级的、盲目的需求和有效的、理性的需求之分，不同的物流需求会拉动不同的物流供给。物流供给粗放问题不仅与供给系统本身有关，也与需求粗放有一定的关系，甚至可以说是决定性因素，这是由企业的素质和水平决定的。

应当说促进物流发展水平提高的根本并不在于原始的、初级的、盲目的需求所产生的拉动作用，而在于企业理性物流需求所产生的拉动作用。

一般而言，理性需求能够改变消费者的偏好，进而影响需求方式与需求数量。理性的物流需求也是如此。

何谓理性的需求？一般而言，这应当是最适合企业现状且有助于企业实现当前目标（如成本和效益目标）或战略性进步与发展的需求，同时企业也有能力向供给方支付这个需求，是企业的有效需求。

具体而言，理性的物流需求主要包括以下内容：一是在认真规划的前提下，对企业的生产工艺活动、后勤支持活动等方面作出全面安排而形成的物流需求；二是在科学管理的前提下，对每一项物流活动进行历史分析，充分掌握其必要性、可行性的物流需求；三是在经济活动分析的前提下，对每一项物流活动的投

入产出、效果和效益充分掌握的物流需求；四是在充分掌握企业物流资源的前提下，对企业各种繁杂的物流资源和物流活动进行取舍、整合之后所提出的物流需求；五是在充分掌握物流活动性质和作用的前提下，依据成本或战略发展目标区分出是自己运作还是外包的物流需求；六是在充分了解本企业生产和营销的前提下，对外包物流水平作出决策，提出一般化或系统化要求的物流需求；七是无论物流外包还是自己运作，本企业都能全面控制和管理的物流需求。

五、选择物流外包还是企业自己运作，是理性物流需求的核心

现在有一些看法值得推敲，很多人对物流外包过于推崇，似乎只有生产企业把物流运作外包给专业的第三方物流企业才是先进的选择。笔者认为，这种看法带有片面性。理性的物流需求之所以称之为"理性"，就是因为生产企业在选择物流外包和企业自己运作这个问题上，能够作出科学的决策，该外包的就外包，不该外包的就不外包，而且即使外包，也有一个如何外包甚至企业自身如何控制的问题需要解决。只有在这个基础上形成的物流需求，才是理性的物流需求。

生产企业的物流只有一部分是相对分离和独立的。无论是融合在生产工艺过程之中的物流还是相对分离和独立的物流需求，都应处于企业管理的可控范畴之内。如果由企业直接进行物流运作和管理，会产生相当大的管理跨度，而且必须投入与生产活动大不相同的物流资源。当然，这些资源很难实现规模上的优化，同时还会冲淡企业的核心竞争能力。然而，生产企业在选择外包时非常慎重，因为它会破坏生产活动的整体性，所以一般只有在社会分工与专业化非常深入的经济环境之下，才有可能作出外包的决策。

六、理性的物流需求来源于管理

前面列举了很多生产企业物流需求的东西，主要是想引起生产企业对物流管理足够的重视。过去企业不重视物流管理有一个很重要的原因就是不了解生产企业物流需求种类之多，位置之重。为满足如此之多的物流活动以及由此而产生的大量的物流需求，就会派生出大量的工作，无论是了解、掌握、运行还是控制，都需要有人去做，这就是生产企业的物流管理工作。如果这项管理缺位，其中一部分事项有可能纳入物资管理、采购管理、销售管理、生产管理等管理领域之中，不会完全失去控制。但要全面把握企业物流的状况，实现生产企业物流的全面合理化，并对各种各样的物流需求作出最好的安排，使需求更具理性，就必须有专门针对物流的管理，就必须对这项工作作出体制性安排，否则按照物流系统化的要求进行系统管理就会缺乏企业管理体制的支持。这就是生产企业物流管理水平低的重要原因。

在企业管理中，物流管理的缺位是企业难以形成理性物流需求，难以用理性物流需求拉动供给的重要原因。传统企业管理的对象主要是人、财、物，其中所

称之"物"主要侧重于它的实体形态。在短缺经济条件下，供应端只需要拿到东西，解决有无的问题，不需要关心会付出什么样的代价，不可能实施有效管理；销售端只要生产出产品，就自然会有人取走，管理缺位或畸形成了理所当然的事情。而在过剩经济条件下，则会出现相反的情况。至于"物"在流动过程中的管理很难成为企业关注的重点。

我国在最初学习引进物流概念的时候，实际上面临着两种选择：一种是将物流概念引进流通领域，解决物流的供给问题；另一种是将物流概念引进生产企业，解决物流的需求问题。实际上国外大量有关物流的研究，都侧重于把物流作为一种企业管理形态融入生产企业之中。而我国实际上选择了前者，疏于做后一方面的工作，这也是导致我国企业管理中物流管理缺位的一个重要原因。

管理需要体制保证。企业实施物流管理不是一件简单的事情，不是一两次有关物流方面的教育或报告就可以解决问题的，不是在现有的企业管理中增加一项功能就能够把事情做好的，而是需要体制的保证。所谓体制的保证主要包括三个方面的内容：一是领导班子重视并有专人分管；二是建立专职机构，即使生产企业规模有限，也应在现有的企业管理中对物流管理作出制度性的安排；三是制定相关制度与规范。

七、应当从企业规划开始就管理物流

生产企业存在的物流混乱与物流不合理等诸多问题，表现在后天，却源于先天。所谓源于先天，指从企业的策划、规划、设计开始，就没有把物流问题纳入其中，这主要是因为策划者及规划设计者本身就不了解物流；或虽然对物流略知一二，但在理念上对物流比较轻视，有意不考虑物流；也有可能是经过认真的技术经济权衡之后，为保证核心竞争力和市场，不得已而放弃了对物流的考虑；当然也有因战略选择而放弃的，我国的三线工程就是如此。但无论由于什么原因，都会留下物流不合理的后遗症。

所以，从企业规划开始就要管理物流，这是我们在交了很多学费之后才认识到的道理。

八、如何启动理性的物流需求

启动理性的物流需求，需要四个方面的人做好四个方面的事情。

1. 管理层方面。应当把关注重点进行适当的转移，从过多关注物流服务供给，适度转向启动物流的理性需求与社会需求；从主要关注物流产业和物流企业，适度转向关注物流产业和物流企业用户的物流；从主要关注物流企业的物流运行，适度转向关注物流需求方的物流管理。

2. 学术界方面。应当为物流需求方的物流管理提供理论、方法、信息、科学等方面的支持。改变过去主要从供给方角度观察问题的方式，从需求方角度出

发观察问题并开展研究。

3. 物流供给方。应当恪守服务这个定位，全面满足国民经济各产业各领域对物流服务的需求，从潜在的物流需求中创新物流的供给。

4. 物流需求方。应当像重视生产一样重视物流，学习并掌握现代物流知识，完善本企业的物流管理，拓展物流的理性需求。

九、小结

在当前的经济环境下，主要是需求拉动供给，物流需求是物流发展的真正动力；对于需求方的物流需求，我们强调的是理性物流需求，物流需求一旦被赋予理性的灵魂，就能更为有效地拉动供给，促进物流发展；理性的物流需求不会自发产生，需要通过用户企业的物流管理来实现。

（作者单位：北京物资学院。原文载于《中国流通经济》2009 年第 7 期，被《人大复印报刊资料·物流管理》2009 年第 10 期全文转载）

中国物流业的经济学思考

——纪念改革开放以来中国物流业发展30年

丁俊发

按照徐寿波院士"大物流论"的观点，物流不仅是经济的概念，也是社会与自然界的概念，但一百多年来，人们研究与运用更多的是经济。我国自1978年从日本引进"物流"这一概念以来，到2008年正好是30年。这30年，如何从经济学的角度来认识物流业呢？这是一个值得探索的重大问题。

一、现代物流业的发展是一条不可违背的铁的定律

规律是客观的、不以人的意志为转移的，人为地去改变客观规律，必然会受到惩罚，走到唯心主义的道路上去。随着科学技术的发展和经济的全球化，在经济领域，追求高效率、高效益是一条铁的定律。现代物流业的兴起，正是这条定律的具体体现。具体来讲主要包括三个方面：

1. 单个企业的竞争越来越被供应链的竞争所取代。就工业而言，从封建社会的手工作坊到英国工业革命后进入工厂化生产，其基本特征是以企业为单元来运作。随着科学技术的发展，生产流程被分解，除自己的核心竞争力外，非核心竞争力大量外包，从而出现了许多新兴的产业，其中第三方物流公司也相继产生。英国经济学家克里斯多夫认为，市场上只有供应链而没有企业。真正的竞争不是企业与企业之间的竞争，而是供应链与供应链之间的竞争。现在，跨国公司都把打造和优化供应链列为不可模仿的核心竞争力。

什么是供应链？中国《物流术语》国家标准是这样定义的：供应链，即生产与流通过程中涉及将产品或服务提供给最终用户的上游与下游企业所形成的网链结构；供应链管理，即利用计算机网络技术全面规划供应链中的商流、物流、信息流、资金流等，并进行计划、组织、协调与控制。美国经济学家史蒂文斯认为："通过增值过程和分销渠道控制从供应商的供应商到用户的用户的流就是供应链，它开始于供应的源点，结束于消费的终点。"美国另一位经济学家伊文思认为："供应链管理是通过反馈的信息流和反馈的物料流，将供应商、制造商、分销商、零售商，直到最终用户连成一个整体的模式。"我国著名经济学家吴敬琏认为："所谓供应链管理，就是把生产过程从原材料和零部件采购、运输、加工、分销直到最终把产品送到客户手中，作为一个环环相扣的完整链条，通过用现代信息技术武装起来的计划、控制、协调等经营活动，实现整个供应链的系统化和它的各个环节之间的高效率的信息交换，达到成本最低、服务最好的目标。

一体化供应链物流管理的精髓是实现信息化，通过信息化实现物流的快捷配送与整个生产过程的整合，大大降低交易成本。"著名经济学家朗咸平认为，供应链管理体现了企业的价值，它关系着我国制造业的生死存亡。

欧美物流专家经过多年的研究，取得了两项突破：一是把制造业供应链管理分成五大模式，组成供应链管理标准模型，即计划、资源、制造、交付、回收。另一项是设计了供应链绩效模型。根据美国著名咨询公司埃森哲的研究，实施供应链管理，有以下好处：（1）可使运输成本下降5％～15％，使整个供应链的运作费用下降10％～25％；（2）提高生产率与资产运营等企业综合绩效；（3）缩短企业订单处理周期35％；（4）使整个库存下降10％～30％；（5）缩短现金循环周期20％左右；（6）改善服务标准，提高客户满意度。

2. 物流业是服务经济的重要组成部分。1968年，美国经济学家富克斯提出了一个观点，他说："我们现在正处于'服务经济'之中，即在世界历史上，我们第一次成为这样的国家，其中一半以上的就业人口，不再从事食品、服装、住房、汽车和其他有形产品生产。"这一预言，在美国等发达国家早已实现，从事服务经济的就业人数超过总就业人数一半以上，服务产业在国民经济总产值中占绝对比重。2006年，服务产业的比重全球平均为69％，发达国家为72％，发展中国家为52％，我国为40％。后来，经济学家在论述服务经济时，认为服务经济的核心是第二产业的"第三产业化"。这一发展趋势是不以人的意志为转移的。

西方发达国家经济发展的历史显示，第三产业的发展大致经历了三个阶段：工业化前期，商业、交通、通信业领先发展；工业化中期，金融、物流、保险、商务服务业快速发展；工业化后期，各类生产性服务业全面发展，功能提升。现代物流业作为生产性服务业在20世纪90年代以来加速发展，成为服务经济中的主导产业，成为一个新的朝阳产业。

3. 物流业是循环经济不可缺少的一环。人口、资源、环境是全球永恒的主题，循环经济也因此成了不可违背的客观规律，而物流业本身资源的优化组合，可再生资源物流系统的构建，物流过程对环境的最低损害度等，对全球乃至某个国家循环经济的发展都具有举足轻重的作用。日本于1997、2001、2005年三次出台《综合物流施策大纲》，明确提出要"在发展物流业的同时，考虑能源、环境和交通安全等问题"，"构建环保型物流体系"，"建立绿色的、高效率的、环境友好型的物流体系"，"建立令国民生活安全和安心的物流体系"。

二、现代物流业是对传统经济理念与模式的巨大变革

长期以来，由于我国商品经济不发达，经济运作过程中社会化、市场化程度极低，形成了国民经济闭关锁国与企业"大而全"、"小而全"的思维定式与商业运作模式。1978年改革开放以来采取的多种改革措施，特别是加入世界贸易组织，对这种理念与模式产生了极大的冲击，我国经济已融入全球经济，特别是世界性产业转移；我国已成为世界制造业中心；我国持续快速的经济增长已成为世界经济增长的主要动力。2007年，在世界经济增长中，我国的贡献率达到25%，居世界第一位。但必须承认的是，我国的企业，包括工业企业和流通企业，"大而全"、"小而全"的运作模式还没有得到根本改变，这是制约我国服务业发展的一个主要因素。在国际上，物流外包与物流公司的一体化运作是必然趋势，虽然我国在这个方面已经开始起步，但受到了传统观念与模式的极大抵制，也受到了传统计划经济体制的约束。所以，我认为，现代物流业的发展，实际上是对国民经济发展和企业运作传统模式的挑战，中央提出国民经济发展模式要从"又快又好"转向"又好又快"，发展物流业，完全与这一模式相适应。

发展我国物流业要从宏观与微观两个方面着手。在宏观方面，要构建并优化国家供应链，如农产品的国家供应链、能源的国家供应链、应急物资的国家供应链等；在微观方面，要坚决打破企业"大而全"、"小而全"的商业运作模式，凡是能够外包的，统统外包，提高企业的社会化、市场化运作水平。当然，这决不能一蹴而就，政府要解放思想，为企业创造环境，特别是打破体制性约束。要从建设型政府转变为公共服务型政府，既重视经济的发展，更重视社会的发展。

我们经常讲要与旧观念彻底决裂，而要真正做到又谈何容易。唯物辩证法告诉我们，不破不立，所以，我国物流业的发展实际上也是在打一场政治仗，打一场思想仗，物流业的发展速度与发展深度，取决于这场"战争"的胜败。

三、现代物流业的经济定位

现代物流业如何从经济的角度进行定位呢？我认为可从以下四个方面来讲：

1. 从国家层面讲，现代物流业是服务业的主导产业，是国民经济发展新的经济增长点，是衡量一个国家综合国力的重要指标。根据国家发展和改革委员会、国家统计局、中国物流与采购联合会的统计，可得我国物流业相关数据（见表1）。

表　2006~2007年我国物流业相关数据

项目　　　　　　　　　　　年	2006年绝对数	2007年绝对数	增长（%）
社会物流总额（万亿元）	59.6	75.2	26.2
物流总费用（万亿元）	3.8	4.5	18.2
物流总费用与GDP比率（%）	18.3	18.4	0.1
物流业增加值（万亿元）	1.41	1.7	20.3
物流业增加值占GDP比重（%）	6.7	6.9	0.2
物流业增加值占第三产业比重（%）	17.1	17.6	0.5
货运总量（亿吨）	202	226	11.8

从表 1 可以看到：

（1）2007 年，物流总额达到 75.2 万亿元，拉动了物流需求总规模的快速扩大。GDP 的增长需要物流总额增长的支撑。

（2）物流总费用与 GDP 的比率仍然偏高，比发达国家 8％～10％左右的水平高出一倍。这说明我国国民经济增长方式仍然是粗放的，国民生产总值中物流成本过高；也说明在我的产业结构中，第二产业偏重，服务业偏轻。

（3）2007 年，物流业增加值占第三产业的比重达到 17.6％，到 2010 年，有可能达到 20％左右；物流业增加值占 GDP 的比重达到 6.9％，到 2010 年，有望突破 7％。这说明物流业的确是第三产业中的主导产业。

现代物流业能否成为 21 世纪国民经济发展新的经济增长点，经济界有不同的看法。我认为这很正常，主要原因有两个：一是对现代物流业的认识尚未取得完全一致；二是物流业的统计分析工作没有跟上。现代物流业作为国民经济新的经济增长点正在逐步形成。一个产业能否成为国民经济新的经济增长点，取决于五个方面：一是它在国民经济中的地位及其对国民经济的拉动作用；二是对相关产业的拉动作用；三是对增加就业的贡献率；四是与人民生活水平提高的相关度；五是对国家与企业竞争力提高的重要性。从这五个方面来看，现有数据可以证明，现代物流业必将成为拉动国民经济的新的增长点。

2. 从市场层面讲，物流市场是整个国家市场经济的重要组成部分。物流是"物品从供应地向接收地的实体流动过程，是根据实际需要，将运输、装卸、搬运、包装、流通加工、配送、信息处理等基本功能实施有机结合"。第三方物流公司之所以能实施多功能一体化运作，其基本条件就是物流要素全部进入市场，通过市场去优化、配置物流资源，物流市场也就成了物流供需双方生产关系的总和。在物流市场中，有物流市场的主体、物流的客体、物流的载体，还有物流市场的中介组织。在物流市场中，既要有硬件的建设与配置，更要有软件的建设与配置。

如果说，流通是商流、物流、资金流、信息流的统一体的话，那么，商品市场与各种要素市场就构成了我国市场体系的总格局，而物流市场是其中重要的组成部分，缺少了物流市场，我国的市场体系就是不完整的。

3. 从企业层面讲，现代物流是企业的第三利润源。企业要提高市场竞争力，在降低原材料与人力成本方面已没有什么空间了，最大的空间来自物流成本的降低。因此，跨国公司都在努力追求供应链的优化，消除每个环节、每个流程中不必要的浪费，服务外包成了企业的必经之路。

4. 从居民层面讲，现代物流是提高生活质量的重要一环。随着电子商务的发展，网上购物走进了百姓家。这种购物方式既省钱，又省时间，需要以物流业作为保证。只有物流业发达了，才能实现消费的准时性、便捷性与安全性。

四、中国现代物流业发展的"五论"

笔者对我国物流业的观点可以归纳为"五论"，即中国物流业发展的需求论、阶段论、市场论、一体论、主体论。

1. 中国物流业发展需求论。我国物流市场的形成与发展是由物流需求决定的，需求决定市场。我国的物流需求很大，主要来自于工业物流、农业物流、商贸物流、可再生资源与废弃物物流以及单位与居民物流。2007年，我国物流总费用达到4.5万亿元，货运总量达到226亿吨。

在物流需求这个问题上，应注意以下几点：(1) 我国的物流需求很大，但目前百分之八九十是企业自身完成的，第三方物流所占市场份额约为10%，与发达国家相比，相差10～20个百分点。(2) 物流有效供给与有效需求的双不足，反映了我国物流市场的不成熟。(3) 我国的物流需求与经济发展水平、经济总量成正比，不同地区、不同行业之间是极不平衡的。

2. 中国物流业发展阶段论。发达国家的物流业已经发展了一百多年（传统物流是随着商品经济的产生而产生的），经历了不同的发展阶段，而我国物流业从引进概念时算起才30年。是否应按照国外的路子发展呢？我认为可以实现必要的超越，因为我国目前的情况与欧美国家起步时的情况完全不同。我国物流业的发展可以分为三个阶段：一是起步阶段（1978～2000年）；二是发展阶段（2001～2030年）；三是成熟阶段（2030～　）。目前，我国物流业的总体水平与发达国家相比大约相差20～30年，到2030年，我国物流业可以达到国际先进水平，但仍会有差距。

3. 中国物流业发展市场论。我国物流业的发展一定要放到市场中去运作，通过市场去培育，市场才是配置物流资源的广阔天地。目前我国物流市场缺失十分严重，主体不成熟，客体不规范，载体不完善，中介不健全，市场中的各种关系还没有理顺。物流同样是一种生产力，它必须通过不同要素的组合、碰撞，才能发挥作用。

4. 中国物流业发展一体论。所谓一体论，是指我国物流业发展必须进行一体化运作，如城乡物流一体化，内外贸物流一体化，供应物流、生产物流、销售物流、回收物流一体化，不同运输方式一体化（即构建综合运输体系，政府推动，市场导向，企业运作），行业自律一体化等。物流没有国界、省界，物流强调资源整合，多功能运作，遵循产业链、服务链、价值链，不能人为加以割裂，一体化是物流的本质要求。

5. 中国物流业发展主体论。企业是物流运作的主体，这里的企业包括工业与流通企业，也包括专业物流企业，所以我们经常讲物流企业与企业物流，决不能把物流企业的作用无限夸大，在任何情况下，在未来发展阶段，企业物流是永远存在的。不同的企业有不同的情况，但有一点是肯定的，即第三方物流企业运作所占的比例正在提高，我认为可以超过市场份额的 50%。到那时，物流的作用将进一步增大，正如有些科学家所预言的那样，地球上的人将分成三类：第一类是生产者，第二类是物流者，第三类是消费者。

回顾过去的 30 年，我们心潮澎湃；展望未来的 30 年，我们信心倍增。我们这一代人将播种、培土、灌溉、施肥，物流这棵大树将茁壮成长，为现代化建设添砖，为小康社会加瓦。

（作者单位：中国物流与采购联合会。原文载于《中国流通经济》2008 年第 11 期，被《人大复印报刊资料·物流管理》2009 年第 2 期全文转载）

制造业与物流业联动发展的本源和创新

王 佐

最近，网上流传着一组据说是出自高盛公司的名为《金融危机：一场完美风暴》的PPT，声称"高盛公司在金融风暴中依然稳健"以后，对受到的启迪作了如下描述：金融机构的模式之争是个伪命题，关键在于自身的管理；所有的模型都是错误的；风险管理是所有的市场参与者必须遵守的核心纪律；等等。仔细观察，发现其中引用数据最晚的标注日期是 2008 年 9 月 23 日，而高盛公司在 2008 年 9 月 21 日已经被美联储宣布转型为银行控股公司，纳入美联储的监管范围。看来投行高盛还是没有心悦诚服地被"启迪"。

虽然作为投行的高盛已经作古，但其在临终之前仍以第三方姿态所发出的"启迪"确实具有某种振聋发聩的作用。归根到底是企业管理问题。企业风险控制如此，企业物流管理外包也是如此。

那么，当我们讨论"制造业与物流业联动发展"这个问题的时候，是要寻找联动的运营模式，还是要寻找联动的管理逻辑呢？管理逻辑比运营模式更重要。如果同意这一点，金融风暴又算得了什么呢？只当是一次检讨企业管理、健康企业体魄的"冬泳"吧！

一、企业物流管理外包机理

根据科斯的企业组织理论，市场和企业是资源配置的两种协调机制，前者通过价格体系在市场内实现资源配置，后者则通过组织权力来实现资源的再配置，而这两种资源配置方式是可以互相替代的。因此，自制还是外购（Make-or-Buy）就成为企业生存发展之永恒的主题。

企业是逐利的组织体系，这来源于资本的逐利性本质。在市场竞争中，企业不同的资源配置方式意味着不同的市场竞争优势。在所有经济学概念的本源——成本效益最大化原则支配下，企业必定要寻求成本最低或效益最大的资源配置方式。因此，自制还是外购就取决于企业对交易成本的权衡（Trade-off），即自制成本和外购成本的权衡。这是制造业物流外包和物流业提供服务之关系的管理逻辑所在。

众所周知，企业物流总成本大致等于运输活动成本加上仓储和存货持有成本以及相关管理活动费用，各成本要素在物流管理的平台上具有此升彼降的相对性特点，所以，企业物流管理的目标就是：在满足客户要求的情况下，通过对各具体物流活动安排的利弊权衡，使得企业物流管理总成本最小。换句话说，如果外包以后不能带来物流管理总成本的节约，或者物流服务水平的提高，制造业企业就不会选择物流管理活动外包。因此，所谓制造业与物流业联动发展就是基于物流外包的一种协作境界，也是制造业企业的服务采购活动。

如果把企业逐利本质、市场竞争环境和优化资源配置方式等综合起来考虑，就很容易得出一个结论：企业是为了增强其市场竞争力才考虑把物流管理活动外包的。问题是储运企业和物流企业好像至今还没有充分认识到这一点。

二、物流外包联动关系透视

什么是联动？就是跟着变化的意思。这很可能是制造业企业先提出来的，希望物流企业跟着制造业企业的变化而变化。

实际上，在物流外包市场上，制造业企业往往处于相对主动和优势的谈判地位，而物流企业在某种程度上则处于被动和从属的地位。常常听到物流企业抱怨货主一方面拼命压价，另一方面服务要求苛刻，以至自己连运营成本都盖不住，根本不可能实现所谓"双赢"。

可是，制造业企业处于优势的物流市场地位是再正常不过的事情，而且在我国服务业整体不发达的情况下，物流外包市场在一个相当长的时期内仍将是一个卖方市场。道理很简单。第一，制造业企业的物流管理要服从于生产组织方式。物流企业津津乐道的准时供应制"JIT"，只不过是丰田生产方式（Toyota Production System）的一部分，只不过是旨在消除浪费的"精益制造"（Lean-Manufacturing）思想的具体执行手段而已。第二，制造业企业物流管理要服从于产品制造的工艺布局和流程设计，服从于原料供应的约束条件和产品运输的市场营销要求。实际在工厂选址的时候，企业物流资源配置方式的基本架构就已经形成了。因此，企业物流管理往往寓于生产运营管理之中。第三，有研究表明，制造业企业营业收入约有22％被用于服务采购。又据2006年全国重点企业物流统计调查报告，被调查企业2005年物流费用开支约占营业额的8.1％（一般可按7％～9％估算）。对这么大的一笔成本预算，再加上服务采购具有无形性、过程性、不可储存性、专业性以及结果评价主观性等特点，制造业企业在物流外包时采取更为审慎的态度是合情合理的，全部物流管理外包也是不可能的。第四，虽然制造业企业常常把货物运输委托给专业运输公司，或者向仓储公司租用仓库存放货物，但货物运输和存货布局计划，产品生产和销售计划，以及客户服务标准等仍然由自己掌控，因此对物流管理总成本的权衡仍然是制造业企业管理决策的重要内容之一。

比如，宝钢集团在2006年推出《宝钢产品储运指南》，分品种介绍产品储运作业要点，并制成光盘发放到用户手中。同时帮助物流服务企业配置相应的技术措施，包括为所有汽运服务商配备卷板专用支架、对运输车辆配置的高频对讲机进行模—数转换改造、为运输船舶和部分车辆安装 GPS 设备。为了降低卷板产品在运输途中的损伤，宝钢还对部分储运质量要求较高的产品设计并定制了专用吊具，并在主要靠泊码头设置宝钢专用装卸区。还颁布实施《客户服务标准》，包括全额预付款期货客户的结算周期 100％ "T＋2"；24 小时仓储服务，收发货准确率 100％；提单等单据数据准确率 100％，寄送准确率 100％；三个月对账服务，账务准确率 100％，并提供网上自动对账服务；战略用户异议当天到达现场、3 天内处理完毕，其余客户 3 天内到达现场、7 天内处理完毕等。这些标准几乎全是与物流管理有关的控制性规定。由此可见，宝钢从技术和服务两个方面来约束物流企业的客户服务行为，以加强对物流外包工作的监控，因为制造业企业物流外包从来就是有风险的。

实际上，在物流管理的计划、执行和控制过程中，制造业企业能够外包或愿意外包的往往就是执行阶段的工作，而物流计划和控制工作是不会轻易外包的。这就基本上决定了物流企业的市场从属地位。

那么，如何实现制造业与物流业的协作联动呢？我们需要找寻物流外包的管理逻辑。

三、物流外包的管理逻辑

对物流外包的管理需要有协作机制的保证。如果说产品协作主要是由技术功能配套机制保证的话，服务协作的保证机制则首先来源于合作双方对服务理念和服务价值的认同。比如，宝钢的客户服务理念就经历过从技术标准到客户满意的转变。如何才能获得制造业与物流业对物流服务价值的认同呢？

1. 看历史发展。历史会提供答案，即使不是全部也至少是绝大部分。2008年 11 月 25 日，由中国物流与采购联合会主办的纪念改革开放 30 年座谈会发布了 "中国物流改革开放 30 年重大事件" 共计 20 个，其中最近的一个重大事件是："2008 年 7 月，由商务部与中国物流与采购联合会共同建立的 '物流行业产业损害预警机制' 正式启动。" 这应该包含两层意思：一是我国物流业发展还处于幼稚阶段；二是跨国公司正在损害或有可能损害我国物流业的发展，希望政府对本国物流业给予适当保护。

可是，当我们这么多年津津乐道于跨国物流公司眼花缭乱的自动化配送中心、高度集成的信息系统、功能强大的设备设施、覆盖广泛的市场布局和令人赞叹的服务水平的时候，我们有没有考虑过他们为什么能跟随客户全球化市场延伸物流服务？为什么能够以出色的服务在高端物流市场上表现出强大的竞争力呢？难道仅仅是运营模式的先进？抑或是信息系统或自动化装备的力量？

2. 寻找物流管理思想的本源。众所周知，虽然 1978 年现代物流管理的概念就从日本引进中国，但始自 1999 年的新一轮现代物流管理理论研究和企业物流实践的高潮却是伴随着我国加入 WTO 和跨国公司大举进入中国市场开始的。那些大大小小的跨国物流公司伴随着他们的客户逐步进入中国并向我国的物流服务市场渗透也已经不是什么秘密。重要的是，我国现代物流管理理论和实践从那时起也开始全面转向了美国的物流和供应链管理理论体系和实践模式，毕竟日本的物流也是从美国引进的。

诺贝尔经济学奖得主保罗·克鲁格曼教授说："思想很重要。"物流理论也好，企业实践也好，产业政策也好，关键在于管理思想。思想的最基本表述就是对某个事物或活动的定义。对基本概念的定义既是思想的起点，也是实践的依据，还构成产业边界的基础范畴。如果起点没有搞清楚，我们又如何设计或选择有效路径去追求向往的目标呢？

因此，当我国储运和物流企业已经在物流市场征战了最动人心魄的 10 年之后，我们需要利用全球金融危机的短暂间隙回到理论的起点修整一下，静下心来看看原美国物流管理协会（CLM），现在叫美国供应链管理职业经理人协会（CSCMP）推荐的物流管理定义，并将它所蕴含的管理思想与我国《物流术语》标准（GB/T 18354－2006）作个比较，然后重新扬帆启程。

CLM 在 2001 年时推荐的物流管理定义是："物流管理是供应链管理的一部分，是以满足客户要求为目的，对货物、服务和相关信息在产出地与消费地之间实现高效率低成本的正向和反向的流动和储存所实施的计划、执行和控制的过程。"

我国《物流术语》（GB/T 18354－2006）对物流管理的定义是："为达到既定的目标，对物流的全程进行计划、组织、协调和控制。"虽然没有把它放到供应链管理的过程中去，但与美国物流管理定义的内容并无本质区别。问题是，我国对物流活动的定义与美国的界定差别巨大，因为我国定义的是"物流活动"，而美国界定的是"物流管理活动"。

我国《物流术语》对物流活动的定义是："物流过程中的运输、储存、装卸、搬运、包装、流通加工、配送等功能的具体运作。"这里强调的是"具体运作"。而 CLM（2004）对物流管理活动的界定是："典型的物流管理活动包括原料运入和产品运出的管理，运输工具管理，仓储，物料搬运，订单执行，物流网络设计，存货管理，供应或需求计划，第三方物流服务供应商的管理。""根据具体情况的不同，物流功能还包括寻找货源和采购，生产计划和时序安排，包装和集货，以及客户服务。在企业所有层面的计划和执行过程中——战略的、战术的和操作的——都包括物流管理。"

至此，CLM 仍觉得意犹未尽，生怕人们沉溺于具体的物流功能活动，还要再加上一句带有警示性的总结："物流管理的功能就是整合，它协调和优化所有的物流活动，同时也把物流活动和其他诸如营销、制造、财务和信息技术等功能整合在一起。"与被认为是经典的 CLM 在 1985 年对物流活动的界定相比，这里强调的是企业各功能活动全面的"整合"，但不包括运输活动本身。

比较而言，我国虽有"物流管理"的定义，但没有落实到具体的对物流管理活动的界定中去，反而在对"物流活动"的界定中纳入了明显属于企业一线操作的非管理性的"具体运作"活动。这必然会把企业对物流管理的注意力引向诸如运输和仓储甚至装卸等功能运作。此外，物流管理作为一个完整的概念被分割成"物流"和"物流管理"，并把"物流"定义为："物品从供应地向接收地的实体流动过程。"这就很容易使人们对物流管理产生一种顺势的理解——物的流动或货物运输，并因此获得随时随地对物流管理发表意见的自信，而且乐此不疲。

由此可见，中美物流业的差别源于对物流管理活动的认识差异，源于物流管理思想的差异。管理还是操作（Management-or-Operation）？这是一个关键问题。

3. 看制造业企业的物流管理。客观地说，在掌握现代物流管理理念方面，我国制造业企业要领先于物流企业。这很可能与我国服务业的开放还没有制造业那么彻底，且国有垄断过多有关。据 2008 年 4 月中国仓储协会对 450 家大中型企业进行的物流外包意向调查结果，45％的企业将在未来一两年内选择新的物流商，其中 75％的企业将选择新型物流企业，而不是原来的仓储或运输企业；64％的企业将把所有的综合物流业务外包给新型物流企业。可见客户对仓储、运输和物流企业是有区分的。

有两个案例可以展示我国制造业企业的物流管理现代化水平，以及制造业企业与物流企业的联动可能达到的境界。一是浙江晋亿实业公司。该公司是一家螺丝制造企业，在利用国际市场信息精确掌控工厂库存（不追求"零库存"）的同时，投巨资建立自动化立体仓库，并与螺丝加工生产线连为一体。不仅实行按订单生产和出货，还为下游客户如美国进口代理商提供渠道和配送服务。良好的物流管理使得公司物流管理服务利润占产品生产毛利的 50％，以至于公司的董事长认为自己"赚的是物流的钱，赚的是管理的钱"，进而认为公司的经营已经不再属于制造业，而是完全变成了物流管理服务提供商。因此，该公司要运用其成熟的物流管理技术做中国第一家五金行业的专业第三方物流公司。

二是宝钢集团。2007 年 6 月，宝钢集团与上港集团在上海罗泾港二期码头实现钢厂和码头物流管理联动。宝钢集团将上港集团的杂货码头数字化生产管理系统与自己的 ERP 系统集成，建立起"前港后厂"的物流管理组织体系。钢厂生产原料供应和出厂成品发运由工厂和码头通过计算机系统实现统一管理和配送。运送矿石、煤炭、焦炭等炼钢原料、辅料的大型散货船舶靠泊码头后，由港区进行统一接卸堆放，然后按照钢厂提供的订单，随时进行配比供应。由计算机系统控制的 42 条总长约 20 千米的传送带将各个作业点连接起来，将炼钢原料从空中直接送至宝钢集团浦钢公司的炉口，彻底改变了钢厂原料输送的传统流程，为钢厂节省了堆场费、卡车装卸费、陆上运输费、原辅料拌和费等物流成本。同时，钢厂的产品也可以反向送抵港区，直接装船外运。上港集团则认为，通过该项目的管理运作，它已经从港区装卸作业者变身为物流管理服务提供商。当制造业企业认为自己在挣物流管理的钱，或通过生产组织方式提升物流企业服务水平的时候，物流企业又作何感想呢？

重要的问题还是教育物流企业。

四、物流企业服务创新

虽然物流外包可分为不同的层次，但即使从简单的仓储和运输做起，也有可能逐步达到更高的物流管理服务境界，只要物流企业能够把握物流联动的精髓：变化的是制造企业的服务要求，不变的是提供物流管理服务。因此，物流企业需要不断更新思想和服务创新。

1. 物流服务理念更新。无论何时，物流企业都不要忘记制造业企业物流外包的目的在于提高企业市场竞争力，而外包决策的两个决定性因素就是成本和服务。物流是管理活动，必须在为客户提供物流服务的过程中，努力加大管理服务增值的含量，并向客户表明物流管理外包的风险是可控的。同时，必须在客户供应链管理的大背景中重新思考其物流管理问题。

物流创新不是去寻找什么物流管理模式，而是要致力于帮助客户解决日常物流管理问题。比如当客户生产工艺路线改变的时候，当客户生产活动向低成本国家转移的时候，当交通运输条件改变的时候，当物流管理政策环境发生改变的时候，等等。当且仅当客户获得强大市场竞争力的时候，物流企业才会获得相应的市场地位。

2. 物流合作模式创新。物流企业要尽快完成从"小时工"向"保姆"再向"管家"的角色转变。要努力融入客户的物流管理过程，要真心诚意地把自己变成制造业企业的（编外）物流管理部，至少要把自己定位于制造业企业物流管理计划的忠实执行人和物流管理顾问。

物流"小时工"的特点是业务和客户的随机性比较大，服务功能单一，有如在大多数配载中心所发生的那样。

物流"保姆"的特点是业务量比较大，客户关系比较稳定，物流企业会不时地参与一些客户的物流管理工作，且双方均会为进一步延伸服务提供条件。物流"管家"的特点是合作双方运营目标取向一致，共同分享物流管理成果和风险，共同参与产业链竞争，物流企业直接帮助客户制定物流服务解决方案，甚至代理客户进行相关的物流管理计划、执行和控制活动，彼此作为战略联盟伙伴真正实现物流联动。

3. 客户资源开发创新。客户是物流企业生存发展的最重要战略资源，这句话无论怎样强调都不为过分。物流企业必须深入研究客户的生产组织方式，供应链运营状态和价值链分布，产业发展趋势和技术变化状态。特别要深入研究制造业企业客户对物流服务的要求和变化趋势，及时发现物流增值服务的"蓝海"，为制造业企业提供差别化的物流服务支持。在经济全球化的背景下，物流企业要学会整合各种专业机构的"智本"，借助于它们的研究成果来提升自己的服务能力。

4. 增加物流服务透明度。物流联动的前提是企业间的物流管理协作，而协作的前提则是双方都认为明显有利可图。因此，物流企业要努力构建一个成本透明、流程透明、责任透明和利益透明的物流协作环境。一定要把成本账和收益账算清楚，并告诉制造业企业，然后与制造业企业一起商定物流管理解决方案。要有意识地从物流信息的拥有者转向物流知识的分享者，让客户充分了解自己配置物流服务资源的能力，并愿意与客户一起分担物流外包风险。

提高透明度会增加信任，信任会增进协作，协作才会发现更多的延伸服务和联动机会。在金融危机不断蔓延的情况下，与自己的客户一同"抱团取暖"应是物流企业"过冬"的优选方案之一。现在，该是物流企业变得更加透明的时候了。

5. 物流成本管理创新。物流企业对客户物流成本管理的贡献不仅在于降低服务价格，更在于所提供物流管理解决方案的服务增值。无数事实证明，以压价作为物流合作的基础非常危险，常常导致服务水平的下降和不确定性，处理差错、不准时以及意外事件的成本将大大超过预期。结果可能陷入一种恶性循环：一味压低物流服务价格将导致物流企业服务水平下降；服务水平下降会影响制造业企业物流外包的意愿；制造企业物流外包意愿的下降会直接导致物流服务市场的萎缩；物流市场的萎缩会进一步导致物流企业的价格竞争。这是制造企业和物流企业都不希望看到的局面。

要避免物流合作出现制造业和物流业双输，就要从理解客户服务要求，优化客户服务方案，简化客户服务流程，加强人力资源培养，提高信息分享水平，利用政府行政资源，建立风险管控机制，以及提高对物流意外事件的应变能力等方面来努力提高物流外包或物流服务的价值，提高客户的市场竞争力。这才是制造业企业物流管理外包的初始目标，也是物流企业提高市场地位的有效途径。为了实现物流外包的双赢，需要制造业企业和物流业企业携起手来，共同努力实现联动。

（作者单位：中国北方工业公司。原文载于《中国流通经济》2009年第2期）

"物流管理"和"供应链管理"是"异名同质"吗?

崔介何

20 世纪 90 年代末，供应链管理的概念被引进到我国之后，物流管理和供应链管理几乎作为同一个话题被广大物流理论界和企业界所重视，将物流管理和供应链管理两者合一研究的文章也很多，有的观点则将两者归为"异名同质"问题，还有的文章认为"供应链概念与 Logistics 的概念和研究的领域比较吻合，能很好地解释 Logistics，只是侧重点有些差异"。本人认为对"物流和供应链"、"物流管理和供应链管理"之间的联系和区别等问题的认识，不但对物流和供应链理论研究，而且对物流和供应链的实践都会有重要意义。

一、关于物流和供应链概念的联系和区别

1. 关于物流的概念

国家质量技术监督局 2001 年批准颁布的国家标准物流术语（GB/T18354—2001）中对物流的解释为："物品从供应地向接收地的实体流动过程。根据实际需要，将运输、储存、装卸、搬运、包装、流通加工、配送、信息处理等基本功能实施有机的结合。"

无论是欧美还是日本，从历史到今天有关物流的概念反映出以下几个基本点：

第一，物流概念的形成和发展与社会生产、市场营销、企业管理的不断进步密切相关。

第二，物流概念与物流实践始于军事后勤，而"物流一词没有限定在商业领域还是军事领域。物流管理对公共企业和私人企业活动都适用"。

第三，物流无论从 Physical Distribution 还是 Logistics 的内涵中都强调了"实物流动"的核心。

第四，物流的功能主要以运输、储存、装卸、包装以及信息处理等所构成。

2. 关于供应链的概念

国家标准物流术语（GB／T18354—2001）对供应链的概念定义为："生产及流通过程中，涉及将产品或服务提供给最终用户活动的上游与下游企业，所形成的网络结构。"

美国的史迪文斯（Stevers）认为："通过增值过程和分销渠道控制从供应商的供应商到用户的用户的流就是供应链，它开始于供应的源点，结束于消费的

终点。"

华中理工大学的马士华在《供应链管理》中认为："供应链是围绕核心企业，通过对信息流、物流、资金流的控制，从采购原材料开始，制成中间产品以及最终产品，最后由销售网络把产品送到消费者手中的将供应商、制造商、分销商、零售商，直到最终用户连成一个整体的功能网络结构模式。"

我们可以观察到供应链概念具有以下特征：

第一，供应链的每个节点都是供应链的必不可少的参与者。从范围上观察，供应链把对成本有影响的和在产品满足顾客需求的过程中起作用的每一方都考虑在内：从供应商、制造商、分销商、零售商直到最终用户。供应链上的节点企业间是供需协调、物流同步的关系。

第二，供应链是一条物流链、信息链、资金链、增值链。

第三，供应链是由若干供应链集成的网链结构。一个企业可以是一条供应链的成员，同时又是另一条供应链的成员，众多的供应链形成交叉网络结构。供应链往往由多个、多类型甚至多国企业构成。

3. 从概念上看物流和供应链的区别和联系

从概念上观察和分析物流与供应链的区别显然是不难的。

最新的、相对权威的有关物流的定义，如 1985 年加拿大物流管理协会（CALM，Canadian Association of Logistics Management）对物流的定义是："物流是对原材料、在制品库存、产成品及相关信息从起源地到消费地的有效率的、成本有效益的流动和储存进行计划、执行和控制，以满足顾客要求的过程。该过程包括进向、去向和内部流动。"1985 年美国物流管理协会（CLM，Council of Logistics Management）对物流的定义为："物流是对货物、服务及相关信息从起源地到消费地的有效率、有效益的流动和储存进行计划、执行和控制，以满足顾客要求的过程。该过程包括进向、去向和内部和外部的移动以及环境保护为目的的物料回收。"1994 年欧洲物流协会（ELA，European Logistics Association）的定义为："物流是在一个系统内对人员及商品的运输、安排及与此相关的支持活动的计划、执行与控制，以达到特定的目的。"

物流的概念强调了物流的关键点是"实物流动过程"，上述定义对此前的定义的最大补充是更加强调了物流的"服务"理念。

而供应链的概念强调的是由供应商、制造商、分销商、零售商，直到最终用户所形成的网链或网络结构。供应链定义的精髓显然是上、下游的供求关系，是生产、分销、零售等职能的分工与合作（见图 1）。

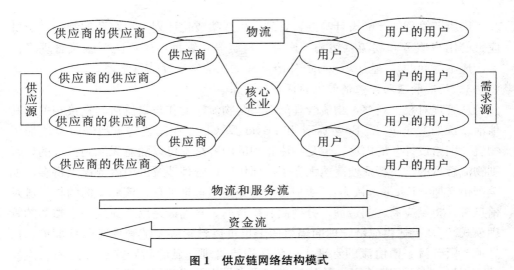

图 1　供应链网络结构模式

在这个网链结构的节点中没有物流企业，从上游到下游的顺序关系来观察似乎这里也没有物流服务商。而上述企业间的实物流动除了由节点企业来完成外，是由第三方物流服务商在高层次物流组织运作过程中实现的。如将企业内部的物流暂时考虑在外，那么物流应发生在图中的连线上，并以加工、包装、运输、配送等过程为供应链的运行创造了条件。

由此，我们可以看出物流和供应链是两个不同的概念，无论是在定义的内涵上，还是在具体的运作上都存在着很大的不同。从表面上观察，物流仅仅是供应链的组成部分，但是如果从运行特征上观察，供应链更关心的是商品所有权转移，即价值流、资金流和信息流的规律，而物流更专注的是物的空间位移。

二、关于物流管理和供应链管理的联系和区别

1. 物流管理的含义

国家标准物流术语诠释物流管理是"为了降低物流成本达到客户所满意的服务水平，对物流活动进行的计划、组织、协调与控制"。物流管理的定义的目的是"降低物流成本达到客户所满意的服务水平"，物流管理的对象是与物流功能相关的活动，即包装、装卸搬运、储存、运输、流通加工、配送和物流信息处理，与物流功能不相关的费用显然不能构成物流成本。

2. 供应链管理的含义

供应链管理的概念为："利用计算机网络技术全面规划供应链中的商流、物流、信息流、资金流等，并进行计划、组织、协调与控制"。供应链管理的主要领域（马士华，2000）有：供应，生产计划，物流，需求，战略性供应商和用户合作伙伴关系管理，供应链产品需求预测和计划，供应链的设计（全球节点企业、资源、设备等的评价、选择和定位），企业内部之间物料供应与需求管理，基于供应链管理的产品设计与制造管理、生产集成化计划、跟踪和控制，基于供应链的用户服务和物流（运输、库存、包装等）管理，企业间资金流管理（汇率、成本等问题），基于 Internet/Intranet 的供应链交互信息管理等。

3. 物流管理和供应链管理的区别和联系

从管理对象上观察，物流管理的对象是物流活动和与物流活动直接相关的其他活动。如 Donald J. Bowersox 和 David J. Closs 在阐述物流活动时就增加了物流"网络设计"的内容。但是物流管理的内容是不可以随意无原则扩大的，否则物流管理的学科特征便荡然无存了。而供应链管理涉及的内容要庞大得多，如美国伊文斯（Evens）认为："供应链管理是通过前馈的信息流和反馈的物料流及信息流，将供应商、制造商、分销商、零售商，直到最终用户连成一个整体的管理模式。"从上述供应链管理的辐射面上也可以看到供应链管理既包括商流、信息流、资金流、增值流的管理，也包括物流管理，显然其研究边界是相当模糊的。当然，以此思路分析，物流管理就成了供应链管理的一部分。

从管理手段上观察，供应链管理是基于 Internet/Intranet 的供应链交互的信息管理，这是以电子商务为基础的运作方式。但是我们必须看到，信息流、商流、资金流在电子工具和网络通讯技术支持下，可通过轻轻点击鼠标瞬息即可完成。而物流，即物质资料的空间位移，具体的运输、储存、装卸、配送等各种活动是不可能直接通过网络传输的方式来完成的。虽然，现代物流是离不开物流管理信息，也要使用 Internet/Intranet 技术，但是 Internet/Intranet 显然不构成物流管理的必需手段，也就是说，物流在非 Internet/Intranet 技术条件下，也一样运行。

从上述物流管理与供应链管理的关系上看，物流管理可以看作是供应链管理的组成部分，但与其他的组成部分显然存在很大不同，即它的独立性很强。但是，供应链管理的专家们认为："现代物流的研究范畴应包括供应链的物流，供应链企业之间的原材料、半成品、产品的供应与采购关系，更具体地说是供应链联盟内的物流活动。"由此，是否又可以得出这样一个结论即物流管理是一个包含供应链中物流管理的大概念，供应链中的物流管理是物流管理的一部分。

三、物流管理和供应链管理"异名同质"认识的辨析

1. 管理目标存在的一致性并不能证明工作性质的一致性

物流所涉及的范围几乎是社会经济的各个方面。人们对物流的认识是随着社会经济的发展而不断深入，从而物流的概念得到不断的革新。从社会经济中生产、配置、消费诸环节中的物质运动到生产环节内部的原材料、半成品、产成品的位移；从实体移动的技术手段到组织运动的方法都发生了"质"的飞跃。今天，物流管理的目标已经由企业的自身转移到客户的需求，以此使物流要实现对产品、服务和相关信息高效的流动和储存进行的计划、实施与控制。

供应链管理从一开始出现到后来的发展都是在不断地向新的、更高的目标进步。而供应链则是在提供产品、服务和信息的过程中，从对终点用户到原始供应商之间关键商业流程进行集成，从而为客户和其他所有流程参与者增值。

从上述两个管理的目标上可以发现为客户服务的目标同一性。管理目标的这个同一性，恰恰成了人们认为两者具有"异名同质"关系的基础。如果，仅仅从"为客户服务"的角度来认识物流和供应链，则犯了将服务的目的和作业方式等同起来的错误。供应链工作的性质突出了处理和协调供应商、制造商、分销商、零售商，直到最终用户间存在的各种关系，而物流工作的性质则重点表现的是由具有一定物流生产技能的物流工作者，运用物流设施、物流机械等劳动手段，作用于物流对象的生产活动。

2. 既要看到部分管理内容的重合性，也应看到管理范围的局限性

如前文我们已经描述的内容，物流管理和供应链管理的部分内容存在重合性。当这些重合的内容反复出现，反复运用，尤其是作为社会经济中的热点问题被关注的时候，物流管理和供应链管理很容易被认为是同一个问题的不同称呼。特别是将"物流管理是供应链的一部分"和"物流管理包括供应链物流管理"两个观点放在一起的时候，谁又能讲清楚它们的区别呢。

本文认为，物流管理和供应链管理存在内容的重合的问题，一方面是历史的渊源所形成；另一方面是当今学科间的渗透性的结果。但是，将两者部分内容的重合作为"异名同质"去认识，显然是错误的。这是因为，在它们之间还存在大量的不同内容，如物流中还包括城市物流、区域物流和国际物流等，供应链管理显然是不作为研究对象的。当然，供应链研究中的产品设计与制造管理、生产集成化计划的跟踪和控制以及企业间资金流管理等，物流管理也同样不作为研究对象。即使将管理的范围限制在企业管理上，那么，物流管理和供应链管理两者也同样存在不同性。供应链管理是企业的生产和营销组织方式，而物流管理则为企业的生产和营销提供完成实物流的服务活动。物流服务所表现的第二性特征在任何时候、任何场合、任何状态下都是不会改变的。

3. "企业物流一体化"向"供应链一体化"的转变，是对物流服务对象的认识

美国物流专家 Donald J. Bowersox 和 David J. Closs 的《物流管理：供应链过程的一体化》一书有两幅图示，用来说明"物流一体化"向"供应链一体化"演变的过程（见图 2 和图 3）。

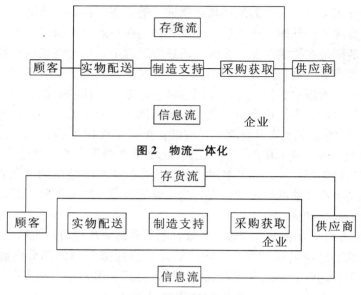

图 2　物流一体化

图 3　供应链一体化

如果单纯从两幅图示所显示的内容上看，很容易将物流和供应链两者等同起来。但是作者在这里所要表达的内容绝非此意，让我们看看原文是怎样解释"供应链一体化"的。该图"说明物流一体化已从内部的采购获取、制造支持和实物配送的合作延伸到包括顾客和供应商"，"说明从最初的供应商采购获取到最终消费者所接受的、致力于所有物流一体化管理的整个供应链。"

很显然，存货问题是物流研究的中心问题。他们所定义的"供应链一体化"是指为供应链服务的物流一体化管理的延伸，更准确的表达方式应该是供应链物流一体化。遗憾的是真正意义上的供应链一体化尚没有人进行描述，这可能是由于供应链的内容太宽泛，涉及面太大，内容又太复杂的缘故吧。

四、识别物流管理和供应链管理的意义

人们既要看到物流管理和供应链管理相互联系、相互包容的一面，又应该充分认识到它们各自所具有的运行规律。

近些年来尤其是 1998 年以来，物流引起了各级政府和许多企业的高度关注，发展现代物流已成为人们的共识。流通事业的持续发展，无论是流通规模、流通形式、流通组织，还是流通设施都发生了巨大的变化。物流作为独立的学科体系已经被社会所接受，近两三年来有近百所高等院校设置和准备开办物流专业。但是，物流毕竟是一门新兴的学科，建立科学的、清晰的、完善的教学体系是学科发展的关键问题之一。澄清物流的学科性质，确定物流教育内容，设置与专业发展相关的课程，对培养人才是至关重要的。笔者作为从事物流教育的教师对此十分关注。

识别物流管理和供应链管理对于企业清晰管理组织设置和管理权限划分也具有重要意义。进入 20 世纪 90 年代以后，经济社会向国际化、信息化、多元化的趋势发展，带动了生产方式的巨大变革，多品种、少批量生产方式，准时生产制，柔性化生产，拉动式生产管理，看板管理，"零缺陷"服务等，都充分体现了以顾客满意为第一的观念。现代管理的目标已经开始从企业为核心转向以顾客为中心，企业要根据自身的发展需要建立具有自身特色的管理组织形式的同时，还必须考虑市场和用户的要求。设置不同的管理组织，明确各自的管理范围，确定相应的管理目标，采取合理的管理方法和手段是管理工作有效性的前提条件。供应链管理和物流管理的范畴和内容是不同的，各自运行的规律也有很大差别，如果再将运行中的技术和手段考虑进去，那么清晰管理组织的职责和管理任务非常重要。一般而言，供应链管理是协调企业间的跨职能的决策，属于战略性的管理；而企业物流管理大多数属于对具体运作业务活动的管理，属于战术性管理。当然，在供应链管理、物流管理下还会设置下一层的管理部门，以便将管理的目标和内容进一步的划分。当我们分清了供应链管理和物流管理的一致性和差异性的时候，相应的管理组织的职能也便清晰明确了。

（作者单位：北京物资学院。原文载于《中国流通经济》2004 年第 6 期，被《人大复印报刊资料·商业经济》2004 年第 9 期全文转载）

供应链及物流的发展趋势与研究方向

〔美〕切尔西·C. 怀特著 张润彤译

本文主要介绍两方面内容。第一，说明影响全球供应链的设计和物流（货物运输和仓储）的关键因素及其发展趋势。第二，将主要对在众多促成这种趋势的因素中最重要的两个方面进行研究，这两个方面可以用来指导我们控制、业务研究和业务管理。第一个研究方面是如何从供应链设计的角度，分析低概率、高破坏性的事件带来的影响，从而得出需要建立弹性供应链的结论。第二个研究方面是如何基于实时数据对供应链进行实时控制，并从中获取利益。

一、供应链及物流发展趋势

1. 美国制造业现状分析

首先对美国制造业的现状进行简要概述。近些年，制造企业在海外设厂的成本更低了，如在中国生产然后到美国市场进行销售，比生产和销售都在美国所支付的国内物流成本更低。因此，许多美国制造商开始大量海外投资设厂，许多美国的物流公司也为这类跨国企业提供配套的物流服务。这种方式在美国被广泛效仿，现在已经有大量资产投资于海外。多数适合这种投资的国家为了吸引外资，建立了支持这种投资方式的贸易和税收政策，并为投资商提供信息和基础设施的支持。

2. 反全球化现象产生的因素

最近由于燃料成本的增加和成本价格的不稳定性，托运人开始重新评估原有的供应链，将其供应商变为离美国市场近的国家。在某些情况下，这会导致供应商从中国转移到北美自由贸易区国家（墨西哥、加拿大、美国）或加勒比地区的国家。这种现象通常被称为"反全球化"。

同时，托运人越来越认识到（相对隐藏的）订货至交货时间成本（把货物从原产地运到销售地所需的时间）的不确定性会导致大量的库存和缓冲库存并增加费用。导致订货至交货时间不确定的因素包括气候、经过边境口岸及其伴随的海关检查、堵塞和时间表同步误差。

除了燃料成本增加的原因外，产生反全球化现象的因素还包括：（1）美元和人民币汇率不断变化，使得在国际贸易中始终存在地缘政治和金融风险；（2）关键国家（如中国）的劳动力成本增加，调查显示，中国总的劳动力成本占销售成本的 25%，高于美国工厂的 20%，但美国的日常管理成本为 27%，高于中国的20%；（3）国内和国际货物运输网络拥塞；（4）关键国家知识产权法与合同法还存在诸多问题；（5）国家与国家之间对海外投资的管理缺少统一的规章制度；（6）可替代中国作为制造商设厂的其他国家很多〔如其他亚洲国家、北美自由贸易区国家、加勒比地区国家）。

3. 反全球化现象的趋势

但是，这种反全球化只是一个"微小趋势"，在占主导扩张地位的海外生产中是一个微小的逆转。它不会成为主要趋势的原因包括：（1）美国制造业和物流业正在中国进行着大规模的投资，形成了规模巨大的退出成本；（2）相比于中国巨大的劳动力资源，在亚洲可替代的国家是有限的；（3）中国政府正致力于通过完善立法和建立规章制度等手段，不断提高在国内投资的外国厂商的利益；（4）中国制造业和物流业的生产效率有很大提升空间；（5）有很多方法可以用于减少燃料成本和订货至交货时间的不确定性，从而降低了重选靠近美国市场的供应商的必要性，包括转变运输模式，以减少对能源需求量；提高每个模块的工作效率（如采用辅助动力装置的卡车或混合动力汽车）；提高全球运输网络的能力和效率，对车辆、船只和产品及其包装进行设计，降低货物的重量和体积。

4. 供应链及物流发展趋势影响因素

以下三点趋势也影响着供应链及物流发展。（1）全球经济急剧下滑使得需要运送的货物量大大减少了。为了保持平衡，将导致生产能力过剩，生产能力正从破产的行业、速度缓慢的车辆和船只转向船队规模减少但尚存的货运公司。（2）部分托运人已经将弹性引入其供应链，可有效预防和应对供应链和货物运输网络中断带来的重大业务风险，包括安全问题、极端气候、健康问题（如禽流感）、意外事故等。（3）基于实时数据对供应链进行实时控制，以预测供应链的效率、弹性和稳定性，这种预测越来越多。

二、美国运输模式介绍

1. 国际贸易在美国经济的地位

国际贸易对美国经济十分重要，几乎占美国国内生产总值的 30％，而且预计该比例将会长期增长。

据统计，在过去的 5 年里，中国已经成为美国发展最快的产品出口市场，每年以 24％ 的速度增长。近几年来，"中国制造"为美国提供了 400 多万个就业机会。同时，在中国的美国公司 86％ 都赢利。显然，"中国制造"对美国经济的发展和就业率的提高都起到了促进作用。

2. 美国多种运输模式比较

为了更好地理解转变运输模式——用来减少燃料成本和订货至交货时间的不确定性，降低重选靠近美国市场供应商的必要性，我们用图 1 来说明美国国内多种运输模式，这些运输模式是服务水平（它与订货至交货时间的均值和方差有关）和价格的函数。如货车运输每吨公里的运费比铁路运输要贵，但在订货至交货时间的均值和方差方面一般优于铁路运输。另外，若想对托运人保持相同的服务水平，订货至交货时间均值和方差的提高也伴随着缓冲库存量和存货持有成本的增加。

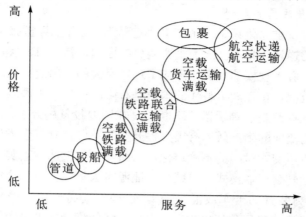

图 1　美国运输业提供给托运人多种服务水平的运输模式

因此，货物运输服务水平和价格与相关运输成本和存货成本是正相关的。图2描述了船运的多种模式，由于排除了陆上运输模式如铁路和货车运输，在服务水平和价格方面就与航空运输产生了很大差距。

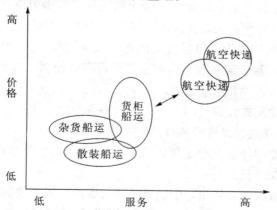

图 2　在服务和价格方面航运和船运有很大差距

假设主要运输模式的能源相对消耗量以每吨英里为单位，航运的能源消耗是货车运输的8倍，货车运输的能源消耗是铁路运输的4倍，海运的能源消耗比铁路运输的3倍要少。然而，这些在能源消耗上的降低和因此而减少的运输成本会导致存货持有成本的增加。

3. 美国信息化基础设施建设情况

导致订货至交货时间均值和方差增加的主要因素是货物运输拥塞（如在港

口、铁路枢纽、高速公路等）。为了改善网络容量从而减少拥塞而进行的投入在不断增加，其中最为主要的投资是在建立信息化基础设施方面。这里的假设是，下面列出的各类数据都有提升的价值，可提升运输网络能力，改善交通运输网络和使用这些数据的车辆船只的运输情况。图3显示了美国国家智能交通系统（ITS）架构。这个架构说明了通信和遥感技术可以在车辆、客户、路边和交通通信中心之间进行有线和无线通信。

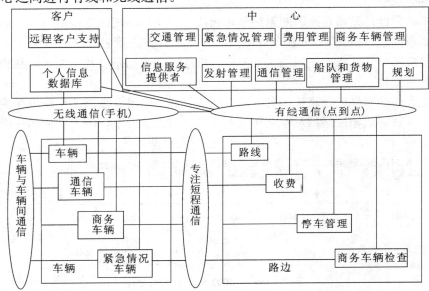

图3 美国国家智能交通系统（ITS）架构

4.各国积极开展基础设施建设

许多国家都在进行旨在提高全球网络能力的重要基础设施建设，目前正在进行或正在规划的项目包括巴拿马运河扩建项目（50亿美元），加拿大建设项目（313亿美元），墨西哥蓬塔-克罗内特（Punta Colonet）集装箱港口项目，印度未来15年预计的3200亿美元投资，迪拜物流城，巴西的桑托斯市计划使其交通网能力于2016年前翻倍，阿根廷、乌拉圭和智利的其他项目，美国的"内陆港口"项目，中国未来10年540亿美元的港口改、扩建投资，新加坡、香港、汉堡和鹿特丹的港口项目等。

两个现在正在建设的主要基础设施项目——洋山深水港刚在上海水域建立起来，巴拿马运河建立了第三套船闸。洋山码头将使上海成为世界上最大的集装箱港口（至少在可预见的将来），去年已经有约2700个标准货柜单位的货柜通过了这个港口。

三、供应链和物流两个重要的研究方向

下面对供应链和物流两个重要发展方向进行重点研究，其中一个方向是弹性供应链和低概率、高破坏性事件情况下供应链的风险，其目标是设计和控制供应链，当一个高度破坏性的事件发生时，使其能够保持生产，并且使其生产能力可以快速恢复。

1. 不确定性与重大中断事件

这些高破坏性事件包括不确定性和重大中断事件，以下对这两类高破坏性事件进行分别介绍。

不确定性，是指在著名的累积分布函数（CDF）中随机变量的增加，如线性二次高斯问题（LQG）；或在条件概率，如马尔科夫决策过程（MDP）中，描述的与供应链日常运作有关问题（如需求、供应、交通拥塞以及司机的可获得性等等）的可变性。

重大中断事件包括恐怖主义活动、极端气候、非典、需求或供应发生突发性波动以及货物运输网络的基本结构的改变等。重大意外事件的实例如图 4 所示。

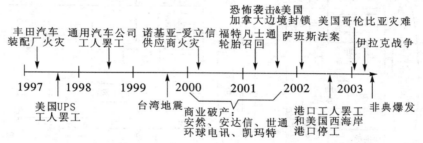

图 4　1997～2003 年重大中断事件

2. 弹性供应链的优势

这种结构改变包括更改货物运输网络的链接或节点，此时的运输网络在一段时间内某个随机变量可以适当地反映不完整的累积分布函数。我们使用弹性供应链是因为其能够对高破坏性事件作出快速反应，并从中迅速恢复。

更重要的是，我们认为弹性供应链优于传统供应链的原因是，传统供应链尽管效率高，但在遭受到高破坏性事件时，在迅速化解其带来的危害方面显得非常脆弱。如当 1997 年丰田公司的一家重要且唯一的原料供应商工厂发生重大火灾时，全国的丰田汽车装配厂在几个小时内全线停产。

从政策角度看，研究弹性供应链可以帮助解决以下问题：是应该投入预防事件发生，还是当事件发生后再去弥补？

对弹性供应链的研究可让大家把重点放在基本问题上。如在运送核物质（或有害物质）的车辆运输时，我们需要考虑两个方面的问题：运输成本和风险。通常情况下，通过两个相邻链接的成本与单独穿越这两个节点成本之和相等。因此，总的来说，成本和收益可被任意组合。如果每一个链接都和一个偶然的事件有关（某种程度的风险），那么通过一个路径或一系列链接的概率将用乘法。如果既不能使用加法也不能使用乘法，动态规划法则适用于解决各种不确定的决策模型，如二次线性高斯问题、马尔科夫决策等。

但是，如果一个规则是加法规则和乘法规则的集合，那么通常所说的最优原则可能就受到了挑战。因此，动态规划可能产生次优解，上述运送核物质问题就是一个多目标路径问题，需要建立新的数值计算程序，来考虑这一例外行为。

现在考虑的货物运输网络的一个链接或节点的情况可能会导致严重的破坏。我们将这种情况建模为两种状态的马尔科夫链，这两种状态是指"链接或节点存在且功能正常"和"链接或节点失败"的两种情况。作为预防和恢复的指标，由良性状态转变为不良状态和从不良状态转化为良性状态的概率相互独立。

我们已经分析了库存问题，这里的链接指的是供应链中从供应商到客户，并做了从好到坏和从坏到好的概率的参数分析，对相对重要性有深入的研究，提供了预防和恢复方面投资的简单供应链模型。

3. 基于实时数据的供应链实时控制

另一个研究方面是基于实时数据的供应链实时控制。我们在这方面已经做了很多有意义的工作，数据来源包括存货水平、生产速度、车辆、船只、拖车信息（包括位置、速度、目的地、温度、油压或气压等）、司机的警觉性、交通拥塞问题、气候、运费的状态和透明度等。这些数据多数都通过信道传递到传感器，期间可能产生误差，需要对这些数据进行分析，其中可能有些对于决策者（如调度员、驾驶员、仓库或组装工厂经理等）来说是过时的信息。

与基于实时数据的供应链的实时控制相关的问题有：这些数据中有哪些是有价值的信息？在业务方面，怎样才能最好地利用这些数据的价值？如何才能更好地处理相关数据？哪些因素影响数据传输和处理的延迟？在什么条件下能够保证提高系统的性能？

四、结论

本文通过分析目前出现的反全球化现象，介绍了供应链和物流的发展趋势，在对美国运输模式作了详细介绍后，得出了加强供应链物流基础设施建立及信息化建设的重要性。最后，结合结构优化公式对供应链和物流发展的两个最为重要的方向进行了研究。

总之，在物流和供应链分析方面还有很多重要的研究领域。我们致力于把以上两方面研究纳入到更广泛的趋势中并关注其对行业的影响。希望本文可以起到抛砖引玉的作用，激发大家对物流与供应链设计和控制方面新的研究思想和成果。

（作者单位：佐治亚理工学院；译者单位：北京交通大学经济管理学院。原文载于《中国流通经济》2008 年第 12 期）

物流网络理论及其研究意义和方法

鞠颂东　　徐　杰

一、网络的内涵

物流网络理论研究必须首先界定网络的内涵。从实体的角度看，网络是由多个节点和联系节点的连接共同构成的网状配置系统，网络成分之间是相互补充的；从信息技术的角度看，网络是在一定的区域内两个或两个以上的计算机通过连接介质，按照网络协议进行的连接，其最重要的特征是参与者按照网络协议进行的资源共享；从经济学的角度看，网络经济是伴随着服务经济出现的一种经济形态，其核心是协同和服务。

物流网络理论综合了实体网络、信息网络和经济网络的概念，认为物流网络的内涵不应仅局限于有形的物流设施网络，而是建立在物流基础设施网络之上的以信息网络为支撑的物流组织间网络化运作所形成的综合服务体系。

二、物流网络理论的研究意义

1. 物流网络化发展的趋势和意义

网络技术的普及为物流服务的网络化提供了良好的外部环境，物流网络化趋势不可阻挡。[①] 在经济发达国家，物流业已经形成了规模化、自动化、信息化、综合化的成熟的物流网络体系。结合国外的发展趋势和我国的实际情况可知，我国未来的物流服务模式主要为网络化服务模式。物流网络理论所指的网络化服务模式是基于网格等新型网络技术，实现全社会物流资源随需调配、充分共享的新型服务模式。[②③]

物流网络理论研究和应用的重要意义在于：

（1）创新物流服务模式。供应链体系纵向和横向的扩张对物流服务提出了更广泛的联盟化及更深的专业化要求，未来的物流服务将是基于信息技术建立起来的企业间分工与协作共存的网络化服务体系。物流系统内的各个方面将在网络技术的支持下形成一个资源共享、快速反应、成本最优的综合性服务体系，对终端

---

① 鞠颂东、徐杰：《物流网络：现代物流的发展方向》，载《2006 中国管理科学与工程研究进展》，机械工业出版社 2006 年版，第 101～105 页。

② Bian Wenliang, Ju Songdong: "Grid and Logistic Networks, Dynamics of Continuous Discrete and Implusive Systems", Series B: Applications and Algorithms, No. 7 (2005), pp. 641－645.

③ 卞文良、鞠颂东：《适应网格环境的物流网络研究》，《北京交通大学学报》（社会科学版）2006 年第 4 期，第 33～38 页。

客户来说，社会产品的实际可得性将极大提高。①

（2）促进网络经济发展。在网络经济中，从原材料的采购、供应到产成品的销售、运输以及最终的配送服务，都需要完善的物流系统来支撑，以实现及时、准确的物流服务、简洁快速的配送流程、尽可能低的费用和良好的顾客服务。美国在实现信息流、商流和资金流电子化的同时，通过采用各种机械化、自动化工具和计算机及网络通信设备，已使物流管理模式和运作方式日趋成熟。

（3）构筑综合物流网络。目前我国物流发展中的主要问题是线路和节点配套不好、各种运输方式衔接不够、区域布局不尽合理等，导致物流资源不能得到充分、有效利用。如何按照现代物流发展的客观要求，构筑我国大物流网络，实现区域之间、线路和节点之间、各种运输方式之间的协调，是我国交通和物流基础设施建设需要解决的重大问题。为此，通过物流网络理论和实践研究的深入开展，借助高效的物流信息和组织网络，对基础设施资源进行网络化重组和优化使用，将大大提高物流资源配置的效率和物流产业的总体水平。

总之，现代物流业的发展关键在于建设一套系统指导物流业发展的理论体系，充分利用后发优势对现代物流管理进行研究，指导我国现代物流的良性发展。我国正在成为世界制造工厂和贸易大国，运用物流网络理论对整个物流系统的服务模式和运行机制进行创新，是我国迫切需要解决的重大问题。

2. 以物流网络理论指导物流资源的整合与共享

目前，我国已初步具备了发展现代物流业的经济和市场环境。但由于长期以来我国经济发展相对落后，物流产业呈现规模小、产业集中度低、竞争能力弱、资源分散等特征。因此，物流资源的整合与共享是我国物流产业发展的内在要求，具体表现为：

（1）物流资源整合有利于充分利用物流资源，避免重复建设。对我国物流企业的调查显示：车辆利用率90％以上的占被调查企业的39.0％，利用率在70％～90％之间的占26.6％，利用率在50％～70％之间的占22.7％，仓库利用率达到90％以上的物流企业仅占39.3％左右。一方面物流资源闲置、浪费，另一方面又存在重复建设等不良现象。

（2）物流资源整合有利于物流企业更好地适应市场变化，满足客户需求。目前我国物流企业服务水平低，难以快速响应物流市场需求的变化。从物流企业的收入来看，我国物流企业仍以传统服务项目为主。通过资源整合，在保持原有服务优势的基础上，实现物流服务的延伸、拓展与创新是我国物流企业发展的当务之急。

---

① 鞠颂东、陈娅娜：《现代物流对提升企业竞争力的关键因素》，中国数量经济学会2005年学术年会。

（3）物流资源整合有利于促进物流产业布局的合理化，优化物流产业空间结构。从整体布局来看，我国西部物流产业发展明显落后于东、中部地区，[①] 从第三方物流来看，企业数量及服务收入绝大部分来自东部地区。另外，我国物流业在空间布局上还存在各地区、各行业物流规划相互分割、脱节，缺乏综合一体化的考虑等问题。

（4）物流资源整合有利于我国物流产业组织结构的优化。我国物流企业数量众多，其中，除几家国有大型运输和仓储企业达到一定的规模经济以外，多数物流企业经营规模比较小。按照贝恩的产业集中度划分标准，目前我国物流产业市场属于企业数目众多、集中度低的原子型市场结构，产业组织结构不合理，急需优化整合。

3. 以物流网络理论指导物流产业发展

从社会化分工角度看，物流产业的发展只有在规模经营和网络化运作的基础上才能产生预期效益。因此，各类企业寻求物流服务的外部支持或构建社会化物流网络已是大势所趋。目前我国物流产业的发展水平与发达国家还存在较大差距。因此，通过物流网络的理论研究和实际应用，整合基础设施网络资源，并进一步通过与信息网络和组织网络的融合，建立现代的综合物流服务网络体系至关重要。

在物流网络的设计和管理方面，发达国家虽然取得了一些研究和实践成果，但也只是在"链"的框架下取得的。如何突破"链"的框架，基于现代网络技术，在网络这一综合性理念下开展更进一步的研究，是目前国内外都尚未开展的工作。近年来，国内理论界虽然一直在关注物流基础设施建设、物流信息平台规划与建设、第三方物流等物流组织模式的研究，但将三者结合起来提升到综合物流网络方面进行研究还是一片空白。

三、物流网络理论的研究对象

物流网络理论首先对物流网络的内涵进行重新界定，并在此基础上进一步对物流组织网络、物流基础设施网络和物流信息网络等三个子网的内涵、结构、运作管理等具体问题进行研究，同时对物流基础设施网络的规模确定、物流信息网络的支撑体系等典型问题进行探讨。总之，物流网络理论研究的对象是物流网络及其三个子网，研究通过三个子网的共同运作提高物流服务效率的规律。

1. 物流网络的内涵

物流网络的概念可以从不同的角度理解。从服务功能看，包括运输网络、仓储网络、配送网络等；从服务范围看，有企业内部物流网络、企业外部物流网络

---

① 鞠颂东、李伊松：《西部物流与区域经济发展》，《数量经济技术经济研究》2003年第2期，第39～43页。

和综合物流网络；从运作形态看，有物流基础设施网络、物流信息网络和物流组织网络。[①]

本文所定义的物流网络是指，在网络经济和信息技术条件下，适应物流系统化和社会化的要求发展起来的，由物流组织网络、物流基础设施网络和物流信息网络三者有机结合而形成的物流服务网络体系的总称。其中，物流组织网络是物流网络运行的组织保障；物流基础设施网络是物流网络高效运作的基本前提和条件；物流信息网络是物流网络运行的重要技术支撑。本文定义的物流网络是对各个角度定义的综合，更能体现物流网络资源整合及社会化服务的属性。物流网络和计算机网络、组织网络概念之间的对比如表1所示。

表　物流网络、计算网络与组织网络概念的对比

物流网络	计算机网络	组织网络
企业内部物流网	内部网络（Intranet）	网络型组织
社会化物流网络	外部网络（Extranet）	组织间的网络化
综合物流网络	互联网（Internet）	组织网络

通过上述概念的对比可以看出，本文所定义的物流网络概念既不单纯指企业内部的物流网络，也不专指外部物流网络，而是一个相对综合的概念。是基于互联网的开放性和资源共享性构建起来的新型物流服务体系。它具有如下基本特征：

（1）服务性。物流网络运作的目标是以最低成本在有效时间内完好地从供给方送达需求方，逐步实现"按需送达、零库存、短在途时间、无间歇传送"的理想物流运作状态，使物流与信息流、资金流并行，以低廉的成本及时满足客户的需求。

（2）开放性。物流网络的运作建立在开放的网络基础上，每个节点可与其他任何节点发生联系，快速交换信息，协同处理业务。互联网的开放性决定了节点的数量可以无限多，单个节点的变动不会影响其他节点，整个网络具有无限的开放性和拓展能力。

（3）信息先导性。信息流在物流网络运作过程中起引导和整合作用。通过物流信息网络的构建，真正实现每个节点对其他节点询问的回答，向其他节点发出业务请求，根据其他节点的请求和反馈提前安排物流作业。[②]

---

① 徐杰、鞠颂东：《物流网络的内涵分析》，《北方交通大学学报》（社会科学版）2005年第2期，第22～26页。

② 戴勇：《虚拟物流企业联盟的组建和结构探讨》，《交通运输系统工程与信息》2003年第2期，第89～92页。

（4）外部性和规模效应。网络将各个分散的节点连接为一个有机整体，系统不再以单个节点为中心，系统功能分散到多个节点处理，各节点间交叉联系，形成网状结构。[①] 大规模联合作业降低了系统整体运行成本，提高了工作效率，也降低了系统对单个节点的依赖性，抗风险能力明显增强。[②]

2. 物流网络中的三个子网

（1）物流组织网络。目前已有的研究成果中对物流组织内部的网络化问题研究较多，本文主要关注物流组织间的网络化问题。本文所定义的物流组织网络，即在整个物流组织系统中，各个物流组织节点都是一个开放的主体，每个节点都可以从外部获取信息和资源，从而使整个物流组织系统演变成一个资源和信息充分共享的、可动态重组的、开放的多边网络。[③]

在物流组织网络中，信息和资源可充分共享，网络内的节点间可动态重组从而为用户提供更加满意的服务。在物流组织网络中，各节点根据用户的需求进行动态重组后形成若干不同类型的服务组织，[④] 物流企业之间的联盟或物流企业通过整合其他企业资源进行虚拟经营，都是物流组织网络化经营的一种组织形态。

（2）物流基础设施网络。物流基础设施网络是物流的基础设施节点通过连接形成的集合。[⑤] 从理论上看，物流基础设施规模越大，可能为客户提供的仓储、运输及其他增值物流服务就越多。但目前国内物流基础设施规模已经相当可观，各个行业、各个部门、各大企业都有自己相对完备的物流基础设施，但其资源利用率并没有发挥到应有的水平。[⑥]

造成物流基础设施资源利用率低下的原因在于物流基础设施虽然客观上存在，但没有形成真正的网络。物流基础设施建设和管理必须向网络化方向发展。

---

① Xu Jie, Ju Songdong: "Research on the Economy Effect of Logistics Organization Network", in the Chongqing: 2005 Internationl Conference on Services Systems and services Management, 2005, pp. 407－410.

② Yi Chunguang, Ju Songdong: "Service reliability analysis on logistics network", in the Shanghai: 2006 IEEE International Conference on Service Operations and Logistics and Informatics, 2006, pp. 57－61.

③ Xu Jie, Ju Songdong: "Complex Structure of Logistics Organization Network and Study of Its Operation", in the *Industrial Engineering and Management Innovation in New-era*, 机械工业出版社 2006 年版，第 412 页。

④ Liu Ren, Ju Songdong: "Study on Grid Middleware Based Logistics Information Network Dynamic Grouping", in the *Industrial Engineering and Management Innovation in New-era*, 机械工业出版社 2006 年版，第 138 页。

⑤ 耿勇、鞠颂东：《物流基础设施网络拓扑结构及其治理模式研究》，载《可持续发展的中国交通》，中国铁道出版社 2005 年版，第 774～777 页。

⑥ Geng Yong, Ju Songdong: "A Tentative Study on Designing Method of the Capacity of Logistics Park", in the 2006 Internationl Conference on Services Systems and services Management, 2006, pp. 564－568.

（3）物流信息网络。物流信息网络包括企业内部物流信息网和企业外部物流信息网络。企业内部物流信息网是企业引进适合自己的管理软件，使内部物流信息能够在企业内部得到共享，通过信息的网络传输可以在提高物流工作效率的同时降低物流成本。企业外部物流信息网可以使企业加强与外界的连接，通过互联网加强与合作伙伴间的数据共享和业务上的沟通，及时在互联网上发布信息，积极利用外部网络开拓市场。[①]

物流信息网络是物流网络运行的重要技术支撑，通过物流信息网络可以实现货物在物流网络内的实时跟踪和物流服务咨询，进行信息采集与传输、业务管理、客户查询及业务跟踪，有效地减少物流中间环节和费用，大幅度提高客户服务水平。[②] 随着网格技术等新型网络技术的研究和投入使用，物流信息网络将真正实现物流信息资源充分共享。[③]

3. 供应链网络与"物流网络"的区别

我国《物流术语》国家标准（GB/T18354－2006）对供应链的定义是："生产及流通过程中，涉及将产品或服务提供给最终用户所形成的网链结构。"

物流网络与供应链网络都涉及多个节点的管理问题，二者有共性，但区别也是明显的：

（1）构成要素不同。物流网络是提供物流服务的企业通过资源整合形成的网络，供应链是制造企业上下游间形成的供应关系，二者的构成要素不同，前者以物流企业为主，后者以制造和分销企业为主。

（2）研究的内涵不同。供应链主要从产品供应关系角度研究企业间的连接关系问题；而物流网络研究物流节点间的协同关系问题和物流服务提供方的资源整合问题，通过整合物流资源向包括供应链在内的物流服务需求方提供更加有效的物流服务。

（3）结构不同。供应链的网链结构以"链"为主，而物流网络结构以网为主。物流网络的研究要涉及对若干条"链"的物流服务。故物流网络突破了"链"的模式，是比"链"更复杂的系统。

通过上述分析可以看出，物流网络是将众多分散的物流资源作为网络的节点，将它们之间的合作和共享关系作为网络的边，并以此构造高效的物流服务网

① Liu Ren，Ju Songdong："Study on Grid Middleware Based Logistics Information Network Dynamic Grouping"，in the *Industrial Engineering and Management Innovation in New-era*，机械工业出版社 2006 年版，第 138 页。

② 刘韧、鞠颂东：《基于 OGSA 的物流信息动态组网和资源共享方法》，《物流技术》2006 年第 12 期，第 84～87 页。

③ 卞文良、鞠颂东：《网格影响下的物流网络及其对物流企业运作的作用》，《中国软科学》2006 年第 2 期，第 140～145 页。

络。这与供应链物流网络中将供应商、制造商等看作是网络节点，而将产品供应关系作为网络的边进行研究相比，其研究视角有很大区别，因此研究成果和研究方法等也将有很大的不同。

四、物流网络理论的研究方法

物流网络既是一种理论，更是一种研究范式或研究视角，有自己独特的研究方法。网络分析方法为物流网络研究提供了重要工具。物流节点既是一个独立的主体，又处于一个大的网络之中，因而不能仅仅考察个体的属性，还应关注其所处的网络。

比如，不能仅仅把一个物流园区看成一个独立的节点，更应该把它放在整个物流基础设施网络中决定其建设规模、功能定位及服务对象，这样才能更好地发挥资源的作用。

又如，在研究一个区域内物流企业一定时期内软硬件设施的投资问题时，一般的研究是首先界定该研究对象，然后对该物流企业的一系列特征进行测量，这种研究只关注单个企业的行为。然而在网络中，单个企业的行为往往受到其他企业的影响。在一定区域内，单个物流企业的投资对象和投资的规模一定会受到竞争性企业的影响。也就是说，多个物流企业之间是相互影响的，在当地物流资源达到一定程度的饱和时，某一物流企业为开拓市场可能不会以获取新的资源为主，而是以利用现有资源为主。因此，为了准确理解物流企业的行为，必须研究物流企业之间的关系；为了更好地发挥物流业的作用，必须研究由各类物流设施、物流组织、物流信息构成的网络整体状况。

物流网络理论研究的基础是，物流节点之间是相互信赖和相互作用的关系，而不是相互独立的。因此，其研究的重要问题是各个物流节点之间的关系怎样影响以及在多大程度上影响网络成员的行为，物流网络整体发展对单个物流节点的限制和制约等。这种研究方法可以有效补充物流管理领域宏观层面研究的不足。

当代网络分析技术特别是网络模型分析技术取得了重大进展，它可以揭示网络的结构，分析网络结构对节点的影响，研究网络的整体运作及对网络整体进行模拟等。这些都对物流网络理论的研究提供了重要工具。[①]

（作者单位：北京交通大学经济管理学院。原文载于《中国流通经济》2007年第8期）

---

① 卞文良、鞠颂东：《物流复杂网络模型探究》，载《21世纪数量经济学》（第6卷），方志出版社2006年版，第425～432页。

绿色物流的双绿特性构建研究

陈蓝荪

随着世界经济的不断发展，人类的生存环境不断恶化，于是，各种绿色运动在世界各国兴起。物流业作为现代新兴产业，有赖于社会化大生产的专业化分工和当前经济的高速发展。因此，现代物流应与绿色生产、绿色产品、绿色营销、绿色消费等绿色经济活动紧密衔接，继而形成绿色物流。

环境问题是全球性问题，也是可持续发展的基础性问题，我国提出的科学发展观和可持续发展理论，其核心内容就是以人为本、全面发展、人与自然和谐发展与可持续发展。我国 2008 年在北京、上海等城市开展绿色 GDP 试点工作，依据绿色 GDP 考核各级政府，在核算中纳入环境方面的数据，要求各级政府在经济发展中考虑环境污染与保护问题。在这种背景下，开展绿色物流意义重大。

一、绿色物流概念

绿色物流是现代物流可持续发展的必然。它与绿色制造、绿色消费共同构成了一个节约资源、保护环境的绿色经济循环系统。

绿色物流是近代产生的物流思想，其定义还不成熟。绿色物流是一个多层次的概念，它既包括企业的绿色物流活动，也包括社会对绿色物流活动的管理、规范和控制。从绿色物流活动的范围来看，它既包括各个单项的绿色物流作业，也包括为实现资源再利用而进行的废弃物循环物流。

必须指出，绿色物流最初以降低环境污染、减少资源消耗为目标，强调自身物流活动有利于环境的良性循环发展，要求物流企业实施可持续发展战略。但随着绿色产品和绿色经济理念的深入，笔者认为，绿色物流具有物流系统的外部绿色作用和内部绿色作用，即双绿特性。绿色物流过程对周围环境的绿色性支持，及其在所有绿色物流环节对绿色产品的保绿性支持，构成绿色物流外部和内部的双绿特性。

1. 绿色物流的外部绿色作用。绿色物流的定义为："与节约资源及保护环境相联系的物流活动。"这个定义强调现代物流要对外部环境负责，节能降耗，实现资源循环，是现代物流系统的外部绿色效应。绿色物流的外文名称为"Environmental Logistics"，指的是环境物流，这里的"绿色"其实是"生态环保"和"降耗利废"的代名词。

物流虽然是经济发展新的增长点，但它的发展也会给城市环境带来负面影响。因此，21世纪对物流提出了新的要求，即绿色物流。

现代社会，消费者关心地球环境的改善，拒绝接受不利于环境保护的产品、服务及相应的消费方式，进而促进了绿色物流的发展。

2. 绿色物流的内部绿色作用。绿色物流"主要由绿色运输、绿色包装以及绿色流通加工三个子范畴组成"。这个定义强调物流的外部绿色化，同时也强调现代物流系统的内部绿色效应。绿色产品除了指自身生产制造过程的无害化外，还经常特指该产品不会损害人类的安全和健康，不会威胁生命。绿色产品只有通过绿色物流各个环节的绿色化运作，才能使绿色从生产者保持到消费者。现代物流系统需要内部绿色配置与绿色质量，实现物流过程的安全和安心，如清洁的自来水必须经过管道的"绿色"输送，才能保证水质的安全。"绿色"亦是"安全优质"和"无害保质"的代名词。事实上，危险化学品的运输以及废弃物的物流过程都需要内部绿色化。

随着人民生活水平的提高，消费者更加关心自身的安全和健康，要求推进商品输送传递过程的绿色化，强调物流众多环节的安全性，这对现代食品物流意义重大。

3. 绿色物流的内部绿色作用与外部绿色作用是统一的。绿色物流的内部绿色作用与外部绿色作用是紧密联系的。20世纪90年代，学者调研了全面质量管理与环境管理在概念、收益及方法方面的联系，认为"环境方法与全面质量管理平行，质量管理与环境实践在几个方面有紧密联系"。实际上，质量的主要原则之一就是减少系统中的废物，环境管理的主要目的之一也是清除废物。

绿色物流不能把环境保护与质量保证分割开来。一旦系统物流的外部环境严重恶化，将不能保证物流对象具有"绿色产品"的属性；同样如果大量物流对象经过物流环节变成"劣质有害"物品，也必然会对外部环境形成沉重压力。例如，危险化学品的运输和仓储应该是绿色的，即其物流要内置一个"安全的空间和通道"，避免"危险事故"发生。这样，危险化学品物流的内部绿色性，既保障了自身的品质安全，又保护了周围的环境，实现了物流的外部绿色性。反之，如果危险化学品物流发生爆炸或污损事故，严重伤害外部环境，那么物流的内部非绿性将导致外部非绿性。

绿色商品的公益型与非公益型之分，导致了绿色物流内部绿色作用与外部绿色作用的存在。绿色商品可分为两类：一类是有益于维护生态环境，但并不直接有利于消费者本人的公益型绿色商品，强调商品对外部的绿色影响，如无氟冰箱；另一类是直接有利于消费者本人的非公益型绿色商品，强调对商品自身的绿色要求，如绿色食品，产自良好的生态环境，对人体健康十分有益。绿色食品是安全优质、无污染的营养类食品的通称。事实上，任何食品都是在一定的环境中生长或生产出来的，环境被污染后也会反过来污染食品、空气和水，直接威胁人类的健康和生存，环境安全与食品安全密切相关。

绿色物流将全方位服务于内部顾客和外部顾客，从而导致绿色物流内部绿色作用与外部绿色作用的存在。如果物流服务发生在物流企业各部门之间，在物流运作中接受上一环节服务的下一环节的工作人员称为内部顾客，而处于物流企业外部的顾客则统称为外部顾客。必须从内部顾客与外部顾客两个角度来测量绿色物流服务的质量与有效性。

综上所述，传统意义上的绿色物流（Environmental Logistics）应属于本文所论述的绿色物流（Green Logistics）的范畴，绿色物流具有物流系统的外部绿色作用和内部绿色作用，即双绿特性（见图1）。

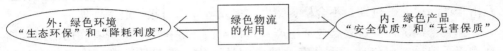

图 绿色物流的双绿特性

二、绿色物流的外部绿色性构建

随着科学技术的进步和人民生活水平的提高，消费者对产品多样性和个性化的要求越来越高，由此导致产品生命周期日渐缩短，更新换代速度不断加快，淘汰和废弃的物品也越来越多。与此同时，人们的环保意识不断增强，环保法规日益完善，许多国家开始要求生产企业对产品生命周期全过程负责，尤其是废旧物品的回收。

环境指以人类社会为主体的外部世界的总体。绿色物流管理从环境的角度出发对物流体系进行改进，形成了一个环境共生型的物流管理系统。绿色物流必须强调减量化（Reduce）、重复使用（Reuse）、回收再用（Recycle）三大原则的应用。

绿色物流是"与节约资源及保护环境相联系的物流活动"。事实上，一个完整的闭环供应链系统，不仅包括正向物流，还包括逆向物流。因此，绿色物流主要包括两个方面：一是对正向物流系统的污染排放进行控制；二是建立并完善工业和生活废料处理的逆向物流系统。

1. 正向绿色物流体系的建立。正向绿色物流是指物料流从生产企业向消费者流动的物流，实现所有单项的绿色物流作业，如绿色装卸、绿色配送等。合理高效的正向绿色物流体系结构主要包括五个环节，即选择绿色供应商，实现产品的"绿色包装"，构建绿色运输体系，进行绿色流通加工，实施绿色营销。

从物流要素对环境造成的污染入手，提出可以通过控制物流要素的污染来实现绿色物流。所谓绿色物流，就是以减少环境污染，降低资源消耗为目标，利用先进物流技术规划并实施运输、仓储、装卸搬运、流通加工、配送、包装等物流活动。

绿色物流将应用减量化（Reduce）、重复使用（Reuse）、回收再用（Recycle）的"3R"原则。绿色物流要求在物流系统和物流活动规划与决策中，尽量采用环境污染程度小的方案。

2. 逆向绿色物流体系的构建。逆向物流包括正向物流中的各种活动，不同的是，逆向物流以相反的方向运作，包括回收物流和废弃物流。逆向物流指所有与资源循环、资源替代、资源回收利用及资源处置有关的物流活动。因此，逆向物流是指"为回收利用或合理处置废旧物品，对原材料、在制品库存、产成品及相关信息从消费地到生产地的有效率和有效益的流动进行计划、管理和控制的过程"。逆向物流所涉及的范围较广，不仅包括废旧产品或包装的回收利用，而且包括生产过程中废品和副产品的回收利用、缺陷产品的召回或维修退回处理，以及由于产品过时、过期、不合格、错发、多发等原因引起的退货处理。

在整个经济社会建立起包括生产商、批发商、零售商和消费者在内的回收循环物流系统，主要包括五个环节，即废旧品回收、废旧品运输、检查分类与处置、旧产品回收后的修理或复原、再循环产品的销售。回收产品经过修理或复原后，可投入市场进行销售。企业应依据产品形状与质量标准，尽早作出对废旧产品的处理决策，降低绿色物流成本，缩短再循环加工产品的上市时间。

逆向物流的实施是一项系统工程，需要完善的商品召回制度、废物回收制度及危险废物处理处置制度。必须提高资源利用的经济规模，培育一个再循环产品的市场，整合、集成与共享反向分发渠道。否则，会使企业缺乏再利用和再循环的动力，把可以再循环或再利用的物品直接丢弃。

生产过程中的排放物可分为回收物和废弃物，这两类物质的流动形成了回收物流和废弃物流。回收物具有再利用价值，在经过分拣、加工、分解后，可成为有用物资，重新进入生产和消费生活循环领域；废弃物已经丧失了再利用价值，从环境保护的角度出发，废弃物将被焚烧或送到指定地点堆放掩埋，对含有放射性物质或有毒物质的工业废弃物等，还要采取特殊方法处理。

逆向物流不是一种被动的环保策略，它不仅社会效益显著，还可以为企业带来显著的经济效益。逆向物流将在企业经营战略中发挥越来越重要的作用。

总之，绿色物流的实施必须把逆向绿色物流与正向绿色物流协调、融合在一起，变单向直线型物流为循环往返型物流，同时结合减量化、重复使用、回收再用的原则，使之成为一个闭环体系，以取得经济效益与社会效益的双赢。

三、绿色物流的内部绿色性构建

1. 产品质量都有绿色要求。《产品质量法》规定，产品质量应符合安全和健康的默示担保条件，即产品不能存在不合理的危险，应符合保障人体健康、人身财产安全的国家标准或行业标准。这就是产品质量的绿色要求。

但生产经营者往往只注重产品本身，而忽略了绿色物流的使用，经营者对绿色物流认识不够。物流将在很大程度上影响产品的绿色质量。

2. 绿色产品需要绿色物流。物流过程保护物品的质量，最终实现对用户的质量保证，即物品的质量保证是物流质量管理的基本要求。但物流过程不应仅仅是消极地保护质量，物流过程还应成为物品质量形成和改善的过程。绿色产品需要绿色物流，满足客户在产品规格、品种、数量、时间、地点、价格、性能等各方面的要求，同时提供优质高效的物流增值服务。

3. 绿色物流服务质量管理的目标。绿色物流必须全面了解生产、消费等领域的需求，总结各方都需要的物流服务标准，制定物流服务质量管理的具体目标。其具体特性为：（1）保绿性：商品对人体健康、人身财产安全的绿色保持程度；（2）完好性：指商品质量保持完好的程度，商品规格、品种、数量的保证程度；（3）增值性：流通加工对商品质量提高和改善的程度，信息利用程度；（4）经济性：物流费用水平降低程度等。

4. 绿色物流发展之内部"三化"。一是管理标准化。标准化绿色管理，包括流程标准化、操作标准化、服务标准化等。企业应以客户服务为导向，以信息流为驱动，把绿色流程层层分解，制定操作和服务标准。各项标准应首先服务于企业总体目标，按照企业目标、运作流程和具体标准的次序来制定。

二是信息透明化。信息系统首先应服务于绿色物流作业管理的需要，对绿色作业进行优化。要对业务数据进行各种方式的汇总提炼，并在授权客户、作业人员、管理人员、决策人员之间最大限度地流动，继而达到运作、管理与决策信息化的目标，基于流程管理，实现企业信息的实时化、透明化。

三是货物跟踪化。在信息透明化的基础上，实现系统内货物状态的"可视化"跟踪管理，即把绿色物流所有的作业环节及相关活动都纳入管理系统之中，根据既定标准，监控流体、载体、流向等物流各要素的运行状况以及信息流和资金流的活动状态。管理的对象是"货物"，通过系统内部统一的条码或电子标签，进行跟踪管理。

5. 建立安全管理体系。目前各国政府越来越重视食品安全管理问题，对食品生产、流通、仓储企业提出了建立食品安全危害分析与关键控制点（HACCP）管理体系的要求。我国国家质量监督检验检疫总局于 2001 年决定试行食品安全管理体系（HACCP）认证；2002 年 3 月 20 日，国家认证认可监督管理委员会发布《食品生产企业危害分析与关键控制点（HACCP）管理体系认证管理规定》的公告；农业部也要求食品仓储企业建立危害分析与关键控制点管理体系。这对开展绿色物流具有重要参考价值。

目前国际标准化组织（ISO）正在着手制定食品安全管理体系标准（HAC-

CP)，将食品安全管理作为一个国际标准推广，其使用范围覆盖食品链和食品物流的全过程，从种植、养殖、初级加工、生产制造、分销一直到消费者使用，也包括餐饮。

必须指出的是，当前 ISO9000 质量管理体系标准、ISO14000 环境管理体系标准、ISO22000 食品安全管理体系标准等安全管理体系，已应用于其他产业领域。

四、绿色物流构建与发展的对策研究

具有双绿特性的绿色物流将连接绿色供给主体与绿色需求客体，强调全局和长远利益，强调对环境的全方位关注，体现了企业的绿色形象，是一种新的物流管理趋势。实施绿色物流管理关系到社会的各行各业，在抑制物流对环境造成危害的同时，形成了一种能促进经济和消费生活健康发展的物流系统。

1. 树立绿色包装意识。包装物对环境有很大影响，包装物的绿色化是实施绿色物流管理的重要组成部分。适度的包装有助于供应商降低成本，减少采购商拆装和处理包装物的费用。从再循环的角度看，包装材料种类越少越好。

用生命周期法认真选择包装材料，保证被包装商品在生命周期内完好无损。同时包装物的标识图案和文字亦应体现绿色化。

2. 实施联合整体物流。联合整体物流通常表现为联合一贯制运输和一体化物流。实施联合整体物流，可有效减小物流业对环境的影响。

联合一贯制运输是以"单件杂货"为对象，以单元装载系统为媒介，有效运用各种运输工具，从发货方到收货方始终保持单元货物状态的系统化运输。通过运输方式的转换可削减总行车量，包括转向铁路、海上和航空运输。

另外，一体化物流可以优化整合物流系统，从订单处理、产品采购，到售后服务及废弃物物流、退货物流等的一体化服务，不仅可从经济上降低总物流成本，还可大大降低社会成本。

3. 开展城市共同配送。共同配送以城市一定区域内的配送需求为对象，人为地进行有目的、集约化的配送。它由同一行业或同一区域的中小企业协同进行配送。共同配送、统一集货、统一送货，可明显减少货流；配送和库存的集约化，可有效消除交叉运输，缓解交通拥挤状况，提高城市内货物运输效率，降低空载率，减少污染；有利于提高配送服务水平，使企业库存水平大大降低，甚至实现"零库存"，降低物流成本。与此同时，城乡间绿色通道物流环节的建设，必须引起足够的重视和关心。

4. 强化绿色流通加工。绿色流通加工具有较强的生产性，指在流通过程中继续对流通中的商品进行生产性加工，以使其成为更适合消费者需求的最终产品。绿色流通加工也是物流部门在环境保护方面大有作为的领域：一方面可以变消费者分散加工为专业集中加工，以规模作业方式提高资源利用效率，减少环境污染；另一方面可以集中处理消费品加工中产生的边角废料，减少消费者分散加工所造成的废弃物污染。

5. 建设绿色仓储系统。随着人们环保意识的加强，建设可持续发展的绿色物流仓储系统势在必行。一方面创造绿色的内部仓储管理环境，如利用自动化仓储系统解决有害物资的储存与存取问题，降低工作的危险性；另一方面减少物流仓储系统本身对周围环境的不利影响，减少占地面积。另外，通过采用集中式绿色化自动物流仓储系统，充分考虑人机工程学原理，使操作管理与环境维护相协调。

6. 合理进行物流规划。物流量如此巨大，如果缺乏有效管理和组织，极易导致运输、配送车辆及运输次数增加，加重交通阻带现象，产生效率低下及各种社会问题。在战略上合理安排并管理物流，关系着整个社会的可持续发展。国家应对物流产业发展进行规划，促使物流企业选择有利于环境保护的运输工具，合理安排配送。同时，经济的可持续发展也要求物流企业制定合理的经营战略，提高企业自身的物流效率。

7. 加强环境立法工作。政府对绿色物流的调控应主要通过经济、法律手段进行，要围绕市场建立健全一系列的绿色物流法规。在严格实施现有相关法规的基础上，不断完善有关环境的法律法规，制定相应的优惠政策，鼓励企业进行绿色生产、绿色经营。

造成资源浪费与环境污染的厂家和个人并没有承担污染成本或仅承担了其中很少的一部分，而这种有害行为的受害者并不是这些行为的履行者。

利用税收及收费等手段限制并惩罚资源耗费及环境污染行为；通过基金或补贴等形式鼓励并资助资源节约及环境保护行为；通过制定产业政策限制资源浪费及环境污染严重的产业，支持绿色产业发展。

8. 宣传倡导绿色物流。政府通过立法和制定行政规则，将节约资源、保护环境的要求制度化；利用舆论工具进行环境伦理、绿色观念、绿色意识的大众宣传。除要加强法规建设外，还要对民间绿色物流加以积极倡导，充分发挥企业在环境保护方面的作用，形成一种自律型的物流管理体系。向绿色物流推进主要表现为通过车辆的有效利用提高配送效率和车辆实载率，选择最佳配送路线，从自用型向营业型货车转换等。要积极倡导绿色需求和绿色消费，通过绿色消费方式，倡导企业实施绿色物流管理；通过绿色消费行为，迫使企业自律绿色物流管理，通过绿色消费舆论，要求政府规制绿色物流管理。构建绿色物流体系，首先要加强绿色物流教育，树立现代绿色物流的全新观念。因此，要尽快提高认识，更新思想，把绿色物流作为世界全方位绿色革命的重要组成部分，确认并面向绿色物流的未来。

（作者单位：上海海洋大学经济管理学院。原文载于《中国流通经济》2008年第 11 期，被《人大复印报刊资料·物流管理》2009 年第 2 期全文转载）

第三方物流发展与物流业集聚动因分析

陈炜煜

目前，中国大约有 1.6 万家物流服务行业公司，行业产值超过 390 亿元。有关专家预测，2010 年我国物流行业的产值将达到 1.2 万亿元。2008 年上半年，我国社会物流总额 43.29 万亿元，按现价计算，比上年同期增长 28.1%，增幅同比提高 2.5 个百分点。扣除价格上涨因素，比上年同期增长 20.5%，增幅同比回落 1.1 个百分点。从社会物流总额构成看，2008 年上半年工业品物流总额 38.47 万亿元，比上年同期增长 29.2%，增幅同比提高 1.8 个百分点，占社会物流总额的比重为 88.9%，同比上升 0.8 个百分点，是带动社会物流总额较快增长的主要因素；上半年进口货物物流总额 3.97 万亿元，比上年同期增长 18.4%，增幅同比提高 4.8 个百分点；农产品物流总额、再生资源物流总额和单位与居民物品物流总额分别比上年同期增长 22.3%、42.9%和 20%。

但中国交通运输协会指出，我国的货物运输成本居高不下，比西方发达国家高出 3 倍，占货品总成本的比例高达 30%，需引起高度重视。在信息流、资金流和物流成为一个国家参与全球化竞争的重要战略因素情况下，落后的物流水平已成为我国企业发展的关键瓶颈之一。[①] 因此，本文着重讨论第三方物流的利益分配机制和物流业集聚的有关问题。

一、第三方物流业的发展

从总体上来看，第三方物流服务能从两方面为客户创造价值：一方面，降低客户物流费用，增加客户总收益；另一方面，帮助客户实现价值多元化，使其在同等成本基础上，从高效率的物流服务中获得更多价值。第三方物流公司配送网络覆盖范围广，借助其发达的运输网络，有利于缩短供应商送货周期，进一步减少库存水平，减少每家连锁企业的库存水平，降低运输成本。同时，低库存资金占用率、低库存资金利息水平、低库存资金机会成本可大量减少库存成本，增加企业财务弹性。第三方物流企业还能在完善的信息系统基础上，通过优化各方面指标，减少过期损耗额，降低库存成本，节省库存空间，实时连接销售、本企业仓库库存和与供应商库存，实行联合采购战略等；也能在充分信息支持的基础上，提高库存周转率，缩短订单执行周期，提高市场响应能力，根据客户需求，

---

① 参见中国物流与采购网：http://www. chinawuliu. com. cn/cflp/newss/content1/200809/764_28393. html.

制定个性化物流管理方案。

通过第三方物流利益分配机制的分析，可以看到，企业获得较高的盈利是建立第三方物流合作的长久基础。而且，企业发展的根本动力在于利益机制的建立。特别是在物流业集聚发展的地区，各种联合协作有利于降低经营成本，提高物流企业群的整体收益水平，并通过利益分配机制，对优势企业提出了更高的要求，使其不仅在生产经营上，而且在其他方面都必须具有足够的吸引力。这不仅促进了产业的进一步集聚，同时也为大型企业集团的发展奠定了坚实的基础。

二、利益分配机制对第三方物流企业选择的制约

在第三方物流的选择及其合作过程中，都会面临利益分配机制的设计问题，这关系到企业的长久生存与发展。下面的分析说明了企业间的利益分配机制的可接受性源于企业利益的极大化和企业外部信息的可信性。

假设在第三方物流的选择过程中，企业 A 需要物流企业 B 提供资源 I，出价或利益分配比例为 S，获得资源后的收益为 R，且大于对其他项目的投资收益，即 $R \geqslant I(1+r)$。

企业原利润 π 有高（H）低（L）两种情况，其概率为：

$$p(\pi = H) = p, \quad p(\pi = L) = 1 - p$$

若企业 B 拒绝，其投资于他处的收益为 $I(1+r)$，企业 A 收益为 π；若企业 B 接受，其收益为 $S(\pi + R)$，企业 A 的收益为 $(1-S)(\pi + R)$。

此时，物流企业 B 对于利益分配比例为 S 的情况下判断企业 A 利润 π 高（H）的概率为 q，即 $p(H/S) = q$。

对于物流企业 B，只有在 $S[qH + (1-q)L + R] \geqslant I(1+r)$，即 $S \geqslant I(1+r) / [qH + (1-q)L + R]$ 满足时，才会接受 S；企业 A 只有在 $(1-S)(\pi + R) \geqslant \pi$，即 $S \leqslant R/(\pi + R)$ 时，才愿意出价 S。因此，只有在下式成立时，才会达到双方满意的均衡状态。

$$\frac{I(1+r)}{qH + (1-q)L + R} \leqslant \frac{R}{H + R}$$

显然，当 q 趋向于 1 时上式成立；当 q 趋向于 0 时，则必须满足 $R - I(1+r) \geqslant [I(1+r)/R] \cdot H - L$。

该投资收益与在其他项目的投资收益之差大于：

$$[I(1+r)/R] \cdot H - L$$

这样，才会存在均衡状态。

这就要求生产企业 A 不仅要使得物流企业 B 以及其他合作者相信其高盈利能力，而且要求企业尽可能地降低信息不对称带来的负面效应，提高信息的透明

度，不断提高其收益水平和投资集聚吸引力。①

对以上结论的分析，虽然一般认为高利润类型企业无法将自己区分开来，对高利润类型企业有利的外部条件也许对低利润类型企业更具吸引力，但是低利润企业尽管可以获得很高的短期收益，其风险与前景却是不容乐观的，大多数投资者或经营者对事物的判断还是理性的。

三、物流业集聚动因分析

美国竞争力委员会（Council on Competitiveness）政策研究部主任塞缪尔·莱肯（Samuel Leiken）认为，企业集聚能提高有关公司的效能与生产率，即使这些公司是直接的竞争对手也是如此。许多经济专家也认为，相互竞争的企业聚集在一起有助于整个行业获得成功。哈佛大学（Harvard University）一位企业集聚问题专家迈克尔·波特（Michael Porter）教授认为，这样做既促进了企业创新，也提高了工资水平。同一行业的竞争者集聚在一起，除了可以促进产品创新外，最终还能使各公司更快成长并吸引更优质的人才。在美国，除政府经济发展部门和公司外，其他有关组织也在帮助形成企业集聚（美国国务院国际信息局，IIP）。②

当然，任何企业的根本目的在于增加整体的收益。无论是物流企业集聚，还是企业集团的形成，或是现代所谓虚拟企业的运转，其根本目的都在于增加收益、控制市场，进而提高整体竞争能力。对于进入市场经济时代的我国企业，面临的最大威胁就是国际竞争的压力，如何增强企业的信心与优势，形成独特的核心竞争能力不仅是政府而且是企业界所关注的焦点。显然，按照自然进化过程，通过企业间的优胜劣汰、联合协作形成具有一定特色的物流企业集聚群落，不仅有利于提高物流企业集团的竞争力，而且对于核心企业的产生与企业集团的发展都具有十分重要的意义。

企业联合与扩张具有内部的动力机制，在市场经济条件下，这一过程将会逐步加快。

假设，企业 A、B 生产同一产品，A 的单位成本是 C_A，B 的单位成本是 C_B，且 $C_A < C_B$。

市场的需求函数为：$P = a - q_A - q_B$

q_A 为 A 的产量，q_B 为 B 的产量，p 为市场价格。

如果 a 足够大，以致企业均衡产量之和小于 a，最优价格小于 p，则两企业进行古诺-纳什（Cournot-Nash）博弈，而企业均以利润最大化为目标，则有利润函数：

---

① 席酉民：《企业集团管理决策的数理分析》，机械工业出版社 2002 年版，第 87 页。
② 参见美国参考：http：// www. america. gov/ st/ washfile-chinese/ 2007/December/。

$\Pi_A\ (q_A,\ q_B) = (a - q_A - q_B - c_A)\ q_A$ 和 $\Pi_B\ (q_A,\ q_B) = (a - q_A - q_B - c_B)\ q_B$。

显然，它们均满足取得最大值的二阶条件，其一阶条件下的解即为最优解，能使企业获取最大利润。

解一阶条件：

$$\frac{\partial\ \Pi_A\ (q_A,\ q_B)}{\partial\ q_A} = a - q_A - q_B - c_A - q_A = 0$$

和 $$\frac{\partial\ \Pi_B\ (q_A,\ q_B)}{\partial\ q_B} = a - q_A - q_B - c_B - q_B = 0$$

得到企业 A、B 均衡时的产销量分别为：

$$q_A{}^* = \frac{1}{3}\ (a - 2c_A + c_B)$$

和 $$q_B{}^* = \frac{1}{3}\ (a - 2c_B + c_A)$$

同时可以求得均衡时的总产量（p^*）：

$$p^* = \frac{1}{3}\ (a + c_A + c_B)$$

企业的利润（Π_A，Π_B）：

$$\Pi_A\ (q_A{}^*,\ q_B{}^*) = (p^* - c_A)\ q_A{}^* = \frac{1}{9}\ (a - 2c_A + c_B)^2$$

和 $$\Pi_B\ (q_A{}^*,\ q_B{}^*) = (p^* - c_B)\ q_B{}^* = \frac{1}{9}\ (a - 2c_B + c_A)^2$$

两企业利润总和为：

$$\Pi\ (q_A{}^*,\ q_B{}^*) = \frac{1}{9}\ (a - 2c_A + c_B)^2 + \frac{1}{9}\ (a - 2c_B + c_A)^2$$

如果两企业形成联合或 A 企业垄断市场（因为 $c_A < c_B$），产量为 q_G。此时企业的利润函数为：

$$\overline{\Pi}\ (q_G) = (a - q_G - c_A)\ q_G$$

解一阶条件：

$$\frac{\partial\ \overline{\Pi}\ (q_G)}{\partial\ q_G} = (a - q_G - c_A - q_G) = 0$$

得到：

$$q_G{}^* = \frac{1}{2}\ (a - c_A)$$

因此，企业的市场价格为：

$$\overline{p}^* = a - q_G = \frac{1}{2}\ (a - c_A)$$

总利润为：

$$\bar{\Pi}\,(q_G{}^*) = (\bar{p}^* - c_A)\,q_G{}^* = \frac{1}{4}\,(a - c_A)^2$$

在该企业集团的产品策略中，显然 $q_B \geqslant 0$，同时

$$q_B{}^* = \frac{1}{3}\,(a - 2c_B + c_A)$$

所以，$c_B < \dfrac{a + c_A}{2}$

因此，有下式成立：

$$\cdot\ \Pi\,(q_A{}^*,\ q_B{}^*) = \frac{1}{9}\,[2\,(a - c_A)^2 + (c_B - c_A)\,(-2a - 3c_A + 5c_B)]$$

$$< \frac{1}{9}\,[2\,(a - c_A)^2 + \frac{1}{2}\,(c_B - c_A)\,(a - c_A)]$$

$$< \frac{1}{9}\,[2\,(a - c_A)^2 + \frac{1}{4}\,(a - c_A)^2]$$

$$= \frac{1}{4}\,(a - c_A)^2$$

$$= \bar{\Pi}\,(q_G{}^*)$$

显然，$\bar{\Pi}\,(q_G{}^*) > \Pi\,(q_A{}^*,\ q_B{}^*)$，即组成集团后的总利润将会增加。[①]

由于利益机制的作用，以及企业之间的设备、技术、管理存在着不可避免的差异，企业联合或集中的趋势不可避免。尤其是在物流企业集聚地区，由于存在内、外部资源的共享性，这一趋势更加明显地促进了物流企业的自然进化过程，并通过这一必然过程加速了物流企业的成长，有利于核心企业的形成和不同类型企业集团的出现，进一步加剧了资本、人才、技术等资源的集中程度，有利于提高区域经济的整体竞争力。

（作者单位：北京物资学院。原文载于《中国流通经济》2008 年第 11 期，被《人大复印报刊资料·特区经济与港澳台经济》2009 年第 2 期全文转载）

---

① 谢识予：《经济博弈论》，复旦大学出版社 1997 年版，第 256 页。

基于物流场理论的物流生成及运行机理研究

赵 冰 王 诺

一、引言

随着现代物流规模的增大和物流所依托交通资源的日益社会化，物流运作形态呈现出物资生成源（简称物流源，如工厂等）、物流迹线（如铁路、公路以及飞机、船舶航线等）、物流节点（如港口、车站、物流中心、配送中心等）、物流需求源（简称物流汇，如建设工地、居民区等）等各要素协调作用的系统效应，构成了物流场的演变形态。从物流场原理出发，把握物流场的本质特征和运行特点，对于深化现代物流理论研究、推动物流工程实践具有重要意义。

有关物流场的概念，此前已有学者进行过探讨。例如，王志国[1]把产生物流的人类生产点或居住点称为物流源点，在一定的物流活动区域内，按照某种有序方法（如按物流规模的大小进行排列）连接若干规模不等的源点的物流活动，构成物流场，利用物流场与对应区域生产和社会发展的相互关系，来分析经济与社会发展方面的问题；王宗喜等[2]通过类比提出，可将物流活动视为特殊的电磁场，把物流供需矛盾的处理视为物流节点激发的物流场的作用，运用电磁场理论分析物流活动的基本规律；汤银英[3]剖析了物流活动空间组织规律，研究了物流场的性质和特点，构建了物流点、线、面效应场及其空间结构模型。

这些研究有一个共同的特点，即从狭义角度描述了物流场的大致概念，将物流产生地的一定邻域[4]或物流中心[5][6][7]展开物流活动的时空范围称为物流场。而本文将尝试从广义角度研究物资从供应地到接收地的全部物流过程，把物流活动

---

① 王志国：《物流场论及其在经济分析中的应用》，《地理学报》1990 年第 45 卷第 1 期，第 90～101 页。

② 王宗喜、余子山、李东、黄湘民：《物流场理论研究》，《物流科技》2004 年第 27 卷第 11 期，第 4～7 页。

③ 汤银英：《物流场理论及应用研究》，西南交通大学学位论文，2007 年，第 39、44～47 页。

④ 王志国：《物流场论及其在经济分析中的应用》，《地理学报》1990 年第 45 卷第 1 期，第 90～101 页。

⑤ 王宗喜、余子山、李东、黄湘民：《物流场理论研究》，《物流科技》2004 年第 27 卷第 11 期，第 4～7 页。

⑥ 汤银英：《物流场理论及应用研究》，西南交通大学学位论文，2007 年，第 39、44～47 页。

⑦ Tang Yinying, Peng Qiyuan: "Model of Logistics Field and Space Structure", in the International Conference on Logistics and Supply Chain Management, 2006, pp. 23－29.

视为物资在场态空间内某种力作用下发生的位移。从作用力的角度研究物流活动，建立物流场理论，不仅更贴近场的本质，而且能够从物流活动的本质出发研究物流的运作机理，进而为指导物流实践奠定基础。

二、物流场理论

1. 物流场概念

从本质上讲，物资的流动缘于人们对物资的需求以及物资供应地和需求地的分离。人们对物资的需求可视为一种施加在物资上的作用力，物流活动即物资在这种力的作用下由供应地向接收地的流动。如果把物资抽象地看成质点，则其受需求力作用而发生的物流活动与电荷在电场中受电场力作用及物体在重力场中受重力作用而发生的位移非常类似。因此，可借助物理学的场论来研究物流活动，把物资从供应地到接收地所有物流活动展开的时空范围定义为物流场。

物资在物流场中由于受到需求地的需求力作用而产生流动，因此物流场是由需求地激发而产生的，需求力是物流活动的直接驱动力。

2. 物流场空间构成

物流场弥漫于物流活动的整个空间，为便于研究，可按物资流动过程把物流场的空间组织形式分为物流源、物流汇、物流节点及物流迹线等要素，它们的含义如下：

（1）物流源。物流源就是物资的供应地。物资从该点出发，向物流场中的其他地点移动。所有物资的出发点都可以作为物流源，但从物流产生的源头分析，物流源指的应该是原材料聚集及开采地、对原材料进行加工配送的加工厂以及生产各种产成品的工厂等。

（2）物流汇。物流汇就是物资的接收地。物资经过一系列物流活动到达接收地，以满足人们的需求。所有物资的接收地都可以作为物流汇，但从物流的最终目的分析，物流汇所指的应该是各大居民点、办公地点、学校等各种对物品进行最终利用的地点。

（3）物流节点。物资在进行空间移动的过程中，会在一定的地点产生集聚，这些地点往往成为物流活动的中心，每天都有大批量的物资从该地经过。物流节点就是物流场中物资的集聚地。

物流节点一般包括两类：一类是需要改变运输方式、更换载体的地点，如港口、火车站、货运站等；另一类是集中对物资进行存储、包装加工等辅助物流活动的物流园区、物流场站等。

（4）物流迹线。在物流场中，物资的流向可用一条曲线形象地表示出来，它始发于物流源（原材料聚集地、工厂等），沿固定物流通道（公路、铁路、管道、航线等）止于物流汇（客户），或经由若干物流节点后再止于物流汇。我们称这样的曲线为物流迹线，这里设定物流迹线的方向与物资流动的方向相同，由物流源指向物流汇，呈扩散或收敛状。

因此，物流场的空间构成要素包括物流源、物流汇、物流节点及物流迹线，可抽象表示为图1。

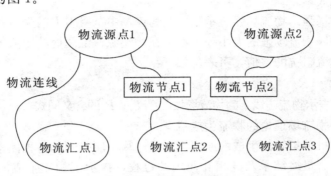

图1　物流场的空间构成

3. 物流场特征量①

物流场特征量包括物流场势能、物流阻抗、物流场强等，它们的具体含义如下：

（1）物流场势能。与物理学描述的物体的相对位置决定其所具有的势能一样，物流场也存在势能。势能是一个相对的概念，不同位置之间势能的差值即为势差。物流场势能与物资在物流场中的空间位置有关，可理解为物资在物流场不同位置处的价值，而物流场势差为物资在不同位置的价值差。从本质上讲，物资因位置不同而产生的价值差缘于人们对物资的需求，在需求的作用下，物资在需求地的价值比其在供应地的价值要高。供应地和需求地之间的价值差形成了一种吸引力，吸引物资从供应地向需求地移动。

物流源点和汇点之间的物流场势差可表示如下：

$$\triangle U_{ij} = U_i - U_j = p_i - p_j \tag{1}$$

其中，$\triangle U_{ij}$ 表示某物资在物流源点和汇点之间的物流场势差，U_i、U_j 分别为物资在物流源点 i、汇点 j 的物流场势能，p_i、p_j 分别为物资在物流源点 i、汇点 j 的价值。

（2）物流阻抗。物流需求在物流场势差的作用下产生，但物流需求的真正实现却受各种因素的约束，如物流成本、时间成本及物流活动中的物资损耗等。这些因素对物流需求的实现构成了一种阻力，可称为物流阻抗。物流迹线 a 中的物流阻抗可表示如下：

① Wang Nuo, Zhao Bing, "Tong Shiqi and Yang Chunxia: Operation Model of Logistics Sysytem based on Logistics Field Theory", International Conference on Transportation Egineering, 2008, pp. 2857~2962.

$$R_a = L_a + T_a + S_a + O_a \tag{2}$$

其中，R_a 表示物流迹线 a 中的物流阻抗，L_a、T_a、S_a、O_a 分别表示物资沿物流迹线 a 流动的物流成本、时间当量成本、物资损耗当量成本及由于其他因素而形成的当量成本。

（3）物流场强。物流场强表示物资在物流场中所受引力的强弱程度。一般情况下，某条迹线物流场强的大小等于物资在物流源、汇两地的物流场势差与该条物流迹线中物流阻抗的差值，可表示如下：

$$E_a = \triangle U_{ij} - R_a \tag{3}$$

其中，E_a 表示物流迹线 a 的物流场强，$\triangle U_{ij}$、R_a 的含义同式（1）和式（2）。

三、基于物流场理论的物流生成机理

物流生成机理指物流生成的原因、生成过程中所受到的各种因素的约束、约束因素的消除、最终结果及其相互作用的过程，揭示了物流生成的来龙去脉。[①] 物流的生成是动力、阻力相互作用的结果，其生成原因与影响因素如下：

1. 物流生成动力

从价值角度看，物流的生成是物资在供应地、需求地之间价值差驱动的结果，用物流场原理描述，就是物流源、汇之间物流场势差驱动的结果。因此，物流生成的动力就是物流供需两地之间的物流场势差，即供需两地之间物资的价值差。

在完全市场主导条件下，物流场势差为物资的市场价格差，因为价格是价值的最终表现形式。但在某些特殊情况下，或针对某些特殊物资，物流场势能的影响因素就较为复杂，有可能超过物资的实际价格。例如，军事物流中的军需用品、应急物流中的资源等由于时效性价值或特殊意义，需要根据人们对物资的需求程度以及实际支付能力，确定它们的具体价值。

2. 物流生成阻力

物流生成阻力即物流迹线中存在的物流阻抗，影响物流阻抗的因素有以下几个：

（1）物流成本。即物资从供应地到需求地的物流活动所需花费的一切费用，包括运输、仓储、包装、信息处理等活动所花的费用。

（2）物流活动的时间成本。即由于物流活动时间的持续而产生的成本。物流时间从两个方面构成成本：一是与物资本身的保存期（如水果、蔬菜、鲜花）或物资本身具有的时效性（如报纸、时装、杂志）等特点有关；二是与运输途中物资所占用资金的机会成本有关，高价值物资或大宗战略物资于运输途中的资金占用成本在总成本中是一个可观的部分。物流时间成本的计算需要根据实际情况换算成一定的货币，即计算出时间当量成本。

---

① 黄荣来：《物流生成机理研究》，西安公路交通大学学位论文，2000年，第7～10页。

（3）物资损耗产生的成本。物流活动不可避免地会造成一定的物资损耗，这也是物流阻抗产生的因素之一。一般情况下，物资损耗所产生的成本会随着物流量的增加而增加，需根据实际情况确定其函数关系，准确计算损耗成本。另外，物资损耗成本虽然不可避免，但却可以通过提高物流作业水平、加强作业组织能力等尽量减小，以更好地提高物流质量。

（4）其他因素形成的成本。在实际中，还有一些因素会阻碍物流活动的进行，如贸易保护政策形成的物流壁垒，因自然条件、突发事件而导致的物流通道中断以及物流技术落后对特殊物资物流的限制等。这些因素造成的当量成本往往很大，有时甚至会完全阻碍物流活动的进行。

3．物流生成机理

物流场势差是物流生成的动力，但势差作用下产生的仅是潜在物流需求，只有当势差大于阻抗，即物流迹线中场强大于零时，潜在的物流需求才能转化为现实的物流需求，物流才能够生成。此外，由于影响物流场势差、物流阻抗的因素众多，而且会发生动态变化，潜在的物流需求也可能随着势差和阻抗的变化而转变成现实的物流需求。总之，物流的生成是一个动态的复杂过程，物流生成机理如图 2 所示。

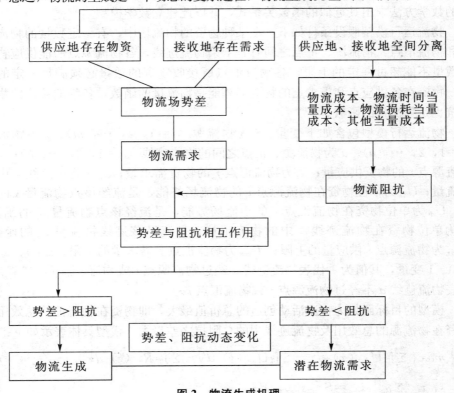

图 2　物流生成机理

四、基于物流场理论的物流运行机理

1. 物流运行机理

物流运行机理指物流生成后，通过不同物流迹线由源点向汇点流动过程中所遵循的原则，它揭示了物资在所有源、汇点之间以及所有物流迹线中的分布规律。在各物流源、汇点供应量和需求量已知的情况下，为保证物流活动创造的价值最大，物资会在所有源、汇点之间以及所有可行的物流迹线中按如下原则进行分配：一是物资会在物流场势能相差最大的源、汇点之间流动，以保证物资价值得到最大限度的利用；二是物资会沿着阻抗最小、场强最大的物流迹线流动，以保证物流过程中损耗最小。这就是物流运行的机理。

2. 物流运行模型

依据物流场理论，可建立数学模型，对物流系统运行机理进行描述，并依据该模型对现实物流系统进行优化。但需要注意的是，在实际的物流活动中，物流场势能、物流阻抗等物流场特征量是十分复杂的变量，不仅受很多客观因素的影响，其数值还会随物流量的增加而变化。因此，模型中物资在物流源和物流汇的物流场势能以及物流迹线的物流阻抗应为物流量的函数，可根据实际情况借助一定的数学方法求出其近似的函数关系式，并以此建立数学模型。

物流运行模型假设条件如下：在某种物资的物流场中，有一定数量的物流源点和物流汇点，物流源、汇点之间有若干条物流迹线，各物流源点所能供应物资的数量不能超过一定的上限，各物流汇点所接收物资的数量必须满足一定的下限，物资在各供应点和需求点的物流场势能是物流量的函数，各物流迹线的物流阻抗也是物流量的函数。

物流运行模型包含如下变量：i 为物流源（$i=1, 2, \cdots, m$）；j 为物流汇（$j=1, 2, \cdots, n$）；a 为物流源、汇点之间的物流迹线（$a=1, 2, \cdots, k$）；s_i 为物流源点 i 的物资供应量；d_j 为物流汇点 j 的物资需求量；x_a 为物流迹线 a 中的物流量；U_{si} 为单位物资在物流源点 i 的物流场势能，是流经该点物流量 s_i 的函数；U_{dj} 为单位物资在物流汇点 j 的物流场势能，是流经该点物流量 d_j 的函数；R_a 为单位物资在物流迹线 a 中的物流阻抗，是流经该迹线物流量 x_a 的函数；s_{imax} 为物流源点 i 供应量的上限；d_{jmin} 为物流汇点 j 需求量的下限；α_a, i、β_a, j 为 0—1 变量，其值为 1 代表物流迹线 a 经过物流源点 i 或物流汇点 j，其值为 0 代表物流迹线 a 不经过物流源点 i 或物流汇点 j。

模型的目标函数为物流活动创造的总价值最大，即物资在物流汇的总效用与物资在物流源的总效用及物流迹线中的总阻抗之差最大。模型具体表示如下：

$$max\{ \sum_{j=1}^{n} \int_0^{dj} U_{dj}(x) \, dx - \sum_{i=1}^{m} \int_0^{si} U_{si}(y) \, dy - \sum_{a=1}^{k} \int_0^{x_a} R_a(z) \, dz \} \tag{4}$$

$$s, t. \sum_{a=1}^{k} \alpha_a, i x_a = S_i \leqslant s_{imax}, \forall i \tag{5}$$

$$\sum_{a=1}^{k} \beta_a, \ j, \ x_a = dj \geqslant d_{\min}, \ \forall j \tag{6}$$

$$E_a = U_{dj} - U_{si} - R_a > 0, \ \forall a, \ i, \ j \tag{7}$$

$$\alpha_{a,i}, \ \beta_{a,j} \in \{0, 1\} \tag{8}$$

$$d_j, \ s_i, \ U_{dj}, \ U_{si}, \ x_a \geqslant 0 \tag{9}$$

其中，式（4）为目标函数，代表物流场中物流流动的机理，即物流活动创造的价值最大。式（5）、式（6）为流量约束，表示对于任一物流源点来说，通过该源点的所有物流迹线中的物流量总和不大于其供给量上限；对于任一物流汇点来说，通过该汇点的所有物流迹线中的物流量总和不小于其需求量下限。式（7）为物流系统运行的条件，代表物流迹线的物流场强大于 0，即物流源、汇点之间的物流场势差大于物流迹线的物流阻抗。式（8）为 0—1 约束。式（9）为非负约束。

模型目标函数中的微分关系代表物流场势能、物流阻抗随物流量的变化而连续发生变化。此外，物流迹线的阻抗可细分为物流通道和物流节点处的阻抗，根据实际情况用不同的函数式表达。

五、结论

由于现代物流系统具备"场"的基本要素，具有明显的"场"的特征，因此，可借助物流场理论来分析物流的运行状态与内在本质。本文在已有概念基础上进一步扩展了物流场的概念，对促使物流生成的物流场势差和阻碍物流实现的物流阻抗进行分析，概括了势差和阻抗相互作用下物流生成与运行的具体过程，并根据物流运行机理建立了物流运行模型，为物流系统优化提供了一定的理论支持。

在物流实践中，应尽量顺应物流场原理来设计和优化物流系统，一要安排物资在物流场势能相差最大的物流源点和汇点之间流动，以保证物资价值得到最大限度的利用；二要尽量减小物流迹线中的物流阻抗，以使物资流动过程中损耗更小，物流活动更为高效顺畅。

（作者单位：大连海事大学。原文载于《中国流通经济》2010 年第 2 期，被《人大复印报刊资料·物流管理》2010 年第 5 期全文转载）

中国低碳物流金融支持模型研究

李蜀湘　　陆小成

一、应对全球气候变化：低碳物流的提出及其金融需求

1. 低碳物流提出的背景：应对全球气候变化。低碳物流与低碳经济的提出及发展，都是基于全球气候变化对人类生存和发展的严峻挑战。气候变化的根本原因在于碳排放的增加，二氧化碳排放的主要来源是能源系统。[1] 国际上高度重视全球气候问题，许多国家都在寻求各种国际合作与能源政策共同应对气候变化。有研究指出，欧盟政策在能源问题上面临两大挑战：一是欧盟遵守国际协定，减少对气候变化的影响，控制温室气体排放到大气中；二是确保欧洲对外部能源依赖的安全性。这促使欧盟国家在国内采取措施减少二氧化碳排放量；在国际上与俄罗斯等国家加强合作。[2] 我国先后制定了应对全球气候变化及低碳经济发展的政策措施：2007 年 6 月，成立了国家应对气候变化及节能减排工作领导机构，制定了《中国应对气候变化国家方案》；2009 年 8 月，国务院常务会议提出，低碳经济发展的重点在于把应对气候变化纳入国民经济和社会发展规划，发展绿色经济，健全应对气候变化的法律体系，积极开展国际交流与合作等。有学者指出，人类社会将进入后工业社会，其社会生产方式突出的特征就是低碳经济，经济危机将加快绿色工业革命进程。[3] 低碳经济是以低能耗、低污染、低排放为基础的经济发展模式，包括低碳生产、低碳物流、低碳营销、低碳金融等多个领域。低碳物流（Low Carbon Logistics）是低碳经济发展的重要组成部分，是落实科学发展观、应对全球气候变化的重要举措，物流在低碳经济中具有特殊的地位。这一方面是因为物流本身是能源消耗大户，也是碳排放大户，国际气候组织报告数据显示，在 2005 年全世界的能源消耗中，交通运输占 26％；在 2002 年全世界的二氧化碳排放中，交通运输占 14％。另一方面是因为发展物流是实现低碳经济的重要措施，如整合资源、优化流程、信息化、标准化有利于节能减

---

① 霍顿：《全球变暖》，气象出版社 1998 年版，第 53～70 页。

② Onno Kuik："Climate Change Policies, Energy Security and Carbon Dependency Trade-offs for the European Union in the Longer Term", in the *International Environmental Agreements*：*Politics*，*Law and Economics*，Vol. 3，No. 3（2003），pp. 221～242.

③ 陈彦玲：《经济危机将加快"绿色工业革命"的进程》，《中国流通经济》2009 年第 6 期，第 46～49 页。

排的实现，低碳经济需要现代物流的支撑。① 基于此，本文提出了低碳物流的概念，即以应对全球气候变化为背景，以科学发展观、低碳经济、物流管理等理论为基础，以节能减排、低碳发展为基本要求，抑制物流活动对环境的污染，减少资源消耗，利用先进低碳物流技术规划并实施低碳物流活动。

2. 低碳物流的主要环节。低碳物流包括物流作业环节和物流管理过程两个方面。其中，物流作业环节主要包括低碳运输、低碳仓储、低碳包装、低碳流通加工等；物流管理过程主要从节能减排的目标出发，改进物流体系，促进供应链上逆向物流体系的低碳化。如图1所示，低碳物流的主要环节有：（1）低碳运输。低碳物流强调对运输线路进行合理布局与系统规划，改善交通运输状况，缩短并精简运输路线和环节，发挥各种交通运输方式的综合利用优势及各自的比较优势，使用清洁燃料，选择低污染车辆（包括以可再生能源为动力的交通工具）。（2）低碳仓储。仓库选址要合理，有利于节约运输成本；仓储布局要科学，使仓库得以充分利用，实现仓储面积利用的最大化，降低仓储成本。（3）低碳流通加工（Low Carbon Distribution Processing）。在物品进入流通领域后，按照客户的要求进行低碳化加工活动，如分割、计量、分拣、刷标志、拴标签、组装等。（4）低碳包装。提高包装材料回收利用率，有效控制资源消耗，避免环境污染。（5）废弃物回收。基于减量化、再利用、再循环（3R）原则建立"资源—生产—产品—资源"循环经济模式，对废弃物进行搜集、分类、再生产加工、再利用等低碳化物流活动。

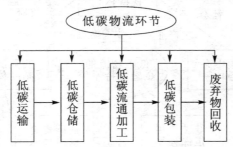

图1　低碳物流的基本环节

3. 低碳物流发展的金融需求。发展低碳物流具有正的外部经济性，采取低碳物流方式，需要一定的资金投入，原有运输方式和路线的调整需要较大的支出，单个企业难以完成，而且企业为追求利益最大化也不一定会主动进行物流创新，实现低碳物流。因此，低碳物流的发展离不开低碳金融（Low Carbon Finance）的支持，商业银行应将低碳物流项目作为贷款支持的重点，扩大直接融资规模，提高对低碳物流的支持力度，包括银行低碳项目贷款、直接投融资、碳

---

① 戴定一：《物流与低碳经济》，《中国物流与采购》2008 年第 21 期，第 24～25 页。

指标交易等。低碳物流可以拓宽银行贷款产品范围与金融服务内容，促进商业银行金融创新，加大对低碳物流的金融支持力度。低碳物流发展的主要障碍在于金融方面缺乏必要的政府支持和政策基础，低碳物流基础设施需要国家大力投入，以更好地改善物流设施条件。政府应鼓励金融机构把低碳物流项目作为贷款支持的重点，积极进行低碳物流贷款管理机制创新。为有效应对全球气候变化和金融危机，本文构建中国低碳物流金融支持模型，挖掘物流业与金融业低碳发展潜力，探寻可行的中国物流发展模式与策略选择。

二、低碳物流金融支持模型构建：以兴业银行绿色信贷为例

为应对全球气候变化和国际金融危机，发展低碳经济与低碳物流成为必然选择。我国较多银行积极开展低碳物流项目，低碳物流技术创新和低碳金融服务成为新的投资机会与经济增长点。兴业银行很早就与国际金融公司合作推出了节能减排项目贷款的信贷品种，并于 2008 年 10 月公开承诺采纳"赤道原则"，成为我国首家"赤道银行"。基于低碳物流的金融需求，本文以兴业银行绿色信贷为例，构建低碳物流金融支持模型；以促进低碳技术大规模应用为目的，以城市/区域为平台，通过政府、物流企业、金融机构、中介服务机构、生产企业等整合金融服务资源，构建低碳物流金融支持系统，具体如图 2 所示。

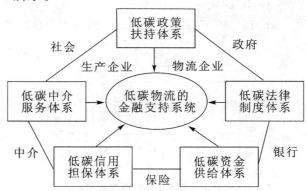

图 2　低碳物流的金融支持系统模型

1. 低碳政策扶持体系。有研究指出，应建立国际性机制以限制全球二氧化碳的排放，但由于这种监管执法成本较高，可在促进国际合作的基础上，形成一种分散与集中互动的、排放配额收入转移与罚款相结合的政策决策机制，加强区域外部分散的环境监管机构的领导与内部所有的经济激励。[1] 在低碳物流发展方

---

[1]　Emilson C. D. Silva and Xie Zhu："Global Trading of Carbon Dioxide Permits with Noncompliant Polluters"，in the *International Tax and Public Finance*，Vol. 15，No. 4（2008），pp. 430~459.

面，建立低碳物流金融服务监管与决策机制的关键在于，加强对低碳物流金融的政策扶持与引导，统一协调物流规划与管理，避免重复建设与物流资源浪费。主要包括：（1）财政补贴。政府对低碳物流企业进行低碳技术引进、低碳流通产品开发、低碳产品出口等给予鼓励和援助，在一定程度上提供补贴，通过适当的鼓励低碳物流发展的财政补贴，引导物流企业及相关企业发展。（2）税收减免。政府可在规范税种的基础上，通过降低税率、规定适度的起征点和免征额及税收减免等措施加强对低碳物流企业的金融支持。（3）金融优惠。政府可对低碳物流企业给予一定程度的金融优惠，提供一定数量的贷款援助、贷款担保及贷款贴息等。

2. 低碳法律制度体系。法律制度比政策更加稳定、持久、深刻，出台较为完善的低碳物流与低碳经济法律制度很有必要。一方面，政府应积极改善低碳物流法律与制度环境，结合低碳物流发展的区域特点与企业状况，及时制定扶持和保护低碳物流的地方性法规制度，引导低碳物流企业发展并保护其合法权益；另一方面，金融机构在低碳物流发展中具有重要的融资与监管作用，应建立并完善相应的低碳金融制度规范。如兴业银行出台了《节能减排项目投向准入细则》等一整套的管理制度，从制度上保障"绿色信贷"的顺利开展，促进低碳物流企业发展。兴业银行还联合外部机构，逐步出台节能减排等子领域的技术准入标准和项目准入标准，明确低碳物流业务目标，规避并防范市场金融风险，为低碳物流企业项目风险提供专业技术判断。

3. 低碳资金供给体系。低碳资金供给体系是低碳物流企业获得所需资金的重要保证，要拓展多元化低碳融资方式。（1）拓宽直接融资渠道，如通过发行低碳物流方面的债券、股票及商业信用等形式融通所需资金；鼓励符合上市标准的低碳物流企业上市；引导资本结构健全、信誉度较好的低碳物流企业发行企业债券；成立低碳物流企业基金，建立政府投入、社会资本参与等相互结合的多元化融资渠道。（2）促进低碳物流的间接融资（Indirect Financing），主要包括发展低碳信贷，设立并完善低碳物流企业信贷部，金融机构发行有价证券，设计适合低碳物流企业特点的贷款品种。如兴业银行"绿色信贷"允许向企业提供最长为5年的中长期贷款，较好地解决了中小企业中长期贷款难的问题；采用分期还款的方式，根据项目实施产生的现金流与企业自身经营情况来设计还款期限；加强低碳物流的融资租赁，使低碳物流企业用较少的资金成本得到所需的设备，通过支付租金的方式实现融资，发展低碳物流专业性租赁机构和贷款机构。

4. 低碳信用担保体系。从信息经济学的角度来看，信用担保的产生是化解非对称信息下逆向选择和道德风险的产物。低碳信用担保体系力求建立全国或全球性的碳信用机制。全球碳信用机制以市场为导向解决污染问题，特别是温室气体包括二氧化碳的排放量。这种机制需要各个国家和公司的合作，以减少温室气体排放量或购买量（也称为碳信用的国家或公司）的盈余，碳信用交易的双方能促成真正的经济利益。[①] 低碳信用担保体系的构建有利于减少低碳物流的金融风险，改善低碳物流企业融资难问题。低碳信用担保体系需要建立风险担保的资金支持体系、风险补偿机制、社会信用体系等。如兴业银行"绿色信贷"项目与国际金融公司建立风险分担机制，兴业银行向国际金融公司支付一定的费用，双方对"绿色信贷"可能产生的本金损失进行分担，兴业银行调整以往抵押加担保的经营策略，减少了对企业融资的担保要求，较好地解决了企业担保难、融资难问题。

5. 低碳中介服务体系。低碳中介服务体系是低碳物流金融支持系统重要的组成部分。针对低碳物流企业融资问题，需要加强低碳物流的技术创新、经营管理、融资财务、法律咨询、业务培训等中介服务，如构建低碳物流信息咨询服务组织、法律财务服务组织、市场交易中介组织等，为低碳物流及其金融活动提供专业化服务，优化低碳物流金融服务环境。通过健全的服务辅助体系增强低碳物流企业经营管理水平，能够有效提升低碳物流企业竞争力，促进低碳物流企业快速发展。[②] 低碳中介服务体系以服务低碳物流及其金融支持为目标，以中介服务机构为主体，以市场机制为动力，实现组织网络化、功能社会化、服务产业化的低碳物流与金融服务。

三、中国低碳物流金融支持的策略选择

为更好地应对全球气候变化，中国低碳物流金融支持需要选择有效的策略和措施。我国有些金融机构已在低碳发展领域进行了探索，当前亟须从宏观层面树立低碳发展理念，构建低碳物流金融政策引导体系；从中观和微观层面加强低碳物流金融服务信息系统建设。低碳物流及其价值链的构建离不开金融机构的积极支持，必须加强低碳物流金融衍生品创新，营造良好的低碳物流金融生态环境。具体而言主要包括以下几个方面：

1. 树立低碳物流金融服务理念，加强低碳物流金融政策引导。应对全球气候变化，每个国家或地区都应树立低碳物流理念，以节能减排和可持续发展为基础，树立全员参与的低碳物流服务意识，运用低碳和绿色的理念来指导、规划、改造产品结构，制订清洁生产计划并实施低碳物流工程；加强宏观层面的低碳物流政策引导，发挥银行、银行业监督管理委员会等的融资作用，建立与节能减排

---

① Anaam Hashmi：" Carbon Credits and Other Market Based Mechanisms"，Springer Berlin Heidelberg，2009，pp. 2888～2892.

② 马骥、裴虹菲、戴军：《黑龙江省中小企业金融支持体系最优模式研究》，《商业研究》2007 年第 1 期，第 137～140 页。

项目贷款相关联的信贷规模指导政策；引导地方政府发挥低碳物流项目引导作用，刺激低碳物流项目贷款向"绿色信贷"开展得较好的商业银行倾斜。

2. 完善低碳物流金融服务信息系统，加强金融信息整合与知识共享。针对金融机构与物流企业、生产企业间信息不对称的问题，应建立完善的低碳物流金融服务信息系统平台，实现低碳金融机构、低碳物流企业、低碳生产企业、政府及社会公民的信息整合与知识共享，降低并消减金融机构贷款风险。低碳物流金融服务信息系统建立在银行与物流企业及其他企业之间良好的合作关系基础上，建立合作沟通的信息系统，把所有信息归总形成信息库，健全信息库，使之成为整个供应链的信息平台，[①] 促进相互间的知识共享与信息交流，减少空驶率和无谓的能源消耗，降低物流运作成本。因此，还应加强物流信息技术攻关，强化物流信息的数据库化与代码化、物流信息传递的标准化与实时化、物流信息存储的系列化与规范化等。

3. 加强低碳物流保险的金融衍生品创新，提高低碳物流竞争力。积极探索，以金融创新支持低碳物流发展，提升低碳物流金融服务品种与内涵，构建以利益激励为主导的鼓励金融衍生品创新的低碳商业行为。由于银行业承担信贷资金配置的碳约束责任，保险业承担规避和转移风险的责任，机构投资者承担环境治理的信托责任，碳基金承担碳市场交易主体的责任，要通过这些机构的共同努力，实现碳证券、碳期货、碳基金等各种碳金融衍生品的创新。我国应借鉴国际经验，加快开发各类支持低碳经济发展的碳金融衍生工具，共同面对并防范各种金融风险。如图3所示，可与保险业进行合作，保障低碳物流企业经营的安全性，开发适合低碳物流的保险项目，并与保险公司和银行签订长期合作合同，低碳物流企业代理生产企业在保险公司投保，按所质押货品种类与质押时间长短交纳保险款，降低物流企业作为第三方担保所承担的风险。同时，保险公司也可通过开发新的低碳保险品种，提高低碳物流企业竞争力。

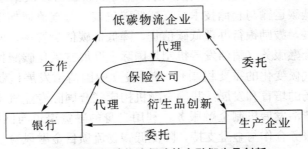

图3　基于低碳物流保险的金融衍生品创新

---

①　姜小文：《我国金融服务创新》，《合作经济与科技》2008年第9期，第62页。

4. 构建低碳物流动态联盟，创新低碳物流融通仓模式。低碳物流动态联盟指物流企业通过网络化联系促成跨区域的联系与合作，相互之间形成相互信任、共担风险、共享收益的物流伙伴关系的经营模式。图4中的"3PL"表示为企业提供物流服务的第三方物流企业，本文特指低碳型第三方物流企业。创新低碳物流的融通仓模式即发挥动态联盟在突破资源、空间、时间等方面限制的优势，利用物流与金融的网络化联盟及动态资源整合，实现集成式创新服务。融通仓的运作方式主要包括：（1）信用担保，即低碳物流企业凭借自身实力和良好信誉，与供需企业之间签订协议，通过各种信用方式为客户提供商品采购、仓储、流通加工等服务。（2）统一授信，即银行根据低碳物流企业的规模、业绩、资产负债比、信用度等，授予一定的信贷配额，低碳物流企业与需要质押贷款的企业进行沟通和联系，代表金融机构与企业签订物流服务协议。（3）质押担保融资与监管，即低碳物流企业利用自身与金融机构的良好合作关系，通过质押贷款的形式协助企业向金融机构进行融资，加强现场作业管理、信息管理、风险管理、应急管理等的质押担保监管。

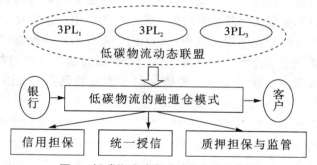

图4 低碳物流动态联盟的融通仓模式

5. 发展低碳物流的低碳信贷业务，积极开办清洁发展机制（Clean Development Mechanism，CDM）金融服务。银行应对低碳物流发展给予一定的信贷倾斜，重点关注低碳运输与仓储技术，支持低碳包装、低碳流通加工、废物回收物流等领域的发展，鼓励银行办理低碳信贷，降低低碳信贷税率。同时，积极开展清洁发展机制金融服务（清洁发展机制是国际上开展二氧化碳减排项目的通过市场化途径解决气候变化的重要机制），着手设立中国清洁发展机制基金，加快清洁发展机制市场的培育和发展。我国金融机构应联合国际专业机构，为国内低碳物流项目提供清洁发展机制金融服务，利用自身的融资渠道与网络化营销优势，加强国际金融服务合作与金融支持，降低低碳物流项目金融风险，促进低碳经济发展，有效应对全球气候变化。

（作者单位：湖南工业职业技术学院、清华大学。原文载于《中国流通经济》2010年第2期，被《人大复印报刊资料·物流管理》2010年第5期全文转载）

第二编
物流政策研究

振兴物流产业　促进经济增长

蒋正华

（一）

国务院于 2009 年 3 月 10 日印发了《物流业调整和振兴规划》，从六个方面全面分析了我国物流业发展现状、存在问题及应对当前全球经济状况发展物流业的对策，并提出了九项重点工程，为振兴物流产业创造了空前未有的良机。

物流是 20 世纪初才出现的一个名词，而流通则古今中外早已存在。流通是活跃经济、促进消费、提高效率、发展生产的关键环节。流通推动了社会的分工，流通激励了技术的提高，流通改进了资源的配置，流通是社会经济生活中的润滑剂和发展的触媒。但是，在以自给自足为主的农业经济社会中，流通的作用十分有限，只是到了现代工业化时期尤其是经济全球化时期，流通的功能才能得以充分发挥。出现物流产业是流通发展到了一个崭新阶段的标志。

迄今为止，物流还没有一个国际统一的定义，这反映了该产业正处在不断发展中的现状。我国对物流的国家标准定义为："物品从供应地向接收地的实物流动过程。根据需要，将运输、储存、装卸、搬运、包装、流通加工、配送、信息处理等基本功能实施有机结合"。美国物流管理协会则将其定义为供应链管理的一部分。从产业发展的角度来看，我国的定义似乎更有利于行业管理。

任何一个现代社会要保持正常的运行，都需要资金流、物资流和信息流"三流"有机协同工作，物流是社会经济活动的载体，资金流是社会经济活动的工具，信息流则是现代社会经济活动的触媒。物流的能力决定了商品流动的顺畅程度与效率高低，物流在经济社会生活中的重要性日益为大众所认识，近二十多年来在中国得到了迅速的发展。但是，与经济发达国家相比，我国的物流业还处在初级阶段。在制造业中，我国物流费用占成本的比例大约比经济发达国家高一倍，物流各方面的技术和管理水平都有待于提高，物流业的高端人才亟待大量补充，物流企业在规模、能力、整合程度、服务水平等方面都亟待提到一个新的高度。

（二）

物流业被中央列入十大调整振兴产业之内出乎许多人的意料，表现出中央的高瞻远瞩和深谋远虑。我认为，主要有三方面的重要意义。

1. 是促进内需的有力支柱

物流是经济社会活动的载体，我国在发展中不断加强内需的推动力量是一项长期的方针，但面对外贸下滑、部分生产能力闲置的状况，加强物流业建设既可以为改善民生创造条件，又可以直接带动地区经济增长，推动服务业发展和经济结构调整，可谓一举多得。

2. 有利于推动我国经济在全球化浪潮中增长方式的转变

现代化生产需要现代化物流来配合，现代化的物流则可进一步推动经济社会活动进入一个新的层次。

物流业的发展可以有力地推动我国经济效益及其在经济全球化过程中竞争能力的提高，在最近 20 年内尤其如此。美国有一名记者托马斯·弗里德曼（Thomas L. Friedman）在 2005 年出版了一本很畅销的书《世界是平的》（The World is Flat）。"世界是平的"是经济全球化的另外一种说法，意指当今世界，每一个地方所能够创造的机会都是更加均等的，工作能力也都可以更加充分地发挥出来，可以通过远隔千里的配合一起完成某些工作。书中形象地将近年来 10 项影响世界发展模式的重大事件、创新或趋势称之为抹平世界的十辆推土机，它们依次是：围墙倒下、视窗（Windows）开启，网景（Netscape）上市，工作流程的电脑化管理，源代码开放，外包，全球化生产，供应链优化，内包，全球资讯搜索，"类固醇"新科技。这十大推土机全部与物流业密切相关，前四项奠定了现代物流业的工作基础，为现代物流业提供了有力的工具，第五到第九项则是物流业大展身手的领域，最后一项为现代物流业的持续发展提供了推动力。众所周知，网景公司使网络充分地发挥了作用，因此，1995 年网景公司在美国上市第一天就涨到了 50 多美元，比原来预期涨了一倍多。类固醇是一种激素，比喻高新科技的产生可以对经济社会实体产生一种类似激素刺激的作用，从而使之发生量和质的变化。

物流业的现代化涉及许多领域，如交通运输、仓储、装卸搬运、配送、包装、流通、信息技术、系统规划、管理与预测等，这些领域的发展推动物流业改造和供应链管理优化，也推动了各部门与物流业互相呼应、互相配合，提高我国经济的整体水平。

3. 面向世界金融和经济危机后的发展需要

此次源于美国的世界性金融经济危机将产生深刻影响，经济全球化过程不会有实质性变化，但其格局将会有重大调整。新兴国家特别是我国的国际地位进一步提高，发言权更充分，作用发挥更为明显。有些国际金融经济专家最近估计，由于日本经济大幅下滑，中国 GDP 总量可能在 2009 年超过日本而占据世界第二位。即使今年不能实现，最近几年也肯定能达到。中国与世界各国的多边、双边关系也正在迅速发展之中。

现在，我们的眼光要看得远一些，要用发展的眼光看问题。目前世界经济金融正处于低谷，2009 年第一季度日本经济下滑最严重，美国经济也在持续下滑，最近虽然有一些向好的迹象，但还远远不能说已经开始恢复。我们要看到，这次大的危机会使世界的金融和经济格局发生很大变化。我们怎样利用这个机会在世界范围内更好地发挥作用来取得我们国家的利益，使我们国家的利益最大化，物流业是很重要的一个方面。有很多物流企业在进入全球市场的过程中，由于不熟悉国际物流规则，所以吃了不少亏。在后危机时期，我国的物流产业界必须适应这种变化，积极地加强自身建设，向全球发挥影响。在这种形势下，物流业界承担着沉重的任务，也面临着大好机遇，我殷切地期盼着出现一个物流产业大发展的前所未有的高潮，在国际舞台上出现一个崭新的中国物流业。

（三）

中国有句古话：凡事预则立，不预则废。为了振兴物流业，我认为应当做好以下工作：

1. 做好规划，落实措施

中央提出的九项重点工程全面覆盖了当前主导物流业发展的各个方面，有关部门、地区应当抓紧做好具体的实施计划，并落实到各个项目。相关的企业应当作好相应的准备，全力实施好项目，在实施规划过程中进一步明确自己的发展方向，在这一产业中做强做大。

2. 加强人才培养和队伍建设，提高物流产业整体水平

物流业整体水平的提高关键在于人才。当前，资金、设备、技术都处在有利于我国使用、引进的状态，但是迫切需要懂管理、懂信息技术、懂服务对象业务、善于整合物流管理链的人才。这些人才中，专攻一方面的可以通过加强定向培养等方式加以补充，但知识全面、经验丰富的高级人才却非一时能培养出来。通过长期实践，我国已经拥有了一批这样的人才，但远远不够，还应在全球范围内物色、引进，特别是当前世界经济不景气，许多华人失业，我国留学生毕业后就业困难，正可借机物色合适的人才，为我所用。

3. 加强对国际和世界各国经济社会状况及法律的研究

在近年走出去的我国企业中，有一些成功的案例，如华为、海尔等，但也有不少企业铩羽而归。究其原因，成功者熟知投入所在国情况，善于运用当地法律和规章，能与当地人密切结合。物流产业要走向世界将会遇到更多的问题，与制造业相比，物流业接触的面更加广泛，涉及领域也更多。国家应当在现有基础上加强信息平台的建设，加大法律等方面的支持力度，物流企业也应当具备运用现代信息资源的能力，提高运用信息技术的水平，加强运用信息工具的技巧，将自身建设成为现代化的企业。

我国的大方针是要把信息和制造业很好地结合起来，形成强大的现代化的制造业。物流业也应如此，要与信息业很好地结合起来，使之成为现代化、国际化、全球化的大产业。

（作者单位：全国人民代表大会常务委员会。原文载于《中国流通经济》2009 年第 7 期）

以落实物流产业振兴规划为契机 促进商贸物流体系健康发展

姜增伟

当前，中国经济总体运行状况良好，各项数据反映经济社会发展在预期、可调控范围，说明了党中央、国务院一系列调控措施是正确的。由于受国际金融危机和世界经济增长明显减速影响，中国经济运行困难明显增加，主要表现为进出口下滑、工业生产放缓、部分企业经营困难和就业难度加大等。同时，物流业也受到了严重冲击，物流市场需求急剧减少，效益普遍下滑。据统计，2008 年，全国社会物流总额和物流业增加值同比增长幅度分别比 2007 年回落 6.7 和 1.9 个百分点，货运量和货运周转量同比增长幅度分别比 2007 年回落 1.7 和 10.2 个百分点。2009 年第一季度全社会物流总额 18.7 万亿元，同比下降 3.3%，物流增加值 4422 亿元，同比增长 1.2%，物流总费用占 GDP 的 18.2%，下降 0.1 个百分点。物流需求继续延续了下降趋势。

为积极应对日益蔓延的金融危机，着眼物流的长远发展，2009 年 2 月 25 日，国务院审议并原则通过了《物流业调整和振兴规划》（以下简称《规划》），明确指出必须加快发展现代物流，建立现代物流服务体系，以物流服务促进其他产业发展。

目前，商务部正在研究工作方案意见，但未最后确定。下面，我个人就落实《规划》、促进商贸物流业发展简要谈三点意见。

一、振兴物流业意义深远

《规划》是第一次以国务院文件形式发布的物流业建设规划，对振兴物流业具有重大的现实和战略意义。

1. 振兴物流业是应对当前金融危机的必要举措

物流业是融合运输业、仓储业、货代业和信息业等的复合型服务产业，是国民经济的重要组成部分，涉及领域广，吸纳就业人数多，促进生产、扩大内需、拉动消费作用大。大力发展我国现代物流产业，是当前经济形势下转变国民经济增长方式，提高经济整体运行质量和效益，降低成本，服务民生，减少金融危机负面影响的迫切需要。

近来，国家一系列"保增长，调结构，扩内需"的政策措施，如"家电下乡"、"汽车下乡"等政策的落实，都必须依托物流业的发展，才能够取得实效。

2. 振兴物流业是实现行业长远发展的内在要求

伴随着我国经济的崛起，中国的现代物流业取得了引人注目的成绩，但许多深层次的问题和矛盾尚未解决。中国物流业在起点高、发展快的同时，也具有底子薄、规模小、实力弱等特点，行业的精细化、规模化、信息化程度还不够，不能满足经济全面、协调、可持续发展的需要。

物流业振兴规划着眼现在，立足长远，不仅仅是为了应对当前的困难局面，解决当前物流业迫在眉睫的突出问题，帮助企业渡过难关，更重要的是从物流业可持续发展的角度出发，着力促进产业结构调整升级，解决制约物流业发展的体制、机制问题，推动物流产业的长远发展。

3. 振兴物流业是各产业协调发展的必然选择

这次列入调整振兴的十大产业中，九大产业涉及能源、原材料和制造业，物流业是唯一的生产性服务业。物流业是连接各大产业的纽带，各产业本身、产业与产业之间，产业与国内外市场的联系，都要以物流为基础。物流业的振兴对形成完善的产业链和供应链，促进制造业与物流业互动发展，促进各产业的协调发展，从整体上提高我国经济竞争力，都会起到重要作用。反之，如果物流业没有得到发展、振兴，其他九大产业的振兴效果也将受到直接影响。

4. 振兴物流业是构建社会主义和谐社会的重要保障

物流业的功能作用在不断放大。从宏观方面看，物流业是国民经济的命脉，和人民群众的生活息息相关。物流业的发展，一是有利于增加城乡就业岗位，扩大社会就业。据统计，我国物流业现有从业人员约2000万人，物流总额每增加1个百分点，可以新增10万个就业岗位；二是有利于节能减排，实现经济和社会的协调发展。从微观方面看，物流业的发展，一是有利于满足城乡居民对多样化、高质量的物流服务需求。正是由于有了物流业的发展，使许多地区经济迅速发展，人民生活条件和质量得到了改善，他们得以共享改革开放和经济发展的成果。二是有利于国家救灾应急、处理突发性事件，保障经济稳定和社会安全。在2008年南方部分地区遭受的雨雪冰冻灾害和四川汶川特大地震的抗灾救灾工作中，物流业发挥了重要作用。正是有了物流业的快速反应，才使药品、食品、救援器材设备等重要物资能在第一时间送到灾区。

二、商贸物流业现状

改革开放30年来，我国商贸物流业经历了三个发展阶段。一是改革开放前15年的探索学习阶段，在该阶段我国物流业尚未细分，处于以传统物流为主、逐步探索现代物流运作规律的阶段。二是20世纪90年代中期到世纪末的起步阶段，在该阶段现代物流管理和物流网络体系初步建立，商贸物流逐渐成型，外资和民营物流企业出现，第三方物流兴起。三是本世纪初我国加入世贸组织以后的快速发展时期。在该阶段，商贸物流业具备了一定实力，企业在加速发展的同时开始整合资源，重新分配市场，提高自身竞争力。

1. 商贸物流业的地位稳步提升

"十一五"规划纲要明确提出"大力发展现代物流业"，《物流业调整和振兴规划》明确了物流体系建设的战略定位，体现了物流业对国民经济发展的重大促进作用。

需要指出和强调的是随着国民经济的迅速发展，现代物流向商贸领域不断延伸和发展，商贸物流成为提高流通效率、创造第三利润的重要途径，包括商贸物流在内的现代流通在国民经济中的地位也日益提升。

2. 商贸物流业发展速度日益加快

"十五"期间，中国社会物流总额 158.7 万亿元，年均增长 23%。2008 年社会物流总额 88.82 万亿元，同比增长 18.1%，商贸物流业的固定资产投资增长较快，连锁企业内部物流配送水平不断提高，专业化的物流配送发展迅速，汽车物流、家电物流、烟草物流等形成一定规模，出现了一定数量的第三方物流企业，这些企业在竞争中合作，在改革中成长，加快了流通企业物流业务的分离和外包，促进了物流服务市场的形成和发展。

3. 商贸物流企业加快发展，对外开放程度逐步加大

20 世纪 90 年代后，我国专业化物流企业茁壮成长，一批有实力的物流企业逐步发展成在国内市场有一定控制力和具备国际竞争力的大型现代物流企业。随着我国加入世贸组织承诺的履行，一批世界知名的跨国物流企业进入中国，并获得较快发展。物流企业不仅扩大、扩展现有业务范围，拓展国内业务的国际市场，也在拓展国际业务的国内市场。同时，物流园区和物流基地有了一定发展。应该说，在商贸物流领域，各种所有制企业百花齐放、竞争合作、共同发展，开放的领域不断扩展和深入。

4. 商贸物流业现代化程度显著提高

主要表现在物流基础设施科技含量、连锁企业统一配送率、生鲜物流配送水平、供应链管理水平四个方面都有所提高，许多企业开始采用现代物流管理理念、方法和技术，实施功能整合和服务延伸。一批新型的商贸物流企业正在迅速成长，形成了多种所有制、多种服务模式、多层次的现代商贸物流群体。

但是，在看到成就的同时，我们也应清楚地认识到，当前我国商贸物流业的运作模式还较为粗放，在一定程度上制约了我国商业的发展和提升。我认为，当前我国商贸物流业的发展还存在着几个亟须解决的问题。

第一，物流资源配置的不合理制约了行业发展。目前我国物流资源配置不尽合理，物流行业重复建设问题仍较突出。一是物流业进入门槛比较低，最近几年

的"物流热"引发了物流领域的盲目投资。二是不同地区、行业往往从局部利益出发，加上缺乏沟通和协调，不可避免地破坏了整个物流体系的有效性，给今后的物流业发展留下诸多隐患。在这种情况下，物流业总体规划的重要性日益突显。如果没有科学、合理、有效的总体规划，就可能造成重复建设和资源浪费。

第二，物流业的高成本低效率影响了效益产出。当前，部门分割、地方封锁、行业垄断等问题影响了行业效益的提高。虽然我国整体物流绩效在不断改善，但社会物流总成本与 GDP 的比率仍高达 18.3％，而发达国家的比率一般在 9％～10％左右。社会物流总成本与 GDP 比率每降低 1 个百分点，就等于创造 2800 亿元的经济效益。成本和效率的问题不解决，商贸物流业的发展就走不上快车道。

第三，物流业整体专业化程度不高限制了产业提升。从全国来看，目前我国物流服务的组织化程度、信息化水平、科技含量不高，"大而全"、"小而全"的企业物流运作模式还相当普遍，社会化的物流需求不足；中西部地区物流基础设施薄弱；第三方物流市场规模不足，物流企业"小、散、差、弱"，以中小规模居多；大部分第三方物流企业的专业化供应服务能力不强，仍以运输、仓储等基本物流业务为主，加工、配送、定制等增值服务功能处在发展完善阶段。

三、依托《规划》振兴商贸物流业，商务部将重点抓好五项工作

今后，商务部将以科学发展观为指导，利用落实《规划》的契机，积极出台有关配套措施，促进商贸物流业的发展，解决商贸物流业发展过程中存在的深层次问题和矛盾，推动行业由粗放型向集约型、效益型转变。

1. 制定科学规划，指导商贸物流业发展

2008 年年初，商务部发布《关于加快我国流通领域现代物流发展的指导意见》，确定了近几年流通领域开展现代物流工作的指导思想和构建商贸物流体系的工作重点和目标，提出了开展流通领域现代物流示范工程的思路，并制定了一系列支持物流发展的政策措施。

《规划》明确由商务部会同有关部门制定商贸物流专项规划。专项规划将以国家规划为依据，在深入调研的基础上，以应对金融危机、解决流通领域物流业面临的问题为重点，根据目前我国商贸物流的发展现状、发展特点和发展趋势，提出未来 3 年我国商贸物流业的发展重点和初步设想，着重解决当前商贸物流业发展中存在的区域不平衡、企业不平衡、产业间不衔接等方面问题，实现节约资源、提高流通效率和降低流通成本的目标。下一步，我们要按照《规划》的原则，根据现代物流发展规律，依托中国物流与采购联合会等单位，结合国情和商贸物流业现状，提出具体工作安排意见，用科学发展观来指导我国商贸物流业的发展。

2. 加大基础设施投入，提高商贸物流业供给能力

《规划》的九大重点工程中有四项涉及基础设施建设，包括多式联运、转运设施工程，物流园区工程，城市配送工程和应急物流工程，这也是商贸物流领域需要重点投入的领域。

流通基础设施是流通产业发展的基本，具有公益性强、资金投入大、收益期长等特点，由于成本过高，单个企业无法独立完成。这时，政府的支持和投入就显得尤为重要。因此，应将城市物流配送中心、农村物流体系建设、全国性和区域性的物流园区以及提供公共服务的物流信息平台等基础设施纳入国家支持的基础设施建设项目，由政府进行统一规划和投资建设。在加大商贸物流基础设施投入的同时，加强各种设施建设的衔接和协调，防止重复建设，充分发挥各种设施的运行效率。

3. 发展农村物流，带动商贸物流业全面发展

发展农村物流是搞活流通、扩大消费的重要组成部分，对建设社会主义新农村具有重要意义，也是商贸物流业拉动消费特别是农村消费、应对金融危机和推动经济转型的重要环节。发展农村物流，有利于保障供应链的上下游通畅，降低农产品损耗；有利于农民生活水平的提高和收入的增加；有利于发展农村经济，增加农村就业。

我们将继续推进"万村千乡"市场工程，深入开展"双百"市场工程和农产品"农超对接"，健全新型农业生产资料流通服务体系，加强食品安全法规和标准体系建设，支持农产品物流配送中心建设，提高农村商业网点配送率，加强生鲜和冷链物流体系的建设，促进农产品物流健康发展，保证消费者的食品安全。

4. 培育大型企业，提升商贸物流业服务水平

引导商贸物流企业延伸物流服务功能，从运输、仓储、配送等环节向供应链管理的各环节渗透，支持有条件的连锁企业和第三方物流企业合作，特别是完善物资流通企业配送供应链，改造和建设物流配送中心，提高连锁企业统一配送率。一方面，鼓励中小物流企业加强信息沟通，创新物流服务模式，加强资源整合，满足多样性的物流需要。另一方面，加大对物流企业兼并重组的政策支持力度，缓解当前企业面临的困难，鼓励企业通过各种形式进行资产重组，培育一批服务水平高、国际竞争力强的大型商贸物流企业。以行业骨干企业为示范，提高物流综合性服务水平，逐步实现全行业从传统物流向现代物流的转变。

5. 加强信息化建设，加速商贸物流业现代化进程

实现物流信息化、现代化是现代物流业发展的必由之路。近年来，我国物流信息化建设发展迅速，政府部门加大了对物流信息化工作的推进力度，信息化平台建设有所突破，物流信息系统标准化工作进展较快，企业对信息化的应用水平稳步提高。发展物流信息化，一方面要注重横向整合，形成公共物流信息平台体系；另一方面要注重纵向整合，形成专业化的整体解决方案。此外，还要以科技促进商贸物流业发展，大力推进商贸物流领域的节能降耗工作，实现科学、可持续的发展。

本次论坛以"物流产业振兴战略"为主题，探索在金融危机压力下中国物流产业的应对之策和发展方向，很及时、很有意义。我相信，论坛能够为国内外物流企业家、专家学者和业内人士的交流与合作提供一个难得的平台。我希望，物流界的朋友能够充分利用这个平台，深入探讨、建言献策，为提高中国现代物流业发展水平作出贡献。

最后，预祝本次论坛取得圆满成功！

（作者单位：中华人民共和国商务部。原文载于《中国流通经济》2009 年第 6 期，被《人大复印报刊资料·物流管理》2009 年第 10 期全文转载）

转变方式　提高质量
努力开创"十二五"物流业发展新局面

——中国物流业"十一五"发展回顾与"十二五"展望

何黎明

一、我国物流业"十一五"发展回顾

"十一五"时期，面对严峻复杂的国内外形势，在党中央、国务院领导下，我国经济保持了平稳较快发展。在经济发展的推动下，我国物流业有效应对国际金融危机冲击，保持较快增长，有力支持了国民经济发展与发展方式转变。回顾五年来的发展历程，主要呈现以下显著特点：

1. 物流产业地位显著提升

过去的五年，是我国物流业持续快速发展的五年，也是物流产业地位确立和提升的五年，物流业产业地位首次在国家规划层面得以确立。2009 年 3 月，我国第一个全国性物流业专项规划《物流业调整和振兴规划》（以下简称《规划》），由国务院发布。《规划》进一步明确了物流业的地位和作用，确定了"建立现代物流服务体系，以物流服务促进其他产业发展"的指导思想和目标，提出了十项主要任务、九项重点工程、十条政策措施。《规划》的发布实施，提振了业内人士信心，提升了物流产业地位。

2. 物流市场规模快速扩张

"十一五"时期，社会物流需求加快增长，随着工业化推进和产业升级，工业物流运行模式发生了深刻的变化，工业企业加快资源整合、流程改造，通过分离分立、合资合作、全面外包等方式分离外包物流功能。在一系列扩大消费政策引导下，商贸物流加快发展，生产资料流通企业和传统批发市场增加储存、加工、配送、网上交易等物流功能，大型连锁零售企业强化物流系统，网购物流"爆炸式"增长，农业与农村物流集中释放。

3. 物流企业加速成长

各类企业深化兼并重组，使行业资源得到有效整合，企业规模迅速壮大。物流企业核心群体初步形成，2009 年中国 50 强物流企业主营业务收入达 4506 亿元，2010 年年底全国拥有 A 级物流企业 1061 家。专业服务能力增强，运输、仓储、货代、快递等传统物流企业转型发展，围绕企业需要的专业化物流融合发展，各类物流企业创新发展。供应链管理有了新发展，物流企业介入代理采购和分销业务，流通企业延伸物流和金融服务。物流企业在重大社会事件中表现突出，应急物流、军事物流研究与实践取得新进展。

4. 物流基础设施建设进度加快

"十一五"时期，我国物流类基础设施投资保持较快增长，五年累计投资超过 10 万亿元，年均增长 27.7%，综合运输体系初具规模。物流园区（基地、中心）等物流设施发展较快，一批重点园区显示了良好的社会经济效益。铁道部规划建设的 18 个铁路物流中心，已有 9 个建成并投入使用。仓储、配送设施现代化水平不断提高，化工危险品库、液体库、冷藏库、期货交割库、电子商务交割库及自动化立体仓库快速发展。

5. 物流信息化运用和技术创新取得实效

物流信息化加快发展，已有 70.5% 的企业建立了管理信息系统，仓储、运输、采购、客户关系管理系统得到普遍应用，物流企业加快融入客户供应链体系，应用网上交易、金融、检测、配送等集成化电子商务服务的信息平台已经出现，企业资源计划（ERP）和供应链管理（SCM）软件开始普及，物联网技术在很多领域开始应用。先进适用的物流技术得到推广，仓储保管、运输配送、装卸搬运、分拣包装、自动拣选等专用物流装备广泛应用，条码、智能标签、配载配送、路径优化等技术得到推广，冷藏、配送等专用车辆需求旺盛，叉车、托盘、货架、自动拣选、自动化装备等专用设备加快更新换代。

6. 物流行业基础工作体系基本形成

一是统计工作不断创新和完善；二是标准化工作有序推进；三是物流教育和培训工作成效显著；四是物流学术研究和科技创新成果丰硕；五是行业评选表彰制度相继建立；六是行业协会工作得到加强。

7. 物流业对外开放迈开新的步伐

外商外资全面进入，我国物流市场国有、民营、外资三足鼎立格局已经形成，在某些领域有的外资企业已占据明显优势；我国与周边国家的区域物流合作不断加强，两岸四地物流合作进入实施阶段，区域之间物流交流与合作不断扩大；物流企业开始"走出去"，不断拓展海外业务，加强在周边国家和地区布点，具备了一定的国际竞争力。

8. 物流业政策环境有所改善

"十一五"时期，特别是《规划》发布以来，政府有关部门对物流业重视程度提高。从国家层面看，一是加强《规划》组织实施，二是多渠道设立专项资金，三是制定落实专项规划，四是各部门加大政策支持力度。从地方层面看，全国有超过半数省份出台了《规划》的实施细则，大部分省市建立了现代物流工作协调机制，一些省市政府还成立了主管物流工作的常设机构。许多省市制定相应的专项规划和法规，出台具体的财税扶持政策。

回顾"十一五"期间我国物流业发展历程，主要体会有：推动物流业发展，必须推进物流需求社会化、市场化，这是物流业发展的先决条件；必须培育专业物流企业，这是推进物流业发展的中心任务；必须整合社会物流资源，这是建立和完善现代物流服务体系的基本方法；必须坚持管理、服务与技术创新，这是企业可持续发展的生命线；必须强化行业基础工作体系，这是行业是否成熟的重要标志；必须形成推进物流业发展的合力，营造有利于物流业发展的适宜的体制机制和政策环境，这是物流业发展的助推器。

"十一五"时期，我国物流业虽然取得了十分显著的成绩，但仍然存在很多不足之处，竞争力不够强，发展方式比较粗放，不平衡性较为普遍，物流企业生存与发展环境没有根本性好转，相关政策有待落实。我国物流业发展仍然处于初级阶段，还不能完全适应国民经济发展的需要。

二、我国物流业"十二五"发展面临的形势

"十二五"时期，我国物流业发展仍将处于重要的战略机遇期，面临新的形势。

1. 保持经济平稳健康运行和加快发展方式转变，物流业发展将面临新课题

"十二五"时期，在经济平稳较快发展的推动下，我国物流业仍将处于总量扩张期，增速将以平稳为总基调。以科学发展为主题，以加快转变经济发展方式为主线，对物流业发展提出了新的要求。物流业不仅要支撑经济总量的持续增长，更要通过提高效率、降低运行成本、减少资源消耗，来促进国民经济运行质量和效益的提高，以减轻社会经济过度依赖规模增长的压力。因此，"十二五"时期物流业发展，要处理好发展与转变的关系，以发展促转变，以转变谋发展。

2. 发展现代产业体系和坚持扩大内需战略，物流需求将出现新变化

"十二五"时期是我国实施扩大内需战略和发展现代产业体系的关键时期。改造提升制造业，培育发展战略性新兴产业，社会化、市场化物流需求将进一步释放，精益化、定制化、供应链一体化需求将有新的增长。产业结构逐步升级，新型工业化加快推进，先进制造业物流需求将成为新的亮点。随着居民消费升级和扩大内需政策的落实，与商贸服务业相关的居民消费服务需求将占有越来越重的分量，电子商务、连锁经营、快递配送等新型业态将加快发展。专业化、差异化、精细化的物流需求，对物流成本、速度与服务提出了新的更高要求。

3. 新的开放战略和新的竞争环境，物流企业将面临新挑战

实施互利共赢的开放战略，提升对外开放的层次和水平，物流业将进一步对外开放，国内物流市场竞争将更为激烈。进出口贸易持续增长，企业实施"走出去"战略，要求配套的物流服务网络。内外资物流企业同样面临全球化竞争，市场竞争将从管理创新、模式创新、技术创新等更高层面展开。物流市场兼并重组将持续发生，中小物流企业谋求新的市场定位，超大规模物流企业或物流企业联盟将形成。同时，劳动力供求关系发生重要变化，资源价格改革不断深入，土地价格上涨与环境保护力度加大，劳动力、土地、能源等要素成本全面上升，传统物流的低成本优势逐步削弱，物流企业将面临新的挑战。

4. 区域经济协调发展和城镇化加快推进，区域物流将形成新格局

产业集聚和转移带来大宗商品、原材料流量与流向变化。钢铁、汽车、化工、装备制造等产业向沿海地区集中，劳动密集型企业向内地集聚，与之相匹配的物流平台将发生转移，形成新的"物流带"。城镇化进程加快，城市数量和规模扩张，以中心城市为核心的城市群加快发展，促进物流业集聚区形成。区域经济合作加强，相邻城市出现同城化趋势，将产生新的"物流圈"。推进农业现代化，加快社会主义新农村建设，农产品进城和农资、日用工业品下乡形成的"双向物流"网络将成为重点建设内容。

5. 物流基础设施网络的完善和新科技革命的深入，物流运作将出现新模式

由高速铁路、高速公路、航空网和水运网组成的综合交通网络体系，将极大地改善物流运作条件。特别是高速铁路网形成、客货分线后，铁路运能将集中释放，多种运输方式合理分工成为可能。以物联网为代表的物流信息化加快推进，物流信息可视化、透明度提高，一批企业可能向数据中心转型。以托盘为核心的单元装载方式更加普及，托盘共用系统上线运行。装卸搬运、分拣包装等专用物流技术装备大型化、专业化、智能化水平将稳步提升。

6. 日益紧张的能源、资源和环境约束压力，物流业发展方式必将实现新突破

"十二五"时期，我国经济规模持续增大，能源资源消费继续增加，环境污染形势严峻，二氧化碳减排压力巨大。物流业能源消耗比重高，节能减排任务重，"高投入、高消耗、高排放、低产出、低效益、低科技含量"的传统物流运作模式将难以为继，物流业发展方式必须寻求新的突破。

三、我国物流业"十二五"发展的基本思路

根据党的十七届五中全会和中央经济工作会议精神，结合"十二五"时期我国物流业发展的新形势和新任务，提出如下基本思路：

1. 谋划中长期发展战略，注重提升发展

在抓紧落实《规划》基础上，争取物流业发展的战略思路在"十二五"规划中突出体现，积极协助政府有关部门筹划 2011～2020 年物流业发展中长期规划。我们建议，到"十二五"末期，基本形成布局合理、技术先进、节能环保、便捷

高效、安全有序并具有一定国际竞争力的现代物流服务体系，物流业由注重基础建设向全面提升服务质量转变。根据经济发展与转变发展方式的需要，大力推进物流需求社会化。积极培育适应客户需求的物流企业群体，并以 A 级物流企业国家标准促使企业提升发展，培育一批具有国际竞争力的大型物流企业集团。整合优化物流设施设备，全面提升物流信息化水平，物流管理、服务与技术创新有新突破。物流市场环境不断优化，行业基础工作进一步加强，有利于物流业发展的管理机制与政策体系的逐步形成。全社会物流总费用与 GDP 的比率继续下降。物流业在支撑经济平稳较快增长、调整经济结构与转变发展方式中发挥更大作用，为全面建设小康社会提供坚实的物流基础。

2. 推动产业物流社会化，促进融合发展

努力整合工业、商贸业、农业等产业物流需求，促进相关产业转型升级。鼓励工业企业分离分立物流职能，整合外包物流业务，推进工业物流社会化、市场化运作。重视商贸物流配送系统建设，支持流通企业和批发市场增加物流功能，加快电子商务物流发展，提升商贸物流服务水平。支持工商企业与物流企业战略合作，开展供应链一体化服务。发展农产品进城，农资、农机、日用工业品配送下乡等服务方式，改善农业和农村物流条件。鼓励物流企业与工业企业、商贸流通企业、金融企业加强合作，融合发展，提高物流服务质量与水平。

3. 培育物流企业群体，加快集约发展

加大对物流企业的政策支持力度。鼓励生产企业与流通企业整合内部物流资源，分离组建专业化、社会化的物流企业。支持现有运输、仓储、货代、联运、快递企业功能整合与服务延伸，加快向现代物流企业转型。鼓励物流企业通过兼并联合、资产重组，壮大规模与实力。放宽市场准入条件，鼓励社会资本进入物流领域。支持物流企业一体化运作、网络化经营，在专业服务领域做强做大。加快培育具有国际竞争力的大型物流企业，扶持引导中小型物流企业健康发展。加快物流企业评估工作进度，不断扩大 A 级物流企业覆盖面，促进企业转型升级、集约发展。

4. 整合物流基础设施资源，实现协调发展

整合现有运输、仓储等物流基础设施资源，加快盘活存量资产，加强各类物流基础设施的衔接与配套。扩大铁路和水路干线运输比重，发挥公路集疏运与城市配送功能，积极发展多式联运。根据货运中转、商品配送与生产的需要，合理布局物流园区，完善中转联运设施，改造和建设一批现代化的配送中心。加强铁路、机场、港口、码头、货运场站等物流节点设施建设，通过整合优化，协调发展，发挥整体效能。国家要像对待供水、供电、城市公交系统那样，支持物流基础设施建设。

5. 重视区域、城乡和国际物流，推动集聚发展

按照区域发展总体战略的要求，促进区域物流发展。积极推进不同地区物流领域交流与合作，引导物流资源跨区域整合。进一步完善城市物流体系，注重农村物流系统建设，加快发展农产品物流和农资物流。围绕产业园区、商贸园区、物流园区，布局物流功能，推动物流集聚区发展。扩大物流服务领域对外开放，引进消化吸收国外先进的物流管理方法、运作模式和技术装备。构建与周边国家和其他国家有效衔接的物流网络，增加货物贸易中物流服务的比重。为我国工业、商贸和工程企业"走出去"提供物流服务，逐步建立适应全球化环境的国际物流体系。

6. 推广应用新技术，追求创新发展

紧紧把握新科技革命的战略机遇，大力提高物流科技与信息化水平。密切关注新兴技术、节能减排、应对全球气候变化等领域科技发展的新动向。加快新技术、新材料、新工艺的引进、消化、吸收与集成应用步伐。进一步增强自主创新能力，更好地发挥科技进步与信息化对物流业发展的支撑和引领作用。推进物联网应用，提高物流信息化水平。建立和完善物流标准化体系，支持物流业一体化运作。逐步增加科研人员和研发经费，制定符合物流企业实际的高科技企业认定标准，形成创新发展的体制机制。

7. 转变物流运作模式，推进绿色发展

加快转变物流运作模式，全面推进绿色物流发展。加大相关政策支持力度，引导物流企业加快选用节能环保车辆、新能源汽车和物流设施；加强物流信息互联互通，优化运输组织，减少资源闲置和浪费；扶持发展集装单元技术，积极推广甩挂运输和多式联运；允许中置轴挂车列车在高速公路行驶，提高货车运行效率；加强绿色物流检查与评价，运用政策杠杆调动企业节能环保积极性。大力发展有效应对自然灾害、公共卫生事件、重大事故等突发性事件所需的应急物流，尽快形成应急物流体系。通过开展回收物流、逆向物流，优化废弃物、返退货等的收集、运输、循环利用、最终处置方法，加快构建低环境负担的循环物流系统。

8. 加强行业自律和基础性工作，保证健康发展

着力做好行业基础性工作。继续完善行业统计制度，加强物流企业和企业物流统计调查工作；有序推进行业标准化工作，按规划做好物流标准制定和已有标准的宣贯工作；加强行业诚信体系建设，促进信用资源整合与共享；完善物流人才多层次教育培训体系，提高人才培养质量；加强理论研究和技术创新，推进产学研结合；坚持物流业市场化改革和体制创新，着力构建统一、开放、规范、有序的物流市场体系；加强物流市场监管，维护公平竞争的市场环境；充分发挥行

业协会的作用，进一步搞好行业自律；从保护产业公平竞争和国家经济安全出发，研究制定物流产业安全的相关规则。

9. 努力营造体制和政策环境，争取优先发展

近年来，特别是《规划》实施近两年来，许多地方和部门的局部性政策都在推进，但整体情况不够理想。许多长期困扰物流业发展的政策问题亟待解决。如物流运作环节税率不统一、税负偏高问题，仓储类物流企业土地使用税不堪重负问题，城市交通管理与物流业发展矛盾问题，执法标准不一、物流企业罚款负担重问题，物流基础设施建设用地与融资问题，物流企业异地设点受阻、各类资质无法统一使用、税收不能统一核算问题，在网络化经营和"走出去"中遇到的问题等。主要原因是，现行政策思路不适应物流业一体化运作与网络化经营的发展趋势，物流业的产业地位难以在具体的经济管理工作中落实。为此，业内企业迫切要求强化综合协调机制，形成支持物流业发展的合力，为物流业全面、协调、可持续发展创造良好的体制和政策环境，并在此基础上探索物流业立法问题，为物流业发展提供法律保障。

我相信，在科学发展观指导下，在政府有关部门领导下，全行业共同努力，我国物流业一定能转变方式，提高质量，开创"十二五"发展的新局面，为全面建成小康社会打下坚实的物流基础。

（作者单位：中国物流与采购联合会。原文载于《中国流通经济》2011年第3期）

《物流业调整和振兴规划》的重点与亮点

丁俊发

2009 年 2 月 25 日，国务院常务会议通过了《物流业调整和振兴规划》（以下简称《规划》）。至此，自 2009 年 1 月 14 日通过钢铁、汽车产业振兴规划以来，仅用 40 余天时间便绘就了汽车、钢铁、纺织、装备制造、船舶、电子信息、轻工、石化、有色、物流十大产业振兴的蓝图，为应对全球金融危机，强化实体经济，拉开了产业结构调整与升级的序幕，在中国经济发展史上谱写了不平凡的一页。

一、《物流业调整和振兴规划》的重点与亮点

笔者认为，《物流业调整和振兴规划》有六个方面的重点与亮点。

第一，首次完整、科学地提出了物流业在国民经济中的地位与作用。以前在不同的文件中，在国家领导人的讲话中都曾肯定过物流业在国民经济中的地位与作用，但这一次是非常全面地进行了论述。

《规划》指出："物流业是融合运输业、仓储业、货代业和信息业等的复合型服务产业，是国民经济的重要组成部分，涉及领域广，吸纳就业人数多，促进生产、拉动消费作用大，在促进产业结构调整、转变经济发展方式和增强国民经济竞争力等方面发挥着重要作用。"《规划》中有很多地方又从某一方面强调了物流业的作用，比如"物流业对其他产业的调整具有服务与支撑作用，发展第三方物流可以促进制造业和商贸业优化内部分工、专注核心业务、降低物流费用，提高这些产业的竞争力，增强其应对国际金融危机的能力。""调整和振兴物流业，有利于加快商品流通和资金周转，降低社会物流成本，优化资源配置，提高国民经济的运行质量；有利于提高服务业比重，优化产业结构，促进经济发展方式的转变；有利于增加城乡就业岗位，扩大社会就业；有利于提高运输效率，降低能源消耗和废气排放，缓解交通堵塞，实现经济和社会的协调发展；有利于促进国内外、城乡和地区间商品流通，满足人民群众对多样化、高质量物流服务的要求，扩大居民消费；有利于国家救灾应急、处理突发事件，保障经济稳定和社会安全。"这六个"有利于"把物流业的地位与作用说得非常到位。

第二，明确了物流业短期和中长期的十大任务。这十大任务可分为四个层面：一是国家层面，二是区域层面，三是行业层面，四是企业层面。

（1）国家层面。这个层面主要有两条：一是国家将通过有效手段推动中国物

流业的发展，包括统筹规划、增加投入、示范引导、政策协调、技术推广、人才培养等，营造有利于物流业发展的大环境；二是重点发展九大物流区域，建设十大物流通道和一批物流节点城市，优化物流业区域布局。

（2）区域层面。这个层面也有两条：一是明确了九大区域，特别是东中西部地区物流发展的不同要求，东部地区要在全国率先做强；中部地区要提升物流产业水平，承东启西，贯通南北；西部地区要加强基础设施建设，改善环境，缩小与东部地区的差距。二是坚决打破行业垄断，消除地区封锁，强调全国一盘棋，优化组合全国资源，形成社会化大物流。

（3）行业与产业层面。本层面主要讲了以下两条：一是从大的行业划分，明确了制造业、商贸业、农业、服务业如何与物流业互动发展，提升产业水平。比如，制造业要改善物流流程，实施采购、生产、销售和物品回收物流的一体化运作；流通业要合理布局城乡商业设施，完善流通网络，积极发展连锁经营、物流配送和电子商务等现代流通方式，加快流通业的现代化进程；农业要广泛应用现代物流管理技术，发展农产品从产地到销地的直销和配送，以及农民和农村日用消费品的统一配送；服务业中点到了运输业、通关、货代、信息、金融、标准、邮政等。

二是从小的行业或产业划分，点到了石油、煤炭、矿业、粮食、棉花、农产品、农资、农村日用品、食品、仓储、烟草、出版、药品、汽车、废弃物、化学危险品、快递、金融、税务、海关、邮政、检验检疫、铁路、公路、水运、航空、工商管理、信息服务等部门，要求这些产业加速实现物流的社会化与专业化，或参与资源的优化整合。

（4）企业层面。这个层面主要讲了两条：一是要推动物流企业与生产、商贸企业互动发展，促进供应链各环节的有机结合，鼓励现有运输、仓储、货代、联运、快递企业的功能整合与服务延伸，加快向现代物流企业转型。二是要求物流企业加强信息沟通，创新物流服务模式，加强资源整合，满足多样化的物流需要。鼓励物流企业通过参股、控股、兼并、联合、合资、合作等多种形式进行资产重组，培育一批服务水平高、国际竞争力强的大型现代物流企业。

第三，重点规划了九大物流工程。这九大物流工程可分为三类：第一类是物流基础设施建设方面的，包括多式联运、转运设施工程、物流园区工程、应急物流工程、大宗商品和农村物流工程；第二类是物流管理技术应用方面的，包括城市配送工程、制造业与物流业联动发展工程；第三类是物流基础工程方面的，包括物流标准与技术推广工程、物流公共信息平台工程、物流科技攻关工程。这只是一个大概的划分，实际上各类之间互有交叉。下面重点讲几个内容：

（1）关于综合运输体系。所谓综合运输体系，就是公路、铁路、水路、航空四种运输方式的多式联运。为实现无缝衔接，特别是与港口的紧密衔接，一要在管理上逐步过渡到大运输部制；二要在装备上加速铁路、公路特别是高速公路、港口、民用机场的建设，建设一批集装箱多式联运中转设施和连接两种以上运输方式的转运设施；三要积极发展多式联运、集装箱、特种货物、厢式货车运输及重点物资的散装运输等现代运输方式，加强各种运输方式、运输企业之间的相互协调性，建立高效、安全、低成本的运输系统。对于目前我国交通运输的现状，《规划》是这样评价的："物流基础设施能力不足，尚未建立布局合理、衔接顺畅、能力充分、高效便捷的综合运输体系。"《规划》明确提出："加强运输与物流服务的融合，为物流一体化运作与管理提供条件。"物流离不开交通运输，交通运输是物流运作最为重要的基础条件。

（2）关于物流园区。按照物流术语国家标准，物流园区是"为了实现物流设施集约化和物流运作共同化，或者由于城市物流设施空间布局合理化的目的而在城市周边等各区域，集中建设的物流设施群与众多物流业者在地域上的物理集结地"。本人之前讲过，规划建设物流园区是国际上成熟的经验，但不是唯一的经验，如欧洲规划建设了一百多个，日本规划建设了八十多个，但美国就没有。2008年，中国物流与采购联合会收集并分析了475家物流园区的情况，总体来看并不十分理想，我个人认为太多、太乱，真正建成的物流园区寥寥无几。考虑到物流园区在物流运作中的重要作用，《规划》中明确了以下几点：

一是物流园区必须以布局集中、用地节约、产业集聚、功能集成、经营集约为特征。

二是建设物流园区有一个前提，即在重要物流节点城市、制造业基地和综合交通枢纽，在土地利用总体规划、城市总体规划确定的城镇建设用地范围内，按照城市发展规划及城乡规划的要求，充分利用已有运输场站、仓储基地等基础设施，统筹规划。

三是物流园区分五类，即货运服务型、生产服务型、商业服务型、国际贸易服务型和综合服务型。

四是对保税物流园区、保税物流中心（A型和B型）及保税港区而言，主要是发展国际中转、国际采购、国际配送、国际转口贸易，并向自由贸易区发展。

（3）关于城市配送工程。有以下几点需要明确：一是中国的经济以城市为中心，但城市配送并不限于城市之内，要同时向农村延伸，如"万村千乡工程"；二是城市配送工程不仅仅限于一个城市，也指城市之间，在300公里配送圈内的城市都可实施统一配送，如全球快餐连锁店麦当劳位于北京的配送中心，可以覆盖华北许多城市；三是在同一个城市内，物流节点可分为三个层次，即物流园区、物流中心和配送中心；四是配送中心可以是企业内部的配送中心，如海尔、华联、物美等企业，可以是一个工业园区里的专业配送中心，也可以是城市中面向流通企业与消费者的社会化公共配送中心；五是目前还有一个尚未解决的问题即配送车辆进城问题，主要因为公安交通部门怕导致城市车辆拥挤，这个问题不解决，城市配送就是空的，国外有许多成功的经验可供借鉴。

（4）关于大宗商品与农村物流。这个工程要与十大任务中的"推动重点领域物流发展"一起来解读。大宗商品指能源产品（如石油、煤）、矿产品（如铁矿石、有色矿石）、钢铁、水泥、木材、粮食、棉花、鲜活农产品、农资等。它们有一个主要的特点，就是量大、以散装为主。大宗商品对生产建设和人民生活而言极为重要，这些产品与一般工业品有所不同，目前还是一个薄弱环节，必须强化这一领域物流的发展。

对于农村物流，笔者认为主要包括四个方面：一是农业生产资料物流，二是农产品物流，三是参与农业生产的农民的生活资料物流，四是可回收物（如秸秆等）的物流。农产品物流必然要与产地、销地、集散地的农副产品批发市场产生联系，而农副产品批发市场也必须通过物流来得以改造和提升。当然需要改造和提升的不仅仅是农副产品批发市场，生产资料与生活资料批发市场也需要改造和提升。

（5）关于制造业与物流业的联动发展。之所以要在这里把制造业与物流业联动发展突出出来，主要基于三个原因：

一是制造业物流总值在全国物流总值中比重最高（占到88%），在物流增加值、物流总成本中比重也最高，制造业物流发展水平对整个物流业的发展具有举足轻重的作用。

二是目前我国服务业占GDP的比重太低。这一方面是因为服务业发展滞后，另一方面是因为服务业没有从制造业中分离出来。制造业与物流业联动发展，不仅可以提升制造业的产业水平，也可以促进国民经济产业结构调整，增加服务业比重。

三是国际经验表明，物流业发展的历史是一部与制造业联动发展的历史。在美国、德国、日本，只要一讲物流就是与企业特别是工业企业联系在一起的。

所以，我国物流业的发展首先从制造业突破是非常正确的。当然这并不否定物流业与商贸业、农业的联动发展。

（6）关于物流标准化、信息化与科学技术。这与十大任务中的第八、第九、第十项是联系在一起的。《规划》强调了物流标准化的重要性、内容和具体要求，并特别提出要对现有仓储、转运设施和运输工具进行标准化改造，实现物流设施、设备的标准化，同时提出了托盘的国家标准。

信息化技术是现代物流的核心之一，《规划》强调国家与区域、行业要进行物流公共信息平台建设，以实现信息共享，也鼓励企业进行商业信息平台建设。

对于物流是否需要高科技，是否需要技术攻关与推广，一直存在争议。在现实生活中，物流可分为两类：一类是物流管理，一类是物流工程。而无论哪一类物流，都需要科学技术的支撑，需要自主研发，如货物跟踪定位、智能交通、物流管理软件、移动物流信息服务等。对于集装单元、射频识别、货物跟踪、自动分拣、立体仓库、配送中心信息系统、冷链物流等新技术，需大力推广应用。

（7）关于应急物流。我国是一个突发性事件多发的国家，水灾、旱灾、地震、传染性疾病难免发生，每个突发性事件都有可能产生应急物流问题。协调生产、流通、运输及物流企业的关系，建立多层次的政府应急物资储备体系与应急物流保障体系，迫在眉睫。特别要建立军民一体化的物流体系，以达到保障生产和生活的功效。

第四，描绘了我国物流业点线面结合的三维空间布局。这一布局是全局性的、长远的，对我国物流业的发展具有重要的指导作用。

（1）点。即物流节点，《规划》将物流节点分为三个层次：一是全国性物流节点城市，共 21 个；二是区域性物流节点城市，共 17 个；三是地区性物流节点城市，由省政府确定。全国性与区域性物流节点城市是根据目前的经济总量、货运总量及城市的重要性决定的，随着时间的推移，肯定会有所变化。对于每个节点城市，其物流运作还可进一步分为三个层次，即物流园区、物流中心和配送中心。

（2）线。笔者理解的"线"有两条，一条是有形的，如五种运输方式；一条是无形的，即信息线路，目前无论有形的还是无形的都是薄弱环节。《规划》提出，要建设十大物流通道。

（3）面。即九大物流区域，这是全国性的面，每个省还有每个省的面。物流不能用行政区域来分割，而必须以经济区域来布局。所以说《规划》里有九大物流区域，而非八个或者十个，这是有一定理由的。比如，以厦门为中心的东南沿海物流区，主要考虑两岸三通所形成的物流要求。九大物流区域是针对国内讲的，从周边讲，还可区分为东南亚物流区、东北亚物流区、中亚物流区等。

第五，明确了物流业本身的发展思路。《规划》中对于物流业的要求有十个提法：

（1）物流业是融合运输业、仓储业、货代业和信息业等的复合型服务产业。

（2）物流业的调整和振兴要以应对国际金融危机对我国经济的影响为切入点，以改革开放为动力，以先进技术为支撑，以物流一体化和信息化为主线，积极营造有利于物流业发展的政策环境，加快发展现代物流业，建立现代物流服务体系，以物流服务促进其他产业发展，为全面建设小康社会提供坚实的物流体系保障。

（3）建立布局合理、技术先进、节能环保、便捷高效、安全有序并具有一定国际竞争力的现代物流服务体系。

（4）建立政企分开、决策科学、权责对等、分工合理、执行顺畅、监督有力的物流综合管理体系。

（5）逐步建立统一开放、竞争有序的全国物流服务市场，促进物流资源的规范、公平、有序和高效流动。

（6）研究制定系统的物流产业政策，清理有关物流的行政法规，加强对物流领域立法的研究，完善物流法律法规体系。

（7）物流业自身要转变发展模式，向以信息技术和供应链管理为核心的现代物流业发展。

（8）要形成多种所有制、多种服务模式、多层次的物流企业群体。

（9）推动物流企业与生产、商贸企业互动发展，促进供应链各环节的有机结合。加强运输与物流服务的融合，为物流一体化运作与管理提供条件。大力发展适应现代农业要求的现代物流体系，大力发展第三方物流，提高企业竞争力。

（10）经济全球化加速，全球采购、全球生产、全球销售的发展模式要求加快发展现代物流业，优化资源配置，提高市场响应速度和产品供给时效，降低企业物流成本，增强国民经济竞争力。

以上十个提法从不同角度明确了物流业本身的前进方向和所应达到的目标。

第六，物流业发展的政府作为。我国是一个政府推动力度很强的国家，除日本政府曾先后颁发过三个《综合物流施策大纲》外，我国是唯一一个把物流业作为国民经济重大产业进行规划与运作的国家。《规划》实际上有三个对象：一是各级政府，告诉大家如何指导物流业发展；二是国民经济各部门、各产业，告诉大家如何通过物流业的发展提升自己；三是物流业，告诉大家物流业应如何发展，包括目标、途径与方法。

政府的作为集中表现为九大政策措施：（1）加强组织和协调，这是领导组织保证；（2）改革物流管理体制，这是体制保证；（3）完善政府法规体系，这是法律保证；（4）制定落实专项规划，这是措施保证；（5）多渠道增加对物流业的投入，这是财力保证；（6）完善物流统计指标体系，这与标准化、信息化一样是物流的基础保证；（7）继续推进物流业对外开放与国际合作，这是外部环境保证；（8）加快物流人才培养，这是人力资源保证；（9）发挥行业社团组织的作用，这是行业自律服务保证。

对于政府如何作为，《国务院关于印发物流业调整和振兴规划的通知》中有明确的阐述。各地区、各部门要把思想和行动统一到党中央、国务院的决策部署上来，以邓小平理论和"三个代表"重要思想为指导，深入贯彻落实科学发展观，进一步增强大局意识、责任意识，加强领导，密切配合，切实按照《规划》要求，做好统筹协调、改革体制、完善政策、企业重组、优化布局、工程建设等各项工作，确保《规划》目标的实现，促进物流业健康发展。

各地区要按照《规划》确定的目标、任务与政策措施，结合当地实际制定具体工作方案，切实抓好组织实施工作，确保取得实效。国务院各有关部门要根据《规划》明确的任务分工及工作要求，做到责任到立、措施到位，加强调查研究，尽快制定并完善各项配套政策措施，切实加强对《规划》实施的指导和支持。

二、《规划》的贯彻落实

2009 年 4 月 9 日，本人在国家发展和改革委员会召开的座谈会上，提出了"一二三四"的落实意见。其中："一"就是明确一个执行主体。国家层面的执行主体应该是国家发展和改革委员会。《规划》明确，发挥由发展和改革委员会牵头、有关部门参加的全国现代物流工作部际联席会议的作用，研究协调现代物流业发展的有关重大问题和政策。从目前情况看，各省市政府由哪个部门牵头，即成为《规划》执行主体，还有分歧，有的是发展和改革委员会，有的是经济贸易委员会，有的是商务委员会，有的是交通委员会，协调机构也五花八门。明确一个执行主体极为重要，《规划》贯彻得好坏，需要有一个主体负责任。

"二"是指上下联动。"上"指国务院有关部委，"下"指省区市政府。国家发展和改革委员会已召开有关部委会议，把任务落实到位。但地方政府千万不能等待，国务院有关部委的协调可能比省市级政府要难得多，凡地方政府能够做主的，地方应优先启动。

"三"是指抓好三个重点。一是九项重点工程，二是全国点线面三维空间布局，三是尽快出台影响物流业发展的土地、税务、收费、融资、交通管理等方面的政策。

"四"是指抓好四项关键工作。一是制定好煤炭、粮食、农产品冷链、物流园区、应急物流、商贸物流等专项物流规划；二是落实物流有关方面的示范工程；三是培育一批具有国际竞争力的大型综合物流企业集团，大力扶植中小物流企业发展；四是编辑出版《规划》读本，进一步统一思想，提高执行《规划》的自觉性。

《物流业调整和振兴规划》的确非常好，但关键在于落实。深信我们的政府是务实的政府，言必信，行必果，我国物流业的发展从来没有像现在这样充满生机，充满挑战，充满自信。规划的目标一定能够实现。

（作者单位：中国物流与采购联合会。原文载于《中国流通经济》2009 年第7 期）

我国建立和完善现代物流政策体系的选择

陈文玲

加快发展现代物流，促进传统物流向现代物流转变，是我国转变粗放型经济增长方式，提高经济发展素质和质量的要求，是加快经济结构优化升级，充分发挥现代流通对经济发展先导作用的要求，也是我国应对国际经济不确定性，提高国际竞争力的要求。因此，必须进一步建立完善我国现代物流政策支持体系，形成推动现代物流发展的政策集成效应和政策支撑力。

一、我国初步形成了一系列推动现代物流发展的政策

我国对现代物流政策的研究和制定，既不同于市场经济发达国家，也不同于某些发展中国家。在我国快速推进市场化、城市化、工业化和国际化的进程中，随着社会化大工业和大流通的形成，既产生了对现代物流的巨大需求，也产生了对现代物流支持和保障政策的必然要求。因此，我国现代物流发展相关政策的形成，是一个循序渐进、逐步完善的过程；是一个调动各方面积极性，多层面共同努力推进的过程；是一个运用多种政策手段，不断从局部或某一环节推进到逐步形成政策体系的过程。20世纪90年代以来，我国主要从以下方面形成推动现代物流发展的政策。

1. 通过中共中央、国务院重要会议引导和推进现代物流发展。20世纪90年代以来，我国历届党的代表大会以及一年一度的中央经济工作会议和国务院总理《政府工作报告》，都把推进现代物流发展作为一项重要工作内容，为研究和制定物流发展政策提供了指导思想、工作要求和重要依据。2006年，国务院召开全国现代物流工作会议，国务院领导同志在会议上作了专题报告，提出了推动现代物流发展的指导思想、重点任务和具体部署。经过持续不断的努力，政府和国内学术界、行业协会、企业界对加快推进现代物流形成了高度共识，现代物流的定义、概念、内涵和政策要求日趋清晰，为政策和保障体系的形成提供了重要的思想基础和良好的环境条件。

2. 通过各种类型、各个层次的规划，引导和推进现代物流发展。一是把推进现代物流发展纳入国家规划。2001年，推进现代物流发展的相关内容第一次纳入了国民经济和社会发展五年规划纲要，提出要强化对交通运输、商贸流通等行业的改组改造，推进连锁经营、特许经营、物流配送、代理制、多式联运、电子商务等组织形式和服务方式。2006年，推进现代物流发展成为国民经济和社

会发展"十一五"规划的重要内容。经过几年的努力,《全国现代物流业发展规划纲要》即将出台,对推动现代物流发展将起到至关重要的作用。国家还制定了《国家食品药品安全"十一五"规划》,明确要求到"十一五"末期,食品安全信息监测覆盖面达到90%,大中型城市批发市场、大型农贸市场和连锁超市鲜活农产品抽检合格率达到95%,农村药品监督网覆盖率达到100%。要达到这些政策目标,重要的保障政策就是推进专业的食品药品现代物流体系。

二是国家有关部门研究制定的各类专项规划。国务院有关部门推出了一系列针对性和操作性较强的专项规划,如国家发展和改革委员会制定的《粮食现代物流发展规划》、《综合交通网中长期发展规划》,商务部制定的《流通标准"十一五"规划》、《公共商务信息服务体系建设"十一五"发展规划》,交通部制定的《全国沿海港口布局规划》、《全国内河航道与港口布局规划》、《公路水路交通"十一五"发展规划》、《国家公路运输枢纽布局规划》,铁道部制定的《中长期铁路网规划》、《铁路"十一五"规划》等,把现代物流的发展提升到了一个新的水平。

三是地方政府研究制定的物流规划。近几年,各地政府纷纷开始研究制定推进现代物流发展的规划,全国2/3以上的省市都制定了"十一五"期间的现代物流发展规划。一些地方突破行政区划界限,探索按照经济区域组织现代物流的政策,如制定了《长江三角洲地区现代化公路水路交通规划》、《环渤海地区现代化公路水路交通基础设施规划纲要》、《促进中部地区崛起公路水路交通发展规划》和《振兴东北老工业基地公路水路发展规划纲要》等。一些地区以中心城市为依托,研究制定社会化物流体系或物流平台,如北京、上海、天津、重庆、西安等城市的物流规划,就在考虑依托中心城市,引导形成新的物流圈和物流供应链体系。

3. 通过政府规制与指导意见,引导和推进现代物流发展。2001年,原国家经济贸易委员会会同铁道部、交通部、信息产业部、原对外贸易经济合作部、民航总局印发了《关于加快我国现代物流发展的若干意见》。这是我国政府部门联合下发的第一个有关物流发展的政策性、指导性文件。2004年,国家发展和改革委员会、商务部等9部委印发了《关于促进我国现代物流发展的意见》,这是一个更为全面、政策支持力度更大的文件,提出了推动我国现代物流发展的指导思想、总体目标、工作重点和支持政策。与此同时,13个部门与中国物流与采购联合会、中国交通运输协会共同建立了现代物流工作综合协调机制——全国现代物流工作部际联席会议,研究政府规制中推进现代物流发展的具体部署。

4. 通过制定产业指导目录和规范,引导和推进现代物流发展。为提高我国产业层次,促进产业结构调整,淘汰落后的生产能力,同时鼓励先进制造业和服务业发展，国家几次制定并调整了产业指导目录。2002年以来的几次产业目录调整，都把现代物流业作为鼓励和支持类产业。原交通部还出台了《公路水路交通信息资源目录体系总体框架》，研究在该领域推进的关键物流技术和保障措施。标准和规划的制定也大大推进了现代物流规范的发展。例如，为引导和推进全国冷链物流的发展，制定了《肉和肉制品物流规范》、《初级生鲜食品良好操作规范》、《易腐食品机动车辆冷链运输要求》，目前正在抓紧编制关于冷链物流作业分类与要求，冷链物流技术与管理，保鲜食品、冷冻食品包装等国家标准。

5. 通过财政、税收、金融、土地政策，推进现代物流发展。2007年，国务院出台了《关于加快发展服务业的若干意见》，重申加大政策支持力度，推动服务业加快发展，并提出了对物流企业实行财政优惠的具体政策。2008年年初，国家又出台了税费调整和土地管理政策，提出要对物流业发展给予更大力度的支持，实行有利于服务业发展的土地管理政策，完善服务业价格、税收等政策，积极扩大包括现代物流业在内的生产性服务业的税收优惠政策。国家有关部门还解决了物流企业重复纳税及其在营业税缴纳和增值税抵押等方面存在的问题。一些地方政府向物流企业和物流园区提供土地、财税、融资及通关等方面的便利和优惠，设立专项基金支持现代物流发展。

二、当前我国推动现代物流发展政策存在的问题

要充分发挥现代物流在推动我国经济全面转型，特别是转变经济运行方式、提高经济运行质量方面的作用，现行物流政策的支持与保障措施还存在很多问题，无法满足这种先导性、鼓励类产业发展的需要，主要表现为：

1. 推动现代物流快速、健康发展的成熟配套的政策体系尚未形成。一是国家出台的政策文件还缺少某些实施细则，部分条款缺乏可操作性。例如，2007年国务院出台了《关于加快发展服务业的若干意见》，提出要大力发展面向生产的服务业，促进现代制造业与服务业有机融合，互动发展；要细化深化专业分工，鼓励生产制造企业改造现有业务流程，推进业务外包，加强核心竞争力，同时加快从生产加工环节向自主研发、品牌营销等服务环节延伸，降低资源消耗，提高产品附加值；要优先发展运输业，提升物流专业化、社会化服务水平，大力发展第三方物流。但与之配套的各方面实施细则和操作办法均未形成。二是各部门出台的各项政策与规制，有的方面还缺乏协调性、衔接性与整体性。目前各个部门都出台了一些政策文件、专项规划等，但各专项规划之间关联度不够，如现代物流需要各种运输方式无缝链接，需要各种运力合理配置，但目前各种运输方式的专项规划都分属于不同的部门规划，具有明显的部门特点。三是地方规划和政策缺少必要的按照经济关联度进行跨区域整合的政策与措施。除个别经济圈、经济区和经济带的物流规划外，基本上立足于本行政区域内部的物流设计，不符合现代物流按照流通规律组织现代物流的基本要求。

2. 在制造业物流发展方面尚无具体政策和实施办法。制造业物流是我国物流业的重要组成部分。据中国物流信息中心统计，2007 年我国工业品物流总额为 66.1 万亿元，占全国社会物流总额的比重高达 87.5%。从原材料到产成品，用于加工制造的时间不超过 10%，而 90% 以上的时间都处于仓储、运输、搬运、包装、配送等物流环节。制造业物流的程度和水平直接关系着制造企业的效率和效益，是转变经济增长方式，提高制造业核心竞争力的关键所在。但我国在促进制造业物流发展方面尚无具体政策和实施办法，存在许多需要解决的政策问题。

3. 与农产品流通相关的物流发展政策仍处于空白状态。目前，我国粮食年生产量和消费量居世界第一位，肉、蛋、奶、鱼、蔬菜等主要农副产品物流量也迅速增加。我国现有肉类食品厂 2500 多家，年产肉类 7743 万吨；速冻食品厂 2000 多家，年产量超过 1000 万吨；冷饮企业 4000 多家，年产量 150 多万吨；乳品企业 1500 多家，年产量 800 万吨；水产品产量 4400 万吨。由于农产品流通现代物流体系和社会化物流平台尚未建立，与之相关的物流发展政策也处于空白状态，我国 80% 的生鲜食品采用常温物流，粮食产后物流损失占总产量的 12%～15%，果蔬损失率达 25%～30%，造成了每年约 750 亿元的直接经济损失。

4. 现代物流园区缺少完善的法律法规和政府规制。物流园区不仅是市场经营实体，还承担着社会公共服务的职能，具有跨行业、跨地区、多功能、多层次的属性，目前有货运服务型物流园区、生产服务型物流园区、商贸服务型物流园区和综合服务型物流园区等四种类型。这些规划客观上需要政府通过科学规划，组织制定区域物流园区发展政策，整合存量资源，优化园区内产业布局、企业布局和建设布局，实现物流园区的规模效益和集聚效应，促进园区健康发展。目前尚无针对物流园区发展情况及特点的土地、税收、投融资等方面的相关政策，难以将工商、财税、运输管理、公安等政府监督管理服务职能集聚到同一平台上，不利于园区发展，实现节约行政资源、物流市场高效管理和政府对外服务的目的。

5. 推进现代物流发展的符合或超过国际水准的规划、规范、标准、认证认可体系还没有真正形成。虽然我国已经制定了一系列规划、规范、标准和认证认可规定，但总体来看尚未形成完善的体系。有的缺乏整体性和系统性，分散在不同环节和工作领域；有的低于国际标准和国内物流发展实践要求，不利于提高物流系统运行效率；有的缺少各子系统设施、设备、专用工具等技术标准和业务工作标准；有的方面还存在空白，亟待建立健全。如冷链物流标准还需要细化，要在操作性和量化方面把标准具体化、专业化，进一步研究常低温食品物流中心规划设计标准、低温食品物流营运管理规范、易腐食品和生鲜食品冷链物流技术标准及物流可追溯管理技术标准等。

6. 在国际物流企业进入国内市场形成垄断方面缺乏约束性政策。最近几年，外资物流企业凭借资金、技术、管理等方面的优势，大举进入国内物流市场，正通过直接投资在港口码头、物流地产等方面形成对基础设施的控制力，通过控制价值链高端控制处于低端的国内企业，通过并购国内物流网络控制国内市场。在这方面我们既缺乏相应的法律法规和政策体系，也缺乏与国际物流企业控制我国高端物流市场相关的约束性政策和措施，这影响着我国现代物流体系的建立与经济运行的安全性。

7. 对我国物流企业进入国际市场缺少必要的支持性政策。我国正在加快实施"走出去"战略，在货物加工与出口向周边国家和地区转移的过程中，企业面临的最大困难是缺乏配套的产业链与服务链，特别是国际化物流能力非常薄弱，物流成本高昂。不仅难以形成真正具有国际竞争力的我国自己的跨国企业，也使"走出去"的企业面临国际物流市场的高风险。如国际市场铁矿石价格近几年急速上升，但铁矿石运输价格的增幅比铁矿石本身价格的增幅更大，使我国付出了沉重的代价。我国在物流企业的国际融资、收购、重组、审批等方面也没有明确的政策导向，在海外资金结算上存在很多不便，与所在国政策的协调与沟通也存在很多困难。

三、推动我国现代物流发展的新的政策选择

加快推动我国现代物流的发展，是贯彻落实科学发展观和转变经济发展方式的重要内容，是形成新的国际竞争力和国家软实力的新的着眼点，是我国当前和未来相当长时期内的战略选择，必须以更大的决心和力量推动现代物流的发展。

1. 研究制定更高水平的全国和地方的现代物流发展规划。"十一五"时期，中央和地方政府都制定了推进现代物流发展的规划，发展现代物流成为《国民经济和社会发展第十一个五年规划纲要》的重要内容。但总体来看，中央与地方政府之间、不同地方政府之间、政府不同主管部门之间、不同行业和领域之间、企业与行业及政府之间的规划还缺乏协调性、衔接性和整体性，基本上按照部门所有、行政归属、地方需要或企业需求制定，难以实现各种运输方式的无缝链接、各种运力的合理配置及存量资源的有效整合。应按照现代物流理论和规律，制定更高水平的全国和地方的现代物流发展规划。要在全国推进现代物流发展规划，把着眼点放在跨区域、跨部门、跨行业整合存量资源上面，打破地区、部门和行业的局限，做到全面统筹，整体布局，设计出既能充分利用与整合各种存量资源，又能优化增量配置的符合现代物流发展方向的发展规划，并按照规划构建我国运输干线通道和物流节点，合理设立综合物流中心或物流基地。要把着眼点放在整个物流系统再造和形成社会化物流体系或平台上，确立现代市场经济条件下

物流运行共同遵循的基本原则，避免跨部门物流规划出现重复和矛盾。

国家和地方的物流规划应先于国家和地方的综合规划，力争在国家和地方制定"十二五"规划之前，抓紧研究现代物流"十二五"发展规划，特别是各专项规划及其衔接与配套措施，研究地方规划及按照经济联系划分的经济圈或经济区的物流一体化发展规划。经济发达地区应研究制定高于其他地区的物流一体化发展规划，有条件的大中城市要制定与发达国家接近的城市物流发展规划，如加快形成"公共物流信息平台—物流园区、基地—城市配送节点—物流服务需求者"的城市物流配送体系。

2. 研究制定更有利于推进现代物流发展的宏观经济政策。推进现代物流的发展，需要一整套系统化的政策组合，研究制定更为有力的推进现代物流发展的宏观经济政策，是现代物流适应国民经济又好又快发展要求的需要，是政策作为上层建筑对推动经济发展产生的一种"正效应"。

一要改进和完善税收政策。我国物流业征收的是营业税，重复征税不可避免，如果不采取措施消除税制本身的缺陷，就会限制物流业的健康发展。尽管目前国家已采取了一些措施，使重复征税问题有所缓解，但税制缺陷依然存在。建议参考国际上一些国家的做法，实行税收中性的消费型增值税制；近期在不改变现有税制格局，仍然对服务业（包括物流业）征收营业税的情况下，对物流企业进口或购置的设施免税，对符合条件的仓储设施免税或退税；对包括物流服务在内的出口型物流服务企业，采用零税率政策，以鼓励本国产品和劳务的出口；对物流企业实行流转税特殊优惠政策；对物流企业实行所得税优惠，对物流企业境外职员提供全部或部分免征个人所得税的优惠。

二要改进和完善金融政策。适当放宽物流企业在股票上市、债券发行审批方面的限制条件，允许有发展潜力的物流企业发行不同期限的长期债券并进行股票发行试点，通过鼓励物流企业进入资本市场，促进物流产业融资。应尽快建立正常的债券或股票柜台交易市场体系，为物流企业创造良好的融资环境。建立现代物流企业信贷支持体系，通过直接贷款、协调贷款和担保贷款三种形式，解决物流企业贷款困难问题。应允许地方财政部门设立担保机构，以财政预算、税收补贴等多种形式注入担保资金，由担保机构充当物流企业贷款担保人。应允许发展服务于现代物流的专业性金融机构，支持建立物流行业金融机构，专门为物流企业提供融资，促进金融业和物流业共同发展。同一区域的物流企业应建立互助性金融组织，以实现共同发展，加强风险共担能力。应鼓励物流企业加快现代企业制度建设，通过资本市场形成多元化的产权主体和产权人格化的所有者，加强内部法人治理结构建设，建立董事会、监事会、经营管理层和股东会等相互制约、相互制衡的关系，提高资本使用效果和经济效益，更好地融通资金。

三要改进和完善财政政策。从发达国家工业化的进程来看，现代物流基础设施建设应适度超前。应积极运用财政手段，加大对重大物流基础设施建设的投入力度，特别要加强跨地区、跨行业、跨部门的铁路、港口、机场等多式联运和重要物流节点的建设。对重要的物流公共服务设施，国家应给予财政支持。对重要的骨干物流基础设施建设和改造，中央和地方财政可给予贴息贷款、税收减免、土地使用等方面的支持。应形成多元化投资渠道，吸引国内外资本进入物流基础设施建设领域。

3. 研究制定更为完善的物流标准和认证认可体系。要把更高水平物流标准与认证认可体系的研究制定，作为重要的物流政策内容。

一要对各类物流现行标准与认证认可体系进行全面梳理。淘汰整体上落后于物流发展需要的标准与认证认可办法，代之以新的标准；抓紧修订和完善部分不符合物流发展需要的标准与认证认可办法；抓紧研究制定尚未制定的标准与认证认可办法，填补空白。一般情况下，国家标准应高于国际标准，行业标准应高于国家标准，龙头企业的标准应高于行业标准。只有这样，才能使我国物流发展水平尽快达到和超过国际水平，才能提高我国物流企业的国际竞争力，才能最终促使我国物流企业顺利走向国际市场。必须加快我国物流标准化建设步伐，特别要做好物流用语、计量标准、技术标准、数据传输标准、物流作业标准和服务标准等方面标准的研究和修订。对各类与物流活动相关的国家标准、行业标准进行深入研究，特别要注意不同物流方式、功能和活动的特殊要求，强调各类物流活动之间及各种运力之间的兼容性，使相关标准与认证认可办法协调一致，与国际标准接轨，提高货物和相关信息的流转效率，要下大力气做好相关方面的工作。

二要注重物流公共信息平台与子信息平台接口的标准化和物流设施标准化。公共信息平台应以港口、航空、公路、铁路物流枢纽的网络体系为依托，与海关、税务、商贸、金融、制造、商检等领域的信息管理系统相衔接，与产品生产、运输、销售等环节的信息流相配套，把物流公共信息平台与子信息平台接口的标准化作为标准化工作的重点，把物流设施标准化作为提高物流效率的基础。研究制定物流系统各类固定设施、移动设备、专用工具的技术标准，物流过程各环节之间的工作标准，物流包装、仓储、配送、装卸、运输器械模数标准，电子商务与供应链管理标准（主要包括通信标准，数据结构标准，身份认证、信息安全标准，供应链评测标准），物流系统各类技术标准之间以及技术标准与工作标准之间的配合要求，还有物流系统与其他相关系统的配合要求。

三要加快与物流密切相关的地理信息系统的标准化进程。推进城市智能交通信息标准化，研究制定空间信息基础数据框架、地理信息系统、交通信息编码、行政单元编码等标准。针对所运输货物性质的不同，制定相应的标准，使运输、仓储等各类物流活动得以协调运作。在软件方面，要加快建立通用标准体系，尽快实现数据传输格式与接口标准化，制定统一的条码格式，使用统一的计量单位，利用网络和信息技术连接用户、制造商、供应商及相关单位，实现资源和信息共享，为地理信息系统的应用创造条件，借助信息技术实现对物流的全程跟踪和有效控制。

4. 研究制定发展生产性服务——现代物流的支持政策。现代物流已成为提升制造业和农业核心竞争力的重要支撑，成为构建制造业和农业产业链的重要组成部分和基础条件。必须高度重视制造业和农业在战略高度进行的物流功能整合，积极鼓励现代物流业与制造业、农业联动发展。应支持和鼓励制造业将非核心物流业务从主业中分离出来，实施流程再造，成立专业物流公司，走主辅分离、服务外包、供应链管理的道路。要从供应链角度出发，整合上下游企业的物流活动，从以生产为主导转变为以客户为中心，提高供应链的协调性，培育企业核心竞争力。应特别支持家电、电子、汽车等行业在钢铁、机械、建材等行业与上下游的采购、生产、配送、销售等一系列环节结成供应链体系，整合剥离企业内物流服务业务，全部或部分外包物流业务。要研究相关政策，支持和鼓励制造企业将分散在各个部门和企业的物流需求，转化为社会化的物流服务需求和专业化的物流服务，实现制造业在物流供应链的无缝链接。要高度重视农产品现代物流的发展，推进农产品加工、销售和农业生产资料物流的现代化进程，理顺城镇与乡村、东部与中西部地区、发达与欠发达地区的物流通道，建立高效、通畅、便捷的现代物流服务体系。

5. 高度重视并加快推进跨行政区域的物流区域建设。要适应我国区域发展的需要，注重研究制定各项政策措施，整合存量资源，形成若干与区域经济发展相匹配的物流区域。一要围绕沿海港口形成各种运输方式合理、有效链接与匹配的物流港区。除上海、深圳、广州、大连、青岛、天津等港口物流区域外，还要特别关注海峡西岸厦门港，欧亚大陆桥最东端的连云港，北部湾地区的"南（宁）、北（海）、钦（州）、防（城港）"城市群等新的物流区域。二要围绕城市群建设形成运输方式合理、有效链接与匹配的物流圈。如长江三角洲城市群、珠江三角洲城市群、环渤海城市群，特别是新形成的城市群，包括武汉"1＋8"城市群、湖南的"长株潭"城市群、河南的中原城市群、辽宁中部城市群、黑龙江的"哈大齐"城市群等。三要围绕因产业集聚而形成的产业链建立物流带，如青岛的家电，长春的汽车，上海的钢铁、汽车、化工等。四要配合国家区域经济发展新战略，形成与主体功能区定位相适应的物流系统。稳步提升东部沿海地区物流发展水平，加速向中西部地区转移物流服务能力。把优先和重点发展的功能区作为生产性物流服务发展的重点区域，把禁止和限制发展的功能区作为生活性物流服务发展的重点区域。五要加快推进区域间物流合作与协调发展。特别是长江三角洲、珠江三角洲、环渤海和北部湾地区，要进行更有实质性的合作，进一步化解区域间市场壁垒，在更大范围内实现物流资源优化配置。

6. 制定政策措施，支持并充分发挥行业协会的作用。赋予行业协会在协调、咨询、服务与沟通方面的职能，使之真正成为政府与企业之间的纽带，发挥协调和行业自律的作用，协助政府推动现代物流业发展。鼓励物流协会与国家标准化委员会、国家认证认可委员会合作，研究制定各类更为完善的物流行业标准和从业人员资格标准。鼓励并支持物流行业协会通过开发和制定物流教学与培训标准，形成物流从业资格准入制度。对于物流行业组织为政府提供的公益性服务，政府应通过购买公共服务的政策给予财政支持，保证其经费来源。

7. 强化物流职业培训和从业人员资格认证制度。借鉴国外成熟的经验与做法，在物流行业推行物流师、采购师证书教育和从业人员上岗资格证制度，设立物流分析员、物流顾问、国际物流经理、仓储管理经理、物流工程师、物流软件经理、材料经理、采购经理、供应链经理、销售仓储协调员、仓储运营经理等岗位的从业人员培训与资格认证制度。物流专业教育和学历教育时间长，人才培养周期长，难以满足物流人才需求，应强化物流领域职业培训工作，重视在职人员再教育，提高现有人员素质。职业培训可根据需求层次的不同，采取不同的形式，如组织各种短期培训班，选派人员到国外进行专门和系统学习，引进外国物流专家指导企业物流运作以及挂职学习锻炼等。

还要特别重视现代物流发展的领导工作，各省市和一些重要经济区域，应设立跨部门、跨行政区域推进现代物流发展的领导与实施机构，把推进现代物流的发展切实提高到国家发展战略、区域发展战略和本地发展战略的高度上来，经过若干年的努力，使我国不仅成为一个经济大国，也成为一个具有很强流通能力的大国。

（作者单位：国务院研究室综合司。原文载于《中国流通经济》2009年第1期，被《人大复印报刊资料·物流管理》2009年第4期全文转载）

中国物流业发展所面临的任务

崔忠付

本文将围绕中国物流业发展所面临的任务，谈一谈《物流业调整和振兴规划》的学习体会。

一、2009 年是我国物流业发展不平凡的一年

1. 2009 年是我国物流业发展最困难的一年。这是因为国际金融危机对我国物流业的影响非常之大。这种影响直到今天还没有结束，主要表现在以下几个方面：

一是市场需求急剧下降，业务量明显萎缩。2008 年下半年以来，物流市场需求急剧下降。最近我到珠江三角洲看了看，尽管 2009 年 3 月底到 4 月份已经有所好转，但业务量仍然明显萎缩。

二是目前物流企业应收账款增加，资金压力增大。

三是投资预期急剧下降，投资增速迅速下滑。投资预期主要反映在社会和企业的投资上，目前政府投资在上升，但社会和企业的投资在下降。

四是由于业务和成本压力，很多物流企业经营困难，面临亏损和倒闭，很多中小企业纷纷退出了这个市场。

2. 2009 年又是我国物流业发展最令人振奋的一年。2009 年 2 月 25 日国务院常务会议审议并原则通过了《物流业调整和振兴规划》。自此，国务院确定的钢铁、汽车、船舶、石化、纺织、轻工、有色金属、装备制造、电子信息、物流十个重点产业的调整和振兴规划全部确定。《物流业调整和振兴规划》是我国物流业的第一个规划，是我国以调整和振兴规划的形式以国务院名义出台的第一个规划。这在其他行业里可能很少有。这个调整和振兴规划为今后我国物流业的发展提供了一个新的契机。所以说 2009 年也是我国整个物流业发展最令人振奋的一年。

二、物流业为什么能够纳入十大调整和振兴产业

物流业被纳入十大调整和振兴产业，不但恰逢其时，也在情理之中，是理所当然的。

1. 这是由物流产业对经济发展的贡献决定的。据统计，2008 年物流业增加值占整个服务业增加值的比重为 16.5%，占 GDP 的 6.6%。国外一些经济发达国家的成功经验也表明，物流业是国民经济发展的"助推器"和"加速器"。很多经济学家也认为现代物流业的发展在很大程度上决定了现代经济发展的质量、数量和效益。物流业在国民经济中的地位，无论从中国还是从世界来看都是非常高的。

很多经济学家认为，现代物流业的发展决定了现代经济的质量、规模和效益。

2009年3月10日，国务院印发《物流业调整和振兴规划》。制定并实施《物流业调整和振兴规划》不仅是物流业自身平稳较快发展和产业调整升级的需要，也是服务并支撑其他产业调整和发展、扩大消费及吸纳就业的需要，对于促进产业结构调整、转变经济发展方式和增强国民经济竞争力具有重要意义。

2. 这是由物流业与其他产业的相关关系决定的。2009年2月27日，即国务院常务会议通过《物流业调整和振兴规划》的第三天，国务院新闻办公室召开了一个新闻发布会，国家发展和改革委员会副主任刘铁男在发布会上就物流业为什么成为第十大振兴产业进行了发言。他指出，第十大振兴产业最终选择了物流业，主要基于以下考虑：物流业作为服务业的重要分支领域，与九大产业密切相关。它既是九大产业之间联系的重要纽带，也是这些产业与国内外市场联系的重要载体。同时物流业作为服务业，其调整和振兴不仅是物流业自身调整和振兴的需要，也直接关系到其他九个产业竞争力的提升，十大产业是有机联系的整体，能更好地形成产业结构调整和振兴的组合拳。这是国家发展和改革委员会对物流业成为第十大调整和振兴产业的解释。

3. 这是由物流业对其他产业的带动作用决定的。2009年2月25日，也就是国务院常务会议通过《物流业调整和振兴规划》的当天下午，我代表中国物流与采购联合会接受中央电视台的采访，当时谈到了物流业成为第十大振兴产业的理由。这十大振兴产业是一个有机的整体，前九个产业集中在生产领域，属于第二产业，物流业是服务于九大产业的生产性服务业，是国民经济的基础性产业，也是助推其他产业发展的支撑性产业。《物流业调整和振兴规划》的出台，不仅会推动物流业自身的提升和发展，也会大大推进其他九大产业振兴规划的实施。

4. 这是物流业应对国际金融危机的需要。金融危机对物流业的影响非常大，随着国际金融危机对我国实体经济的影响逐步加深，物流业作为重要的服务产业也受到了严重冲击。物流市场需求急剧萎缩，运输、仓储等的收费价格及利润大幅度下跌，一大批中小物流企业经营出现困难，提供运输、仓储等单一服务的传统物流企业受到严重冲击。从整体来看，世界金融危机不但使物流产业自身的发展出现了剧烈波动，对其他产业的物流服务供给也产生了不利影响。只有通过调整和振兴才能实现物流业的平稳发展。

三、物流业的概念

什么是物流业呢？《物流业调整和振兴规划》出台后，社会各界包括很多媒体都对物流业产生了极大的兴趣，给予了广泛的关注。很多媒体都在讨论物流业的性质，物流业与相关产业包括仓储、运输等传统行业之间的关系等问题。当前出现了许多新的概念、新的解释、新的理解。我认为目前有一个倾向性的问题值得学者们研究，其中也包括一些政府部门关注的问题。目前社会上出现了物流产业泛化和庸俗化现象，对物流业的健康发展极为不利。

什么是物流业？我认为物流业首先是一个独立的产业。2006 年 3 月，全国人大通过《国民经济和社会发展第十一个五年规划纲要》，里面明确提出，物流业作为一个独立的产业，与交通运输业、金融服务业、商贸服务业和信息服务业并列作为五大生产性服务业。这就明确了它的产业独立地位。

2009 年 3 月，国务院《物流业调整和振兴规划》也明确指出，物流业是融合运输业、仓储业、货运代理业和信息业等的复合型服务产业。

我个人认为，物流业和旅游业在产业特征上具有相似性。物流业与运输及仓储的关系，就像旅游业与运输及宾馆、饭店的关系一样。物流业要整合运输和仓储各个领域、各个环节，就像旅游业要整合运输、宾馆、饭店、旅游景点的关系一样。这两个产业在整合其他行业的关系上具有相似性。

四、《物流业调整和振兴规划》的基本内容

《物流业调整和振兴规划》的内容非常丰富，它分析了物流业发展的现状与面临的形势；提出了 2009～2011 年发展的基本原则和目标；提出了物流业调整和振兴的十大重点任务、九项重点工程和九大政策措施；重点提出了物流业发展的区域布局，即重点发展九大区域、十大通道，确定了 21 个全国性节点城市和17 个区域性节点城市。

五、中国物流业发展所面临的任务

1. 推进物流服务的社会化和专业化。这是我国物流业发展一项长期而艰巨的任务。要培育物流服务市场需求，重点鼓励制造企业实施采购、生产、销售及物品回收物流的一体化运作。通过改造物流流程，提高对市场的响应速度，降低库存，加速周转。鼓励生产和商贸企业按照分工协作的原则，剥离、分立、外包物流功能，整合物流资源，促进企业内部物流的社会化。推动物流业与制造业相互融合，联动发展，最终实现物流业务的专业化。

2. 加强物流基础设施建设与衔接。一要加强交通运输设施建设，完善综合运输网络布局，完善中转联运设施，促进各种运输方式的衔接和配套，提高资源使用效率与物流运行效率；二要发展多式联运，加强集疏运体系建设，使铁路、港口、码头、机场及公路实现无缝对接，着力提高物流设施的系统性、兼容性；三要充分发挥市场机制的作用，整合现有运输、仓储等物流基础设施，通过资源的整合、功能的拓展和服务的提升，满足物流组织与管理服务的需要；四要加强物流聚集区建设，在大中城市周边、制造业基地附近及交通枢纽地区合理规划并改造和建设一批物流园区与配送中心。

3. 做强做大物流企业。一要建立面向中小企业为之服务的公共平台，为中小物流企业在融资担保、信息服务、资源整合、人才培养、法律援助等方面提供服务；二要加大国家对物流企业兼并重组的政策支持力度，缓解当前物流企业面临的困难，鼓励物流企业通过参股、控股、兼并、联合、合资、合作等多种形式进行资产重组，培育一批服务水平高、国际竞争力强的大型现代物流企业。

4. 推动重点领域物流的发展。一要建立石油、煤炭、重要矿产品、粮食、棉花等重点产品物流体系；二要发展冷链物流；三要建立农村物流体系；四要发展城市统一配送体系，提高配送效率；五要实行医药集中采购和统一配送，推动医药物流发展；六要加强对化学危险品物流的跟踪与监控，规范管理；七要推动汽车与零配件物流发展，建立汽车综合物流服务体系；八要发展回收物流与废弃物物流，促进资源节约与循环利用；九要加快建立快递物流体系，方便生产生活；十要加强应急物流体系建设。

5. 加快国际物流和保税物流发展。一要加快发展适应国际中转、国际采购、国际配送、国际转口贸易业务要求的国际物流；二要简化审批手续，优化口岸通关作业流程，实行申办手续电子化和"一站式"服务，提高通关效率；三要统筹规划，合理布局，积极推进海关特殊监管区域整合与保税监管场所建设，建立既适应跨国公司全球化运作又适应加工制造业多元化发展要求的新型保税物流监管体系；四要积极促进口岸物流向内地物流节点城市顺畅延伸，促进内地现代物流业的发展。

6. 提高物流信息化水平。一要积极推进企业物流管理信息化，促进信息技术的广泛应用；二要尽快制定物流信息技术标准和信息资源标准，建立物流信息采集、处理与服务交换共享机制；三要加快行业物流公共信息平台建设，建立全国性公共信息系统，推动区域物流信息平台建设，鼓励城市间物流信息平台资源共享；四要加快构建商务、金融、税务、海关、邮政、检验检疫、运输、仓储、用户和工商管理等物流管理与服务公共信息平台，扶持一批物流信息服务企业的成长。

7. 完善物流标准化体系。一要加快制定和修订物流通用基础类、物流技术类、物流信息类、物流管理类、物流服务类等标准，完善物流标准化体系；二要密切关注国际发展趋势，加强重大基础性标准的研究；三要对标准的制定进行改革，加强物流标准之间的协调，充分发挥企业在制定物流标准中的主体作用；四要加快物流管理、技术和服务标准的推广，鼓励企业及有关方面采用标准化的物流计量、货物分类、物品标志、物流装备设施、工具器具、信息系统和作业流程等，提高物流的标准化程度。

8. 建立和完善物流发展政策体系。这是政府面临的一项重要任务。要在贯彻落实好现有推动现代物流业发展有关政策的基础上，进一步研究制定促进现代物流业发展的有关政策。加大政策支持力度，抓紧解决影响当前物流业发展的土地、税收、收费、融资与交通管理等方面的问题。针对当前产业发展中出现的新情况和新问题，研究制定系统的物流产业政策。清理有关物流的行政法规，加强对物流领域的立法研究，完善物流法律法规体系，促进物流业健康发展。

在 2009～2011 年的三年调整和规划期甚至更长的一段时间里，我们的政府、行业组织以及我们的研究机构（包括高等院校等），都将面临异常重要而艰巨的任务。希望各方面共同努力，携手共进，共同推动我国现代物流业的发展。

（作者单位：中国物流与采购联合会。原文载于《中国流通经济》2009 年第 6 期）

关于振兴物流产业的几点思考

王 佐

一、为什么是物流业

十是整数，也是吉祥数。在九大制造业被国家明确列入产业振兴规划以后，曾有能源产业和房地产业先后被认为是那最后的第十大产业，但最终的结果却是现代物流业，也是十大产业中唯一的一个服务业产业。一时间可谓舆论哗然！有"赶上末班车"的庆幸，也有"大跌眼镜"的震惊，有"最幸运规划"的窃喜，更有"低调入围"的躲躲闪闪，还有"最后跻身"的冷静看待等。这实际反映了社会各界对物流业以至服务业的认识还不到位，也反映了物流业自身的发展还面临许多的挑战。笔者认为，《物流业调整和振兴规划》的出台反映了政府决策部门对国民经济协调发展趋势和规律的准确把握，不仅是应对当前金融危机和促进其他九大制造业振兴的需要，而且是调整产业结构和促进经济增长方式根本转变之长期战略的共同要求，反映了国家通过振兴生产性服务业来谋求产业结构调整的新思路。

为什么是物流业呢？

1. 从经济总量来看。据国家发改委披露的数据，九大制造业的工业增加值占全部工业增加值的比重接近 80%，占 GDP 的比重达到 1/3，也就是平均每个行业占 GDP 的比重约为 3.7%。但 2008 年物流业增加值达 2 万亿元，占全国服务业增加值的 16.5%，占当年 GDP 的比重为 6.6%。与九大制造业相比，物流业对国民经济的贡献更大更重要是一目了然的。

实际上，目前的统计数据还不足以充分反映物流业对国民经济的贡献。因为物流服务已经成为制造业企业实施服务竞争战略、提升产品价值的重要元素，制造业企业的价值只能在客户对其产品和服务的共同体验过程中被认知和实现，而且物流服务具有共享成本的特点，所以，物流业增加值还有一部分被"隐含"在制造业之中。制造业与服务业或物流业的融合已经成为产业发展趋势。不能因为服务价值难以事先评价就否定服务创造价值，否则就无异于否定知识资本和人力资本的价值，且把经济活动的价值与价值的载体弄混了。物流服务的价值在于客户体验并由客户定价。

物流业是渗透到国民经济所有领域和社会生活每一个角落的综合性服务产业，其发展水平直接制约着国民经济整体的发展状况和运行质量。目前仅把物流业作为服务业或生产性服务业来对待还是不够的。在经济全球化和信息资源化的大背景下，物流业、金融业和信息业已经共同构成了国民经济发展的新基础性产业。

2. 从产业互动关系来看。物流业对其他九大产业的振兴具有无法替代的战略支持和保障作用。以钢铁业为例，在钢铁业的上游，铁矿石采购供应物流的可靠性和成本已经成为制约我国钢铁业健康发展的关键。铁矿石成本一般占钢铁企业主营业务成本的40%左右，而进口铁矿石的海运费要占铁矿石成本的30%～50%。2008年巴西矿的海运费一度高达铁矿石到岸价的70%，并成为"两拓"要求中国钢企给予澳矿海运费补贴并取消长协矿定价机制的借口。铁矿石的物流成本已经成为钢铁业健康发展不能承受之重。目前，我国钢铁产业在海外大规模寻找和并购合适的铁矿石资源供应基地，与航运企业共同建设专用铁矿石运输船队，整合运力资源，与沿海沿江的港口企业建立战略协作联盟或直接投资建设专用铁矿石接卸和转运码头，与铁矿石供应巨头协商新的定价机制等，本身就是循现代物流和供应链管理的基本逻辑展开的，是钢铁业与物流业深度互动协作和产业高度融合的典型案例。

在钢铁业的下游，钢材销售服务中心网络的建设，即钢材销售增值服务体系的建设已经成为钢铁企业产品和服务集合营销的重要模式。包括与船舶工业共同建设造船和船板供应基地，为汽车工业和装备制造业提供深度的钢材加工和库存管理服务，与汽车产业和家电业等一起开发新材料和专用材料甚至直接参与新产品开发等。建立高效和经济的钢材物流服务体系已经成为钢铁业与下游用户实现产业联动和双赢的市场竞争战略，同样离不开物流业的帮助。

从家电、纺织、食品、有色金属、能源、化肥、农药等产品的营销方面来看，因为这些产品的物流和供应链安全管理直接关乎经济安全和民生安全，所以对物流管理的要求特别高，比如纺织服装物流，化学危险品物流，食品冷链物流，煤炭和粮食物流，有色金属回收物流，城市配送和农村物流，以及应急物流等，这些在物流业振兴规划中均被列入重点发展领域。可以说，建立和优化每一类事关民生安全产品的物流服务体系均将直接拉动相关制造业企业的技术改造和服务升级，并有效提升其市场地位。

振兴物流业将使得制造业和其他产业的发展获得一个全新的战略支撑平台。同时，物流业振兴所需的设备设施技术改造、公共信息平台建设和升级、物流节点和网络等基础设施建设等均将直接拉动相关制造业的发展。

3. 从促进就业吸收来看。物流业总体上是一个劳动密集型产业，可吸纳大量的初级劳动力就业，转而支持扩大就业和维护社会稳定。我国物流园区建设平均投资约40万元就可以提供至少1个就业岗位。一般运输和仓储企业平均投资约 20 万元就可以提供至少 1 个就业岗位。有研究表明，小企业和微型企业的就业弹性相对很大，而仓储运输业由于进入门槛低，恰恰是小型和微型企业特别集中的领域。据统计，2008 年物流业前 50 家大企业的市场占有率仅为 13.3％，这正好从另一个侧面反映了物流业巨大的就业吸收潜力。

实际上，即使是美国仓库或配送中心的运营仍然是劳动密集型的。据美国《物流管理》（*Logistics Management*）杂志 2007 年第二次仓库经营情况调查，美国单体仓库或配送中心的面积在 1 万～2.3 万平方米之间；17％雇用 100 人以上，31％雇用 200 人以上；平均每天处理 12500 个最小存货单位（SKUs）；绝大多数配送中心的分拣作业是一人跟单到底，80％仍然采用传统的人工方法接单和配货，61％仍然使用纸质单证，且没有使用条形码、RF、声导和光导技术；有 20％几乎或根本就没有采用仓库管理系统（WMS）。这也给我们以启示，振兴物流业不等于脱离国情和市场需求的自动化和信息化。

二、什么是物流业

振兴物流业有一个绕不过去的问题，就是什么是物流业？

1. 从经济观察的角度来看。物流业是一个复合型产业，这已经成为业界共识。

2. 从国家产业政策的定位来看。物流业是生产性服务业，属于服务业的范畴，但在《国民经济行业分类标准》（GB/T4754－2002）中却没有自己的独立编码。不过这并不妨碍物流业作为国民经济基础产业的地位和发展，因为其核心产业即交通运输、仓储和邮政业在剔除了与旅客运输等相关的中类和小类后其产业边界还是比较明确的。虽然目前有关物流业边界的争论在很大程度上包含了现有部门利益之争，但我们必须承认，物流业在总体上仍然是一个处于发展中的经济学和管理学范畴。

3. 从国家行业分类标准来看。目前的行业分类是按照经济活动同质性原则即企业提供的产品和服务的种类来区分的。照此办理，物流业当然是由提供物流服务的企业共同构成的，因此，问题在于如何界定物流服务。

从物流理念近 100 年的发展历程来看，经历了从实物分配到物流管理、再到供应链管理的发展，同时企业物流管理实践则走过了从注重功能活动到注重管理过程、再到注重功能整合的发展历程，但物流管理作为企业管理活动的一部分——不管是仍然内部化（自营）还是已经外部化（外包）——却从未改变并在不断升级和创新之中。所以，当我们现在谈论所谓现代物流业的时候，严格来讲，只有提供物流管理服务，即承接制造业企业物流管理外部化的企业，或为客户提供物流管理解决方案的企业才能称为现代物流企业，进而构成现代物流业的范畴。换句话说，只有严格意义上的提供第三方物流管理服务的企业才能构成现代物流业的边界。

但是，第三方物流企业只能在制造业企业物流管理外部化的过程中逐步产生和发展，且物流管理服务本身也是一个谱系，既有简单服务，也有复杂服务；既有初级服务，还有高级服务；既有面对单一客户的专门物流服务，还有面向多客户的供应链管理服务。因此，从我国经济发展的现实情况来看，尤其是考虑到我国经济在特定历史条件下后发优势明显并超常规发展的情况下，我们把能够提供仓储、运输等基本物流功能服务并伴随一定管理过程服务和功能整合服务的仓储运输、交通邮电、货代快递、物流信息系统和平台服务等作为物流业的范畴，既符合中国国情也不妨碍与国际接轨。实际上，目前采用"物流相关产业"的概念还是比较准确的。这个概念不仅能反映物流业的复合型特征，同时还能反映物流业功能开放性和资源整合性的内在特点。

由此可见，我们目前要做的就是以运输业和仓储业为核心，逐步吸纳各种业态的相关物流服务业，比如专业物流咨询业和物流"SaaS"平台业等进入物流业的范畴。就如同美国官方用排除法来确定服务业就业人数一样，只要明确了非物流相关产业的边界，物流业的范畴也就明确了。

三、如何振兴物流业

振兴规划是在《2008～2015年全国现代物流业发展规划纲要》（草案）的基础形成的，本质上是一个物流业发展的中长期规划，所以，振兴我国现代物流业将是一个长期的学习、研究和实践的过程。

1. 要进一步推广现代物流管理理念。这是振兴物流业的根本所在，不能急于求成。从美国现代物流理念被企业界接受、物流企业被承认和尊敬的历程来看，从1916年哈佛大学教授阿奇博尔·肖（Archibald Shaw）提出市场营销中的实物分配即物流问题开始，虽然有西尔斯（Sears）公司和福特公司后来的物流管理创新实践，但美国的理论界和企业界在反反复复将近50年以后，直到1962年企业管理大师彼得·德鲁克（Peter Drucker）在《财富》杂志上发表《经济学未知的大陆》一文，才开始真正接受现代物流管理的理念。而且又经过将近50年的发展和实践，按照美国物流管理学大师级人物密歇根州立大学教授唐纳德·J. 鲍尔索克斯（Donald J. Bowersox）在2006年退休时的看法，美国企业对供应链管理还是不够重视，因为由物流和供应链管理经理升职到公司CEO的还很少。由此可见，在我国推广现代物流管理还有很长的路要走。想想我们在20世纪80年代初期开始推广现代企业管理18法至今的历程就很容易明白这一点了。

事实证明，企业现代物流管理理念的养成单靠教育和培训是远远不够的。管理方式作为企业配置资源的手段，其成本效益取决于市场竞争的要求。如果缺乏竞争，且能享受垄断利润，制造业企业就不可能真正认识到成本竞争力的重要性，也就不会注重挖掘物流管理和供应链管理的成本效益，更不会从培育企业竞争优势的战略层面来考虑强化物流管理或实施物流外包。同样，如果缺乏竞争，物流企业就不可能真正确立客户服务的理念，就不会主动地研究客户产业链的物流服务需求，并努力整合资源为客户提供延伸的物流管理过程服务或物流管理整体解决方案。

作为物流业振兴规划中第一位的主要任务，推广现代物流管理只有在公平竞争的市场环境中展开才能实现预期的目的。完善的市场竞争机制是企业重视物流管理进而推进物流业发展的真正动力所在。

2. 要按照市场配置资源的规律来推进制造业和物流业联动发展。这不仅是振兴规划中的重点工程之一，也是国家将物流业与其他九大制造业一起列入振兴规划的战略出发点。这是促进物流业发展真正的抓手或切入点。要让制造企业在培育核心竞争力的过程中把物流管理活动逐步外包出去，并在物流外包的过程中体验外部化的物流管理服务价值；要让物流企业在帮助客户降低物流成本的过程中理解物流和供应链管理的真谛，并逐步与制造企业深化协作互动关系，最终实现联动发展。必须强调指出，在推进制造业和物流业联动发展的过程中，政府只能引导，包括财政政策、产业政策和金融政策等，甚至可以直接牵线搭桥，但产业联动的内容和范围以及相关联动资源的配置方式应该由联动各方根据交易费用权衡，按照市场规则自主决策。

3. 要在加快物流企业兼并重组的同时大力扶持中小物流企业的发展。我们已经注意到，在十大产业振兴规划中有一个共同点，就是鼓励兼并重组。物流业最近的重大重组就有中外运与长江航运的合并，以及海南航空在上海组建能提供海、陆、空全方位物流服务的大新华物流集团公司等。大物流企业资产规模比较大，服务功能比较全，抗风险能力比较强，可以为客户提供较高水平和持续一致的服务是不言而喻的。但是，从"调结构、保增长、促就业"的角度来说，我们在培育大物流企业的同时，一定要采取切实的措施，在市场准入、工商管理、引导资金、职业培训、融资担保、公平税负、就业促进等方面大力扶持中小物流企业以及微型物流企业的发展。没有中小物流企业和微型物流企业的拱卫、延伸和渗透，全社会物流系统的结构就是不完善的，其运行效率和服务水平就会大打折扣。

虽然我国物流企业小、散、差、弱的问题一直受到业界诟病，但笔者一直不同意对其的价值评判。因为从经济分析的层面来看，有什么样的经济结构就会有什么样的产业结构与之相适应。不要忘记历史，我们是在小农经济的基础上利用后发优势并通过超常规发展来实现经济现代化的，但社会文化、价值理念、行政体制、管理架构等却没有也不可能超常规发展。所以，根本的问题不在于如何改变小、散、差、弱的现象，而在于如何打破垄断、解除管制、构建公平竞争的市场经济秩序。市场环境改善了，大企业、中小企业以及微型企业就会和谐相处并共同发展，所谓的产业集中度问题也就迎刃而解了。

要特别注意防止兼并重组过程中可能发生的国进民退和外进民退现象。如果在物流业振兴过程中，物流服务资源一味地向国有资本和外国资本集中，那就违背了产业结构调整和转变经济增长方式的长期战略目标，也是我们不愿意看到的。企业兼并重组还是要依靠市场配置资源的力量。

在政府主导经济发展的基本模式下，振兴物流业，说到底就是政府要为物流企业发展提供良好的经营环境，就是要大力发展民营物流企业。我们期待着有关具体政策措施尽快出台。

四、如何降低我国的物流总成本

必须指出，物流总成本与 GDP 的比例即商业物流指数是动态的，它随着国家整体经济发展情况的变化而变化。比如，美国 2007 年的物流成本与当年 GDP 的比例就从 2006 年的 9.9％上升到 10.1％，自 2001 年以来第一次突破美国业界 10％的心理预期线，这是与美国总体经济形势不断放慢相对应的。由于我国经济结构调整和经济增长方式转变迟迟不能有实质性的进展，所以，自 2001 年以来，我国物流总成本占 GDP 的比重一直维持在 18％以上。即使在 2008 年下半年受金融风暴影响，整体经济形势急剧大幅下滑的情况下，物流业总成本占 GDP 的比重仍然达到 18.1％的水平。这反映了通过促进物流业发展来提升国民经济运行质量还有较大空间。

要降低我国物流总成本，在政府主导型的经济发展模式下，最主要的是致力于改善物流企业的经营环境。一是要进一步打破国有资本对要素资源的行政垄断，打破外国资本对超国民待遇的垄断，打破各种有违建立公平竞争市场环境的条条框框。如果不能尽快建立起自由创业和公平竞争的市场经济环境，全社会物流成本的降低就无从谈起。二是要进一步解除对运输业的行政管制，真正提高相关物流服务市场对民营资本进入和运营的开放力度。我国虽然在这方面相对起步比较早，但众多复杂的、地区分割的行政管制仍然在很大程度上制约了物流业的发展。三是要切实减轻物流企业的税负，尤其是取消各种不合理收费，比如泛滥成灾的过路过桥收费。放开市场，公平竞争，鼓励创业和藏富于民是降低我国物流总成本的不二法门。显然，打破垄断和解除管制都涉及深层次的既定利益格局的调整，这需要时间。我们绝不能指望一个振兴规划的出台就能够在一个晚上解决制约物流业振兴的所有问题，因为真正的博弈才刚刚开始。但是，我们期待着全国现代物流工作部际联席会议制度能够有更大的作为。

五、如何提高物流企业的竞争力

振兴物流业的工作绩效最终将体现为物流企业市场竞争力的提高，并表现为不同规模、不同专业、不同领域、不同所有制、不同地区的物流企业在市场竞争中各得其所，和谐发展。

根据物流管理的基本原理，物流企业竞争力主要体现在两个方面：一是帮助客户降低物流成本（低成本战略）；二是帮助客户提高物流服务水平（差异化战略）。而客户的现实要求往往是在降低物流成本的同时提高物流服务水平。因此，物流企业的市场竞争力只能体现在为客户服务的过程之中。物流企业的竞争力与客户的竞争力是一块硬币的正反两面。对此，我国制造业企业和物流业企业的认识都还很不到位。我国物流企业一方面抱怨在本土面临跨国物流企业不公平的竞争；另一方面却不能深入研究物流企业竞争力的真正来源。

跨国物流企业是伴随着全球化浪潮，伴随着它们的制造业客户一起来到中国市场，并为其客户寻求低成本资源提供物流和供应链管理服务的。随着我国区域性的产业转移，跨国物流企业在占据东南沿海地区的高端市场以后，正在逐步向内地的二、三线城市延伸发展。这本身就是物流业作为生产性服务业的鲜活案例。

要提高物流企业竞争力，至少可以从以下三个方面入手。一是确立与客户共同发展的服务理念，对服务价格和服务价值进行权衡，对当前经营和未来战略进行权衡，对服务需求和资源整合能力进行权衡，对服务水平和服务成本进行权衡。二是充分研究和理解客户、产品、产业链过程、市场竞争态势以及物流资源优化配置方式，特别是要理解客户的客户之物流服务要求。要努力提高对客户的物流知识服务和技术服务含量，提高物流管理增值服务的能力。三是在做好当前服务的前提下，逐步延伸物流服务范畴，在为客户管理更多渠道和更长产业链的过程中，为客户节约更多的物流成本和提供更大的差别化服务，从而进一步巩固客户的市场竞争地位。在金融危机的影响下，这样的机会特别的多。

无论何时，我们都不要忘记，物流企业的使命就是帮助客户提高市场竞争力，帮助客户去创造客户价值。

（作者单位：中国北方工业公司。原文载于《中国流通经济》2009年第7期）

振兴物流业的当务之急

姜超峰

《物流业调整和振兴规划》（以下简称《规划》）的出台对我国物流业来说，是一个划时代的文件。其意义在于它正式确立了物流业在国民经济中的地位及其在应对金融危机、促进社会分工和产业结构调整、增强国民经济竞争力方面的重要作用。物流业是国民经济的重要组成部分，其发展水平代表了国家经济发展的水平。调整和振兴物流产业，是向着服务型经济迈出的重要一步。但应该清醒地认识到，这份《规划》还只是提供了物流业发展的设想，要将规划落到实处，还需要重点关注实施的渠道与过程。当务之急是要做好以下十件事情。

1. 让更多的人认识物流。我国引进物流概念已有 30 年，大规模的宣传普及也有 10 年，但仍然有许多理论问题需要研究和统一认识。如什么是物流，什么是现代物流，什么是第三方物流乃至第 N 方物流等等，从概念到理论还比较混乱。有的把物流混同于第三方物流，有的把第三方物流限定在宝塔尖上，有的把物流说得玄而又玄等等。再比如，物流产业是个什么样的产业，《规划》中用的是"复合型产业"的说法，这就需要解释什么是复合、如何复合，复合的特征是什么。还有物流产业要不要分类，分类的标准如何确定；物流业的起源和发展沿革，它是不是突然出现的产业；物流企业的评判标准和依据是什么，国家扶持物流的产业政策如何落实到物流企业；物流业的运行规律是什么，它的发展受哪些因素的制约；物流业发展的评价指标体系如何建立，物流业增加值是如何统计出来的，物流成本占 GDP 的比例是不是评价物流业先进和落后的依据等等。许多理论问题需要成体系地建立，各个体系之间也需要相互支持。不如此，我们就无法向更多的人宣传物流，也缺乏物流发展的理论支撑。

2. 客观评价物流业现状和发展趋势。我们不能等物流体系完全建立之后才去发展物流，而是要在物流产业发展的过程中去探索，去研究，去发现规律、运用规律。这就需要对当前的物流业现状进行客观评价。10 年前，我们在讨论中国物流业的情况时一致认为，我国物流业存在散、小、乱以及基础设施薄弱，人才、资金匮乏，服务水平低等问题。10 年后的今天，这些问题是否得到根本性的改变？答案是否定的，虽然有了一些好转，但上述问题依然存在。主要表现为缺乏有效的组织，行业规则不健全或无人遵守，企业数量众多但规模较小。2004年全国经济普查数据显示，全国仓储企业共有 10177 家，平均每个企业就业人数为 39.2 人，平均业务收入利润率为 2.6%，资产负债率为 69.5%，人均业务收入为 22.5 万元，人均利润仅为 5900 元。我们需要认真反思，为什么 10 年来变化不大，根源在哪里。我们需要建立一整套评价标准体系，对物流业客观地进行一次再诊断。

3. 确定国家物流管理体系和有关政府部门之间的分工合作。物流业涉及众多的政府管理部门，物流企业面对的是整个社会。政策的统一性、执行的一致性、规则的严肃性是监管部门需要解决的问题。比如物流规划由谁来制定，谁来保证规划不因政府人员的变动而变动；城市发展规划如何与物流规划统一考虑等。再如物流用地的价格和成本能更低一些，"土地财政"的规模能否小一些。此外，基础设施建设、行业管理、项目审批、税收、工商、海关、生产安全、产业安全、商检、设备制造、道路、铁路、空港、水港、货代、仓储、储备、应急等各方面都要通力合作，才能使物流管理体系顺畅、有效。大部制带来了希望，因为大部制的有效管理才是解决问题的根本。

4. 尽快解决物流市场建设与规范运作问题。市场的两个基本要素是供给与需求，物流市场的建设也要从供给与需求两个基本面入手。从供给来看，物流企业存在的问题：一是同质低水平。大多数企业在同一水平上运行，你能干的我也能干，你不能干的我也不能干。高端物流、供应链物流被国外大企业垄断。二是诚信机制尚未完全建立。飞车、盗卖、不守合同的情况较多。三是发展不平衡，东部地区物流企业聚集，而中西部地区物流企业则比较少。四是过度竞争，价格一压再压。五是外资企业进入中国市场，中国企业尚无力进入国际市场，竞争压力增大。从需求来看，一是有效需求不足，相对于庞大的供给，物流需求显得不足，物流市场供大于求。二是大型工商企业自建物流体系，增加自己的利润点。三是支付能力不足，不能按市场价格支付物流费用。同时，在物流市场上，只有看不见的手在调节，自由竞争造成了资源的浪费。

5. 研究物流企业兼并重组的方法和路径。过去 10 年，国际物流企业的兼并重组风起云涌，其目的是扩大物流网络，谋求垄断。马士基集团收购了铁行渣华船务有限公司，确保其 20 年之内海运行业龙头老大的地位无人可以代替；新加坡国家投资公司收购美国普洛斯集团，使其成为目前中国境内最大的仓储地产企业；荷兰 TNT 集团收购华宇物流集团，美国耶路集团收购上海佳宇物流公司，联邦快递收购天津大田集团快递业务，使它们用区区几亿美元便拥有了在中国的几千个网点。我国物流企业很少有收购行为，原因是缺乏有效的兼并重组方式，缺乏稳定可靠的资金来源，缺乏大型物流企业。这是一个国家产业安全的重大问题，应该认真研究对策和措施。

6. 综合规划我国的物流设施。10 年来，我国的物流基础设施发展较快，主要表现在港口、道路和铁路建设上。目前存在的问题是：基础设施的综合规划不足，铁路、道路、水运不能形成有效连接，港口码头建设一哄而起；铁路专用线数量急剧减少，使铁路的集疏运能力降低；货运中心缺少有效布局，水平低下；物流园区功能没有充分发挥，有的演变为房地产项目；城市物流体系混乱；多式联运进展不大；保税物流园区和中心运营状况不佳，亏损较大；应急物流体系薄弱；化工危险品物流设施不足；战略储备和安全储备体系不健全，尤其是石油储备能力不足等。科学地确定发展的量与度，应该是当前综合规划的重中之重。

7. 迅速提升物流企业信息化水平。当前存在的问题是物流企业的信息化水平较低，计算机管理的应用面不宽。这与基础工作薄弱有关，缺乏统一的业务流程和物品代码，通信技术不稳定；缺乏统一业务科目，使得物流软件个性化而无法通用，价格高而不能普及等。社会公共物流平台未能建立，利用平台赢利的冲动使公益性、服务性平台难产。信息技术也亟待提升。

8. 建立健全物流标准化体系。物流标准化体系包括术语标准化、服务标准化和技术标准化。物流标准因其涉及面广而不能形成体系。标准制定缺乏统一规划和安排，基础性、通用性标准无人编制，利用制定标准获取收益的冲动较为强烈。标准的强制力和执行力不够，大部分物流标准都属于推荐性，导致标准的应用难以推广。

9. 大力开发与应用新技术。物流业是高新技术应用最广的行业，计算机技术、信息采集与处理技术、通信技术、GPS 定位和地理信息技术，装卸搬运技术、分拣技术等都可被物流业采用。现在的问题是技术应用的成本过高，使许多物流企业望而却步。

10. 加强物流人才培养。物流人才是解决当前物流水平低的最重要因素。当前首要的问题是科学地预测人才需求。不仅预测人才需求数量，还要预测人才需求的层级。经济普查显示，2004 年我国物流实体企业从业人员有 760 万人。根据这一基本数据，我们不能盲目地预测物流人才需求缺口为 600 万或 200 万，而要根据业务需求和退休人员数差来科学预测。同时要科学设置课程，增加应用性课程的设置，配备有实践经验的师资。同时，要重视企业人力资源的管理。

需要强调的是，上述问题的解决不仅仅依靠政府部门，还要依靠高校、研究机构、行业协会和业内人士的共同努力。

（作者单位：中国物资储运协会。原文载于《中国流通经济》2009 年第 7 期）

关于启动中国物流人才教育工程的几点思考

丁俊发

一、我国物流业的快速发展对物流人才提出了迫切需求

2001 年是中国物流理论研究和物流实践极为活跃的一年，是多层次物流教学快速启动与发展的一年，也是我们物流界同仁努力拼搏、硕果累累的一年。物流产业的蓬勃发展必然导致对物流人才的迫切需求，目前物流专业人才已被列为我国 12 类紧缺人才之一。为应对这种形势，研究如何能快速培养物流企业所需要的各种层次的专业人才，教育界有义不容辞的责任。对物流人才的需求主要来自以下几个方面：

第一，企业物流人才的需求。由于降低物流成本是企业的第三利润源已逐步形成共识，为了提高企业的核心竞争力与市场竞争力，不同类型企业都或先或后把物流作为一个重大战略问题来抓，要么把物流作为企业的核心竞争力而改造提升自己的物流系统，要么把物流活动分离出来交给第三方物流公司，把上游与下游优化结合，形成供应链。企业物流人才的需求有物流管理人才，也有物流工程人才。企业物流可以区分为工业企业物流，农业企业物流，流通企业物流，专业交通、仓储企业物流，第三方物流企业物流等。对企业物流人才的需求量最大，也最迫切。特别是进出口贸易企业、中外合资与外方独资企业、连锁企业、港口企业、邮政快递企业等等。

第二，规划咨询物流人才：目前城市物流系统要改造，企业物流系统要改造，行业物流系统要改造，物流园区要规划设计，配送中心要规划设计，谁来做这些工作呢？要靠物流人才，这方面的人才是一种复合型人才，知识面要宽。目前这种人才最紧缺，培养的难度最大。

第三，外向型国际物流人才。随着中国加入 WTO，以及逐步形成世界制造中心，全球采购与全球销售将形成庞大的国际物流系统，这就要求精通进出口贸易、海关业务、采购系统、供应链管理、国际法的物流人才，正是这些人操作着中国商品与国际的接轨。

第四，科学研究物流人才。物流需要科学研究，包括物流理论与物流技术。从 1979 年引进物流这一概念以来，中国一直没有停止过物流理论研究，物流技术包括运输技术、仓储技术、包装技术、搬运技术、物流信息技术、物流计量技术、自动识别技术等。从总体讲，中国的物流理论与物流技术仍然比较落后，这

与缺少物流科研人员有关，所以必须培养这方面的人才。供不应求就产生一种矛盾，一种尖锐的矛盾，必然影响物流业的发展。毛泽东同志在《矛盾论》中讲到，矛盾有主要矛盾与次要矛盾，有矛盾的主要方面与次要方面。我认为，物流教育滞后是矛盾的主要方面。

二、多层次物流人才教育取得进展

2001 年 8 月中国物流与采购联合会在华中科技大学组织召开了第一届全国高校物流教学研讨会，16 所院校和企业的代表参加了会议。会议提出，为适应我国现代物流业的快速发展，必须尽快启动物流人才教育工程，要从学历教育、继续教育、岗位培训三方面制订物流人才培养计划。会议呼吁恢复设置物流管理专业和物流工程专业。一年来，多层次的物流教育有了明显的进展。

第一，物流专业本科学历教育开始启动。中国物流与采购联合会向教育部递交了《关于恳请恢复物流专业设置的请示》报告，得到了教育部的重视和肯定，教育部原则同意在目录外设置物流管理专业。据了解，在 2002 年高等院校招生目录中，在教育部备案设置物流管理专业的有 9 所院校，如大连海事大学、武汉理工大学、北方交通大学、北京工商大学、北京物资学院等；正在筹办物流专业的院校有 20 多所。在已设置物流管理专业方向的院校中，研究生、本科、大专层次的教育均有。但从总体来讲，目前我国尚未形成以物流科技创新和知识型物流人才为核心的物流教育目标体系。主要表现在缺乏规范化的物流人才培育途径，虽然一批院校根据市场需求开设了物流专业本科教育，但仍处在各校自行筹划设计课程与实践，缺乏统一的指导，在课程设置、教材选取、培养方向等方面难免会有偏颇，培养出来的人才参差不齐。虽然有些学校凭借自己的教学实力设置了物流研究生班，但因为我国一直坚持系统培养物流专业学生的学校仅仅几所，研究生生源知识结构中缺乏掌握系统物流理论知识、功底扎实的本科生作基础，加上许多院校过去从未涉及物流教学，研究物流也就这么几年的事情，近些年培养出来的研究生还有一定的弱点。

第二，物流教材开始编写出版。21 世纪是物流产业大发展时期，对各种人才的需求和培养任务很重，为了保证教学质量，编写适用的教材是非常必要的。过去一年里组织编写、审定推荐的教材有 20 多本。首先是普通高等院校本科生的教材，中国物流与采购联合会组织北京物资学院、华中科技大学、郑州工程学院等进行编写的共有 15 本，由物资出版社出版。除此以外，不少高校也陆续编辑出版了一些物流教材。第二是高等技术职业院校和在职教育用的教材 10 本，由中国物流与采购联合会推荐采用，由清华大学出版社出版。从这些教材发行的情况看，已被许多学校与单位选用，形成了一定的影响力。

第三，优化组合物流教育科研队伍。近一两年，高等院校、研究院所以及一些行业协会组合不同专业人才，成立物流研究院所、物流研究中心、物流教学研究室。据不完全统计，已有 30 多个，在职与兼职人员约有近千人，他们活跃在物流教学、科研、咨询、规划设计活动中，已成为推动中国物流业发展的一支重要力量。

第四，策划建立职业资格认证制度，发展职业教育。在发达国家，物流的职业教育和职业资格认证制度很受重视，一般在各国物流行业协会的组织和倡导下开展工作。事实上，职业教育是培养物流人才的最重要和最经济的方式。我们要动员社会力量发展职业培训，尽快建立职业资格认证制度。目前，中国物流与采购联合会已确定，与世界贸易组织（WTO）下属的国际贸易中心（ITC）合作举办"采购与供应链管理证书"培训，教材的编译出版和师资培训正在进行，预计 2002 年年底或 2003 年年初将正式开办。这是一个具有初、中、高三个层次的培训，由国际贸易中心发证书。中国物流与采购联合会正在与美国、英国、澳大利亚、日本等国家商谈，引进物流师与采购师证书教育，有的与香港或国内有关部门联合引进。引进的目的是为了建立中国自己的证书体系，并得到国际上的承认。

第五，扩大宣传物流人才培养的重要意义。不少同志已在报刊上发表文章，宣传物流人才对于发展我国物流业的重要作用和当前启动物流人才教育工程的必要性与紧迫性。在由中国物流与采购联合会主持编写的《中国物流发展报告》（2001 年）与《中国物流年鉴》（2001 年）两个重要书刊中，都对物流人才的培养，物流研究与教育设置了专门章节进行介绍与论述。

第六，加强了中国大陆、台湾、香港三地高等院校物流教学与科研的互动。有的已取得实质性进展。

三、对发展我国物流教育的几点意见

第一，加快启动物流人才教育工程。前面已经讲过 21 世纪是我国物流业大发展的时期，对人才的需求非常迫切，要把物流人才的培养作为一个工程项目来抓，要从学历教育、继续教育和岗位培训三个方面制订物流人才的培养计划。中国物流市场由于加入了 WTO 和国外企业的进入，竞争是在高起点上开始的，企业为了在竞争中保持优势，对人才的需求格外迫切，不仅是一般物流专业人才，更需要高级物流管理人才和工程技术专家，物流人才短缺已成为我国物流业发展的瓶颈，若不能迅速地加以筹划解决，那么物流产业化发展及成为 21 世纪中国新的经济增长点就将成为一句空话。从各地、各省市制定的物流发展规划看到，没有一个省市规划中不提人才培养的，这已成为共识！我们必须把培养物流人才放到战略高度来认识。

第二，建立多层次物流高等教育体系，适应对人才多样化的需求。

经济发展以市场为导向，人才的培养也必须根据市场需要来安排。首先应在高等教育中恢复物流管理与物流工程本科专业的设置，这个专业培养的目标是具

有扎实的经济学、管理科学、信息科学、工程学基础，较高的外语水平和计算机基础技能，掌握物流基础理论和方法，得到物流系统设计的基本训练，具有综合性、应用性、宽口径的知识体系，具备物流管理、规划设计等较强的实务能力的专业物流人才。目前物流本科专业有的设在管理学之下，有的设在工程学之下，不必强求一致，但从总体讲，物流学主要是管理类学科，但必须有工程学基础。物流研究生教育主要培养高层次管理人才、科研人员和高校师资，但他们要成为企业的高级管理人员除了在学校学到系统的物流理论知识和具有广博的知识结构外，还必须在工作中不断探索，积累经验，在实践中继续学习，将实践所得知识上升为理论，使之成为解决各种疑难问题的钥匙。这就是说高层次的物流管理人才的培养仅靠学校还不够，还要在工作中学习，坚持继续教育。对于在基层领导岗位上和在第一线的实际操作人员的教育，就不应由高等教育来承担，而是由高等职业学校、中等专业学校来完成。

综上所述，越是人才缺乏越要重视人才的合理使用，要从整体上规划物流人才的培养。

第三，强化物流职业教育。借鉴国外的经验，在物流行业中推行物流师、采购师证书教育与从业人员上岗资格证制度，这在日本和欧美都已取得成功。国外一般是由行业协会来组织实施。由于学历教育时间较长，解决目前物流人才紧缺问题，可以先从引进国外的物流师、采购师证书教育开始，可以起到立竿见影的效果。这对于加强人力资源管理，保证工作质量和系统目标的切实完成是非常重要的。此外，职业教育形式要多样化，要有不同层次，以适应不同情况的需要。

第四，加强物流师资与教材建设。有什么样的物流师资水平，就有什么样的物流教学水平。目前高校的物流师资力量大多是从宏观经济学、机械工程学、管理科学、营销学、交通运输学等专业教师转移过来的，严格讲，总体水平不高，提高师资水平十分重要，要加大物流师资出国培训力度，有的可以采取邀请外国专家来华讲学的办法。

教材是保证教学质量的重要条件。应组织物流领域的专家、学者共同研究编写我国物流教学的基础教材，出版一些精品。与此同时，也可根据需要引进一些国外优秀的教材，翻译试用，一段时间后修改形成自己的教科书。

第五，物流人才的培养要产学研相结合。产学研结合是国外人才培养的有效方法，中国也已取得一定的经验，物流人才的培养一定要走这条路，中国物流与采购联合会每年将评审一次中国物流示范基地与中国物流实验基地，将成为物流研究生与本科教育基地，物流教学一定要与科研结合，物流领域有大量的硬课题与软课题要研究，只有科研水平提高了，才能有效提高教学水平。

（作者单位：中国物流与采购联合会。原文载于《中国流通经济》2002年第5期）

把握历史机遇　科学务实地发展我国物流高等教育

黄有方

为更好地把握物流业进入国家十大调整和振兴产业的历史机遇，发展我国物流高等教育，本人将从三个方面对这个问题进行论述：第一，物流业进入国家十大调整和振兴产业是我国物流高等教育的重大历史机遇；第二，中国物流高等教育现状；第三，关于我国物流高等教育的若干思考。

一、物流业进入国家十大调整和振兴产业是我国物流高等教育的重大历史机遇

物流业进入国家十大调整和振兴产业对物流高等教育而言是重大的利好消息与难得的历史机遇，其中有几点是可以肯定的：

1. 物流业的地位、作用与社会关注度将大大提高。不久前我本人去瑞士，在那里参加了一个国际理事会和国际论坛。我发现国际上对中国的一举一动非常关注，他们也问及本人对中国物流业进入国家十大调整和振兴产业的具体考虑。可见，不仅国内对物流业非常关注，国外对中国物流业的关注度也大大提高了。《物流业调整和振兴规划》（以下简称《规划》）的出台，进一步提升了物流业的地位和作用。

2. 对物流人才数量与质量的要求将进一步提高。物流业进入国家十大调整和振兴产业，不仅给我们提供了机遇，也对我们提出了要求。其中物流人才资源是物流业发展的基础和保障。随着我国物流业的调整和振兴，对物流人才数量与质量的要求也将进一步提高，我们必须适应物流业发展的需要，大力加强物流人才培养。

3. 物流人才培养的支持环境将大大改善。各部委、各地方以及企事业单位和高等院校都将对物流人才培养给予更大的支持。

教育部牵头负责物流业振兴规划中的物流人才培养工作，需要提出我国物流人才培养方面的实施意见。前不久本人去过教育部，参与了其中的一些讨论。当前，我们面临着很多机遇，物流人才培养的氛围非常好，各省市都在关注物流人才培养问题，许多有社会责任感的物流企业也在积极支持物流人才培养工作。物流业的发展离不开人才，特别是高端物流的发展更离不开人才。因此，本人认为《规划》的出台将极大地改善我国物流人才培养的支持环境。

4. 物流高等教育、物流科学研究、物流学科地位、物流国际合作等都将进一步健全和提升。从这个意义上来讲，物流业进入国家十大调整和振兴产业，无论对物流高等教育来讲，还是对物流科学研究、物流学科地位、物流国际合作来讲，都是一个重大的历史机遇。

二、中国物流高等教育的现状

最近十年左右的时间里，我国物流高等教育发展得很快。教育部在物流高等教育方面很有前瞻性。

1. 2005 年，教育部成立了全国高等学校物流类专业教学指导委员会。第一次把物流类专业列为国家主要学科和专业并成立了专业教学指导委员会。本人认为，这体现了教育部对我国物流高等教育事业的重视，也是近几年特别是最近三四年我国物流高等教育取得快速发展的一个重要原因。

2. 专业建设逐步规范。《关于物流管理本科专业培养方案的指导意见》和《关于物流工程本科专业培养方案的指导意见》已由教育部高等教育司正式颁布，专业建设逐步规范。

3. 物流学历教育层次逐步完整，规模迅速扩大。物流工程硕士培养和各高校自设物流方向的博士生培养取得了较大发展，形成了物流类研究生、本科生、高职高专生等不同的教育层次。到目前为止，全国设置物流管理专业、物流工程专业的本科院校有 339 所，高职高专学校有 728 所。2007 年，全国 69 所大学共招收物流工程硕士 1096 人，各层次在校学生超过 80 万人。物流类专业的发展在一定程度上缓解了我国物流人才紧张的状况，为今后我国物流业的发展提供了有力的人才保证。本人认为，无论对物流专业的教师而言，还是对物流专业的学生而言，国务院《物流业调整和振兴规划》的出台绝对是个利好消息。我们的前景很光明，但一定要关注质量。本人认为，在下一个阶段的竞争中，质量对于本科层面的教育而言可能更为重要。在物流高等教育中，研究生层面的教育是很重要的。为此本人在国务院《物流业调整和振兴规划》出台之后，曾给教育部领导写过一封信。本人在这封信里提了一些建议，其中很重要的一项内容就涉及国务院的学科目录及博士点问题。为什么要提出这个问题呢？主要是因为，要使物流本科教育保持其应有的地位，要使物流学科与专业得以健康发展，很重要的一点就在于我们应该在博士、硕士这个层面上纳入国家正式体系，这也是为了更好地发展我们的本科教育。

4. 在全国范围内全面开展了物流专业建设及学科战略发展调研工作。物流专业建设及学科战略发展调研工作已全面展开。2008 年 9 月至 12 月，根据教育部高等教育司《关于委托教育部高等学校文科类学科教学指导委员会开展学科调研及相关工作的通知》的文件精神和要求，全国高等学校物流类专业教学指导委员会组织委员分别奔赴我国 14 个省（直辖市）的 143 所物流院校开展物流专业建设及学科战略发展调研工作。

5. 我国物流人才需求研究取得成果。2007年8月，教育部高等教育司正式发布《中国物流发展与人才需求研究报告》。这个报告是教育部和中国物流与采购联合会共同立项，由教育部专业教学指导委员会、中国物流与采购联合会及上海海事大学共同完成的，得到了国家统计局的大力支持，也为此次国务院《物流业调整和振兴规划》的制定提供了一定的数据支持。

三、关于我国物流高等教育的若干思考

1. 要符合《物流业调整和振兴规划》对物流人才工作的要求。国务院《物流业调整和振兴规划》要求我们采取多种形式，加快物流人才的培养。要加强物流人才需求预测与调查，制定科学的培养目标和规划，发展多层次的教育体系与在职人员培训体系；要利用社会资源，鼓励企业与大学、科研机构合作，编写精品教材，提高实际操作能力，强化职业技能教育，开展物流领域的职业资质培训与认证工作；要加强与国外物流教育及培训机构的联合与合作。

本人认为，应认真学习国家《物流业调整和振兴规划》对人才工作的要求，并将之作为今后物流高等教育中一个很重要的要素来加以考虑。同时，还要注意到这个规划的规划期是2009～2011年。

2. 要坚持科学务实的发展原则。为什么要坚持科学务实的发展原则呢？可以这样讲，在全世界范围内，进行物流高等教育的本科院校，目前我国是最多的。下一步我们应怎样发展呢？所谓务实，就是要首先解决我们目前所面临的一些困难。比如说我们的物流类本科专业还没有进入国家的正式本科目录，我们的物流类研究生培养还没有进入国家的学位目录。因此，如何实事求是、务实地发展物流高等教育非常重要，其中有以下几个原则应该考虑：一要立足眼前，面向未来；二要符合人才培养的规律和社会需求；三要实事求是，符合国情；四要理论与实践相结合；五要国内培养与国际合作相结合；六要调整与振兴相结合。

对于十大调整和振兴产业，不能仅仅关注它们的振兴，还要关注它们的调整。从某种意义上来说调整非常重要，当然对物流高等教育特别是本科和高职高专教育而言也是这样。

3. 尽快开展对美国、欧洲等发达国家和地区物流高等教育的调研工作。通过调查研究，为我国物流人才培养提供借鉴。

4. 尽快开展2009～2011年全国物流人才需求调查与预测研究工作。要充分利用调查与预测研究成果，为研究生、本科生、高职高专生等物流人才培养规模和要求的制定提供科学依据。

5. 明确物流学科地位，促进物流学科发展。应尽快将物流管理与物流工程专业列入国务院学位办学科目录，增设物流博士点，加快培养物流类研究生。同时，建议在国家物流节点城市选择 10 个左右的高校与国际上物流水平较高地区的高校开展示范性研究生合作办学。

6. 建议尽快将物流管理和物流工程本科专业列入正式本科专业目录。目前物流管理和物流工程本科专业是目录外专业，应尽快将之列入正式本科专业目录。要在总结《关于物流管理本科专业培养方案的指导意见》和《关于物流工程本科专业培养方案的指导意见》试行情况的基础上，进一步完善专业培养方案。择时对开设物流类专业的高校开展专业评估工作，促进物流类专业健康发展，提高物流人才培养质量。

笔者认为，对开设物流类专业的高校进行试点性评估非常有必要。北京物资学院在物流人才培养方面处于较为领先的地位，但确实也有一些学校在物流人才培养方面条件并不十分具备。

7. 鼓励并选择部分全国性物流节点城市，设立若干物流综合实验基地或产学研结合人才孵化基地。开展多种形式的校企合作，鼓励并支持高校与企业建立物流实习实训基地或试验区。

8. 继续支持将在 2010～2011 年举办的第三届全国大学生物流设计大赛。进一步发挥大赛在促进物流类专业学生创新与实践能力方面的作用。争取一届比一届办得更好，一届比一届办得更有特色。

9. 加快制定物流专业实验室建设指导性意见，加强高校物流实验室建设。力争到 2011 年，在全国开设物流类专业的高校中形成十个左右有特色、有规模、有影响的物流实验室，并发挥示范作用。

10. 进一步发挥教育部高等学校物流类专业教学指导委员会在组织物流学科专业系列教材建设中的作用。

11. 鼓励并优先审批物流管理与物流工程专业的国际合作办学。研究鼓励高校物流专业教师出国进修及加大高校物流人才引进的政策。

（作者单位：上海海事大学。原文载于《中国流通经济》2009 年第 7 期）

制度创新：发展中国现代物流产业的突破口

吴爱东

发展现代物流产业，提高物流绩效水平已经成为一个重要的经济发展政策目标。海关的服务效率、与物流相关的基础设施、内陆运输、物流服务、信息系统及港口运转效率等，对于一个国家能否及时提供低成本的货物贸易和物流服务具有至关重要的作用，提高现代物流产业竞争力对于一个国家更好地利用全球化机遇发展经济将起到非常重要的作用。发展我国现代物流产业，提高物流产业国际竞争力，应该通过改革与制度创新，大幅度提高物流产业绩效水平。

物流绩效指数（以下简称 LPI）及其指标建立在一项对跨国货运代理商与快递承运商等专业人士的问卷调查基础之上。物流绩效指数及其指标具体给出的是 1～5 范围内的数值，这个数值可用以解释绩效衡量的结果。例如，对问卷调查中其他相关信息的分析发现，一般来说，物流绩效指数低 1 分（如不是 3.5，而是 2.5 的话），意味着进口时从港口到公司仓库需要多耗费 6 天的时间，出口时需要多耗费 3 天的时间，同时也意味着入关时需要耗费 5 倍的时间在货物检查上面。[1]

物流绩效涉及以下七个方面的指标：（1）海关的清关效率及其他边境机构的办事效率；（2）货物运输与物流信息技术设备的质量；（3）安排国际货物运输的便利性与负担能力；（4）当地物流产业竞争力；（5）跟踪国际货物运输的能力；（6）国内物流成本；（7）货物运输抵达目的地的及时性。[2]

一、中外物流产业绩效差距与制约因素

从衡量物流产业发展水平的指标——物流绩效指数来看，居高不下的国内物流成本是影响中国物流绩效的核心因素，而影响国内物流成本最重要的因素则是我国的经济管理体制与制度。为促进我国现代物流产业发展，提高物流绩效水平，必须通过制度创新，创造高效的物流产业发展环境。

从世界范围看，中国物流绩效指数在 150 个国家中排名第 30 位，得分为

① Jean－Francois Arvis, Monica Alina Mustra, John Panzer: "Connecting to Compete: Trade Logis-tics in the Global Economy", The International Bank for Reconstruction and Development，2007，p. 8.

② Garland Chow，Trevor D. Heaver and Lennart E. Henriksson: "Logistics Performance: Definition andMeasurement", in the *International Journal of Physical Distribution & Logistics Management*, Vol. 24, No. 1 (1994)，pp. 17－28.

3.32，与收入较高的发达国家相比存在相当大的差距。

从区域范围看，在亚洲，新加坡世界排名第一，日本排名第六，中国香港排名第八，中国台湾排名第 21，韩国排名第 25，马来西亚排名第 27，均高于中国的物流绩效水平（参见表 1）。

表 1 排名前 50 位国家或地区的物流绩效指数

国家	物流绩效指数		国家	物流绩效指数		国家	物流绩效指数	
	排名	得分		排名	得分		排名	得分
新加坡	1	4.19	法国	18	3.76	匈牙利	35	3.15
荷兰	2	4.18	新西兰	19	3.75	巴林	36	3.15
德国	3	4.10	阿拉伯联合酋长国	20	3.73	斯洛文尼亚	37	3.14
瑞典	4	4.08	中国台湾	21	3.64	捷克	38	3.13
奥地利	5	4.06	意大利	22	3.58	印度	39	3.07
日本	6	4.02	卢森堡	23	3.54	波兰	40	3.04
斯威士兰	7	4.02	南非	24	3.53	沙特阿拉伯	41	3.02
中国香港	8	4.00	韩国	25	3.52	拉脱维亚	42	3.02
英国	9	3.99	西班牙	26	3.52	印度尼西亚	43	3.01
加拿大	10	3.92	马来西亚	27	3.48	科威特	44	2.99
爱尔兰	11	3.91	葡萄牙	28	3.38	阿根廷	45	2.98
比利时	12	3.89	希腊	29	3.36	卡塔尔	46	2.98
丹麦	13	3.86	中国	30	3.32	爱沙尼亚	47	2.95
美国	14	3.84	泰国	31	3.31	阿曼	48	2.92
芬兰	15	3.82	智利	32	3.25	塞浦路斯	49	2.92
挪威	16	3.81	以色列	33	3.21	斯洛伐克	50	2.92
澳大利亚	17	3.79	土耳其	34	3.15			

资料来源：Connecting to Compele：Trade Logislics in the Clobal Ecananmy，2007：26—27.

从收入水平看，我国在中低收入国家中排名第一，如果把中高收入的国家也包括进来，我国排名第三（参见表 2）。

表 2　按收入分组的前 10 名国家的物流绩效指数排名与得分

中高收入组			中低收入组			低收入组		
国家	排名	得分	国家	排名	得分	国家	排名	得分
南非	24	3.53	中国	30	3.32	印度	39	3.07
马来西亚	27	3.48	泰国	31	3.31	越南	53	2.89
智利	32	3.25	印度尼西亚	43	3.01	圣多美和普林西比	57	2.86
土耳其	34	3.15	约旦	52	2.89	几内亚	62	2.71
匈牙利	35	3.15	保加利亚	55	2.87	苏丹	64	2.71
捷克	38	3.13	秘鲁	59	2.77	毛里塔尼亚	67	2.63
波兰	40	3.04	突尼斯	60	2.76	巴基斯坦	68	2.62
拉脱维亚	42	3.02	巴西	61	2.75	肯尼亚	76	2.52
阿根廷	45	2.98	菲律宾	65	2.69	格鲁吉亚	77	2.52
爱沙尼亚	47	2.95	萨尔瓦多	66	2.66	柬埔寨	81	2.50

资料来源：Connecting to Compete：Trade Logistics in the Global Economy，2007：20.

从物流绩效指数的评价指标体系看，我国物流绩效指数在 150 个国家中排名第 30 位。其中，海关效率得分 2.99，排名第 35 位；基础设施得分 3.20，排名第 30 位；国际运输得分 3.31，排名第 28 位；物流竞争力得分 3.40，排名第 27 位；追查与跟踪能力得分 3.37，排名第 31 位；国内物流成本得分 2.97，排名第 72 位；货物运输及时性得分 3.68，排名第 36 位。我国与物流绩效指数较高的发达国家相比存在很大差距，这是因为，一个国家物流的总体表现在很大程度上受供应链最薄弱环节的影响，即使只有一两个方面表现较差，也会对一个国家的总体表现造成严重影响。我国供应链最薄弱的环节就在于国内物流成本居高不下，与发达国家相比差距很大。国内物流成本的排名取决于其得分，国内物流成本得分越低，单项排名越靠后，国内物流系统效率越高，物流服务水平越高。如在物流绩效水平较高的国家中，日本 LPI 排名第六，国内物流成本得分 2.02，排名第 148 位；美国 LPI 排名第 13，国内物流成本得分 2.20，排名第 144 位；德国 LPI 排名第三，国内物流成本得分 2.34，排名第 135 位。

从中国社会物流总费用占 GDP 的比例看，2006 年中国社会物流总费用占 GDP 的比例为 18.3％，而同期发达国家的这一比例低于 10％，存在很大差距。[①]

物流绩效水平首先依赖于更为宽泛的政策维度，包括总体商业环境、物流管

---

① 中国物流与采购联合会：《中国物流年鉴》，中国物资出版社 2007 年版，第 167 页。

理水平，更为重要的是政府治理的总体情况。当地物流服务市场治理的方式直接影响着一个国家使用实体网络连接全球市场的能力。政府采购的透明度、货物的安全性（防盗）、宏观经济情况、体制的潜在力量等，都是物流绩效的决定性影响因素。

根据 2009 年《营商环境报告》，通过对开办企业、办理建筑许可证、雇用员工、登记财产、获得信贷、保护投资者、纳税、进行跨国界贸易、执行合同法、关闭企业等方面进行调查得出的营商容易程度指标，这些物流绩效较高的国家，其营商容易程度指标也比较高（参见表 3）。[①]

表 3　2008 年典型国家在 181 个经济体中的营商容易程度排名

国家	新加坡	美国	日本	英国	德国	荷兰	中国
排名	1	3	12	6	25	27	90

物流绩效水平较高的发达国家，其引致成本要比物流绩效水平较低的国家低得多，这种差距能够决定一个产品在国际市场上的竞争力。而直接物流成本在物流绩效水平不同的国家之间则表现得相对较为接近。引致成本与可预测性成反向相关关系，且不断下降的物流绩效会使引致成本迅速上升。在发展中国家，物流绩效与不断增长的贸易量密切相关。企业竞争力对所在的物流环境相当敏感，企业竞争力取决于物流成本、供应链效率及总体经济环境，特别是物流体系的稳定性和可预测性。直接物流成本包括货物运输费、港口装卸费、保证金等手续费、代理费、赔偿性支付等，以及需要支付的因供应链缺乏可预测性和稳定性而形成的引致成本。[②] 它们必须承担更高的供应或生产的存货投资或使用费用更高的运输方式，以保证按时交货。[③]

例如，面对同一个汽车生产商，在意大利，供应商需要维持 7 天的库存水平；在摩洛哥，需要维持 35 天的库存水平；在某些非洲国家，需要维持 3 个月甚至更长时间的库存水平。在孟加拉国，服装产品有 10% 通过空运来满足欧洲购货者的时间要求。

发展水平中等的国家如果物流绩效水平较低，其竞争地位很容易受到削弱并

---

① 《营商环境报告》，华盛顿：世界银行、国际金融公司、帕尔格雷夫—麦克米兰公司，2009 年，第 1—12 页。

② Arvis, Jean—Francois, Gael Raballand and Jean—Francois Marteau: "The Cost of Being Land-locked: Logistics Costs and Supplychain Reliability", in the *2007 Policy Research Working Paper 4258*, World Bank, Washington, D. C., 2009—01—07, http://www. worldbank. org.

③ J. Guasch and Joseph Luis Kogan: "Just in Case Inventories: Across Country Analysis", in the *2003 Policy Research Working Paper 3012*, World Bank, Washington, D. C., 2009—01—07, http://www. worldbank. org.

因此产生较高的引致成本。物流绩效水平较低的国家，其企业经营状况会进一步恶化，因为它们需要担负较高的运费以及较高的引致成本（如图1所示）。

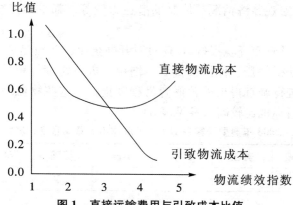

图1 直接运输费用与引致成本比值

以上分析表明，较差的物流环境会给贸易商带来较高的物流成本，其中仅有一部分与货物运输相关。由于物流成本的内生性质，它们可因国内物流系统和政策的改善而降低（如图2所示）。

$$\boxed{物流总成本} = \boxed{\begin{array}{c}直接物流成本（与货物\\运输相关的各项成本）\end{array}} + \boxed{\begin{array}{c}引致物流成本（非运输成本或可\\避免的储存、配送等相关成本）\end{array}}$$

图2 贸易方支撑下的物流成本结构

二、发展中国现代物流产业的突破口

一个高效的物流环境，需要持续的制度创新与利益相关者的持续参与，这些利益相关者需要看到具体、实际的绩效改进。这些问题的解决主要依赖于一国政府治理和体制的总体环境。发展中国现代物流产业的突破口就在于冲破物流非友好的恶性循环，实现物流环境从恶性循环到良性循环的转变。

较差的物流环境伴有寻租现象，这将为某些利益集团带来长期的既得利益，使一国陷入一种因寻租行为而形成的不适当的市场结构，无法形成相关投资激励，导致较差的物流服务。由于商业欺诈，导致各种规章逐渐增加并产生各种不友好的执行程序，其结果是物流环境的恶性循环和较差的物流绩效。

降低物流成本、提高物流绩效水平，需要拥有能够把握良性循环的能力，连接物流服务、技术设施投资、更有效率的行政办事程序，并将技术能力融合到正在进行的每个分领域的改革，克服政治上的制约，开展有效而全面的改革。制度创新需要各个层面的支持，从而实现物流环境由恶性循环到良性循环的转变，使所在国家进入一种良性循环下的开放市场，形成激励投资、实现规模经济的制度环境，提供高效的物流服务，完善市场秩序并减少各种不必要的规章，形成完善的执行程序，最终实现物流友好（如图3所示）。

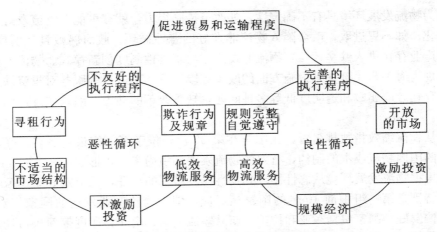

图3 恶性物流循环与良性物流循环

三、中国现代物流产业发展与制度创新的模式选择

全球产品共享程度的增加、产品生命周期的不断缩短以及全球竞争程度的日益加剧，都空前显示了物流作为一项战略资源对于提高竞争优势的作用。提高物流绩效已经成为一个重要的经济发展政策目标。因此，必须根据物流产业发展的特征选择相应的制度创新模式。

物流绩效指数排名及其指标提供了一个健康的基准，可以帮助决策者构建改革与制度创新的框架。通过对世界范围内150个国家物流产业的竞争力进行比较，发现物流绩效较高国家的环境优势与物流绩效较差国家的制约因素，以帮助物流绩效较差的国家通过改革与制度创新冲破物流非友好的恶性循环。按照物流绩效指数排名，把150个国家依次分为5组（分别对应1/5的国家，每组包括30个国家）。物流绩效调查表明，处于第三、第四组的国家之间物流绩效差距通常较小（LPI排名61~120，数值2.76~2.24），而处于第一、第二（LPI排名1~60，数值4.21~2.76）和最后一组（LPI排名121~150，数值2.24~1.21）的国家之间物流绩效差距很大。

物流产业发展与制度创新的模式可分为四种类型：（1）物流友好型与适应性制度创新模式。物流产业特征表现为有效的物流发展环境、完善的物流执行程序和高质量的物流基础设施、竞争力强的全球一体化的物流服务产业，进入物流友好的良性循环发展阶段。（2）物流偏友好型与综合性制度创新模式。物流产业特征表现为物流发展环境有了极大改善，具有发展成物流友好型模式的潜在优势，物流产业进入壁垒较低，且拥有竞争力较强的物流服务产业。制约物流绩效的关键因素大部分都得到改进，但国家总体物流绩效水平在很大程度上受供应链上最薄弱环节的影响，即使仅有一两个方面表现较差，也会对一个国家总体的物流绩效水平造成严重影响。（3）物流不确定型与局部性制度创新模式。物流产业特征表现为物流发展环境具有不确定性，如改革措施得力，就有可能向物流友好型模式转化；如不思进取，就会陷入物流非友好的恶性循环。政府腐败且透明度低，物流产业存在进入壁垒。（4）物流非友好型与基础性制度创新模式。物流产业特征表现为海关与关键基础设施方面的改革难以实行，不适当的服务对投资缺乏激励，存在政府腐败和透明度低等多种问题，缺乏改革的动力，陷入非友好的恶性循环。

从物流绩效指数排名看，我国排在第 30 位，位于第一组最后一名。受居高不下的国内物流成本的制约，有效的物流发展环境尚未真正形成。

根据物流发展环境从恶性循环到良性循环转变的特征，物流友好型国家与第一组特别是第一组中前 10 名的国家相对应，即与物流产业发达的国家相对应；物流偏友好型国家包括东亚和拉美、新欧盟成员国、南非、印度等新兴市场经济体，与第二组国家相对应，中国也位于其中。这种分类是一种更为广泛意义上的分类，根据其能够得出一个国家的物流绩效水平，与这种分类相关联的信息应视为一个有用的确定制度创新优先事项的指南。

从收入水平看，高收入水平[①]的发达国家物流绩效表现得一般都很出色，但其他收入水平的国家之间物流绩效指数存在较大差距。我国属于中等收入水平的发展中国家，物流绩效指数在 150 个国家中排名第 30 位。在同一收入水平的国家中，贸易是促进经济增长的重要因素，贸易增长能促使这些国家的物流绩效高于其他收入水平相当的国家。如属于中高收入水平的南非（LPI 排名第 24 位）、马来西亚（LPI 排名第 27 位）、智利（LPI 排名第 32 位）、土耳其（LPI 排名第 34 位），属于中低收入水平的中国（LPI 排名第 30 位）、泰国（LPI 排名第 31 位），属于低收入水平的印度（LPI 排名第 39 位）、越南（LPI 排名第 53 位），具体参见表 2。

从中不难发现，随着中国经济的快速发展以及收入水平的不断提高，对物流产业提出了更高的要求，必须通过制度创新来促进中国物流产业由偏友好型向友好型转变，降低向恶性循环转化的可能性。

（作者单位：天津商业大学。原文载于《中国流通经济》2009 年第 11 期，被《人大复印报刊资料·物流管理》2010 年第 3 期全文转载）

---

① 根据 2005 年人均国民生产总值（GNP）数据，按如下标准将 150 个国家分为 4 组，以分析收入因素对物流产业发展的影响。即低收入≤875 美元，中低收入 876～3465 美元，中高收入 3466～10725 美元，高收入≥10726 美元。这种划分标准与前面将 150 个国家划分成 5 组的方法有所不同。

制度创新机制：
中国现代物流产业发展的推动力

吴爱东

现代物流产业是当今国际竞争的重要领域，大力发展现代物流产业已经成为世界各国的共识。现代物流产业发展具有许多不同于传统产业的特征和规律，它是以现代科学技术为基础，通过信息技术的功能整合、产权关系的资产重组、组织关系的产业再造而形成的新兴产业部门。一个产业的快速发展，不仅需要快速、稳定增长的市场需求的拉动与刺激，还需要由有效率的市场交易制度和高效益的市场交易活动所构成的制度环境。制度创新从根本上决定着现代物流产业发展的方向与路径，是现代物流产业发展的突破口，而制度创新机制的形成，则是我国现代物流产业发展的推动力。

一、制度创新是中国现代物流产业发展的现实选择

从技术创新与制度创新的关系看，产业的形成和发展与技术创新密切相关，技术创新的关键就是产业技术创新。在这里连接技术创新与产业发展的桥梁就是制度创新。单纯从技术本身看，技术并没有消除产业发展道路上所有的障碍，也不能自动地为自身充分发挥作用提供适宜的环境。或者说，技术变化没有带来实现自身潜力所需要的那种最根本的组织变化，因此技术创新也不能自动扩张为产业发展。而制度创新的作用在于提高经济活动的激励水平以及降低交易成本，这种激励水平的提高以及交易成本的降低是通过新的组织形式（如产权、企业组织及分配方式）来实现的。制度创新提供了技术扩散的路径，使得产业发展成为现实。[①]

任何一种产业的发展，都是土地、劳动力、技术、管理等多种要素综合运用的结果。而现阶段物流产业的发展主要依靠制度创新。

我国现代物流产业发展的大背景是，我国正处于经济体制转轨时期，存在很大的制度创新空间。近 20 年来，我国进行了大规模的制度创新试验，取得了很大的成功，极大地改变了我国经济的增长方式，加快了我国经济的发展。我国经济的市场化已经有了很大的进展，但其基础结构和主体框架还不完善，部门分割与地方保护主义依然存在，国内统一市场尚未形成，无法实现货畅其流，全社会

---

① 王艾青：《技术创新、制度创新与产业创新的关系分析》，《当代经济研究》2005 年第 8 期，第 31～34 页。

物流成本居高不下，不能适应现代物流发展的需要。我国对外开放度已经不低，但仍然在很多方面无法与国际通行规则接轨，限制了现代物流产业发展的空间。我国的政府制度已有了很大的改进，但仍然没有摆脱国家社会化与社会国家化的现实，政府在现代物流产业发展中的作用尚未得到充分发挥。我国的法律制度建设也许是改革中成绩卓著的一个方面，但要真正实现法治的目标还有很长的路要走，市场经济的发展与成熟在很大程度上取决于各种合约的执行程度。我国的企业制度已经有了很大的改变，但无论是国有企业还是非国有企业的制度安排都处于创新之中，尚未真正成为产业发展的主体和创新的主体。在诸多生产要素中，人力资本在产业发展中具有决定性作用，确保现代物流产业健康发展的关键在于充分发挥人力资本的潜能。而要激发拥有人力资本的专业人员的积极性和创造性，就必须设计出一套适当的制度安排，为人力资本所有者提供足够的激励。我国现代物流产业发展的过程不仅是一个技术创新的过程，也是一个持续的制度创新的过程。以制度创新为突破口，加快制度创新的步伐，是一条发展我国现代物流产业的最佳路径。

二、现阶段我国物流产业发展中存在的主要问题

物流产业的发展不仅需要充分的市场需求基础、活跃的市场主体以及完善的物流设施，更需要适应物流产业发展的制度环境，以保障市场机制充分发挥作用，促使各种物流活动规范有序进行，促进物流产业健康有序发展。

1. 物流市场不完善，导致了物流市场交易的局限性

最常见的现象是物流市场比较保守、封闭，被限定在相对有限的地域范围之内。这种做法经常给跨地区的物流组织活动造成不必要的影响，妨碍物流合理化的社会进程，导致物流资源大量闲置与物流需求不能满足的状况同时并存。

规模化经营、网络化发展是物流企业的基本要求，各地不符合物流发展需要的"土政策"需要进一步清理整顿。有的地方规定，物流企业设立分支机构要在当地找"挂靠单位"，必须进入指定经营地点，还硬性规定车辆台数，不分企业状况让其缴纳押金。许多地方出于地方利益的考虑，要求物流连锁经营单位在当地重新登记注册，不允许注册非独立核算的分支机构，严重制约了全国性物流企业的集团化与规模化进程。有些地方过境车辆乱罚款、乱收费问题尚未得到彻底解决。

诚信缺失对行业整体形象造成损害。2006 年，一些地区频发"公路货运蒸发"事件，导致了整个行业的诚信危机。2006 年 4 月初，位于吉林省长春市珠江路的六家公路货运企业相继"蒸发"，牵涉货款达几千万元。其他许多地方也曾连续发生多起规模较大的公路货运企业逃款事件。一些企业打着"低价"的旗号，挪用代收货款进行投机活动，一旦资金链断裂，就"一走了之"。近几年，

类似事件不断发生，引起了社会上对物流产业整体信用情况的普遍担忧。在物流绩效指数评价指标中，诚信缺失及欺诈是导致物流系统恶性循环的诱因之一。

不正当竞争扰乱了正常的市场经济秩序。比如，企业之间的恶性竞争、"价格战"，招标中存在的不规范行为、"暗箱操作"等问题。甚至有的地方存在黑恶势力介入物流市场、垄断物流业务的情况。①

2．物流服务不规范，制约了物流交易效率

受传统轻视物流思想的影响，物流市场缺乏正确、客观的物流服务标准，而代之以较多的主观衡量因素。同样是送货上门，有的企业能够实现零差错、无投诉，而有的企业则是无保障、随意性强，结果导致物流服务质量千差万别。由于缺乏相关的市场规则、法规和法律约束，对物流产品难以形成统一的评价标准，对物流服务没有形成相关的制度规范，缺乏约束的制度基础。原来从事单一物流服务的企业，比如运输公司，对于运输的服务要求也许可以用运输距离、物品在途保养、时间要求、交接货质量等方面的量化指标加以考核和控制，并用明确的合同条款进行规定，以达到一定的物流服务标准。但转型以后，企业物流业务不断纵向拓展，涉及与之相关联的装卸搬运、库存控制、分拣配送、风险管理、信息处理等诸多功能，需要一整套的物流作业规范。而企业在短时间内还难以形成系统而翔实的条文规定和制度规范，这不仅与社会对物流的认识不够有关，也与物流产业本身不够发达、物流服务不规范有关。

3．物流信息不对称，制约了物流交易的规模和水平

分散于各个工商企业内部、各种商品市场、各类消费对象之间的物流需求，由各自独立的经济体进行核算和决策，封闭的经营模式使物流信息局限于一定范围之内，不能进行充分的交流和有效的沟通。迂回运输、重复作业、空载行驶等物流资源浪费现象屡见不鲜。市场上缺乏一个统一有序的物流信息沟通平台和信息交换机制，物流信息经常在狭窄的地域范围内、有限的组织个体间进行不同程度的重复，无法实现信息资源共享与更为广泛有效的交流。真正符合市场需求的有效物流信息无法正常传达到供需双方那里，严重制约物流资源配置效率，影响交易活动的有效扩张。信息不对称必然会导致不正当竞争，扰乱流通秩序，物流交易进行的程度、规模、水平必然会受到一定的限制。

4．物流秩序混乱，制约了物流产业的发展

在产业管理方面，暂时还未形成全国统一的指导物流产业发展的战略政策。同时，各行政区域已分别开始对物流产业进行规划和治理，造成了既缺乏统一的产业监管部门，又存在管理主体多、政出多门的现象。

---

① 中国物流与采购联合会：《中国物流年鉴2007》，中国物资出版社2007年版，第96～97页。

条块分割的管理模式对我国物流产业发展产生了较大的影响和制约。由于历史的原因，我国至今没有统一的物流发展主管部门，缺乏全国性的交通运输、仓储管理、信息网络等方面的总体规划，国家未能有效地对物流网进行统一布局，地区之间、部门之间协调困难。条块分割、部门分割、地区分割状态依然存在，物流管理权限被划分为若干部门，涉及国家发展和改革委员会、商务部、铁道部、交通部等（具体见图1）。

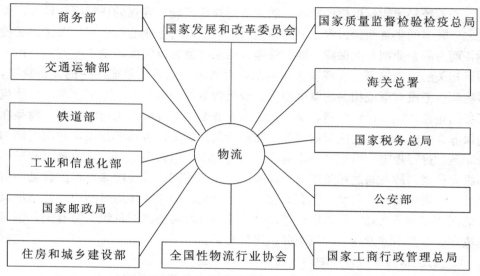

图　我国物流产业发展所涉及的主要管理部门

由于体制不顺，各具体行业主管部门之间的分工存在交叉，造成物流行业管理难以协调。在目前实行中央与地方"分灶吃饭"的财政体制下，各地的经济社会发展规划自成一体，地区封锁、市场分割成为限制物流产业发展的重要障碍。这种体制弊端与现代物流应有的开放、跨区域、跨部门、网络化特征格格不入，直接导致各种存量物流要素的分散与难以整合，影响物流服务一体化进程，使得各种基础设施的规划与建设之间缺乏必要的协调，形成大量的重复建设与过度竞争。[①]

三、发展我国现代物流产业的主要对策

随着国民经济的快速增长，制度困境日益成为我国现代物流产业发展所面临的瓶颈。市场经济制度的发展完善与经济发展方式的转变是现代物流产业发展的前提条件，发展对策的制定必须以市场经济的发展规律为出发点。

1. 进行管理制度创新，形成高效管理机制，推动现代物流产业发展

---

① 魏际刚：《物流经济分析——发展视角》，人民交通出版社2005年版，第203～204页。

在市场经济发达的国家，政府对现代物流产业往往采取类似于一般产业的市场管理模式，通过完善的法律法规鼓励企业在物流服务市场中进行公平竞争。政府的作用主要体现在为物流产业发展创造宽松的环境与推行自由竞争的政策上。① 但对我国而言，目前市场经济体系还不完善，企业的运作方式尚未完全摆脱计划经济思维，政企不分、行业垄断、地方保护主义现象仍然存在，同时受东方文化背景的影响与计划经济的惯性作用，仍然过于依赖政府，盼望政府供给优惠政策。因此，在我国以市场化为取向的改革不断深化、市场机制已对资源配置发挥基础作用的现实条件下，需要通过政府制度创新，恰当地处理政府与市场的关系，特别是政府规制与市场竞争的关系，完善现代物流产业发展的相关制度与管理体制。一要形成协调机制，消除政策冲突。现代物流是一种综合性的经济活动，涉及国民经济众多部门和领域，物流活动的高效率需要物流各环节的有效协调，降低物流活动各环节的协调成本。通过国家层面的协调机制，明确各部门的分工，明确中央与地方的关系，彻底清理部门和地方制定的相互冲突的政策和法规，清除有地方（部门）保护主义倾向的政策和法规。二要协调组织之间的关系，发挥行业协会的作用。政府要通过行业协会加强行业管理和服务，行业协会要树立为政府、行业和企业服务的理念，成为政府与企业、教学与科研机构进行沟通的桥梁和纽带。行业协会要在推广物流行业标准、物流人才教育和培训、物流技术交流、物流信息服务、物流从业人员资格和物流职业资格认证及物流咨询服务等方面发挥作用。三要通过引入竞争机制和培育有效的物流市场来促进物流企业的成长与竞争力的提升。一方面，要重点放松现代物流产业发展的经济性管制，使物流企业定价更加灵活，减少物流服务方面的限制。允许物流企业自主定价；放开物流市场，鼓励各种经济主体进入物流领域；允许物流企业根据自身经营的需要，实施本行业或跨行业兼并重组，以合理的规模展开竞争。另一方面，要加强现代物流产业发展的社会管制。重点从经济管理职能向公共利益管理职能转变，主要涉及环境管制和运输安全管制。②

2. 进行融资制度创新，形成产业融资机制，促进现代物流产业发展

资金对物流产业发展而言是必不可少的。我国物流产业发展对国民经济的制约作用非常明显，其中最重要的原因就是投资不足。为彻底改变我国物流产业落后的状况与被动局面，分阶段实现我国现代物流产业现代化发展的目标，需要持续而稳定的资金投入。

要形成多元化投资和融资渠道，通过制度创新解决投资利益保护与投资行为规范问题，依法保护投资者的经济权益，并对投资行为进行必要的管理和监督。

---

① 吴爱东：《发达国家物流管理体制特征及启示》，《对外经贸实务》2009年第1期，第85～88页。
② 吴爱东：《发达国家物流管理体制特征及启示》，《对外经贸实务》2009年第1期，第85～88页。

积极探索各种物流债券的发行和运作方式、经营权转让方式、资产证券化（ABS）等多种融资方式，拓宽融资渠道。借鉴国际先进经验，培育投资主体，按照商业原则组织投资与运营，使现代物流产业成为一个富有生机与活力的投资领域。[①]

要调整税收政策，对物流企业给予税收优惠，清除重复征税的环节。例如，由于现代物流企业发生了大量的物流业务外包，存在重复纳税问题。在规范物流产业市场准入标准的基础上，对营业税税基实行扣除外包营业收入后计税的原则；在物流企业发票抵扣方面，由于物流企业不是专业的运输企业，它们对客户开出的发票，客户不能抵扣增值税进项税额。在规范物流产业市场准入标准的基础上，对物流企业开具专业运输发票，准予抵扣增值税进项税额。在物流企业所得税合并纳税方面，由于很多物流企业实行跨区经营和建立物流服务网络，应由总公司统一合并企业所得税。

3. 进行技术制度创新，形成技术创新机制，加快现代物流产业发展

物流技术的改进和创新，是推动现代物流产业发展的重要动力。要通过产权、组织及分配方式等形式来提高物流技术创新的激励水平，降低交易成本，为物流技术的扩散提供制度保证。一要推动信息技术在物流管理中的应用。国际经验表明，物流服务水平与服务效率的提高、服务网络的扩大与延伸以及市场竞争力的提高，都有赖于资源共享的信息管理系统的建立。一方面，建立全国或区域性的物流信息平台，使物流企业与制造商、供应商及客户有机联系起来，实现资源共享与信息共用；另一方面，物流企业必须应用电子商务和其他信息技术，将新的软件和硬件系统以及物流活动与功能进行整合、拓展，改变企业经营粗放、内在质量差、运作效率低的现状，实现企业内部网络化。二要建立物流技术和装备的标准化体系。结合国际标准与国内物流产业发展实践，从提高物流系统运行效率出发，制定各子系统设施、设备、专用工具等技术标准以及业务工作标准；研究各子系统技术标准和业务工作标准的配合性，按照配合性要求，统一整个物流系统的标准；研究物流系统与其他相关系统的配合性，促进物流与社会大系统的和谐统一，形成一套既适合我国现代物流产业发展需要，又与国际惯例接轨的国家物流标准化体系。三要建立物流产业统计指标体系与产业竞争力评价体系。我国尚未形成针对物流活动的统计指标体系，着手建立物流统计体系对于衡量和监控我国现代物流产业发展态势具有重要意义。

4. 进行教育制度创新，形成人才培养机制，保证现代物流产业发展

人力资源是现代物流产业发展中重要的生产要素，我国物流产业的发展需要

---

① 姚树华：《试论金融对现代物流业的作用》，《长春金融高等专科学校学报》2003年第1期，第27～29页。

多层次物流人才的支撑。当前尤其缺乏实用型物流人才以及高水平的物流管理人员和物流工程技术人员。构建物流人才保障体系，已经成为推动物流产业发展的当务之急。一要改进现有教育制度，实施物流人才培养战略。国家教育主管部门应积极推动高等院校物流学科建设，根据经济发展需要，鼓励物流专业招生，这是满足物流产业中高级人才需求的重要途径。要大力发展物流职业教育，加大对现有政府相关公务人员与物流企业从业人员的培训力度，以满足政府职能部门和企业对物流人才的迫切需要。政府相关部门应尽快出台物流产业人员职业资格证书制度，以满足我国物流产业对从业人员素质的要求。对于当前迫切需要的决策与规划人才、信息开发人才，应采取"引进来、走出去"战略，引进国外优秀物流人才，选拔具有相关专业理论基础的国内物流管理与技术人才到现代物流产业发达的国家进行高层次培训，培养物流理论、实践和学科带头人。二要构建以科技创新和知识型物流人才培养为目标的学历教育体系。国内已有很多院校开设了相关专业，现在主要的问题是要明确培养目标和专业分工，加强师资与学科建设，办出各校的特色，使物流学历教育与我国现代物流产业发展需要相统一。要加强物流学科间的交叉，加强管理学、经济学、工学、交通运输学等学科间的相互渗透、交叉与融合。三要加强物流职业教育与岗位资格证制度。目前在物流产业从业人员中，绝大多数没有接受过物流系统培训，为提升这部分人员的专业素质，要通过加强职业教育与实行岗位资格证制度来完成。四要探索产学研一体化培养人才的新型模式。要利用社会资源，调动社会力量，充分发挥物流企业、教育部门和科研机构的积极性，积极推进物流企业与大学、科研机构之间的交流与合作，以"项目"的形式，探索产学研一体化的新型模式，培养物流理论研究、管理与操作的高级人才，满足现代物流产业快速发展的需要。

（作者单位：天津商业大学。原文载于《中国流通经济》2010 年第 4 期，被《人大复印报刊资料·物流管理》2010 年第 7 期全文转载）

关于物流企业税收政策的几个问题

贺登才

为了解决物流企业税收政策方面存在的突出问题，国家有关部门相继采取了一系列政策措施。2003 年，全国政协组织了对物流业的专项调研，在写给国务院的报告中，就反映了有关税收的问题。这个报告在 2003 年 12 月得到总理和几位副总理的批示。2004 年 8 月，国家发改委等九部门据此出台了《印发关于促进我国现代物流业发展的意见的通知》，特别强调要完善物流企业税收管理，并明确指出两条基本原则：一是合理确定物流企业营业税计征基数；二是允许符合条件的物流企业统一缴纳所得税。

根据上述精神，国家税务总局 2005 年 12 月 29 日以国税发 [2005] 208 号文发布《关于试点物流企业有关税收政策问题的通知》。从 2006 年 1 月 1 日起，对国家发改委和税务总局联合确认的 37 家试点物流企业进行物流企业营业税差额纳税的试点工作。2006 年 3 月 18 日，税务总局以国税函 [2006] 270 号文发布《关于物流企业缴纳企业所得税问题的通知》，明确提出，物流企业在同一省、自治区、直辖市范围内设立的跨区域机构（包括场所、网点），凡在总部统一领导下统一经营、统一核算，不设银行结算账户、不编制财务报表和账簿，并与总部微机联网、实行统一规范管理的企业，其企业所得税由总部统一缴纳，跨区域机构不就地缴纳企业所得税。

这两份文件的出台，可以说从国家政策层面基本上解决了物流企业在税收方面遇到的突出问题，是国家有关部门支持我国现代物流业发展的重要举措，受到了业界普遍欢迎。但是，物流业是新兴的产业，涉及面非常广，再加上各地情况千差万别，对国家政策的理解和执行也不尽一致，在一些政策的执行过程中，就存在着这样或那样的问题，需要在实践中研究解决。就我本人的调查了解，大致有这样十个问题：

第一，关于物流企业的认定问题。这是地方税务部门提出的普遍问题，也是执行物流企业税收政策首先遇到的问题。虽然，我们已经有了《物流企业分类与评估指标》国家标准，但这个标准的认定和执行还需要时间。我个人理解，就目前情况看，还应该以九部门文件为依据。这就是：本文所称物流企业是指具备或租用必要的运输工具和仓储设施，至少具有从事运输（或运输代理）和仓储两种以上经营范围，能够提供运输、代理、仓储、装卸、加工、整理、配送等一体化服务，并具有与自身业务相适应的信息管理系统，经工商行政管理部门登记注册，实行独立核算、自负盈亏、独立承担民事责任的经济组织。符合上述条件的，各级税务部门就应该认定为物流企业。

第二，关于试点企业所属企业的问题。虽然在国税发〔2005〕208号文中有这样的表述："对国家发改委和国家税务总局联合确认纳入试点名单的物流企业及所属企业（以下简称试点企业）的有关税收政策问题通知如下。"但在具体执行中，还是有一些试点企业的所属企业不能够享受试点政策。这里边需要明确什么是所属企业，是全资子公司，还是绝对控股或相对控股的企业？如何取得所属企业的相关证明，也需要明确。

第三，关于自开票纳税人资格认定的问题。自开票纳税人有自有车辆数量的规定，这样不利于整合社会资源。特别是一些集团型物流企业，就集团本身来讲有足够的车辆，但具体到某一家下属公司，因为没有运输车辆而不能取得自开票纳税人资格，也就享受不到营业税差额纳税的政策。

第四，关于非试点物流企业的问题。国税发〔2005〕208号文发出后，个别地方作了片面理解，指出，"凡不属于国税发〔2005〕208号文件规定的试点物流企业名单范围内的物流企业开具的货物运输发票，一律不予计算抵扣进项税额。"其实，早在208号文出台前，国家税务总局国税发〔2004〕88号文《关于货物运输业若干税收问题的通知》就允许，不论物流企业还是运输企业，开具的货物运输发票，都可以计算抵扣进项税额。208号文是88号文的延伸，并没有否定88号文，因此，非试点物流企业还应该执行88号文的规定。

第五，关于第二批试点物流企业的申报问题。第一批试点企业开始试点后，许多物流企业纷纷要求纳入第二批试点。2006年5月召开的全国现代物流工作部际联席会议第二次会议，在《纪要》的附件中提出，国家税务总局牵头会同国家发改委、财政部继续落实《关于试点物流企业有关税收政策问题的通知》，在总结前期物流企业试点基础上，积极稳妥地推进现代物流企业试点工作。联合会作为行业中介组织在提出第一批试点企业名单的基础上，早在部际联席会议召开之前就积极搜集有关资料，现已向部际联席会议推荐了第二批试点物流企业的名单和基本情况。我们认为，第一批试点工作从总体上来说，是成功的，应该尽快扩大试点。

第六，关于整合个体户车辆的发票抵扣问题。有试点企业反映，他们在实际操作中由于整合利用了个体户的车辆，没有原始发票可以抵扣，还是不能享受试点税收政策。类似这样的问题，也应该寻求一个解决的办法。

第七，关于仓储业发票税率偏高和不能抵扣增值税的问题。仓储及其他物流服务业不仅税率高于运输业，而且还不能抵扣进项税额。这样不利于一体化物流业务的开展，也给管理上带来了一定的困难。

第八，关于仓库租金能否抵扣的问题。208 号文有这样的规定："试点企业将承揽的仓储业务分给其他单位并由其统一收取价款的，应以该企业取得的全部收入减去付给其他仓储合作方的仓储费后的余额为营业额计算征收营业税。"有试点企业提出，他们取得的仓储业务收入约 60％要支付仓库的租金，这一块应该纳入抵扣范围。

第九，关于所得税属地缴纳的问题。虽然国家税务总局已经发出国税函〔2006〕270 号文，也就是说，符合条件的物流企业可以统一缴纳所得税。但由于体制的限制，许多企业还不能够享受这项政策，甚至每开一个分支机构，当地都会要求重新登记注册，把税务关系留在当地这很不利于网络型物流企业的发展。

第十，关于减轻税负和涵养税源的关系问题。由于各地情况不同，物流企业实际税负有比较大的差异。我们不仅要关注名义税率，更要努力做到物流企业的实际税负大体平衡。从总体上来看，解决物流企业重复纳税的问题，减轻物流企业的税务负担，不仅有利于物流企业的发展，有利于社会资源的整合，也有利于从整体上平衡税负，扩大税基，涵养税源。国家税务机关支持物流企业的发展，物流企业也要遵纪守法、照章纳税。

总之，物流业是一个新兴的服务产业，也是一个微利行业。因此，税收问题的影响比较明显，如果税收问题解决得好，就会有力地促进这个产业的发展。物流产业发展了，受惠的不仅仅是物流企业。

（作者单位：中国物流与采购联合会。原文载于《中国流通经济》2006 年第 8 期，被《人大复印报刊资料·财政与税务》2006 年第 10 期全文转载）

我国物流业现行政策的分析与评价

赵　娴

近几年，我国物流业得到了迅猛发展。2001 年以来我国社会物流总额连续四年保持加速增长的态势。物流运行条件不断改善，社会物流总效益进一步提高，物流对经济增长的贡献越来越大，经济发展对物流的依赖程度也越来越高。物流业已经成为国民经济发展的重要产业和新的经济增长点。与此同时，各级政府也充分认识到物流业的作用并给予了高度重视，全国已有 20 多个省市和 30 多个城市制定了物流业发展规划并出台了必要的政策以及相关的法律法规，快速推进物流业的发展。

一、物流政策法规建设得到各级领导的高度重视

20 世纪 90 年代以来，发展现代物流得到中央领导的高度重视。江泽民、吴邦国、李岚清、吴仪等中央领导同志以及各级政府官员在各种会议上发表了对流通、物流发展的许多重要讲话，从培育国民经济新的增长点，实现流通现代化的角度提出要大力发展现代物流，提高物流的现代亿水平。中央有关部委也分别针对发展现代物流出台了相关的政策和规定。

2005 年 8 月，商务部颁布《关于加强流通法律工作的若干意见》（商法发［2005］400 号），明确了今后一段时期市场法律工作的基本思路："以党的十六大精神和科学发展观为指导，从建立和完善我国统一、开放、竞争、有序的现代市场体系出发，适应依法行政和实现对全社会流道实行统一管理的要求，大力推进市场流通立法工作，力争用 3 至 5 年的时间，侹我国流通立法状况得到明显改善，初步建立起包括市场主体、市场行为、市场秩序、市场调控与管理等方面法律制度的现代市场流通法律体系。"

2004 年 8 月，由国家发改委、商务部、交通部、公安部、铁道部、海关总署、税务总局、民航总局、工商总局等九部委联合制定的《关于促进我国现代物流业发展的意见》经国务院批准正式颁布。其主要内容包括四大方面：营造现代物流业发展的良好环境；采取切实有效措施，促进现代物流业发展；加强基础性工作，为现代物流发展提供支撑和保障；加强对现代物流工作的综合组织协调。《意见》的颁布，从税收政策、土地政策、市场秩序等方面明确了物流产业发展政策取向，对我国物流业发展具有十分重要的意义。

2001 年 3 月，原国家经贸委会同铁道部、交通部、信息产业部、对外经济

贸易合作部、中国民用航空总局等六部委联合下发了《关于加快我国现代物流发展的若干意见》。这是我国从政府角度下发的第一个有关物流发展的政策性、指导性文件，为物流健康快速发展奠定了良好的政策基础。文件明确提出了现代物流发展的指导思想和总体目标，要求积极培育现代物流服务市场；努力营造现代物流发展的宏观环境；继续加强物流基础设施的规划与建设；广泛采用先进信息技术，加快科技创新和标准化建设；加快对外开放步伐，学习借鉴国外先进经验；加强人才建设，促进产学研结合；继续深入研究探索，不断适应现代物流的发展。

2001 年 8 月，交通部颁布实施了《关于促进运输企业发展综合物流服务的若干意见》，明确提出了交通业发展物流服务的指导思想和总体目标，要求加强主枢纽建设和发展中转货运站和运输仓储设施，鼓励不同类型企业联合经营以发挥综合优势，鼓励发展多式联运和"门到门"服务，鼓励开发第三方物流服务，在坚持适度对外开放原则的前提下提高开放质量和水平。

2002 年 4 月，国家经贸委、交通部、外经贸部、铁道部、海关总署、国家质检总局等六部委联合制定了《加快发展我国集装箱运输的若干意见》，其目的在于加强全国集装箱运输工作的综合组织与协调，改善服务环境，提高工作效率，加强基础设施建设，大力推动多式联运。

2002 年 6 月，商务部发布《关于开展试点设立外商投资物流企业工作的有关问题的通知》。通知对外商投资物流企业在市场准入和审批程序方面作了具体规定，目的在于规范外商投资物流企业的市场行为，促进国际贸易和物流的对外开放及健康发展。这是我国承诺加入 WTO 后三年内逐步开放物流市场的一个实质性的举措，标志着我国物流市场正式对外开放。

近几年还陆续出台了促进物流发展的法律法规，如国务院发布的《中华人民共和国国际海运条例》，外经贸部颁布的《外商投资现代物流管理规定》，铁道部颁布的《铁路货物运输管理条例》，交通部颁布的《国内水路货物运输规则》，中国民航总局颁布的《中国民用航空货物国际运输规则》等法律法规。此外，《港口法》、《运输市场准入条例》、《管道法》、《城市公共交通管理条例》等法律法规也将相继出台，《铁路法》、《公路法》、《民航法》也在修订之中。由中国物流与采购联合会组织专家研究制定的《物流术语》已成为国家标准。

此外，国家还将出台一系列措施来推进物流产业的发展。这些措施包括：规范物流企业前置性审批，除国家法律法规和国务院相关文件规定的审批之外，其他前置性审批一律取消；取消国内铁路货运代理资格的行政性审批；完善物流企业税收管理，实行差额纳税；加强收费管理，取消不符合国家法律法规规定的行政性收费、集资收费等；扩大对外开放，鼓励外国物流企业到中国开设物流公司，参与中国物流企业的建设和运营；完善投资环境，对进出口货物实施"提前报检、提前报关、货到放行"的通关模式；优化城市配送车辆交通管理，对物流企业从事运输的车辆在市区通行、停靠方面提供便利。

二、我国物流业现行政策还未形成完整的体系

虽然国务院以及各部委相继出台了一系列物流运行的政策法规，但从整体上看，物流政策还未形成完整的体系。

1. 现代物流发展缺乏指导整个物流产业发展的战略性、纲领性的产业政策以及相关的支持配套政策，如融资政策、产权转让政策、市场准入和退出政策、社会保障政策等。目前我国对现代物流的理性认识尚处于初级阶段，企业界对物流业务的重视和开发还有很大的局限性。特别是处于物流核心地位的公路交通、铁路交通、水路交通和航空等企业，各自为战，部门垄断、行业垄断、地区垄断等阻碍了我国现代物流业的发展。这一点从现有的物流法律法规中也能略见一斑，以部门、行业立法为主，技术性法规居多，法律法规的效力十分有限。

2. 政策导向定位不准，目标重点不明确，缺乏可操作性。现代物流作为一项跨行业、跨部门、跨地区甚至跨越国界的系统工程，需要各行业、各部门协同作战，密切配合，进行长期不懈的艰苦努力，构筑专业化、社会化、现代化的物流服务网络体系。目前国家政策对物流业发展的制度环境、在一段时期内的发展目标、发展重点并没有明确体现，造成物流发展的盲目性，各地各级政府不分具体情况一哄而上，物流园区、物流基地等相继上马，有些已陷入进退两难的境地。如果有明确的政策导向，明确不同地区不同的发展目标和重点，应能避免这种现象的发生。

3. 现行政策多为部门法规，缺乏统筹物流产业整体规范发展的综合性产业政策。从已颁布的法规来看，多是从部门角度出发对本行业的行为进行干预和规范。如现行法规中较多是专门针对运输业的法规，包括公路、铁路、海运、港口、货代等。物流业是一个需要整合多个行业资源来实现高效率的特殊产业，尤其需要有能整合不同行业资源、具有整体性的法规，这方面现行法规仍有很大欠缺。

4. 事后政策居多，缺乏前瞻性、系统性。一项政策或法规应具有前瞻性，应能在事前就规范总体的框架，应能预见到一些将会出现的问题并予以规范。同时政策的出台还应有系统性，成系列地推出。但现行政策的推出多在事后，尤其是出现问题时才会想到相关的政策法规的不健全，这是非常不利于物流业发展的。任何事物的发展都离不开相配套的政策法规，尤其是处于高速发展时期的新兴事物，更需要健全的法规来创造规范发展的环境，在这方面我们仍有很长的路要走。

5. 缺乏鼓励物流技术创新的政策。在物流业的发展进程中，物流关键技术的发展是至关重要的。物流技术包括硬技术和软技术，涉及诸多方面，如条形码技术、电子数据交换、卫星定位系统、高速快捷的运输方式和运输规划等。现代物流发展除了企业发展战略的调整以及企业物流服务能力的进一步开发之外，更重要的是来自技术的因素尤其是信息技术。现代信息技术提供了对物流中大量的、多变的数据进行快速、准确、及时采集并迅速分析处理的能力，大大提高了信息反馈功能，进而提高了控制管理能力和客户服务水平，提高了物流运营的效率。因此，应尽快推出相关的物流技术促进政策，实现物流业关键技术的迅速发展和广泛应用，以技术进步来推动物流业的快速高效发展。

三、对今后制定物流政策的建议

2001 年年底，我国制定了未来 5 年全国物流发展规划，其主要内容有：一是积极培育发展第三方物流企业，争取到"十五"期末社会化物流配送的比例达到 50％以上；二是修建若干条贯通全国并可以开展国际配送业务的联运干线，构建全国性的商品物流配送绿色通道；三是在全国大中城市、主要商品生产、集散地和交通枢纽，建设具有合理规模的现代商品物流中心和专业化配送中心，构建全国性物流配送网络；四是培育若干国家物流骨干基地，有条件的争取发展成为亚洲的重要物流中心；五是确定一批物流配送示范项目，在全国各大区中心城市，选择符合现代商品物流配送基础条件的企业，建立具有全国性经营网络的专业化骨干物流配送企业。

有鉴于此，我们必须加强对物流业相关配套政策法规的研究。配套的、具有前瞻性和系统化的政策法规是规范和推动物流业发展至关重要的制度保证。要加强对政策的作用机理、政策实施效果、政策系统性和科学性的研究，树立科学发展的政策导向，制定相配套的并具有可操作性的物流政策，为物流业创造良性发展的制度环境。

第一，加快制定物流产业政策，从产业发展的角度来统筹规划、整合资源，实现物流业的整体推进。物流的产业化发展是趋势，是社会分工专业化的需要，也是实现规模经济的需要。物流组织活动只有在规模经营和网络化运作的基础上才能产生预期的效益。因此，工业及商业企业寻求物流服务的外部支持或构建供应链已是大势所趋，企业物流管理与专业物流经营也将进一步融合和渗透。当前物流业正处于快速发展时期，必须从产业发展的角度来制定物流业的产业政策，这将有利于与物流发展相关的各个行业及经济管理部门，按物流产业化发展的内在要求进行政策设计与推进，避免无谓的部门权力纷争。制定物流产业政策还将进一步促进不同领域相关行业在发展现代物流进程中的协调和配合，强调整体性发展，达到共同发展提高效率的目的。

产业政策是政府为了实现某种经济和社会目标，以产业为直接对象，通过对全产业的保护、扶植、调整和完善，直接或间接干预本产业企业的经济活动以及商品、服务、金融市场的相关政策的综合。产业政策是政府对未来产业结构变动方向的干预，同时也是为弥补市场机制失灵而采取的补救措施。通过实施产业政策，可以明确产业发展方向，规划产业结构，规范产业市场，整合多方资源，提升本产业产品竞争力，实现资源的优化配置和高效率。产业政策的主要作用在于弥补市场的缺陷；实现产业的超常规发展，缩短起超时间；促进产业结构合理化与高度化，实现产业资源的优化配置；增强产业的国际竞争力。因此，制定有效的产业政策是进一步推动物流业产业化发展的必然选择。

制定产业政策的理论依据包括四个方面：(1) 后发优势理论。依据李斯特的动态比较费用学说，工业化起步较晚的国家，有可能经过产业政策的保护与培育，发展起新的优势产业并以这种优势产业参与国际分工，从而实现以先进的生产结构占据有利的国际分工地位。因此，只要在政策的保护下达到规模经济阶段，就能发展起新的优势产业。(2) 结构转换理论。结构转换是一个重要的利益再分配的过程，需要在产业政策的指导下主动实施。因而必须要有政策的干预才能顺利完成。(3) 规模经济理论。应当利用产业政策首先保证工厂规模达到最优，因为只有这样才能保证产业迅速成长并获得国际竞争力，进而与国外企业抗衡，为了本国的长远利益，政府应当通过产业扶持政策来负担产业振兴费用，尤其是通讯、交通运输等最优规模很大的产业，由于达到规模经济之前的社会收益率远高于企业收益率，政府在一定时期内直接投资或直接出面组织国有企业是必要的。(4) 技术开发理论。技术是一种难以按一般市场原则进行交易的知识财富，技术的开发过程或开发结果经常存在着社会收益率大于企业收益率的可能性，而这种可能性会极大地削弱企业投资技术开发的积极性，因此在技术开发过程中，政府的产业政策干预是保证技术不断进步的必要条件。

物流发展的产业政策，应当包括产业促进政策，产业组织政策，企业布局规划，相关行业协调政策以及相配套的土地政策、税收政策、市场准入政策、金融政策等。由于目前物流业分散在不同主管部门，因此一定要防止政出多门，防止物流企业无所适从的现象进一步蔓延。同时，由于物流企业平均利润水平比较低，为了确保物流产业健康发展制定相应的扶植政策是必要的。

制定物流产业政策应遵循以下原则：将物流产业确定为一定时期内重点发展的产业；明确中心城市物流的政策定位；政策的目标在于培育和健全物流市场；以物流技术政策为核心，鼓励技术开发和关键技术创新；要强调发挥行业协会的作用，实现各相关行业的有效整合，进而全方位推进物流产业化发展；建立政策实施的保障体系。

第二，树立物流业发展的正确政策导向，提升政策的科学性和透明度。任何一项政策的制定与实施，必须找准"切入点"，同时配合具体的相应措施。这样的政策才称得上是科学严谨的，才能真正发挥应有的效用。首先，要树立正确的政策观念，即要树立产业政策的观念，重视物流基础设施建设观念，实施适度开放与保护政策的观念以及科学的行业管理政策的观念。要加强基础性政策的引导和扶持。其次，明确物流业发展的目标和重点。根据地区经济发展的总体规划，确定物流业的发展规划，明确发展目标和重点：建立现代物流体系，构建高效率的区域物流网络，建立物流技术标准，促进物流系统的合理布局、物流园区的有序建设等。再次，明确政府职能，即为物流业的发展构造良好的制度环境，积极引导和扶持物流业的规范发展，协调各部门之间的关系和利益分配，实现各方资源的整合，统筹调度，以高效率地提供物流服务。

应倡导物流业的专业化发展以及规模经济效应，给第三方物流企业以必要的优惠政策，努力提高物流的产业化水平。政策的落点是企业，要加快物流企业的改制、重组和转型，形成能实现规模经济的大型物流企业，推进物流企业的规范化、制度化建设，实现物流服务的社会化、经营的规模化、运输组织高效化、流通加工一体化，形成综合、高效的物流体系。

第三，构建物流业的市场准入制度。物流业的规范发展有赖于一个规范的市场。构建物流业的市场准入制度是非常重要的制度建设内容，为此要明确物流企业的分类，明晰物流服务业的经营内涵，界定物流服务企业的范围；要建立市场监管体系，制定相应的标准，从严审批，从严管理，从源头规范企业的各种行为，进而实现整个物流市场的规范发展；要充分发挥行业协会的作用，加强行业管理和自律。

第四，要借鉴发达国家物流发展的经验，提升物流管理的水平。

第五，建立必要的政策效用评估体系。一项政策出台以后，其可行性、科学性、实用性、有效性如何，在物流管理的具体实践中到底能起多大的作用，这种事后的评估是十分必要的，理应引起足够的重视。这种评价也是政策科学性的充分体现。通过评估，可以评定现行政策的实际效果，以此给政策的制定者提供比较、鉴别及评判的依据，并依此决定对现有政策的选择、调整、完善、推广、创新甚至放弃。

目前看来，进行政策有效性评估所依据的标准可以有这样几个：

（1）政策有效性，一项政策实施后对政策主体运行环境改善的影响作用。

（2）经济效率，政策实施后所产生的效率，包括企业的、社会的乃至环境的经济效率。

（3）管理与执行成本，在政策实施过程中所付出的管理方面和执行过程的各种费用，这个费用必须控制在一定范围内，这是衡量一项政策经济科学性的关键标准。

（4）资金配置，政策给予的资金支持是否配置于最需要的环节、最关键的技术以及最核心的领域，最终使有限的投入获得最佳的效果。

（5）动态影响，政策的实施是有时期性的，它所产生的影响是动态的、延续的，如果一项政策能产生持续的积极效应，以至于对周边范围和今后的长期发展都有广泛的影响，那么这项政策就是成功的。

（作者单位：北京物资学院。原文载于《中国流通经济》2006 年第 6 期，被《人大复印报刊资料·特区经济与港澳台经济》2006 年第 9 期全文转载）

第三编
物流产业观察

迎接现代物流大发展的春天

柳随年

一、中国的流通产业正处于大发展的前夕

我国长期受计划经济的影响，重生产、轻流通的观念很深，流通部门分割、地区封锁严重，企业落后、流通效率低下，极大地影响了经济的发展。改革开放以来，这方面的情况虽然有所改变，有些进步，但仍比较落后，这从观念认识、机构设置、资金分配等方面，表现得都很明显。去年我国加入世界贸易组织，这意味着我国经济将进一步融入世界经济，参加世界的大流通，国外的一些流通企业也必然会进入中国，他们的管理经验、设施、信息都优于我们，这对我们的企业来说既是一个很好的学习机会，也是一个很大的压力。为了应对这种压力，必将逼迫我们的企业迎头赶上。另一方面，从国内经济的发展来看，市场经济的发展也要求现代物流有一个大的发展，只有这样，才能提高整个经济效益，才能促进经济结构调整更合理，才能应对激烈的国际竞争。这个趋势是不以人们的意志为转移的。

同时，我们也看到，现在许多部门和领导同志都认识到发展现代物流的重要性，并且正采取一些措施，加强这方面工作。有些省市已经作出决定，把发展现代物流作为新的经济增长点。我们完全可以有根据地说，现代物流大发展的春天正在到来。

二、总结经验，解放思想，扎实工作，迎接现代物流大发展的春天

针对我国流通领域存在的弊病，十多年前我们就提出要发展社会化的大流通，要打破部门、地方分割，批判企业产供销一体化的思想，指出商业、物资、外贸分割的弊端。为了推动社会化大流通，我们又提出要加强对流通企业的改造，用现代化流通设施和管理改造我们的流通产业，积极发展配送以此来降低社会流通费用，提高国民经济的效益，增强经济的竞争力。这些看法，实践证明是对的。这些年我们的改革基本上是朝这个方向发展的，但是政策措施和立法等都没有跟上，所以仍不尽如人意。我们应当总结这一段的历史经验，从理论和实践的结合上，进一步说明发展社会化、现代化大物流的必要性，并且借鉴外国的经验，改进我们的工作。从机构上，要按照中央政企分开的原则，把各个部门、各个地区的企业推向市场。政府不要管企业，并设置统管内外市场的政府机构。在立法上，要为发展大流通，开展正当的竞争，制定必要的法律法规。在政策措施

上，主要是对现代营销方式，特别是连锁经营、物流配送、电子商务的发展增加投入，使这些营销方式有一个大的发展。这方面各地都有一些成功经验，而且，这些年国家加强了基础设施建设，交通、通讯等条件都有了很大改善，完全有条件这样做。我们要通过自己的工作，一方面给政府提出一些政策和法规的建议，另一方面要加强探讨和研究，使大家认清形势，抓住机遇，迎头赶上。

三、西部物流孕育着巨大的发展潜力

党中央提出实施西部大开发的战略，并出台了一系列促进西部经济发展的政策措施，这无疑将会加快西部地区经济的大发展。影响西部地区发展的因素很多，其中一个重要因素是现代物流落后。发达国家和国内一些经济发展较快省份的经验一再证明，发展物流对提高经济的质量，促进经济发展的作用是非常巨大的，这一点常常被我们忽视。所以，要发展西部地区经济，必须发展现代物流，要首先解决这个认识问题。就西部发展物流的条件来看也是好的，特别是这几年国家利用国债加大对农业、交通、通讯等基础设施建设的投入，但现在利用率还不高，正是我们发展现代流通的一个好条件。许多有远见卓识的企业家，包括一些外商，都开始把眼光投向具有巨大发展潜力的西部物流。香港贸易发展局最近公布了一份研究报告，指出中国加入世界贸易组织后，物流市场迅速成长，特别是西部物流拥有广阔的发展空间，港商要把握商机，这是很能说明问题的。在发展西部物流中，东部地区可以有所作为。加强合作，这对两个地区都有好处。我希望加强这方面的探讨与研究，取得共识，并对如何加强东西部地区的合作提出一些可行的好的建议。

四、现代物流的发展要同整个经济发展相适应

这几年我在全国人大农委工作，深深感到，中国经济要实现良性循环，持续发展，必须加快以农业产业化为基础的现代化建设，加快城市化进程。这个选择也是不以人的意志为转移的。现在看得很清楚，由于经济的二元结构，城乡差距在不断拉大，农村相对比较落后，农业生产资料和农村生活资料的有效需求不足，已极大地制约着我国经济的发展，不做前面所说的战略性调整，很难保持一个较快的增长速度。西部地区也面临同样的选择。在农业产业化、现代化方面，要注意发展西部的特色农业，除粮食外，特别是水果、棉花和畜牧业。要大力推进这些方面的产业化，同时努力推进城市化建设，提高城市化水平，把农村富余劳力逐步转向城市，大力发展二三产业。在这个转变过程中，流通要顺应发展的需要，只有这样，流通才能发挥应有的作用。

五、物资企业要尽快实现战略转型和经营机制的转换

这几年，经过全行业的努力，国有物资企业改革和扭亏都取得了一定的成绩，但也要清醒地认识到，随着生产资料卖方市场格局的形成，传统的物资购销

方式服务功能单一，资产利用效率不高，已经很难适应市场经济的发展，需要加快物资企业战略转型和经营机制的转换。按照流通现代化的要求，专业流通企业必须符合两个条件，一个是体制上要建立起适应市场经济要求的产权清晰的现代企业制度，另一个是具有较大的规模和较强的服务功能，建立起核心竞争能力。物资企业要根据各地的不同情况，在继续抓好现有优势产业的同时，大力拓展现代物流，提高增值服务的比重。只有这样，才能从根本上促进物资企业经营机制的转换。当然，物资企业向现代物流拓展的核心和出发点，是追求企业和流通效益的最大化。利润的背后存在服务问题。因此，传统物资企业进行战略转型，不是要求放弃原来的业务，而是要根据实际情况，强化服务功能，或把生产资料贸易做大做强，或把现代物流做大做强。今后，物资企业要有一个大发展，必须着力提高竞争能力。要提高流通效率和企业效益，只有这样，才能更广泛地参与国际合作与竞争。

（作者单位：全国人大常委会农业与农村委员会。原文载于《中国流通经济》2002 年第 5 期）

发展现代物流　促进流通现代化

姜增伟

物流是一个国家实现流通现代化的重要途径，也是衡量一个国家和地区流通现代化程度的重要标志。中国正处于现代化的关键时期，发展现代物流、实现流通现代化是提升我国经济素质和效益、降低成本、服务民生的迫切需要。

一、中国现代物流的发展

中国物流业已经走过了二十多年的路程，特别是近几年来，发展速度明显加快，产生了积极的社会效益和经济效益。

1. 物流的产业地位得以确立

中国"十一五"发展规划提出要"拓展生产性服务业"，并把"大力发展现代物流业"作为发展生产性服务业的重要内容。国务院《关于加快发展服务业的若干意见》中也强调"提升物流现代化、社会化服务水平，大力发展第三方物流"。2007 年年底召开的中央经济工作会议再次明确要求"要重视服务业特别是现代服务业对产业结构优化升级的促进作用"，提出了优先发展现代物流等服务业，这标志着我国现代物流的产业地位进一步明确。

2. 物流对经济的贡献逐步加大

"十五"期间，中国社会物流总额达 158.7 万亿元，年均增长 23％。扣除价格因素，年均增长 15％左右，明显快于同期 GDP 年均增长 9.5％的水平。2007年，全国社会物流总费用 45406 亿元，同比增长 18.2％。受油价上涨、劳动力成本提高等因素影响，其在 GDP 中的比率由 2006 年的 18.3％提高到 18.4％。全国物流业增加值为 16981 亿元，同比增长 20.3％，全国社会物流总额为 752283亿元，同比增长 26.2％，增幅比 2006 年提高 2.2 个百分点。

3. 物流行业改革开放步伐加快

"十五"期间，中国物流园区和物流平台的建设成效显著，物流业与制造业的结合越来越紧密；同时，专业化的物流企业茁壮成长，中远、中海、中外运等传统大型国有物流企业经过改制重组，已初步发展成为具备竞争力的大型现代物流企业；宝供、大田、远成等民营物流企业发展迅猛。随着 2005 年年底物流业进一步开放后，外资企业采取独资、合资和并购等形式快速扩展，联邦快递、联合包裹、荷兰天地、敦豪、总统轮船、马士基等外资物流企业纷纷进入中国市场。2007 年，境外企业进入中国呈现"扎堆"现象，如太仓市的德资企业、昆山市的台资企业、山东省的韩资企业、天津市的意资企业、大连市的日资企业都在相应的工业物流园区聚集。企业物流的转移外包速度加快，据中国物流与采购联合会对重点制造企业的物流市场调查显示，2006 年，销售物流外包以 5％～10％的速度增长，运输与仓储外包以 10％～15％的速度增长。企业物流运作模式升级转型的行业由生活消费品向生产资料扩展，由销售物流向供应物流、生产物流和回收物流环节延伸。

4. 物流行业的竞争实力进一步增强

一是物流基础设施投入增加。企业增加了高层立体货架和拆零商品拣选货架相结合的仓储系统；电动高位叉车、低位拣货车和托盘的使用提高了装卸、搬运、拣货作业的机械化程度。二是连锁企业内部物流配送水平不断提高。统一配送率已经达到 50％，日均配送的商品数量增长 27.09％，配送差错率降低了0.42个百分点。三是生鲜物流发展初见成效。连锁企业纷纷投资兴建低温供应链及生鲜食品配送系统，采用先进的物流技术和设施，据不完全统计，目前建立生鲜物流配送中心的连锁企业约占总数的 8％，有个别企业已经建成了具有国际先进水平的生鲜加工配送中心。四是积极推行供应链管理。近年来，国内连锁零售业迅猛发展，使供应链中靠近消费者的一端越来越强劲。为了取得更好的规模效益，几乎所有大型连锁公司都在优化供应链管理。尽管目前国内零售商供应链管理的水平与外资跨国公司相比仍有明显差距，但已经开始重视与供应商的互利合作，并将其作为供应链管理中的战略性问题予以推进。

5. 物流园区的集聚作用日益突出

目前，在全国已经规划、建设、运营的 300 多个规模化物流园区内聚集着一流的物流企业，其中北京空港物流园、上海洋山临港物流园、天津市的滨海新区多个物流园等都吸引了大批国内外物流企业。一般国内的大型物流枢纽城市都规划了 3～5 个物流园区，其中天津市规划了 9 个、成都市规划了 3 个、深圳市规划了 6 个，南昌市规划了 5 个，广西规划了 8 个。同时，一些专业物流园也得到进一步发展，如汽车物流园、塑料物流园、工业品物流园、农产品农资物流园、货运中转中心等，把商贸、交易信息与物流紧密联系在一起。

近年来，中国现代物流业已从起步期进入了发展期，取得了突出的成绩，为今后的发展奠定了坚实的基础，但不能不看到，物流业的发展与我国经济发展的要求还不相适应，许多方面与国际水平比还有相当大的差距。如物流服务的组织化程度和信息化水平不高，中西部地区物流基础设施薄弱，物流资源配置不尽合理，地方封锁和垄断不同程度地存在，物流发展缺乏统一协调的政策支持体系，流通领域现代物流发展滞后，物流成本与发达国家相比仍然很高等。

上述问题的存在影响了流通效率，加大了流通损耗。如我国农产品物流主要是以常温物流或自然物流形式为主，80％的易腐产品在运输中没有温度监控，冷藏运输率只有15％左右，没有形成连贯成型的冷链物流，存在着不合理的包装、运输、储存现象，使农产品在物流过程中的损失很大。目前，果蔬损耗率约为25％～30％，肉类为12％，水产品为12％，年损失价值近800亿元人民币。这些问题需要采取有效措施，尽快加以解决。

二、中国现代物流发展面临着良好的机遇

"十一五"时期是我国全面建设小康社会的关键时期，中国物流业的发展面临着新的机遇。

1. 国民经济持续稳定的增长对物流业提出了更高、更紧迫的要求

发展是硬道理，这是解决中国所有问题的关键。物流业的发展与经济发展成正比，按照"十一五"规划，2010年人均国内生产总值要比2000年翻一番，这将给物流业的发展带来强大的需求拉动。国民经济由粗放型向集约型、效益型的转轨，决定了大力发展现代物流成为中国经济发展的必然选择，也将成为一个新的经济增长点。

2. 政策环境的优化为物流业提供了可持续发展的条件

2004年，国务院9部门联合发布了《关于促进我国现代物流业发展的意见》，提出了一系列促进物流业发展的政策措施。2005年，全国现代物流工作部际联席会议制度正式建立，各部门充分沟通，密切配合，积极出台有关措施推动现代物流业发展。有关部门调整了现行管理方式，规范企业登记注册前置性审批，改革货运代理行政性管理；完善物流企业的税收管理，合理确定物流企业营业税计征基数，规范统一缴纳所得税程序；推动保税物流中心和"区港联动"试点工作，开展电子口岸建设，通关效率得到大幅度提高。这些政策的出台，为我国现代物流的发展创造了良好的政策环境。

3. 流通的现代化和国际化为物流业带来新的发展机遇

2007年我国外贸进出口总额为21738亿美元，比上年增长23.5％。中国积极参与经济全球化，将带动中国进出口贸易的增长，给中国物流业带来新的发展机遇，提供更大的物流市场。中国经济的高成长性必然吸引国际资本投资中国的物流产业，跨国物流企业进入中国市场在给中国传统物流业带来巨大冲击的同时，也促进中国在物流运作机制和方式上与国际接轨，推动其加速向现代物流转化。

4. 区域经济的发展为物流业提供了更广阔的空间

党的十七大提出了"推动区域协调发展，优化国土开发格局"的总体区域经济发展战略，重点强调"深入推进西部大开发，全面振兴东北等老工业基地，大力促进中部地区崛起，积极支持东部地区率先发展"，以及"更好发挥经济特区、

上海浦东新区、天津滨海新区在改革开放和自主创新中的重要作用",这一系列战略构想既确立了区域经济发展战略格局,又明确了未来区域经济的发展方向。区域物流作为区域经济合作与发展的重要支撑环境与条件,在促进区域经济发展中大有可为。

5. 激烈的市场竞争为物流业发展注入了内在动力

过去中国绝大多数企业不重视物流,对提高物流水平的作用认识不足。改革开放使一些企业的观念在激烈的市场竞争中发生了可喜的变化,已经开始从节约原材料的"第一利润源泉"、降低人力资源成本的"第二利润源泉",转向追逐降低流通成本的"第三利润源泉"。企业现代物流理念的树立,将成为现代物流业发展的内在动力。

三、全面推动现代物流发展的工作思路

商务部作为主管国内外贸易和国际经济合作的综合部门,高度重视现代物流工作,在推动流通领域的现代物流发展方面做了大量工作:会同有关部委清理了市场经济活动中对地区封锁的规定,纠正了一些地区设置行政壁垒、分割市场、妨碍公平竞争的做法;大力发展以批发和配送为基础的商贸物流,促进物流业整合,做大做强物流企业;积极推动食品冷链物流发展,充分发挥物流服务生产、改善民生的重要作用;为适应对外开放需要,通过出台部门规章、政策文件等引导外资有序进入物流领域;建立了中、日、韩三国流通及物流合作机制,加强与大湄公河次区域各国在贸易物流信息、技术和人员等方面的合作与交流。今后商务部推动现代物流发展的工作思路是:

1. 以规划促发展

从国家层面讲,物流行业涉及面广、贯穿领域多,涵盖了生产、流通、消费等领域。目前物流业重复建设问题比较突出,究其原因,一是物流业进入门槛比较低,尤其最近几年的"物流热"引发了物流领域盲目投资问题。二是不同行业往往从局部利益出发,缺乏沟通和协调,不可避免地破坏了整体物流体系的有效性,为未来物流发展留下诸多隐患。在这种情况下,物流总体规划的重要性日益突显,如果不进行有效的总体规划,就不能充分地利用资源,就可能形成效益低下、损失严重的局面。商务部将根据现代物流发展规律,结合国情,抓好流通领域内现代物流的规划,用科学发展观指导我国现代物流的发展。

2. 以改革促发展

当前,我国物流业发展的主要瓶颈之一是地区封锁和行业垄断。由于尚未建立公开、公平、公正的物流竞争市场,没有形成可控与自由运作的现代物流机制,我国物流成本一直居高不下。今后,我们要按照十七大提出的"健全现代市场体系"要求,加快物流规划和实施的步伐,利用各种条件和资源提供发展物流的平台与环境，降低成本，提高效率，使各类商品货畅其流。

3. 以开放促发展

中国经济的发展得益于经济全球化的发展，中国物流产业的发展也与对外开放密切相关。在经济全球化浪潮中，中国逐渐成为世界的制造业中心、采购中心和现代物流中心。这为中国经济竞争力的整体提升和物流产业的发展提供了难得的机会。目前，全球 500 强企业中大部分公司在中国投资，世界上最主要的电脑、电子产品、电信设备、石油化工等制造商已将其生产网络扩展至中国，世界著名的物流企业纷纷进入中国市场。这既对中国本土物流企业的发展带来了挑战，同时也带来了先进的物流管理技术和经验，带来了全球化的物流服务网络。服务业的对外开放应成为我国新一轮对外开放的亮点，也必将给中国的物流业发展注入新的活力。

4. 以科技促发展

实现物流信息化是现代物流业发展的必由之路，也是发展电子商务的必然要求。近年来，我国物流信息化建设发展迅速，政府部门加大了对物流信息化工作的推进力度，信息化平台建设有所突破，物流信息系统标准化工作进展较快，企业对信息化的应用水平稳步提高。发展物流信息化，一方面要注重横向整合，形成公共物流信息平台体系；另一方面要注重纵向整合，形成专业化的整体解决方案。当然，以科技促进物流行业发展，还要大力推进"节能减排"战略，从各个方面重视解决物流业节能减排方面遇到的难题，全力服务大局。

为了适应流通现代化进程的要求，加快提升物流的服务水平，我们认真总结了近年来流通领域现代物流的发展经验，针对当前存在的突出问题，2008 年 3 月，出台了《商务部关于加快我国流通领域现代物流发展的指导意见》，明确了下一步流通领域物流工作的重点。主要有以下几个方面：

第一，促进流通企业内部物流社会化。引导流通企业改变"大而全"、"小而全"的运作模式，将大量潜在的物流需求转化为有效的市场需求，向专业化物流企业集聚；鼓励批发企业与中小零售商建立联购分销的自愿连锁组织；鼓励大宗生产资料流通企业根据自身特点发展直达供货、加工配送等多样化分销形式。

第二，加强冷链物流体系建设。加快冷链物流发展的规划、法规、标准和制度的制定；加强基础设施的建设，鼓励和支持多家企业联合建立生鲜配送中心；鼓励第三方物流企业强化低温冷链系统建设；积极推广和应用冷链物流技术；研究开发系列品种齐全的完善冷藏物流设备，开辟绿色通道，逐步建立高效率、无污染、低成本的物流体系；建立和健全生鲜产品冷链物流质量体系。

第三，大力发展农村现代物流。健全新型农业生产资料流通服务体系，将农资销售与物流服务紧密结合起来；对农产品从农田到餐桌实行全程监控，构筑居民"放心菜"的物流保障体系；深化"万村千乡市场工程"，支持农产品物流配送中心建设，提高农村商业网点配送率，促进农产品物流健康发展；统筹规划城乡流通领域现代物流基础设施的整合与建设，完善城乡一体化的物流网络。

第四，努力推动第三方物流的发展。引导物流企业从传统物流向现代物流的转变，提高物流综合性服务水平；支持有条件的连锁企业开展第三方物流，提高连锁企业统一配送率；推进"双百市场工程"，鼓励批发市场增强物流功能；支持传统商业企业开展社会化、专业化的物流服务；鼓励现代物流企业通过多种形式进行资源整合与业务创新，引导社会资金加大对物流业的投入，支持专业化的物流企业做强做大，培育一批能够提供综合性一体化服务的物流龙头企业。

第五，积极推广先进适用的物流技术。鼓励企业在仓储运输、装卸搬运、分拣包装等各环节采用先进适用的物流技术和装备；积极推进流通和物流企业物流管理信息化；鼓励建设公共物流网络信息平台；建立物流技术创新体制，加大物流技术改造和新技术研发推广；整合利用社会资源，调动社会力量，充分发挥各方的积极性，开展科技开发、理论研究和人才培养。

第六，积极开展物流试点示范工作。开展包括物流示范城市、物流示范园区、物流示范企业和物流示范技术在内的多层次的流通领域现代物流示范工程，在总结示范经验的基础上，逐步在全国推广试点示范经验，带动我国流通领域现代物流整体水平的提升。选择部分具有科学的物流规划、具体的物流政策措施、完善的组织保障的城市作为物流示范城市；选择具有完善的物流规划、健全的管理制度、拥有一定规模的物流设施和设备、地理位置优越、有较强辐射能力的物流园区作为物流示范园区；选择拥有一定的信息化基础、较为完善的配送系统、能够为商贸企业提供专业的物流服务的第三方物流企业作为物流示范企业；选择当前我国流通领域现代物流发展需要的关键技术，如物流信息系统、视频识别（RFID）技术、托盘共用系统、冷链技术等作为物流示范技术。

现代物流作为新兴的服务性产业，在全球范围内已进入快速发展阶段，也必将成为 21 世纪中国最具成长性的产业部门和新的经济增长点。商务部将继续采取积极措施，为流通领域现代物流的发展创造良好的政策环境！

（作者单位：中华人民共和国商务部。原文载于《中国流通经济》2008 年第 7 期）

坚持科学发展观　走中国特色物流发展道路
——中国物流业发展 30 年回顾与展望

陆　江

中国改革开放的 30 年，也是中国物流业发展的 30 年。认真总结 30 年来我国物流业取得的成绩和经验，展望未来，对于推进我国物流业全面、协调、可持续发展具有重要意义。

一、我国物流业改革开放 30 年的历程与成绩

1. 我国物流业改革开放 30 年走过的历程

30 年来，我国物流业经过了从理论探索、实践起步到全面发展的历程。

1978 年党的十一届三中全会前夕，由原国家物资总局牵头，组织原国家计划委员会、财政部、山东省等政府相关部门及部分大专院校考察日本物资管理，首次把"物流"概念引入我国。之后，一些专业刊物出现了介绍物流知识的文章。1984 年 8 月，我国第一个物流专业研究团体——中国物流研究会成立。随着改革开放的深入，越来越多的大专院校和研究机构开始研究现代物流理论，物流相关著作不断出版，物流讲座和研讨会陆续举办，物流知识得到传播和普及。

1992 年党的十四大确定建立社会主义市场经济体制，改革开放向纵深发展，由国家计划分配的物资逐步减少，市场配置资源的机制开始发挥作用。时任国务院总理的李鹏同志在当年的《政府工作报告》中提出，要办"为企业服务的原材料配送中心"。随后，原物资部在无锡、石家庄、沈阳等地开展物资配送试点。传统运输、仓储、物资、商业、货代企业探索新的流通模式。同时，跨国公司大量进入，带来了先进的物流理念、管理方法和技术，生产和流通企业开始重视物流管理，出现了专业物流企业。社会各界广泛关注现代物流，各类研讨会、论坛不断举行。1999 年 11 月，原国家经济贸易委员会与世界银行组织召开现代物流发展国际研讨会，时任国务院副总理的吴邦国同志提出，"要把现代物流作为国民经济的重要产业和国民经济新的增长点。努力实现我国现代物流业的跨越式发展。"

进入新世纪以来，我国经济高速发展，加入世界贸易组织，对外开放迈出新步伐，外资物流企业"抢滩"中国，国有物流企业重组转型，民营物流企业加速成长。国有、民营、外资物流企业在竞争中合作，出现了三足鼎立、共同发展的局面。政府非常重视和支持现代物流业的发展。2001 年 3 月，原国家经济贸易委员会等 6 部委联合印发《关于加快我国现代物流发展的若干意见》。同年 4 月，经国务院批准，原中国物资流通协会更名为中国物流与采购联合会，与各相关行业协会共同推进物流业发展。2003 年 12 月，温家宝等国家领导同志在全国政协提交的《关于我国现代物流情况的调研报告》上作出重要批示。2004 年 8 月，经国务院批准，国家发展和改革委员会等 9 部委联合发布《关于促进我国现代物流业发展的意见》。2005 年 2 月，经国务院批准，由国家发展和改革委员会牵头组建了"全国现代物流工作部际联席会议"。2006 年 3 月，十届全国人大四次会议批准的《国民经济和社会发展第十一个五年规划纲要》提出，要大力发展现代物流业。现代物流业的产业地位在国家层面得以确立，我国现代物流业进入了全面、快速、持续、稳定发展的新阶段。

2. 我国物流业改革开放 30 年取得的成绩

30 年来，我国物流业在以下方面取得了突出成绩：

（1）物流业实现了持续快速增长。改革开放 30 年来，我国经济持续、快速、稳定增长，为物流业提供了强劲的需求基础。全国社会物流总额由 1991 年的 3 万亿元上升到 2007 年的 75.2 万亿元，年均增长 22.2%；物流业增加值由 1991 年的 1851 亿元上升到 2007 年的 1.7 万亿元，年均增长 14.8%；我国社会物流总费用与 GDP 的比率由 1991 年的 24% 下降到 2007 年的 18.4%，下降了 5.6 个百分点。现代物流业已成为我国经济持续、稳定、快速发展的重要支撑。

（2）物流企业快速成长。改革开放以来，我国物流市场上形成了由多种所有制、不同经营规模与服务模式构成的物流企业群体。一是原有国有物流企业加快重组改制和业务转型；二是快速发展的民营物流企业；三是一批生产或商贸企业的物流部门，以原有业务为基础向社会扩展，形成具有专业特色的物流供应商；四是世界知名跨国物流企业相继进入。2007 年，外商在我国物流领域的投资项目达到 6996 个，占其在我国投资项目总数的 18.5%。中国物流与采购联合会的调查表明，我国已出现了经营规模超千亿元的物流企业。2008 年进入前 50 名的物流企业最低主营业务收入已达 8 亿元。

（3）制造业和商贸业推行现代物流管理。生产制造企业开始重视现代物流理念、管理方法和技术的应用，以订单为中心改造现有业务流程，在生产组织、原材料采购、产品销售、运输和仓储等方面进行资源整合与业务外包。制造企业与物流企业加强合作，物流社会化进一步发展。以物流配送体系为支撑的连锁经营、电子商务等新型营销方式快速发展，传统批发市场不断提升改造物流功能。2007 年，我国连锁百强企业销售规模超过 1 万亿元，占社会消费品零售总额的 11.2%，连锁经营企业统一配送率达 50%；电子商务年交易额近 1.7 万亿元；亿元以上综合型商品交易市场年成交额 9521.9 亿元。2007 年，我国亿元以上生产资料批发市场成交额 1.5 万亿元，大多实行贸易、加工、配送等一体化运作模式；纳入"双百市场工程"的大型农产品批发市场，交易额超过 4000 亿元。

（4）物流基础设施建设长足发展。改革开放以来，国家加大了对交通、能源等基础设施建设的投资力度。1991 年以来，全国累计投入物流类基础设施建设资金 7.8 万亿元。2007 年，我国铁路营业总里程达 7.8 万公里，公路通车总里程达 357.3 万公里，其中高速公路 5.36 万公里，"五纵七横"国道主干线系统基本贯通；内河通航里程 12.3 万公里，拥有内河及沿海港口 1400 多个，各类生产性泊位 3.58 万个；亿吨大港 14 个，港口货物吞吐量 64.1 亿吨，已连续 5 年保持世界第一，港口集装箱吞吐量 1.12 亿标准箱。到 2007 年年底，我国民用航空航线里程 234 万公里，定期航班通航国内 146 个城市，全国输油（气）管道里程 5.45 万公里。第一次全国经济普查数据表明，2004 年我国共有仓储企业 10177 个，仓储企业资产总额达 2578 亿元。

物流园区（基地）发展迅速。货运服务、生产服务、商贸服务和综合服务等多种类型的物流园区成为不同物流需求与多种服务方式有机对接的平台。

（5）物流信息化与技术创新迈上新台阶。我国物流业在企业物流信息化改造、公共信息平台建设、信息技术开发应用等方面取得突破。中国物流信息中心对国内上千家企业的调查表明，有信息系统和数据库支持的企业占被调查企业的 70%，大型企业信息化普及率达 90% 以上。以行政监管为职能的信息平台建设稳步推进，行业物流信息化平台开始出现，物流枢纽信息平台建设取得实效，公路配货信息平台在减少车辆空驶率和提高运输效率方面发挥了重要作用。条形码、智能标签、射频识别等信息技术应用范围扩大。中国移动、中国联通等网络运营商参与物流信息化运作，移动电话成为获取物流信息的便捷通道。

我国物流设备与技术条件得到极大改善。到 2007 年年底，我国叉车产量达 13.9 万辆，自动立体仓库保有量超过 600 座，流通中的托盘数量约 9 亿个。《第五次中国物流市场供需状况调查报告》显示，我国大型制造企业在物流作业中采用物流集装单元化技术的占 31%，使用工位器具的占 67%，使用叉车/拖车等搬运设备的占 76%，采用吊车/起重机的占 27%，生产线采用连续自动输出线的占 46%，采用自动包装与码垛技术的占 19%，采用其他物流技术的占 28%。

（6）物流行业基础工作体系初步建立。在政府部门的支持、行业协会的组织及各类企业的积极参与下，物流行业各项基础性工作全面铺开。2003 年 9 月，经国家标准化管理委员会批准，全国物流标准化技术委员会和全国物流信息标准化技术委员会相继成立。按照国家标准化管理委员会等八部委联合印发的《全国物流标准 2005～2010 年发展规划》的要求，至 2008 年 9 月，全国物流标准化技术委员会和全国物流信息标准化技术委员会以及其他物流相关机构已经完成、正在编制及已经立项计划编制的物流国家标准和行业标准项目，总计约 110 项。自 2005 年 5 月《物流企业分类与评估指标》实施以来，已向社会公布了 370 家经评估确认为 A 级的物流企业。2004 年 10 月，国家发展和改革委员会与国家统计局批准建立全国社会物流统计核算与报表制度。国家发展和改革委员会、国家统计局和中国物流与采购联合会每年向国内外发布统计结果，部分省（区、市）物流统计工作启动。制造业采购经理指数、服务业采购经理指数及全国公路普通货物运价指数相继建立并定期发布，我国物流统计工作体系已经形成。教育部高等学校物流类专业教学指导委员会和教育部中等职业学校物流专业教学指导委员会相继成立。中国物流与采购联合会科学技术奖于 2002 年 11 月经科技部批准设立。物流行业信用体系开始建立，物流行业企业信用等级评定工作已经开始。经人事部批准，首届全国物流行业先进集体、劳动模范和先进工作者表彰大会成功举行，受表彰的个人享受省部级劳动模范待遇。

（7）物流研究、科技、教育工作取得重要成果。物流专业研究机构快速发展，目前分属不同部门的专职物流研究咨询机构有上百家。物流研究成果丰硕，出现了一批较有影响的著述。2002 年创立的中国物流学术年会，已连续举办 7 届，成为我国物流领域产学研结合与国内外交流的重要平台。物流概念引进之初，全国仅有北京物资学院、北京交通大学、北京工商大学和华中科技大学等少数高校进行物流研究与教学工作，而目前已有 308 所本科院校，近 600 所高等职业学校和 1000 多所中等专业学校开设物流专业，在校学生突破 70 万人。物流师职业资格培训与认证工作自 2003 年 11 月开展以来，已有 10.02 万人参加了培训，其中 6.1 万人通过全国统一考试取得了高级物流师、物流师或助理物流师资格证书。物流新闻宣传工作出现新局面，物流专业期刊已有 30 多家，国内物流及相关网站预计有 3000 多家，物流信息得到广泛传播。2004 年，物流科技发展规划已纳入国家中长期科技发展规划。

（8）物流业发展的政策环境得到较大改善。国务院和各有关部门支持现代物流业发展，出台了一系列相关政策措施。自 2005 年全国现代物流工作部际联席会议制度建立以来，各成员单位做了大量推动工作：国家发展和改革委员会起草拟定的《全国现代物流业发展规划纲要》，已由 14 个部门联合上报国务院，目前正在研究推动制造业与物流业联动发展的指导意见；商务部发布了《关于加快流通领域现代物流发展的指导意见》，指导推动流通领域现代物流业发展；财政部对农村流通体系建设给予支持，研究建立城乡一体化流通体系的财政支持政策；国家税务总局积极推进物流企业税收试点改革，着力解决物流业重复纳税问题；国家工商行政管理总局采取措施，方便物流企业登记注册，整顿和规范物流服务市场；铁道部筹划建设铁路物流中心；交通运输部部署公路运输主枢纽建设；工业和信息化部积极推进全国性和区域性公共物流信息平台建设；海关总署推行一系列通关便利化改革，批准设立各类保税物流场所，建立电子口岸，提高进出口物流效率。各级地方政府尤其是省（区、市）政府普遍建立了由主管省市领导牵头，各相关部门组成的现代物流工作综合协调机制，分别从当地实际出发制定规划，出台政策，加大资金投入，物流业发展的政策环境进一步改善。

二、中国物流业 30 年发展的经验和体会

我国物流业经历了一个由理论到实践，再由实践到理论的发展过程。中国物流业 30 年发展的经验集中到一点，就是坚持改革开放，贯彻科学发展观，从实际出发，走中国特色物流发展道路。

1. 坚持改革开放，认真贯彻科学发展观。我国现代物流业是改革开放的产物。只有改革开放，才能引进先进的物流理念、技术和管理方法；才能突破计划经济体制的束缚，形成物流服务市场；才能实现经济快速发展，为物流业发展提供需求基础。我国现代物流业是在改革开放不断深入和社会主义市场经济体制不断完善的过程中发展起来的。物流业不仅有效支持了国民经济的持续快速增长，而且符合全面、协调、可持续发展的要求，在调整优化产业结构，转变经济发展方式，推动区域经济协调发展，改善投资环境，保障经济稳定和社会安全等方面发挥了重要作用。中国特色物流发展道路在改革开放中起步，也要在改革开放中发展，在科学发展观指导下前进。

2. 从实际出发，制定物流发展战略。中国特色的物流发展战略，要从实际出发。要统筹兼顾东部与中西部地区，促进城市与农村物流协调发展；要根据制造业、流通业和农业对现代物流的不同需求，采取不同的物流服务方式；要按照市场化原则，促进企业物流社会化和物流企业专业化；要改革相关管理体制，打破地区和部门分割封锁现状，促进物流服务社会化和资源利用市场化；要借助信息化带动物流现代化，整合与建设各类物流要素资源。各地区都要从实际出发，因地制宜，统筹规划，引导现代物流业协调发展。

3. 围绕产业升级，促进企业物流和物流企业协调发展。当前，企业物流仍然是我国物流运作的主体，要加以改造提升，使其充分发挥作用。物流企业是专业化分工的结果，是现代物流业发展的方向。企业物流和物流企业相互依托，逐步转化，是一个长期的过程。制造业产业升级，提高核心竞争力，需要整合外包物流业务，这就要求物流企业提高一体化运作能力。要运用市场经济规律，推动物流企业向专业化、社会化方向发展，满足更大、更多、要求更高的物流需求。制造业与物流业要融合渗透，联动发展，共同促进产业升级。

4. 以资源整合为手段，构建现代物流服务体系。现代物流产生与发展的历史就是对各种物流资源和要素不断整合与集约的过程。由于历史的原因，我国各种物流资源分属不同的部门和单位，体制性和机制性障碍影响着整体效能的发挥。构建现代物流服务体系，需要以资源整合为前提。要努力打破条块分割的现状，坚持市场化、集约化原则，以资源整合为手段，逐步建立和完善布局合理、技术先进、绿色安全、便捷高效且具有国际竞争力的现代物流服务体系。

5. 以信息化为导向，采用先进适用的物流管理方法和技术。利用信息化手段改造传统物流体系是中国物流现代化的重要手段。要从市场需要出发，充分考虑我国的人力资源优势，选用先进适用的技术和设备，结合实际，推进物流管理方法与技术创新。

6. 依靠各方面力量，形成推进物流业发展的合力。物流业属于复合型产业，涉及诸多部门，要发挥全国现代物流工作部际联席会议的作用。政府要制定物流发展的方针政策、统一规划和发展战略，促进专业化、社会化物流体系建设；行业协会要发挥政府与企业的桥梁和纽带作用；中国物流与采购联合会要加强与各兄弟协会的联系，互相支持，通力合作；同时，要发挥大专院校、研究机构、新闻单位和专家学者的作用，形成推动物流业发展的合力，共同促进物流业快速健康发展。

三、中国物流业发展展望与对策

经过 30 年的发展，我国现代物流业进入了新的战略机遇期，面临新的机遇和挑战。我们要从经济社会发展的全局出发，坚持科学发展观，抓住机遇，规避风险，继续探索中国特色物流发展道路，促进物流业全面、协调、可持续发展。

1. 推动物流业优化升级，提升物流服务的能力和水平。《国民经济和社会发展第十一个五年规划纲要》明确提出，要推广现代物流管理技术，培育专业化物流企业，建立物流标准化体系并加强物流基础设施整合；《国务院关于加快发展服务业的若干意见》指出，要提升物流专业化、社会化水平，大力发展第三方物流；《全国现代物流业发展规划纲要》也即将出台。要认真贯彻国家"十一五"规划、国务院有关文件精神和物流业发展规划，引导和推动全行业改革与发展；要坚持探索中国特色物流发展道路，加快建立现代物流服务体系，推动物流业优化升级，提高现代物流业发展水平；要重视物流中的节能减排和安全问题，重视物流领域的新发展，如逆向物流等。

2. 引导社会化物流需求，发展专业化物流服务。鼓励生产企业流程再造，分立、分离、外包物流业务，推动制造业与物流业融合渗透，联动发展。鼓励各类批发市场升级转型，增强物流功能。密切关注生产资料流通领域的改革与发展，创新流通方式，提升流通业态，为电子商务、物流配送、连锁经营和代理制等现代流通方式提供高水平物流服务。重视农村物流体系建设，形成城市支持农村、城乡互联互促的一体化物流发展格局。鼓励大型物流企业做强做大，中小企业做精做细，在专业化分工基础上促进各类企业的联合协作。扶持发展中小企业，积极支持民营企业，培育自主物流服务品牌。针对企业物流的新需求，大力发展增值型、创新型业务，培育新的增长点。

3. 统筹规划，搞好物流要素资源的整合与建设。按照国家规划与市场需要，发展全国性、区域性和地区性物流中心，避免互相攀比、盲目投资和重复建设。针对不同的主体功能区划分，实施不同的物流发展模式，加强区域间物流合作。根据物流业发展规律，促进物流功能、企业内物流、企业间物流、区域物流、基础设施、物流信息、人力资源和管理体制等各方面资源的整合，优化资源组合，降低成本，提高效率，改善服务。结合我国物流业发展需要，推动物流标准化和信息化工作，加强先进适用物流新技术的研发和运用，发挥现有设施、设备的整体效能。

4. 落实有关政策，营造行业良性发展的环境。认真落实国务院与有关部门支持服务业和物流业发展的政策，努力营造适宜物流业发展的政策环境。抓好已有政策的落实，特别是税收、交通、融资等热点、难点问题要尽快解决。根据行业发展遇到的新情况和新问题，及时出台新的支持政策，建立符合我国现代物流业发展需要的产业政策体系，为现代物流持续、健康、协调发展营造良好环境。继续推进能够激发物流业发展活力的市场化改革和体制创新，构建统一、开放、规范、有序的物流市场体系。

5. 学习借鉴国外先进经验，建立中国特色物流服务体系。在经济全球化的形势下，我国物流业必须从全球视野出发考虑自身发展空间。当前要特别关注世界金融危机对经济发展及物流业运行的影响，制定相应对策。坚定不移地引进国外先进物流管理方法、运作模式和技术装备，消化吸收，博采众长，为我所用。研究出台鼓励物流企业"走出去"的政策措施，促进国内企业参与国际竞争，更好地利用国内外两种资源、两个市场。配合政府有关部门，开展对物流产业受损情况的市场调查，从产业公平竞争和国家经济安全的角度出发，研究制定相关规则。密切关注国外物流管理方法和技术的发展，深入进行中外物流发展比较研究，学习借鉴国外经验，结合我国实际，建立中国特色物流服务体系。

当前，现代物流业已成为衡量一个国家和地区经济发展水平与现代化程度的重要标志，也是综合国力与投资环境的重要体现。改革开放30年来，我国现代物流业取得了重大进展，为进一步发展奠定了坚实基础。我们要认真贯彻科学发展观，坚持改革开放，走中国特色物流发展道路，实现我国物流业的跨越式发展。

（作者单位：中国物流与采购联合会。原文载于《中国流通经济》2009年第1期）

落实科学发展观
推进我国现代物流业持续快速健康发展

欧新黔

这次会议是全国现代物流工作部际联席会议制度建立以来首次召开的全国现代物流工作会议。会议的主题是：认真落实科学发展观，总结交流近年来我国现代物流发展的基本情况和经验，明确下一步发展的基本思路和工作重点，提出贯彻落实国家发展和改革委员会等 9 部门《关于促进我国现代物流业发展的意见》的具体政策措施，努力营造良好的政策环境，推进我国现代物流业持续、快速、健康发展。

一、我国现代物流业进入快速发展的新阶段

物流概念是从 20 世纪 70 年代末引入我国的。改革开放以来，特别是加入世界贸易组织以后，在党中央、国务院的关怀与重视下，在有关部门、地方政府和广大企业的共同努力下，我国现代物流业取得了较快发展，由起步阶段开始迈向理性、务实、快速发展的新阶段。主要表现在以下几个方面：

第一，社会物流需求持续高速增长，社会物流总费用与 GDP 的比率平稳下降，物流业增加值稳步上升。据国家发展和改革委员会、国家统计局和中国物流与采购联合会联合统计，2004 年，我国社会物流总额达 38.4 万亿元，同比增长 29.9%，比 2001 年增长了一倍，是近 10 年来增长最快的一年。2005 年上半年，全国社会物流总额达 22.5 万亿元，同比增长 25.4%。2004 年，我国社会物流总费用与 GDP 的比率为 21.3%，同比下降 0.1 个百分点。在煤电油运全面紧张、运价上涨的情况下，保持这样一个水平是非常难得的。从近几年的变化情况看，社会物流总费用与 GDP 的比率总体呈平稳下降的趋势。2004 年，国内物流业实现增加值 8459 亿元，占 GDP 的 6%，占整个服务业增加值的 19.5%，同比增长 8.4%，增长速度快于整个服务业。2005 年上半年，物流业增加值为 4396 亿元，同比增长 12.2%，占服务业全部增加值的 20.9%。其中流通加工同比增长 25.8%，配送同比增长 27.3%，包装同比增长 28.5%。现代物流业已成为我国第三产业中的骨干产业和国民经济新的增长点。

第二，各类物流企业快速成长，物流经营管理和服务创新出现新的局面。经过几年发展，我国物流市场上形成了由多种所有制、不同经营规模和各种服务模

式共同构成，各具特色的物流企业群体。一是原有的国有物流企业通过重组改制和业务转型，向现代物流企业发展，已成为我国物流市场的骨干力量。如中远物流、中海物流、中外运物流、中邮物流、中国储运、中铁快运和招商局物流等几大国有骨干物流企业等。二是出现了营业收入超亿元甚至 10 亿元的民营物流企业。如广州宝供、浙江传化、天津大田、广东南方、北京宅急送、黑龙江华宇、上海远成、大连锦程等。三是一大批外资物流企业特别是世界知名的跨国物流企业纷纷进入我国物流市场。如丹麦马士基、美国总统轮船、英国英运、荷兰天地、日本日通、美国联邦快递、联合包裹、德国邮政等。此外，港台许多物流企业进入内地，如香港和记黄埔、嘉里物流、利丰集团，台湾大荣、长荣等。

各种类型的企业发挥各自优势，在竞争中相互合作，促进了经营管理和服务创新，出现了仓单质押融资、区港联动、供应商管理库存、精益物流、物流地产等新的经营服务模式。中国物资储运总公司从 1999 年开展仓单质押融资监管业务，先后为 500 多家客户提供了 150 亿元的质押融资服务。通过物流企业的中介监管服务，促进了产业资本和金融资本的融合。我国第一个保税物流园区——上海外高桥保税物流园区自封关运作以来，已引进东方海外、商船三井、敦豪、日通等 15 家著名的国际航运集团和跨国物流企业，2005 年上半年进出园区货物总值达 20 亿美元。通过区港联动，促进了保税区和港区一体化运作，提高了国际物流效率。宝供物流企业集团为一家电器制造企业实施物流系统优化改造，使该企业全国库存点数量由原来的 260 多个经营部减少为 35 个区域配送中心，产品周转天数由 65 天减少到 24 天。浙江传化物流基地到目前已引进 380 多家物流企业，吸引了 12 万辆社会车源，服务于萧山及周边地区 7000 多家工业和商贸企业，成为当地高效便捷的物流枢纽。

第三，生产制造和商贸流通企业引进现代物流理念，优化企业物流管理，促进了资源整合和增长方式转变。许多生产制造企业开始重视应用现代物流，以订单为中心改造现有业务流程，在生产组织、原材料采购、产品销售、运输和仓储等方面实行一体化运作，非核心竞争力的业务外包形成趋势。如青岛海尔集团按照现代物流理念实施流程改造，完善供应链管理，流动资金周转天数控制在 28 天以内，即周转次数 13 次/年（2004 年全国工业企业流动资金周转次数平均为 2.16 次/年），提升了企业和产品的竞争力。TCL 电器、四川长虹、海信电器、中国核工业集团等与中远物流结成战略同盟，共同提升供应链管理水平，并积极拓展海外市场。无锡小天鹅集团 2001 年 8 月与中远物流等企业合资组建了安泰达物流有限公司后，集团专业物流部门人员由过去的 20 多人减到 4 人，物流成本平均降低 38%，充分显示了专业物流的优势。

商贸流通企业加快改制重组，大力发展连锁经营、统一配送和电子商务等现代流通方式。近几年来，我国商业连锁企业年销售额年均增长 30％，2005 年上半年中国连锁企业前 30 强实现销售额 2365 亿元，增长 29.9％。连锁经营的发展，改变了企业生产方式、经济运行模式和人们的生活消费习惯，先进的配送系统成为连锁经营快速发展的"助推器"。北京物美集团是我国自主连锁品牌，自 2001 年开始，委托和黄天百这个专业物流公司对其在北京的 300 多家便利店和便利超市进行配送，效率和效益明显提高。这种合作方式，打破了商贸流通企业自办物流的传统经营模式。

第四，物流基础设施和物流技术装备取得长足发展，物流技术条件得到较大改善。交通运输设施是物流发展的重要组成部分。到 2004 年，全国铁路营业里程达 7.4 万公里，公路通车总里程达 187 万公里，其中高速公路里程 3.43 万公里，沿海港口万吨级深水泊位 830 个，内河航道里程 12.33 万公里。一批铁路、公路、水运、航空场站和货运枢纽等设施有了较大改善。以现代物流理念建设的各类物流园区、物流中心、配送中心得到较快发展，有的已投入使用。立体仓库、托盘、货架、集装箱、机动工业车辆、自动拣选设备等物流技术装备发展很快。互联网的应用普及为物流信息化提供了必要的技术条件。

第五，物流信息化步伐加快，推动了我国物流的现代化进程。许多部门和地方政府把物流信息化作为一项基础建设纳入规划，并加大了物流信息化的投入。一是物流信息平台建设有了新的进展。近年来，各地特别是沿海较大的城市，由政府牵头，正在构建地方电子口岸大通关统一信息平台，加快物流信息整合，推动区域经济适应全球经济一体化的发展。铁道部和海关合作共同开发了口岸信息平台系统，实现了铁路与海关间的联网互通、进口货物信息的电子传送和共享等功能。交通部建立了联网收费、建设质量安全监控和水上运输安全监控、公共信息服务等信息平台。深圳市在信息化方面建立起了以"大物流、大口岸、大通关、大平台"为特征的物流信息网络，提升了区域物流信息化水平。江苏省建立的"绿色通道"通关信息系统，大大提高了物流效率。二是企业信息系统加快了升级和改造步伐，供应链管理信息系统开始出现。钢铁、汽车、制药、烟草、家电等行业的供应链管理应用出现了一批成功案例。

第六，物流基础性工作取得进展，物流产业形态逐步显现。一是物流标准化工作全面启动。国家标准化管理委员会相继批准成立了跨部门、跨行业的全国物流标准化技术委员会和全国物流信息管理标准化技术委员会。两个委员会组织我国物流界的专家学者和企业制定了《物流标准体系表》。目前，《物流企业分类与评估指标》已作为国家标准对外发布，国家标准委员会会同有关部门编制的《全国物流标准 2005～2010 年发展规划》正在组织实施。二是物流统计核算制度已经建立。国家发展和改革委员会与国家统计局联合制定了我国社会物流统计核算制度试行办法，委托中国物流与采购联合会组织实施。从2005年年初开始，正式对外联合发布统计核算信息。这个制度的建立，对于全面监测、分析现代物流业发展情况，有针对性地制定相关政策措施提供了重要依据。三是物流教育和培训工作得到加强。我国物流学历教育发展迅速。目前全国开设物流专业的本科院校已从2001年的一所发展到160所；开设物流管理专业的职业院校突破450所。中专、高职高专、本科、硕士研究生和博士研究生的物流学历教育体系已经形成。我国物流师职业认证制度已经建立，截至2005年上半年，中国物流与采购联合会组织近两万人参加了物流师职业资格培训，其中1.2万人取得了资格证书。与此同时，一些行业协会还积极引进国际上成熟的物流与采购方面的资格认证体系。经过各方面的努力，物流人才严重短缺状况有所缓解。

总结几年来我国物流发展的实践，有几条基本经验：第一，现代物流的出发点，要以需求为基础，以产业为依托，服从并服务于经济发展战略；第二，现代物流的运作，要以市场为导向，以企业为主体，以效益为根本；第三，现代物流的发展，离不开适宜的政策环境，政府应成为营造环境的主体；第四，物流产业的形成与发展，离不开扎实的行业基础工作；第五，现代物流的创新，要结合我国国情，学习借鉴国际经验。

在肯定成绩的同时，我们也要清醒地看到，我国现代物流发展的总体水平还比较低。国际上通常把物流总费用与GDP的比率，作为衡量一个国家物流管理水平的重要指标。以美国为代表的发达国家这项指标为10%左右，而我国目前的水平是21.3%。虽然产业结构和经济发展阶段与国外有所不同，但从一个侧面也反映了我国物流管理的粗放与落后。2004年，我国工业企业流动资金平均周转次数为2.16次，流通行业也不到4次，远远低于发达国家的水平。近年来出现的煤、电、油、运紧张状况和企业资金周转缓慢，与我国物流服务体系不健全，物流效率不高有很大关系。

我国物流领域存在的突出问题主要表现在：一是物流服务的组织化水平和经营的集约化程度不高。一方面作为需方的制造和商贸企业，受"大而全"、"小而全"思想的束缚，大量潜在的物流需求不能转化为有效的市场需求；另一方面作为供方的物流企业"小、散、差"问题严重，经营模式、服务质量和工作效率难以满足社会化物流的需要。二是物流基础设施薄弱。虽然近年来物流基础设施建设步伐加快，但不仅总量不足，而且配套性、兼容性较差，不能满足物流增长的需要。三是物流的组织和布局不尽合理。条块分割、地区封锁和行业垄断极大地影响了物流资源的整合和一体化运作。四是物流发展缺乏统一、协调的产业政策体系支持，很多政策措施需要有关部门落到实处。

二、有关部门和地方政府为推进现代物流业发展做了大量卓有成效的工作

党中央、国务院领导非常重视现代物流业的发展。1999年11月，吴邦国同志在原国家经贸委与世界银行召开的"现代物流发展国际研讨会"上明确提出："要把现代物流作为国民经济的重要产业和国民经济新的增长点。努力实现我国现代物流业的跨越式发展。"2003年12月，温家宝总理、黄菊副总理在全国政协《关于我国物流发展的情况和建议》上作了重要批示。曾培炎副总理要求，国家发展和改革委员会、商务部"要从体制、政策、人才等方面加强研究，提出促进现代物流发展的有效措施"。2004年8月，经国务院批准，国家发展和改革委员会会同商务部等9部门联合印发了《关于促进我国现代物流业发展的意见》，提出了促进我国现代物流业发展的一系列政策措施。经国务院同意，2005年2月，由国家发展和改革委员会牵头，商务部等13个部门和两个行业协会参加的全国现代物流工作部际联席会议制度正式建立。近年来，特别是9部门文件下发以后，国务院各有关部门加大了对推动现代物流发展的工作力度。

一是统筹规划，增加投入。国家发展和改革委员会正组织力量抓紧研究制定《全国现代物流业发展规划》，《全国粮食物流专项规划》也即将出台。国家发展和改革委员会与财政部运用积极的财政政策，2003年以来共安排国债贴息13亿元，扶持了一批物流基础设施和物流信息化建设项目。有关部门采取积极措施，加快交通运输网络建设。从2001年到2005年年底，全国交通固定资产投资将达2.16万亿元，交通运输设施网络里程较2000年增长47.6万公里，增幅达32%，一大批铁路、公路、民航和水运建设项目竣工投产。铁道部根据铁路中长期发展规划，优化铁路集装箱运输，规划建设18个大型集装箱中心站。国家财政还对物流基础设施、流通检验检测体系、公共信息服务体系和物流行业基础研究与管理等方面给予支持，并实施优惠的财税政策，支持和鼓励现代物流业发展。

二是结合实际，出台政策。商务部按照"入世"承诺，出台了《关于开展试点设立外资投资物流企业工作有关问题的通知》等文件，与铁道部制定了《外商投资铁路货物运输业审批与管理暂行办法》，积极推进物流领域对外开放。商务部和国家工商行政管理总局联合发文，明确了国际货运代理企业登记备案管理办法，保证了国际货运代理由审批制向备案制的平稳过渡。铁道部实施大客户战略，积极推进货运集中承运，实行集装箱运输集中办理，全面优化供应链管理。国家税务总局为贯彻9部门文件精神，正在着手研究制定营业税优惠政策的具体管理办法，有关的试点工作即将展开。海关总署根据现代物流发展的特点和需要，积极构建多元化保税物流监管体系，设立了保税物流园区，开展保税区区港联动试点，积极推动了保税物流的发展。9部门文件下发后，国家工商行政管理总局在企业名称行业表述中，允许使用"物流"字样。民航总局取消了航空货运

代理行政审批制度，改由行业协会认可代理资格，目前正在制定新的空运销售代理办法。

三是搭建平台，打好基础。在国家标准化管理委员会组织协调下，截至2004 年年底，我国已发布物流方面的国家标准 340 多项，行业标准 190 多项。信息产业部大力支持物流信息化建设，2005 年 5 月成立项目组，专题研究全国性和区域性物流公共信息平台建设问题。教育部、劳动和社会保障部对物流人才的教育和培训，国家统计局对社会物流统计制度的建立等，做了大量卓有成效的工作。

四是部际合作，营造环境。交通部、公安部等 7 部门共同提出《全国高效率鲜活农产品流通绿色通道建设实施方案》，改善了鲜活农产品流通营运环境。海关总署与质检总局共同合作，在建立"大通关"长效机制中，不断提高电子化、信息化、科技化水平，实施新型管理模式，加快了货物验放速度。交通部、公安部等 8 部门联合开展了治理公路运输车辆"超限、超载"活动，对保障物流经营的安全、有序运行起了积极的作用。交通部与国家发展和改革委员会联合下发了《关于降低车辆通行费收费标准的意见》，为降低物流成本，促进道路运输行业的健康发展创造了条件。商务部会同监察部等 7 部门下发了《关于清理在市场经济中实行地区封锁规定的通知》，促进了统一开放、公平竞争、规范有序的现代物流市场体系的建立。这些都表明，政府有关部门通过协商、协调、协作等方式，极大地改善了现代物流业发展的宏观环境，物流业发展的合力正在逐步形成。

与此同时，一些地方政府采取积极措施，推进本地现代物流业的发展。目前，全国已有 20 多个省（区、市）和 50 多个中心城市制定了当地的物流发展规划，不少地方形成了综合性的物流工作协调机制。浙江省早在 2001 年就建立了由省政府分管领导牵头，省直 22 个部门参加的现代物流发展联席会议制度，制定了《现代物流发展纲要》。为贯彻国家 9 部门文件精神，浙江省发改委等 12 个部门联合出台了《关于加快浙江省现代物流业发展的若干意见》。江苏省经贸委会同财政、公安等 11 个部门联合下发了《江苏省发展现代物流业若干政策意见》，从市场准入、规划和土地使用、税收、投融资、快速通关等方面制定了具体的政策措施，并于 2005 年建立了全省现代物流发展联席会议制度。深圳市在2000 年下半年编制了《深圳市"十五"及 2015 年现代物流业发展规划》，是我国最早制定地方物流规划的中心城市。福建省出台《关于加快现代物流业发展的意见》，提出建设海峡西岸经济区战略构架下的物流体系。广东省对规模较大，具有集成化全程物流服务的第三方物流企业在财政、税收、用地、用电等方面给予重点支持。天津市专门成立物流管理办公室，推出《加快发展现代物流业的综合政策意见》。武汉市整合中央在武汉的 20 多家物资储运等物流设施存量资源，引进国内外知名物流企业，打造现代物流基地。青岛市把发展现代物流作为实施"以港兴市"战略的重点，充分利用开放型口岸城市的优势，不断完善基础设施条件，调整城市经济布局和产业结构，改善物流发展的软硬环境，加快了物流业发展的步伐。北京、上海、重庆、辽宁、山东及大连、郑州、成都、济南等省市和中心城市政府有关部门结合当地实际，采取相应措施，为推动现代物流业发展作出了积极贡献。

三、充分认识我国现代物流发展的形势、地位和作用

当前，随着经济全球化的发展和我国经济的快速增长，特别是产业结构的调整，为我国现代物流业发展提供了十分有利的发展机遇。我们要全面认识我国物流发展的新形势，准确把握现代物流业在国民经济发展中地位和作用。

第一，经济总量的持续增长，对现代物流的发展提出了更高的要求。改革开放以来，特别是近几年，我国国民经济保持了较快增长。2004年，我国GDP同比增长9.5％，达到13.65万亿元；社会消费品零售总额和生产资料销售总额分别达到5.4万亿元和11.4万亿元，增幅为13.3％和19％；进出口总额超过1.15万亿美元，增长35.7％。2005年上半年，我国GDF同比增长9.5％，全社会固定资产投资增长25.4％，社会消费品零售总额增长13.2％，进出口总额增长23.2％。我国目前处于工业化发展的中期阶段，经济总量扩大，基础设施建设增加，城市化步伐加快，外贸依存度提高，必然带来物流总量急剧增长，与我国现有物流能力的矛盾日益突出。国内外发展实践证明，经济高速发展必须建立在完善的现代物流服务体系和相应的物流能力基础之上。没有完善的现代物流服务体系和足够的物流能力，将不足以支撑经济持续高速增长。

第二，全面建设小康社会，要求现代物流服务体系相匹配。目前我国正处于消费形态快速变化，消费需求持续发展的时期，随着居民消费结构的升级和消费水平的提高，商品结构也相应发生很大的变化，对消费服务的个性化服务需求日益增长。这要求我们加快构建能够满足各地区、各阶层人民群众生产生活需要的物流服务体系。

第三，激烈的国际化竞争，要求我国物流发展必须抓住机遇，迎接挑战。按照加入世界贸易组织的承诺，三年多来我国物流领域对外开放的步伐进一步加快。国际上知名的大型物流企业已基本上进入我国，并且步入战略扩张期。他们在服务对象上，向国内生产和流通企业延伸；在活动地域上，向中西部和中小城市拓展；在经营模式上，独资倾向越来越明显。与此同时，我国企业纷纷走出"国门"，参与国际竞争。由"引进来"和"走出去"引发的物流竞争新格局，意味着我国的企业将面临与具有世界一流经营能力的国际化企业的竞争。这对我国物流业既是难得机遇，也是严峻挑战。

第四，贯彻科学发展观，建设节约型社会，给现代物流发展提出了新的要求。我国是资源短缺的国家，在现代物流发展中必须考虑资源和环境的压力，要有利于建设节约型社会，符合可持续发展的战略。当前我国经济发展中的突出问题是结构不合理，经营方式粗放，资源消耗较高，环境污染严重，经济效益不高。这些问题将直接影响中国经济的可持续发展。因此，优化产业布局，发展循环经济，从总体上减少全社会的物流总量，运用现代物流技术和管理方式，用最少的物流资源完成尽可能多的物流量，降低车辆空驶率和迂回运输，减少道路拥堵和废气排放，推行绿色物流，都给现代物流发展提出了新的要求。

现代物流是经济、社会和技术发展到一定阶段的产物。其核心是突出系统整合、优化的理念，对分散的运输、储存、装卸、搬运、包装、流通加工、配送、信息处理等基本功能，运用信息技术和供应链管理手段实施一体化运作，以达到降低成本、提高效率、优化服务的目的。落实科学发展观，走可持续发展道路，必须要求我国现代物流业实行跨越式发展。我们必须用科学发展观认识和把握现代物流业在国民经济发展中的重要地位和作用。

1. 发展现代物流业有利于促进经济增长方式转变。转变经济增长方式，提高经济增长质量是我国推进工业化进程中必须解决的关键性问题。长期以来，我国经济增长重生产、轻物流，重速度、轻效益，重规模、轻质量。在经济高速增长的同时，资源和环境的压力不堪重负。发展现代物流业，将使各类企业在物流系统的支撑下，对各个物流环节集成整合，一体化运作，使产品和服务贴近用户、贴近市场，通过物流环节降低成本，加快周转，达到转变经济增长方式、提高经济增长质量与效益的目的。加快我国现代物流业的发展，创造社会化的物流服务环境，将打破我国企业长期存在的"自成体系"、"自我服务"、"大而全"、"小而全"、地区分割、市场封锁的传统观念，转变生产组织形式和经济增长方式，全面提升我国工商企业和专业物流企业的国际竞争力。

2. 发展现代物流业有利于促进我国产业结构和经济结构调整。现代物流业的发展必将促进产业分工和集聚。生产制造和商贸流通企业通过分离外包物流业务，可以集中精力培育核心竞争力；物流企业因需求扩张得以加快发展，迅速提升物流的专业化、社会化水平。构成物流业的许多行业，如运输、仓储、包装、货代、流通加工、信息等获得新的业务拓展领域和发展契机。作为服务业骨干产业的物流业在自身发展的同时，成为推动服务业发展的重要力量，必将提高服务业在经济发展中的比重，符合我国产业结构和经济结构调整的方向。现代物流业的产业关联度较高，与之配套的机械制造、商贸流通、邮政通讯、信息服务、基础设施建设等相关行业将获得新的发展空间，从而使传统产业得以提升，经济结构得以调整。

3. 发展现代物流业有利于推动区域经济协调发展。我国区域经济发展目标是，依照市场经济规律和经济内在联系以及地理自然特点，打破行政区划界限。按照统筹规划、因地制宜、发挥优势、分工合作、协调发展的原则，积极推动地区间优势互补和经济联合。随着西部开发、振兴东北、中部崛起和东部发展战略的实施，区域经济的协调发展，必然要求区域物流的协调配套。发展现代物流业，使物流服务功能与区域经济发展紧密结合，必将促进区域分工与协作，推动区域经济协调发展，有利于形成东中西互动、协调发展的新格局。

4. 发展现代物流业有利于提高我国经济融入全球化的水平。自20世纪80年代以来，以计算机、生物工程和新材料为代表的高新技术产业极大地推动了生产力的发展，生产力水平的提高扩大了国际市场，加速了资金流动，从而加深了各国经济的相互依存，国际分工与专业化协作的程度也越来越高。正是由于这种跨国经济的兴起与各国物流资源的整合，推动了全球物流发展与国际经济的大融合。改革开放以来，特别是加入世界贸易组织以后，我国经济发展与世界经济越来越紧密地融合在一起。现代物流技术和管理的应用，为我国企业利用两种资源，开发两个市场，参与国际竞争提供了有利条件。

四、积极采取措施，切实推进我国现代物流业加快发展

根据我国现代物流发展面临的形势和任务，今后一个时期我国现代物流工作的总体要求是：按照党的十六大提出的全面建设小康社会和十六届三中全会《关于完善社会主义市场经济体制若干问题的决定》的要求，以科学发展观为指导，以市场为导向，以信息技术为支撑，营造现代物流发展的政策环境，建立配套完善、服务高效的现代物流服务体系，大力发展专业化、社会化的物流企业，提高物流服务质量和效率，降低社会物流成本，推动产业升级和结构调整，为经济和社会的全面、协调、可持续发展和全面建设小康社会提供相应的物流保障。

根据我国现代物流的发展形势、总体要求和发展目标，我们深感形势紧迫，任务繁重，需要政府、企业、行业协会等各方面各司其职，形成合力，采取积极有效措施，切实推进我国现代物流业加快发展。当前和今后一个时期，要重点抓好以下几项重点工作：

1. 统筹规划，增加投入，抓好物流基础设施的整合与建设。近年来，许多地方政府制定了本地的物流发展规划，对推动本区域现代物流工作起到了积极作用。为了更好地指导各地规划，明确发展思路，引导投资方向，国家发改委正组织专门力量，深入调查，研究提出《全国现代物流业发展规划》。

物流基础设施的整合与建设，将是物流规划的重点内容。从总体上来说，物流基础设施严重不足，"十一五"时期应该加大投入，加快发展。各地在规划建设时要注意把握以下几点：一是要符合国家规划的总体要求，适应当地经济发展的需要；二是要优先整合利用、改造提升现有物流资源，充分发挥现有设施的综合效能；三是对基础性、公益性设施，政府要增加投入，经营性设施要按照市场经济规律，扩大投融资渠道，实行企业化经营；四是要注重加强各种运输方式的衔接，加快综合运输体系建设，大力发展多式联运；五是要采取积极措施，提高重点物流区域、物流节点城市的物流组织化水平；六是要注重区域物流的协调发展。积极建设区域物流系统，扩大地区之间的物流合作，适应区域经济发展的需要。

发展现代物流，一定要以为用户服务为根本出发点。因此，物流企业的经营模式、企业结构设计、管理方式一定要贴近市场，方便用户，注重以电子商务和信息化为支撑。要坚决反对和制止那些不顾实际、圈占土地、重复建设的做法。

2. 认真落实九部门文件，为企业发展营造良好的政策环境。国家发展改革委等九部门提出的《关于促进我国现代物流业发展的意见》，是经国务院批准的。文件出台以后，各方面反映很好，有些政策措施得到了落实，有些正在落实之中。在 2005 年 5 月召开的全国部际联席会议第一次会上，我们将《意见》的政策要点进行了分解，明确了各部门职责，提出了落实措施和时限要求。目前，各部门正在按照进度要求抓紧落实。希望各有关部门和各地政府按照《意见》的精神，本着对现代物流事业高度负责的态度，一定要将各项政策措施落到实处，要强化服务理念，为企业的经营发展营造良好的政策环境。各地政府也要根据当地实际，研究制定推动本地区现代物流发展的政策措施。在此，我还要再强调几点：

一要鼓励生产与流通企业改造业务流程，分离外包非核心业务。要引导企业逐步改变"大而全"、"小而全"的运作模式，运用供应链管理与现代物流理念、模式与技术，实现物资采购、生产组织、产品销售以及再生物品回收的一体化运作。以订单为中心改造现有业务流程，提高对市场的响应速度，降低库存，加快周转，提高市场竞争力。要鼓励流通企业采用先进的物流管理技术，降低流通成本，提高经营效率和服务质量。要积极发展连锁经营、统一配送和电子商务等现代流通方式，促进流通的现代化。要加强配送中心建设，积极发展各种形式的配送服务。

二要加快发展与培育专业物流服务企业。要放宽市场准入，逐步取消对物流企业经营范围的限制，促进现有运输、仓储、货代、批发、零售企业的服务延伸和功能整合，加快传统物流企业向现代物流企业的转变；鼓励运输、仓储、配送、货运代理、多式联运企业通过参股、兼并、联合、合资等多种形式进行资产重组，扩大经营规模。逐步培育一批服务水平高、国际竞争力强的跨国、跨所有制的大型专业物流企业。

三要用信息化推进物流现代化。要抓住经济全球化和信息化带来的发展机遇，充分利用现代信息技术，不断提高物流企业的信息化水平，推动企业内部流程改造，积极探索物流一体化管理，大力推进公共信息平台建设，建立健全电子商务认证体系、网上支付系统和配送管理系统，促进信息资源共享。要大力发展智能交通，提高交通运输的组织水平和作业效率，从体制上打破条块分割和地区封锁，从信息资源整合入手，抓好物流资源的整合，走以信息化带动物流发展的道路。

四要积极发展满足物流运作需要的运输服务方式。要加快综合运输体系建设，发展多式联运、集装箱运输、散货运输、航空快递运输等方式，推广应用厢式货车、集装箱、散粮车辆，开发使用专用车辆，加快集装箱中转站及散装码头建设，加强各种交通设施建设的紧密衔接配合，提高运输速度和效率，降低成本和减少浪费。要积极发展散粮、散肥、散装水泥运输物流方式，建立大宗货物高效、低成本运输系统。要优化城市交通管理，为配送车辆在城区的通行和停靠作业提供便利。

五要简化通关程序，提高通关效率。海关、质检、外贸、税务、外汇等部门要在有效监管的前提下简化审批手续，优化口岸通关作业流程，实行申办手续电子化和一站式服务，对进出口货物实施"提前报检、提前报关、实货放行"的新模式。要发挥口岸联络协调机制的作用，加快"口岸电子执法系统"的推广应用，全面推进地方电子口岸建设，建立大通关信息平台，积极推进口岸执法管理信息的互联互通和地方物流商务信息的资源整合，努力实现一种认证、一个门户和"一站式"服务。加强口岸规划和建设，实行分类管理。改革海关保税物流监管模式，建立和完善海关多元化保税物流监管体系，继续推进保税区区港联动和保税物流中心的试点，在条件比较好的保税区和港口间建立具备"区港联动"条件的保税物流园区，在不具备"区港联动"条件的货物集散地和加工贸易企业相对集中的地区建立"保税物流中心"，拓展保税物流功能，并给予税收和外汇管理等配套政策，积极稳妥推动保税物流发展，引导加工贸易转型升级。

六要加大对外开放的步伐。要按照加入世界贸易组织的承诺，加快物流领域的对外开放，提高我国的物流服务水平，进一步改善投资环境。要鼓励外商、外资进入我国物流领域，投资物流基础设施，参与我国物流市场竞争。同时，鼓励有条件的国内物流企业随着我国的企业和产品"走出去"，实施全球化发展战略。

3. 进一步加强物流基础性工作。物流基础性工作非常重要。各有关部门、各地政府、相关行业协会及有关企业要高度重视。采取有效措施，切实做好相关工作。

一是物流标准化工作。物流标准化工作是现代物流发展的基础，直接影响物流的规范化和高效化。要在国家标准委的组织下，认真落实《全国物流标准2005～2010年发展规划》。要充分发挥全国物流标准化技术委员会和全国物流信息管理标准化技术委员会的作用，加强标准化的组织协调工作。在对各种与物流活动相关的国家标准、行业标准进行深入研究的基础上，全面梳理现行标准。对已经落后于物流发展需要的标准应尽快淘汰，并代之以新标准；对部分不符合实际需要的标准，进行修订完善；对尚未制定的标准，要抓紧制定，以使各种相关的技术标准协调一致，并与国际标准接轨；对于已经发布的国家标准，要抓紧做好宣传贯彻工作。

二是物流统计核算工作。为全面掌握我国现代物流业的规模、结构和发展水平，及时监测分析我国现代物流业发展状况，为各级政府部门制定现代物流业发展政策和战略规划、加强宏观调控提供依据，国家发改委、国家统计局2004年建立了全国社会物流统计核算制度，具体工作委托中国物流与采购联合会承担。这项工作在我国是一项崭新的工作，难度较大，有关部门、地方和企业要积极支持，协助配合做好这项工作。有条件的地方要参照这一做法，建立起本地区的物流统计核算制度。

三是物流教育和培训工作。各级政府主管部门要高度重视物流教育和培训工作。加快发展学历教育，鼓励高等院校开展物流专业本科、硕士、博士等多层次的专业学历教育。加强对物流企业从业人员的岗前培训、在职培训等，通过不同方式和各种渠道，培育市场急需的物流管理人才。要采取多种形式，加速物流人力资源的开发。支持物流行业组织开展符合企业实际用人需求的职业资格培训认证。针对目前各种证书五花八门，许多认证项目操作不规范，企业和从业人员无所适从的问题，有关部门要采取积极有效措施，规范和净化物流人才培训市场，提高培训质量，为现代物流发展输送合格人才。

四是物流科技和理论研究工作。目前，我国物流科技和理论研究工作还相对薄弱，力量分散，质量不高，不能够适应我国现代物流发展的需要。有关部门、行业协会要做好整合与协调工作，联合和团结有关的专家学者和工程技术人员，组织开展课题研究、技术攻关、理论创新、成果评选推广等工作。有关政府部门要向支持基础设施建设那样支持物流科技和理论研究工作。

五是行业自律，重点抓好物流行业诚信体系建设。行业协会要把这项工作看作是为会员服务的重要环节，从服务的角度加强自律，推动行业诚信体系建设。要形成物流的服务标准，大力宣传"诚信物流"，促进开展信用交易，完善信用交易的相关政策。

4.加强领导，推动现代物流协调发展。目前，我国物流管理体制是按照行业分设部门进行管理的，从中央到地方都有相应的管理部门。这种管理体制，难免会出现政出多门、标准不一、难以协调等问题，不仅影响了各种物流功能和服务方式的协调发展，也由于受部门和地方利益的驱使，容易造成物流资源的浪费和增加资源整合难度。迫切需要加强综合组织协调，推动现代物流业和谐发展。

　　国家发展改革委等九部门联合发布的《关于促进我国现代物流业发展的意见》中，明确提出建立由国家发展改革委牵头，商务部等有关部门和行业协会参加的全国现代物流工作协调机制。部际联席会议办公室设在国家发展改革委经济运行局。主要职能是提出现代物流发展政策，协调全国现代物流发展规划，研究解决发展中的重大问题，组织推动现代物流业发展等。协调机制的建立，为推动物流发展提供了新的平台，各部门要充分运用这个平台，加强沟通，密切配合，根据现代物流发展的需要，不断优化完善协调机制，提高工作效率和服务水平，使协调机制在我国物流发展中发挥更大作用。

　　（作者单位：国家发展和改革委员会。原文载于《中国流通经济》2005 年第11、12 期）

物流与中国经济发展

李晓西

物流业在中国正在快速兴起和发展，这对中国经济持续发展有重要意义。下面谈五点思考，向大家请教，供大家讨论。

一、中国出现"物流热"的原因分析

物流与商流，为什么人们现在重物流，而不讲商业？为什么商流提法反而不如物流？我国物流发展与美国、日本有什么不同特点？我想中国物流热可能来自以下六个方面的力量的作用：

第一，市场化改革不同进程的动力及差异。市场化进程中，商流先于物流。从表面上看，商业进而商流与市场经济的概念更接近。20世纪80年代初，在物流概念引进中国时，中国正在进行以商业为中心的流通领域的改革，这场改革进行到现在，从"三多一少"到解决合资零售，到按国际方式办各种商业的销售，到现在的发展连锁经营。可以说，中国商流热基本结束了，商业流通领域的改革基本上完成了。物资与运输产业和企业改革相对滞后一点，现在正到了高潮期。这些相关的行政主管部门近几年的撤并，其产生的压力也在推动着寻求一个更符合市场化的组织形式产生，物资系统和运输系统的改革则正在形成高潮。正因为这样，这几年被这些行业和企业所认同的物流概念在迅速扩张，可以说远远超过商流概念的影响。现在，物流概念成为流通体制改革和流通体系运作的中心概念。

第二，产业调整和升级产生的压力。中国经济这些年正在进行结构调整和产业升级。这个浪潮推进了"物流"的普及。"物流"不但涵盖流通领域也涵盖生产、生活等领域，被认为是一种新的产业组织形式，是新兴的产业。正如有的专家讲的，物流发展成为当代市场经济发展中工业、商业和运输业融合的一种新兴产业组织模式，并成为传统产业调整和升级的目标选择。

第三，中国入世后的外部压力。当前物流业正在向全球化、国际化、一体化发展。一个国家的市场开放与发展必然要求物流的开放与发展。随着世界商品市场的形成，从各个市场到最终市场的物流日趋全球化；一体化意味着需求、配送和库存管理的一体化。所有这些已成为国际物流业发展方向。中国加入世贸组织后，这种推动力在加速。

第四，中国持续高增长出现的需求。中国经济连续十几年高增长，已从供给

型约束经济走向了需求型约束经济。中国现在发展所产生的需求和巨大的潜在需求，对供给方面提出更大的要求。这在促进新型的"物流业"快速发展。

第五，高新技术的推动。"物流"指经济活动中产品、信息和服务的运输与交换的动态流程。信息技术的发展，使信息系统得以贯穿于不同企业之间，使物流的功能发生了质变，大大提高了物流效率，也大大促进了物流的发展和现代化。

第六，地区发展尤其是城市现代化中对新产业的期望与选择。各地区都希望早日实现现代化，落后地区希望加快发展赶上来。大家都在寻找着新的经济增长点。这时，"物流"是"第三利润源泉"的说法传了进来，引起了各方关注。"第三个利润源"说法主要出自日本。日本专家认为，从历史发展来看，人类历史上曾经有过两个大量提供利润的领域。第一个是资源领域，第二个是人力领域。现在，前两个利润源潜力越来越小，在利润开拓越来越困难情况下，物流领域的潜力正在被发现，被重视，这按时间序列应排为"第三个利润源"。

二、解决好政府与物流企业的产权关系

我国现在的物流企业多是从国有仓储、运输企业转型而来，要成为真正的现代化的物流企业，在企业机制和产权制度上，还需要有相当大的改革。现阶段，关键是解决好政府参与国有物资和运输企业改革与改制问题。

国有企业国有资本的所有者代表是政府部门，国有资本重组不可能不让所有者过问。所有者对资本重组进行干预是正常的。政府对国有资产保值、增值、不流失负有天然责任。而且，越是大企业，越是大资本，参与资本重组和改造的政府级别就会越高。进一步，政府负有产业结构，区域结构调整的责任，国民经济管理者的责任促使它关心企业资本的重组。在强强联合，振兴经济的热潮中，各地政府无一例外地将组织本地大企业集团，这里当然重点是指物流大企业。

另一方面，行政化配置资源之低效率我们已有过几十年的教训了。行政性配置资本，将使我们的企业难以成为市场主体，难以具有市场的竞争力。即使政府主观上完全认识到要以市场为导向，以优势企业为龙头，要按市场方式操作，但只要资本决策主体是政府，政府的良好愿望能否转化为实在的成果就要打个问号。资本重组理应是市场配置资源的过程，提出要通过市场形成有竞争力的大企业集团，就是要让市场在国有资本重组中发挥基础性调节作用。

由上可见，这里存在着国有企业资本的国家性质与企业操作的市场方式的深刻矛盾。现在面临的是一个悖论，通过市场形成有竞争力的企业集团要求政府少干预，政府少干预又形成不了大的企业集团。这种是非判断上的困境，将必然带来操作上的困难。

那么，现阶段如何使国企资本重组中的政府行为有所规范，降低负面影响呢？我认为基本思路是：主要运用市场经济办法，但须辅之以行政指导，以资本为纽带组建或改造国有大企业集团。具体建议是：

1. 明确政府责任。应尽快制定并出台《地方政府、主管部门在国有物资和运输企业国有资本重组和改造中权责的规定》，明确行政指导的权限和责任，具体指明在国有资本重组中政府及有关部门应当做什么，不应当做什么。明确政府领导与企业管理者的关系，从规章制度上保证企业家的权益。明确地方政府和有关部门在兼并盘活国有资本问题上，对国有资产的权力及实现形式。

2. 加快国有资产管理体制的改革，建立公有资产新的管理体制和运营机制。政府需要把所有者权力剥离出来，委托给国有资产运营管理体系，使其以国有资产所有者总代表的身份管理国有资产，把原来由政府部门直接对公有资产的管理，转变为由公有资产管理机制的间接管理。在加大政企隔离的基础上，进一步促使政资分离。同时，也要明确企业在运作国有资产上的权限，防止其超越应有权力或不负责的甩包袱行为。

3. 健全和完善企业法人治理结构，真正使企业具有资本经营的主体地位。下一步改革的关键之一，是要做到总经理由董事会聘任。

4. 发展和健全资本运营的中介组织，使社会中介组织在市场经济中发挥更大的作用。专营企业兼并、收购和重组等业务的投资银行，是通过市场进行资本运作的重要中介机构，国家政策有必要予以支持并规范之。进一步规范专门从事证券业务的相关机构，提高水平，以适应资本重组的需要。适应发展对国有资产进行企业托管的形式，以实现在暂不改变原有产权归属情况下，推进企业资产重组和流动，达到既防止国有资产流失，又提高国有资产经营水平和企业竞争力的目的。进一步完善审计事务所的建立和运作，使之更好地为资本运作提供服务。

5. 对具有较强国际竞争力的特大型国企进行资本重组，可制定必要的优惠政策。对少数具备条件的试点企业集团母公司，可作为国家授权投资机构，使其具有与现在行业管理总公司同等的投资权和资本经营权，以推进市场主体化进程。对国有大企业集团国有资产股权收益，在一个阶段，按一定比例，可允许作为国有资本金留在企业。应逐步健全对大企业集团重要产品的国家订货制度，支持企业发展。

总之，物流企业要成为真正的企业。不论是国有的，股份制的，还是什么所有制的，关键是要是一个真正的企业。

三、解决好市场需求与物流企业发展的关系

第一，每一个物流企业，都需要明确自己的市场定位。要明确自己的竞争对手在哪里，下一步是否可能在竞争中失败。这一点对国有企业太重要了。如果我们只从如何得到有关政府财力支持为考虑的重点，只从现有的市场格局作为投资的依据，就潜藏着重大的风险。要特别明确自己企业能在哪些物品上先做起来，先做好，然后一步步发展，这是重要的。比如，云南的物流企业，先考虑做好鲜花的配送，这就是很不简单的。苏州的物流企业，先考虑搞好新鲜蔬菜的配送，把苏州农产品供给与上海大市场需要沟通起来，这就是一件很大的事。任何企业，都要抓好自己的品牌，这对物流企业我想也是重要的。

第二，关注区域市场需求，是物流企业起步阶段重要的一步。物流企业与所有企业一样，需要一步步发展起来。虽然国内大市场和国际市场，都有物流企业的舞台，但各地规划起步时，一定要从自己的力量出发，要从实际出发。市场需要是一个变化的东西，相当难把握的东西。比如，当年河北省白沟突然在一个偏僻的地方，出现一个大的市场，引起人们特别好奇。这绝不是规划出来的。

第三，物流企业的数量多少，物流基地选择的正确与否，物流投资是否是重复投资，都要受市场需求的决定，受市场的裁判。承认市场机制对资源配置的主要作用是非常重要的。物流业是否过热，也要由市场来裁决。当然，为预防失误，减少事后损失，政府指导是重要的，但这是以市场为考虑的。换言之，市场仍然是主裁判。

四、解决好城市与物流企业共同发展的关系问题

解决好城市与物流企业的关系，发挥城市支持国有物流企业改革的作用，是从经济整体出发搞活国有企业的重要内容之一。发挥中心城市作用，形成多个发射点式的网状物流体系，是物流业发展的基本路径。

第一，城市要为企业发展服务。物流企业发展，需要多方面的条件。基础设施投资多，信息化程度高，占地较多，要便利于第三方服务等。因此，往往要依托大城市才能发展起来。城市可以为企业提供劳动力、提供信息、提供水电服务、提供便利的交通条件、提供社会福利方面的多种条件。城市本身就成为企业生长的最重要的经济中心。城市对国有企业有着诸多帮助。如资产重组、就业安排、破产兼并，因此，多项国有企业改革是选择了重要城市进行试点，就是这个道理。政府管理与企业发展更多地发生在城市这一级。当然，我们也看到，由于占地多，因此，现在一些物流基础中心又被选在城市的郊区，土地问题解决起来容易一些，同时也能享受到城市带来的种种好处。

第二，不同规模城市与企业关系要有所不同。在搞好搞活、放开国有小企业方面，县级城市负有很大责任。但在支持物流企业方面，重点城市、大城市负有更大责任。物流企业发展趋势是规模要大，这是大城市才能与之相适应的。而在大城市中，多向消费和商业化方面，向三产方面发展，向发展银行、商业、保险、邮电、通讯、广播、交通、城市服务、城市环保等方向发展。物流业作为传统运输与物资企业，是第三产业中重要一部分，也构成一个大城市发展不可缺少的部分。这类企业发展，有助于沟通城市里产销的关系，沟通城乡的关系，沟通城市与城市间甚至与国外市场的关系，因此，有助于城市整体经济的发展，有助于增强城市的实力。不少城市把发展物流企业作为城市发展的主导产业、支柱产业是有道理的，是正确的，是应当支持的。

第三，城市与企业要互相适应与促进。城市与企业关系是双向的，有一个互相适应和互相支持的关系。城市需要完善，解决定位问题。企业也有一个按城市规划要求来调整生产和产品结构的问题。城市建设规划与产业结构调整有很密切的关系。城市在向消费方向转化，在很大程度上体现出商业化改造工业化，环境保护改造污染工业的趋势，"货畅其流"的物流化改造封闭和缓慢运输；包装、装卸、保管、库存管理、流通加工、运输、配送等诸种活动，这些对城市发展有极为重要的意义。

第四，企业要更自由，政府要更开明。在城市与企业的关系上，进一步的发展，将要求企业有更多的经营决策自主权，要求城市里的政府更加开明，在提供服务方面，做得更好。比如，要有打破地区界限的雅量，允许企业向更适合企业发展的地方去投资，给企业更大的发展空间；要鼓励跨越地区、跨省市的兼并联合；要进一步摆正所在地政府与企业的关系，分清政府职能与企业功能，各自干好自己的事，这就是相互间的最大支持。地方政府还应通过改善投资环境，引进更多的资本和适应当地发展的企业，城市之间将通过竞争而加快基础设施的发展。

五、解决好政府在发展物流业中的定位、责任问题

政府对物流业的支持是非常重要的，没有政府支持，物流业难以发展起来；但政府对物流业支持的方式、环节和力度，要符合市场经济条件下政府的行为规则。否则，好心得不到好回报。

政府与国有企业关系体现在两方面：一是作为社会管理者来干预或支持企业发展；二是作为国有资产所有者代表干预或支持企业发展。

有专家提出了物流系统的三大要素：一是物流系统的功能要素，包括运输、储存保管、包装，装卸搬运、流通加工、配送、物流信息等；二是物流系统的支撑要素，主要包括体制、制度，法律、规章，行政、命令和标准化系统等；三是物流系统的物资基础要素，主要有物流设施、物流装备、物流工具、信息技术及网络、组织及管理。

从市场经济中政府定位看，政府在支持物流企业发展方面，主要是在支撑要素上，其次是功能要素和物资基础要素上的公共设施方面，承担重大责任和发展主导的作用。比如讲，物流基地的真正策划者和规划者，到底应是与市场紧密相关的企业还是关心企业的政府？我看应是企业，但全过程中也需要政府的支持。政府仅仅是在企业要求帮助时出现。政府应成为观音，而不要成为武僧。如果政府全面承担了物流企业的要素，就可能使政府全力支持物流业发展的好心，带来了强化政企不分的结果，反而不利于企业自我经营和发展。

政府在做好支持物流发展的时候，特别重要的是要协调好涉及物流的各部门尤其是中央的各部门，能互相支持而不扯皮，共同为企业服务而不是与企业争利。由于大型物流企业，多为中央各部的部属企业，体现着部门垂直的领导，因此做到这一点是对物流业发展至关重要的。与此同时，要使物流业更好发展，也需要相关行业协调发展。最相关的是商业和电子商务。国务院今年年初提出以连锁经营、物流配送、电子商务为三大重点推进流通现代化，我认为是重要的，并予以期待。

综上所述，物流业在中国正面临着巨大的发展机遇，有来自各方面的巨大推动力，有来自政府支持和推动。处理好物流发展中政府与企业的关系，是中国物流业健康发展的关键。我相信，中国政府，中国企业，中国物流各界同仁，完全有能力、有眼光，抓住机遇，共同努力，让物流业对中国经济贡献度大幅提升，让物流业在新世纪获得巨大发展。

（作者单位：北京师范大学。原文载于《中国流通经济》2002年第4期）

从"黑大陆"到"灰大陆"

——我看中国物流 30 年

王之泰

一、改革开放 30 年，中国物流 30 年

从 1978 年"物流"概念正式引入我国，到 2008 年整整 30 年了。1978 年，具有重要的划时代意义的中国共产党第十一届三中全会召开，确定了改革开放的国策，至今也整整 30 年了。都是 30 年，但并非巧合。物流之所以能引入我国，是改革开放的国策使然。30 年前，物流这个领域也乘改革开放之春风而来，实在是我们的幸事。

按照我国古代先贤孔子富有哲理的说法，人生的 30 年是"而立之年"，称为"三十而立"。我国物流业也是刚到而立之年。而立之年是朝气蓬勃、前途辉煌的年龄，也是年轻气盛、尚不成熟、充满不确定性的年龄。在而立之年，认真进行一下检讨，确定人生的发展方向，非常重要，物流领域也是如此。

物流领域应当向"改革开放"交一份答卷，作一个汇报。我想，与物流有关的国家各部委肯定会做这件事情，半政府或民间的协会、大学、学会、研究组织、策划组织及业内人士也会做这件事情，市场经济条件下的一个重要主体——企业更应该做这件事情。当然，由于地位不同，视角不同，水平不同，会产生各种各样的看法，所谓"仁者见仁，智者见智"。但有一点，认真回顾并总结 30 年来物流业发展的经验教训，是今后我国物流业取得更大发展的又一个开端。

对我国物流业 30 年来的发展，笔者经过长期思考和多次推敲，最后形成了这样一个看法：借用物流界经常使用的"黑大陆"这一词汇，我国物流业这 30 年的发展可以描述为"从'黑大陆'到'灰大陆'"。

二、20 世纪 60 年代，美国的"黑大陆"

我国改革开放之前的 20 年，物流还是美国的一块"黑大陆"。

1962 年，美国著名管理学家彼得·德鲁克在《财富》杂志上发表题为《经济领域的黑色大陆》的文章，这个所谓的"黑大陆"主要是针对物流领域的，也针对当时作为世界经济领导者的美国的物流领域。

"黑大陆"主要指尚未认识、尚未了解、尚未开发的领域。按照我国最通俗说法，就是"两眼一抹黑"。

之后的 20 年中，美国、欧洲、日本等发达国家，在物流领域取得了很大的发展和创新。首先，由于工业化浪潮的推动，社会分工深入到物流这个领域；同时，先进的技术和装备武装这个领域。在逐渐迈入被托夫勒称之为"第三次浪潮"的大变革之后，电子计算机带来了自动化，依托电子计算机的系统化管理和运作，发达国家出现了一次所谓的"物流革命"，这对于"黑大陆"当然有相当的改变。

现在，美国等发达国家的物流领域，虽然也不是全面清晰了然，仍然存在许多尚未认识、尚未了解、尚未开发的领域，但总体来看，已不是"黑大陆"了。至于如何评价它们现在的状况，不是本文的目标。

三、进入物流这块"黑大陆"

就在美国等发达国家在"黑大陆"之中探索并取得成就、迎来长足发展的时候，处于封闭状态的中国，对这些进程可以说是毫无所知，实实在在地处在这个"黑大陆"之中。

1978年，一个由原国家计划委员会、财政部、国家物资总局等部委及一些地区人士组成的"中国物资工作者考察团"出访日本，其重要使命是研究日本生产资料的交换与流通方式，了解"物流合理化"（当然，当时的理解是"物资流通合理化"）。这个代表团和之后不断派出的若干批次的代表团，以及不断的国际交流，看起来并没有为物资流通改革找到一条可行之路，却取得了把"物流"这个概念带回中国的重大成果，开辟了一个观察发达国家，尤其是日本这个与我国国情相近的国家的窗口。追溯将"物流"这个概念带回中国的最早时间，应该是与改革开放同年，即1978年。

改革开放大门的打开，使我们看到了改变这个"黑大陆"的希望，也学习到了改变这个"黑大陆"的方法。改革开放的国策，不但为我们创造了这种改变的条件，而且要求我们必须进行改变，这无疑具有划时代的意义。

从此，中国知道了"物流"这个名词，进入这块"黑大陆"，至今已经整整30年了。物流由此在中国开始了充满活力而又异常艰难的旅程：最初几年，从引进概念开始，学习并研究这个经济形态，在全国相关领域进行科学普及，选择适合我国国情的运作方式，一幅生机勃勃的景象……今天，我国物流业已进入了发展期。

在这30年中，我国物流业前20年处于初期的学习与探索阶段，是在"黑大陆"之中徘徊，最近10年才进入发展期，才发生了巨大而又十分不足的转变。笔者将之比喻为从"黑大陆"到"灰大陆"。

四、"灰色系统"和"灰大陆"

"灰大陆"这一表述，是笔者在借鉴"灰色系统"，又对应"黑大陆"说法的基础上得来的。"灰大陆"这一表述，应比"灰色系统"来得通俗。

在系统科学理论中，有时将系统划分为三种类型：黑色系统、灰色系统和白色系统。以人们对系统认知的程度为标志，灰色系统指部分信息已知而部分信息未知的系统，因而人们对其没有全面清晰的认知。灰色系统理论所要考察和研究的是信息不完备的系统，只能通过已知信息来研究和了解未知领域，从而达到认知整个系统的目的。灰色系统的特点主要是：第一，系统复杂；第二，系统不成熟或正处于形成过程之中；第三，系统边界不清晰；第四，信息不充分；第五，系统动态性过强；第六，系统信息具有不确定性。

灰色、不确定性的系统很多，最为典型且研究较充分的灰色系统，是股票证券系统，农业、环保、工程、水利、卫生、教育系统也经常被看作灰色系统，从而利用灰色系统方法进行研究和认知。与物流产业系统有关，也有人从"灰色"的角度研究和认识货运（可认为是物流的局部）问题。

现在我国的物流领域，从某种程度上讲，已不再是"黑大陆"，这是一个非常大的进步，但"黑色"的影子仍然存在，尽管程度已大为减弱。我想，称之为"灰大陆"是恰当的，理由如下：

首先，物流领域的信息是不充分的。这在社会物流领域要好一些，但涵盖其他经济和产业领域的物流信息，极端不充分。

第二，物流领域的许多重大事物，如物流产业，说明朗又不明朗，说不明朗又不是"两眼一抹黑"，用若明若暗来形容再恰当不过。

第三，物流系统是以新观念来整合、复合、融合或切割国民经济已有系统的结果，这种整合、复合、融合或切割具有不稳定性和不确定性。

第四，物流领域现正处于不断的发展变化之中，许多事情都没有定论，不能一味肯定或一味否定，要不断地扬弃。

第五，在体制上缺乏一贯性和稳固性，管理层与企业所属各部门脱节，社会物流发展较快，生产企业中的物流管理还非常薄弱。

最后，对物流的认知，既没有确定的答案，又不是完全没有答案，有多种解读。这恰好说明，现在之所以会存在如此不同的意见和如此众多的结论，就是因为物流领域是灰色的。

五、中国物流从"黑大陆"到"灰大陆"是长足的进步

从"黑大陆"到"灰大陆"，虽历经曲折，但可以反映这30年进展之巨大。

这30年所取得的进步，主要在于国家体制改革和信息化的巨大进展，以及物流平台大规模建设提高对物流所提供的支持。当然，物流领域本身也功不可没。

笔者亲身经历了我国物流业30年来的发展，回顾这30年，颇感沧桑。从之前我们对物流的一无所知发展到今天，发生了多么大的变化！本文不打算进行全面回顾，仅列举几项与笔者工作和兴趣密切相关的事例。

从开始对物流的一无所知，在 30 年中实现了科学普及。可以说，"物流"这个词汇，是改革开放 30 年来认知度最高的经济词汇之一。

最初，大学教育中还没有物流专业的影子，在"黑大陆"中探索时，建立了一个大学物流专业，后来又被取消了。到现在，据说已有三百多所大学设立了物流专业和物流课程。

最初，根本没有物流专业岗位和职务。现在，越来越多的培训机构开始向社会输送物流师、物流经理人、高级物流师、国际物流师不计其数，甚至一下子扭转了人才缺乏的局面，转而变成了人才过剩，工作难求。

30 年前，物流方面是无书可求；在"黑大陆"中探索的初期，也是一书难求；经过 30 年的发展，物流方面的著作越来越多，已难以准确统计。

类似的例子还有很多。

六、面对"灰大陆"

应实事求是地面对"灰大陆"。"灰大陆"是发展中的状态，是不太成熟的状态。我想，这是对当前我国物流业现状中肯的评价。

对我国物流业现状的评价，是多种多样的，甚至分歧巨大。由于地位的不同，用户的不同，职业的不同，其评价自然会有所不同，且往往与其所接触的物流领域状况有关。从某种意义上说，这正是"灰大陆"的正常表现。关键是导向性质的评价，当然这不是一般人所能为之的，只有管理层或具有权威性的人才有这种能力。一个重大的导向性评价是"中国物流即将进入成熟期"。这不仅是一种认识，而且实际上已经在按照成熟期的做法去推动物流工作了。按照系统科学的认识，幼稚无知对应于黑色系统，不成熟对应于灰色系统，而成熟则对应于白色系统。在事情处理方面，灰色系统应当宽容并留有相当大的发展余地；白色系统则应按照"唯一解"进行严格规范。我国旧体制存在的一个重要弊病是，管理部门出于本身政绩的考虑，对本身的工作和本领域的工作评价过高，这往往会导致过热现象的出现。所以，面对"灰大陆"，我们首先要有一个清醒的头脑。

从"黑大陆"到"灰大陆"，可以反映这 30 年没能解决的问题之多，这恐怕更应是我们所要关注的。对此，笔者仅从学术理论、领导、社会及企业四个方面进行简单分析。

第一，我们在物流理论方面缺乏创新。虽然现在已经学习了，引进了，但基本上还是跟在发达国家的后面，采取跟跑战术和"拿来主义"。无论是在理论上、学术上，还是在企业构建、物流运作等方面，都缺乏创新。这是最主要的问题。

第二，领导体制问题没有解决，甚至存在扭曲。在我们国家，任何事物的发展，都与该领域的体制密切相关。这既是优势，又是劣势。优势在于：体制问题一旦理顺，就可以获得倍增的发展；劣势在于：旧体制和扭曲的体制是阻碍发展的巨大障碍。

第三，过热现象时有发生。这不但反映了急功近利的问题，也反映了我们在物流领域的盲目性，一有亮点就一拥而上。更深层次的原因在于我们对现代物流还没有完全的认知，视野太狭窄。

第四，企业的系统现代化问题没有得到真正解决。也许，多数企业对于现代科学技术、现代装备以及物流的系统运作都有所认识，这是从"黑大陆"到"灰大陆"进步最为明显的一块。但对于现代企业制度、现代产权制度、现代管理制度等更大范围的现代化问题，从某种程度上说，却有所忽略。

"灰大陆"状态可能会持续较长的时间，但灰色必然会逐渐消退减弱，而伴随着这个过程，中国物流必将取得更大的发展。

（作者单位：北京物资学院。原文载于《中国流通经济》2008 年第 11 期）

2004 年中国物流发展的环境

中国物流与采购联合会

中国物流的发展得益于宏观环境的改善。2004 年党中央、国务院审时度势，实施宏观调控政策，国民经济保持平稳较快增长，为物流产业提供了强劲的需求基础。现代物流因符合科学发展观的要求，得到政府有关部门和各级地方政府的重视与支持。以国家发展和改革委员会等九部委出台《关于促进我国现代物流业发展的意见》为标志，我国物流发展的政策环境开始有了实质性改善。

一、国家实施宏观调控政策，中国经济持续平稳快速增长

国民经济的稳定增长是物流发展的基础。据国家统计局《2004 年国民经济和社会发展统计公报》，全年国内生产总值 136515 亿元，按可比价格计算，比上年增长 9.5%。其中，第一产业增加值为 20744 亿元，增长 6.3%；第二产业增加值为 72387 亿元，增长 11.1%；第三产业增加值为 43384 亿元，增长 8.3%。全年全部工业增加值为 62815 亿元，比上年增长 11.5%，其中规模以上工业增加值 54805 亿元，增长 16.7%。产品销售率 98.1%，比上年提高 0.2 个百分点。全年全社会建筑业实现增加值 9572 亿元，按可比价格计算，比上年增长 8.1%。全年全社会固定资产投资 70073 亿元，比上年增长 25.8%，增速比上年回落 1.9 个百分点。全年社会消费品零售总额达到 53950 亿元，比上年增长 13.3%，扣除物价上涨因素，实际增长 10.2%。据中国物流信息中心的统计资料，全国生产资料销售总额达到 11.4 万亿元，增幅为 19%。

国家宏观调控政策的实施给物流业带来了积极的影响。一是经济总量持续增长，推动了物流总规模持续上升。二是产业结构调整，企业流程改造，为物流发展提供了新的空间。三是清理整顿物流园区为物流业的稳定发展奠定了更加坚实的基础。据调查，清理掉的主要是那些没有市场基础或没有纳入规划的项目，避免了投资的浪费，也避免了可能出现的无序竞争。

二、国务院领导重视物流发展，政府有关部门大力推动物流发展

2004 年，是政府有关部门对物流发展推动力度最大的一年。主要的标志性事件有：

1. 国家发展和改革委员会等九部委出台《关于促进我国现代物流业发展的意见》。2003 年 12 月，温家宝、黄菊、曾培炎等国务院领导同志对全国政协《现代物流专题调研报告》作出重要批示。2004 年 8 月，国家发展和改革委员会等九部委根据批示精神，经国务院批准出台《关于促进我国现代物流业发展的意见》（以下简称《意见》），提出了促进物流业发展的政策措施。

《意见》强调指出，一要营造有利于现代物流业发展的良好环境。包括调整现行行政管理方式，完善物流企业税收管理和整顿规范市场秩序，加强收费管理。二要采取切实有效措施，促进现代物流业发展。包括鼓励工商企业逐步将原材料采购、运输、仓储等物流服务业务分离出来，利用专业物流企业承担；积极拓宽融资渠道；积极推进物流市场的对外开放；支持工商企业优化物流管理；加快物流设施整合和社会化区域物流中心建设等。三要加强基础性工作，为现代物流发展提供支撑和保障。包括建立和完善物流技术标准化体系；推广先进适用的物流专用车辆和设备；提高物流信息化水平；提高从业人员素质等。四要加强对现代物流工作的规划，改善管理，加强协调。《意见》提出的措施针对性强，实用性大，受到业内普遍关注和欢迎。

根据《意见》的要求，由国家发展和改革委员会牵头，商务部等 13 个政府部门和中国物流与采购联合会、中国交通运输协会将组成"全国现代物流工作部际联席会议"，其主要职能是提出现代物流发展政策，协调全国现代物流发展规划，研究解决发展中的重大问题，组织推动现代物流业发展等。这标志着我国推动物流业发展的综合协调机制在中央政府层面开始形成。

2. 取消国际货代企业经营资格审批。根据 2004 年 5 月《关于第三批取消和调整行政审批项目的决定》，国务院取消了对国际货代企业经营资格的审批。据此，商务部停止了对国际货代企业经营资格的审批工作，与审批相关的《中华人民共和国国际货物运输代理企业批准证书》也相应取消。海关对经营国际货物运输代理等业务和接受委托代办进出口货物的报关纳税等事宜的企业，实行临时备案登记制。

3. 扩大设立保税物流园区。2004 年 8 月，国务院办公厅对海关总署作出批复，同意在上海外高桥保税区和苏州新加坡工业园区试点的基础上，将青岛、宁波、大连、张家港、厦门象屿、深圳盐田港、天津港保税区列入"区港联动"试点范围，设立保税物流园区。保税物流园区所采用的"区港联动"模式，在功能上可以实现与国际"自由贸易区"接轨，进一步发挥保税区与相临港口的服务辐射功能。

4. 《中华人民共和国道路运输条例》开始实施。2004 年 7 月 1 日起实施的《中华人民共和国道路运输条例》规定，从事道路运输经营以及道路运输相关业务，应当依法经营，诚实守信，公平竞争。道路运输管理，应当公平、公正、公开和便民。任何单位和个人不得封锁或者垄断道路运输市场。

5. 降低车辆通行费收费标准。2004 年 11 月，交通部与国家发展改革委员会联合下发《关于降低车辆通行费收费标准的意见》。从 2005 年 1 月 1 日起，10 吨以上货车的公路通行费收费标准降低 20％至 30％，据测算，一辆载重 10 吨到 15 吨的货车，从山西大同运货到天津，通行费支出将减少 287 元，运输总成本降低 5％；从石家庄到广州，通行费支出将减少 1300 元，运输总成本降低 7％。表明运输距离越长，经过收费公路越多，载重量越重的车辆，成本降低的幅度就越明显。对 10 吨以上货车降低通行费标准，旨在通过调整大小吨位车辆的比价关系，促进运输业户和汽车生产企业加快车型结构的调整，同时也有利于建立"治超"工作的长效机制。

6. 启用新版联运发票。国家税务总局于 2004 年 11 月 1 日起启用新版全国联运行业货运统一发票，将运输费用和垫付费用、其他费用分别填开，改变了原发票运费和杂费合并填开难以准确计算增值税一般纳税人的进项抵扣税额的状况，为物流企业的税收改革做好计税统计基础工作。

7. 放宽国内航空货运市场准入门槛。由民航总局颁布，自 2004 年 6 月 1 日起施行的《关于加快国内航空货运若干政策措施的意见》明确提出加快国内航空货运发展的政策措施，进一步放宽了国内航空货运市场的准入门槛。鼓励发展全货运航空公司，改革对国内货运航线和航班的审批管理办法，为企业创造宽松的经营环境。同时将进一步简化购买货机的审批程序。除了开放上海和海南的航空货运外，还将给予天津、广州、深圳、武汉和昆明等多个机场的优先权，鼓励它们发展成为航空货运枢纽。

8. 允许跨国采购集团以独资形式开展出口业务。2004 年 2 月 5 日，商务部、海关总署、国家税务总局、国家外汇管理局联合颁布的《关于设立外商投资出口采购中心管理办法》开始实施，这意味着跨国采购集团可以以独资形式开展出口业务，并享受相应的出口退税待遇，同时明确了外商投资出口采购中心的注册资本及业务范围等要求。

9. 中美正式签署民航运输协定议定书。2004 年，中国在航权上开放的步伐甚至超过了过去 10 年的总和，在航空货运方面尤为明显。7 月 24 日，中美双方正式签署了民航运输协定议定书。根据该议定书，未来 6 年内，在双方各自现有 4 家承运人的基础上，可再分别指定 5 家承运人进入中美航空运输市场。同时允许各方的航班数量从目前的每周 54 班分阶段增至 249 班，其中 111 班为货运航班。此外，开放领域还有客货运权、货运中心设立、代码共享和包机等。

10. 各地全面开展联合治理超限超载工作。根据《关于在全国开展车辆超限超载治理工作的实施方案》，从 2004 年 6 月 20 日开始，全国各地交通、公安等部门在以 34 万公里国省道干线公路为主的公路网上，统一口径，统一标准，统一行动，全面开展联合治理超限超载工作。据《中国交通报》报道，2004 年年底，超限超载率已从治理前的80%以上，稳定在10%左右。统一治超综合效果体现在各个方面：全国道路交通事故下降26.7%；公路路况和公路设施完好率较治超前明显好转；全国公路货车平均行驶时速由原来的50公里提高到70公里；长期被扭曲的公路运价出现理性回归；多轴重型卡车和集装箱车辆销量见长（仅"东风"重卡销售量同比增长129%），运力结构得到优化，治理超限超载工作取得阶段性成果。

实践证明，治理超限超载工作是一场难度极大的攻坚战。如何处理"治超"与保障运输之间的关系，"治超"与方方面面的利益关系，"治超"与众多部门的政策调整和法律规范等问题都需要认真对待。一些地方、部门以及执法人员工作中的偏差，也给全面、持久"治超"留下隐患。这表明"治超"工作意义重大，任重道远。温家宝总理明确指出，要充分认识这项工作的复杂性，坚持综合治理，注重运用法律和经济手段，建立长期有效的管理体制，以巩固成果。

三、各地方政府对物流发展的支持更加务实具体

2004年，各地政府对现代物流的认识进一步深化，采取的措施更加务实具体。

浙江省成立了由省政府分管领导牵头，各相关部门参加的"现代物流办公室"，办公室设在省发展计划委员会。由办公室出面，协调解决了物流企业遇到的许多具体问题，深受企业欢迎。2004年，浙江省组织物流企业参加"浙港物流对接论坛"，提出重点建设杭州萧山国际机场建设项目、温州机场扩建工程项目、嘉兴港二期工程项目、沪杭快速轨道交通项目和金塘岛开发项目等五大物流项目，力邀国内外物流和基础设施投资者合作开发。

2004年9月7日，《深圳市重点物流企业认定试行办法》开始实施。《办法》规定，重点物流企业分为综合型和技术服务型两类，并分别提出了相应标准。市政府各相关部门将根据市物流办公室颁发的核准文件和证书，向重点物流企业提供政府规定应享有的相关优惠政策服务。《深圳市现代物流业扶持资金管理暂行办法》2005年1月1日起施行，将采取补助和贷款贴息两种方式，对经市物流主管部门认定的重点物流企业给予600万元以内的专项资金支持。

天津市召开2004年现代物流工作会议，提出通过电子信息手段，加快推进辐射北方的国际物流体系建设，鼓励发展现代商业物流，支持发展第三方物流。市商委推出开办生鲜超市优惠政策，对新开办的生鲜食品超市，将比照社区商业的相关政策，3年内免征营业税、城建税、教育附加费和企业所得税。

厦门市确立未来发展定位，即要成为介于长江三角洲、珠江三角洲之间的重要城市，要成为重要的航运物流中心，航运业、物流业被确定为厦门主导产业。

《中共辽宁省委、辽宁省人民政府关于加快建设大连东北亚国际航运中心的

决定》于 2004 年 12 月 2 日颁布实施，明确规定要营造加快建设大连国际航运中心的政策环境，要在征地、用海、征林、动迁、税收等方面确保现行政策落到实处，并根据新的需要进一步加大政策扶持力度。

四川省发展改革委员会、商务厅、成都海关等联合出台"促进四川现代物流业发展"系列特别优惠政策措施及相关规划，其中包括鼓励和支持物流企业上市，实现 24 小时通关，取消不必要的前置审批手续，废除地区封锁等。

《河北省现代物流业发展规划》通过论证。《规划》提出，河北省将重点培育冀中、冀东、环京津和冀南四大物流区域。

北京市政府 2004 年 9 月在香港举办了"第八届北京香港经济合作研讨洽谈会及奥运经济市场推介会"，纳入了"京港物流推介展示会"的内容。北京方面希望搭建物流交流平台，在物流领域进一步加强与香港的合作。

四、外资、外贸高速增长，物流市场进一步开放

2004 年，我国对外贸易额高达 1.15 万亿美元，比上年增长 35.7％。其中出口 5933.6 亿美元，增长 35.4％；进口 5613.8 亿美元，增长 36％；全年实现贸易顺差 319.8 亿美元。

据商务部统计，2004 年，我国新批准设立外商投资企业 43664 家，合同外资金额 1534.79 亿美元，实际使用外资 606.30 亿美元，分别比上年增长 6.29％、33.38％和 13.32％。截至 2004 年 12 月底，我国累计批准设立外商投资企业 50.9 万家，合同外资金额 1.1 万亿美元，实际使用外资 5621 亿美元。外商以多种方式投资设立研发中心近 700 家，500 家全球跨国公司中已有 450 家进入我国，在华设立的地区总部已经超过 30 家。

外资、外贸加速发展，带来了新的物流理念和需求，成为中国物流业加快发展的重要因素。从 2004 年 12 月 11 日起，我国履行入世承诺，在公路货运、仓储、海上班轮运输和船舶代理等方面进一步放宽外商准入条件，中国物流业迎来国际化竞争的新时代。

（作者单位：中国物流与采购联合会。原文载于《中国流通经济》2005 年第 5 期，被《人大复印报刊资料·商业经济》2005 年第 8 期全文转载）

中国物流发展中存在的主要问题和发展前景

中国物流与采购联合会

一、中国物流发展中存在的主要问题

1. 粗放经营的格局没有根本改变。近年来，我国现代物流虽然取得了很大的成绩，但从总体上来说，仍然处于初级阶段，依然停留在粗放式经营的层面，质量和效益还不很理想。国际上通常把物流成本占 GDP 的比重作为衡量物流效率和效益的重要指标，发达国家经过推行现代物流，这项指标已经控制在 10％左右。我国全社会物流成本占 GDP 的比重，自 1998 年降到 21.4％以来，连续 7 年上下徘徊，2004 年仍为 21.3％。虽然产业结构有所不同，但从一个侧面也反映了我国物流的粗放与落后。2004 年，中国工业企业流动资产平均周转次数为 2.1 次，流通行业也不到 4 次，而发达国家高于我国几倍甚至十几倍。我国物流领域存在的一些深层次问题应该引起高度重视。

2. 供需不平衡的矛盾依然存在。一方面，企业物流运作模式受"大而全、小而全"思想影响，习惯于自成体系，自我服务，大量潜在的物流需求还不能转化为有效市场需求；另一方面，物流企业规模小，实力弱，功能单一，服务质量和效率难以满足社会化物流需要。这几年，我国第三方物流发展很快，但真正能够提供一体化服务的企业还不多。在如何促进生产流通企业外包。释放物流需求，物流企业增强供给能力和服务水平等方面，政府有关部门还缺乏有效的政策措施。

3. 基础设施的"瓶颈"制约更为突出。近年来，我国物流基础设施发展很快，但同物流需求的增长仍然不相适应，存在物流供给明显不足的"硬缺口"现象。2004 年，我国需要运输的实物量增长 20％左右，而实际完成的货运总量只增长了 10.6％，使货物在途时间延长，压港、压库现象严重。

我国铁路总营业里程居世界第三，完成工作量居世界第二，每公里铁路完成的货运量居世界第一，但仍然不能满足社会物流需求。全国各地每天向铁路部门申请车皮 15 万~16 万节，实际只能满足 9 万多节的需求。我国现有路网建设与社会发展需求的矛盾日益显现。按国土面积平均的路网密度算，每万平方公里拥有铁路，德国为 1009.2 公里，英国为 699.1 公里，法国为 538.3 公里，日本为 533.63 公里，而我国只有 74.89 公里，排在世界 60 位之后。按人口平均，我国每万人拥有铁路 0.56 公里，排在世界 100 位之后。

目前，我国90％以上的集装箱吞吐量集中在沿海主要港口，而集装箱吞吐能力的严重不足与港口集装箱业务需求快速增长已形成巨大反差，尤其是枢纽港吞吐能力不足的矛盾更为突出。同时，与港口连接的公路、铁路、内河航运等集疏运系统的不完善和不配套，也在一定程度上制约了我国集装箱运输的发展。

在这几年兴起的"物流热"中，各地规划了一些物流园区项目，也出现了借机"炒作"圈占土地搞房地产的问题，但真正投入运作的园区并不多，物流基础建设滞后的问题还很突出。其根本原因是，物流用固定资产投资实际增长幅度明显低于需求增长幅度。2004年物流基础设施固定资产投资总额为0.7万亿元，增长24.3％，增速比同期社会物流总额增长速度低5.6个百分点，也低于同期全社会固定资产投资增长25.8％的水平，尤其是供需矛盾最突出的铁路运输投资增幅只有16.5％。

4. 物流发展的环境需要进一步改善。一是体制方面的障碍。物流的产业形态和行业地位不明确，物流组织布局分散，物流资源和市场条块分割。地方封锁和行业垄断对资源整合与一体化运作形成体制性障碍。物流企业普遍反映，许多地方对本地企业和外地企业不能一视同仁，存在地方保护问题；物流企业在异地设立分支机构。承揽业务和车辆通行等遇到许多困难，纠纷时有发生；有的地方出台政策，要求货运企业统一进入指定的货场经营。

二是政策环境的影响。由于物流产业的复合性，与物流有关的政策分属不同部门，缺乏统一、透明的产业政策体系。虽然国家发改委等九部委已经出台了《关于促进我国现代物流业发展的意见》，但需要抓紧落实。例如不少企业反映，在工商行政管理部门缺乏明确标准，物流企业没有明确界定；在企业登记、发票使用、税收抵扣、企业资质评定等管理中，都有自有车辆数量的硬性规定，这是整合社会资源的一大障碍；物流企业业务外包时，营业税应征基数偏高，除运输费用以外其他外包的物流费用不能抵扣，大型物流企业异地分支机构还不能统一缴纳所得税；在养路费、运管费、货运附加费、过路过桥费等方面收费过高，企业负担重；由于各地限制货车进城，不少物流企业采用小型客车送货，既不安全又增加了成本，还影响到及时配送；从总体上来说，海关与动检、卫检、商检、外管局等相关部门还不能联动，与企业信息系统也没有接口，又不允许企业预录入，延缓了通关速度等。

三是市场竞争的"失信"和"失范"。目前，在许多地方存在着诚信缺失和无序竞争的问题。如有的执法机构和人员借机乱收费、乱罚款；甚至还有黑恶势力欺行霸市；企业间的恶性竞争、打"价格战"；招标中的不规范、"暗箱操作"等问题也比较严重。据河北、河南、山东等地的一些货运企业反映，在他们参加过的货运企业招标中，90％以上的招标价低于成本价。这些都影响着物流市场的发展和正常秩序的建立，需要抓紧解决。

二、中国物流发展展望

1. 发展的环境将更加宽松

2005 年，是全面落实科学发展观，巩固宏观调控成果，保持经济社会良好发展态势的关键一年，也是全面实现"十五"计划目标，衔接"十一五"发展的重要一年。各项改革将继续深化，经济将保持适度增长，增长方式进一步转变，结构调整的步伐将加快。以下几方面的因素，对物流发展环境的影响不可小视：

第一，经济社会发展对现代物流提出了新的要求。我国仍然处于工业化发展的中期阶段和基础设施建设的高潮时期，原材料、燃料物流的规模将继续扩张，但是不能走传统工业化的老路。要实现经济和社会协调发展，全面建设小康社会，农业产业化、农村城镇化以及构建和谐社会，实现可持续发展，都离不开现代物流的支持。现代物流将进一步促进我国的经济走向集约化和生产方式的转变，在物流总量快速增长的同时，社会生产、流通、消费对物流的速度和质量的要求越来越高，特别是在安全、环保、节约资源、以人为本等方面将有更新的要求。

第二，物流领域对外开放将迈开新的步伐。目前，全球最大的 500 家跨国公司中已有 450 家在中国投资，在中国投资的外商企业超过 50 万家。与此同时，我国不少企业走出国门，开拓国际市场。《2003 年度中国对外直接投资统计公报》（非金融部分）显示，截至 2003 年年底，中国企业已在 160 多个国家和地区投资设立了 7470 家企业，中方直接投资金额超过 332 亿美元。中国一批名牌企业率先"走出去"并取得成功。由国外企业"走进来"和国内企业"走出去"而引发的跨国物流需求迅速增长。如何从"物流大国"迈向"物流强国"，为"中国制造"建立一个"中国物流"支撑体系，是提高我国经济国际竞争力必须面对的紧迫课题，也是走新型工业化道路的重要内容。

第三，体制和政策环境将有实质性改善。如果说 2004 年国家发改委等九部委出台的《意见》是"热点话题"，那么 2005 年将会变为实际的行动。一方面，拟议中的"全国现代物流工作部际联席会议"将要开始工作，我国推进物流发展的综合协调机制在中央政府层面正式形成；另一方面，在"部际联席会议"推动下，国务院各有关部门将按照《意见》的精神制订更具操作性的细则。同时，国家将要召开首次"全国现代物流工作会议"，推出《全国现代物流业发展规划》。各地方、各部门和各有关行业就贯彻全国会议精神，预计都会有一些大的动作。

第四，现代物流因其符合科学发展观而备受关注。经过几年来的实践，企业、政府和社会各个层面对现代物流的认识不断普及和深化。特别是用科学发展观来衡量，发展现代物流业是贯彻科学发展观的重要举措，有利于降低社会流通成本，加快商品流通和资金周转，提高国民经济运行的质量和效益；有利于充分利用国内国外两种资源和两个市场，提高企业的国际竞争力，适应经济全球化和我国成为"世界制造中心"的需要；有利于推动信息技术在生产、流通及运输领域的应用，促进产业结构调整和技术升级，走新型工业化道路；有利于提高运输效率，降低能源消耗和废气排放，缓解交通拥堵，实现可持续发展；有利于促进城乡和地区间商品流通，满足人民群众对多样化、高质量的物流服务需求，方便人民生活；有利于建立与经济发展需要相匹配的物流服务体系，优化投资环境；有利于救灾应急，处理突发性事件，保障经济稳定和社会安全。

温家宝总理在十届全国人大三次会议上所作的《政府工作报告》中，提出了"坚持用科学发展观统领经济社会发展全局"的基本思路。现代物流因其符合科学发展观的要求，越来越受到社会各界广泛关注，发展的环境将更为宽松。

2. 物流市场将更加开放，各类企业的竞争将更加激烈

首先，物流需求的聚集和释放呈现多种方式并存的局面。一是物流外包的趋势会有所增强，但因诸多因素的影响，外包的规模和速度不会太快，特别是整体外包还需要假以时日。二是企业自建物流系统，扩大自营物流的趋势依然存在。一些大型企业、垄断性企业特别是商业连锁企业，仍将以自营物流为主。医药、烟草和电器等行业的动向有一定代表性。三是生产企业、流通企业与物流企业结成战略合作伙伴关系的势头会得到加强。这种方式既可以利用对方优势资源，又不会失掉对原有业务的掌控权，受到越来越多的巨头型企业的青睐，宝钢、海尔、长虹、中核集团、TCL 等，不约而同与中远物流结成战略合作关系，绝不是一时"心血来潮"。2005 年年初，又传来进口铁矿石价格上涨七成的消息，对我国钢铁企业以及下游企业的影响将是巨大的。在这样的背景下，生产企业、流通企业和物流企业的深度合作，显得尤其重要。

其次，跨国物流企业的战略调整将更加引人注目。随着 2004 年 12 月 11 日以后涉及物流的大部分领域全面开放，跨国物流企业将借机扩大在华业务。在投资方式上，他们会更多地选择独资的形式或通过增资扩股取得合资企业的控股权；在服务对象上，将不再局限于国外企业，会逐步向本土企业渗透；在投资地域上，将会立足于长三角、珠三角和环渤海地区等经济发达区域，逐步向东北和中西部扩展。许多外资企业把中国作为战略投资重点，早在几年前就已开始动作，2005 年将会迈出重要的步伐。跨国企业将倾向于把地区总部移师中国或自建物流系统，如麦当劳企业，面对中国缺乏铁路和公路的冷藏运输能力，着手建立自己的运输系统，以确保稳定的产品供应；可口可乐企业组建了自己的运输车队，通过企业自身物流系统完成的运输和实体配送已达总量的 50%。我国现代物流的推进过程，与对外开放、跨国企业进入紧密联系。因全球化趋势加强、我

国履行入世承诺而带来的跨国企业物流战略的调整，对 2005 年中国物流市场的重大影响将是不言而喻的。

最后，中国物流市场将面临重新洗牌的格局。随着中国市场全面开放，跨国企业凭借资金、技术和人才优势，弥补网络、低成本和本土化方面的缺陷，在中国获得较快发展，中国物流企业面临更大的竞争压力。因此，那些拥有完备物流网络、物流成本较低、能够对客户需求作出灵敏反应的物流企业将赢得客户的青睐，并获得生存和发展的机会。相反，那些不具备网络规模优势、运营成本高昂和对市场不能作出灵敏反应的物流企业将逐步被兼并、重组或淘汰出局。有这样几个趋势应该引起足够重视：一是构建经营性资产，成为许多企业做大做强的战略选择，资产实力强的企业更容易赢得客户与市场。二是外资收购内资和民营收购国有，有的以重组的方式进入，有的以重组的方式退出，更多的重组购并案，将会在 2005 年的中国物流市场发生。三是物流质量和效率将更加受到关注，物流管理、技术和服务创新将推动物流现代化进程。如区港联动、仓单质押、物流地产、多式联运等方式已经崭露头角，2005 年的发展将会更快。供应链管理、RFID 等新技术已进入国内，我们同样应该认真面对。

3. 中国物流业将会更快更好地发展

首先，经过二十多年发展特别是进入新世纪这几年的大力推动，中国物流无论在需求基础、供给能力、基础设施等"硬件"方面，还是在思想观念、人才准备、管理体制和政策法规等"软件"方面，都已经具备了加速发展的条件和环境。

其次，政府推动、企业运作、行业自律的模式将更加成熟。特别是经过这两年的准备，涉及物流行业发展的基础性工作，如物流规划、政策、标准、统计、信息、理论、科技等工作的推进体制已基本建立，具体的推进工作在 2005 年将会趋于完善。

再次，一些行业和地区物流发展继续加快，并向相关的行业和地区渗透和延伸。传统行业因为成本增加。竞争加剧，必然转向现代物流寻求出路；沿海地区、发达地区向欠发达地区实施产业转移，必然带动物流理念向这些地方扩散。

综上所述，2005 年的中国物流仍然会持续快速发展，预计全年社会物流总额的增长将在 20％以上，物流业增加值的增幅在 10％左右，物流成本占 GDP 的比重在平稳的基础上略有下降，现代物流总体运行质量和效益继续向好的方向发展，对经济社会发展的贡献会越来越大。

（作者单位：中国物流与采购联合会。原文载于《中国流通经济》2005 年第 6 期，被《人大复印报刊资料·商业经济》2005 年第 9 期全文转载）

应对危机　降低物流成本　彰显物流业影响力

宋　则

一、应对危机，彰显物流业影响力，而影响力就是最大的商机

为应对国际金融危机给我国造成的暂时困难，物流业被国务院列入了十大产业调整与振兴规划，其缘由可以列举很多，但根本原因在于物流业所具有的不可替代的强大影响力。

物流业影响力是指物流业支撑或改变国民经济、社会生产、就业需求和居民生活原有状态的能力，或国民经济、社会生产、就业需求和居民生活对物流业的依赖程度。这种影响能力或依赖程度的大小、强弱取决于相关管理体制、运行机制、产业政策和行业整体技术水平、管理水平、企业状况等。

物流业影响力包括物流业直接影响力和间接影响力（又称"溢出效应"或"外部性"）。直接影响力表现在对 GDP 的贡献额和贡献率、自身就业量和就业比重等方面；间接影响力表现在优化空间产业结构和时间经济流程、增进居民消费等方面。

多年以来，从文献综述和实际生活中看到，因物流业影响力的直接贡献比较直观，也有统计数据支撑，因而对物流业影响力的研究主要集中在其直接贡献上，而对于识别其间接贡献，即物流业对整个社会经济带来的外部效应或溢出效应方面则研究甚少。

实际上，作为关联性、基础性极强的复合型产业，物流业对经济增长的直接影响力远低于其对经济增长的间接影响力。以前的研究注重测算物流业对经济增长的直接贡献，对其外溢效应却没有实实在在地体现在统计数字之中，大大低估了物流业对经济增长的间接贡献。这也许是所有不太直观的服务业所具有的共同特征，也是包括物流业在内的服务业在各个国家后来居上、蓬勃发展的深刻缘由。最新动向显示，不太直观的服务业正在改变世界，也在改变原来"很表面、很直观、很物质"的农业和工业。所以，在合理的制度空间下，大力发展包括物流业在内的服务业，可更好、更有效率地促进农业和工业发展，获得更好的生活质量和更多的社会总福利。①

现代经济社会对物流业的依赖程度不断增强，其主要原因，一是从空间布局

---

① 宋则、赵凯：《商贸流通服务业影响力及作用机理研究》，《财贸经济》2009 年第 1 期，第 71 页。

来看，物流业中竞争性的订单外包机制推动了优胜劣汰、升级换代，直接或间接地优化了产业结构，使资源配置优化的成本不断降低；二是从时间顺序来看，物流业中高质量的快捷服务，储备信息支配储备商品，快节奏、精确化、高效率的物流和系统化的物流供应链等，直接优化了订单客户的时间流程，间接优化了相关产业的时间流程，使国民经济流程更加顺畅；三是物流业通过产业关联，直接间接地增加就业、提高收入、增进消费，直接增加物流业自身的就业和订单企业的就业，同时关联机制拉动相关产业的间接就业，从而增进收入和消费；四是物流业不仅属于生产性服务业，而且属于典型的民生产业，它通过城乡便利快捷、服务周到的消费品网络，使保障和改善民生的措施最终得以落到实处，使全社会、各阶层消费者的每一分钱转化为实实在在的即期消费，并以最方便、最低廉的寻找选择成本实现和完成这一消费过程。

活跃的经济应当是充满动感的经济。物流业强大、多向性的影响力归纳起来，就在于最大限度地减少各种"财富的沉淀和静止、资源的闲置和浪费"，提高所有时空节点中实际发挥作用的社会产品所占比重。从"物流智慧"所表述的这种新财富观及其政策含义观察，我国应着手做的事情很多，由政出多门、条条块块体制和政策造成的流程粗放、迟滞耽搁、跑冒滴漏、成本高昂状况随处可见，立竿见影的中近期效果和巨大潜力也蕴藏其中。所以，影响力就是最大的商机，解决这些问题恰好是物流业的重要使命。

有鉴于此，充分发挥物流业影响力，可最大限度消除经济存量中的闲置、损失和浪费，而一切存量的优化与盘活最终都是稀缺资源的节省和生态压力的减轻。这是新时期低成本应对危机的战略选择，有望突破存量困扰，切实解决国民经济存量中结构扭曲、流程紊乱、高耗低效、就业压力、消费瓶颈、信用缺失等问题，促进国民经济结构和流程发生积极变化，并可产生数万亿元的社会经济效益。

例如依托市场化、高效率、低成本的物流业支撑，通过结构优化调整，可缓解产能过剩、库存积压、优化结构，减少2万亿~3万亿元的产业结构性损失（目前仅钢铁产业一项，陈旧落后的过剩产能就超过1亿吨、数千亿元，加上产成品积压和上下游关联产业，结构性损失还要加倍）；依托物流业支撑，可加快经济节奏，额外节省至少1.5万亿~2万亿元的流动资本占用；提高物流效率，可额外降低至少1万亿~2万亿元的物流成本；依托物流业支撑，降低消费品物流成本，可让利于民、增进城乡居民即期消费，额外化解至少1.8万亿~2.5万亿元的购买力存量（目前仅农村购买力结余就达2.7万亿元）；强化物流业安全诚信快捷服务，可消灭逃废债务、商业欺诈、制假售假、商业贿赂、撕毁合同等造成的经济损失1万亿元。

为应对国际金融危机造成的暂时困难，中央及时作出了"保增长，保民生，扩内需，调结构"，"搞活流通，促进消费"和振兴物流产业等重大决策。可以说，对物流业寄予的厚望前所未有。因此，物流业尤其要在以下紧迫问题上发挥影响力。

第一，发展物流业，努力扩内需、促消费。特别是基于居民生活的商贸物流业，要能够直接快节奏地实现即期消费，创造未来消费，开发潜在消费。实际上，消费者每时每刻都离不开并强烈依赖商贸物流业。虽然个别商店及其商贸物流可能会因大环境恶化、经营不善而垮台，但商贸物流业和居民消费从来不会垮掉。那些在经济困难时期因洗牌加剧而垮掉的商贸、物流企业，特别是大型连锁零售企业及其物流配送体系，将为更多有效率的企业腾出发展机会和空间，从而实现商贸物流业和消费水平的整体提升与更大跨越（如业态创新）。可以说，壮大商贸物流业是今后促进消费、确保社会消费品零售总额增幅始终领先于 GDP 增幅的重要举措。

第二，努力为扩大就业发挥影响力。由于物流业的发展会拉动相关产业的中间需求，从而对整体就业产生巨大的乘数效应。因此，在国民经济遭遇暂时困难的时刻，着力保护事关民生且直接就业和间接就业容量十分巨大的现代物流业，将极大地缓解我国前所未有的就业压力。

第三，努力为渠道建设发挥影响力。开展事关民生的城市社区商业工程、万村千乡市场工程、农产品基地与连锁超市对接、家电下乡、汽车摩托车下乡等都需要安全诚信可靠的商贸物流服务企业，使渠道服务网络和物流配送先行，确保消费安全和食品安全，加强采购分销渠道和冷链建设。

二、应对危机，落实规划，彰显物流业影响力，从剔除物流体制性成本入手是最现实的选择之一

由物流业的关联复合型产业特点所决定，物流业影响力具有全局性，而降低物流的社会总成本则是物流产业展示业绩的最高体现。应对危机，落实规划，彰显物流业影响力，最大的外溢效应就是千方百计降低物流成本，让经济社会的方方面面从中受益。

降低物流成本是一项大战略，即使没有这场危机，彰显物流业影响力、降低物流成本也是事关全局的重大问题。目前，我国经济总量持续、快速增长，不仅带来了资源、能源和环境方面的巨大压力，而且越来越无法容忍陈旧、低效、粗放、高耗的商品流程，降低物流成本在经济规模急剧增大的情况下尤为迫切。我国社会物流总额绝大部分来自采掘加工制造业，相关的货运、仓储和管理等导致的社会物流总成本占当年 GDP 的比重始终偏高。这种状况表明，我国物流成本高昂，但降低成本的潜力巨大，只要在新时期、在应对危机中给予更多关注，并纳入国民经济节能降耗总体考虑中，寻求综合治理，就有望明显改观，并取得立竿见影的实效。

其中，尤其要将优化流程、大幅度降低采掘加工制造业的物流成本作为重中之重。因为，在社会总产品中，工业生产资料产品占75％，工业品物流总值占社会物流总值的85％以上，工业企业自采自销比重高达70％。这些产品的市场流通绝大部分是在工业企业之间直接进行的。而目前对工业企业为此而自行设置的采购、库存、储运、销售机构所引发的巨额投入以及成本和效率状况几乎胸中无数。这个深不见底的巨大黑洞正是我国物流效率低下、粗放扩张、流程恶化的要害所在，也是潜力所在。

我国物流成本节约的潜力巨大。根据国内有经验的物流服务商提供的资料，运用信息技术优化整合工业采购、库存、储运、销售、废旧物流程，可降低现有物流成本的50％～60％。据匡算，现阶段物流成本占GDP的比重每降低1％，则可在货物运输、仓储方面节能降耗3000亿～4000亿元。

节能降耗的近期重点在于运输成本，长期努力在于库存成本。从各国的经验看，如果没有重大技术突破，运输成本经过大幅度降低后会趋于稳定，而加快周转、降低库存则潜力无限。因此，要统筹兼顾、科学规划、率先改善大宗货物的流量、流向，运用信息技术，减少盲目性，讲求合理化，特别要注重铁路、公路、水路、海上、航空和管道等运输方式在各时空转换节点上的有效衔接。一位智者说过："落后通常是配套的。"作为讲求系统协同的物流更是如此。如果只有某一个环节的改进，如铁路提速或公路高速，而其他方面的配套措施跟不上，迟滞耽搁就会处处存在，最终结局注定还是整体的低效率。

在运输成本明显降低并趋于稳定的基础上，要将节能降耗的重点转向库存控制。为此，要对工业企业加快资本周转、降低物流成本、提高物流效率、消除库存积压、优化产品流程等提出指导性意见和具体要求，促进工业企业采购、销售、储运业务和流程的外包，推动社会化第三方物流服务商的发展，改变工业企业"家家有仓库、户户有车队"的落后低效局面，提高企业物流的社会化、专业化、集约化水平。

如果说落实规划的许多举措需长期努力才能见效的话，那么应对危机，降低、剔除物流的体制性成本则是最有针对性、见效最快的现实选择。

最新数据显示，2008年年底全国社会物流总额已经从1991年的3万亿元上升到89.9万亿元，年均增长23％；当年物流费用支出占GDP的比重已经从1991年的24％，下降到2008年的18.3％，绝对值达到5万多亿元。而美国物流费用一般占国内生产总值10％左右，假如我国物流技术管理水平达到美国的水平，则2008年物流费用支出就可低于3万亿元，可减少支出2万多亿元。而在这 2 万多亿元成本中，固然包含不同于美国等发达国家的"重化工业缘由"，但也隐藏着巨额的体制性成本。

所谓体制性成本是指因体制不合理、人为因素导致的原本可以避免的额外负担，因而是"最冤枉的成本"，是贯彻落实物流规划、发挥复合功能的最大障碍。

从管理机构纵向化、立体化和物流横向化、扁平化的矛盾角度讲，我国从计划经济体制演化而来的政出多门、自乱其制的管理体制，职能权限交叉、重复、遗漏已成痼疾顽症。从经济学观察，由此引起的物流成本属于物流的体制性成本，它有别于一般的物流管理成本。因为体制性成本带有纯粹人为的性质和既得利益背景，是一种额外负担。在原有统计框架下，尽管这种体制性成本带有隐蔽性特征，不容易独立识别出来，但是仍然可以断定它确实存在，并且可以断定，只要相关体制和政策得到改变，与之相对应的体制性成本就会即刻消失。如诸多过时的不合理审批制度、政策规定、收费庞杂、税制缺陷、行政垄断、地区封锁、标准混乱及其他人为障碍造成的物流开支都属此列。最典型的新案例是，由于既得利益集团抵制和乱收费屡禁不止，使"费改税"新政蜕变为"费加税"，使许多农产品绿色通道名不副实。[①] 为应对危机，减轻社会各界负担，剔除体制性成本是当务之急，理应率先纳入我国节能降耗的总体考虑中，并在执行各项产业振兴规划中予以特别的重视。

目前，人们积极从事物流的技术和企业管理创新值得赞赏和鼓励，但率先改变政出多门，从而改变物流标（准）出多门、规（划）出多门、互相掣肘的体制性状况更加迫切，而解决与物流相关的铁道、公路、航空、水运、海运、仓储、包装、统计、监管等几十个主管部门的体制性协调衔接，更是降低物流体制性成本的要害。体制性问题不解决，许多先进的物流技术和管理创新恐怕也会被迫搁置，就像不合理的体制性障碍使许多先进的环保技术设备被束之高阁，甚至闲置废弃一样。

总之，应对危机，落实规划，要率先落实规划中关于"改革物流管理体制"的各项措施，与此同时，要将工业企业流程优化和降低体制性成本作为应对危机、节能降耗、降低社会总成本的主攻方向，将降低商贸企业物流成本作为应对危机、关注民生、让利于民、扩大内需、促进消费的政策重点。

（作者单位：中国社会科学院财贸经济研究所。原文载于《中国流通经济》2009 年第 6 期，被《人大复印报刊资料·物流管理》2009 年第 9 期全文转载）

---

① 宋则、蔡胜勋：《铲除不合理的体制性成本 建立高效快捷的绿色通道》，《北京工商大学学报》2008 年第 5 期，第 1 页。

物流业的产业特征与发展问题

汪 鸣

国家《物流业调整和振兴规划》（以下简称《规划》）的出台，尽管有一定的偶然性，但也有其必然性，而且是必然性大于偶然性。因为经济达到一定规模后，需要转变经济发展方式，而物流则是转变经济发展方式一个很重要的手段，也是一种很重要的途径。

一、物流业的产业特征

对于物流业的产业特征，虽然理论界进行了近十年的探索，但从现在来看，实际上仍然没有真正完成这个过程。物流到底是一个什么样的产业，其发展内涵、外延及发展的途径、手段和方法仍然有必要进行研究。《规划》将其定为复合型产业，应该说在产业特征的认识方面向前迈进了一步。物流业的复合型特征主要体现在以下三个层面：

1. 各种物流的服务方式之间的融合。运输业、仓储业、货代业、信息业以及物流的金融、装配等服务方式与相关的产业组合，是多个环节综合管理运作的一种服务方式。

2. 与服务对象之间的融合。物流业通过供应链管理，与制造业、流通业之间建立了紧密的联系，是一种与服务对象形成供应链系统的现代管理与生产方式，我们称之为与服务对象之间的融合。

3. 管理与政策的融合。推进物流业发展不是单个部门就能完成的，需要多部门协同起来，为创造现代物流所需要的发展环境，实现管理手段和管理方法的变革，这种变革主要解决政府之间的协调问题，这种协调也叫做融合。而多部门协同发展服务产业，需要良好的适应服务融合的政府管理方式与政策环境。

《规划》提出的十大任务、九个重点工程以及九项措施，恰恰体现了以上三个方面的融合。正是基于这种高度的融合，所以从物流运作本身的角度来看，物流是一体化的管理，是将运输、仓储、配送及相关的信息管理作为一个系统进行综合控制、协调，以达到资源共享和在更高的水平上获取更大的企业效益和社会效益。

二、物流的实质

推进物流业发展的核心动力来自于对降低成本、提高效率和创新服务的追求。

1. 降低成本。通过物流管理技术应用与专业化服务，转变制造业、商贸流通业和物流相关服务企业的运作模式，降低全过程的综合物流成本，而不单纯是物流服务环节的成本。

2. 提高效率。通过企业物流管理流程再造以及物流企业的组织化服务，在物流网络化、规模化支持下，提高物流整体或相关环节的运行效率。

3. 创新服务。通过改造企业物流与物流企业的物流管理，实现企业生产与经营组织、服务的创新，提升企业的市场竞争力。

物流理论随着实践的发展不断演进，物流概念随着物流活动的增加不断丰富，物流模式随着经济的发展以及企业运作模式的变化不断丰富，日益多样化。每一种物流模式在降低成本、提高效率和创新服务方面都存在目标性和手段性差异，而正是这种差异，创造了物流模式和物流理论的多样性以及物流实践的复杂性。基于这种实质，从调整和振兴物流产业的角度看，需要推动发展的领域非常宽泛，需要做的事情也很多。

三、物流业的作用

物流业作用的真正发挥主要体现在四个方面：

1. 集成物流活动。不论是企业内部的物流管理、物流外包，还是物流企业开展的物流服务，都是将原材料采购、半成品及产成品的库存管理、运输、仓储、配送、包装等物流活动进行科学合理的集成，实现一体化运作与管理。而集成的动力来自于对成本、效率与服务目标的追求。换句话说，为了通过物流管理来控制成本，进而达到提高效益和创新服务的目标，必须完成物流各项活动之间的集成，没有这种集成，很难产生规模化效应下低成本的服务目标。

2. 整合物流资源。对物流活动进行集成，有利于对相关物流资源（仓库、运输设施、装备、人力、信息、资金等）在不同企业、不同地区及不同经济活动之间重新整合，以优化企业对资源的管理和控制，节约资源，提高资源利用效率。

3. 提供信息服务。物流业的作用还在于及时为经济发展和企业活动提供最新信息。现代物流是以信息化手段为支撑的系统，物流的信息化特征以及对各种物流活动进行系统管理的特点，使之可以在第一时间提供原材料、半成品及产成品各个环节、各种状态下的相关信息，为企业根据市场需求进行生产计划制订、存量管理、市场开发等方面的决策提供信息支持和服务，使企业可以按照物流在各活动环节体现出来的信息，在生产和流通过程中进行及时、精确的配送服务。

4. 实现资本增值。物流通过降低企业综合物流成本、实现存货合理控制、优化资金流等途径，实现节约企业经营成本进而创造更高价值的资本增值活动。也可以通过物流在更大范围内生产销售产品、提高资本回报水平而实现资本增值。这是发展物流的终极目标。

正是由于以上四个方面的作用，使得物流理论与实践结合研究方面出现了很多概念。这些概念应该从物流业的实质来加以认识。只有了解了物流的实质和作用，才能在认识物流理论、认识物流方法的时候，作出比较准确清晰的判断。

四、物流与宏观、微观经济的关系及加快物流业发展需要解决的问题

1. 物流与微观经济的关系。物流与微观经济的关系主要体现在两个层面：（1）与生产、流通企业的联动运作，可以帮助服务对象扩大市场范围和提高竞争力，并通过社会分工促使企业实现运作模式的创新与发展方式的转变。（2）与物流活动相关设施及服务企业的关系，主要通过系统、精细的信息化技术与装备的应用以及服务理念的提升，提高各相关传统产业企业的发展水平与服务质量。

2. 物流与宏观经济的关系。物流与宏观经济的关系主要体现在三个方面：（1）通过微观经济效益的提升，促进宏观经济整体运行效率的提高，降低经济运行成本，提高资源使用效率，使国民经济发展方式发生转变，提高经济发展质量与水平。这是国家关注物流非常重要的一个原因。我国之所以在金融危机的情况下出台《物流业调整和振兴规划》，是因为在金融危机的大背景下，企业更需要寻求成本下降空间和扩大市场上游空间，更需要自身服务模式的创新，而在经济非常热的时候推动物流业发展通常困难会大一些。（2）可以带动一定区域范围内（省、市、县）物流活动各相关产业整体实现升级，提高产业发展水平与质量。由于物流的作用，我们可以在一定区域范围内整体考虑区域性物流产业的发展，进而促进区域经济发展。（3）可在一定区域范围内（省、市、县），依托资源禀赋和区位优势，培育具有增量规模的现代物流产业，为区域经济发展提供新的增长点（区域物流枢纽城市、航运中心、运输枢纽等）。物流增加值是以其他行业或企业付出成本的方式得到的，在全国范围内片面追求物流增加值的增长可能会产生成本和理论上的障碍，但这并不排除在一定的区域范围内依托自身的地理优势和资源禀赋来发展全国性物流枢纽。因此，《规划》在区域物流系统划分的基础上对物流节点也进行了界定。当然，真正的物流枢纽无论是全国性的还是地区性的，都不是可以通过国家划分而得到的，而必须通过竞争来赢得。

3. 加快物流业发展需要解决的问题。物流业的特征、作用及其与微观、宏观经济发展的关系，决定了在一定区域范围内（国家、省、市、县）发展物流业的重要价值和意义，但加快发展需要解决如下几个方面的问题：（1）生产、流通企业的物流技术应用问题，这是发展现代物流的关键；（2）物流活动相关设施功能提升与服务企业模式转型问题；（3）一定区域范围内物流产业发展的定位问题，这是改善经济发展环境的物流提升，也是环境与产业增长点的培育；（4）与前面三者相匹配的政策与产业发展环境。

五、对《物流业调整和振兴规划》的解读

1. 指导思想、原则和目标。规划的指导思想是：以邓小平理论和"三个代表"重要思想为指导，深入贯彻落实科学发展观，按照保增长、扩内需、调结构的总体部署，以应对国际金融危机对我国经济的影响为切入点，以改革开放为动力，以先进技术为支撑，以物流一体化和信息化为主线，积极营造有利于物流业发展的政策环境，加快发展现代物流业，建立现代物流服务体系，以物流服务促进其他产业发展，为全面建设小康社会提供坚实的物流体系保障。

规划的基本原则有六：（1）立足应对危机，着眼长远发展。既要应对国际金融危机，解决当前物流业发展面临的突出问题，保先进生产力，保重点骨干企业，促进企业平稳发展；又要从产业长远发展的角度出发，解决制约物流产业振兴的体制、政策和设施瓶颈，促进产业升级，提高产业竞争力。（2）市场配置资源，政府营造环境。充分发挥市场配置资源的作用，调动企业积极性，从满足物流需求实际出发，注重投资的经济效益。政府要为物流业发展营造良好的政策环境，扶持重要物流基础设施项目建设。（3）加强规划指导，注重协调联动。统筹国内与国际、全国与区域、城市与农村物流协调发展，做好地区之间、行业之间、部门之间物流基础设施建设与发展的协调和衔接，走市场化、专业化、社会化的发展道路，合理布局重大项目。各地区要从本地区经济发展的实际出发，因地制宜，统筹规划，科学引导物流业的发展，防止盲目攀比和重复建设。（4）打破分割封锁，整合现有资源。改革现行物流业相关行业管理体制，打破部门间和地区间的分割和封锁，创造公平的竞争环境，促进物流服务的社会化和资源利用的市场化，优先整合和利用现有物流资源，提高物流设施的利用率。（5）建立技术标准，推进一体化运作。按照现代物流理念，加快技术标准体系建设，综合集成仓储、运输、货代、包装、装卸、搬运、流通加工、配送、信息处理等多种功能，推进物流一体化运作，提高物流效率。（6）创新服务方式，坚持科学发展。以满足生产者和消费者不断增长的物流需求为出发点，不断创新物流服务方式，提升服务水平。积极推进物流服务信息化、现代化、合理化与企业社会责任建设，严格节约用地，注重节约能源，保护环境，减少尾气污染和交通拥堵，保证交通安全，实现经济社会可持续协调发展。

2. 规划目标。力争在 2009 年改善物流企业经营困难的状况，保持产业的稳定发展。到 2011 年，培育一批具有国际竞争力的大型综合物流企业集团，初步建立起布局合理、技术先进、节能环保、便捷高效、安全有序并具有一定国际竞争力的现代物流服务体系，物流服务能力进一步增强；物流的社会化、专业化水平明显提高，第三方物流的比重有所增加，物流业规模进一步扩大，物流业增加值年均递增 10％以上；物流整体运行效率显著提高，全社会物流总费用与 GDP 的比率比目前的水平有所下降。

3. 十大主要任务。（1）积极扩大物流市场需求；（2）大力推进物流服务的社会化和专业化；（3）加快物流企业兼并重组；（4）推动重点领域物流发展；（5）加快国际物流和保税物流发展；（6）优化物流业发展的区域布局；（7）加强物流基础设施建设的衔接与协调；（8）提高物流信息化水平；（9）完善物流标准化体系；（10）加强物流新技术的开发和应用。

4. 九大重点工程。（1）多式联运、转运设施工程；（2）物流园区工程；（3）城市配送工程；（4）大宗商品和农村物流工程；（5）制造业与物流业联动发展工程；（6）物流标准和技术推广工程；（7）物流公共信息平台工程；（8）物流科技攻关工程；（9）应急物流工程。

5. 九项政策措施。（1）加强组织和协调；（2）改革物流管理体制；（3）完善物流政策法规体系；（4）制订落实专项规划；（5）多渠道增加对物流业的投入；（6）完善物流统计指标体系；（7）继续推进物流业对外开放和国际合作；（8）加快物流人才培养；（9）发挥行业社团组织的作用。

虽然《规划》中提出了十大任务、九大工程和九项政策措施，但我们还要从理论层面论述三大方面的理论问题，只有这些问题解决好了，我们在推动物流发展时，才会更加顺利，推动物流业发展所取得的效益才更大。

（作者单位：国家发展和改革委员会综合运输研究所。原文载于《中国流通经济》2009 年第 7 期，被《人大复印报刊资料·物流管理》2009 年第 10 期全文转载）

中国物流业税收负担水平分析

王冬梅　鞠颂东

税收负担问题历来是关系国计民生的最尖锐、最敏感的问题之一。因为它不仅构成了一个国家税收政策与税收制度的核心，还与一个国家的经济增长和社会稳定密切相关。现代物流业作为新兴的生产性服务业，已成为推动经济发展的加速器。同时，我国现代物流业尚处于发展阶段，发展潜力很大。政府需要对物流业发展进行有效的财税政策的扶持。国家对物流业的税收扶持应建立在对物流业税收负担水平正确评价的基础上，合理确定扶持力度，以更好地达到效果。因此，对我国物流业税收负担水平进行分析研究具有非常重要的意义。

一、用传统方法对物流业税收负担的分析

以往行业税收负担分析相关研究往往利用传统方法计算某个行业的税收负担水平及社会宏观税收负担水平，进行比较之后得出该行业税收负担水平高低的结论。[①]

1. 我国宏观税收负担水平的计算。宏观税收负担指一个国家总体的税收负担水平，一般通过一个国家一定时期内税收收入总量占国内生产总值（GDP）的比重来反映。计算公式为：

宏观税收负担水平＝全国税收收入/当年度国内生产总值（GDP）

我国近几年的税收收入、国内生产总值（GDP）及宏观税收负担水平如表1所示。

表1　我国宏观税收负担水平评价表

单位：亿元

项目＼年份	2004 年	2005 年	2006 年
一、税收收入合计	25718.00	30865.80	37636.30
二、国内生产总值	159878	183863	209407
三、宏观税收负担水平	16.09％	16.79％	17.97％

资料来源： 国家税务总局、国家统计局网站。

从表1可以看到，我国 2004～2006 年宏观税收负担水平分别为 16.09％、16.79％和 17.97％，呈逐年上升趋势。

---

① 孙玉栋：《中国税收负担问题研究》，中国人民大学出版社 2006 年版，第 20～22 页。

2. 利用传统方法对物流业税收负担水平进行分析。2007 年，中国物流与采购联合会及国家发展和改革委员会经济运行局对物流税收试点企业进行了问卷调查，调查样本企业的营业收入、营业税和纳税总额，共收到有效调查问卷 30 份。本文以这 30 家物流企业为样本，利用传统税收负担评价方法对样本企业的税收负担水平进行分析。传统税收负担水平分析公式为：

行业税收负担水平＝该行业税收支出/该行业增加值

（1）对样本数据进行加工处理。为使分析结果合理，在分析过程中对数据进行如下加工处理：

一是对物流企业增加值进行测算。由于调查资料中没有企业增加值的数据，本文借助物流业增加值率计算样本物流企业增加值。样本物流企业增加值计算公式如下：

样本物流企业增加值＝样本物流企业营业收入×物流业增加值率

其中，物流业增加值率反映了整个物流业增加值的平均比率水平，它是物流业总增加值占物流业总营业收入的比例。根据中国物流与采购联合会公布的2004～2006 年物流业增加值及营业收入，计算 2004～2006 年物流业增加值率，分别为 28.23％、37.06％和 36.75％。

二是对样本企业纳税总额进行计算与调整。30 家样本企业为物流试点企业。由于物流试点工作尚处于初级阶段，试点企业仅占物流企业的很小一部分。因此，为了更为客观地反映物流业整体税收负担情况，本文对物流试点企业所享受的试点税收优惠进行了剔除。

（2）用传统方法对样本物流企业税收负担进行计算和评价。利用传统方法对30 家样本物流企业税收负担进行计算，具体如表 2 所示。

表 2　样本物流企业税收负担水平分析表

单位：亿元

序号	项目　　　　　年份	2004 年	2005 年	2006 年
1	样本物流企业不考虑试点因素纳税总和	8.334	9.56	13.0122
2	样本物流企业营业收入总和	213.46	264.33	338.44
3	物流业增加值率	28.23％	37.06％	36.75％
4	样本物流企业增加值（4=2×3）	60.26	97.98	124.40
5	样本物流企业税收负担水平（5=1/4）	13.83％	9.76％	10.46％

注：数据根据中国物流与采购联合会 2007 年物流税收试点企业问卷调查统计资料计算而得。

根据表 1 和表 2 的计算结果，样本物流企业税收负担水平与全国宏观税收负担水平的比较如图 1 所示。

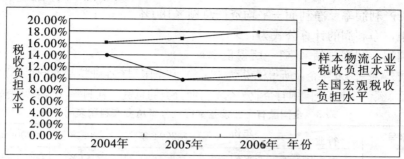

图 1　样本物流企业税收负担水平与全国宏观税收负担水平比较

从图 1 可以清楚地看到，样本物流企业 2004～2006 年的税收负担水平均低于全国宏观税收负担水平。

3. 传统评价方法存在的问题。利用传统方法对物流业税收负担水平与全国宏观税收负担水平进行评价，得到的结论是物流业的税收负担基本处于全社会中等水平，略低于全国宏观税收负担水平。本文认为，利用传统方法对物流业税收负担水平进行评价的时候，没有考虑如下两个因素：

（1）行业资本构成——固定资产折旧的因素。传统方法用行业税收支出占行业增加值的比例进行分析。增加值是企业全部生产活动的总成果扣除生产过程中消耗或转移的物质产品和劳务价值后的余额，是企业生产过程中新增加的价值。增加值可通过以下公式进行测算：

增加值＝劳动者报酬＋固定资产折旧＋生产税净额＋营业盈余

也就是说，增加值包括生产过程中发生的固定资产折旧。然而折旧并不能增加企业的赢利。在利润额相同的情况下，某行业固定资产投资比例越高，固定资产折旧越多，增加值就越大，用传统方法计算的税收负担水平就越低。物流业资本有机构成较高，固定资产投资比例很高，工业增加值较高，利润较低。

（2）行业利润率因素。传统税收负担水平评价方法没有考虑行业利润率因素。由于各行业的投入水平及投入结构不同，其取得相同利润所投入的生产要素存在差异，因而不能简单利用传统方法对某行业税收负担轻重进行评价。

基于以上两点，本文将对物流业利润率加以进一步分析，通过计算物流业利润率与社会平均利润率的差异，对传统行业税收负担水平评价方法进行修正。

二、物流业利润率的评价

由于收集不到物流企业相关研究所需的基础数据，本文用物流相关行业——交通运输仓储业相关数据进行替代，以全国国有企业及全国国有企业按基本行业分类的交通运输仓储业作为样本。

物流业利润率与全社会利润率采用总资产利润率指标。总资产利润率的计算公式是：

总资产利润率＝净利润÷平均资产总额×100％

其中，净利润的计算公式为：

净利润＝利润总额×（1－所得税率）

根据 2004～2006 年企业所得税税率（33％）和全国国有企业按基本行业分类的总资产、利润总额，[①] 计算全国国有企业按基本行业分类的总资产利润率，结果见表 3。

表 3　全国国有企业按基本行业分类总资产利润表

序号	行业　　　　　年份	2004 年	2005 年	2006 年
1	全国所有行业平均	2.16％	2.51％	2.95％
2	农林牧渔业	0.27％	0.43％	0.74％
3	工业	2.97％	3.33％	3.69％
4	建筑业	0.25％	0.48％	0.66％
5	地质勘探及水利业	0.11％	－0.23％	0.51％
6	交通运输仓储业	0.71％	1.28％	1.22％
6.1	其中：铁路运输	0.58％	1.41％	0.71％
6.2	道路运输	1.22％	1.10％	1.26％
6.3	水上运输	6.15％	7.19％	5.67％
6.4	航空运输	1.61％	0.94％	1.19％
6.5	仓储业	－2.43％	－1.01％	－0.17％
7	邮电通信业	4.11％	4.78％	5.03％
8	批发和零售、餐饮业	2.68％	3.32％	5.16％
9	房地产业	1.04％	1.29％	1.45％
10	信息技术服务业	1.40％	0.95％	2.47％
11	社会服务业	1.21％	1.56％	1.23％

数据来源：根据《中国财政年鉴（2007）》相关数据计算而得。

由表 3 可以看到，交通运输仓储业的总资产净利润率低于全国所有行业的平均水平。物流业属于生产性服务业，在市场关系中处于服务从属地位，在市场竞争的作用下，物流业的服务特性决定了它不可能获得高额利润。此外，由于物流业是一种复合型产业，需要大量的社会资源与经济资源，物流服务需要相应的基

———————

① 中华人民共和国财政部、中国财政杂志社：《中国财政年鉴（2007 年卷）》，中国财政杂志社出版社 2007 年版，第 431～436 页。

础设施，这些设施投资大，周期长，回报率低。物流产业低利润率、低回报率、投资周期长的特点，决定了其不能承担较重的税收负担。[①]

中国物流与采购联合会的统计资料显示，由于利润率低甚至亏损，导致部分中小物流企业开始退出物流行业。很多随着物流升温而快速进入物流市场的企业，正面临物流市场的微利性特征，而处于进退维谷的两难境地。[②]

三、差额利润修正法的提出与应用

1. 差额利润修正法提出的理论依据。按照马克思政治经济学原理，各行业的投入相同，取得的利润也应当相同，这就形成了所谓的社会平均利润率，它是部门之间竞争的结果。它使各个部门之间原本不一致的利润率趋于一致，从而形成平均利润率。可以说全社会利润率趋于一致是社会经济发展的必然趋势。"由于各个部门的利润率不同，资本会从利润率较低的部门抽走，投入到利润率较高的其他部门。通过这种不断的流出和流入，总之，通过资本在不同部门之间根据利润率的升降进行的分配，供求之间就会形成这样的一种比例，以致不同的生产部门都会有相同的平均利润率"。[③]

为促进资本流动，避免市场盲目竞争，税收作为政府调节经济的主要手段，应发挥调节行业利润率的作用。因此，对实际利润率较高或政府控制发展的行业，应提高税收负担，增加税收；对实际利润率较低或政府鼓励发展的行业，应降低税收负担，减少税收。目前物流业是政府鼓励发展的行业，其行业利润率不应低于社会平均水平，否则将导致资金从物流业流出。政府对物流业征税的最大限度是征完税以后，物流业的利润率等于社会平均利润率。

考虑到传统行业税收负担水平评价方法存在的缺陷，本文通过对物流业利润率水平与社会平均利润率水平进行比较分析，以利润率水平为基础，采用差额利润修正法对物流业税收负担水平进行综合评价。

2. 差额利润修正法评价的步骤。差额利润修正法以社会平均利润率作为基本参照系，根据物流业的收益状况，对该行业税收负担轻重进行综合分析与评价。具体方法和步骤如下：

（1）计算物流业的总资产利润率。

（2）计算全社会平均利润率。

（3）计算物流业理论利润：

---

① 崔忠付、贺登才等：《中国物流业税收管理研究》，2008 年 6 月 5 日，见 http：// www. chinawuliu. com. cn / cflp / newss / content / 200806/ 35 _ 6808. html。

② 陆江：《2007 年中国物流业发展特点及 2008 年展望——在 2008 中国物流发展报告会暨第 15 次中国物流专家论坛上的演讲》，2008 年 1 月 25 日，见 http：//www. chinawuliu. com. cn/cflp/newss/content/ 200801/35 _ 6554. html。

③ 《马克思恩格斯全集》第 25 卷，人民出版社 1972 年版，第 181 页。

物流业理论利润＝物流业资产总额×社会平均利润率

（4）计算物流业所取得的差额利润：

物流业差额利润＝物流业实际利润－物流业理论利润

差额利润为负值时，该行业实际利润率低于社会平均利润率。

（5）计算物流业应纳税额：

物流业应纳税额＝物流业平均应纳税额＋物流业差额利润

其中：

物流业平均应纳税额＝物流业利润总额×社会平均税收负担

社会平均税收负担＝全部税收收入/利润总额

（6）物流业税收负担评价。把物流业实际缴纳税额与物流业应纳税额进行比较，如果实际缴纳税额大于应纳税额，税收负担重，应当减税；如果实际缴纳税额小于应纳税额，税收负担轻，应当加税。

（7）计算增税或减税的幅度。利用多缴或少缴税金占物流业收入或利润的比例，计算加税或减税的幅度。

3. 利用差额利润修正法对交通运输仓储业税收负担进行评价。根据全国国有企业按基本行业分类总资产利润率以及全国国有企业按基本行业分类物流相关行业——交通运输仓储业的利润总额、上缴税金总额、主营业务收入资料，[①] 利用差额利润修正法计算其税收负担水平，具体计算过程及结果见表 4。

表 4　交通运输仓储业税收负担水平评价计算表

序号	项目　　　年份	2004 年	2005 年	2006 年
1	所有行业平均总资产利润率（%）	2.16	2.51	2.95
2	交通运输仓储业总资产利润率（%）	0.71	1.28	1.22
3	差额利润（亿元）	−474.30	−446.11	−686.38
4	社会平均税收负担水平（%）	1.37	1.23	1.15
5	物流业平均应纳税额（亿元）	471.13	845.83	834.64
6	交通运输仓储业应纳税额（3＋5）（亿元）	−3.18	399.72	148.26
7	交通运输仓储业实际缴纳税额（亿元）	435.10	462.10	605.20
8	交通运输仓储业多缴税额（6－7）（亿元）	438.28	62.38	456.94
9	交通运输仓储业应当减税幅度（%）	4.52	0.56	3.71

数据来源：根据《中国财政年鉴（2007）》相关数据计算而得。

---

①　中华人民共和国财政部、中国财政杂志社：《中国财政年鉴》2007 年卷，中国财政杂志社出版社 2007 年版，第 431~436 页。

由表 4 可以看到：

（1）由于我国交通运输仓储业的利润率低于全国所有行业的平均水平，所以交通运输仓储业的差额利润为负值，即交通运输仓储业的赢利能力较低，在资金投入相同的情况下取得的利润低于社会平均水平。

（2）按照社会平均税收负担（全部税收收入/利润总额）计算的交通运输仓储业应纳税金与实际缴纳税金基本相当，所以利用传统方法计算得到的交通运输仓储业税收负担水平在所有行业中处于中等水平。

（3）如果把交通运输仓储业高投入、低利润的情况考虑进来，要使交通运输仓储业的利润率达到社会平均水平，该行业实际缴纳的税金就会超过应纳税额，所以应对该行业减税。

（4）对于交通运输仓储业减税的幅度，如果用"多缴税金/主营业务收入"来计算的话，2004～2006 年的减税幅度分别为 4.52％、0.56％和 3.71％。

四、研究结论及有待进一步研究的问题

1. 研究结论。通过对全社会、物流业、交通运输仓储业纳税及赢利情况进行研究分析，得出以下结论：

（1）利用传统方法（行业税收支出/行业增加值）计算，物流业的税收负担低于全国宏观税收负担水平。2004～2006 年样本物流企业的税收负担水平分别为 13.83％、9.76％ 和 10.46％，全国宏观税收负担水平分别为 16.09％、16.79％和 17.97％。

（2）如果把行业利润率因素考虑进来，可以看到，目前我国物流业税收负担水平与自身利润率水平相比非常高。交通运输仓储业的总资产利润率低于社会平均水平，为保证资金不从交通运输仓储业流出，政府应对该行业减税。按"多缴税金/主营业务收入"计算，2004～2006 年平均减税幅度为 2.93％。

本文的研究结果表明，我国物流业赢利能力较差，为促进物流业发展，国家应对该产业实施进一步的税收优惠政策，否则我国物流业仅仅依靠自身努力很难发展壮大。

2. 有待进一步研究的问题。由于物流业统计资料匮乏，在对部分内容进行分析时用物流相关行业——交通运输仓储业的统计数据进行替代。虽然物流业与交通运输仓储业存在某些差异，但运输、仓储是物流业最基本、最主要的功能，所以数据替代不会对研究结果产生太大影响。

（作者单位：北京交通大学经济管理学院。原文载于《中国流通经济》2009年第 1 期，被《人大复印报刊资料·物流管理》2009 年第 4 期全文转载）

物流金融发展趋势研究

刘桂英

资金周转是生产、流通企业的生命线，但由于多方面的原因，资金链一旦运转不灵，就会对企业造成致命伤害，这样的例子不胜枚举。与此同时，物流金融作为一种新型融资模式，正在成为金融机构和物流企业共同关注的目标。物流金融是将物流服务与金融服务有机结合为一体，同时也将物流与资金流有效结合在一起的新型业务。在整个供应链中，银行委托第三方物流企业向供应链中的企业提供一种集金融和物流为一身的创新型服务模式，即包括金融服务的物流服务。这样，物流企业在原有业务的基础上还为客户提供间接或直接的金融服务，不仅能促进银行和企业的共同发展，使合作双方的核心竞争力得以充分发挥，还能提高供应链的整体绩效以及客户经营和资本运作的效率。[①]

一、我国发展物流金融的市场需求分析

1. 中小企业融资难的需求。目前我国企业的数量日益增长，在企业的整个经济活动中，从原材料制造到商品最终送达消费者手中的整个供应链过程中都存在大量库存，虽然合理的库存可以满足顾客的需求，应付供货周期与制造周期不匹配的问题，但库存需要相应的资金成本。企业在发展过程中面临的最大威胁就是流动资金不足，而存货会占用大量资金，有可能使企业处于流动资金不足的困境。这种资金不足的风险在中小企业的发展过程中表现得尤为明显，往往会成为制约其发展的瓶颈。

有关调查研究表明，近年来我国在政策法律上对中小企业的支持力度不断加大，但融资难问题尚未解决，原因是担保体制出现了问题，所有的法律和政策都指向了不动产抵押。作为中小企业，没有多少不动产，手里掌握着大量动产，但在银行方面却不能作为抵押，这是导致中小企业融资难的主要原因。创业板的开设引发了众多中小企业的激情，然而，尽管创业板门槛比主板低，但对绝大多数中小企业来说，创业板仍然可望而不可即。

有效担保抵押物的缺乏和资本市场上融资能力的不足使许多企业产生了利用动产融资的需求。因此，中小企业融资迫切需要闯出一条新路。

2. 第三方物流企业增强竞争力的需求。我国物流企业众多，致使行业竞争

---

① 李静宇：《物流金融企业融资的金钥匙》，《中国储运》2007 年第 1 期，第 58～63 页。

日益激烈。1999～2002 年，我国以"物流"名义注册的企业有 73 万家，众多物流企业切分物流这块蛋糕，必然会导致物流业的竞争日益激烈。而目前即使我国最大的物流公司所占的市场份额也没有超过 8 亿元的规模。世界贸易组织对中国企业的过渡性保护措施已经全部取消，国内物流企业面临着跨国物流巨头的全面冲击。在对外开放不断深入和引进外资不断增加的背景下，跨国企业及其物流与供应链伙伴在我国市场的运作，给本土物流企业的生存和发展带来了很大的压力。虽然我国物流市场需求潜力巨大，但国内物流企业的服务还跟不上市场发展的要求，服务理念落后，服务品种有限，专业化水平不高，资源整合能力不强，应变能力较差。例如，虽然目前我国每年的进出口量很大，但运输基本上是两头在外，而外方一般都指定外国班轮公司和货运代理公司安排运输，这意味着我国物流企业在进出口物流领域仍封闭在本土市场，导致国际竞争力下降。

企业之间竞争的结果是导致物流服务利润下降，当今，国际物流巨头们认为，对卡车运输、货物代理和一般物流服务而言，激烈的竞争使利润率下降为平均只有 2% 左右，已无进一步提高的可能。而对供应链末端的金融服务来说，由于目前各家企业涉足较少，发展空间巨大，于是包括联合包裹服务公司（UPS）在内的几家跨国物流商在业务中都增加了金融服务，并将其作为争取客户和提高利润的一项重要举措。

面对日益激烈的行业竞争和国内外同行的压力，我国物流企业开始开辟新的服务业务。为了谋求生存和发展，我国第三方物流企业纷纷在物流活动中提供金融服务，以提高企业竞争力，促使物流企业从传统物流向现代物流转变。

3. 银行金融创新的需求。当前银行所面临的内部压力，一方面是大量存款集聚，另一方面是贷款资产质量不高，呆坏账比例居高不下。如何提高贷款质量，控制贷款风险，发展新的业务成为银行关注的首要问题。传统的银行质押业务需要企业提供信用或固定资产抵押，而目前我国企业的信用状况令人担忧，特别是中小企业尽管有较大的融资市场，但由于企业自身固定资产规模偏小等原因，使得银行贷款业务处于一种"想贷而不敢贷"的状况，无法满足如此众多企业的融资需求。

同时，银行还面临着外部竞争的压力。我国加入世界贸易组织以后，所有的外国银行都能经营人民币业务。早在 21 世纪初，花旗和汇丰这两家世界上最重要的银行就提出要占领我国的中小企业市场，它们深知我国中小企业目前的情况，也知道我国信贷环境差的现实，更知道我国中小企业市场潜力巨大，需要重新洗牌。

与传统金融相比，现代金融最为重要的特征就是金融创新。金融创新对社会经济生活的各个方面都将产生巨大的影响。物流金融业务创新进一步推动物流业朝着多样化、综合化、个性化的方向发展。近年来，金融业在存款、贷款、结算方式等方面的不断创新，使得客户可以在同一账户下灵活地调度资金，也使得企业资金的运用更加便利。金融业务可以根据企业需要，为企业提供"量身定做"的各项新型业务，从而推动现代物流业最大限度地满足客户的各种需求，而金融企业本身也可以在推动物流企业发展的同时获得较好的收益。金融机构的发展需要物流金融。

二、物流金融业务创新

对金融机构而言，如何在实际融资活动中降低风险最为重要，而在银行和中小企业之间似乎隔着一条河，双方都有需求，却不能很好地进行沟通。如何才能使双方更好地进行沟通呢？掌管着企业物流的机构应当成为最直接、最有效力的发言者。企业可以通过分立、合并、兼并、重组、托管、联营等方式进行产权、经营权的交易，但实际商品的流通渠道是不变的。作为企业需要考虑如何将沉淀的资金盘活；作为金融机构的银行需要考虑如何控制风险，需要了解抵押物或质物的规格、型号、质量、原价和净值、销售区域、承销商等，需要察看权力凭证原件，辨别真伪。这些工作都超出了金融机构的业务范围。

基于以上原因，物流企业应作为第三者介入融资过程中。由于商品的规格型号、质量、原价和净值、销售区域、承销商等有关情况本来就为物流企业所熟知，物流企业可以通过库存和配送管理对库存的变动、流动的区域等情况做到了如指掌，因此为客户提供金融担保服务应成为一项物流增值服务项目。发展物流金融已成为我国物流企业发展所必需的业务。联合包裹服务公司就是一个很好的例子，它的老总就曾经说过："物流业的未来决胜点在于金融服务，谁能掌握金融服务，谁就能成为最终的胜利者。"

对物流企业而言，物流金融业务使物流企业得以控制整个供应链，保证特殊产品的运输质量并长期稳住客户。在供应链管理模式下，企业逐渐开始强调跨越企业界限的整合，使得顾客关系的维护与管理变得越来越重要。物流管理已从物的处理提升到物的附加值方案管理，传统物流已无法满足企业的需要了。因此，随着物流业务的发展，物流金融就自然产生了。物流金融的出现对金融业、物流业以及企业都产生了深刻的影响。

由物流供应商作为担保方进行操作，以商品进行抵押、保兑仓业务是可行的，沿海经济发达地区的物流企业与金融机构已经广泛开展了这项业务。目前，物流金融运作模式包括以下三种：①

1. 仓单质押贷款模式。仓单质押贷款是制造企业把商品存储在物流企业的

---

① 顾建强、王锐兰：《金融物流——现代物流服务的新领域》，《产业经济》2006 年第 1 期，第 22～23 页。

仓库中，物流企业向银行开具仓单，银行再根据仓单向制造企业提供一定比例的贷款，物流企业代为监管商品。这也是目前我国物流业开展的主要金融业务。开展仓单质押业务，既可解决货主企业流动资金紧张的困难，也能确保银行放贷安全，又能拓展仓库服务功能，增加货源，提高效益，可谓一举多得。作为传统储运向现代物流发展的一个延伸业务，仓单质押业务在得到越来越多企业认可的同时，也被看成了一种金融产品。实践证明，仓单质押业务比较适合目前我国物资流通企业融资难、银行放贷难的市场现状，能较好地解决银行和企业之间的矛盾。它以仓储企业作为第三方担保人，能有效规避金融风险，在相当长一段时间里，解决我国信用体系不健全的问题。

2. 统一授信模式。统一授信就是银行把贷款额度直接授权给物流企业，再由物流企业根据客户的需求和条件进行质押贷款和最终结算。物流企业按照企业信用担保管理的有关规定和要求，向银行提供信用担保，并直接利用这些信用额度向相关企业提供灵活的质押贷款业务，银行则基本上不参与质押贷款项目的具体运作。该模式精简了贷款流程，节省了中间步骤，提高了运作效率，有利于企业更加便捷地进行融资，也有利于提高银行对质押贷款全过程的监控能力，从而更加灵活地开展质押贷款服务，降低贷款风险。开展统一授信的方式可提高物流金融的效率。

质押贷款手续复杂，所需时间较长，无疑会降低资金的周转速度，增加仓单质押的风险，因此提高金融服务的效率，使仓单质押变成一种简便、可控性好的融资模式是今后物流金融服务发展的方向。

3. 直接融资模式。在第三方物流企业的物流业务流程中，当第三方物流企业为发货人承运一批货物时，第三方物流企业首先代提货人预付一半货款，而提货人取货时则交付给第三方物流企业全部货款。在第三方物流企业将另一半货款交付给发货人之前会产生一个资金运动的时间差，即这部分资金交付之前有一个间隔期，在资金间隔期内，第三方物流企业等于获得了一笔便利的资金。这笔资金不仅可以在交换时行使支付功能，而且这种资本的运动是紧密服务于物流的。这不仅会加快客户流动资金的周转，有助于改善客户的财务状况，为客户节约存货持有成本，而且可以为物流企业带来比其他模式更高的利润。

这种模式可解决资金流的时间差问题，风险系数也较大，在国外结算业务中运用得非常广泛，但由于我国信用体制不完善，这种模式操作起来还具有一定难度。

发展物流金融业务可以为贷款相关人带来各种利益，可谓"三赢"之举。第一，货主公司利用仓单质押向银行贷款，可以解决公司经营中遇到的融资难题，争取更多流动资金用于周转，扩大经营规模，提高经济效益。第二，银行等金融机构开展仓单质押业务可以增加放贷机会，培育新的经济增长点，这是因为有仓单所代表的货物作为抵押，贷款风险会大大降低。第三，仓储公司可以利用能够为货主公司办理仓单质押贷款的优势，吸引更多的货主公司，保证稳定的货物存储量，提高仓库利用率，并且在已有业务服务带来的运输费、仓储费等收益之外，获得物流金融业务带来的信息费、中间费用、佣金等收益。这样第三方物流的收益就从原来的一元转向了多元，进而不断完善各项配套服务，提升自身竞争力。

三、从动产质押到物流银行

传统的物流金融主要通过动产质押、仓单质押和提单质押推动中小企业在流通领域的发展，但当企业发展到一定程度，动产质押模式运行到一个较高层次时，新的问题就出现了。其中之一便是传统的业务模式主要局限于银行机构所在地，对银行机构所在地之外的异地业务的监管出现了人力不足的问题，有效监管达不到要求，专业化监管程序不够。与此同时，一旦企业最终无法偿还贷款，银行将面临质押动产的变现问题。同时，现代物流强调最短配送时间、最高配送信息流动速度和最低配送成本，这客观上要求有一个能使所有供应、生产、销售、运输、库存等活动形成一个系统的业务功能，通过现代化的信息管理手段，对企业提供支持，从而使产品的供销环节最少，时间最短，费用最省。在这种背景下，广东发展银行率先推出了物流银行业务。

物流银行运作模式本质上仍属于动产质押，它的意义首先在于融资担保模式的创新。传统仓单质押的前提是借款人提供的质押物已经存在，借款人把质押物提交给监管者，银行根据质押物的价值和其他相关因素向企业提供一定比例的资金支持，即先质押后融资。而在物流银行运作模式下，对于符合条件的企业，不但可以先质押后融资，也可以先融资后质押，即企业可先用从银行取得的借款购买产品，之后再进行质押，从而提高了企业的经营能力，使企业可以用较少的钱办更多的事。同时，物流银行对生产商物流金融服务的创新表现为银行可以对一个（或多个）品牌产品在全国范围内的经销商给予支持，改变了以往因单个经销商达不到银行授权条件，而无法获得银行支持的局面。经销商获得银行贷款后，周转速度加快，销售规模扩大，利润增加，从而间接扩大了生产商的销售规模。物流银行发展了一种订单融资模式，它基于贸易合同的物流金融业务模式，以企业已经签订的有效销售订单为依据，发放针对该订单业务的全封闭式贷款。例如，国际商业机器公司（IBM公司）作为一家大型企业，有众多供应商为之进行生产并提供服务，这些供应商可以拿着国际商业机器公司的订单去银行贷款，实现融资，国际商业机器公司的信誉成为一个重要的融资判断依据。

从这个意义上讲，物流银行的发展有效配置了社会资源，促使企业向规范化、大型化和专业化方向迈进。对银行而言，物流银行既可在银行机构所在地开展业务，也可在异地开展业务，这种功能突破了传统质押只能在银行所在地开展业务的局限，通过对全国范围内的经销商和生产商进行内部调剂，有利于控制信贷风险，而物流公司也可借此扩大业务范围和规模，形成一个银行、生产企业、经销商、物流监管企业四方共赢的局面。

四、从物流金融到供应链金融

供应链是一个以某一核心企业为轴心，以信息网络体系为支撑，包括供应商、生产商、销售商和终端用户的网络体系。从物流的视角看，供应链本身就是一个物资上下游周转的必然的联系过程。随着全球一体化和经济一体化的发展，在我国企业参与了更多跨国公司的竞争以后，供应链的内涵就显得更为重要了，在供应链上下游企业分工与协作的过程中，最终体现的是这个供应链的整体竞争力。消费者以及供应链所服务的每个客户，对流转的效用有非常高的要求，供应链全过程体现的是低库存率、高周转率、准时交货率以及对客户需求和订单的快速反应。[①]

在银行家眼里，"供应链"这个概念不是空洞的，而是由无数节点穿插在一起组成的各个产业链，这个链条上有大鱼也有小鱼，还有更多的小虾小蟹。这个概念进入银行家的视野之后，便产生了强烈的反应，金融融入供应链之后，便产生了新的融资模式——供应链金融。简单地说，供应链金融就是在供应链中找出一个大的核心企业，银行以核心企业为出发点，将核心企业和上下游企业联系在一起，提供能够灵活运用的金融产品和服务的一种融资模式。在供应链金融模式下，处在供应链上的企业一旦获得银行的支持，资金注入配套企业，就等于进入了供应链，就可以激活整个链条的运转，同时银行信用的支持还可为中小企业赢得更多商机。

中小企业融资所面临的最大问题就是风险控制。在供应链金融中，对中小企业融资风险的认识和控制换了一个新的视角。以往银行对风险的评判，主要是把单个企业作为主体，关注静态的财务数据，而中小企业财务信息的透明度往往较低，财务指标难以符合评判标准，因此，很难从银行获得融资。但在供应链金融中，由于银行更为关注整个供应链交易的风险，尽管某个企业可能达不到银行放贷的标准，但如果这个企业某笔生意做得好，而银行对这笔生意流程和资金流的控制有把握，就可以淡化企业本身，只针对这笔生意，从而规避了中小企业在信息和财务披露等方面的融资障碍。因此，对风险的评估不再只是针对主体进行，

---

① 刘璇、凌建平、李严锋：《我国金融物流模式探析》，《物流科技》2007年第1期，第5～7页。

而是更多针对交易进行，对单一企业财务指标的衡量较少，上下游企业资信等级、商品价格走势、交易流程控制能力、企业交易过程记录等成为评估重点。这样既能真正评估业务的真实风险，也能使更多中小企业走进银行的服务范围。

以供应链金融作为支撑，就有机会实现供应链中生产企业零库存、供应商票据结算周期最短的目标。供应链金融这种模式除了对物流企业和中小企业有益之外，链条上的核心企业也可获得业务和资金管理方面的帮助，从而提升供应链整体的质量和稳固程度，最后形成银行与供应链成员多方共赢的局面。对核心企业来说，可以借助银行为供应商提供增值服务，使资金流变得较有规律，减少支付压力，同时扩大自身的生产和销售，压缩自身融资规模，增加资金的管控效率。也就是说，核心企业可以利用供应链融资从上下游企业获得更加优惠的价格、交付款方式、账期或者更大的销量，从而得到更多的金融资产，可以说，更大的金融利益将向核心企业集中。

五、结束语

从近几年物流金融业务创新的发展趋势来看，我国物流金融还处于初期发展阶段，主要从事单一货物质押，今后要朝着更深入的供应链物流金融服务方向发展，促使静态质押监管向动态质押监管发展，流通型客户向生产型客户发展，现货质押向买方信贷发展，单一环节向供应链全过程发展。

总之，随着现代金融制度及管理模式的创新，金融体制必将发生深刻的变革，而这种变革又将带来更加适合竞争与发展的新型金融管理模式。这种新型的金融体制和管理模式必将为物流业的发展创造更加良好的服务环境，提供更加新型的服务技术，开辟更加多样化的服务渠道，物流业选择资金的空间也将更加广阔。届时，物流业与金融的合作将更加便利与融洽，物流金融的发展将迎来新的机遇。

（作者单位：天津工业大学工商学院。原文载于《中国流通经济》2008年第12期，被《人大复印报刊资料·物流管理》2009年第3期全文转载）

外资进入中国物流业的影响

邬 跃　　梁 晨　　温 卫

一、外资物流企业进入中国的时代背景——国际产业向中国转移

伴随着国际产业向中国的转移，FedEx、TNT、UPS、DHL、马士基、商船三井、美国总统班轮、铁航渣华、日本邮船、伯灵顿、英运物流、日通等国际物流企业迅速进入我国，外商对制造业实际直接投资额所占比重逐年增长（见图1）。

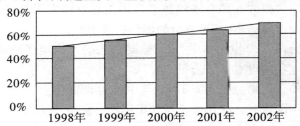

图1　外商对制造业实际直接投资额比重

外资物流企业及服务主要是配合全球跨国公司进入中国的。随着全球产业的转移，中国成为世界制造业中心，外资物流也随着制造业的转移进入中国。

外资的冲击引发了业界对我国物流网络安全是否会受到威胁、国内物流企业生存环境是否会恶化等问题的激烈讨论。

二、外资物流的特点

1. 外资主要投资领域及规模

（1）国际货邮及快递业。国际货邮及快递业是外资最早涉足的领域，同时也是著名跨国企业较为集中的领域。其中 FedEx、TNT、UPS、DHL 占有中国快递 80% 的市场份额。

（2）国际货运代理业。截至 2004 年年底，我国取得货运代理业《批准证书》的企业共有 5012 家，其中法人企业有 2555 家。全球著名的 SchenKer、KUE-HNE & NAGEL、PANALPINA、SDV 等跨国货代企业均已通过在我国设立独资子公司或办事处、建立合资公司或签订代理协议等方式进入我国市场。

（3）海运。到目前为止，已有近百家航运公司在中国港口开辟集装箱班轮航班。如马士基、商船三井、美国总统班轮、铁航渣华、日本邮船等。

（4）物流地产业。物流园区和仓储设施的投资以美国普洛斯为代表，其计划在未来几年内投资 20 亿美元在中国打造沿海仓储网络，在完成对华东、华南及华北部分中心城市物流园区巨额投资的基础上向中西部推进。在港口设施方面，到 2004 年底，港口项目共吸引外商直接投资立项 44 个，累计合同金额 4.28 亿美元，实际使用金额 3.03 亿美元。

（5）第三方物流业。目前进入中国市场的第三方外资物流企业有日通、山九、伯灵顿、英运、夏晖等。

2. 外资物流企业进入方式

（1）购买航线。FedEx 自 1996 年起已经独家拥有每周直飞中国的 10 趟航班，而 UPS 则拿到了直飞北京和上海的 6 个航班。

（2）投资物流设施。2002 年年底，新加坡港务集团加盟广州港，双方合资 8 亿元组建广州集装箱码头有限公司，通过投资物流设施成功进入我国市场。后新加坡港务集团又与广州港务局合资组建了广州鼎盛物流有限公司，首期投资 1.6 亿元人民币，建设占地约 20 万平方米的现代物流中心。

（3）设立分公司。20 世纪 90 年代，全球最大的 4 家速递公司 DHL、TNT、UPS、FedEx 都在我国设立了分公司。

（4）成立中外合资物流公司。TNT 与中外运合资建立了中外运—天地快件有限公司，开拓中国业务；联邦快递与大田集团合资组建了大田—联邦快递有限公司，双方各占 50% 的股份。

（5）设立独资物流企业。美国物流巨头伯灵顿公司落户广州，成立了独资子公司——伯灵顿货运代理（广州）有限公司，瑞士 K&N 公司 2005 年年底在中国建立了全资子公司。

3. 区域分布特征

由于中国经济发展不平衡，所以外资物流企业在进入中国市场初期主要集中在沿海经济发达城市。随着中国经济的发展和物流市场的逐步放开，其开发力度逐渐加大，在形成珠三角、长三角、环渤海三地重点城市的网络布局后，投资地域开始从沿海港口城市向内地延伸（详见表 1 和图 2）。

表 1　日资企业在华投资地域分布

		日通公司	山九公司	佐川急便公司
公司分布	华南	深圳、珠海、广州、厦门、福州	深圳、珠海、广州	深圳、广州
	华东	上海、苏州	上海、南京	上海
	华北	北京、大连	北京、大连、天津、青岛	天津、大连、青岛、北京

注：根据资料整理而得。

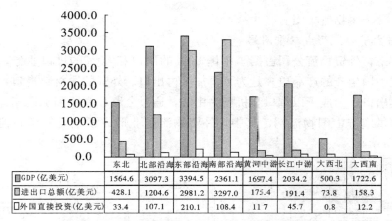

图2 2003年不同区域外商投资与GDP等项的关系

注：根据中国统计年鉴做成。

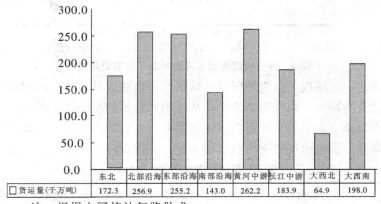

注：根据中国统计年鉴做成。

图3 不同区域货运量分布图

注：根据中国统计年鉴做成。

4. 大型外资物流企业独资倾向明显

按照我国加入WTO的协定，到2005年年底，我国已取消对外商在中国投资物流企业所有权上的限制，外资正在从中外合资向独资过渡，不断加大投资，实施全国性布点。如国际快递业四大巨头UPS、TNT、DHL、FedEx分别投入巨资在上海、北京、香港、广州建立了亚太快运中心。

随着外资物流企业业务扩张和本土化程度的加深及中国市场的全面放开，外资物流企业的独资趋势日益明显。如2004年12月，联邦快递宣布在上海成立中国业务分区总部，统筹中国区所有业务的发展。在2005年年底之前，UPS获得在我国23个区域内国际快递业务的直接控制权。2004年TNT在与中外运合作15年期满后，单方面宣布不再与中外运合作，随后收购了国内最大的公路零担货运商——华宇物流集团。

5. 与内资物流形成双重网络

近年来，外资物流公司占据了中国 50％ 的出口和 60％ 的进口业务，说明外资公司在中国生产的产品更多是为了再加工再出口。外资的原材料进口，本土加工之后再出口，形成了以港口和机场为中心，通过公路、铁路和水运相连的外资企业全球供应链中国物流网，其中，外资物流企业形成了主要的核心控制能力（如图 4 所示）。

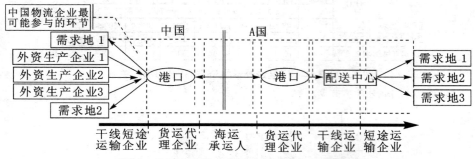

图 4 外资物流企业主导的跨国企业物流网络

中国物流市场形成的内资外资双重网络，是当前以及未来一段时间内我国物流市场最显著的特征，内外资物流企业从事不同领域的业务，在各自的领域参与竞争。外资物流企业主要为外资货主企业服务，主要关注与进出口相关的物流活动，与内资企业物流市场的重点有本质不同，形成业务上的互补（见表 2）。

表 2 内外资物流企业业务分布

	国企客户	民企客户	外企客户	其他客户	未填	合计
外资物流公司	15.6％	11.1％	66.7％	6.7％	0.0％	100％
国有物流公司	36.0％	32.9％	24.4％	5.5％	1.2％	100％
民营物流公司	24.4％	43.8％	25.0％	4.4％	2.5％	100％

6. 外资物流企业的几种典型战略

（1）将中国市场作为外资全球物流市场的战略组成部分，完善全球物流网络。外资物流企业在华投资加大，不仅仅是着眼于单个项目的投资，而是在总部的统一管理和协调下，着眼于我国整体物流市场进行全方位的系统化投资。如英运物流在上海设立中国区总部，看中的是上海连接 120 多个国内机场与亚洲、欧洲以及美洲国际航线的空中连通性；FedEx 宣布将其亚太快件转运中心设在广州新白云机场；UPS 通过香港把亚太地区和欧洲地区的科隆进行连接，这些举措都是为了使其在中国的物流网络同全球网络形成整体，以实现功能上更好的衔接。外资物流企业在中国已经铺设了庞大的物流网络，发展速度甚至远远超过了绝大多数本土物流企业。例如，FedEx 已在 220 个城市开展业务；TNT 在中国的服务网络已覆盖 500 多个城市，拥有 25 家分支机构；伯灵顿在全国 10 余个主要城市开设了独资公司和代表处。

（2）初始阶段以选择同业合作为主要方式。外资物流企业进入中国物流市场不外乎两大直接目的，即巩固原有客户和开发新市场。而选择具有本土优势和相关业务经验的中资企业作为外资物流企业在进入中国市场初始阶段的合作对象，能够使其更迅速、更安全地达到这两方面的目的。如 DHL 与中外运的合作、FedEx 与大田的合作。此外由于存在本土化障碍，如人脉关系、地方保护、地区差异等因素，也迫使外资与本土企业合作。

（3）以本国企业为服务对象，提供"跟进式"服务。以日本企业为例，自 20 世纪 90 年代以来，日本制造业掀起新一轮对华投资热，推动了日本物流企业拓展"跟进式"服务领域。据日本经济产业省调查，80.6％的日本企业认为中国市场是今后需加大开拓力度的重要市场，高于美国 73.4％的比率。因此，日本物流企业追随制造企业进一步拓展中国市场，相继在上海、广东设立物流中心，为在华日资企业和日本企业在中国采购提供物流服务，形成日资体系的配套产业集群。

三、相关政策思考

1. 我国政府要对物流业的外资进入问题进行深入研究，适时对政策进行相应的调整

必须从产业链的角度来认识外资进入物流业对我国整个产业链的影响，必须清醒地认识并准确评估外资物流企业的潜在威胁性和真实威胁力；加强对外资进入我国物流业的统计工作，并强化进入之后的跟踪统计与监管分析。

加入 WTO 时我们对物流的开放分散在各个行业中，政府部门无法得到整体的数据。因此，我们对外资企业进入物流业的状况缺乏足够准确的数据统计，没有相应的监测保障制度，无法从整体上进行分析与监管。建议通过建立长效统计和监测机制，对物流业外资进入问题进行科学研究，并依据研究结果适时调整对外开放政策。

2. 加大对具有战略意义的沿海港口的控制力度

由于外资物流企业大多是随着外资制造企业进入中国的，而外资企业的很多产品需要通过海港或空港出口至国外，因此建议加大对具有战略意义的沿海港口的控制力度。东部沿海的港口城市可以考虑对外资进行必要的政策限制，而对中西部地区则应采取鼓励进入的政策，充分发挥物流对区域经济的促进作用。

3. 高度重视全球产业转移的趋势，提高中国物流产业参与国际分工的水平

伴随外资大量进入中国，外资物流企业与跨国制造企业往往通过全球战略联盟方式拓展海外市场。所以，从目前的状况来看，中国本土的企业参与不够，且参与的多是中低端物流服务，中高端的物流服务大多依靠外资物流企业和中外合资的物流企业。因此，应鼓励国内企业与跨国公司进行多方位嫁接，加大承接全球产业转移中的物流业务，提高自身的物流服务水平。在鼓励中国制造企业走出国门时，也应当鼓励本土制造业携本土物流业一同走向世界。

同时需要关注的是，周边国家的快速崛起已经对我国的外商投资产生了影响，必须引起物流领域的高度重视。2005 年 1～11 月，我国实际使用外资金额531.27 亿美元，同比下降 1.9％。我国实际使用外资出现了连续数月下滑的局面。印度、新加坡吸引外资增速明显，2004 年南亚地区外国投资增量达到了31％。因此，作为物流企业也要关注外商在国内的投资动向，因为它将影响到物流企业服务对象的服务规模、内容、区域和形式。

总之，从我国的产业结构和经济政策来看，外资物流业由于自身进入中国的特点决定了其还未对我国物流业产生直接影响，仍然是双重网络，"井水不犯河水"。但随着中国经济的发展和消费水平的提高，中国从世界制造工厂转向世界消费市场之时，也就意味着外资物流业直接对决中国物流业时代的到来。

（作者单位：北京物资学院。原文载于《中国流通经济》2007 年第 5 期，被《人大复印报刊资料·特区经济与港澳台经济》2007 年第 8 期全文转载）

"十一五"我国物流产业发展的环境与新趋势

王 微

一、"十一五"我国经济发展将进入新的机遇期,对物流产业加快发展提出了更高的要求

随着国家"十一五"规划的颁布和实施,我国社会经济发展将进入新的机遇期。一方面,我国经济已进入以市场为主导、以消费结构升级和企业自主投资为基础的新增长阶段,"十一五"期间乃至更长时间内,工业化、城市化、市场化、国际化的加速发展,将为我国社会经济发展提供持续的增长动力;另一方面,国家与各级地方政府"十一五"规划的出台和实施,以及"十一五"期间我国经济增长方式的转变与经济体制改革的深化,将为我国社会经济发展注入新的活力,也将在一定程度上推动我国经济增长再上新台阶。新的发展机遇期不仅为我国物流产业发展提供了更为广阔的发展空间,也对物流产业发展提出了新的要求和挑战。

1. 工业化进程的不断加快,将继续成为我国经济快速增长的重要引擎,并为物流产业提供更为广阔的市场空间。目前我国已进入工业化中期阶段,工业结构进一步走向高度化,资本技术密集型工业加速发展,重工业占工业的比重仍有所上升;第二产业的比重仍将维持在较高水平,甚至会继续上升。工业化进程的加快,将进一步扩大我国市场的商品供给规模,丰富供给结构,并继续带动能源、原材料需求的增长,其结果必然带动包括物流产业在内的各种生产性服务业和基础设施的加快发展。

2. 社会主义市场经济体制的不断完善,将进一步促进市场化程度的提高,市场机制将成为物流产业发展的主要动力机制。据测算,"十五"期间我国经济的市场化程度已经超过 60%,"十一五"期间市场机制将成为主导我国经济运行方式的核心和主要动力机制。物流产业也必须以市场需求为导向,以市场机制为主要动力机制,加快资源整合,合理配置发展资源,实现更好更快的发展,成为促进经济发展的"加速器"。

3. 城市化水平快速提高,将大幅度提高城市在产业和消费方面的聚集效应,直接促进物流产业规模化发展,加快全国性、区域性物流中心的形成。目前我国的城市化已进入加速发展阶段,据测算,"十一五"期间我国城市化将每年增加1.4 个百分点,到 2010 年我国的城市化水平将超过 50%,意味着每年约有 1200

万～1500万人口从乡村转移到城市。城市化水平的提高和城市规模的扩大，一方面意味着经济结构的重心和布局进一步向城市集聚，并对基础设施条件（如道路、铁路、机场、港口等）和现代服务系统（如生产性服务、金融服务、信息服务等）提出了更高的要求，为物流服务创造巨大的规模化的市场；另一方面，城市化能带来巨大的社会有效需求，促进城市市场的规模和集中度提高，从而成为物流汇集与辐射的中心。

4. 对外开放进入新阶段，我国物流产业发展更多地面临来自国际方面的机遇和挑战。"十一五"期间，我国对外开放将出现一些新的特征：一是我国对外开放的领域进一步扩大，特别是银行、保险、电信、建筑设计、旅游和运输等服务贸易领域；二是国际产业加快向我国转移的速度，我国制造业中心的地位进一步强化；三是区域经济一体化与全球经济一体化进程的加速，大国或国家集团在全球范围内的科技、信息、人才竞争战略以及对资源和消费市场的争夺，将成为各国抢占新一轮国家竞争优势的焦点。在这样的背景下，作为服务国内市场、联通国内外市场的重要通路的物流产业，在获得更大发展空间的同时，更面临着从规模到实力、从服务水平到方式、从资源到能力等一系列竞争的挑战。

5. 经济结构的战略性调整和增长方式的转变进入关键阶段，对物流服务流通组织的规模与效率提出了更高的要求。我国经济结构调整及大规模产业重组的步伐正在加快，由此形成了一批具有规模效益、在国内乃至国际市场具有较强竞争能力的大型企业，我国目前传统、小型、分散、低水平的物流组织与经营方式已难以适应大型企业市场扩张的要求，迫切需要大规模、高效率的现代流通方式的支持。

二、物流产业发展得到全社会更为广泛的认同，加快发展的政策导向基本明确

目前从中央到地方、从企业到研究机构，对现代物流的理念、物流服务的方式与实践以及物流产业的地位都给予了高度的关注。正是由于全社会的广泛关注，现代物流的理念已广为人知，现代物流的服务方式也逐步为广大企业所接受。更为重要的是，物流产业作为国民经济的一个新兴部门及服务业的一个重要组成部分的产业地位得到了全社会越来越广泛的认同。

在此背景下，各级政府近年来也越来越重视物流产业的发展，并从政策和制度层面为物流产业提供了一系列发展条件，在很大程度上改善了物流产业的发展环境。一是2004年国家发展和改革委员会等九部门联合印发的《关于促进我国现代物流业发展的意见》，这是中央政府明确物流产业的产业地位及发展方向的一份纲领性文件；二是建立了由国家发改委等多个部门组成的部际联席会议制度，是加强政府部门间的协作配合、充分发挥各自职能作用、共同营造有利于现代物流业发展政策环境的重要制度基础；三是自"十五"以来，以深圳市、北京市、山东省、上海市等为代表的许多地方政府，制定了一大批涉及物流产业发展、物流设施建设等方面的地方性规划或政策，对制定和完善我国物流产业的发展规划和产业政策进行卓有成效的探索；四是物流行业协会组织建设步伐加快，以中国物流与采购联合会、中国交通运输协会等为代表的一批相关行业协会，在推广现代物流理念、制定标准、人才培训、信息交流、成为物流企业与政府之间沟通的桥梁等方面发挥了越来越重要的作用。

值得特别指出的是，在 2006 年 3 月 14 日第十届全国人民代表大会第四次会议批准的《中华人民共和国国民经济和社会发展第十一个五年规划纲要》中，国家首次将物流产业发展纳入国家重点加快发展的领域，特别是作为现代服务中要大力加快发展的重点领域之一，并从四个方面明确了"十一五"乃至今后更长时期物流产业发展的主要任务，即"推广现代物流管理技术，促进企业内部物流社会化，实现企业物资采购、生产组织、产品销售和再生资源回收的系列化运作。培育专业化物流企业，积极发展第三方物流。建立物流标准化体系，加强物流新技术开发利用，推进物流信息化。加强物流基础设施整合，建设大型物流枢纽，发展区域性物流中心"。

国家将物流产业作为"十一五"期间现代服务业持别是生产性服务业发展的重点，不仅仅是物流产业发展得到全社会广泛认同的一个最为重要的标志，更为重要的是，它将成为国家有关部门及各级地方政府对物流产业发展进行宏观指导的主要依据，也将成为今后五年物流领域新的发展导同，并引导全社会各方面的优势资源进入物流产业，形成促进物流产业加快发展的合力。因此，"十一五"规划对于我国物流产业的发展具有十分重要的意义，将成为我国物流业发展历史长河中的一个里程碑。

以国家"十一五"规划为契机，有关部门正在加快编制《"十一五"全国现代物流业发展规划》，各级地方政府也在加紧制定和落实当地物流产业发展规划和政策。可以预见，"十一五"期间，我国物流产业发展的政策环境将得到进一步的改善，有利于物流产业发展的各项改革和相关制度建设也将进一步加快，为物流产业的加快发展提供政策和制度保障。

三、"十一五"期间我国物流产业发展将呈现的新趋势、新特点

1. 伴随国民经济的快速稳定发展，物流产业规模也将继续快速扩张。"十一五"时期我国经济平均年增长速度将保持在 8% 左右。按 2004 年不变价格计算，到 2010 年 GDP 将超过 21.5 万亿元，比 2000 年翻一番。在此背景下，我国社会经济发展对物流服务的需求也将进一步扩大，据预测，我国"十五"期间单位GDP 的物流需求弹性系数为 2.18，比"八五"、"九五"上升 0.6 个百分点。据

此测算，如果"十一五"时期 GDP 年均增长 8%，物流总额年均增长 16% 左右，到 2010 年社会物流总额将超过 80 万亿元。

2. 与经济结构和产业布局调整相适应，物流产业的集中度进一步提升。这主要表现在两个方面，一是物流产业向长三角、珠三角和京津冀环渤海等区域市场集中。由于上述三大区域集中了我国经济总量的 53%、外贸出口总量的 85% 和社会消费品零售总额的 54%，因此这三大地区也将成为物流市场最为活跃和集中的地区，并为这些地区物流产业的发展和快速集聚提供了可能。二是物流市场份额向大型、专业化物流企业集中的步伐加快。经过近三十年的快速发展，我国已经形成了一大批具有规模效益、在国内乃至国际市场具有较强竞争能力的优势产业和大型企业，为大规模、高效率、专业化，具有区域性、全国性乃至国际性服务网络的大型物流服务企业提供了发展空间。因此，具有较强竞争能力、大规模服务网络、多样化服务方式的大型物流企业，将成为带动产业发展的龙头。

3. 随着物流市场的进一步扩大，物流产业将凸现日益细分的特征。一方面，以仓储、运输为主要服务特色的基础性物流服务行业，仍将是物流产业的重要组成部分，另一方面，也是更为重要的是一些更具专业化特色的物流服务行业或领域将得到迅速发展，例如，以服务都市为核心的城市配送行业、快递行业，以服务于制造业和产业集群的专业化物流行业（汽车物流业、家电物流等），围绕交通枢纽、口岸和重要商品集散中心的采购与分拨物流服务行业，以集聚多种物流服务企业和多样化物流服务功能为基础的大型物流园区或物流服务集聚区将得到快速发展。

4. 物流服务方式日益多样化，以现代信息技术、运输技术、管理技术为基础的集成化、一体化物流服务将得到更为广泛的应用。总体来看，仓储、运输、分拨配送、流通加工等传统物流服务方式已得到较好的运用和发展，一些新兴的物流服务方式也呈现出加快发展的趋势，特别是以现代信息技术、运输技术和管理技术为基础的集成化、一体化物流服务，如以现代信息技术和供应链管理为基础的供应链整合与物流一体化服务，以多式联运为基础的全程物流服务，以集装箱、托盘等集成化设施为基础的相关物流服务，将成为未来物流服务的主要方式。

5. 物流产业技术进步与创新步伐加快，现代化水平进一步提升。"十一五"期间物流领域技术进步和创新的趋势与方向，一是物流领域的信息化应用水平快速提高，运用信息技术改进物流服务方式、提高服务水平与效率、完善管理、增强服务功能等方面的创新将日益活跃，物流领域各种信息平台及基础数据库建设和应用也将加快步伐，并进一步促进物流领域的信息资源开发和服务加速发展。二是物流设施与装备的现代化步伐不断加快，如依托运输枢纽、中心城市和大型专业批发市场等商品集散枢纽、大型物流基地或物流园区建设仍将是发展的热点；对物流仓储、运输等营业设施、设备进行更新改造，提高各物流环节的机械化和自动化程度，促进托盘、集装箱、箱式货车等集成化物流装备的使用等，也将成为政府和流通企业共同关注的领域。三是物流领域经营管理的科学化和现代化，广泛吸收和应用各种国际先进的新型经营管理技术和方法，如企业资源计划（ERP）、客户关系管理（CRM）、供应链管理（SCM）、供应商管理库存（VMI）等，不断提高物流企业经营管理水平。

6. 合作互动将成为物流产业实现规模扩张、协调发展的重要途径。加速不同地区物流企业之间的合作和互动，以跨区域物流通道为纽带，以物流企业为主体，积极推进和加深不同地区之间物流领域的合作与互动，将是"十一五"期间物流产业发展的重要内容之一。未来物流产业区域合作与互动将在三个层面上逐步展开：一是东中西部之间的优势互补与相互协作，东部地区依托市场优势，中西部地区依托资源和农产品优势，展开区域之间的合作，推进工业消费品、农产品和重要能源及生产资料跨区域物流网络与通道体系的发展。二是区域物流产业一体化发展进程加速，特别是在长三角、珠三角以及京津冀环渤海三大经济区域，其物流产业一体化发展趋势已进入规划和实施阶段。三是与周边地区的跨境（如 CEPA）、跨国（如中国—东盟、中国—东北亚）的物流合作也将得到一定程度的推进。

7. 物流产业发展的制度环境日趋规范，市场秩序与环境条件进一步优化。一方面，国家有关主管部门以及各级地方政府将针对物流领域出台一些相关的部门规章、地方法规，加强对物流领域的规范与规制；同时物流行业的基础性工作如物流标准体系的制定和完善、相关统计制度的建立、有关行业和地方信用体系的建设等将继续得到推进和落实。另一方面，继续推进包括垄断行业、物流领域政府管理体制、物流企业等方面深化改革，提升政府公共服务职能，增强政府在物流领域的公共信息服务能力，为物流产业发展提供多样化的信息指导；加强政府对物流产业发展的支持，在设施建设、人才培养、中西部加快发展等方面出台相关的政策措施。

（作者单位：国务院发展研究中心市场经济研究所。原文载于《中国流通经济》2007 年第 2 期，被《人大复印报刊资料·特区经济与港澳台经济》2007 年第 5 期全文转载）

深化改革 扩大开放 推进中国现代物流的全面发展

张志刚

2004 年中国现代物流发展与国际合作高峰论坛是为了落实中、日、韩三国政府首脑于 2003 年 10 月在印度尼西亚巴厘岛达成的关于流通及物流合作共识而举行的重要会议，也是我国商务部成立后第一次主办的以物流为主题的大型国际论坛。来自日本、韩国、美国等国家和地区政府、企业、行业协会的代表及国内各界代表 500 多人出席了论坛。我相信本次论坛将有助于加快加强中国现代物流业的改革、对外开放与国际合作，促进中国现代物流业的发展。

一、当前中国物流业发展的特点

自 1978 年以来，中国物流业走过了二十多年的发展历程。特别是近几年来，中国物流业的发展进一步受到国内外的广泛关注，成为中国经济发展的热点之一。根据中国物流信息中心统计，2003 年全国物流业实现增加值 7880 亿元，同比增长 10.5%。物流业增加值的增长速度比同期 GDP 和第三产业增加值增长速度分别高出 1.4 和 3.8 个百分点。全国在工商管理部门登记的物流企业达 73 万家。以广州宝供、中远物流、海尔物流等为代表的现代物流企业发展迅速，区域物流一体化发展的趋势逐渐加强，物流业的对外开放与合作加快。但相对于发达国家的物流产业而言，中国的物流产业尚处于起步发展阶段，其主要特征是：

1. 企业物流仍然是全社会物流的重点。据中国仓储协会近期调查，生产企业原材料物流的执行主体主要是供货方，占 50%，本公司自理的占 31%，第三方物流公司占 19%；而在成品销售物流中，27% 的执行主体是公司自身，18% 是第三方物流公司，55% 是部分自理与外包相结合。商贸企业物流执行主体 27% 为第三方物流公司，11% 由供货方承担，62% 由公司自理。这表明，中国企业物流仍然是全社会物流的主体，专业化物流已占相当的比重。

2. 第三方物流企业快速发展。据中国物流与采购联合会调查，到 2003 年，中国第三方物流市场的规模已超过 600 亿元，并以每年 30% 的速度增长。中国第三方物流企业基本来自四大板块：一是传统运输与仓储企业转型的物流企业，如中远物流、中铁物流、中储物流、招商局物流等；二是中外合资与外商独资物流企业，如大田联邦快递、中外运敦豪、日本通运、佐川急便、美国总统轮船、联邦快递、丹麦马士基、德国邮政等；三是民营物流企业，如天津大田、广州宝供、上海大通、北京宅急送等；四是制造企业建立的物流公司，如海尔物流、安得物流等。

3. 物流基础设施和装备发展初具规模。目前我国已经在交通运输、仓储设施、信息通讯、货物包装与搬运等物流基础设施和装备方面取得了长足发展，为物流产业的发展奠定了必要的物质基础。在交通设施方面，已经建成了由铁路运输、公路运输、水路运输、航空运输和管道运输等五个部分组成的综合运输体系，运输线路和场站建设方面以及运输车辆及装备方面也都有较大的发展。据国家统计局统计，到 2003 年年底，我国铁路里程 7.3 万公里，公路里程 181 万公里，其中高速公路 3 万公里，内河航运里程 12.4 万公里，航空里程 175 万公里，管道运输里程 3.3 万公里。在仓储设施方面，除运输部门的货运枢纽和场站等仓储设施外，我国商业、物资、外贸、粮食等行业中的仓储设施相对集中，仓储总面积约 3 亿平方米，近年来发展比较迅速，投资规模出现了快速增长趋势。在包装与搬运设施方面，现代包装技术和机械化、自动化货物搬运技术在我国已有比较广泛的应用，目前，我国自主开发和研制的各种包装设备和搬运机械设备多达数百种，仅搬运机械设备制造业的年产值就约为 400 亿～500 亿元。在信息通讯方面，目前我国拥有的电信网络干线光缆超过 30 万公里，并已基本形成以光缆为主体，以数字微波和卫星通讯为辅助手段的大容量数字干线传输网络，其覆盖范围包括全国地市以上城市和 90% 的县级市及大部分乡镇，并与世界主要国际信息网络连通。此外，EDI、ERP、MRP、GPS 等有关物流信息交流、管理和控制的技术也得到了广泛的应用，在一定程度上提高了我国物流信息管理水平，促进了物流效率的提高。

4. 对外开放的格局初步形成。中国物流业的快速发展得益于中国经济快速发展和市场化改革创造的体制条件，得益于中国对外开放和经济全球化带来的巨大商机。近年来，国外物流企业加快投资中国市场。如马士基、美集物流、敦豪、佐川急便、日本邮船、英运物流等国际知名物流企业纷纷以设立办事处、分公司、合资公司等形式进入中国，构建物流网络。这些外企的进入，带来了先进的经营理念、经营模式和管理技术，对于提升国内物流业的现代化水平起到了示范和带动作用。另一方面，一些外资制造商、零售商等在我国率先将物流业务外包，推动了我国专业化的第三方物流市场的发育和成长。为了有序开放物流市场，我国政府从 2002 年开始先后在江苏、浙江、广东、北京、天津、重庆、上海、深圳等八个省、市开展外商投资物流业的试点工作。两年多来，已有二十多家企业经批准成为外商投资物流试点企业。目前，已设立的外商投资物流企业运作正常。2003 年在印度尼西亚巴厘岛举行的东南亚联盟和中、日、韩 "10＋3" 政府首脑会议上，中国、日本、韩国三国总理达成了在流通领域及物流领域加强合作并建立合作机制的共识，开创了国家之间物流合作的新模式。

二、中国物流市场孕育着巨大的发展潜力

与发达国家相比，我国的物流产业尚处于起步阶段，整体发展水平不高，还存在着许多制约因素。同时也应看到，当前及今后一段时期中国现代物流业也面临着难得的发展机遇，孕育着巨大的发展潜力。

1. 中国国民经济的发展逐步释放出对现代物流业的巨大需求。物流业的发展与经济发展成正相关，按照全面建设小康社会的宏伟目标，今后的几年中，国民经济将保持 7% 左右的年增长速度，这将给物流业的发展带来强大的需求拉动。贯彻科学发展观，促进国民经济从粗放型向集约型、效益型转变，决定了大力发展现代物流成为中国经济发展的必然选择，也决定了物流业将成为中国经济新的增长点。

2. 现代物流业的发展环境进一步优化。2004 年 8 月 5 日，国家发展改革委员会、商务部等九个部门联合下发《关于促进我国现代物流业发展意见的通知》，从完善物流企业税收管理、简化通关手续、拓宽融资渠道和减轻企业负担等方面，明确了支持现代物流发展的各项政策措施，同时建立由国家发展改革委员会牵头，商务部等有关部门和协会参加的全国现代物流工作协调机制。各级地方政府也日益重视物流业的发展，北京、上海、天津、深圳等地把现代物流作为经济发展的支柱产业或新兴产业，现代物流业已纳入全国与各地经济发展的总体战略。这些政策为我国现代物流业的发展提供了良好的环境。

3. 中国加入 WTO 将对现代物流发展起到强大的推动作用。2003 年我国外贸进出口总额为 8512 亿美元，成为仅次于美国、德国、日本的世界第四大贸易国。2004 年，中国外贸进出口总额将突破 10000 亿美元。这必将给中国物流业带来新的发展机遇，提供更大的物流市场需求。随着中国的进一步对外开放，物流领域的国际合作与交流将进一步加强，有利于中国在物流运作机制和方式上同国际接轨，推动中国传统物流业向现代物流业的转变。香港、澳门特别行政区与内地签署了 CEPA 协议，使内地物流市场率先向港、澳企业开放成为现实。到 2004 年年底，根据我国加入 WTO 的有关承诺，包括公路货物运输、货物租赁、一般货物的批发、零售及其物流配送，出入境汽车运输公司等将取消在地域、股比等方面对外资的限制，实现物流领域的进一步对外开放。

4. 商业连锁经营和电子商务的发展将推动物流产业上一个新的台阶。近几年来，我国商业连锁经营发展势头强劲，成为商业企业组织模式创新和规模扩张的主要形式。连锁经营企业统一配送的要求促进了商业物流的快速发展。商业物流在种类、时间、批量、运输规划、设备专业化和标准化等方面的精细化要求比较高，这势必推动物流现代化水平的提升。电子商务是对传统流通业的一场深刻的革命，它具有范围广、选择性强、速度快、成本低的优势，其发展必将成为中国物流配送水平升级的重要推动力。

5. 西部大开发和振兴东北老工业基地给中国物流业发展提供了新的机遇。中国西部大开发战略的重点是基础设施及生态环境建设，本身就具有很大的物流需求；东北老工业基地是我国重要的装备制造业基地，现代物流业是东北走新型工业化之路的重要保证。西部与中、东部地区的商品交流以及对外贸易的增加，将大大拓展我国物流市场发展的空间。

6. 降低物流成本，已成为多数中国企业提高企业竞争能力的重要选择。过去中国许多企业对物流重视不够，改革开放及市场竞争的日益激烈使多数中国企业的观念发生了可喜的变化，已开始从节约原材料的"第一利润源泉"和降低人力资源成本的"第二利润源泉"转向追求降低物流成本的"第三利润源泉"。这是我国物流业持续发展的根本所在。

三、我国发展物流产业的总体设想和主要工作

中国正处于发展现代物流业的大好时期，现代物流在流通业以及整个国民经济中的重要地位，在全面建设小康社会和新型工业化进程中的重要作用，越来越为人们所认识。加快建立现代物流体系，是我们面临的重要任务，也是我们的工作目标。中国政府将继续大力支持和鼓励发展物流基础设施建设与技术进步，制定和完善物流标准、发展规划，引导物流业健康有序发展；建立健全物流统计指标体系，为企业提供信息服务；营造良好的政策、法律和社会环境，吸引国内外资本投资中国物流业。

近期我们将重点推进全国统一物流市场的形成，打破行业、部门和地区分割，清理阻碍物流业发展的各种法规、规章和文件，减少或取消在物流企业登记注册、货运代理等方面的行政审批，完善物流企业的税收管理，整顿和规范物流市场秩序，简化通关程序，优化城市配送车辆交通管理。

同时，为加快现代物流配送业的发展，我国将以市场为导向，以企业为主体，构建多层次、多类型的物流配送格局。

第一，加强连锁企业内部物流配送中心的建设和管理。

第二，整合物流资源，建设专业化、社会化的物流企业。通过资产联合重组和专业化改造，充分利用和整合现有物流资源，特别是与批发企业和储运企业改组、改造相结合，打破行业界限和地区封锁，有计划、有步骤地完善和发展社会化的物流企业。

第三，支持生产资料分销企业完善服务功能。

第四，鼓励有条件的大型制造企业和商业企业投资发展专业物流公司和配送中心，或与第三方物流企业合资发展物流配送业务。

第五，加快物流标准化体系和统计指标体系建设。

第六，配合区域经济合作的进程，推进物流领域的国际合作。我们将积极开展中外政府间、行业协会间以及物流企业间广泛的、多种形式的合作。鼓励国外大型物流企业根据我国法律、法规的有关规定到国内投资设立物流企业；鼓励利用国外资金、设备和技术参与国内物流设施的建设和经营；继续推进中、日、韩流通及物流合作，加强双边和多边在政策交流、人员往来、标准制定、投资推进等方面的合作。

在不久前于雅加达举行的中、日、韩三方经贸部长会谈中，我国提议从2005年开始，每年编撰《中国、日本、韩国流通及物流政策白皮书》，得到了日方和韩方的积极回应。2005年，我国商务部还将组织由政府、协会和企业界人士组成的物流考察团分别到日本和韩国考察、访问，进一步加强三国流通及物流合作机制。

中国经济的发展正处在历史上最好的发展时期，中国的物流产业正处在蓬勃健康发展的阶段，这必将为国内外的投资者带来巨大的发展机遇。加入WTO后的中国将以更加开放的姿态参与国际物流合作，以推动中国现代物流业的发展。

（作者单位：中华人民共和国商务部。原文载于《中国流通经济》2004年第12期）

全球物流业形势与中国物流业发展

张　瑗　魏际刚

一、全球物流业形势与趋势

1. 社会物流成本占据国民经济较大比重

通常，社会物流成本与国内生产总值（GDP）的比率是衡量一个国家物流效率的标志，比率越低，表明物流效率越高。近 20 年来，发达国家物流成本与 GDP 的比率一直处于下降态势，目前平均约为 10%，而且这种下降趋势还在继续。例如，美国 1981 年全部物流成本与 GDP 的比率为 16.2%，2007 年已降为 9% 左右。发展中国家的物流水平落后，物流费用大约占到其国民经济总值的 20%～30%。

2. 第三方物流发展迅速

发达国家的企业普遍专注于价值链中的核心环节，积极推进企业内部物流活动社会化。近些年，仓储、运输和配送等环节已经成为各国物流外包的重点。物流外包促进了第三方物流的迅速增长，并成为物流市场发展中的一个新兴领域。发达国家第三方物流呈现几大特点：（1）第三方物流企业普遍以满足客户需求为出发点和落脚点，追求"在正确的时间、以正确的数量、用正确的价格、采用正确的方式、把正确的产品（或服务）送到正确地点的正确客户手中"。（2）服务的专业化。如美国的第三方物流企业一般都有自己明确的行业定位。（3）专业化基础上的综合化。如运输企业介入仓储服务、多式联运、门到门、海运企业上岸、货运代理企业下海、互为代理或在全球范围内的网络扩张。

3. 企业物流的供应链组织模式逐步兴起

20 世纪 60 年代以前，发达国家的企业内部物流活动基本上处于分散状态。到了 20 世纪六七十年代，一些制造企业将需求预测、采购、生产规划、制造库存、仓储和物料处理职能集成为物料管理，将包装、产成品库存、配送规划、订单处理、运输、顾客服务集成为实体配送予以统一管理。进入 20 世纪八九十年代，一些企业将物料管理和实体配送进一步集成在一起，并给予统一的计划、组织、协调和控制。尤其是 20 世纪 90 年代以来，许多有远见的企业实施基于供应链管理的组织改进，即利用信息技术全面规划上下游企业之间的物流、信息流、资金流等，并进行供应链全过程的计划、组织、协调与控制，这种改进突破了单一企业的局限，用更开阔的视野关注上下游企业间的物流总成本和效益，这种物流组织的改进效果极其显著。

4. 配送中心、物流中心和物流园区有较大发展

配送中心、物流中心和物流园区的出现，是发达国家现代物流发展的一个重要特征。日本从 20 世纪 60 年代开始对物流园区发展进行规划和政策扶持，按经济特性把全国分为八大物流区域，在各区域建设、整合物流设施，形成物流园区，然后区域间通过干线运输（高速铁路、高速公路和近海运输）形成跨地区的物流系统。欧洲一些国家于 20 世纪 60 年代末 70 年代初也开始建设物流园区，德国在物流园区建设方面则后来居上。配送中心、物流中心和物流园区在发达国家的广泛兴起，主要是基于减轻物流对城市交通的压力、提高物流经营的规模效益、满足仓库建设大型化趋势、满足货物联运发展的需求等原因。

5. 跨国企业兼并重组推动物流产业组织格局的调整

20 世纪 90 年代以来，发达国家的物流和运输企业加强了彼此之间的联合，物流市场的兼并重组变得十分活跃，并一直延续至今。发达国家的物流企业实施兼并重组，主要着眼于在全球化背景下通过优势互补或网络扩张，实现物流服务的一体化、规模化、集约化和高效化，其结果是出现了世界级的"物流巨头"。如美国联合包裹速递服务公司（United Parcel Service，UPS）的业务网点遍及世界 200 多个国家和地区，拥有 1700 个转运枢纽和配送中心、7 万个投递和零售网点及 8.8 万辆递送车，平均每天有 1000 多次航班起降，投递 1360 万件包裹和文件，成为名副其实的"全球物流经营人"。跨国物流企业之间的兼并重组，使得发达国家物流活动范围和影响力从一国物流向全球物流延伸，这顺应了跨国投资、异地采购、异地生产、异地销售的经济全球化浪潮，物流全球化趋势十分明显。

6. 循环物流逐步得到重视

随着经济增长受资源、能源、环境等方面的约束越来越强，发达国家从 20 世纪七八十年代开始，从重点关注正向物流转向统筹考虑正向物流和逆向物流的一体化，即着眼于构筑循环物流体系，这使得废弃物的收集、运输、循环利用、最终处置在发达国家成为新的发展动向。为了推进这方面的建设，发达国家十分注重相应的立法。如美国 1976 年就制定了《固定废弃物处置法》，后又经过多次修改。德、日等国先后颁布了促进废物回收利用的相关法律，推动逆向物流的有效实施。2002 年，日本在颁布的《新综合物流施政大纲》中，提出了"构建低环境负担的物流体系，为循环型社会作出贡献"的目标。

7. 物流安全体系建设不断增强

近年，发达国家还大大加强了物流安全体系方面的建设，主要鉴于物流过程中发生的事故会造成突发性的严重损害，包括人身伤亡、设备损失、商品损失以及环境的破坏等。特别是"9·11事件"之后，发达国家强化了对货物与人在物流过程中的安全措施，把物流与供应链安全上升到国家安全的战略高度。例如，美国投入上百亿美元提高航空安全性，提供数亿美元改善铁路运输安全状况，启动海洋运输安全行动计划，加强货车公路运输特别是危险品运输等的安全。[①]

二、中国物流业发展的阶段性特征

1. 物流大国地位基本确立，但远非强国

2008年，中国GDP超过30万亿元，成为世界第三大经济体；进出口贸易总额达到2.56万亿美元，位居世界第三；全国社会物流总额89.9万亿元，物流业实现增加值2万亿元，占全国服务业增加值的16.5％，占GDP比重的6.6％。从一些物流指标来看，不少已经位居世界前列，但从国际竞争力来看，中国还不是物流强国。（1）规模化、网络化、集约化、专业化的现代物流服务体系尚未形成。（2）物流费用占国民生产总值的比重高出发达国家一倍左右。国内物流效率不高，使得工业企业流动资金平均周转速度仅为发达国家的百分之几。（3）国内领先的物流企业与跨国物流企业相比，无论是规模、品牌、盈利能力、国际市场份额，还是物流提供能力、服务创新能力、运作模式、供应链管理能力等均有很大差距。[②]

2. 物流需求旺盛并将保持较长时间

30年来的经济快速增长带来旺盛的物流需求，未来十几年的国内经济总体上仍将保持较快增长，中国将成为世界第二大经济体，物流规模持续增长的经济条件非常坚实。

工业化从中期向中后期推进，为物流业发展提供了强大动力。早期工业化所需大宗能源、原材料和主要商品的大规模运输方式，将逐步朝满足工业化中后期不断增加的"短、小、轻、薄"商品以及小批量、多频次、灵活多变的生产方式和全球生产体系的物流需求转变，物品流动基于时间价值和空间价值的要求越来越高；随着工业化推进带动的产业结构升级，物流外包的规模会越来越大。

城市化进程的加快对城市物流、城市圈物流和城乡物流提出巨大需求。城市化率由1979年的17.9％、1995年的29.04％提高到2007年的44.94％，推动着城市数量和规模不断扩大，城市成为集聚物流、人流、资金流和信息流的主要节点。

此外，进出口产品量增长和结构的变化，为国际物流发展提供了充足的货源，对国际物流产生大量需求。

---

① 魏际刚：《发达国家现代物流发展的特点、经验及对我国的启示》，《中国流通经济》2006年第10期，第15～18页。

② 魏际刚、张瑗：《新形势下中国物流业的发展战略》，《物流技术》2009年第5期，第1～3页。

3. 物流业全面开放格局形成，国内物流市场竞争激烈

早在20世纪80年代，跨国物流企业就开始进入中国。2001年中国加入世界贸易组织后，物流业进一步扩大了对外开放，加速与国际市场接轨。从2006年起，外资企业可以在中国自行设立分销网络，独立经营物流业务。中国巨大的物流市场和开放的格局促使跨国物流公司加快了在中国的布局，其借助资金、技术和管理等优势，从原先主要以合资为主逐步走向独资，从单一业务走向综合物流业务，从集中于中心城市物流业务向构筑全国性物流网络全方位展开。迄今，国外著名物流企业大都进入了国内物流市场，不仅在快递、航空物流等高端市场占据主导地位，而且向传统物流领域渗透和扩张，中国物流业面临越来越激烈的竞争。

4. 物流业地域性和行业性不均衡态势明显

东部沿海地区的物流基础设施相对发达，现代物流发展水平相对较高，物流需求旺盛，而中西部地区特别是经济不发达地区物流运作水平则相对较低。东部地区物流率先发展的同时，中西部地区逐步出现一批物流功能集聚区。即使是在同一地区，城市与农村物流又有所差别。城市是物流的重要集聚区和节点，农村地区物流则相当落后。

物流服务需求的主体多集中于中外合资企业、外商独资企业、大型流通企业和制造企业等，物流需求旺盛的行业则集中于家电、日用化工、烟草、医药、汽车、连锁零售等。调查表明，我国社会物流总额近90％为工业品物流，农产品物流比重小且十分滞后。钢材、煤炭、矿石等大宗物资物流发展相对滞后，且效率不高。

5. 物流业增长方式粗放

（1）物流规划和布局存在地区分割、部门分割的问题。尽管政府推动物流发展力度加大，但没有形成合力。一些地方盲目大量兴建物流园区，造成物流资源的巨大浪费。（2）物流市场还不够规范、有序和成熟。"数量扩张的高速增长"特征明显，市场无序竞争严重，物流企业"多、小、散、弱"问题突出，超载、超限屡禁不止。多数物流企业缺乏规范的运作、明晰的战略、合理的人力资源组合及必要的学习能力，在企业竞争战略方面多采用低价竞争，为客户提供个性化服务的能力不足。（3）制造企业的物流组织和业务流程不合理，信息技术不能被有效地引入生产和经营之中，企业竞争能力提高受到抑制。（4）物流装备和技术水平不高。物流技术进步动力不强，自主创新能力较差，物流技术标准化尚未进入实质性阶段。由于技术参差不齐，使得在物流运作中服务不规范，大大增加了运行成本和交易成本。（5）物流可持续发展问题突出。公路、航空、铁路等运输方式，资源、能源、土地等消耗及废弃物排放与日益紧张的资源、能源、土地约束和严峻的生态环境形成巨大冲突，因超载、超速造成的严重人身安全和货物损害事故经常发生，给企业和国家带来重大损失。

6. 物流业发展总体滞后于经济社会发展要求

（1）单一物流环节发展滞后，物流基础设施还相对薄弱。如从铁路运输网络的规模、结构、质量和密度等指标来看，中国铁路网络整体上还不能适应国民经济和社会发展的需要；从机场数量来看，与欧美等发达国家相比，中国民用机场数量少、密度低；全国公共通用仓库中，有相当一部分是20世纪五六十年代建设的仓库在"带病作业"，存在重大安全隐患。（2）物流要素供给不足。专业化、技能型、管理型物流人才及先进的软硬件物流技术、物流组织、物流信息等还比较缺乏，这直接影响到物流产业发展的质量和效率，物流业结构升级慢于产业结构和消费结构升级，难以满足更高水平的物流需求。（3）综合物流能力的形成严重滞后。多数物流企业功能单一、集成化程度低、社会物流资源整合能力弱。加之流通体制改革及统一市场体系建设的渐进性，使跨部门跨地区物流能力在较长一段时期内难以有效形成。（4）应急物流极为薄弱。在应对各类重大突发性事件时，难以做到"第一时间"实现应急物资的保障，因应急物资延误造成的生命财产损失巨大。

三、中国物流业未来发展的战略思路

1. 加快构建现代物流服务体系

要加强运输、仓储、装卸搬运、包装、流通加工、配送、信息等方面的基础性建设，重点加强运输基础设施（如铁路、机场、港口、码头、货运场站）、物流节点（物流枢纽、物流基地、物流中心、配送中心、公共仓库）和物流网络建设，加快多式联运建设，加强物流信息平台建设，培育有国际竞争力及区域辐射能力的物流企业，推动专业化的行业物流发展，建立既与国际接轨又符合国情的物流标准体系，着力形成布局合理、技术适宜、绿色安全、规模化、网络化、集约化、专业化、高效率的现代物流服务体系。

2. 推动物流业与相关产业联动发展

物流业服务于国民经济和社会发展，各次产业是物流业的服务对象。各次产业发展到一定程度，物流需求就会快速增长。当前，在综合要素成本总体上升的驱动下，制造业面临着产业转移和结构升级的要求，越来越多的制造企业注重物流服务的配套和物流功能的整合。通过物流业与制造业的融合，一是提升制造业竞争力；二是挖掘第三利润源，降低制造业成本，应对高成本时代来临的挑战；三是抓住制造业结构升级释放出的物流需求，使物流社会化程度进一步提高。

3. 注重物流要素发展与资源整合

要重视物流基础设施、装备技术、人力资源、知识、信息等要素不足的情况，增加有效供给，不断促进物流要素升级。同时，要从国家、区域、企业等层面高度关注对宏微观物流系统内各要素的组织和重组，使之相互联系、相互协调，形成有机合理的结构体系，通过整体优化，协调发展，提高物流要素组织化程度，发挥整体效能，获取整体效益。应根据物流业发展规律，大力抓好物流功能、企业内物流、企业间物流、区域物流、基础设施、物流信息、人力资源和管理体制等方面的整合。

4. 积极转变物流增长方式

中国既面临传统物流进一步发展的巨大需求，又有着不断增长的现代物流需求。中国各地的工业化水平差异很大，传统物流在许多地区还有相当大的空间，需得到进一步的发展。例如，不同等级的铁路、公路、水运、民航、仓储等都需要大发展。同时，按照新型工业化、新型城市化，构建资源节约型、环境友好型社会的要求，加快运输、仓储、物资、商贸、货运代理企业向物流业转型。物流业自身发展也面临着新一轮结构升级的要求，特别是各类要素成本快速上升、能源资源环境压力等，对物流业自身发展提出很大挑战，迫切需要用信息化以及先进的管理技术改造传统物流体系，转变增长方式，实现集约发展。大力发展逆向物流、绿色物流、循环物流、第三方物流、冷链物流、特种货物物流、供应链物流，高度重视物流安全等，走可持续物流发展之路。

5. 推进区域和城乡物流协调发展

根据区域协调发展、城乡统筹发展、主体功能区划分等要求实施不同的区域物流发展模式，加强区域间物流合作与协调发展。区域物流协调方面，要从"大市场、大物流"角度推动区域间物流通道、区域内物流网络、城市群物流、地区重要物流节点、产业集聚区"物流带"的建设。东、中、西部地区要打破地区间市场壁垒，在更大范围内实现物流资源的优化配置。东部沿海发达地区在物流网络相对完善的基础上要提升等级、质量和效率，中西部地区要加快增加物流网络规模以及提高承接东部地区物流服务转移的能力。明确不同主体功能区的发展重点，优化发展和重点开发功能区是生产型物流服务发展的重点区域，禁止开发和限制开发功能区重点发展生活型物流。城乡物流发展方面，农村物流是我国物流体系中极其薄弱的环节，没有农村物流的现代化就无法实现中国物流的现代化。因此，既要进一步完善城市物流体系，更应注重农村物流建设，逐步形成城市支持农村、城乡互促的城乡物流一体化发展格局。

6. 统筹国内与国际物流发展

在物流全球化的今天，国内物流网络逐步成为全球供应链网络的一部分。中国物流业要从全球范围考虑自身的发展，统筹"引进来"与"走出去"。要积极引进国外先进的物流管理方法、运作模式和技术装备，通过消化吸收实现推陈出新。同时，要顺应全球化趋势，突破国界的局限，把视野和目标从国内物流扩展到全球物流，建立一个在全球化环境中同样能够取得成功的物流体系，构建与周边国家、世界其他国家有效衔接的物流网络。只有把"引进来"和"走出去"紧密结合起来，中国物流业才能更好地利用国内外两种资源、两个市场，才能有力支撑中国企业"走出去"战略的实现和长远持续的发展。

7. 加强应急物流体系建设

常态物流是国民经济发展和运行的基础和重要纽带，也是应急物流发展的基石。发展应急物流十分迫切。应根据应急物流的突发性、不确定性、非常规性、需求的事后选择性、不均衡性、时间的紧迫性等特点，大力发展以提供自然灾害、公共卫生事件、重大事故等突发性事件所需应急物资为目的，以追求时间效益最大化和灾害损失最小化为目标，借助现代信息技术，整合应急物资的采购、储备、运输、储存、装卸、搬运、包装、流通加工、分拨、配送、回收以及信息处理等一系列功能形成的应急物流体系。

8. 完善物流市场体系与物流管理体制

加快推动以激发物流业发展活力的市场化改革和体制创新，着力构建统一、开放、规范、有序的物流市场体系。物流领域中，市场机制能发挥作用的，应让市场机制起作用。政府的工作重点是维护公平竞争的市场环境，加强对物流市场监管，特别是社会性管制；从保护产业公平竞争和国家经济安全出发，研究制定物流产业安全的相关规则。

进一步完善物流管理体制。对物流领域中存在的垄断性环节，要通过加快改革，促进竞争格局的形成。优惠政策要用于处于成长期、市场潜力大但国际竞争力不强的部分，特别是物流技术和物流装备制造等关键环节，农业、食品、药品、危险化学品物流以及制造业与物流业联动发展等薄弱领域，注重对物流基础设施（特别是城市公共物流平台、农村物流基础设施）、城乡物流一体化、物流产业安全等进行政策倾斜，着力构建符合物流行业特点和阶段发展特征的政策体系，强化政策实施机制，促使各项政策得以有效落实。要充分重视物流行业协会的桥梁与纽带作用，发挥其在行业自律、技术推广、产业重组、贸易争端、劳动者权益、民间外交、国外同行交流合作等方面的积极作用。

（作者单位：武汉大学、国务院发展研究中心。原文载于《中国流通经济》2009 年第 10 期，被《人大复印报刊资料·物流管理》2010 年第 2 期全文转载）

第三方物流信息平台促进农产品现代物流发展研究

胡天石　潘建伟

一、引言

改革开放以来，我国农产品生产能力有了很大的提高，农产品种类更加丰富，人们的选择范围更加广阔。近年来，农产品市场出现了一系列新的形势：消费者对农产品需求的变化加快，服务要求提高；农产品生产供大于求，国际国内市场竞争激烈；农产品贸易自由化进程加快，从原产地到最终消费者的供应链管理更加复杂，交易成本增加；食品安全与质量要求日益严格，消费者更加注重农产品内在品质。[①]

面对新形势，为更好地组织农产品生产、经营，增强竞争力，就要提高从农产品生产到消费的供应链的协调性。农产品物流涉及从生产、加工、包装、储存、运输、配送一直到消费者整个链条的一系列环节。国际经验表明，系统、高效、完善的农产品物流体系是农业现代化与经济可持续发展的前提和重要保障。当前，我国农产品物流体系滞后，严重制约着农业现代化与农村经济发展的进程。而缓解农户小生产与大市场的矛盾，取得进一步发展的重点已经从生产领域转入流通领域，降低流通成本、提高农产品价值、发展农产品物流业、提高农产品物流信息化水平成为重点。信息技术成为农产品物流行业进行精细化管理的不二选择，而物流信息平台则是农产品物流行业提升管理水平、提高客户满意度、实现企业良性发展的重要工具。

二、第三方物流信息平台发展背景与现状

国外在物流实践信息化、国际化方面的研究开展得较早。例如，欧洲很早就开始探索一种联盟型或合作式的物流体系。其目的在于实现最终消费者和最初供应商之间物流与信息流的整合，在商品流通过程中加强企业间的合作，改变原来各企业分散的物流管理方式，通过合作提高物流效率，改善物流无序、低效率的状况。此外，美国、荷兰等国家物流信息化建设也很发达，已经通过互联网平台进行了物流链各环节的操作，在物流设施自动化与经营网络化方面全面实现了信息化。从实际运行效果看，美国拥有一个庞大、通畅、高效、专业的农产品物流体系，发达的农业信息流成为其农产品物流发展的基础。农业生产数据和信息的

---

① 潘建伟：《发展中国农业物流的思考》，《内蒙古社会科学》2008 年第 4 期，第 82～85 页。

收集、传播、共享为美国农产品物流发展提供了及时准确的信息。农产品物流信息的收集和获取，得益于物流信息平台、电子数据交换等信息技术和设施的成熟。

我国在物流信息化方面的研究开展得较晚。目前，有关农产品现代物流的研究大多停留在理论阶段，实际应用方面的研究很少。与农产品物流信息化配套的相关技术研究也比较落后，物流设施自动化、机械化水平不高。随着人们对信息重要性认识程度的加深，我国在农业物流信息化建设方面也取得了一定成绩。除广播、电视等传统媒体外，各种农村经济信息中心和农产品专业网站也相继建成，有的农产品物流企业和个体还建立了自己的网站，促进了农产品流通。① 近年来，国家发展和改革委员会、农业部、商务部等部门积极推进农产品信息体系建设，在帮助农民获取和发布农产品信息，推进农村流通网络建设发展，帮助农民增收致富方面起到了重要作用，基本形成了完善的城乡市场信息服务体系。截至 2009 年，商务部城乡市场信息服务体系监测的样本企业已经达到 2.1 万家，监测地域覆盖全国 99％的地市和 49％的县。②

不过，我国农产品物流信息化过程中仍然存在很多问题。首先，农民很难获取双向有效信息，信息滞后失真现象严重。由于不同企业和不同监管环节在信息管理方面标准体系不同，企业和监管部门之间对流动农产品的控制和监管信息缺乏共享机制，下游机构或最终消费者难以对农业生产情况等上游监管信息进行回溯性反馈，上游机构无法对农产品流向进行跟踪，生产者不能充分掌握农产品流通信息，不能根据相关信息安排生产，产销脱节。其次，尽管涉农部门建立了许多农业信息网络，但网络在乡村容易出现断层，加之农业物流资源信息不集中，发布与更新不及时，导致农业物流信息共享程度低，信息流通不畅。③ 从全国范围看，农业物流缺乏统一规划设计的信息系统，信息技术尚未得到普遍应用。显然，我国农产品物流需要一个连接农产品供应链各节点的第三方，以满足各方信息需求。

第三方物流信息平台可以作为我国农产品物流的第三方个体，但本文的第三方物流信息平台并非第三方物流企业专用，它作为服务平台适用于农产品供应链上的各个节点组织。现阶段我国农产品物流企业信息化程度普遍不高，信息系统功能不强，缺乏专业性、适用性，通常不能与客户的信息系统兼容。另外，目前

---

① 中经网产业研究中心：《2009 中国行业年度报告系列之物流》，2009 年 11 月 17 日，见 http：//www.doc88.com/p-33778259278.html。

② 姜增伟：《中国流通业三十年成就辉煌》，2009 年 1 月 5 日，见 http：//news.mofcom.gov.cn/aarticle/i/200901/20090105988239.html。

③ 任兴洲：《我国农产品流通形式的发展与完善》，《第二届亚太批发市场大会暨第三届中国（福州）国际农产品贸易对接会特刊》（2009 年），第 28～31 页。

农产品设施自动化程度低，很多操作还停留在人工操作阶段，一来效率低，成本居高不下，二来无法满足农产品物流的特定要求。此外，物流企业信息意识淡薄，缺乏既懂信息技术又懂物流的人才，也不利于农产品物流企业信息化建设。目前我国农业第三方物流尚处于起步阶段，管理水平低，信息系统和网络建设落后，只能提供简单的服务，缺乏相应的物流协调、组织、管理能力，加之我国农村"量大面广"的生产方式特点和消费方式特点，导致农产品物流信息化建设步伐缓慢。

不过，随着我国经济的快速发展，现代物流业将加速前进，成为推动我国社会经济发展的又一重要力量，而信息技术作为现代物流的基础也将成为农产品现代物流发展的助推器。

三、第三方物流信息平台建设目标与影响因素

农业物流的流体——农业生产资料和农产品的生化特性有别于一般物流的流体，[①] 农业物流系统及其储运条件、技术手段、流通加工、包装方式等都具有独立性，农业物流设施、设备、运输工具也具有专属性。此外，农业生产的地域性、季节性与消费需求的常年性，造成了农产品供需的时空矛盾，而解决这个矛盾的基本途径就是发展农产品现代物流。农产品现代物流不仅有利于农产品实现其价值和使用价值，而且能使农产品在物流过程中增值，降低农产品生产与流通成本，提高农业整体效益。

目前，我国物流业已经进入高速发展阶段，但物流信息化方面还存在许多不足。我国农产品物流信息化建设中存在的主要障碍有：（1）农民文化科技素质较低，信息意识淡薄，信息运用水平低下；（2）农业信息网络不健全，不能有效进行农产品市场信息采集、加工、整理和发布，信息时效性差、质量低，农民获取信息难度大、成本高、收益低；（3）信息处理手段和技术落后，大部分农产品批发市场不能提供供求和价格信息，更不能发挥物流信息处理和传递作用；（4）物流企业信息管理水平和技术手段落后，缺乏必要的公共物流信息平台，订单管理、货物跟踪、库存查询等物流信息服务功能薄弱。

目前，信息化成为发达国家支撑物流业开展新业务、实现增值服务、延伸产业链条的基本手段。在信息经济时代，信息化应逐步成为推动我国农业现代化的主要动力。农业信息化是国民经济信息化的重要基础，也是推动农业与农村和谐发展的重要手段。大力推进农业信息化进程，有助于加快现代农业建设，提高农业竞争力，有助于解决当前城乡经济存在的"二元结构"问题。加快农业信息化建设，通过农村信息化工程提高农民素质，引导农民调整生产结构，打造良好的

---

① 衣春光、张文杰：《中国第三方物流发展研究》，《中国铁道学会物资管理委员会：物资管理与营销暨物资流通系统理论学组学术研讨会论文集》，2006年，第86～87页。

信息沟通平台，有利于拓展农产品市场，促进供需双方的交流，推动城乡经济社会良性互动协调发展。

农产品物流信息化作为农产品物流现代化不可或缺的组成部分，是提高农产品竞争力的重要手段，是促进我国农业稳固发展的重要措施，是提高农民收入的重要途径，有利于缩小城乡差别，加快城乡物质流、资金流、信息流的流动，推动城乡经济均衡发展，促进社会和谐发展。据调查，国内很多农产品企业都希望尽快通过农产品物流信息平台，使物流企业与制造商、供应商、用户及相关单位相连接。这是因为，随着信息化的逐步深入，企业迫切需要一套快速、机动、便捷、高效的现代物流系统作为支撑。但搭建物流信息系统的高昂成本，对于大多数农产品企业来说根本无力承担，对普通农户而言就更加不可能了。

而如果农产品企业或普通农户能够借助已经开发成功的成熟而开放的农产品现代物流平台，就可以通过租用公共农产品现代物流信息平台（即第三方物流信息平台）的方式，在节省财力、人力、物力和时间成本的同时，获得专业的信息服务。

因此，第三方物流信息平台建设不仅符合节约型社会的宗旨，可以从战略高度上统筹全局，使分散的农户与分散的需求方结合起来，还将形成一套面向未来向下兼容的应用体系架构，整合买卖双方的物流、资金流、信息流，实现物流服务管理与物流信息系统的有机结合，在提高农产品物流能力和效率、为农产品提供运销保障、增加农民收入、缩小城乡和区域差距方面产生积极作用。

四、第三方物流信息平台与农产品现代物流的耦合

现代物流是相对于传统物流而言的，是信息网络时代下对传统物流的升华。它涉及多个学科、多个领域，以满足顾客需求为目标，统筹考虑制造、运输、销售等市场情况，对信息、运输、仓储、库存、装卸搬运及包装等物流活动进行集成式管理，从而形成一条完整的供应链，以尽可能低的物流总成本为客户提供多功能、一体化的增值服务。[1] 其中农产品现代物流指为满足用户需求、实现农产品价值而进行的物质实体及相关信息从生产者到消费者之间的物理性经济活动。它包括以信息活动贯穿始终的农产品生产、储运、保鲜、包装、配送、流通加工、分销等一系列环节。[2] 现代物流出现的标志是基于专业化分工与合作的第三方物流的出现，其标志性特征是物流的系统管理与方案的设计能力，核心技术是信息网络技术。这也说明了信息技术的应用以及基于农产品物流流程的全面整合与再造（即第三方物流信息平台的主要功能）同农产品现代物流存在极高的相互

---

[1]　郭强、黄学良：《第三方物流在我国的发展研究》，《物流科技》2004年第10期，第19～21页。

[2]　山东鲁商集团：《关于农产品、食品现代物流信息体系建设建议》，《中国食品物流》2008年第3期，第17页。

依赖性，双方是耦合的。此外，耦合的具体原因还有以下几点：

一是农产品现代物流设备专业性强。为保证农产品物流信息处理及时、配送流程优化、存取拣选自动化、物流管理智能化，需要具有国际先进水平的物流设备及各种辅助配置，需要较大的投资，需要借助第三方物流信息平台进行精细化整合运用和管理。

二是农产品现代物流属于多样性物流。从现代物流角度看，农产品有不同类型，农产品现代物流业务复杂多样，需要借助信息化、自动化、准确化的第三方物流信息平台来进行管理和操控。

三是农产品现代物流实行少批量、多频次的配送方法，要求分拣快速、配货及时。在农产品从原料种植到采购、生产、流通加工再到配送的整个食品物流链中，由于食品加工周期和保质期较短，稍有差错就会影响到农产品的质量安全，因此需要智能化、网络化、柔性化的第三方物流信息平台的支持和管理。

由此可见，第三方物流信息平台与农产品现代物流确实是相互关联的，但建立它们之间相互沟通的纽带并非易事。北京中食新华科技有限公司专注于农业领域信息服务十余年，充分考虑到农产品物流信息的多样性，针对第三方物流信息平台的跨行业、跨区域、公益性特征，提出将数据库分散在不同的服务器上，建立分布式数据库管理系统，并构造信息结构示意图（见图1）。

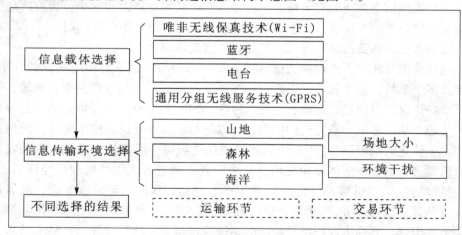

图1 农产品现代物流信息结构示意图

五、第三方物流信息平台促进农产品现代物流发展的路径

信息集成技术的应用，有利于及时解决农业发展中出现的技术问题，降低农业信息获取成本。长期以来，由于农业生产、运输、消费在地域上的分散性，形成了许多零散的"孤岛"，如何将供需双方连接到同一个信息平台，将零散的"孤岛"整合成一个现代农业信息化的完整体系，一直缺乏拥有关键技术和解决

方案的专业公司的引领。北京中食新华科技有限公司作为一家以信息产业为主导的高科技公司，早在 20 世纪 90 年代中期就推出了我国第一家粮食行业专业的企业对企业（B2B）的电子商务系统，推动了我国粮食交易的信息化发展。经过多年的沉淀和积累，公司逐渐发现，无论是企业还是农户本身，买卖双方网上交易之后仍然需要有效物流的配合来推动交易的完成，并针对该需求开发了一套农产品现代物流营销信息平台。该平台针对国内农产品物流行业市场现状，在物流主体方面，将农产品物流主体进行整合，集结到统一的平台，并通过该平台，实现物流主体的有效沟通，提高农产品物流效率，节省双方成本；在物流冗余问题方面，把供应方、物流企业和需求方直接联系起来，减少农产品物流过多的中间环节，实现三方共赢；在物流技术方面，专为物流企业研究开发了物流管理模块，帮助物流企业实现信息化管理，提高服务质量；在物流管理方面，提供优化算法、多条件选择等物流方案，帮助物流企业选择最优线路，有效分配车辆使用，帮助农产品供应方在现有条件下更加合理地运递产品，减少运输、仓储过程中的损失；在架构设计方面，从农产品现代物流角度出发，集成农产品物流信息技术，整合农产品物流信息资源，在保鲜技术、包装技术、监测技术、跟踪技术、标准化技术、信息技术等六个关键技术领域实现重点突破。其总体技术路线参见图 2。

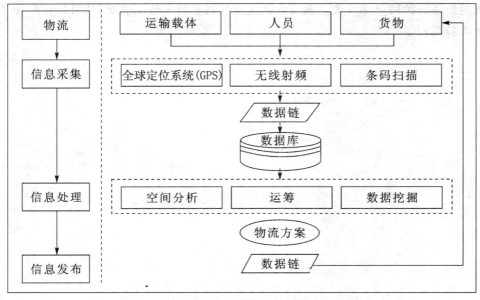

图 2 农产品物流信息化总体技术路线示意图

另外，平台充分考虑农产品物流的信息化需求，针对农产品物流动态过程中生命、品质、地理位置的易变性，集成射频识别技术、全球定位技术、无线网络传输技术、多通道信息采集技术，建立基于 ZigBee（一种低功耗、低成本、低复杂度、低速率的近程无线网络通信技术）的无线传感器网络，将实时采集的各种信息传输到监控中心，实现对农产品品质、标志、地理位置的实时监控与跟踪。在功能方面，平台将农产品运输、储存、装卸、搬运、包装、加工、配送、信息处理等基本功能进行有机结合，通过提供多品种、高质量的产品信息和有效的产品导向信息，对农产品生产、采购、储存周期等进行有效控制，实现农产品生产与物流协调搭配，降低农产品物流流向的盲目性与流程的不合理性，对不同季节的农作物进行智能化管理，减少在途损失，实现仓储与物流环节的信息化管理，促使流体保值增值。

综上所述，第三方物流信息平台是农产品现代物流的产物，具有集成先进物流信息技术、汇集各种零散物流信息、提供开放公用空间、节约资源等方面的优势，具有广阔的发展前景。此外，第三方物流信息平台与农产品现代物流存在一种天生的相互依存的关系，在促进我国农产品现代物流发展方面将起到积极的作用。随着物流信息化领域的专业化发展，面向农产品行业建立专业的现代物流信息系统，能极大地改善农产品物流信息化的基础环境，整合信息技术，实现信息的互联互通，促进全行业快速发展。

（作者单位：北京中食新华科技有限公司、北京物资学院。原文载于《中国流通经济》2010 年第 7 期，被《人大复印报刊资料·物流管理》2010 年第 10 期全文转载）

绿色物流路径：物流绿色化改造的战略选择

谢泗薪　王文峰

一、引言

"绿色"代表健康、安全、环保。工业化在给人类带来物质文明的同时，也使人类付出了生存环境恶化、生态平衡被破坏的沉重代价。保护生态环境、降低资源消耗、提高人类生存质量，已经成为人们的共识。我国作为一个发展中国家，正处在迅速推进工业化发展的阶段，面临着严重的环境困扰。[①] 因此，现代物流的发展必须突破传统流通局限，从环保角度出发改进物流体系，拓宽环境效益的涵盖面，开发并推广绿色环保的物流技术，融入环境保护、资源节约等绿色理念，形成一个资源节约、环境友好的物流系统，于是绿色物流便应运而生。

二、绿色物流概述

绿色物流提出于 20 世纪 90 年代中期，它建立在物流管理、环境科学、生态伦理学及生态经济学等理论基础之上，是物流业发展的新趋势。它以减少环境污染、降低资源消耗为前提，通过先进的绿色物流技术，将环境资源管理导入各个物流环节，改变原来消费生活与物流、经济发展与物流的单向作用关系，规划并实施绿色运输、绿色仓储、绿色包装、绿色流通加工等物流活动，进而形成一种能够促进消费与经济健康、可持续发展的物流系统。因此，绿色物流是一个多层次概念，强调对环保全方位全过程的关注，既包括企业绿色物流活动，也包括社会对绿色物流活动的监督、规范和控制，追求企业经济效益、消费者权益、环境效益与社会效益的统一。

具体而言，绿色物流包括以下几个方面的内容：

1. 节约资源。这是绿色物流最主要的内容，也是发展现代物流的核心思想之一，指通过优化整合现有各种资源的配置，提高资源利用率，减少资源消耗和浪费，提升经济效益。这既是可持续发展所倡导的，也是我国发展绿色物流急需解决的难题。如新建物流设施与原有物流系统设施不兼容会造成资源的空置和浪费。目前，我国物流基础设施空置率高达 60%，与绿色物流的要求相差甚远。

2. 绿色运输。运输作为最重要的物流功能要素之一，也是环境最大的污染源。绿色运输以降低能源消耗、减少废气排放为前提。首先，应系统规划货运网

---

① 毕克新、朱娟、冯英凌：《中小企业产品创新研究现状和发展趋势分析》，《科研管理》2005 年第 26 卷第 2 期，第 7～16 页。

点与配送中心布局，优化组合各种运输工具，合理选择运输路线，避免空驶、对流运输、迂回运输、过远运输或重复运输，有效提高运输车辆实载率与往返载货率。其次，应提高运输车辆内燃机技术并优先使用清洁燃料，减少运输过程中的燃油消耗和尾气排放，实现节能减排的目标。最后，应防止运输过程中可能出现的泄漏问题，以避免对局部地区造成严重的环境危害。[1]

3. 绿色仓储。绿色仓储的目的在于对货物仓库进行合理布局，降低物流成本。绿色仓储要求仓库布局力求合理，无论过于密集还是松散，都会造成资源浪费；在选点上应远离居民区，特别是易爆、易燃、放射性物品更要安全合理地进行储藏，否则不仅不利于人类生命和财产安全，甚至有可能对周边生态环境造成无法弥补的破坏。

4. 绿色包装。包装作为物流功能要素之一，是商品营销的一个重要手段。提供包装服务的物流企业应对包装进行绿色化改造，如使用环保材料，提高材料利用率，设计折叠式包装以减少空载率，建立包装回用制度等。[2] 绿色包装贯穿于整个物流过程的始终，要求企业在生产制造环节、商家在销售流通领域、消费者在消费终端，都要防止不良包装对环境产生危害。

5. 逆向物流。美国物流管理协会[3]对逆向物流的定义是：逆向物流通常用于描述再生、废品处置、危险材料管理等物流活动；一种更为广泛的视角包括所有的资源节约、再生、替换、材料再利用和废弃物处理等物流活动。随着政府立法的不断完善以及产品更新换代速度的不断加快，逆向物流管理变得越来越重要。它能促使企业质量管理体系不断完善；降低成本，增加企业效益；提高顾客满意度，增强企业竞争力；保护环境，塑造良好的企业形象。[4]

6. 绿色流通加工。绿色流通加工是出于环保考虑的无污染流通加工方式及相关政策措施的总和，[5] 要求采用高科技专业集中的加工方式，加大科技投入力度，促使科技转化为生产力，同时对流通加工中产生的废料进行集中处理，提高资源利用与再利用的效率，减少废弃物对周围环境造成的污染。

7. 绿色信息处理。绿色物流不仅包括运输、仓储、包装、流通加工及循环

---

① Scott B. Keller, Katrina Savitskie："A Summary and Analysis of Multi—item Scales Used in Logistics Research", in the *Journal of Business Logistics*, 2002, pp. 101—113.

② Scott B. Keller, Katrina Savitskie："A Summary and Analysis of Multi—item Scales Used in Logistics Research", in the *Journal of Business Logistics*, 2002, pp. 101—113.

③ Stock J. R.："Reverse Logistics, Council of Logistics Management", Oak Brook, L., 1992, p. 18.

④ Scott B. Keller, Katrina Savitskie："A Summary and Analysis of Multi—item Scales Used in Logistics Research", in the *Journal of Business Logistics*, 2002, pp. 101—113.

⑤ 柳彦君、李文生：《试析我国绿色物流发展中存在的问题及对策》，《物流科技》2007年第7期，第121～123页。

利用等方面的绿色化，也包括作为绿色物流重要技术支撑的环保信息的搜集、整理、储存和利用。绿色信息的搜集和整理是企业实施绿色物流战略的依据，利用先进的信息技术搜集、整理、储存各种绿色信息，并及时运用到现代物流管理中，可以更好地促进物流的绿色化。①

随着社会分工的不断细化，物流的作用日益重要，绿色浪潮不仅对生产、营销、消费产生了重要影响，物流的绿色化问题也提上议事日程。② 绿色物流有利于企业节约资源，提高客户服务价值，提升企业形象与声誉，增加品牌附加值，延长产品生命周期，进而提高企业绩效。同时，绿色物流作为我国可持续发展战略的重要环节，有利于促进绿色 GDP 的推广和实施，提高国民幸福指数与生活质量。因此，我国进行物流绿色化改造意义重大。

三、我国绿色物流现状剖析

20 世纪末以来，绿色物流逐渐引起了社会的关注，被认为是未来我国物流业发展的一个必然趋势，但我国绿色物流至今仍停留在观念水平上，与具体实施还存在很大差距，有很多问题需要解决。

1. 全社会缺乏绿色物流意识。全社会绿色物流意识普遍薄弱，认识和观念较为落后，对绿色物流的重要性理解不够。一是政府尚未完全转变观念，还没有确立绿色物流的相关思想。二是在物流环保方面教育力度不够，企业和消费者对绿色物流的认识非常淡薄。经营者提供绿色产品、绿色标志、绿色营销和绿色服务，消费者追求绿色消费、绿色享用和绿色保障，而其中的绿色通道——物流环节，并未得到足够的关心和重视。③

2. 政府政策与法律制度不完善。20 世纪 90 年代以来，尽管我国政府一直致力于环保政策与法规的制定和颁布，但针对物流行业的相对较少。一方面，绿色物流管理体制不健全，引导作用不强。绿色物流的发展离不开政府的扶持与鼓励，但目前我国政府尚未设置专门的物流部门来规划和管制物流业的发展，也没有制定相应的绿色物流产业扶持政策。另一方面，相关法律制度缺乏，致使绿色物流发展无章可循，无法可依。尽管我国已经出台了《环境保护法》等法规，但针对物流行业的条款不是很多。

3. 基础设施与信息技术落后。一是我国交通运输基础设施总体规模仍然偏小，设备的机械化、自动化、清洁化技术水平不高。如目前使用的搬运工具中，人工搬运车、手推叉车和普通起重设备占 70% 以上，而可视叉车等现代化搬运

---

① 柳彦君、李文生：《试析我国绿色物流发展中存在的问题及对策》，《物流科技》2007 年第 7 期，第 121～123 页。

② 吕诗芸：《绿色物流——现代物流发展的新趋势》，《物流科技》2007 年第 3 期，第 81～83 页。

③ 沈利民：《绿色物流与国外物流发展之比较》，《中国市场》2008 年第 6 期，第 40～41 页。

工具很少，技术和信息化水平不高，[①] 严重影响物流效率。另外，各种综合性货运枢纽与物流中心建设缓慢，缺乏全方位全局性的统一规划，基础设施配套性、兼容性、环保性较差，不同运输配送方式、区域运输系统间难以协调衔接。

二是信息技术总体应用水平与绿色物流的要求相差甚远。信息化是绿色物流发展的必备条件之一，然而我国许多新兴的高科技信息技术并未得到合理利用，有些物流软件性能较差，时常发生与终端客户系统不相容的情况，致使物流信息技术与系统功能受到限制。

4. 高素质复合型人才缺乏。随着我国物流产业的不断发展，对专业物流人才的需求急剧增加。我国在物流研究与教育方面起步较晚，从事物流研究的学校与专业机构还很少，学历教育与培训认证工作更是滞后，高素质物流专业人才严重缺乏。同时，现有物流工作人员综合素质不高，大多没有进行过专业学习，缺乏兼具环保与物流知识的复合型人才，严重制约着绿色物流的快速发展。

5. 逆向物流没有得到充分重视。中国科学院可持续发展战略研究组首席科学家牛文元指出，多年计算的平均结果显示，我国国内生产总值（GDP）中有相当一部分是依靠"透支"资源和生态环境获得的，这种代价至今仍存在于我们的经济发展之中。[②] 对现代物流业来说，生态资源存量减少，受市场价格与供求机制调节的作用，最终将导致资源使用费的增加，因此资源的逆向循环再利用非常重要。然而，逆向物流是供应链上的一个特殊环节，人们对逆向物流过程进行掌控和计划的难度比正向物流要大。而且，目前一般的物流管理信息系统很少有逆向物流处理与管理方面的内容。[③] 因此，逆向物流在我国仅限于废旧物料回收利用、生活垃圾分类处理等初级行为，作为企业自身行为的逆向物流活动并不常见。

综上所述，物流绿色化对我们来说，还有相当长的一段路要走。随着经济全球化与世界一体化进程的加快，跨国物流企业纷纷抢滩中国市场，一旦发达国家在物流绿色化上设置准入壁垒，我国物流业就会遭受巨大打击。发展绿色物流是我国物流业参与国际竞争的前提和基础，必须加快物流绿色化改革。

四、我国发展绿色物流的路径选择

绿色物流作为一种前沿性的环保理念，要得到全社会的认可和支持，必须从我国物流业现状入手进行绿色化改造。

---

① 张焕梅：《发展绿色物流 创建节约型社会》，《中国市场》2007 年第 8 期，第 24～25 页。

② 何嘉、王永平：《发展方式生态化转型的条件与实现机制探讨》，《贵州农业科学》2009 年第 37 卷第 10 期，第 195～198 页。

③ 李本辉：《绿色壁垒下国内企业绿色物流管理方案研究》，《改革与战略》2009 年第 25 卷第 7 期，第 58～61 页。

1. 完善政府政策与相关法律体系。物流绿色化目标的实现需要政府的参与，政府只有多管齐下，采取行政手段、法律手段、经济手段与技术手段，推动现有物流体制转型，建立绿色物流发展框架，进行绿色物流的政策性建设，才能使物流活动在追求自身经济利益的同时注重资源节约与环境保护。一是设置统管物流的主管部门，建立必要的部门协调机制，全面统筹物流业发展，制定全国性的绿色物流总体发展规划，打破部门、地区与行业限制，用大流通思想发展绿色物流。二是制定绿色物流发展的综合性法律体系，控制并调节物流系统各活动环节，使整个社会的物流活动有利于资源节约与环境保护。三是通过经济杠杆来激励和引导物流企业行为。一方面，政府对具有正外部效应的物流活动给予"绿色税收"、"绿色补贴"等，对外部不经济的物流活动进行限制，促使整个社会重视绿色物流；另一方面，利用政府采购绿色产品和绿色服务的规模优势与导向作用，实现对资源的优化配置，促进资源节约、环境保护与物流的绿色化发展。四是制定绿色物流技术指标体系，运用电子化手段对整个社会的物流活动进行量化管理，使相关职能部门执行时更具有可操作性和对比性。

2. 提高消费者和企业的环保意识。绿色物流关系到公众的切身权益以及子孙后代的长远利益，需要广大消费者和企业的积极参与。一是积极倡导绿色消费，用可持续发展观引导消费者购买可再生资源产品，进而通过绿色消费方式鼓励和监督企业实施绿色物流管理，推动绿色物流发展；二是企业要解放思想，打破"环保不经济"的传统观念，树立全新的绿色物流运作理念，同时培养员工的环保意识，把节约资源和保护环境作为企业的长远发展目标。

3. 提高基础设施绿色化水平。优化配置现有资源，完善基础设施建设与网络构筑，实行联合一贯制运输配送，避免或减少重复建设与人为浪费。具体包括以下几点：一是引进先进设备，改造现有物流基础设施，提高机械化、自动化、清洁化水平，同时强化新建物流基础设施的宏观协调与功能整合，防止重复建设，避免资源浪费。二是以城市为中心合理规划物流网络布局，建设集商流、物流、资金流、信息流为一体的现代化物流中心，带动周边地区发展，从而形成一个有机的物流体系。三是合理选择运输策略，对火车、汽车、船舶、飞机等基本运输工具进行优化整合，实行联合一贯制运输，充分发挥陆运、水运、空运等运输方式的优势。四是积极引进和自主开发先进、适用的绿色物流技术，加快建设绿色信息系统与技术创新体系，提升物流技术开发能力与创新水平，培育新的经济增长点。

4. 培养绿色物流复合型人才。各相关科研院所、高等学府必须进行有针对性地培养和训练，为绿色物流业输送更多优秀人才，以更好地促进现代物流的绿色化发展。一是结合物流管理与环境科学，推进企业专业物流人才培训与认证工作，使员工成为既具有物流运作技能，又具有强烈环保意识的复合型人才，改善物流管理中的"软件"环境。二是加强企业、高等院校及科研机构之间的项目合作，形成产学研相结合的良性循环，促进绿色物流理论研究与实际应用的有力结合，鼓励和支持应用性物流技术的开发与应用。三是组建物流知识团队，进行绿色知识创新。进入知识经济时代，产品生命周期缩短，企业产品开发速度越来越快，对物流提出了更高的要求。但仅仅依靠现有物流知识已经不能满足现代物流绿色化的要求了，为保持企业可持续竞争优势，必须进行绿色物流知识创新。由于认知领域千差万别，知识要素包罗万象，微观层次上的具体知识既具有独特性和专属性，也存在相互之间的关联性和依赖性。[①] 因此，仅仅依靠个体的力量难以满足物流绿色化知识创新的要求，组建绿色物流知识团队，从相对静态的知识创新战略向相对动态的知识创新战略转变，成为 21 世纪进行知识创新的重要组织策略。

5. 重视逆向物流的发展。废弃物的减少可通过废弃物的再使用（回收处理后再使用）、再利用（处理后转化为新的原材料使用）来实现。为达到上述目标，企业应从宏观视野出发来发展逆向物流。一是建立逆向物流配送渠道，实现逆向与正向渠道的协调。二是优化整合生产、库存、配送及产品规划等管理活动，提高从生产到废弃物处理全过程的效率，实现逆向物流管理的协同。三是协调逆向物流系统各主体之间的合作与竞争关系，合理确定产品价格与收益分配。四是利用高科技绿色信息技术降低逆向物流链条中产品数量与质量的不确定性，实现收益最大化。五是采用通过 ISO14000 环境管理体系认证的绿色包装，使用后易于回收使用。总之，逆向物流的物质流程不再是从上到下，信息流程也不再是从下到上，而是不断地进行循环往复。[②]

6. 推进绿色供应链配送战略。保护环境、节约资源这个目标的真正实现，需要企业从产供销供应链的整体出发来发展绿色物流。一要认真选择绿色合作伙伴，包括供应商、生产商、销售商与消费者全体，打造绿色供应链。企业要认真考察整个供应链上所有合作伙伴的环境绩效，协同合格的关联者保证物流产品安全健康，从而在整个经济社会建立起包括绿色供应、绿色生产、绿色营销、绿色消费在内的全方位绿色物流循环系统。二要加强相关企业之间的交流与合作，开展共同配送。共同配送以一定区域内的配送需求为对象，由同一行业或同一区域的企业把社会分散的物流活动集中起来，进行有目的的集约化协同配送，包括集中进货、集中加工、集中库存、集中配货等，以避免不必要的交错运输，最大限

---

① Grant，R. M.："Toward A Knowledge—based Theory of the Firm"，in the *Strategic Management Journal*，Vol. 17（1996），pp. 109—122.

② 宋华：《绿色物流——21 世纪物流管理的方向》，《物流技术》2001 年第 1 期，第 41～43 页。

度地优化人力、财力、物力的组织与配置，降低空载率，缓解交通紧张状况，减少废气排放，降低对环境的负面影响。

7. 推动绿色税费改革。针对目前物流业税费方面存在的问题，制定有利于绿色物流发展的税费政策，降低企业运营成本势在必行。一是扩大营业税差额征收范围，避免营业税的重复征收。所谓差额纳税指的是对物流企业母公司征收营业税后，其子公司所参与的有关运输及仓储业务等不再征收营业税。同样，企业外包出去的运输及仓储业务在计征营业税的营业额时，也可扣除因这部分外包而支出的费用。① 同时，改革现行税收制度中对物流运输业务与仓储、配送业务执行不同税率的政策，将各物流环节营业税税率统一为 3％，降低企业营运成本。二是提高收费透明度，对收费进行规范和监管。目前，物流系统各环节的收费包括保险费、监管费、检查费、运输附加费、过路过桥费等，物流成本负担较重。物价局应公开、公平、公正地核准物流各环节的收费标准，规范收费制度，简化收费手续，采用一单物流、一票到底、一次收费、全程负责的"一条龙"多式联运收费方式。

五、结束语

绿色物流是可持续发展战略的要求和 21 世纪物流业发展的新趋势。特别是随着经济全球化和世界一体化的发展，以及我国参与国际分工程度的不断加深，发展绿色物流的意义不再仅仅局限于国内市场的竞争，更体现在国际大市场的角逐上。因此，我国现代物流应在政府规划引导下，以节约资源、保护环境、促进经济社会可持续发展为前提，建立适应社会主义市场经济大生产、大市场、大消费理念的绿色物流体系。

（作者单位：中国民航大学。原文载于《中国流通经济》2010 年第 5 期，被《人大复印报刊资料·物流管理》2010 年第 8 期全文转载）

---

① 王凌峰：《解读中国物流业调整振兴规划》，《交通标准化》2009 年第 8 期，第 79～80 页。

第四编
供应链管理

实施供应链管理　提高我国流通业竞争力

吴敬琏

一、实施供应链管理是经济发展的时代要求

香港利丰集团通过供应链管理创新，将自己从一个传统的进出口贸易公司改造提升为现代商贸业巨擘的经验，对于内地流通业的现代化具有极为重要的意义。这是因为，最近 30 年来，流通业有了革命性的变化，已经从传统的买卖中间商变成了社会供应链条的组织者和管理者。然而直到最近，内地流通业对这种发展跟进得还很不够，甚至对供应链管理本身也知之不多。这种情况必须尽快改变，否则我国流通业将会遭遇愈来愈多的困难。这种困难在中国"入世"第一年里流通业所遭遇的冲击中已经可以看到端倪。我们知道，流通业是现代市场经济的一个最重要的组织部分，因此，发展现代流通业，提高其竞争能力，降低其经营成本，不仅关系到中国流通业本身发展和竞争力提高，而且关系到中国经济整体发展的重大问题。

诺贝尔经济学奖获得者道格拉斯·诺斯把生产总成本划分为转型成本（Transformation Costs，也就是马克思所说的物质变换成本，即人们通常所说的制造成本）和交易成本（Transaction Costs，包括获取市场信息的成本、订立合同的成本、执行合同的成本等等）两个部分。正像理论经济学所认为的，降低转型成本的基本途径在于深化分工。然而，随着分工的深化，人们之间的相互依赖关系不断加深，交易关系愈益频繁，降低交易成本就成为一个具有决定意义的任务。现代物流业及其应用的供应链管理就是在这种要求下应运而生的。

由于分工的深化是经济效率提高的主要原动力之一，二战结束以后，愈来愈多的制造业企业把非本企业核心业务的作业"外包"（Outsourcing）。如企业愈来愈专注于自己核心能力（如某项产品的研发、生产、营销等）的发挥，而把非核心产品外包给其他供应商去生产。在价值链（Value Chain）细分的情况下，有大量流通组织工作，如供应链设计、订单管理、元器件采购供应、仓储、报关、运输等工作需由主营企业自己的物流部门或者委托给第三方物流企业去处理。这样，就发展起一系列高效的物流管理技术，涌现出一大批以高效供应链管理（Supply Chain Management，简称 SCM）作为自己核心竞争力的企业，如戴尔、沃尔玛、利丰等，以至于供应链管理已经成为现代管理学的一个重要分支。所谓供应链管理，就是把生产过程从原材料和零部件采购、运输加工、分销直到

最终把产品送到客户手中，作为一个环环相扣的完整链条，通过用现代信息技术武装起来的计划、控制、协调等经营活动，实现整个供应链的系统优化和它的各个环节之间的高效率的信息交换，达到成本最低、服务最好的目标。一体化供应链物流管理的精髓是实现信息化，通过信息化实现物流的快捷高效配送和整个生产过程的整合，大大降低交易成本。这种管理思维，已在许多企业得到应用，取得了巨大的效益。当前流通业由单个企业的物流管理到一体化的供应链管理的革命，极大地降低了全社会的交易成本，提高了各产业的生产效率，成为20世纪末期大规模产业重组的重要内容。美国著名的物流专家马丁·克里斯多弗（Martin Christopher）甚至认为："21世纪的竞争将是供应链与供应链之间的竞争。"

二、我国流通业发展面临的主要问题

目前中国经济运行面临的一个重大问题是：虽然产品的制造成本很低，但总成本的另一个组成部分——交易成本却很高。制造成本（转型成本）很低，进一步降低的空间十分有限。但是，由于市场制度还没有完全建立，经济活动缺乏规范，经济行为人缺乏诚信等原因，交易成本却很高，存在较大的降低空间。这样，如何通过与交易有关的各行业的现代化，降低交易成本，以提升本土企业的竞争力，便成为中国加入WTO以后亟待解决的一个问题。在中国加入WTO以前，由于存在比较高的关税和非关税壁垒，在较好的制度环境下运行、具有交易成本优势的境外企业无法充分利用内地制造成本低的优势，使交易成本较高的本土企业受到某种程度的保护。然而，中国加入WTO以后，内地关税和非关税壁垒迅速降低，于是境外企业纷纷把它们的加工厂转移到中国内地，以便分享制造成本低的优势，因此中国内地正在成为世界的制造业基地。至于内地本土企业，因其交易成本比较高，总成本往往高于境外企业。这使它们与境外企业相比，缺乏足够的竞争力。这样，对一些本土企业而言，外资企业的大量涌入和对原有合资企业的整合就对它们形成了"大军压境"的形势。弄得不好，就会在今后的激烈竞争中败北。因此，提高内地与交易有关的行业包括商贸业的效率，便成了一项十分紧迫的任务。

与发达的市场经济国家相比，中国内地商贸业存在两方面缺陷：

第一，大体上还停留在一手买进、一手卖出的商业中介发展阶段，效率低，竞争力差。内地商贸业，无论是外贸企业还是内贸企业，都是在计划经济的体制下建立的，虽然改革以来，少数企业迫于市场压力也进行了一定的改革和创新，且出现了少数机制较灵活、业务模式较新的民营商贸企业，但从总体来看，商贸业并未得到根本性的改造和革新，体制僵化和业务模式落后依然是普遍存在的问题。特别是在前些年的改革中又采取了某些不适合现代市场经济的做法，如"层层承包"、"出租柜台"等，以致愈来愈跟不上时代的要求，甚至成为影响我国产业大规模重组的薄弱环节。

第二，现代商贸企业在数量上严重不足。商贸等与交易密切相关的行业是与市场经济相伴发展的。由于分工的深化和交易量的增大，商贸业在国民经济活动总量中所占比重也会愈来愈大。据诺斯对于1870～1970年美国经济中与交易有关部门规模的估量，20世纪后期美国经济中银行、保险、金融、批发、零售等与交易相关的行业在国民收入中所占比重从1870年的25％左右提高到1970年的45％左右。目前我国相应行业在国民收入中所占比重只与发达市场经济国家一个多世纪前的情况相若。与在强大的流通业组织的支撑下，发达市场经济国家产品价值链愈分愈细的情况相反，我国商贸业发展不足制约了分工深化。

面对这种形势，我们必须努力发展商贸业，提高它的效率。第一，要按照党的十六大精神以及2001年12月国务院办公厅转发的国家计委《"十五"期间加快发展服务业若干政策措施的意见》的要求，放宽对非国有经济的准入限制，允许民营经济进入对外贸易等行业。第二，为商贸业营造透明的法治和政策环境，使企业的经营有平等的竞争场地。第三，要有符合现代市场经济要求的政府监管框架。第四，商贸企业要加强自身的建设，包括用现代信息技术改善经营流程，提高管理和服务水平。所有这些工作，需要由政府和民间通力合作。

三、借鉴香港企业供应链管理经验，提升内地流通企业竞争力

香港作为亚洲重要的经济中心，在发展商贸业、提高商贸业的效率方面有很多宝贵经验值得内地学习。香港地区有适合于市场经济的法律框架、执法系统和政府规制系统，这是发展建立在规则基础上的现代市场经济或称法治市场经济的基本前提，也是建立强大和高效商贸业的重要制度基础。在香港已经回归的情况下，内地的立法机关、执法机构和行政规制机构完全有可能低成本引进有关的法规体系和规制框架。通过向香港学习，把现代市场经济的这一制度基础设施较快地建立起来。与此同时，香港商贸企业在发展一体化物流（Integrated Logistics），改善供应链管理和提高商贸企业效率方面取得的成就是举世公认的。香港特区是一个重要的国际商流、物流、资金流和信息流中心，通过综合运用这些资源和优势，香港商贸业在推进流通现代化的实践中不断进行新的探索和创新，积累了一些很有价值的经验。利丰集团就是一个值得学习的榜样，它是香港甚至是世界范围内商贸业的一个著名创新者。它顺应了经济全球化、采购和生产全球化的趋势，面对快速变化的市场需要，不断改革和创新，使自己从一个传统的中介贸易商逐渐演变成全球商贸供应链的管理者。它紧紧围绕客户的需求，利用其十分先进的信息管理系统，在全球范围内选择最好的设计师、最好的原材料供应商、最好的加工厂，以合理的价格按时向客户提供最好的产品。通过高效率的组织和严密的调度管理，利丰集团以一体化供应链管理方式，在专业化基础上真正

实现了全球资源的最佳配置。目前它在全世界 40 个国家设有 67 个分公司和办事处，网络遍于全世界，为数百家客户服务。正因为利丰集团的做法和经验所具有的独创性，它已被哈佛大学作为教学的典型案例进行重点分析和研究。利丰集团的经验对中国内地商贸业的现代化发展有着更为重要的借鉴意义，它不仅为内地传统的内外贸易企业的改革和发展探索出了可供借鉴的方向和方法，也为内地企业通过高效率的供应链管理降低流通成本，提高企业效益作出了榜样。

我们相信，利丰集团的发展过程和供应链管理的基本做法与经验对于我国商贸现代化和内地企业供应链管理的发展定会大有裨益。

（作者单位：国务院发展研究中心。原文载于《中国流通经济》2003 年第 10 期）

中国企业实施供应链管理的战略思考

丁俊发

一、要从战略高度来认识供应链管理

1. 美国著名经济学家克里斯多夫讲过这样的话："市场上只有供应链而没有企业"，"真正的竞争不是企业与企业之间的竞争，而是供应链与供应链之间的竞争"。

什么是供应链，《物流术语》国家标准是这样定义的："供应链，即生产与流通过程中涉及将产品或服务提供给最终用户活动的上游与下游企业，所形成的网链结构"。"供应链管理，即利用计算机网络技术全面规划供应链中的商流、物流、信息流、资金流等，并进行计划、组织、协调与控制"。美国经济学家史蒂文斯认为："通过增值过程和分销渠道控制从供应商的供应商到用户的用户的流就是供应链，它开始于供应的源点，结束于消费的终点"。美国另一位经济学家伊文思认为，"供应链管理是通过反馈的信息流和反馈的物料流及信息流，将供应商、制造商、分销商、零售商，直到最终用户连成一个整体的模式"。著名经济学家吴敬琏认为："所谓供应链管理，就是把生产过程从原材料和零部件采购、运输加工、分销直到最终把产品送到客户手中，作为一个环环相扣的完整链条，通过用现代信息技术武装起来的计划、控制、协调等经营活动，实现整个供应链的系统优化和它的各个环节之间的高效率的信息交换，达到成本最低、服务最好的目标。一体化供应链物流管理的精髓是实现信息化，通过信息化实现物流的快捷高效的配送和整个生产过程的整合，大大降低交易成本"。

由于经济的全球化以及跨国集团的兴起，企业产品生产的"纵向一体化"运作模式逐渐被"横向一体化"模式所代替，围绕一个核心企业（不管这个企业是生产企业还是商贸企业）的一种或多种产品，形成上游与下游企业的战略联盟，上游与下游企业涉及供应商、生产商与分销商，这些供应商、生产商与分销商可能在国内，也可能在国外。在这些企业之间，商流、物流、信息流、资金流一体化运作。这就是我理解的供应链与供应链管理的基本概念。

2. 中国的企业家对供应链管理很不熟悉，但从总体讲，已经起步。埃森哲中国公司的专家称："供应链已经成为中国企业首席执行官及高层管理人员明确关注的重要问题。事实上，在亚洲各国，供应链服务的市场需求正以23％的速度逐年递增。"联合国开发计划署驻华代表柯斯汀·莱特娜女士指出："物流及供应链管理正迅速成为全球，包括中国在内的商业领域中最核心的问题。"

美国埃森哲著名供应链专家罗伯特·伊斯顿 2003 年发表了"中国供应链的现状与发展"一文，他指出："同其他发达国家相比，中国一直受到这样一些问题的困扰：基础设施薄弱，分销体系零散混乱，地方保护主义严重，缺乏第三方能力，现金流与应收账款方面存在问题，法规落后过时或限制性太大。这些情况意味着，中国现在还缺乏有效的供应链。要改善，需要时日"。他认为："中国供应链的管理面临 6 个重大挑战：地域差别、基础设施、海关的效率和透明度、政府机构和规章制度、假冒伪劣现象、文化和商业方面的制约因素"。"不过，中国 2001 年年底加入世界贸易组织以后，中国政府对行业的管制日益放宽。这意味着，现代化的中国供应链系统指日可待"。"中国的供应链正在日新月异地发展，发生着引人注目的变化"。

我认为这一估计基本符合中国实际，要承认这种现实。他认为"中国的供应链正在日新月异地发展，发生着引人注目的变化"可能太乐观了一点。我认为，中国由于总体市场化水平还不高，市场主体不成熟，特别是企业"大而全"、"小而全"运作模式基本没有改变，供应链管理这种理念与运作模式在相当多的企业里还只是一种概念，谈不上实际行动。我这样讲是从总体讲的，实际上在一些企业，在一些地区，供应链管理已经起步，并快速发展。一是中外合资与外商独资企业，他们在中国建立的企业只不过是全球企业的一部分，他们有完善的供应链管理体系与运作模式；二是一些较早跨入现代物流领域的生产与商贸企业，如家电行业中的海尔、外贸行业中的中粮、海外运输行业中的中远物流、连锁行业中的百联、IT 行业中的联想、汽车生产行业中的上海大众、流通加工行业中的诚通金属，还有餐饮、服装、日化、医药等等行业都有，差别在于供应链的大小与运作的成熟程度，这与企业的性质和规模有关，也与管理者的水平有关。

3. 建立供应链体系，优化供应链管理，在不同层面上都应当作为一个战略问题来认识，来运作。

从国家层面来讲，涉及中国进一步与世界接轨，融入世界经济大潮，更好地创造硬件与软件环境，吸引外资，使中国真正成为世界制造业中心；也涉及中国经济从粗放式向集约式转变，走新型工业化之路与新型流通现代化之路，提高市场经济的成熟度。从企业层面来讲，涉及企业运作模式的改变，建立战略联盟，降低交易成本，提高产品的市场竞争力。加强供应链管理是全球的一个发展趋势，但我并不是说，它对每个企业都是可以包医百病的灵丹妙药。世界上有许许多多成功的案例，也有许许多多失败的案例。供应链中上下游企业的构成，及互相关系都要随市场的变化而快速调整，稳固的战略联盟也是相对而言的。

二、抓住供应链管理运作中的几个关键要素

1. 2003 年 9 月 10 日，中国人民大学与香港利丰集团在北京翠宫饭店举办了

"中国入世与企业竞争力及供应链管理"研讨会暨《供应链管理：香港利丰集团的实践》一书发布会，利丰集团主席冯国经、利丰研究中心董事张家敏先生介绍了他们通过优化供应链管理如何使一家历史悠久的华资贸易公司发展成为世界顶尖商贸集团的经验。吴敬琏、纪宝成等同志到会发表了对中国发展供应链管理的看法。

利丰集团有四个案例进入美国哈佛商学院的教学案例，这是非常了不起的。利丰集团是一家以香港为基地的大型跨国商贸集团，运用供应链管理的概念经营出口贸易、经销批发和零售三大核心业务。利丰集团主席冯国经、董事总经理冯国纶都是国际商贸界的著名人士。利丰集团是实行"分散生产"的倡导者，它在香港从事诸如设计和质量控制等高附加值业务，而把附加值较低的业务分配到其他最有可能的地区进行，从而使产品达到了真正意义上的全球化。例如，要生产一件衣服，公司可能会从韩国购买纱，在中国进行纺织及漂染，然后运到泰国进行最后的缝制，并使用一家日本公司的拉链。每一个步骤的价值链都是为满足顾客特定需要而定制的。冯国经先生认为供应链管理有七个重要概念：

（1）以顾客为中心，以市场需求的拉动为原动力。

（2）强调企业应专注于核心业务，建立核心竞争力，在供应链上明确定位，将非核心业务外包。

（3）各企业紧密合作，共担风险，共享利益。

（4）对工作流程、实物流程、信息流程和资金流程进行设计、执行、修正和不断改进。

（5）利用信息系统优化供应链的运作。

（6）缩短产品完成时间，使生产尽量贴近实时需求。

（7）减少采购、库存、运输等环节的成本。

这七个概念中，（1）、（2）、（3）是供应链管理的实质，（4）、（5）是实施供应链管理的两种主要方法，而（6）、（7）则是实施供应链管理的主要目标，即从时间和成本两方面为产品增值，从而增强企业的竞争力。

2. 我认为这七个方面从一个企业运作来讲总结得十分精彩，抓住了本质。但从社会经济的角度，是否还可以这样来提出，即抓住以下七个要素：

（1）以一个核心企业为轴心，以信息网络技术为支撑，供应商、生产商、销售商至最终用户网链体系的形成。

（2）企业"大而全"、"小而全"商业运作模式的改变，完成企业内部流程再造，优化供应链管理。

（3）参与供应链各方协同运作的整合度，包括信息的透明化与公开化，协同运作的速度以及配合的准确度，实现无缝连接。

（4）对市场需求与客户订单的快速反应，以提高顾客满意度。

（5）供应链全过程的低库存率与高周转率，有效降低成本。

（6）把准时交货率作为重要一环。

（7）有一支高素质的供应链管理队伍，并建立绩效评估标准。

供应链管理要的是一体化运作，切忌各自为政，"各人自扫门前雪"；供应链管理要的是信息的速度、准确度，切忌虚假信息；供应链管理要的是快速反应，切忌麻木迟钝；供应链要的是资源优化组合，切忌基础设施过剩（过多的重复与重叠）；供应链要求有效的成本控制，切忌大起大落等等。"用户是上帝"，消费者要求"更好、更快、更便宜、更个性化"，这是全球的总趋势，这是各个企业的压力，也是推动供应链管理发展的主要动力。

供应链管理的建立并不是可以高枕无忧的，不是处处一帆风顺，比如供需双方常常出现信息扭曲，出现了"需求变异加速放大原理"，这一现象最早出现于美国宝洁公司，由于某种产品特别是新产品大受消费者欢迎，从零售商到批发商，从地区代理到区域代理对需求是层层加码，结果库存增加。美国著名供应链专家 Haul Lee 教授对这种需求信息在供应链中扭曲传递的现象起名为"需求变异加速放大原理"，中国的乐百氏纯净水也受到过这一现象的惩罚。

3. 如何能使供应链运作得更好，埃森哲供应链专家罗伯特·伊斯顿与张天兵提出了获得成功的七种方法：

第一，供应链网络的战略化和最优化。包括识别最低成本外包战略，决定制造点数量以及最低成本的转换战略，决定具有最低成本外包总成本的位置，通过网络决定库存存放位置，决定所需要的新的基础设施，对具体的客户层来说，决定合算的服务方式。

第二，实现功能最佳。包括采购效率、生产效率、运输效率、销售效益等等。

第三，整合需求和供应。使用需求/供应规划软件，优化销售/运营规划流程。

第四，整合技术和系统架构。把规划/调度技术同他们的 ERP 系统以及客户和供应商的系统联系起来，从而建立端对端供应链视窗。

第五，针对供应链的效率进行组织和考评。一要使供应链的功能与流程合理化，二要使跨业务部门更加合理化，三要提高人员和结构水平，四要注重绩效评估和基准比较。

第六，灵活获取各项能力。这主要指的是供应链能力，一部分要从企业内部去获取，大量的必须从企业外部去获取。

第七，延伸供应链。一是延伸传统的供应链，包括产业合作，针对分散生产的供应链进行合作、协同规划和供应链同步化。二是延伸到传统供应链以外，包括发展供应链枢纽，建立物流供应商联盟，集成电子采购市场，实施企业横向联结的一站式服务等等。

这些无疑都是成功的经典之谈。

三、中国企业如何实施供应链管理

1. 供应链管理是个好东西，但作为一个企业如何实施。我认为有七个方面是非常重要的。

第一，理念的转换。中国的许多事情难于启动或发展缓慢，究其原因，不是客观的就是主观的，建立供应链系统，优化供应链管理，我认为在中国已到了可以启动的时期，特别是沿海地区，关键在于理念。我们长期以来生活于计划经济体制下，对于供应链这一新的营运模式很陌生，不熟悉，不理解，所以必须转换理念。

第二，把客户的需求放在第一位，建立供应链立式系统。先确定需求，然后按需生产，减少产品过剩和缺货的风险。

第三，实施企业供应链流程再造。供应链好比一条管道，里边有工作流程、实物流程、资金流程与信息流程，要对企业资源进行整合、流程进行优化，并根据需求及时修正与改进。

第四，建立起供应链环节中企业之间的信任度。中国很大一个问题是信用，缺少信用体系，也缺少信用认证制度，企业之间有一种不信任感，恐怕受骗上当，惶惶不可终日。在这种状态下，供应链无法建立也无法运行，所以，实施供应链管理的一个基本条件就是信任度，这要从每个企业自己做起。

第五，既要在供应链中成为主角，也要甘当配角。一个企业要以自己为核心建立供应链，自己要当好主角，但一个企业在不同的供应链中不可能都当主角，有时也可能是配角。因为一个企业可能是供应商，也可能是生产商，也可能是销售商，有时在供应链中处于上游，有时处于中游，有时处于下游。不同的角色，就有不同的功能，要在供应链上扮演一个专门的、不可替代的角色。

第六，有了战略目标定位，必须有战术定位，从小处着手，一步一个脚印，俗话说"千里之行，始于足下"，要从实际情况出发，切忌蛮干。

第七，信息网络技术的广泛应用。供应链管理成为一种新的运作与管理模式，如果没有信息网络技术作支撑是不可思议的。所以如何建立企业内部以及与外部相通的信息网络系统是一个重要关键因素。

2. 国际著名供应链专家英国安德鲁·伯杰与澳大利亚约翰·加托纳合著的《国际时代的供应链管理》一书，提出了优化企业供应链管理，获取新的竞争力的八大理念。

（1）运作优异，不断创新。

（2）采用因特网技术延伸进入客户和供应商的内部。

（3）压缩供应链，消除时间和资源的浪费。

（4）压缩市场层面的应急计划，以便对意外事件作出灵活反应。

（5）优化定价，在供应链上最大限度地提高供应链价值和绩效。

（6）学会在新的电子商务中运作。

（7）建立新的商务模式和关系。

（8）支持组织的改革与运作。

宋华、胡左浩写的《现代物流与供应链管理》一书，介绍了美国应用 ECR（即效率型消费者应对）必须遵守的 5 个基本规则。所谓 ECR，即生产厂家、批发商、零售商、供应商，互相协调和合作，更好、更快并以更低的成本满足消费者需求为目的的供应链管理体系。这五条基本规则是：

（1）以低成本向消费者提供高价值服务。这种高价值服务表现在更好的商品功能、更高的商品质量、更齐全的品种、更好的便利性等等方面。

（2）供需双方必须从传统的赢输型交易关系向双赢型联盟伙伴关系转化。

（3）及时准确的信息在有效进行市场营销、生产制造、物流运送决策方面起重要作用，并实现现供应链企业间的信息共享。

（4）从生产线末端的包装作业开始到消费者获得商品为止的整个商品移动过程产生最大的附加价值，使消费者在需要的时间能及时获得所需要的商品。

（5）为了提高供应链整体效果（如降低成本、减少库存、提高商品的价值等），要求建立共同的成果评价体系，要在供应链范围内进行公平的利益分配。

八大理念也好，五条规则也好，都是实践的结晶，我们要认真去学习与借鉴，在这一点上各个国家、各个企业都是相通的。

3. 企业要关注供应链管理理论的新发展。美国美智管理顾问公司大卫·波维特、约瑟夫·玛撒及柯克·克雷默写了一本书叫《价值网》，作者根据电子商务时代的到来，突破传统供应链管理的思维模式，提出通过推进"价值网"，来实现企业的创新与重组。我们可以这样讲，"价值网"实际上是传统供应链管理的一种提升。

什么是"价值网"，书中这样写道："价值网是一种业务模式，它采用数字化供应链概念，达成高水平的顾客满意度和超常的公司利润率；它是一种与新的顾客选择装置相连接，并受其驱动的快速可靠的系统。"在谈到"价值网"与传统供应链的差别时，书中是这样描述的："价值网不只是关注供应——而是关注顾客、公司和供应商创造价值；价值网也不是一种按顺序连接的固定链，而是一种包含顾客/供应商合作、信息交流活动的强有力的高业绩网络。传统的供应链，首先制造产品，然后由分销渠道将产品推向市场，希望有人会买这些产品。与此相反，价值网由顾客开始，允许顾客自己设计产品，然后，为满足顾客实际需要而进行生产"。价值网理论已开始运用于实际，并有许多成功案例，如美国苹果电脑、戴尔电脑、沃尔玛、宝洁、联邦快递、亚马逊网上书店等等。这种新的理论与实践我们也应当去尝试，让它开花结果。

　　（作者单位：中国物流与采购联合会。原文载于《中国流通经济》2003 年第11 期）

中国供应链观察

王之泰

观察一：对供应链的认知问题

供应链（Supply Chain）作为一种经济形态，已经进入我国并受到经济界的重视。这个词汇及相应的供应链管理、供应链物流等进入我国是 20 世纪 90 年代的事情，这个词在词义上不难理解，但实际上，我们并没有弄得很清楚。

迄今为止，对于供应链的描述，已经看到有十几种，没有太大的本质的区别，但是各有侧重。笔者在《新编现代物流学》中介绍了供应链的若干定义，之后写了这么一段话："所有供应链的定义中，几乎都没有提到供应链所存在的社会环境。因此，很容易给人一个错误的理解，那就是供应链是历史长久的一种存在。因为根据上述若干的定义，例如上下游关系、渠道控制、网链结构模式、链条利益等等，都不是现在才有的，而是历史性的东西。但是，为什么在过去没有出现供应链这种观念和组织形态，而单单在今天出现了呢？所以，供应链还有一个非常基本的东西，那就是现代社会买方市场的社会环境，是这种环境更深化、更成熟的一个产物。"

对供应链认识的模糊，除了我们忽视了它的时代性之外，一个主要原因是来自 Supply 这个词的翻译。在我国，"供应"这个词的对应词汇是"销售"，尤其是在企业界，供应部门和销售部门是两个不同职能的部门。"供应"这个词汇有相当的局限性。而且，"供应"也好，"销售"也好，更多的表现是商业活动，而供应链更多的表现却是实物运动的渠道。其实，按英语 Supply 的含义，还可以翻译成"传送"、"供给"，如果把 Supply Chain 翻译成"传送链"、"供给链"甚至翻译成"物流链"，人们就可能不再与"供应"的商业行为相混淆，在理解上就会更准确一些，人们也就会从整个经营渠道以及物流角度去理解这个词汇。

供应链和传统的供应渠道的区别可以这样描述："供应链使供应渠道从一个松散的、连接着独立企业的群体，变为一种致力于提高效率和增加竞争能力的合作力量。"

所以，如果我们习惯于从"渠道"角度来认识问题，供应链就是"现代"的供应渠道，这种渠道的构成企业，不是松散的联结，而是已经形成了一种"链"式"系统"关系。"链"体现了不同于传统渠道构筑方式的"现代"的、"系统"的本质。

观察二：国家和企业在供应链中的重新定位

我国加入 WTO 之后，实际上是参与了国际经济的大分工，因此，国家和企业都要在供应链中重新定位。随着我国越来越深地融入全球经济一体化之中，我国的经济和众多企业实际上都已经处在全球供应链之中，已经不可能像过去一样，关起门来只做自己的事情。

从全球的角度来讲，我们必须面对自身在全球供应链中新的定位，并且从这个定位出发来对方方面面作出安排。一个非常重要的事实是，在汽车制造、纺织、服装、轻工等许多方面，我们已经在全球供应链中成为世界的制造中心。这个位置，在几十年前是供应链的核心位置，是各个国家都要争夺的位置，是可以凭此来整合、控制和管理全部供应链的主导位置，那是我们求之不得的位置，但是我们没有实力得到这个位置，这是个高端的位置。现在，我们固然不能轻视这个位置，这是因为我们基于改革开放之后的经济高速发展才能够取得这个位置。但是应当清醒地看到，与十几年前、几十年前不一样的是供应链的高端已经不在制造领域，而开发设计、用户控制首尾两端变成了高端，制造变成了相对的低端。很明显，我们的物流必须依照这个定位，对结构和内涵作出大幅度调整才能够适应新的定位要求。例如，为支持庞大制造业大进大出的国际物流，为支持制造业的准时物流等，就是我们在国际供应链中重新定位之后对我国物流的必然要求。

从国内的角度来讲，我们刚刚习惯于产品和品牌的竞争，但是现在一条清晰的脉络已经让我们看得很清楚，那就是竞争已经从产品的竞争上升到品牌的竞争再上升到企业的竞争，现在和今后必然上升到供应链的竞争，这已经不再是一个理论问题，而已经是一个切切实实的问题。最近接连发生的卡夫饼干事件、肯德基事件、光明牛奶事件，已经使我们充分感受到美国学者所讲的："未来的竞争是供应链的竞争。"

一个国家在全球供应链中的位置，一个企业在产业供应链中的位置，往往不取决于自己的主观愿望，而取决于本身的优势和力量的对比。取得供应链整合和管理的主导权，并不与在供应链中的位置有绝对的相关关系，但是，取得全部供应链的整合权、主导权和管理权，或者取得供应链局部的整合权、主导权和管理权，是在国际经济格局发生巨大变化之后，无论国家还是企业都必须认真应对的问题。

观察中国的供应链，这个问题似乎还没有得到广泛的认同和重视。

观察三：两个有倾向性的问题

随着我国改革开放脚步的加快，几乎和新的世纪一起，国外经济领域一些重要的概念、方法大踏步地进入我国经济领域，我们已经熟知的现代物流、供应链、供应链管理就是这样的一些概念和方法。

供应链概念进入我国已经经历了两个有倾向性的阶段：初期的神秘化和当前

炒作的泛滥化。初期的神秘化以及这种新的组织结构的产物，使我们的企业望而生畏，望而却步；当前炒作的泛滥化，与其他许多新的概念一样，仅只作为新的名词，替代和包含了若干原有的概念，被庸俗化，成为一种标签而没有认真地去运作，似乎建立供应链是非常简单的事情，乃至众多企业一下子都建立了供应链和进入供应链管理的高级阶段。

我们客观观察的结果是，供应链的问题，在我国仍然主要是概念和理论上的一个问题，还没有大范围地进入企业体制性的、广泛的、有成效的运作之中。

最近接连发生的卡夫饼干可能含有转基因大豆原料的事件，以及随后发生的肯德基家乡鸡采用含有苏丹红辣味原料问题，真实地反映了我国处于先进层次企业的供应链现状。肯德基是非常知名的跨国企业，我们对肯德基的认知，除了给中国带来了标准化、连锁化快餐概念之外，也曾经使我们非常放心其清洁性和安全性，肯德基的鸡肉及各种原材料来源，都曾经被我们看成是供应链管理的成功之作。苏丹红事件告诉我们，这么一个著名的跨国企业，供应链其实是有缺陷的。肯德基作为供应链的核心企业，其供应链管理虽然对于鸡肉、薯条、饮料、食用油等等主要的原材料能实行有效的控制，但是并没有能够有效地解决调味原材料的管理问题，因此肯德基的供应链管理仍然是有缺陷的，所以，也仍然有待于改善、改变，甚至需要实行新的供应链解决方案。

肯德基的供应链整合，在调味原材料方面，只整合到亨氏美味源，因此，供应链的整合离上游、上上游还相差甚远，肯德基的供应链管理，远远没有能够做到对整条供应链管理的有效性。亨氏美味源在肯德基调味原材料供应方面所反映的问题，实际上是肯德基供应链管理的缺陷。

特别需要指出的是，我们不能把它看成是只涉及肯德基的简单事件，它反映的是我国现阶段经济发展水平条件下，高水平企业供应链管理的实际水平和实际状况，至于在我国国民经济中绝大多数一般水平企业的供应链管理，问题就更严重了。

还不止于此，最近我国供应链物流接连出现的许多大的问题（液氯遗洒造成多人死亡事件、化工危险品爆炸事件、安徽甲肝疫苗事件等）提示我们，我国的供应链问题，不仅仅表现在供应商的选择、供应渠道的确立、供应物的质量及价格等若干方面，也表现在供应链物流实际运作方面，可以说供应链管理方方面面的问题对我国经济发展还都存在着困扰。

观察四：整合是个大难题

供应链的构筑要依靠整合。特别需要重视的是，整合的本质是管理。在单项生产力水平相同的情况下，通过有效的整合，资源会得到最大限度和最优的利用，会形成 $1+1>2$ 的生产力局面，这种整合的增值性效果，是依靠管理带来的。

建立供应链要进行两个方面的整合：一是内部的整合；二是外部的整合。

内部整合的目的，是确立自己的核心竞争能力。以这个能力成为供应链的一个优势环节，才能够把本企业的命运与供应链拴在一起，而不被供应链所淘汰，同时也为成为其他供应链的合作企业创造条件。应该说，国内一些先进的企业已经开始认识到必须先从内部整合开始，才能在供应链中找到更为优势的位置。可以说，先进企业的内部整合工作已经开始，这是我们企业今后能够获得进一步发展的动力所在。

外部整合的目的，是使参加供应链的若干企业共同建立合成的竞争能力，不断的整合和优化，就能够使供应链在竞争中不断获得新的竞争能力。

所以，供应链不是一个工商管理概念上的实体的法人企业，用传统的企业构筑概念，企业再大，也不能自己包打天下。想成为一个完全自给自足的企业巨头，在中国来讲是"大而全"的表现，在发达国家，是所谓旧的"纵向一体化"的企业运作体制，在现代社会不可能成功，福特汽车公司的经历足以说明这一点。

供应链是一种创新的产业构筑方式，它赋予一种新的产业形态，供应链是以现代社会产业分工和网络信息技术为纽带建立起来的，是虚拟经济的一个典型应用。供应链实际上是一个虚拟的大企业，它所做的事情，过去是要依靠一个集团企业、一个托拉斯的实体企业去做的，现在则是靠一种横向协作的组织，这个协作的组织具有相对稳定性，但并不是一个有确定机构、确定组织的大企业，这就是供应链的虚拟性所在。然而，正是因为如此，供应链的构筑与供应链管理的实施需要有非常高的管理水平，具有相当大的难度。

无论是内部整合还是外部整合，尤其是外部整合，在中国企业现在的意识层次上，还存在很大的困难，如何打破中国存在的部门分割、地区分割的管理体制，也是实施这种整合工作的难点所在。

观察五：供应链构筑和管理是一个进程

经常看到媒体报道某个企业建立了供应链系统，某个企业解决了供应链的问题，似乎我们只要想建立，有资金，就能够解决供应链的问题。事情恐怕不会这么简单，因为供应链管理的完善和水平的提高是一个过程，而且是没有穷尽的，不能指望一下子就达到尽善尽美的境界。

构筑供应链系统的主要力量，不仅仅是技术连接的力量，而更重要的是管理连接的力量，与用钱买进一个技术装备系统不同，一个企业的供应链，其决定因素是管理而不是技术，所以，企业没有办法像买进全套技术系统那样去买进供应链系统，只能靠自己去构筑。

所以，构筑供应链系统绝对不是一项投资、一项建设就能解决问题的，而是需要随着企业实力、企业整合能力的增强，企业逐渐建立的与社会、其他企业更广泛的联系，多赢的企业文化主导地位的形成而不断完善的，不可能一蹴而就。所以，我们说供应链构筑和管理是一个进程而不是一项工程。

观察六：简化的供应链才能强化供应链管理

一些企业把供应链搞得十分烦琐而且复杂，以显示其水平，这是一个大谬误。也很少有著作和学者提到供应链的简化问题。但是，在实践中我们体会到，越是简化的供应链才越是能够实现理想管理的供应链。

简化问题提出的原因在于现代经济的复杂化。复杂性来源于需求的多样性、产品的多样性、渠道的众多性、企业的复杂性以及环境的动态性。一个面向最终客户的产品，可能追溯出几十条甚至上百条供应渠道，要想对这些渠道都能够实施有效的控制和管理，简直是不可能的。这就是我们要进行简化的原因。

常常去肯德基和麦当劳这样的国际快餐店用餐的人们经常会提出这样一个问题：这么大这么有实力的企业，为什么只经营少数几种标准化的食品？如果他们把食谱搞得大一些，也像我们的上海城隍庙、北京小吃把品种搞得多多的，那不是会有更多的顾客吗？这次肯德基事件告诉我们，如果搞成我们想象的"多品种经营"，其供应链会呈几何级数增加，供应链管理等问题又如何解决呢？我想这就是肯德基这样的跨国企业宁可放弃更多顾客和更多盈利的一个重要原因吧。

简化的方法很多，可以采取改变体制的方法，重组结构的方法，改变渠道的方法，改变生产方式的方法，减少环节的方法，单品种少品种运作的方法等等。历史上涉及更广方面的标准化、专业化的进程，实际就是简化的进程。

有效的简化形式主要有：用横向一体化取代纵向一体化；用单品种经营取代多品种经营；用单品多变来取代多品多变；用专业化生产取代综合化生产；用规模化来减少单位经营的管理投入；用集中采购来取代分散采购；用固定的横向关系来取代不断变化的横向关系；用总体外包的解决方案来取代分散外包的解决方案；用少环节来取代多环节……

结论

供应链和供应链管理神秘化和炒作庸俗化，这两种倾向都应当防止，当前，后一种倾向更需要引起我们的重视。

我们需要考虑在供应链中的重新定位。

我国尚在建立供应链和实施供应链管理的初期，离"成熟期"相距甚远。

建立有效的供应链，实施有效的供应链管理是一个进程。简化是优化供应链的有效形式。

（作者单位：北京物资学院。原文载于《中国流通经济》2005年第10期）

构筑太阳能供应链的新思路

王之泰

一、太阳能：理论看好和现实的困境

我国在进入新世纪之后，经济界对于新能源问题给予了很大的关注，尤其是"取之不尽，用之不竭"的太阳能已经成为我国对新能源关注的一个焦点。经济界、理论界对于太阳能的前景可以说是一致看好，一个非常重要的原因是太阳能具备能够有效地应对资源和环境两大压力的潜力。

然而，现实中的应用却有很大的差距。最近一些年，我们可以看到大量的太阳能应用的成功案例，但是我们也明确地体察到，这些成功案例并不代表大量应用的问题得到了解决，而这些问题如果不能有效地解决，太阳能就不可能成为重要能源的一个组成部分，而仍然只是一种标新立异的东西。不仅如此，如果延续现在的发展思路，在理论上和技术上不出现突破性的进展，我们就不可能看到太阳能成为重要能源的曙光。

技术比较简单的太阳能光热转换技术，是人们比较早掌握的太阳能应用技术，作为光热技术的代表——太阳能热水器，是在 20 年前就已经开发出的产品，现在已经不能算是一种"新产品"，它的出现是在"新经济"风靡世界之前，几乎和现代家电产品同时问世，但历经 20 年之后的今天：家电产品已经数字化、网络化，太阳能热水器（有人戏称之为"安装在房屋顶端的导弹发射架"）却依旧处于"叫好不叫座"的状态，它的普及程度远逊于和它同时问世的家电产品。据报道，2000 年建设部指定建设的全国首家"绿色生态示范小区"南京市仙林咏梅山庄集中使用了太阳能热水器，是最近这些年比较大规模的采用的代表，然而，其规模也仅只在一个示范小区之中；2005 年，北京市平谷区的一个山区小村建立起太阳能供热楼群，集热器在一定程度上和建筑结构进行了结合，外观已经不像"导弹发射架"了，对解决山村取暖问题是个突破性的进展，但这也只是在一个小山村之中，离大规模的应用相去甚远。

技术比较复杂的太阳能光电转换技术，应用的广泛程度就更无从谈起。我们看到了在电力网络不能覆盖的地区、电力极度短缺地区、沙漠地区和特殊环境下进行的比较大规模的实验性的应用。早在 20 世纪 80 年代中期，美国的沙漠地带就建造了 9 座太阳能发电站；极度缺乏能源的日本对太阳能极度青睐，计划于 2010 年实现太阳能发电量达到 500 万千瓦的目标；我国的西部沙漠地区和中心

城市的现代建筑也有了试验性的较大规模的应用。但是，这种应用极具特殊性，主要是要解决"有"、"无"的问题，是在没有或者很少有其他选择，更不存在竞争的环境下的应用。在技术上也许有探索的价值，把太阳能看成未来大规模应用的重要能源或者是主体能源的重要补充能源的开发应用，却很难说是一种有效的探索。

我们对于太阳能这种新能源的关心，不能仅仅局限于特殊领域的应用和部分替代传统能源方面，而应当着力使之成为重要能源的一个组成部分，只有解决了这个问题，才真正具有战略意义。

二、太阳能新能源的技术问题

目前，国内有一种普遍的看法，认为太阳能这种新能源的技术瓶颈已经基本解除，太阳能大规模的普及应用已经不是技术制约的问题，而是其他因素（例如成本）的制约。笔者部分认同这种观点，但同时也认为，这种说法所指的"技术"是狭义的概念，主体是指太阳能供应链中"产业链"那一部分的硬的科学技术，如果从"太阳能供应链"角度来看问题，可以说，太阳能供应链的下游末端应用技术问题并没有得到有效的解决。太阳能供应链的下游末端应用技术，与我们通常对于技术的理解可能会有一定的差异，因为这个领域的技术，不仅仅是"硬技术"，还包括大量的"软技术"。正如许多专家所言，太阳能的硬技术，无论是光热转换技术、光电转换技术还是热储存技术、电储存技术，这些技术问题和相应的材料、设施、装备技术问题，都已经不是什么障碍。我国经过"九五"、"十五"期间的重点关注，国内已经形成了大量的技术储备（例如，我国居世界第二的太阳能电池生产企业、居世界前列的超白玻璃生产企业、大型的超长玻璃集热管生产企业等等），即使是国内缺乏的材料和技术，受惠于我国加入 WTO 之后贸易壁垒的破除，我们都可以以合适的价格买到发达国家先进的东西。因此，从这一点来看，制约太阳能大规模发展的障碍几乎已不存在。

人们不禁要问：网络技术、无线通讯技术等新的信息技术一旦突破，很快就能开拓出广阔的市场，为什么太阳能这种新能源新技术没有出现这样的局面？我认为，这反映了太阳能这种新能源应用技术并没有实现全面的技术突破，尤其是供应链各个环节没有能够做到这一点。太阳能的问题并不在于太阳能的"核心技术"，而在于太阳能供应链。

太阳能供应链的各个环节都存在不同的技术问题，传统上对于技术的认识，大多把核心技术看成是唯一的技术，这当然有它的正确性，如果核心技术没有能够突破，当然就谈不上其他；但是，如果只追求核心技术的解决，而不能够有效地解决相关领域的其他技术问题，或者是把核心技术看成是重要的，而把其他技术都看成是次要的或者可有可无的，那么，被突破的核心技术也只能变成一种纯粹的科学成果，而不能转化为有经济价值的实践。有一些传统的口号，如"把科技成果转化为产品"，只是实现了第一个层次的转化，就是把核心技术转化成为现实的产品。问题在于有技术内涵的产品不见得就是有市场的产品，把产品转化成应用，转化成市场层面的东西，是这个口号所不能够解决的。太阳能热水器的尴尬，应当说就是没有能够实现更深层次转化的结果。太阳能问题现在的关键在于：在太阳能转化核心技术取得突破不再成为瓶颈之后，太阳能供应链的高端便实现了转移，高端不再是技术和制造环节，太阳能供应链的其他各个环节则变成必须要解决的主要矛盾，现在看来，主要是过去不被人们所重视的下游末端。

三、太阳能应用的基本流程和供应链

太阳能应用的基本流程大体包括五个过程（如图 1 所示），按照这五个过程的需要，不同的企业和部门参与其中，以不同的形式联结，各自承担着不同的责任，将多个阶段的生产、供应、销售进行组合和排列，构筑了一条完整的供应链。

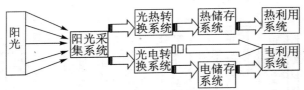

图 1　太阳能应用的基本流程

与其他的供应链相比，太阳能的供应链是结构比较简单的、链节比较少的供应链。一般情况下，这样的供应链比较容易被人们所认识和掌控。尽管如此，我们过去所犯的错误仍然是只看到某些环节而忽视了整个供应链，过多地关注第二、第三个局部过程和相应的供应链环节，对太阳能供应链缺乏总体的认识，而没有使太阳能大规模应用问题得到很好的解决。

太阳能供应链的实现，需要各个环节有相应的技术、产品以及服务，需要有不同的操作环节来进行构筑，需要产业链与供应链的密切结合。对于太阳能供应链的不完整认识，使我们把太阳能的采集和转换看成是科技含量非常高的领域而过多地予以关注。这个观念最终反映到太阳能产品的供应链之中，也就是说把产品开发看成是科学技术转化成生产力的唯一领域，以为一旦产品开发出来，其他问题就会迎刃而解，将完整的太阳能供应链仅仅看成是已经开发出太阳能产品的供应链。因此，在对太阳能应用的流程总体有了一个基本认识之后，更现实的问题是研究现在的太阳能供应链中究竟哪些环节出现了问题。

四、对太阳能产品供应链的分析

不同太阳能产品的供应链有所不同，这里以光热产品（典型的如热水器）和

太阳能电池为例进行分析。

1. 光热产品供应链（如图 2 所示）

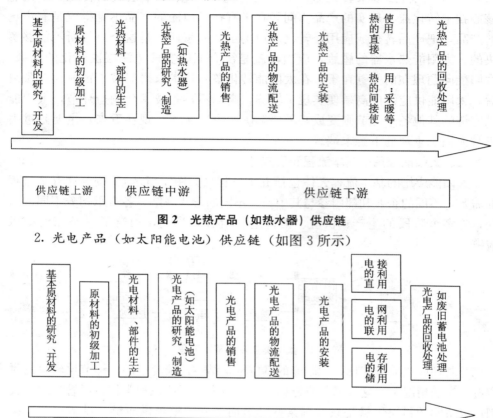

图 2　光热产品（如热水器）供应链

2. 光电产品（如太阳能电池）供应链（如图 3 所示）

图 3　光电产品（如太阳能电池）供应链

无论是光电供应链还是光热供应链，如果我们进行供应链曲线分析，在技术开发和产品开发的初期，实际上就在若干年前，供应链的高端显然是在供应链的上游和中游。这在光电供应链表现尤其突出，因为单晶硅、多晶硅、光电薄膜等材料曾经都属于尖端的科技领域。所以供应链曲线长期以来都是上游、中游处于高端而下游处于低端的一种"歪嘴形"曲线。现在形势发生了变化，技术和产品取得了突破性进展，供应链曲线的形状已经变成了"微笑曲线"，尤其是漫长的供应链下游，已经成为不可逆转的"高端"。但是，我们久而久之形成的观念并没有随之调整和改变，看不到或者忽视了供应链高端的位置转移，这是造成太阳能供应链在下游末端受到阻隔的重要原因。

换句话说，现在太阳能应用所遇到的尴尬，主要原因在于我们长期以来是将供应链上游、中游所开发出的太阳能产品当成是太阳能供应链的主导与核心，并且以此来整合和推动供应链的下游（如光热产品的太阳能供应链方法是推动最终端的用户接受"导弹发射架"这种产品，光电产品的太阳能供应链方法是推动最终用户接受成本要高得多的蓄电池蓄能这种利用方式），但是，由于供应链下游实际上的高端位置，这种整合和推动不能满足高端的需要，因此并没有见到成效。我们现在需要做的事情是转变观念，改变政策，改变做法，从供应链下游末端出发，即从今日供应链真正的高端（最终端的用户）出发，实行逆向整合。

五、构筑太阳能供应链的新思路

通过以上对太阳能供应链的分析，已经找到了问题的症结，我们就以此为依据，形成构筑太阳能供应链的新思路。

1. 光热太阳能供应链的新思路。现在已经有一些人提出了把光热太阳能采集系统和建筑结构整合为一体的观点，问题是传统的认识并不把供应链的下游看成是有主导作用的高端，所以并没有以此来推进整个供应链的结构改变，因此，这个新思路并没有得到真正的认同。

笔者认为，这是一个非常重要的新思路。因为这个思路在客观上把供应链高端的要求作为构筑供应链的核心提了出来。

现代经济社会中，供应链高端的要求有天生的合理怕，从这个要求出发就可以解决使整个供应链贯通的三大问题：第一，与建筑结构整合为一体，使之也具有建筑结构的功能，就能够解决成本问题；第二，与建筑结构一体化，无须单独施工和安装，省却了大量施工和安装费用；第三，解决了"导弹发射架"既不美观又不安全的问题。

2. 光电太阳能供应链的新思路。德国以太阳能供应锯下游为高端，从满足高端要求为起点，推动整合供应链的做法中有一点值得我们参考，那就是最终的用户。既然习惯上是由电网来提供电力，而不是由蓄电池来提供电力，那么太阳能供应链的下游末端仍然保持这种供电方式不变，而以此为核心来解决供应链其他环节的问题。对于经过太阳能电池所转换成的电力不再采用储存的方式，而直接与电网连接（现代的自动化控制技术，可以保证这种连接的有效性）。实际上就是把电网作为储蓄、调节电力的动态性"蓄电池"。这种做法可以消除光电太阳能供应链的一大问题，缓解供应链的另外一个障碍。消除的光电太阳能供应链一大障碍是：直接和电网联结，不再使用蓄电池作为电能储存、调蓄的设施，从而使太阳能这种清洁、环保能源，不再因为蓄电池可能带来的二次污染而降低其价值；缓解的另外一个问题是：直接和电网相连接，减少了很多环节和设备、设施，使最终的电力成本下降 20％以上，自然缓解了太阳能光电技术高成本阻碍应用的问题。

总之，新思路的核心就是：改变长期以来将太阳能供应链的上游、中游作为高端来整合供应链，推进太阳能应用的做法，从政策上、组织上、管理上切切实实将已经变成高端的供应链下游作为核心来整合、构筑供应链，拉动太阳能的应用。

六、构筑新供应链的操作建议

按新思路构筑新的太阳能供应链，不仅仅是一个转变观念的问题，还必须考虑在政策、投资、管理、科学技术等多方面的转变方式。供应链的"牛鞭效应"（或称为"长鞭效应"），表明了供应链某一个点上的变化可能带来广泛的、放大性的扩展。一旦我们把太阳能供应链的高端从上游、中游转移到下游，也会出现像"牛鞭效应"一样扩展和波及其他许多环节的结果。如果不认识到这一点，不能相应地改变其他环节，新的供应链就不可能构筑成功，所以，这也是一项系统工程。实际上，已经有不少人提出了许多有价值的操作建议，但是要使之真正有效，就必须将已经变成高端的供应链下游作为核心来推进一系列的操作。

对于光热太阳能，当我们明确了最终使用链节是供应链的高端，把光热太阳能采集系统和建筑结构整合为一体又是这个高端的要求之后，整合和拉动其他一系列的操作便应当是：建筑科学必须要解决多种一体化的结构形式，建筑规范和建筑标准要对这种创新予以承认，要开发出这种新型的建筑结构产品，进而可能要改变集热材料、集热结构及屋面材料、屋面结构，更深入地推进相应玻璃工艺的改变等……显然，这种"牛鞭效应"已经辐射到了建筑、建材、新型材料等多个相关领域，其结果是可能形成一些新的产业（例如整体太阳能屋顶的生产产业）。在我国，"部门"体制很难成为推动这种跨部门产业形成的动力，在我国战略性资本实力不足，企业推动和市场推动尚不成熟的状况下，政府行政力量和政策推动是必不可少的。

对于光电太阳能，下游高端拉动和整合，其辐射面不仅涉及太阳能电池与电网之间的联结、控制等技术与操作，还会辐射到价格体系、税收制度、环保政策等经济管理和经济决策领域。德国的做法是：由政府通过对财政、税收、环境、立法许多领域的协调，共同承担太阳能电池向电网供电与用户向电网取电之间的差价。这种做法对我们来讲也不失为一种好的参考。

（作者单位：北京物资学院。原文载于《中国流通经济》2006 年第 10 期）

供应链一体化时代的物流管理

翁心刚

当我们对物流概念还有些模糊不清的时候，在代表当今世界物流管理最高水平的美国，物流管理已进入供应链一体化时代，其重要标志之一就是 2005 年伊始，美国物流管理协会（Council of Logistics Management，CLM）正式更名为供应链管理专业协会（Council of Supply Chain Management Professionals，CSCMP）。

CLM 的前身是 1963 年成立的物流管理行业组织——全国物流管理协会（National Council of Physical Distribution Management，NCPDM），20 年后的 1985 年更名为 CLM。在此之后，随着信息技术的进步，物流整合领域的不断扩大以及经济全球化的迅猛发展，促使物流管理向供应链一体化方向发展。经历了又一个 20 年，物流管理实现了新的飞跃，进入一个崭新的时代。美国物流行业管理组织的更名因此具有划时代的意义，由此可以管窥物流管理发展的脉络。

一、从物流管理到供应链物流管理

尽管物流概念引入我国已有近 20 年历史，但对于物流的看法依然存在着多样性，不同行业和知识背景的人对于物流有着不同的理解。仔细分析便会发现，除了部分看法属于望文生义之外，更多的分歧来自于观察问题的角度不同，同时也反映出我们对物流的理解还存在重视表象而忽略本质的问题。长时间以来，我们很难用一条主线把物流的发展脉络串联起来，对于物流管理与供应链管理的关系讲得也不是很透彻。在 LM（Logistics Management）取代 PDM（Physical Distribution Management）之后，我们仍然将 LM 翻译成"物流管理"，但发展到以 SCM 取代 LM 之后，我们似乎只能将 SCM 翻译为"供应链管理"。于是就产生一个需要我们思考的问题：物流管理（LM）与供应链管理（SCM）之间究竟是一种什么关系？

在美国物流管理协会（CLM）20 世纪 90 年代末给出的物流（Logistics）定义中，物流（Logistics）被视为供应链过程（Supply Chain Process）的一部分。根据这个解释，我们一般将供应链理解为比物流涵盖范围要宽的一个概念。也就是说，供应链管理不仅包括对物流的管理，还包括对资金流和知识流等的管理。美国物流管理协会（CLM）更名为供应链管理专业协会（CSCMP）后，作为服务性质的专业协会，它的服务对象和领域必然要扩大，这对于协会自身的发展是必要的。但是，如果从物流管理的视角去思考的话，可以得出这样的结论：即物流已经进入供应链一体化时代，或者说进入基于供应链管理的物流时代。如果把 Logistics（物流）视为企业面向市场的后方支援系统或者说商品供应保障系统的话，那么，在当今这个时代，企业的后方支援系统或者说商品供应保障系统必须建立在供应链管理的环境基础之上。

需要特别指出的是，PDM 最初在美国出现的时候，是一个针对制造企业和流通企业的概念，等同于销售物流或者实物分销。日本 20 世纪 50 年代末从美国引入 PDM 概念之际，正值日本经济进入高速增长的年代，大量生产和流通对于商品的运输和保管能力提出了新的要求。流通设施数量和货物处理能力的不足，制约着商品流通的效率，成为企业对市场需求作出及时反应的主要瓶颈。企业对于市场需求作出及时反应所面临的首要问题，是如何保证将已经生产出来的产品及时而准确地送达到顾客手中。因此，日本最初对于 PDM 概念，主要是站在社会资本的角度和物流服务提供者的角度去加以理解，政府组织较多地参与到对物流概念的解释当中来。从这种视角看物流，更多的只是停留在运输和仓储等物流作业层面以及交通运输和仓储技术层面上。许多时候，物流与交通运输会混为一谈。

但是，进入 20 世纪 80 年代以后，日本的消费市场发生了较大变化，消费需求趋于多样化和个性化，技术革新导致产品更新速度加快。这种情况下，企业要对市场需求作出快速反应，仅仅考虑产成品的流动管理已显得远远不够了。也就是说，企业不可能再像过去那样，根据市场预测进行大批量生产，用高水平的库存应对市场需求。因此，推动式的生产经营方式逐渐被以市场为导向的拉动式的生产经营方式所取代，企业必须时刻关注市场的需求变化，根据顾客的具体需求展开生产经营活动。于是，对于存货流动的系统化管理，从只关注产成品的流动管理，扩展到从原材料开始到半成品及产成品的流动管理。这意味着企业为了对市场需求作出快速反应，必须将系统的反应时点延伸到原材料的采购和供应阶段，不是利用库存应对需求，而是根据需求决定销售、生产以及原材料的采购和供应，实现存货流动与生产和销售的一体化，从而只生产、销售、移动有市场需求的产品。正是由于市场环境的这种变化以及企业商品供应保障系统的内在要求，促使 PDM 向 LM 转变。

通过对 PDM 到 LM 的变化分析，有助于我们理解物流管理（LM）向供应链物流管理（SCLM）转变的必要性和内在的逻辑性。从存货流动系统化管理的角度看，SCLM 对于存货流动的管理，已经超越了个别企业的范围，它是将供应链的上、下游企业看作是一个整体加以管理，从而使存货流动管理延伸到了整个供应链的层面上。如果用一条主线将 PDM、LM 和 SCLM 联系起来的话，这条主线就是对存货流动的系统化管理范围的扩展以及商品供应保障系统整合范围的扩大。

二、供应链一体化物流管理的特征

美国供应链专业管理协会给供应链管理下的定义是："供应链管理包括了涉及外包和获取、转化的计划和管理活动，以及全部的物流管理活动。更重要的是，它也包括与渠道伙伴之间的协调与合作，这些渠道伙伴包括供应商、分销商、第三方服务提供商和客户。从本质上说，供应链管理是企业内部和企业之间的供给和需求的集成"。由此可见，供应链管理〈SCM）较之物流管理（LM）所涉及的管理领域和范围更加广泛，将管理的触角扩展到外包管理、渠道伙伴关系管理等领域、就其中的基于供应链一体化的物流管理而言，其特征主要表现在以下几个方面：

1. 面对最终产品的需求市场，企业商品供应保障系统的效率和效益取决于由上、下游企业构成的供应链运作的质量。基于个别企业的一体化物流系统，尽管将企业内部的采购、制造和产成品分销功能整合在一起，根据市场的需求决定采购、制造以及产成品分销的时间、地点和数量，基本上建立起以市场需求为导向的营销物流体制。但是，基于社会分工的生产流通体制，随着分工合作范围的扩大，一个企业为了向市场提供产品和服务，必然要与其他企业产生供需关系，这种关系表现在上游企业的产品作为下游企业的生产要素投入生产过程，制造企业生产出最终消费品还要通过分销商销售给最终顾客。因此，要对市场需求作出快速反应，就必须要求供应链上的所有节点企业同步采取行动，加强彼此间的协调与合作。具体来说，就是要求供应链上的上、下游企业根据最终需求市场的信息，制订采购、生产和分销配送的计划，使供应链上的存货在一个顺畅的渠道中有秩序地流动。因此，供应链物流管理的首要任务是建立起基于上、下游企业间战略合作的新型渠道关系。

2. 技术是供应链一体化的最根本的驱动器，信息系统在提升供应链的超前能力方面发挥着十分突出的作用。现代物流不能没有信息系统，供应链物流管理更是不能脱离信息系统的支撑。信息系统的作用在于沟通供应链上、下游企业的物流联系，及时交换物流信息，并且能够同时基于最前端的市场信息，同步作出采购、生产和产品分销等方面的安排，以便供应链的上、下游企业可以同时对市场需求作出快速反应；利用信息系统对供应链全过程的库存作出合理安排，顺畅地组织存货在不同节点间的流动，削减不必要的库存，消除"需求放大效应"带来的多余库存，从而降低整个供应链的运营成本，提高供应链的赢利能力。

3. 第三方物流（或第四方物流）服务商在供应链物流系统整合中发挥着重要作用。第三方物流是以第三方为主体运营的物流形态。进入供应链一体化时代，企业物流职能的外包成为有效利用经营资源，保证企业物流服务水平以及降低物流经营成本的重要途径。第三方物流服务提供商，通过构建社会化的物流服务平台，整合物流需求，提供有助于货主企业提升物流服务水平以及降低物流成本的一体化物流服务，在供应链物流系统整合中发挥着物流协调者和服务提供者的作用。

三、我国企业物流管理发展水平

总体来说，我国的物流管理已进入快速发展阶段。特别是伴随着对外开放程度的提高，中国经济逐步融入全球经济的一体化大潮之中，物流管理的重要性不断增强，并呈现出跨越式发展的特点。发达国家几十年才完成的物流管理的阶段性跳跃，在中国仅仅用十年左右的时间，就与国际最新物流管理潮流接轨。特别是对于那些作为全球经济一部分进行生产经营的企业，那些朝着世界水平迈进的企业，既有物流管理初期所必须解决的问题，同时也存在进入供应链一体化物流管理时代所必须要面对的问题。具体来说，既要解决好内部物流作业环节的控制，提高作业效率，加强物流管理信息系统建设，又要解决好物流战略的制定和供应链管理环境下物流运作模式的构建等问题。

笔者前不久有幸走访了上海的安吉天地汽车物流有限公司，对我国企业的物流管理水平和物流企业的发展现状有了新的认识。安吉天地汽车物流有限公司的前身是安吉汽车物流有限公司，隶属上汽集团。2002 年 6 月与 TNT（TNT Logistics Holdings B. V）合资成立了安吉天地汽车物流有限公司，安吉天地的主干业务是承担上汽集团的大众和通用品牌轿车的整车运输。随着近十几年来我国轿车市场的不断升温，上汽集团的轿车生产和销售规模也持续扩大，安吉天地因此也获得了不错的业务收益。2003 年的业务规模比 1996 年增长了 3.87 倍，业务收入增长了 3.39 倍。但是随着我国轿车市场结构和供需关系的变化，业内竞争不断加剧，轿车价格出现下降趋势，销售增幅减弱。在这种背景下，安吉天地物流有限公司开始介入汽车零配件物流领域。从物流企业的经营逻辑上看，在整车物流市场之外开辟了一个新的经营领域，有助于企业收益的持续增长，而且汽车零部件物流是一个技术含量相对较高的操作领域，不易被模仿，有助于企业保持竞争力。

从汽车制造企业的角度看，由于市场供需环境的变化，使得我国汽车制造企业特别是早期进入汽车制造领域的企业，通过扩大生产规模降低生产成本和大量销售提高收益水平，这两个获取利润的重要领域的空间已经开始逐步缩小，企业需要寻找新的降低成本和增加利润的领域。零部件的采购及物流成本，在我国汽车制造成本中占有相当高的比重，特别是在汽车国产化程度还比较低的情况下，汽车零部件的采购及物流活动具有国际采购和国际物流的特点。因此，汽车零配件物流管理已逐步成为汽车制造企业物流管理的重点，通过对汽车零部件国际采购渠道的整合以及采购和供应物流系统的优化，达到降低成本的目的。

以上事实说明，我国先进企业的物流管理，已经从单纯重视产成品销售物流管理进入到同时重视原材料和零部件采购及物流管理的新阶段，企业一体化物流管理体制开始形成，供应链管理的理念开始进入到企业物流管理领域。这种变化，预示着我国企业物流管理将进入一个崭新的阶段。

总之，企业物流管理水平和发展阶段是与经济发展程度和市场环境紧密联系在一起的，随着企业经营环境的变化，企业参与世界经济分工程度的加深，物流管理必将朝着供应链一体化的方向发展。

（作者单位：北京物资学院。原文载于《中国流通经济》2005 年第 6 期，被《人大复印报刊资料·商业经济》2005 年第 9 期全文转载）

现代企业竞争新模式：供应链管理

冯国经

众所周知，"供应链管理"是利丰集团的管理根基，但是很多人对这个管理概念有不同程度的认知。因此，我们一直都非常希望与业界同仁分享利丰在供应链管理领域的成果。

一、供应链对企业竞争力的重要性

供应链由客户（或消费者）需求开始，贯通从产品设计，到最初原材料供应、生产、批发、零售等过程，中间或经过运输和仓储，把产品送到最终用户的各项业务活动。

在经济全球化的市场中，企业光靠本身的竞争力是不够的，必须依靠整条供应链才会有竞争力，供应链的参与者必须善于管理和监督供应链，才可以保持竞争力。当企业面对需求日益增多的客户，实在不能不做好供应链管理的工作。一个优秀的供应链管理者必须清楚了解何为供应链以及供应链管理的根本精神和手段。

利丰集团就是运用供应链管理去提升其竞争力的其中一个例子。然而需要强调一点，就是供应链管理的概念是可以应用在任何行业的企业之上，而不是仅仅局限于商贸企业。事实上，有效的供应链管理能帮助任何企业优化整个营运流程，以达到改善企业竞争力和盈利的最终目的。

二、供应链管理是现阶段提升经济竞争力的有效工具

现阶段经济发展趋势十分明显，竞争已从企业层面转为供应链与供应链之间的竞争。供应链管理是新时代经济发展的焦点，也是现今企业、地区乃至国家的重要竞争工具。

供应链管理就是把供应链最优化，以最少的成本，使供应链从采购开始，到满足最终顾客的所有过程，包括工作流程（Work Flow）、实物流程（Physical Flow）、资金流程（Funds Flow）和信息流程（Information Flow），均有效率地操作，把合适的产品以合理的价格，及时送到消费者手上。

如何管理供应链？不同企业有不同的成功模式。利丰集团在贸易行业经营了97年，从传统贸易商转型成为以供应链管理概念运作的现代跨国商贸及分销集团，对产品生产、供应过程有很深的体会。就我们的经验和一些学者的研究，供应链管理包括七个主要理念：

1. 以顾客为中心，以市场需求的拉动为原动力。企业因应顾客的需求来组织生产，以往供应链的起始动力来自制造环节，先生产货品，再推出市场，在消费者购买之前，是不会知道销售效果的。在这种"推式系统"里，存货不足和销售不佳的风险同时存在。现在，产品从设计开始，企业已经让顾客参与，以使产品能真正符合顾客的需求。这种"拉式系统"的供应链是以顾客、消费者的需求为原动力。

2. 强调企业的核心业务和竞争力，并为其在供应链上定位，将非核心业务外包。由于企业的资源有限，企业要在各式各样的行业和领域都获得竞争优势十分困难，因此它必须集中资源在某个所专长的领域即核心业务上，才能在供应链上定位，成为供应链上一个不可替代的角色。

企业要专注于核心业务，发展专长，便不能总揽整条供应链的大小工作，需要与市场结合，采购零部件和获得其他支持服务，把一些非核心的工序外包，以完善其经营过程，发挥分工带来的专业化优势。

3. 各企业间进行友善和紧密的合作。精密和细致的分工也提高了整条供应链的交易成本，企业便需要通过加强互相合作，减低其中过程的消耗，方能强化整条供应链竞争力。

传统上，供销之间互不相干，是一种敌对争利的关系。而在供应链管理的模式下，所有环节都被看作一个整体，链上的企业除了自身的利益外，还应该一同去追求整体的竞争力和盈利能力。因为最终客户选择一件产品，整条供应链上所有成员得益；如果最终客户不要这件产品，则整条供应链上的成员都会被淘汰。可以说，合作是供应链与供应链之间竞争的一个制胜关键。

供应链管理着重整体，也是一套系统和关系的管理，让企业和它的供货商都能从合作中获利。把供货商与企业（作为客户）之间的敌对关系转变为合作关系，让供应链上的所有成员有机配合，分工合作，实现整条供应链的最大竞争力。单单谋求低价进货、与供货商争利的模式已经落伍，分享利润、实现多方获利才是现代主流。

所以，供应链管理的一个要点是企业之间的互相合作和信任，供需双方在产品质量、组合、每次生产时间和数量、发货的密度、订单的提前期等各个方面都要达成共识。通过共享信息，集体决策，在工作流程上高度集成，以达到生产和流通的均衡化和同步化，时间和成本上的最优化。具体而言，供应链上各成员需要互相了解彼此的生产程序和能力，经营计划和措施，互相配合，减少环节之间的磨擦，使整条供应链具有强大的竞争力。

4. 运用信息技术优化供应链的运作。信息流程是企业内员工、客户和供货商的沟通过程，以前只能以电话、传真甚至见面达成信息交流的目的，现在能利用电子商贸、电子邮件甚至互联网进行信息交流，虽然手段不同，但内容并没有改变。而计算机信息系统的优势在于其自动化操作和处理大量数据的能力，使信息流通速度加快，同时减少失误。然而，信息系统只是支持业务过程的工具，企业本身的商业模式决定信息系统的架构模式（Business Drives IT）。

5. 不断改进供应链的各个流程。除了信息系统外，供应链管理要将工作流程、实物流程、资金流程和信息流程综合放在一起，进行整体的优化，设计出配合企业内外部环境和需要的流程。上一个阶段的经济在制造过程上进行了极大的优化，使制造成本降低。新的经济是在采购、运输、存储和销售等交易过程中提升效率把供应链的各个环节优化。而现代物流就是为了优化实物流程而产生的一个新兴行业。

6. 缩短产品完成时间，使生产尽量贴近实时需求。生产时间是业务成败的另一个关键，例如时尚服装一旦设计样式过时了，零售价格就会很快下跌。因此零售商的购买决定做得越晚，就可以认清市面上的潮流才生产，降低减价促销的可能。在时装行业，能避免降价就能带来更大的利润。

除了对订货的快速反应之外，还要将每个订单的发货量减少，这是另外一个主要发展方向。为什么呢？世界市场，包括中国市场，正在被分割成许许多多越来越小的精确市场（Niche Market）或市场区段（Market Segment）。零售商不可能用一种货品满足所有的顾客，只能想办法满足某一个小市场区段的消费者，因此零售商就选择小批量、多次订单的方法来进货，以避免产品因销售不畅而积压。

7. 降低在采购、库存、运输和环节之间的成本。供应链管理概念要求企业之间紧密合作，使整个供应链更有效率，从而降低在采购、库存、运输和环节之间的成本。例如，买方不用为每次采购讨价还价，而供应方由于渴望长期合作，会更重视每次交付货物的质量，从而减少因质量不过关而发生的退货或争执，缩短供货周期，花费在交易方面的金钱和时间成本都降低了。

在实物流程方面，通过流程的设计、物流和信息系统的整合，实施准时库存，同时利用小批量、多批次进货等安排，使企业能减少库存数量，节省仓库管理和营运资金的开支。供销双方共享仓储设备，就地交收，一则减少中间的一次运输环节，二则提高仓库的使用率，节省建设和管理仓库的费用。

通过对供应链的分析，实施积极的管理和合作，传统的业务亦会有很多节约的空间。香港货品编码协会曾指出，供应链管理的实行，能将存货量平均减少25%，减少仓储及货运成本 25%，信息交流可削减环节之间的成本 20%。在竞争激烈、价格难以提升的市场上，这些成本的节省成为很多企业的利润增长源泉。

总而言之，供应链管理是整套经营理念的转变，新型的企业，不论是制造商还是贸易商，都必须以客户为中心，追求产品生产和流通的最高总体效率，把生产调配到最佳的工厂、最佳的地方，从而压缩供货时间，缩小订单规模，对市场需求迅速反应，并整合流程，用最少的成本完成订单。

三、供应链管理对中国企业和经济发展的启示

中国加入世界贸易组织，意味着国内市场与国际市场的接轨。国内企业将直接面对来自国外企业的激烈竞争，在同一规则下争夺全球市场。在国际市场上，内地企业在生产成本方面拥有优势，但正如很多经济学家和企业家所指出的那样，中国必须进一步降低交易成本，加强营销能力，优化和提升产业结构，才能更有把握地与世界各地的企业竞争，开拓国外市场。在全球化的竞争环境下，中国企业也需要在世界各地进行采购及生产，并与外国企业组成合作伙伴，作全球的布局。供应链管理的概念提供了一套策略思考的方法，让国内企业清晰定位和优化其营运过程。

作为世界工厂，中国内地拥有强大的制造能力和科研潜力。这些优势如能加上香港的供应链管理经验和国际网络，将能大大提升两地企业的国际竞争力，进一步开拓境外市场。今后，我们相信供应链管理仍会继续帮助内地和香港的企业发挥、整合双方的优势，创造更大的价值，从而促进两地的经济繁荣。

（作者单位：香港利丰集团。原文载于《中国流通经济》2003年第10期）

供应链环境下第三方物流关系的动态治理策略
——基于三边关系的视角

陈菊红　杨益华

一、引言

本文对第三方物流（以下简称 TPL）服务与供应链管理的关系进行研究，原因有以下几个方面：第一，物流外包服务将不断增加；[①] 第二，TPL 是一个年轻的新兴行业，代表着未来物流业的发展方向；[②] 第三，TPL 供应商提供服务的范围更广并正在积极改善其运作方式；最后，顾客对物流外包服务的兴趣不断增加。所有这些因素都需要我们从整体上对 TPL 服务进行管理并从供应链与 TPL 服务提供商的角度进行行之有效的组织管理，以提高供应链的整体效能。然而，有关 TPL 供应商应如何针对不同类型供应链提供整体服务的研究却很少。一些研究侧重于物流服务的某个部分，另一些则侧重于从服务需求方和供应商的角度或者客户需求、外包、营销的角度来解析服务。本文的主要目的在于通过对供应链上的三边关系进行定义，指出 TPL 关系是发生在供应链和 TPL 供应商节点上的，在这些节点上可以提供物流服务——从常规化服务到个性化服务，从短期服务到长期服务，其目的是提高 TPL 关系的效率。

二、文献综述

1. 有关 TPL 关系的研究。TPL 关系结构可分解为两个独特的维度，即关系程度和关系类型。关系程度指组织间关系的紧密程度，包括市场关系、网络关系与纵向一体化关系；关系类型指共享主要特征的一组或一类关系。苏珊（Susan L. Golicic）认为，可以根据 TPL 关系中主导地位的不同来划分关系类型；[③] 博斯克（Anu H. Bask）从战略视角出发对 TPL 供应商与供应链成员的关系进行了研究；[④] 泰特（Tate）认为，成功的 TPL 关系能使双方（物流服务提供商及用户）

① J. J. Coyle, E. J. Bardi and C. J. Langley: "The Management of Business Logistics", in the *West Publishing*, St Paul, MN, Vol. 28, No. 8 (1992), pp. 553~559.

② F. A. Kuglin: "Customer Centered Supply Chain Management", in the *New York*, AMACOM (*American Marketing Association*), NY, Vol. 18 (1998), p. 227.

③ Susan L. Golicic: "Exploring the Drivers of Interorganizational Relationship Management", in the *Journal of Business Logistics*, Vol. 26, No. 2 (2005), pp. 78~87.

④ Arni Halldórsson and Tage Skjøtt—Larsen: "Dynamics of Relationship Governance in TPL Arrangements", in the *A Dyadic Perspective International Journal of Physical Distribution & Logistics Management*, Vol. 36, No. 7 (2006), pp. 490~506.

在市场中具有竞争优势；[①] 桑格牛（VK Sangam）等人研究了 TPL 关系的四个发展阶段，即友好期、斗争期、抵制期、互惠期；科尔（John Kerr）构建了一种稳固的 TPL 关系的成功因素；[②] 舒尔茨（John Schultz）提出了成功 TPL 关系的原则；[③] 霍尔瑞森（Ami Halldorsson）等从资源观和能力观的角度考察了 TPL 关系，认为 TPL 关系由市场交换阶段发展到了整合物流方案阶段；[④] 骆温平对 TPL 与供应链管理互动进行了研究；[⑤] 但斌等运用动态博弈模型分析了物流合同基础上的客户企业与 TPL 服务提供商的利益冲突。[⑥]

2. 动态能力。动态能力是企业整合、构建与重组内外部资源，以修正运营操作能力从而适应环境动态复杂变化的能力，在制造商与 TPL 供应商合作的过程中，它们对资源的掌握和利用会发生变化，进而可以强化企业的竞争优势。凯瑟琳（Kathleen）认为动态能力可以明确确认常规管理或流程；苏琛（Shuen）认为企业的动态能力包括三个关键要素，即组织流程、资源位置和发展路径；[⑦] 霍尔瑞森和斯特拉森（Arni Halldorsson & Tage Skjott—Larsen）从双边关系的角度探讨了 TPL 安排中的动态关系治理；[⑧] 而郑胜华则构建了一个集战略、关系、认知与结构为一体的动态联盟能力的整合构架；[⑨] 王永平和孟卫东建立了一个供应链企业合作竞争机制演化博弈的数理模型，分析供应链企业合作竞争机制演变的动态过程。[⑩]

三、基于理论框架的概念模型构建

1. TPL 关系是一种三边关系。TPL 关系指供应链上的物流服务供应商及为

---

① K. Tate：“The Elements of a Successful Logistics Partnership”，in the *International Journal of Physical Distribution & Logistics Management*，Vol. 26，No. 3（1996），pp. 7～13.

② John Kerr：“How to Build a Solid TPL Relationship”，in the *Supply Chain Management Review*，No. 12（2005），pp. 9～15.

③ John Schultz：“7 Principles of a Successful 3PL Relationship”，in the *Logistics Management*，Vol. 44，No. 3（2005），p. 39.

④ Ami Halldorsson，Tage Skjott—Larsen：“Developing Logistics Competencies through Third Party Logistics Relationships”，in the *International Journal of Operations & Production Management*，Vol. 24，No. 1/2（2004），pp. 56～65，192.

⑤ 骆温平：《第三方物流与供应链管理互动研究》，中国发展出版社 2007 年版，第 5～6 页。

⑥ 但斌、吴庆、张旭梅、肖剑：《第三方物流服务提供商与客户企业的共享节约合同》，《系统工程理论与实践》2007 年第 2 期，第 46～53 页。

⑦ Shuen：“Dynamic Capabilities and Strategic Management”，in the *Strategic Management Journal*，Vol. 997，No. 18（2001），pp. 509—533.

⑧ Ami Halldorsson，Tage Skjott—Larsen：“Developing Logistics Competencies through Third Party Logistics Relationships”，in the *International Journal of Operations & Production Management*，Vol. 24，No. 1/2（2004），pp. 56～65，192.

⑨ 郑胜华、徐金发：《联盟能力的整合构架剖析》，《科研管理》2005 年第 5 期，第 125～128 页。

⑩ 王永平、孟卫东：《供应链企业合作竞争机制的演化博弈分析》，《管理工程学报》2004 年第 2 期，第 96～98 页。

之提供服务的买卖双方之间的相互关系。然而，许多 TPL 关系被限定为卖方与 TPL 供应商之间的双边关系或买方与 TPL 供应商之间的双边关系。卖方与 TPL 供应商或买方与 TPL 供应商之间的双边关系在进行物流服务交易时通过合同来约束，这种双边合同可能不是一种最优合同甚至有可能导致冲突，如一个生产商想充分装载销售而买方只愿意购买其中的一部分。一些学者认为，物流服务中成功的伙伴关系可视为三边关系，这暗示着三个成员都应被覆盖。三边关系认为，物流服务买方—卖方关系能达到令人满意的匹配，且供应链上可以有几个三边关系，其中有些是较为密切的合作，有些是较为松散的合作。具体如图 1 所示。

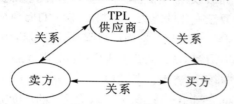

图 1　买方、卖方与 TPL 供应商间的三边关系

2. TPL 关系的治理类型。由于 TPL 关系发展的程度与特点不同，就会出现不同的关系类型，因而需要采用不同的治理方式。鲍尔索克斯（Bowersox）把 TPL 关系放在物流功能的买方与卖方之间，认为物流交易应持续地从单个交易向一体化服务协议的方向发展。最低层次的合作是传统运输市场上买方与卖方之间的交易关系，除了专业的交易外，这种协议往往是短期的，非正式的，非承诺的，价格是市场平均价格；之后向更为正式的协议与彼此义务增加的方向移动。[①] 考克斯（Cox）认为，核心技能应始终通过内部合同控制；资产专用性中等的互补技能将通过各种形式的联盟以较为紧密的合同形式进行外包；资产专用性较低的标准技能将通过松散的合同形式进行外包。考克斯对物流服务的买方、卖方与 TPL 供应商的关系进行分类，提出了 TPL 关系的不同类型（见图 2）。

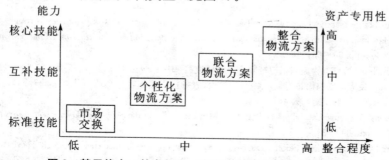

图 2　基于能力、整合程度、资产专用性的 TPL 关系类型

---

① D. J. Bowersox："Strategic Benefits of Logistics Alliances"，in the *Harvard Business Review*，Vol. 68，No. 7/8（1990），pp. 36～45.

当合作处于最低水平即市场交换阶段时，在现货市场进行购买运输，物流服务方是托运人，物流服务供应商与其客户之间的关系是短期的与敌对的，价格是它们关注的重点，资产专用性较低，物流服务供应商所提供的服务按常规标准进行。[1] 第二个层次是把物流解决方案模块化，即个性化物流方案阶段。物流服务供应商提供范围广泛的标准服务，且不同的客户可以选择"一揽子"的模块，物流服务可根据客户的不同需要进行调整，并增加相应技能以对顾客服务进行补充，持续时间通常较短（一年以内），信息共享有限，用联合方法解决问题，托运人关注的重点是降低成本和改善服务质量，对客户特殊要求的满足程度有限。TPL 供应商的优势主要是规模经济和范围经济。第三个层次是联合物流方案阶段。托运人和物流服务供应商（尤其是 TPL 关系）共同发展独一无二的物流解决方案。托运人和 TPL 供应商把协作视为一个双赢的过程，它们期望长期合作，愿意分享信息，希望共同解决问题。TPL 供应商的能力是托运人核心能力的补充，提升了托运人的创新能力。第四个层次是公司内部物流解决方案即整合物流方案阶段。企业把物流视为核心技术，资产专用性通常较高，如企业拥有专用资产或掌握着具有专门技术或诀窍的工作人员。根据交易成本理论，在资产专用性较高的情况下，等级制度是最为有效的治理结构。同时竞争力理论认为，应该在内部保持核心竞争力，而外包非核心竞争力，如沃尔玛公司的供应商管理库存（VMI）系统和交叉对接的分配系统。

四、基于三边关系的 TPL 关系动态治理策略选择

1. 基于三边关系的 TPL 供应商服务战略。TPL 服务关系之间有着不同的匹配方式，研究重点是更为高效的关系类型。传统上，虽然买方、卖方与物流供应商之间存在较为长期的合同服务关系，但供应商之间建立了合同关系后，每次进行价格谈判都会涉及参与各方，容易导致效率低下。鲍尔索克斯等认为，建立更为密切、高效关系的趋向，导致了物流服务供应商所使用托运人数目的减少。[2] 根据服务复杂性与 TPL 关系紧密程度的不同，TPL 服务关系可分为三种类型，即常规化 TPL 服务、标准化 TPL 服务和个性化 TPL 服务，具体见图 3。常规化服务对应于松散的客户关系和简单的服务类型；个性化服务对应于密切的客户关系和复杂的服务类型；标准化服务对应于适度的客户关系和复杂程度适中的服务

---

① A. Cox: "Relational Competence and Strategic Procurement Management", in the *European Journal of Purchasing & Supply Management*, Vol. 2, No. 1 (1996), pp. 57~70.

② D. J. Bowersox, P. J. Daugherty, C. L. Droège, D. S. Rogers and D. L. Wardlow: Leading Edge Logistics Competitive Positioning for the 1990s, IL. Campinas: Council of Logistics Management, Oak Brook, 1989, pp. 585~589.

类型。

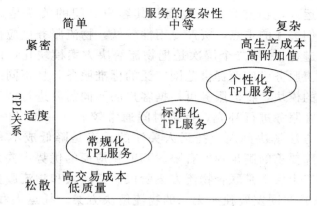

图3　TPL服务关系的类型

资料来源：Makelin & Vepsalainen，1990

2. 供应链上基于三边关系的 TPL 关系动态治理策略选择。供应链上的 TPL 关系会随着环境的不断变化而产生持续的动态变化，有效的动态能力条件模式是由市场动态性质（依靠不同程度的现有知识的能力）决定的。帕和库珀（Pagh & Cooper）从管理决策理论和动态能力角度出发，应用延迟和投机策略确定了四个常用战略，即充分投机策略、生产延迟策略、物流延迟战略和全面延迟策略。[①] 在充分投机策略中，产品储存在与客户较为接近的分散的配送中心，所有生产活动在产品送达分散的配送中心之前完成；生产延迟策略适用于客户订单已经下完或产品需要差异化物流服务的生产业务（如简单加工、最终装配、包装或贴牌等）；在物流延迟策略中，生产基于投机，物流基于延迟；在充分延迟战略中，在顾客订购之后才进行生产和物流运作。然而，在某些情况下，事前生产并储存一些零件或组件可能是有利的，为了从供应链环境下 TPL 服务关系中发现一些规范性的内容，需要在投机和推迟等替代策略中进行选择。从一般策略中可以发现，存在三种常见的供应链结构模式：直达式供应链策略对应于常规化 TPL 服务关系，用字母 A 表示直达式常规化策略；中途停留一站式供应链策略对应于标准化 TPL 服务关系，用字母 B 表示一站式标准化策略；中途停留多站联合式供应链策略对应于个性化 TPL 服务关系，用字母 C 表示多站联合式个性化策略。具体如图 4 所示。

[①] J. D. Pagh and M. C. Cooper： "Supply Chain Postponement and Speculation Strategies： How to Choose the Right Strategy", in the *Journal of Logistics Management*，Vol. 19，No. 2（1998），pp. 13～33.

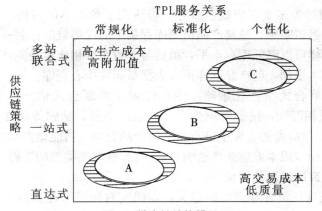

图 4　供应链结构模式

（1）直达式常规化策略。其特点是通过常规化 TPL 服务使供应链中最有效的关系得以实施。第一，这类策略的特点是充分投机策略的运用，产品配送是分散的、简单的，如零售仓储；第二，在充分延迟策略中，生产和物流运作在客户订单下完之后进行，这意味着产品首先在生产场所进行生产，然后再配送到零售库房；第三，在生产延迟策略中，最后的生产程序在零售商店实施，如油漆最终的颜色就是零售商调配的。费希尔（Fisher）认为，常规化 TPL 服务的增加值最大。功能型产品与创新型产品的运输方式不同，功能型产品主要用于满足基本需要，大多在零售商店出售，具有稳定的可预见需求，生命周期较长，通常边际利润率较低；而创新型产品具有较高的边际利润率，但其需求不可预知，生命周期较短。功能型产品供应链的重点是尽量减少实体供应链的成本；而创新型产品供应链需要快速响应，以确保产品满足使用者的需求并与市场匹配，因此，供应商会选择那些速度快、灵活性高的供应链。在使用常规化物流服务时，产品类型影响着运输模式的选择：功能型产品运输模式的选择基于成本最小化，如铁路运输、海洋运输、汽车运输等各种低成本运输模式；而创新型产品则需要较高的灵活性和较快的速度，如空运、快递等更为昂贵的运输方式。[①]

（2）一站式标准化策略。主要涉及充分投机策略和物流延迟战略。在充分投机策略中，产品在送达分散的配送中心之前进行生产，在分发到零售商店之前储存在配送中心，供应链符合标准化 TPL 服务关系。这意味着产品可以大批量运输到 TPL 供应商分散的配送中心，配送中心的产品主要以小批量配送到零售仓库。功能型产品的配送安排主要考虑成本效益。对于创新型产品，TPL 供应商的仓库需要对配送模式加以反映，也就是说分散仓储会导致较高的库存投资。

---

① M. L. Fisher："What is the Right Supply Chain for Your Product?", in the *Harvard Business Review*, No. 3/4（1997），pp. 105～116.

TPL 供应商通过为多个客户提供服务，可达到节约成本的目的。与投机策略不同，在物流延迟策略中，最终产品借助库存集中的优势被配送到一个较大的地区配送系统，这样可以降低库存水平，虽然与分散系统相比运输距离更长，可能会使后期分销成本增加，但产品同样可以大批量运往中心仓库。

（3）多站联合式个性化策略。中途停留多站联合式供应链策略与个性化TPL 服务关系相匹配，诸如简单生产、组装、票务、贴牌等能在任何一个分散或集中的 TPL 供应商的仓库中进行，不同产品类型（功能型产品或创新型产品）基于不同的目标（成本效应或快速响应），会影响方案类型的选择。

五、本研究的意义及结论

1. 本研究在物流管理方面的意义。本研究对物流管理的意义主要体现在以下三个方面：

第一，仔细考虑 TPL 供应商进行外包的目的，是以较低的成本获得较高的效益，还是立即改善服务；是为了获取公司自身核心能力，还是为了发展互补能力。第二，物流外包管理的目标是选择 TPL 关系安排的类型。如果外包主要是为了节省成本或改善服务，最好选择个性化的物流解决方案；如果公司要通过TPL 关系对新的竞争力进行配置，联合物流解决方案可能更好。第三，在 TPL关系中，先保持内部物流能力，再发展新的能力也很重要。TPL 关系的重点是发展合作伙伴关系的能力，因而可以从包括 TPL 关系的动态能力等在内的更为广泛的角度分析 TPL 关系安排的类型。

2. 结论。本文的目的在于从战略层面利用不同类型的供应链策略来组织TPL 服务，使 TPL 供应商为客户提供一个效率更高的物流战略解决方案。针对TPL 供应商及供应链上买方、卖方之间不同的三边关系，建立了规范的 TPL 关系框架。帕和库珀认为，三边关系的特点是在 TPL 关系之间以延迟和投机策略的规范性框架为基础，从 TPL 供应商的视角考察直达式供应链策略、中途停留一站式策略和中途停留多站式策略。他们强调指出："很多公司已经确定需要改善它们的生产和送货流程，其目的之一很可能是要消除延迟、投机需求和延迟及投机战略之间的冲突。"本文还从 TPL 关系服务类型的角度延伸了供应链策略，但毫无疑问，对于 TPL 关系的运用还有许多工作要做。

（作者单位：西安理工大学工商管理学院。原文载于《中国流通经济》2009年第 3 期，被《人大复印报刊资料·物流管理》2009 年第 6 期全文转载）

基于客户需求的供应链物流服务质量研究

单宝玲

物流的本质是集成与服务，供应链物流管理的目标是为整个供应链的有效运作提供高水平的服务质量。供应链物流服务质量的好坏直接关系到供应链的存亡。供应链物流服务以满足客户需求为核心，物流是实现客户服务的管理活动，高质量地服务客户是供应链赖以生存与发展的关键。

一、物流服务质量的显著特点

1. 可得性

指库存具备能够稳定地满足客户需求的能力。当客户需要产品时，企业具有向客户提供足够产品的库存能力。实现高水平的库存可得性，有赖于对整个供应链的库存水平与库存变化的最优控制，而不是以多元化的大量库存或不计成本地满足所有客户的需求，在实现供应链物流管理目标的同时，使整个供应链的库存控制在最低的程度。

2. 经济性

指企业为提供客户服务所投入的总成本费用。要建立一个效率高、效果好的供应链物流网络结构系统，达到并保持物流服务质量的高水平，就必须考虑总成本费用与客户服务水平的均衡，关键是企业要具备把自身的运作水平与主要客户的预期、需求相统一的能力，能够以较为合理的总成本费用满足客户的需要。在物流服务策略中，既不能单方面地追求最低总成本，也不能单方面地追求高水平的客户服务。一个完善的物流运作体系，需要准确估算实现不同质量水平服务所需的不同运作成本的构成，最重要的是企业提供的服务必须与特定客户的需求相关联。供应链物流管理的目标是以最低的总成本实现整个供应链客户服务的最优化。

3. 时间性

即在订货期和交货期之间客户需要等待的时间，包括及时、准时和省时三个方面的内容。客户等待的时间越短，要求供应链企业提供的服务水平就越高。物流服务在时间上满足客户的需求，就要在所需等待时间问题上为客户提供选择的机会。如消费者直接到商场购买电脑，无须等待就可以将电脑带回家；而若从产品目录单或通过互联网订购，则需要等待企业将电脑运送到家中。一般来说，从客户的角度看，等待时间越长，就越不方便。但这种供应链物流通常以低成本运营，因而客户可以付出一些等待时间而享受到价格上的优惠。当然，还有一些客户愿意付出更多时间和精力来选择理想的产品和品牌。

优良的物流运作需要具有较高的客户反应能力，快速反应针对以时间为本的客户期望，客户希望供应商具备快速提供服务的主观意志并具有这种能力。这不仅包括快速交货，还包括快速处理客户查询和快速解决问题，代表着客户对供应商及时处理所有相关问题的期望。

4. 可靠性

指企业具备实施与交货相关的所有业务活动的能力，它体现物流的综合特征，包括完好无损的到货、结算的准确无误、货物准确运抵目的地、到货货物的数量完全符合订单的要求等，这是供应商对客户所有承诺的兑现。客户通过基本服务系统的各个方面判断供应商的服务是否可靠，要求供应商按照日常的处理程序圆满地完成大量细致的业务运作。另外，服务的可靠性还包括企业有能力并愿意向客户提供有关实际运作以及订购货物的准确信息。例如，将运作中诸如不完全到货这样的信息提前通知客户，比提供完全到货的信息影响更大，因为如果客户提前收到通知，就能够针对不完全到货或延误到货的情况作出调整，以避免损失。

二、满足客户需求的物流服务质量内涵

1. 基本物流服务系统

基本物流服务系统描述了企业为客户提供的服务质量。在很多情况下，客户具有完全不同的购买需求或需要特殊增值服务。基于客户需求的供应链物流服务强调企业充分理解客户内在的需求，把握能给企业带来市场机会的因素，真正做到按照客户的需求将产品和服务进行有效结合。例如，如果客户只需要从3种不同颜色的产品中选择，企业就没有必要提供6种颜色的产品；如果客户更看重产品颜色的多样性，企业就没有理由向客户只提供白色的产品。成功的物流服务源于企业对客户的深入研究，并清楚地掌握客户对产品和服务的真正需求。通常情况下，企业在具备了满足客户特殊要求能力的前提下，如果能够达到平均服务水平或者基本满足客户需求，便实现了物流运作的服务目标。与其片面地追求毫无现实意义的高水平物流服务，不如在制定服务目标的时候选择那些实际的、并不十分具有挑战性的物流服务。过分追求那些不切实际的跨界物流服务也会降低企业满足潜在客户特殊服务要求的能力。

物流运作流程设计或再造的依据，一是客户的物流服务需求，二是企业的物流管理模式。前者是系统目标，但可能导致企业物流系统如配送中心选址、布局和结构的变化，进而导致流程的变化。后者是服务手段，是企业为满足客户需求而配置物流服务资源的方法，如存货水平的控制、存货的布局和结构配置、存货可得性的优先度排序、不同运输方式的选择等等。在实践中，人们往往只注意企业的物流管理模式而忽视客户具体的物流服务需求，这使物流系统的设计失去了

最根本的依据，由此而建立的物流系统要么是过于理想化而不适用，要么是企业现有物流运作管理模式化，从而影响了客户服务质量水平。物流系统的设计过程是企业物流管理模式与客户服务需求相匹配的过程。

2. 物流运作绩效

物流运作绩效与发送客户订货所需要的时间相联系，包括订货发送运作的快速和稳定两方面的内容。大多数客户都希望快速到货，但如果订单发送服务不稳定，那么快速送货运作的价值也会受到影响。如果供货商承诺第二天到货，但却经常无法履行承诺，客户的收益就会受到影响。因此，为了实现顺畅的运作，企业首先应关注服务的稳定性，然后再提高送货的快速性。另外，其他影响运作绩效的因素也很重要。例如，为了满足客户特殊的以及始料未及的需求，企业应具备运作的灵活性。影响运作绩效的还有发生运作失误的频率以及弥补运作失误、恢复正常运作的时间。失误是指物流运作中发生的产品受损、分发错误及不正确的文件记载归档等状况。当出现这些不正常的情况时，可以通过其恢复时间的长短来判断企业的物流服务能力。物流运作绩效的衡量涉及企业处理客户日常需求的各个方面，其中也包括物流运作的失误。

企业关注客户服务的目的是制定衡量基本服务绩效的内部标准。在供应链背景下，物流服务的终极目标是在第一时间将事情做完做好，这是企业全面质量管理（TQM）的延伸。基本物流服务的最高层次是实现完美订单，这种完美订单模式将数量准确、型号无误、与发票相符的产品及时地、完好无损地发送到正确的地点并被客户妥善接收，这需要企业实现零缺陷承诺的物流运作。一个完美的订单可以评估企业全部整合的物流绩效的有效性，衡量一张订单是否准确无误地通过了订单管理程序的每一个操作步骤：订单进入、信用清算、库存可用性、精确的分拣、准时装货以及不折不扣地付款等等。实际上，客户也许可以通过十多种不同的物流服务衡量标准来评估一个完美订单，如表1所示。

表 完美订单的衡量标准

项目	衡量标准
正确的订单进入	及时到达
正确的 EDI 格式和交易代码	运输货物无损坏
货物的可得性	正确的发票
允许交货的发货日期	适当地多开价款
正确的订单分拣	没有客户折扣
完整而准确的文书工作	付款处理没有错误

资料来源：唐纳德·J. 鲍尔索克斯：《供应链物流管理》。

市场希望供应链提供零缺陷的物流服务。虽然一个企业不可能向所有层次的客户提供零缺陷的物流服务，但企业可以有选择地向一些重点客户提供这种优质的、高水平的服务。企业实现近乎零缺陷的物流运作的重要手段，是把客户联盟、信息技术、延迟策略、库存控制、优质运输以及选择性的特定计划等物流资源整合在一起，来满足核心客户的需求。更重要的是，这种高水平绩效的取得是建立在力求总成本费用更少的基础之上的。

3. 客户认同的物流服务质量

从物流管理的角度满足客户的需求，企业物流服务的理念就是令顾客满意。一位著名的经济学家曾经说过：优质服务源于客户的满意，或者说，源于对客户不满意结果的避免。与客户满意紧密相关的是客户认同的服务质量。客户对服务质量的理解常常基于其对服务质量的感知和认同，不同的客户会产生不同的感知服务质量，因此，客户对服务质量的评估是由客户的认同服务质量决定的，而认同服务质量是由服务过程中的客户感知与期望之间的差异程度决定的。服务提供者构想的服务质量与客户满意的服务质量是有差异的，这种差异的来源包括服务提供者的主观看法、客户间个体差异等等。如图1所示，服务质量是由客户来衡量和评估的。

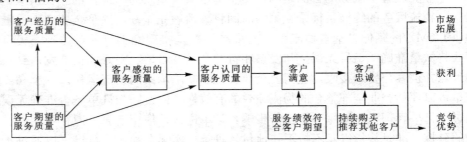

图 供应链结构模式

美国营销学家派拉索拉曼等人在客户评估服务质量问题上提出了差距理论，认为客户的感知服务质量高低决定了客户对服务质量的评估，而客户的感知服务质量取决于服务过程中客户的感觉与客户对服务的期望之间的差异程度，并指出感知服务质量是"客户主观所作出的、与服务客观上是否优质有关的全面的判断或看法"。客户的感觉是"客户关于所接受的及所经历的服务的感受"。客户的期望是"客户的愿望与需求，比如说他们觉得服务提供者应该为他们提供某种服务而不是另一种"。当客户实际感受到的服务质量符合甚至超过他们预期的服务质量时，他们的感知服务质量就好；当他们实际感受到的服务质量不及预期的服务质量时，他们的感知服务质量就差。

显然，当客户与供应商进行交易时，客户都有许多期望，不仅包括一般的对物流运作的期望，还包括对沟通、可信度、安全性、详细了解客户以及供应商运作的可靠性和快速反应能力等方面的期望。从供应链物流的角度而言，客户期望的含义是十分复杂的。因为客户通常是由多个功能部门和个体组成的商业机构，他们对服务绩效评估标准的优先顺序有不同的理解，或者说对这些标准有着各不相同的期望。例如，有人可能注重供应商的反应性，期望供应商能快速地处理订购货物状况的查询；而有的人则可能更关心供应商是否能满足自己的交货要求，能否做到按时交货。供应商要满足客户的期望，就必须对这些期望的形成过程进行深入研究。

客户满意是基于客户期望，而不是基于客户需求。客户追求优质服务，但优良的服务质量常需要购买者付出更多的价钱，因此对所提供的服务，大多数客户仍需要比较和权衡。一些人选择为完整、优良的服务付较高的价钱，而另一些人却愿意少付一些，由自己完成一部分服务。当价格与服务质量之间的相关程度较小时，客户往往倾向于选择优质服务，而当价格随着服务质量的提高上涨时，有些客户则倾向于选择花费较少的服务。事实上，客户可能并不期望供应商提供高水平的服务，如果客户期望供应商提供较低水平的服务，而且事实上客户也认定供应商的确提供了低水平的服务，那么很显然，供应商提供的服务与客户的期望完全符合。假设客户希望供应商提供 95％的满足率，或者 10％的时间延误的到货率，或者 2％的货损率的服务，而且，企业事实上完全按这种水平提供服务，客户也表示认同，那么就说明客户已经得到了满意的服务。

已得到满意服务的客户并不一定忠诚于该企业，即使这些客户的期望得到了满足，他们仍然可以选择与企业的竞争对手做生意。这是因为，他们希望竞争对手能够提供同这个企业相同甚至比这个企业更高水平的服务。长久以来，企业一直认为满意的客户就是对其忠诚的客户，然而，事实上，许多期望已得到满足并获得满意服务的客户仍然有可能光顾企业的竞争对手。企业能否获得拓展市场份额的能力取决于企业吸引并留住行业中最忠诚客户的能力，企业的获利和竞争优势的取得，也来自于客户的满意度和忠诚度。

三、结语

企业要持续长久地赢得客户满意，不是一时一事的技巧或手段所能奏效的，而必须从整体上建立令客户满意的物流服务运作体系，建立完善的物流服务质量系统。企业应充分认识和把握物流服务质量的显著特点和基本内涵，从满足客户需求出发，为客户提供价廉质优的物流服务。

（作者单位：天津工业大学工商学院。原文载于《中国流通经济》2007 年第 9 期，被《人大复印报刊资料·特区经济与港澳台经济》2007 年第 12 期全文转载）

供应链竞争力内涵与模型构建研究

余　晖　张文杰

一、引言

传统的企业竞争力战略理论往往以单个企业为研究对象，能有效解决企业独立竞争状态下战胜对手进而获得生存优势的问题。但在供应链竞争状态下，零和博弈的企业竞争关系逐步演变为以"双赢"、"多赢"为目标的供应链伙伴关系，传统企业竞争力战略理论不能很好地解决供应链成员企业竞争合作中存在的风险共担、利益共享等供应链竞争问题。由于缺乏供应链竞争理论的指导，企业在供应链竞争实践中难以实现单个企业的市场占有和利润获取能力（局部竞争优势）与供应链竞争力（供应链整体竞争优势）的有机结合。因此，对供应链竞争力理论进行专门阐释，探索供应链竞争力的形成特点，构建供应链竞争力模型，对供应链领域的理论和实践具有重大意义。

二、供应链竞争力的内涵

从供应链产生的背景看，供应链的产生与存在都是为了增强和发挥企业核心竞争力，并促成单个企业之间核心竞争力的整合。遵循这样的思路，不少学者从供应链管理与企业竞争力关系的角度进行了大量研究，这些研究考虑到了供应链企业之间的协同与合作，但仍在某种程度上停留于单个企业内在竞争力的分析。实际上，供应链是范围更广的企业结构模式，属于战略联盟的组织形态。作为一个统一的经济系统或行为主体，供应链之间在同类资源的竞争上也存在能力的差异，这些差异决定了供应链竞争力的高低。因此，供应链竞争力的概念不同于现有的基于国家、产业或企业等层面的竞争优势，是现有竞争力理论的拓展。

目前，有关供应链竞争力概念及相关理论的系统研究还处于初始阶段。对于供应链竞争力的概念，具有代表性的观点如下：（1）供应链竞争力是核心企业实施供应链管理，整合其合作伙伴的组织结构和业务流程，通过对顾客多变的需求作出比竞争对手更为快速、有效的反应来获取市场竞争优势的能力。[①]这种观点强调供应链在市场中的反应能力，认为核心企业对供应链竞争力的形成具有重要作用。（2）供应链竞争力指供应链在市场竞争中表现出来的外在市场力量，是与竞争对手抗争、赢得市场份额、获得利润时表现出来的力量或能

---

① 王勇、孙良云：《供应链竞争力评价指标体系研究》，《商业研究》（上半月版）2002年第10期，第38～40页。

力，是供应链外部资源与内部资源实力、能力、素质的综合作用最终在市场竞争中体现出来的力量。[①] 这种定义认为供应链竞争力具有外在表现力，强调综合资源和能力对供应链竞争力的贡献。（3）供应链竞争优势是相对于竞争对手，表现在最终产品的质量、价格、交货速度、售后服务等方面的比较优势，这种比较优势最终能够创造企业的超额利润。[②] 这种观点强调供应链竞争力最终将导致超额利润的获得。

综合上述供应链竞争力的概念，视供应链为战略共生体或战略联盟体组织，将供应链竞争力定义如下：供应链竞争力指某一供应链相对于竞争对手表现出来的更能适应市场需求和变化的各种生存与发展能力的总和，这种能力是供应链成员企业内外部资源优化配置与核心能力充分整合的结果，能使供应链最终获得高水平的客户满意度，并为成员企业带来超额利润。

这一定义具有以下四个方面的含义：（1）供应链竞争力存在于竞争性市场，对于垄断和封闭的市场，供应链竞争力无从谈起；（2）供应链竞争力是供应链与供应链之间能力和效率的比较；（3）供应链竞争力是供应链相互关联的多方面能力的综合体现；（4）供应链竞争力最终会对供应链在其最终产品（服务）市场上的业绩（市场占有率、供应链企业的利润率等）产生影响。

三、供应链竞争力的形成机理

1. 形成机理

供应链竞争力并非存在于单个企业内部，它是供应链系统的整体竞争优势。对于供应链竞争力，需要基于系统论的观点加以认识：首先，当各成员企业按照某种方式整合成一个系统，并按照同一目标运营之后，会产生整体具有而个体成员企业不具有的新的竞争优势，因而供应链竞争力具有整体涌现性；其次，供应链竞争力体现在整体层面上，但也包含了其他中间环节和层次甚至最基本的系统元素——单个企业的竞争力，不同的层次呈现出不同水平的能力，供应链竞争力是由低到高逐层涌现的。

基于上述认识，笔者认为，供应链竞争力的形成受三方面力量的影响，即供应链核心能力（决定力）、供应链运作机制（助力）、供应链竞争力评价（维持力），具体如图1所示。三种力量按照一定的逻辑关系形成供应链竞争力：供应链运作机制作为助力作用于供应链各成员企业间的供应链各项业务活动，成员企业个体能力与资源通过核心企业的组织，在供应链运作机制下实现协同与整合，使供应链获得供应链竞争力的决定性力量——核心能力；而通过供应链竞争力评

① 付秋芳、马士华等：《压缩响应时间形成供应链竞争力的机理研究》，《物流技术》2004年第11期，第39～41页。

② 段伟常：《供应链竞争优势关键问题研究》，北京交通大学学位论文，2007年，第18～19页。

价对供应链核心能力进行度量与反馈，可改进和优化供应链业务流程管理，维持并提升供应链能力，使供应链具有持续的竞争力。

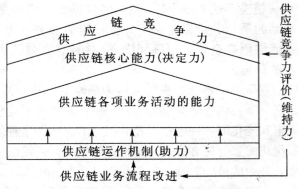

图1　供应链竞争力形成机理示意图

2. 对形成机理的解析

（1）注重供应链竞争力的内生力量，尤其是能力。上述供应链竞争力形成机理的基本思想是对能力理论与核心能力理论的认可，它认为供应链竞争力是供应链各种能力的集合体，而核心能力是组织长期竞争优势的根源。供应链核心能力是供应链竞争力的直接来源，是供应链竞争力的决定性因素。该形成机理反映了供应链能力的层次性，供应链核心能力是供应链各种能力由低向高逐层涌现的结果，是供应链各业务活动单元的能力按照一定关系进行多层次组合而形成的。

（2）供应链运作机制被视为关键力量提出，有利于揭示各力量之间的关系。供应链运作机制贯穿于供应链竞争力形成的全过程，与其他力量密切作用，促使供应链真正成为有机经济系统并发挥强大的整体优势。一方面，供应链核心能力的形成与发挥离不开供应链运作机制的助力作用，因为供应链成员企业的个体资源和能力不会自发地转化成供应链价值，必须依靠特有的供应链运作机制，没有供应链运作机制的协调与整合，供应链的整体涌现性就不能实现，任何单个的成员企业对市场需求变化的反应速度都无法达到供应链协同的效果。另一方面，供应链竞争力评价（维持力）作用的发挥，离不开供应链运作机制的帮助，但同时供应链竞争力评价的内容也包括对供应链运作机制合理性与执行情况的评价。因此，供应链评价与改进首先是对供应链运作机制的重新审视。

（3）核心企业是供应链要素资源的主要组织者。供应链由多个企业主体组成，但在供应链与供应链的竞争中，供应链是一个统一的竞争主体，在这种情况下，必须有一个成员企业担任协调主体的角色，否则链不成链，而要担当这一角色，非核心企业莫属。实践表明，供应链运作的好坏及整个供应链竞争力的高低，在很大程度上取决于供应链上的核心企业的影响力。[①]

四、供应链竞争力模型

供应链竞争力形成机理表明，核心能力是供应链竞争力的直接来源，是供应链竞争力的决定性因素。而供应链竞争力模型则进一步揭示了哪些能力才是构成供应链竞争力的关键，即供应链的核心能力所在。与一般能力不同，核心能力跨越战略业务单位边界，是广泛分布于组织内部的能力的集合。[②] 如何判定并获得核心能力呢？波特认为，为识别与获得核心能力，需要借助价值链将企业分解成战略性相关的互相分离的活动，如设计、生产、营销等。[③] 笔者将借鉴波特的价值链思想，在流程中寻找并识别供应链核心能力。这是因为流程是为完成供应链的某一目标或任务而进行的一系列活动的集合，是供应链能力的载体，而核心能力是一套在战略上具有充分价值的业务流程，[④] 供应链核心能力来自于跨企业的、与成员企业能力相关联的供应链关键业务流程。

1. 供应链关键业务流程

众多学者围绕供应链的计划、需求、物流、供应等方面，从不同角度出发将供应链管理细分成若干基本职能活动与辅助职能活动，这些活动对供应链的目标和竞争优势具有不同的作用。究竟哪些属于供应链的基本业务呢？本文将按照以下原则进行识别：（1）每一项业务及其影响都是跨企业的；（2）对供应链效率的差异化具有很大的潜在影响；（3）对降低供应链交易成本具有重要影响。按照上述原则，可将供应链基本活动归纳组合成七项供应链基本业务：供应链组织设计、供应链设施选址、供应链客户关系管理、供应链库存管理、供应链运输管理、供应链合作关系管理、供应链信息流管理。这七项基本业务构成了供应链的关键业务流程。

供应链的七项基本业务是职能上界限分明的供应链活动：（1）供应链组织设计是供应链为调和各成员企业的目标与利益，达成供应链整体目标，形成合理的组织关系，以支持供应链业务流程而进行的一组活动。进行供应链组织设计相当于确定供应链基调，其他基本业务都要以此为准进行相应的决策。（2）供应链设施选址指运用科学的方法确定设施的数量、地理位置、规模，并分配各设施所服务市场（服务对象）的范围，使之与供应链的整体经营运作系统有机结合，以实

---

① 马士华：《论核心企业对供应链战略伙伴关系形成的影响》，《工业工程与管理》2000 年第 1 期，第 24～27 页。

② D. Helleloid, B. Simonin："Organizational Learning and A Firm's Core Competence", In Hamel, Gary, and Heene A（ed.）. *Competence-Based Competition*. New York：John Wiely and Sons，1994，pp. 213～240.

③ 迈克尔·波特：《竞争优势》，陈小悦译，华夏出版社 2005 年版，第 70～110 页。

④ 斯托克等：《基于能力的竞争——公司战略的新规则》，上海远东出版社 1999 年版，第 56～80 页。

现有效、经济的供应链运作。① （3）供应链客户关系管理指为了提高客户满意度，以潜在客户与现有客户为对象而进行的一系列管理和服务。如果将供应链视为一个组织系统，某一供应链的客户指的是该供应链产品的最终客户，而不是供应链内部成员企业间因供需关系而形成的供应链内部客户。（4）供应链库存管理的目的是维持合适的供应链库存，以满足供应链最终产品（服务）市场的需求。供应链库存以原材料、在制品、半成品、成品等形式存在于供应链各个环节。（5）供应链运输管理是一整套的行为，是在可能的最低运输成本与一定的客户服务水平下履行订单，将产品送到供应链最终客户手中的过程。（6）供应链合作关系管理所要研究和解决的是供应链诸多利益相关者的关系问题，其核心是实现供应链利益共享与风险共担。（7）供应链信息流管理涵盖整个供应链中所有的数据采集与分析活动，对整个供应链运作起着引导与优化的作用。

供应链关键业务流程中的各项基本业务是供应链为最终客户创造价值的环节，供应链正是通过比其他供应链更为出色地开展这些重要战略业务来赢得竞争优势的。每条供应链基本业务活动的具体内容与实施效果不同，将产生供应链关键业务流程环节的差异，这些差异决定了供应链执行各项基本业务的能力。

2. 基于流程的供应链核心能力

根据供应链七项基本业务的内在关系，供应链各项基本业务能力可归纳为三大能力，即供应链组织能力、供应链运营能力与供应链整合能力，这三大能力是供应链核心能力的重要组成部分。

（1）供应链组织能力。组织能力指为实现组织目标，提高组织效率，对各种资源和力量进行合理组织与运用的能力。供应链组织能力反映了供应链有效定位、合理配置与组合供应链整体资源，以适应产业发展和市场需求环境变化的能力。供应链组织能力是供应链持续存在、稳健运作的基础和前提。供应链组织能力来自于供应链的组织设计与设施选址水平。

供应链组织能力影响着供应链企业的战略性共识与长期化行为倾向。良好的供应链组织能力表现为：在经营目标与定位既定的情况下，供应链成员配备完整，各司其职；设施布局能够满足供应链以合理成本实现高水平服务的要求，同时设施布局规划具有足够的柔性，能应对经营环境的变化。

（2）供应链运营能力。供应链运营能力能够确保供应链所提供的产品或服务满足特定的质量、成本和客户服务要求，反映了供应链满足客户需求的能力。供应链运营能力使供应链竞争优势通过最终产品（服务）得以体现，是评价供应链竞争力的另外一个重要方面，是供应链实现目标的必要条件。供应链运营能力取

---

① 马士华、林勇：《供应链管理》，机械工业出版社 2005 年版，第 47～48 页。

决于供应链的库存管理与运输管理能力。

供应链运营能力表现为，供应链能以快速、低耗的方式，准确、灵敏、有效地响应市场变动，满足客户需求。供应链运营能力的关键在于，使所有成员企业的库存管理和运输管理过程实现同步运作，最大限度地减少因不协调而导致的停顿、延迟、积压及缺货等问题。

（3）供应链整合能力。供应链整合能力是供应链调动、协调、利用供应链资源，促使供应链整体组织效率得以提高的能力。供应链整合能力反映了供应链处理成员企业关系及解决供应链冲突的水平。供应链整合能力是供应链这种多主体经济系统所必须具备的能力，是供应链实现竞争优势的保障。供应链整合能力体现在供应链客户关系管理、供应链合作关系管理、供应链信息流管理之中。

出色的供应链整合能力建立在以下基础之上：与客户保持良好的沟通，了解客户需求；通过规范的联盟契约保持成员之间健康的合作关系，使之具有良好的前景；在信任与合作的基础上实现供应链信息共享。

3. 供应链竞争力模型

根据供应链核心能力的组成，可以构建供应链竞争力模型，具体如图 2 所示。

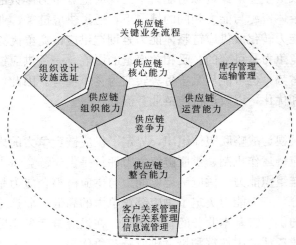

图 2　供应链竞争力模型

该模型用公式表述如下：

SCC（x）＝f（ORCx，OPCx，INCx）

其中，SCC（x）表示供应链 x 的供应链竞争力（Supply Chain Competitivness）；

ORCx 表示供应链 x 的供应链组织能力（Organization Competence of SC），ORCx＝f（or，fa），其中 or 为供应链组织设计水平，fa 为供应链设施选址水平；

OPCx 表示供应链 x 的供应链运营能力（Operations Competence of SC），OPCx＝f（st，tr），其中 st 为供应链库存管理水平，tr 为供应链运输管理水平；

INCx 表示供应链 x 的供应链整合能力（Integration Competence of SC），INCx＝f（cu，co，in），其中 cu 为供应链客户关系管理水平，co 为供应链合作关系管理水平，in 为供应链信息流管理水平。

根据模型的逻辑关系，对供应链竞争力与三大能力之间的关系进一步解释如下：

（1）供应链竞争力由供应链组织能力、供应链运营能力与供应链整合能力三种能力决定，三大能力缺一不可，任何一项能力的欠缺都会导致供应链竞争力的降低。

（2）供应链组织能力、供应链运营能力与供应链整合能力不是单一的能力，每项能力都是一个函数，函数变量是与之相关的供应链基本业务管理水平，因此尽管不同供应链有可能在某项能力上取值一样，但其来源和结构却并不相同。供应链业务流程中的每一项基本业务管理水平都会对供应链竞争力产生影响，供应链竞争优势需要从每一项基本业务活动中挖掘和培育。

（3）供应链成员企业个体资源与能力不是供应链竞争力函数的自变量。这表明，在成员企业个体资源与能力相同的情况下，通过供应链关键业务流程将分散的供应链资源与能力转化成供应链整体能力是创造供应链竞争优势的核心所在。

（4）供应链竞争力是可变的。受相关变量的影响，一条供应链有可能从竞争优势转变为竞争劣势，也可能从竞争劣势转变为竞争优势。因此，必须不断地对供应链进行协调和优化，以改进供应链业务流程。

五、结语

本文将供应链视为战略联盟体组织，界定了供应链竞争力的内涵。提出供应链核心能力、供应链运作机制、供应链竞争力评价是供应链竞争力形成过程中的三大力量。供应链组织能力、供应链运营能力与供应链整合能力是供应链核心能力的三大组成部分，三大能力决定了供应链竞争力的高低，而这三大能力的高低取决于与之相关的供应链基本业务的管理水平。在供应链竞争实践中，企业要从每项供应链基本业务活动中挖掘和培育供应链竞争优势。

（作者单位：北京交通大学经济管理学院。原文载于《中国流通经济》2009年第 3 期，被《人大复印报刊资料·物流管理》2009 年第 6 期全文转载）

供应链管理的经济学分析

周垂日

供应链（Supply Chain）是美国管理学会于 20 世纪 80 年代后期，因全球制造业的发展和社会生产极大复杂化的需要，从生产实践中抽象出来并提炼而成的一种新型的生产组织管理模式。供应链最初是指产品生产的最终完成需要经过许多个厂家进行原材料提供、产品生产和商品销售而形成的一个链状的供需过程。随着对供应链研究的逐步深入和不断实践，供应链的核心思想也随之发展。供应链生产组织模式可以理解为：在保持一种稳定而有活力的供需关系的同时，各个企业实现优势互补、互利合作，充分利用现代各种先进的管理科学技术实现企业集成，联手面对竞争并合理利用资源（人力资源和自然资源），实现物流优化和成本优化，尽可能获得更多的利润。

近年来，国内外的学者对供应链管理的理论、方法和实践做了多方面的研究，主要是针对供应链管理系统的开发模型、基本功能和关键技术的研究，代表性的有：集成供应链、敏捷供应链、基于产品的供应链、供应链伙伴选择、供应链库存技术、供应链信息支持技术、供应链的合作计划等。这些研究主要是从技术的角度，即如何提高效率的角度研究供应链管理。供应链管理既是一种技术，更是一种战略。企业为什么要采取供应链管理战略呢？本文着重从经济学的角度分析供应链管理战略的经济学基础。

一、交易成本经济学

交易成本经济学认为，经济行为者都是机会主义者，战略供应关系等中间治理结构形式得到诸如抵押和其他经济投入等经济武器的支持，这一经济投入创造了一个"锁定"环境，而后者反过来促成了确保合作持续性和相互容忍的行为。

交易成本经济学认为，企业间实现纵向联合的基本原因是为了节约现有的和潜在的交易费用，最有力的解释是威廉姆森的资产专用性理论。威廉姆森认为影响交易费用和交易种类的因素有三个维度：交易发生频率、不确定性和资产专用性（见表 1）。一般来说，多次发生的交易，较之一次发生的交易，更需要经济组织保障；不确定性的存在，使得应变的连续性决策更有重要的意义；当资产专用性程度加深时，出于追加契约保障的需要，纵向联合就会出现。

表 交易种类与相应的规制结构

		投资特点		
		非专用性	混合	特质
频率	数次	市场规制	三方规制（新古典缔约活动）	
	经常	古典缔约活动	双边规制	统一规制

　　威廉姆森认为，纵向联合的关键因素是资产的专用性，资产的专用性越强，资产可适应的范围越狭窄，当产品市场和原料市场出现问题时，企业遇到的麻烦就越大。专用性资产通过破坏寻求替代用途或切断组织间关系而使合作伙伴相互配合，一个组织可能因在关系中贡献更多资产而被锁定。这些特异性投资随转换而失去价值，因此交易伙伴可能致力于现有关系的成功，从而防止在利己的经济主体之间产生脱离、退出交易的行为。专用性资产把企业捆绑到了特定的交易关系中，即使这一关系不再使合作伙伴满意，这些资产也难转移到其他的行动中去，如果关系中的投入基于契约专用性或其他经济强制因素，退出合作关系就比较困难。资产的专用性越高，退出的成本就越大。

　　资产的专用性有多种类型，一是资本设备本身的专用性，由技术决定；二是因地理位置等自然条件形成的专用性；三是特殊人力资本的专用性。这几种资产的专用性都会促使企业之间纵向联合，资产专用性越强，纵向联合越容易发展。

　　在经济日益发展的今天，经济分工越来越细，专业性越来越强，产品市场的细分使得资产的专用性也越来越强。为了节省交易成本，企业间纵向联合及供应链的管理也越来越迫切。

二、博弈论

　　博弈论认为，企业之间的交易是一种博弈，而且是一种重复动态的博弈，在不完全信息下，有可能形成一种均衡，交易双方谁也没有打破这种均衡的动机。为了理解供应链中企业之间的博弈机制，让我们构造一个简单的博弈模型。

　　假定有两个企业，企业 A 和企业 B，博弈有两个阶段。在博弈的第一阶段，企业 A 可以选择与企业 B 合作，也可以选择不与企业 B 合作。如果企业 A 选择不合作，则交易过程结束，双方各得 0 单位的收入；如果企业 A 选择合作，则博弈进入第二个阶段，企业 B 决策。企业 B 可以选择履约守信，也可以选择不遵守合同。如果企业 B 选择履约，双方各得 5 个单位的收入；如果企业 B 不履约，则企业 A 得 -2 个单位的收入，企业 B 得 8 个单位的收入。博弈树如图 1 所示，图中第一个数字代表企业 A 的收入，第二个数字代表企业 B 的收入。

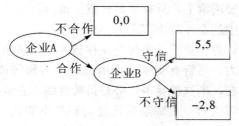

图　博弈树

假定交易只进行一次，可以用逆向推理的部分求这个博弈的纳什均衡。企业A选择合作的时候，企业B该如何选择呢？选择守信，得到5个单位的收入，选择不守信，得到8个单位的收入，所以理性的企业B的最优选择是不守信。回到博弈的第一个阶段，如果企业A有理性预期，知道企业B会选择不守信，企业A选择不合作得0个单位的收入，选择合作得−2个单位的收入，所以企业A的最优选择是不合作。纳什均衡是：A选择不合作，B选择不守信。这是一个令人沮丧的结果，陷入了囚徒困境，个体的理性导致了集体的非理性。

解决问题的一个办法是双方签订一个合同，规定：如果B不守信，将赔偿A企业5个单位的收入。如果合同是完备的，且企业B的不守合同的行为能在法庭上被证明，则企业B的最优选择是遵守合同，企业A预期合同能被执行，A将选择与B合作。但这样的合同可能是不可行的，或事前不可能签订一个完备的合同，如果企业A预期合同得不到执行，其最优选择仍然是不合作。

但是，即使正式的合同不可行，如果双方有机会长期博弈，合作仍然可以通过信誉机制实现。假定在每一次博弈结束前，双方都预期有δ的可能性进行下一次交易，并且每次博弈的结构相同。考虑企业A采取"触发战略"：我首先选择与你合作，如果你守信，我将与你继续合作；一旦你不守信，我将永远不与你合作。给定企业A的上述战略，企业B应该如何采取行动？如果B选择不守信，得8个单位的收入，以后的预期收入为0，总期望收入为8个单位。如果选择守信，将得到收入5个单位，有δ的机会下一期得到5个单位，有δ^2的机会在下下一期得5个单位，如此下去，总的期望收入为：

$5+5\delta+5\delta^2+5\delta^3+\cdots=5/(1-\delta)$，只需$5/(1-\delta)\geqslant8$，即$\delta\geqslant0.375$，守信就是B的最优选择。假定交易继续的概率$\delta\geqslant0.375$，企业A的"触发战略"是最优的，合作关系可以长期建立。这是重复博弈创造的信誉机制。

供应链中的双方如果有继续博弈的机会，则合作是最优的。合作可以使长期利益继续下去，这是供应链合作关系长期维持的基础。

三、企业资源经济学

实行供应链管理的企业处于供应网链中，专注于核心业务，把其他没有竞争力或没有规模经济的业务实行外包，提高企业的核心竞争力。核心竞争力在企业创造价值和企业的发展决策上，具有举足轻重的地位。增强和发展企业的核心竞争力是处于供应网链中的企业的生存之道。

企业资源经济学认为，竞争优势为企业在行业中业绩出众的能力，即赚取比同行更高利润率的能力。尽管有竞争者或潜在进入者模仿或减少它的竞争优势，而企业的优势仍然存在，则这种竞争优势是持续性的。企业竞争优势获得的基础是更优越的资源和组织能力。资源是其他公司轻易不能获得的公司专用性资产，包括专利和商标、品牌的声誉、顾客基数、组织文化和拥有公司专业技术或诀窍的工人。这些资源不同于生产的非专用性资产或生产要素，它们在功能完善的市场上不易被其他公司模仿或获取。资源能直接影响公司创造多于竞争对手的价值的能力。

企业资源经济学认为，要保持持续竞争优势，所在的市场在企业的资源和能力方面必须具有持续不对称的特点。资源的异质性是核心竞争力的基础。如果市场中所有企业的资源都无差异的话，则市场中所有的企业都没有能够创造额外价值的能力。要持续获利，企业的竞争优势必须以稀有或难以流动的资源和能力作为基础。

供应链管理在现代化的企业中越来越显现出它的重要地位，供应链管理不仅是一种技术，可以提高效率，增强企业的获利能力和核心竞争力；更是一种战略，从战略的高度把握供应链管理，可以对企业进行与供应链相适应的改造。而这种战略的经济基础可以从交易成本经济学、博弈论、企业资源经济学得到诠释。

（作者单位：中国科技大学商学院。原文载于《中国流通经济》2002 年第 6 期，被《人大复印报刊资料·商业经济》2003 年第 3 期全文转载）

我国绿色供应链管理体系的现状及发展策略

梁凤霞

一、可持续发展与绿色供应链管理体系的提出

工业革命以来，产生了一系列环境问题。为更好地思考和解决人类发展与环境、资源、人口的相融性问题，联合国世界环境与发展委员会（WCED）1987年4月27日发表了一份题为《我们共同的未来》的报告，提出了"可持续发展"的战略思想，确定了"可持续发展"的理念。所谓可持续发展就是"既满足当代人的需要，又不对后代人满足其需要能力构成危害的发展"。① 以此为标志，可持续发展在全球范围内广泛地为国际社会所接受。1992年召开的联合国环境与发展大会第一次把"可持续发展"从理论推向行动，可持续发展成为全世界的共同目标。

绿色供应链在这种背景下应运而生，是一种在整个供应链内综合考虑环境影响和资源效率的现代管理模式，以绿色制造理论和供应链管理技术为基础，涉及供应商、生产厂、销售商和用户，目的是满足更快、更具有柔性、更有效率和更具有社会责任的商业需求，提升企业的整体优势及未来竞争力，使产品从物料获取、加工、包装、仓储、运输、使用到报废处理的整个过程对环境的影响（副作用）最小，资源效率最高，其基本目标是环境保护与资源优化利用。因此，研究绿色供应链管理将绿色设计、绿色机械制造工艺、绿色评价方法和决策技术相结合是一个全新的研究领域，对提高产品的国际竞争力、保护环境和实施可持续发展战略具有十分重要的意义。

二、绿色供应链管理体系的研究现状与战略意义

人类物质文明发展中资源使用量的急剧增加，已造成了对资源的破坏及绿色平衡的失调。因此，进入20世纪90年代后，大多数国家相应地调整了自己的发展战略。全球性的产业结构呈现出绿色战略趋势，绿色工艺、绿色产品、绿色产业不断出现。

由于一个产品从原材料开采到最终消费，其间要经历很多生产和流通环节。因而，绿色战略就不仅是某个工艺、某个产品、某个企业所能解决的问题，它涉及整个供应链中所有企业的各项活动。传统的供应链管理仅仅是基于供应链上企

---

① 王能明、孙林岩、汪应洛：《绿色供应链管理》，清华大学出版社2005年版，第164～165页。

业利益最大化的管理，虽然也涉及原材料、能源的节约，但这只是考虑到企业的成本和企业内部环境的改善，并没有充分考虑在制造和使用过程中所选择的方案对周围环境和人员所产生的影响，没有考虑产品的废弃物和排放物如何处理、回收与再利用等。

早在 2001 年我国加入 WTO 之前，中国物品编码中心为了解全国企业供应链管理整体水平，对我国企业的供应链管理相关情况作了问卷调查，2004 年 2 月中国物流与采购联合会对我国制造企业的供应链管理情况又作了问卷调查。[①] 结果表明：(1) 我国企业界还没有形成真正意义上的供应链。(2) 我国企业关于供应链管理的计算机软件应用普及率较低。(3) 我国第三方物流服务商的服务水平较低等。

对供应链理论的认知、信息网络技术的应用、第三方物流的发展正是构建绿色供应链管理体系的基础和重要策略。因此，绿色供应链管理在我国的发展也受到了以上三方面问题的制约，下面简要介绍绿色供应链管理在我国企业的发展情况。

与"供应链管理"相比，我国企业对"绿色供应链管理"的概念和理论更为陌生，无论是理论还是实践，都处于刚起步阶段。与西方一些发达国家相比，我国企业绿色管理意识相对淡薄，供应链上各种物流活动引起的环境污染十分严重。以包装物回收率为例，我国就存在很大差距：纸包装回收率，美国为47.8%，日本为 37.1%，我国为 20.4%；玻璃包装回收率，西欧国家平均为30.5%，日本为 49%，我国为 20%；对塑料包装，西方国家主要采用回收利用、焚烧和深埋处理三种方式，达到 100% 的回收。其中，西欧国家平均回收利用率为 15%，焚烧率 30%，深埋率 55%；日本回收利用率 5%，焚烧率 70%，深埋率 25%；美国回收利用率为 10%，焚烧率 5%，深埋率 85%；我国对于塑料包装的回收率仅为 10%。[②] 联合国统计署的几组数字也是触目惊心：(1) 1999 年全球绿色消费总量达 300 亿美元，有 80% 的荷兰人、90% 的德国人、89% 的美国人进行绿色消费，我国绿色产品和绿色消费起源于 20 世纪 90 年代初，到 90 年代末，绿色产品消费额仅 400 亿元人民币。(2) 我国人口总量占世界人口的21%，人均水资源拥有量只是世界水平的 1/4，45 种主要矿产资源人均占有量不足世界人均水平的 1/2。(3) 我国单位 GDP 所消耗的能量是日本的 7.02 倍、美国的 3.52 倍、德国的 5.62 倍，单位 GDP 的金属消耗量是世界平均水平的 2～4倍。同时，与发达国家相比，我国每增加单位 GDP，废水排放量要高出 4 倍，

① NAGEL M H.："Environmental Supply Chain Management Versus Green Procurement in the Scope of Business and Leadership Perspectiv"，in the *Electronics and the Environment*，No. 3 (2001)，pp. 219～224.

② GILBERT S.："Greening Supply Chain：Enhancing Competitiveness through Green Productivity"，Taiwan：Asian Productivity Organization，2001，p. 36.

单位工业产值产生的固体废弃物要高出 10 倍以上。[①]

三、制约绿色供应链管理体系发展的因素

1. 企业内部的制约因素

（1）成本和收益的困扰。企业实施绿色供应链管理投入的成本主要包括人力成本、资产成本、信息成本以及物流成本，并且供应链上其他成员企业也必须为实现绿色供应链付出一定的成本。这些成本的投入是否能为企业带来预期的收益，是很多企业首先要考虑的问题。

（2）供应链其他成员企业关系的维持与环境管理的冲突。与一般供应链管理相比，由于在绿色供应链管理中引入了环境管理，所以绿色供应链企业之间对信息集成与共享的要求进一步提高，如原材料产地、供应商信息、产品成分等重要商业信息都将为供应链上成员企业所共享。因此，企业必须考虑道德风险和企业安全。如何使供应链上的各企业以有效的方式共享环境信息是必须解决的问题。

由于以上两方面的原因，再加上对于绿色供应链管理概念和理论的不熟悉，多数企业在确立企业战略时忽视了绿色管理这一指导思想。

2. 企业外部的制约因素

（1）供应链实施绿色管理思想没有得到普及。从政府部门看，大多数政府部门仅关注供应链末端环境治理工作，不能积极引导企业实施绿色供应链管理。从企业经营者看，由于缺乏相关法规和跟踪监督管理，企业环境污染引起的经济成本远小于实施绿色管理引起的管理成本，因此阻碍了企业开展绿色供应链管理。从消费者看，消费者片面追求产品是否绿色、是否安全，而对于企业供应链的物流环节是否绿色并没有足够的重视，因此不能给予企业足够的压力和动力去改变供应链上存在的环境问题。

（2）我国在物流方面法律制度不完善。企业物流活动引起的环境污染形成了巨大的社会成本，而相关法律、法规应促使这些成本内部化，从而推动企业采取环保措施。如美国佛罗里达州推行的《废弃物处理预收费法》规定，只要达到一定的包装物回收利用水平，包装容器生产厂商即可申请免除废弃物税收，鼓励企业对包装物回收利用。相比之下，目前我国情况不理想，很多重要的法律、法规仍然缺失，相当一部分法律、法规执行不力。如沱江污染事故造成的损失数以亿计，对肇事企业的罚款只有 100 万元。刑法虽规定了重大环境污染事故罪，但全国因污染环境被追究刑事责任者寥寥无几，从而带来的后果是违法成本低、守法成本高。[②]

3. 我国暂时没有形成成熟的物流标准

目前我国各地区各部门都有自己的标准，有些方面虽然有国家标准，但由于

---

① 但斌、刘飞：《绿色供应链及其体系结构研究》，《中国机械工程》2000 年第 11 期，第 32～34 页。

② 张太海：《绿色经营：发展循环经济的战略选择》，《改革与战略》2005 年第 5 期，第 29 页。

缺乏有效的监督管理而没有得以普及应用。我国对于物流活动环保方面的标准就更为缺乏，致使我国企业至今没能形成绿色管理的观念。我国自 1998 年导入 ISO14000 环境管理体系系列标准认证制度后，只有近百家企业通过了环境管理体系认证。而对于该系列标准的实施，与西方一些发达国家相比，我们也存在较大的距离。

四、绿色供应链管理的评价方法

1. 绿色供应链管理的绿色度

目前"绿色"这个概念应用很广，如绿色设计、绿色制造、绿色供应链等。"绿色"被认为是一个显而易见的概念，至今没有一个明确的定义。综合国内外的研究，我们认为"绿色"是一个与环境影响紧密相关的概念，是一个相对的概念。如本文绿色供应链的评价，通常是以相关的环境标准和法规为基准，当对环境的影响符合标准时，即认为是绿色的。绿色供应链管理的绿色度可定义为绿色的程度或对环境的友好程度。对环境影响程度进行量化，负面环境影响越大则绿色度越小，反之则越大。

绿色供应链是以传统的供应链为基础，并结合制造技术、控制技术和网络技术等新的应用技术，其目标是对资源的合理利用、降低成本和减少对环境造成的污染。为了实现上述目标，通常采用开发新型供应过程、优化或改进传统的供应过程这两个方面来实现绿色供应链管理。

2. 绿色供应链管理的评价体系

绿色供应链管理的评价不仅是一个环境效益显著的行为，也是供应商取得显著社会效益的有效手段。实施绿色供应链过程环境评价，可最大限度地提高资源利用率，减少资源消耗，降低制造成本；同时，减少或消除环境污染，减少或避免因环境问题引起的罚款，降低不必要的开支。因此，绿色供应链的环境评价是一种战略经营决策，使制造者无论从经济社会方面，还是从环境方面都受益很大。

应根据上述供应链管理体系的研究内容，建立绿色供应链管理的评价体系。绿色设计评价主要是对标准化设计、模块化设计、可拆卸设计和可回收设计进行评价，绿色材料评价主要是对绿色材料的加工属性、环境属性和经济性进行评价，绿色供应评价主要是对供应商和物流进行评价，绿色制造评价主要是对工艺设计、资源、生产设备和环境保护进行评价，绿色流通评价主要是对销售、包装、运输和使用进行评价，产品废弃阶段主要是对回收再用、循环再用和废弃物的处理进行评价。

3. 绿色供应链管理的评价方法

产品供应链绿色性的综合评价实际上是解决评价对象多因子模式识别和排序

问题。由于以上方法在建立环境系统评价指标上带有很大的主观性，如液体污染、噪声污染和清洁程度等很难定量估计，在决策中，只能借助专家的意见。而层次分析法（AHP）是一种既有坚实的理论背景，又能客观反映专家和决策者主观意见的简单、合理、可靠的数学结构方法。

在现实世界中，人们对事物的推理、判断、预测和决策等智力行为通常都是在问题领域的信息不完全、不确定、不精确或模糊的条件下进行的，其推理是根据所获得的信息通过数据分析，从而产生合理的决策规则而形成有用知识的过程。[①] 粗集理论（Rough Set）是由波兰科学家帕拉克（Z.Pawlak）教授提出来的对不完整数据进行分析、推理、学习、发现的新方法。目前已成为人工智能领域中的一个较新的学术热点，引起了越来越多的科研人员的关注。

产品供应链绿色性的决策涉及技术、经济、企业素质、企业实力、环境和产品特点等诸多因素，是一个多目标、多属性的复杂决策问题，其绿色性决策正确与否直接关系着供应链过程中的环境问题。

绿色供应链管理采用上述理论，把 AHP 法、粗集理论和理想解排序法相结合，求得环境综合评价的最优解。

五、实现绿色供应链管理的基本途径

1. 健全企业内部环境

（1）绿色供应链管理的实施取决于企业领导人的决断力和创新力，而目前大多数企业领导人对其概念和原理并不了解，因此，要强化企业领导和员工的环境意识，企业高层领导要转变观念，把经济目标、环境目标和社会目标同供应链联系在一起，把公司利益和环境利益放在一起考虑，根据绿色供应链的目标，从组织结构到业务流程多方面进行创新，多方协作，降低成本，把环境效益与经济效益结合起来，有利于企业长期良性发展。

（2）企业管理人员要研究国内外相关理论和学习其他企业成功经验。通过学习和培训，提高企业各个层次员工的环境认识。尽管一些具体的行业案例处于特定的行业，具有自身特点，但是就每个成功企业所实施的绿色供应链管理本身来说，一些具有普遍性的策略和措施非常值得我们借鉴。如欧盟于 2005 年和 2006 年分别实施的环境保护专题（WEEE）和欧洲议会指令（ROHS）。

（3）企业应该积极申请 ISO14000 环境管理体系系列标准认证，规范自身物流活动，同时有助于我国企业冲破绿色壁垒，开拓国际市场，加强企业内部管理，重新思考、设计和改变在旧环境下形成的按职能部门进行运作和考核的机制，有效地建立跨越职能部门的业务流程，减少生产过程中的资源浪费，节约能

---

① 司林胜：《对我国消费者绿色消费观念和行为的实证研究》，《消费经济》2002 年第 5 期，第 39～42 页。

源和减少污染，增强企业在国际市场的竞争力，降低外国绿色壁垒带来的风险，实现企业的可持续发展。

（4）企业应该积极应用电子信息技术，重视系统升级，构筑和不断完善物流信息平台，形成实施绿色供应链管理的技术支撑。

（5）企业应该积极开展物流外包业务，应用第三方物流服务，并与之建立长期的战略伙伴关系，整合优化供应链，作好实施绿色供应链管理的基础工作。① 实施绿色采购，根据企业的需求采购原材料和零部件，减少原材料和零部件的库存量。对有害材料尽量寻找替代物，对企业多余的设备和原材料要充分利用。

（6）企业应主动与供应商及其合作伙伴在环保方面进行经常性的合作与交流，优化整体资源配置和环境效益，结成绿色供应链战略伙伴。通过项目合作、利益共享、合同约束、培训支持等活动，增进绿色供应链中相关企业之间的理解与合作。

2. 完善企业外部环境

（1）加强政府的引导，进一步健全法律法规。政府为了发挥促进循环经济发展的政策导向作用，对开展循环经济的企业可以给予财政补贴。对促进循环经济发展的基础性、公益性、战略性的产业予以投资倾斜。政府应增加投入，促进有利于循环经济发展的配套公共设施建设，如借鉴国际经验，对企业生产经营过程中使用的无污染或减少污染的机器设备实行加速折旧制度，对循环经济产业提供优惠贷款。② 同时要做好宣传，针对不同的对象，采取不同的方式进行教育培训。提高广大群众和企业对环保、绿色市场营销理念、绿色消费与可持续发展的认识，转变消费者的消费观念，强化绿色消费的内在驱动，动员全社会的力量来促进企业增强环保意识，监督企业绿色制造。

（2）调整税制结构，完善税收体系。现有税收体系应该规定不同的税额，鼓励节约资源，减少消耗。借鉴国际经验，开征环境保护税，本着"谁污染谁缴税"的原则，将现行的排污、水污染、大气污染、工业废弃物、城市生活废弃物、噪音等收费制度改为征收环境保护税，确定独立的环境保护税种。政府可制定相关的采购政策来促使市场鼓励再循环利用，通过税收杠杆，实施税收激励机制，鼓励循环经济产业，加快绿色供应链的企业发展。

（3）排污收费定价，提高废弃物排放成本。使排放污染的外部成本内部化，把循环利用废弃物转变为企业降低环境使用成本的一个经济途径，激励企业发展循环经济，以最容易回收处理和循环利用的方式设计和生产产品，从源头预防污染产生。

---

① 郑迎飞、周欣华、赵旭：《国外企业供应链管理及其对我国的启发》，《外国经济与管理》2001 年第 12 期，第 30～34 页。

② 武春友、朱庆华、耿勇：《供应链管理与企业可持续发展》，《中国软科学》2001 年第 3 期，第 66～70 页。

按照"污染者付费，再利用者可偿，开发者保护，破坏者恢复"① 原则，推进生态环境的有偿使用制度。我国还应该大力推进环境标志制度，鼓励绿色消费，实施环境标志制度的基本目的是引导消费者在购买时更多考虑获得标志的产品，有利于提高消费者的环境保护意识，也可促使制造商生产更多有益于环境的绿色产品。

（4）加强对供应商的环境管理。绿色供应过程对供应商提出了更高的要求。首先，要根据制造商本身的资源与能力、战略目标对评价指标加以适当调整，设置的指标要能够充分反映制造商的战略意图。其次，强调供应商与制造商在企业文化和经营理念上对环境保护的认同，这是实现供应链成员间战略伙伴关系形成的基础。② 最后使供应链成员具有可持续的竞争力与创新能力，在供应商之间具有可比性，这样有利于在多个潜在的供应商之间择优比较。

（5）加强用户环境保护意识。要从我国人均资源占有水平低、资源负荷重、压力大的角度出发，充分认识绿色消费对可持续发展的重要性。发展绿色消费可从消费终端减少消费行为对环境的破坏，遏制生产者粗放式的经营，从而有利于实现我国社会经济可持续发展目标。同时，发展绿色消费不仅可从优质无污染的消费对象来改善人们的消费质量和身体健康，而且在消费过程中通过观念的转化、行为的转变，提高广大群众对环保、绿色消费与可持续发展的认识。

由此可见，绿色供应链管理是个系统工程，用循环经济与可持续发展思想指导绿色供应链模式的构建，并且对绿色供应链闭环的每一个环节给予精心制定和计划，以达到社会、生态、经济综合效益的系统优化，实现绿色采购、生态设计、绿色制造、绿色营销、绿色消费、废弃物利用与循环等多个环节的支持，推进全球资源、环境和社会的可持续发展。

（作者单位：哈尔滨理工大学管理学院。原文载于《中国流通经济》2009 年第5 期，被《人大复印报刊资料·特区经济与港澳台经济》2009 年第 8 期全文转载）

---

① 元娜：《循环经济发展的税收对策》，《北方经贸》2008 年第 7 期，第 103 页。
② 钱易：《循环经济开拓可持续发展之路》，《经济日报》2007 年 1 月 15 日第 11 版。

我国石油供应链成本构成与管理问题研究

崔树杰　张文杰　李　莉

一、引言

石油是国家重要的战略储备资源，石油产业的发展不仅关系到国计民生，而且还关系到军事、外交等相关领域，因此石油供应链的运作向来受到各国政府的严格监控。1998 年我国石油产业战略调整，将大量资源分散的中小石油企业合并，组建了中国石化、中国石油和中国海洋石油三大集团公司，并形成了以三大集团为核心的石油供应链体系，使我国石油产业的国际竞争力大幅提高。然而，三大集团组建后规模过于庞大，加之各集团都是由各地"大而全，小而全"的中小石油公司组建而来，一方面机构臃肿、重复建设问题严重，组织效率低下；另一方面，三大集团跨地区经营，受各地方政府"政治锦标赛"①的影响，子公司经营目标仍不完全一致。上述原因导致我国的石油公司经营规模虽扩大了，但成本却没得到有效管理，竞争力没能同步提高。由此可见，只有将我国石油产业获取利益的方式由行业垄断转为成本管理，才能使其真正获得国际竞争力。

本文从构建石油供应链成本结构模型入手，对成本具体构成进行深入分析，找出我国石油供应链在成本管理中存在的问题，并提出成本管理建议。本文的主要贡献在于：第一，构建了石油供应链成本构成模型，从生产、关系、成本三个维度对石油产业的供应链成本构成进行分析，并拓宽了成本分析的视角。第二，将政治因素引入对石油供应链成本构成和管理问题的研究中，从中央政府、地方政府两个方面分析政府对石油供应链成本的影响。第三，具体分析了石油供应链内各类成本的构成，找出成本管理中存在的问题，并对如何管理成本提出建议。

二、相关理论回顾

1. 供应链成本相关理论回顾

在供应链成本管理研究方面，希尔英（Stefan Seuring）在 1999 年阐述供应链成本构成时，将供应链成本划分为直接成本、作业成本和交易成本三个层次，认为直接成本是由生产每单位产品所引起的成本；作业成本是由那些与产品没有直接联系，但与产品的生产和交付相关的管理活动所引起的成

---

① 周黎安：《中国地方官员的晋升锦标赛模式研究》，《经济研究》2007 年第 7 期，第 36～50 页。

本；交易成本是处理供应商和客户信息及沟通所产生的所有成本。其后，库佩尔（Cooper）和史莱格穆勒（Slagmulder）将关系维度引入供应链管理中，认为供应链的管理不应局限于对生产维度的考察，供应链上下游企业关系的牢固性和稳定性对维持供应链契约的达成与执行起着重要作用。希尔英在2004年又将其三层次成本模型加入产品—关系二维分析框架中，形成了供应链成本三维分析模型。

2. 石油供应链研究相关理论回顾

自斯太尔（Stear）以一家石油企业为例对其供应链进行研究以来，国内外多位学者对石油供应链的结构、分销、网络优化、价格、政治影响等问题进行研究。昆塔纳（Escudero Quintana）和萨尔莫荣（Salmeron）提出了线性模型处理石油公司的供应、运输和配送问题。内蓉（Neiro）和品托（Pinto）论述了石油供应链建模的一般框架，并为石油供应链建立了一个综合的模型。奥夫曼（Al—Othman）将不确定性引入到市场需求和价格中，建立了一个由原油、精炼、石化、下游化工组成的四个部门的供应链网络来说明上述模型。

我国学者认为我国石油供应链具有五大特点 一是政府对主要石油产品实行统购统销，且具有定价权；二是原油勘探和开发具有跨疆域、跨国界的特点，原油国际贸易往往需要政府的出面干预；[①] 三是我国石油行业的政府管理职能存在分散和交叉，各地方政府对三大集团在各地方的子公司运营直接干预；[②]四是由三大集团垄断的石油供应链看似简单实则复杂，集团内各子公司"形不散神散"，[③]既包括企业间的独立法人关系，又有企业内的隶属关系，还包括系统内的关联关系；五是石油供应链信息化程度较差，ERP等先进信息技术未在石油供应链中得到有效应用。[④] 这要求我们在分析石油供应链的成本构成和管理问题时必须将我国现存的制度性因素考虑在内，这样才能使研究更符合我国现状。

三、我国石油供应链成本构成模型与成本构成分析

1. 我国石油供应链成本构成模型构建

石油产业的价值增值链包括石油勘探、原油开发、石油运输、炼油与化工、化工产品分销到最终客户六个过程，[⑤] 可按其生产特点将生产链条简化为油气阶

---

① 赵凯、王锐兵、王道平：《我国石油企业供应链管理模型的构建研究》，《技术经济与管理研究》2007年第4期，第68~69页。

② 丁涛：《论我国石油行业供应链管理的优化》，《石油大学学报》（社会科学版）2005年第6期，第4~7页。

③ 褚瀛：《优化我国石油行业供应链管理》，《哈尔滨商业大学学报》（社会科学版）2008年第6期，第56~58页。

④ 李成标、吴先金：《我国石油行业供应链管理初探》，《物流技术》2004年第1期，第52~54页。

⑤ 李成标、吴先金：《我国石油行业供应链管理初探》，《物流技术》2004年第1期，第52~54页。

段、炼油与化工阶段、产品分销阶段三大阶段。前面对我国石油供应链的特点分析表明，集团总部、地方政府和中央政府都不同程度地对我国石油供应链的组建和运营产生影响，将上述因素引入希尔英 2004 年提出的供应链成本管理模型中，就得到了本文的我国石油供应链成本构成模型。我国石油供应链的总成本由油气阶段成本、炼油化工阶段成本和产品分销阶段成本组成；每个阶段的成本又可分为直接成本、作业成本、交易成本三个成分，在我国现有的制度背景下每个成本成分的数额又都会受到中央政府、地方政府和集团总部行为的影响，这样就形成了三个维度相互交叉，共同决定我国石油供应链总成本的模式，如下述公式所示，并见图1。

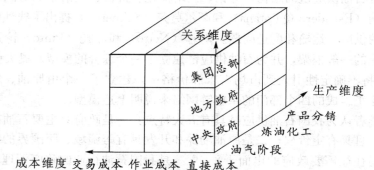

图1　中国石油供应链成本构成模型

（1）生产—成本维度下的石油供应链成本

成本＝C 油气阶段＋C 炼油化工阶段＋C 分销阶段

其中：

C 油气阶段＝油气阶段直接成本＋油气阶段作业成本＋油气阶段交易成本

C 炼油化工阶段＝炼油化工阶段直接成本＋炼油化工阶段作业成本＋炼油化工阶段交易成本

C 分销阶段＝分销阶段直接成本＋分销阶段作业成本＋分销阶段交易成本

（2）生产—成本—关系维度下的石油供应链总成本

成本＝C 油气阶段（R）＋C 炼油化工阶段（R）＋C 分销阶段（R）

其中 C（R）中的 R 表示在关系维度下中央政府、地方政府和集团总部对石油供应链各成本成分的影响强度，C（R）为在这种影响下石油供应链生产各阶段的成本，该成本受 R 值变动的影响。

2. 我国石油供应链成本构成分析

（1）生产—成本二维度下成本构成分析

具体说来，基于生产—成本二维视角，我国石油供应链所涉及的主要成本成分如表1所示。

表 1 我国石油供应链生产—成本二维视角下的成本成分分布

成本维度 ＼ 生产维度	油气阶段	橡油化工阶段	分销阶段
直接成本	1. 用于油气勘探、开发、开采的主要设备成本 2. 油气勘探、开发、开采直接人力成本 3. 油田获取的土地成本 4. 油气开采主要物料成本等	1. 橡化过程中主要设备成本 2. 购买原油成本 3. 橡化过程中直接人力成本等	1. 设置配送中心的成本 2. 配送中心运营的直接人力、设备支出成本
作业成本	1. 勘探、开发、开采过程辅助人力成本 2. 勘探、开发、开采辅助设备成本 3. 次级材料成本 4. 能源成本 5. 设备维护成本等	1. 原油运输成本 2. 原油存储成本 3. 橡化过程中辅助人力成本 4. 橡化过程中辅助材料成本 5. 能源成本 6. 设备维护成本等	1. 石化产品运输成本 2. 石化产品存储成本 3. 产品分销中的辅助人力成本 4. 产品分销中的分类包装、测试成本 5. 能源成本 6. 设备维护成本
交易成本	1. 购买设备过程中的信息收集成本、谈判成本 2. 购买信息的成本等	1. 搜寻、分析原油的价格信息的成本 2. 购买金融产品用以钉住油价的成本 3. 购买过程中的谈判成本、人力支出等	1. 搜寻、分析石化产供求信息的成本 2. 达成销售契约的信息收获、谈判及人力支出成本等

（2）生产—成本—关系三维度下的成本构成分析

我国各级政府都对石油供应链的生产有着巨大影响，公司总部控制着大量的产业资源，但各子公司独立性又相对较强。所以在分析我国的石油供应链时，必须把关系维度加入分析中，即形成基于生产—成本—关系三维视角的我国石油供应链成本构成模型。

在油气生产阶段中油气勘探风险高，成功率低，需要大量资金、设备、人力，一旦探明新油田，收益巨大，不但可收回勘探过程中的成本，而且对国家和社会的发展具有极强的正外部性。因此，在此阶段要靠政府和集团总部的力量，使油气勘探部门和其他生产部门结合成一个整体，构筑稳定的成本分担关系，使油气勘探工作有足够的资源支撑。油田开发需要占用土地，必须从政府的手中获取土地资源，此时政府既作为交易的一方，又作为供应链关系的协调方，其支持可使土地转让协议更容易达成。

在炼油化工阶段，原油购买往往是跨地区、跨国界的，常常需要政府的参与。第一，当前"国家营销"已成为获取战略资源的重要形式，由政府出面谈判，可将国家的信用注入企业信用中，容易使我国企业获得供应稳定和价格公道的原油，降低原油获取成本。第二，我国政府耗费大量人力物力研究国际石油价格的变动趋势，帮助企业获取相关信息，大大降低企业在购买原油过程中的信息收集成本和人力支出。第三，我国主要的跨境原油输入、输出管道建设由政府主导，政府出面担保使这些基础设施建设能获得国家开发银行、进出口银行及各类商业银行的金融支持，使这些工程在较低融资成本下实施。第四，为打破西方国家的技术垄断，我国政府往往出面促成西方国家企业和我国企业间的技术合作与技术转让，降低我国企业在石油炼化过程中的直接成本和作业成本。

在石化产品分销阶段，第一，我国政府和集团总公司合作修建跨地区石化产品运输管道、配送中心。第二，为提高我国石化企业的运行效率，我国政府还会出面干预石化企业的国际合作，如引进壳牌石油一类的战略合作者，通过与国际知名企业的合作，提高我国石化企业运作效率。

四、我国石油供应链成本管理中存在的问题

我国石油供应链的成本结构可从成本、生产、关系三个维度进行分析，从直接成本、作业成本、交易成本三个层面分析石油供应链的成本管理中存在的问题。

1. 直接成本方面

第一，政府追求近期业绩容易诱发企业产生短视行为，导致生产维度的各阶段普遍存在设备技术落后的问题，从而使我国在原油勘探过程中的误判率、干井率较高，原油的开采、运输效率较低，原油炼化的成本费用较高，加大了直接成本。第二，在油气生产阶段，油田土地分配中各级政府利益不一致、多头领导拖慢了油田开发的进度，造成巨大机会成本损失。第三，在炼油化工阶段，我国政府缺乏对原油价格走势的控制权，提高了石化企业购买原油的成本费用。第四，在分销阶段，配送中心布局不合理，加大了石油产品销售的直接成本。

2. 作业成本方面

第一，在炼油化工阶段，原油及石化产品的运输和存储缺乏规划，由于我国各地方政府存在利益的不一致，使石油供应链企业无法综合考虑上述成本，进而导致大量成本浪费现象。第二，在生产维度的各阶段，能源和辅助原料未能得到有效利用。在石油产品的生产中需要催化酶、水等辅助原料的投入，这些原料可以循环利用，对热水的合理利用也可以大大减少能源的耗费。第三，在生产维度各阶段，管理层级复杂，各个子公司都有完备的管理机构和生产辅助人员，机构重复问题严重。

3. 交易成本方面

第一，我国政府大量干预生产各阶段，包括石油供应链企业间及我国石油企业与国外石油企业间的合作，影响企业的交易决策，增加企业间的交易成本。第二，在政府主导形成的大集团控制模式下，集团总部可能无法了解各子公司的具体情况，反而降低了集团内部资源配置效率，加大了内部交易的机会成本。第三，为降低石油供应链生产各阶段的成本，我国政府利用社会资源帮助石油企业收集相关产业信息，但此类信息往往无法直接被企业利用，提高了为扶植石油供应链运营而带来的社会成本。

4. 小结

我国石油供应链的成本管理在直接成本、作业成本和交易成本三个方面都存在问题，在直接成本方面，企业短期内无法进行大规模资产更新，油田开发、技术突破、国际地位的提升也需要政府和企业两方面的长期努力。在交易成本方面，政府在降低企业交易成本方面大多时候发挥的是正面作用，而进一步降低交易成本需要政府和企业长期磨合。因此，当前条件下，最容易管理的是作业成本，企业通过内外部物流管理，引入循环经济理念，调整机构设置等方法能有效降低石油供应链的作业成本，进而降低总成本。

五、我国石油供应链成本管理建议

根据上述对我国石油供应链成本管理面临问题的分析，我们认为可以从以下四个方面降低石油供应链的成本，提高供应链运营效率。

1. 转变政府干预方式

我国政府对石油供应链的干预应由行政干预方式向经济调节方式转变。第一，加强政府各部门间的协调，通过经济手段调节各级政府对石油供应链有影响的部门权力、责任和利益，避免产生因利益纷争而导致多头领导的现象。第二，政府在帮助石油企业引进技术、进口原油、建设基础设施时应使用经济手段，着力为企业营造公平谈判的外部环境。第三，政府应加强对国际原油市场的影响力，以使我国石油企业在进行国际谈判时能处于相对有利的地位。第四，在科研和信息收集方面，政府课题的立项应有企业参与，使研究能真正解决企业面临的实际问题，并向企业收取费用。第五，在促进国内石油企业合作方面，政府应通过经济手段引导石油供应链的达成，也应允许其供应链结构按照市场规律重新配置，以提高产业运行效率，节约社会成本。

2. 加强集团内部整合

我国各石油集团内部需要经历从形式上整合到实质整合的过渡。为能有效降低石油供应链的生产成本，需要各类企业在石油产品的各生产环节紧密配合，减少浪费和重复建设，加强集团对供应链成本的整体控制力。

3. 加强对作业成本的控制

石油供应链的作业成本在总成本中占据重要地位，寻求对作业成本的有效控制是降低石油供应链总成本的有效途径。因此我们建议在石油供应链中推广供应链作业成本控制（ABC）方法，并通过总体规划、结构设计、去除冗余、减少浪费的方法降低作业成本。

4. 引进先进的信息管理系统

石油供应链生产涉及内容多、范围广，操作复杂，对管理的要求非常高，单靠人力很难完成对石油供应链成本的有效管理，特别是在协调订货量和库存、优化配送中心位置及设计输油管道、安排资金与生产相配合等方面，需要计算机信息系统的全面介入。石油供应链通过引入企业资源计划系统（ERP），进而搭建跨企业的信息管理系统（SMIS），能够对供应链进行优化和配置，有效降低供应链总成本。

六、结论

本文将当前制度背景下我国石油供应链的成本特点与希尔英提出的三维供应链成本管理模型相结合，构建了基于成本维度—生产维度——关系维度的我国石油供应链成本构成模型。并在此基础上深入分析了我国石油供应链的成本构成，理清其成本结构，特别是从关系维度分析了我国各级政府和集团总公司对石油供应链成本的影响，指出了我国石油供应链在成本管理中存在的问题，并提出建议。本文认为，我国石油供应链的利润获取方式需要经历从政府保护、行业垄断向成本管理的转变，而成本管理需要政府和企业两方面的共同努力。政府应更多地使用经济手段调节石油供应链运行，从企业需要出发为企业营造有效降低成本的外部环境；企业应加强内部资源整合，避免重复建设，着力降低作业成本，并通过引入 ERP、SMIS 等信息管理系统，提高企业运营效率和供应链成本管理效率。

（作者单位：北京交通大学、南开大学。原文载于《中国流通经济》2010 年第 2 期，被《人大复印报刊资料·物流管理》2010 年第 5 期全文转载）

第五编
企业物流管理

以标准引导物流企业健康发展

戴定一

《物流企业分类与评估指标》国家标准（GB／T 19680－2005）2005 年 3 月 24 日由国家质量监督检验检疫总局和国家标准化管理委员会批准发布，5 月 1 日起实施。标准发布后，在社会上引起了较大反响，物流企业界和学术界有关人士纷纷从不同的角度发表了对该标准的认识、理解与看法。这说明，我国物流标准化以及物流企业的标准化和规范化问题正在日益受到人们的广泛关注。一项普通的推荐性国家标准引起人们如此普遍的重视，对于物流标准化工作来说，无疑具有十分重要的推动意义，这也是标准化工作更加贴近市场、贴近企业和社会需求的明显反映。

全国物流标准化技术委员会是《物流企业分类与评估指标》国家标准的提出和归口单位，并负责组织该标准的全过程起草。起草、制定和实施国家标准是一件十分严肃、十分慎重的事情。这个标准酝酿期长达 3～4 年时间，从 2003 年 10 月份开始起草，到正式公布历时约一年半。其间，先后召开了 5 次标准制定论证会，我国 30 多家大中型物流骨干企业参与了标准的起草，100 多家物流企业参与了标准（草案）的修改，参与论证的我国物流业界的专家、学者前后达 200 人次。在起草标准过程中，自始至终得到了国家标准委、国家发改委、商务部、铁道部、交通部等有关部门的密切关注与支持。

为使全社会对《物流企业分类与评估指标》国家标准有一个全面的认识和理解，加快推进我国物流企业标准化、规范化进程，本文就为什么要制定物流企业分类与评估标准、如何对物流企业进行界定和分类、如何对物流企业进行评估等人们普遍关心的问题作一些必要的说明和阐述。

一、为什么要制定物流企业的分类与评估标准

现代物流在我国的发展开始于改革开放以后，进入本世纪以来，成为经济发展的一个热点，物流企业如雨后春笋般大量涌现，随之也出现了一些亟待解决的问题。

一是盲目发展的倾向比较严重。首先是对物流企业的认识或概念模糊不清。几个人，几辆车就可以登记注册一个物流公司，实际没有物流公司的功能，形成物流企业满天飞的局面。其次是许多传统的交通运输、仓储、商贸企业根据市场需求，向物流企业转型，但对于如何转型，应该具备哪些条件，提供什么样的物

流服务，缺乏清晰的认识。目前，我国到底有多少物流企业，没有统计，物流企业一哄而上，其根本原因是对物流功能、物流企业与物流产业的模糊认识，是物流产业不成熟的表现。

二是物流市场秩序混乱。随着我国国民经济持续、快速、健康发展，全社会的物流需求增长势头旺盛。但是，在物流市场上，无物流企业功能的物流企业与有经营规模、有良好信誉的物流企业同时并存，出现了鱼龙混杂的局面，都叫物流公司。对此，物流需求客户难以判断，也无从判断。据对我国第三方物流服务企业的现状调查，客户对物流公司的要求，首先关注的是一体化服务功能、服务手段、商业信誉与服务质量。此外，大量只有运输或只有仓储单项功能的"物流企业"的出现，使物流业内恶性的不规范竞争愈演愈烈，已成为制约我国物流企业健康发展的极大障碍。

三是物流企业的发展不能适应物流市场的需求。目前，一方面，生产企业物流运作模式受传统的"大而全"、"小而全"的思想影响，依然习惯于自成体系，自我服务，大量潜在的物流需求还不能转化为有效的市场需求；另一方面，物流企业的发展，普遍存在着规模小，实力弱，功能单一，服务质量不高的问题，难以满足社会化的需要，真正能够提供一体化服务的企业还不多，物流的社会化、专业化、组织化程度不高。

上述问题，既是物流作为新兴产业在发展中难以避免的问题，又是必须解决的问题。如何解决，不能依靠行政手段，不能通过行政性审批设置市场准入门槛。因此，以国家标准的形式，提出物流企业发展的必要条件，明确物流企业的基本范围和类型，提出不同类型和档次物流企业需要达到的规模和水平，为物流市场提供判断的依据，对于指导物流企业健康发展，促进物流市场的规范化，推动一部分物流企业做强做大，参与国际物流市场竞争，将能够起到积极的促进作用，是一种符合市场经济原则的积极探索与有效尝试。

二、如何对物流企业进行界定和分类

对物流企业的界定和分类，需要从以下三个基本点出发：

一是符合物流的基本内涵与本质要求。物流企业的核心业务是提供物流服务，必须符合现代物流的基本要求，否则就不是物流企业。尽管从国内到国外，对物流概念的表述或定义，在学术研究上有多种说法，也处在不断的发展完善中。但是从实践的观点看，物流运作包含的基本内容、基本环节、基本要素，还是比较明确的，在理论研究上也没有大的区别。比如，仓储、运输在物流当中的基础性作用，对物流各项资源、环节的整合与管理，信息化在物流中的重要作用等。从这些基本要求和要素出发界定物流企业已成为人们的普遍共识。

二是符合我国物流企业发展的实际状况。从总体上看，我国物流业正在从传统运作方式向现代运作方式过渡。从具体过程看，我国物流企业主要来源于三个途径：一是由传统的运输、仓储、商贸企业转型为物流企业，以大中型国有企业为典型代表；二是按照现代物流理念新建的物流企业，主要是一些民营资本和股份资本；三是一些大型跨国公司投资建立的物流企业。在这三种类型中，以传统的运输、仓储方式为基础发展现代物流，是当前我国物流企业发展的主要方式或趋势，不但传统企业主要是以这种方式向现代物流转型，即使一些新建的、已有较大规模的民营物流企业，在发展物流业务过程中，也普遍以开展运输和仓储活动作为切入点，逐步向供应链管理的各环节进行渗透。

三是物流企业的类型不宜过多过细，并且要比较成熟。在制定标准过程中，曾考虑过更多一点的物流企业类型划分，经过研讨和实际调查，业内人士普遍感到目前我国冠以"物流"的小行业太碎太多，且许多小行业业态正在发展当中，并不成熟。作为标准，物流的类型划分过细，反而不利于突出现代物流的基本特征，也不利于引导企业按照专业化物流方向发展业务。作为物流企业，有些类型可以合并，比如货代服务型可以归入运输型或综合服务型，配送服务型可以归入到仓储型；有些类型则不宜纳入物流企业的范围，比如单纯的包装、流通加工，物流专业设备制造、租赁企业，物流咨询企业，都是物流业发展过程中派生的行业或是为物流业发展提供服务的行业。而以传统的运输、仓储为主业，并以此为基础发展现代物流，或直接提供综合性的一体化物流服务，是已经比较成熟的类型。

对物流企业基本范围的界定，在研讨过程中曾提出三种口径的选择。第一种口径是要完全符合现代物流的理念，为客户制订物流方案，提供物流一体化全程服务。按照这种口径，物流企业的范围将会过窄。第二种口径是所有从事运输、仓储的企业都可算是物流企业。按照这种口径，物流企业的范围又会过宽。从实际情况看，无论范围过宽还是过窄，都不利于我国现代物流企业加快发展。第三种口径把两者结合起来，比较适宜，既考虑传统的仓储、运输主业，又必须按照现代物流理念和本质要求发展现代物流业务，这个口径，也与我国物流业发展的实际相符合。

这里需要强调的是，标准特别突出了现代物流企业的物流管理与物流服务的本质要求，无论是仓储型企业还是运输型企业，缺乏物流的延伸服务，不能满足客户的物流需求，只能是单纯的运输或仓储企业，而不符合标准中"仓储型"、"运输型"物流企业的内涵规定。标准对于物流企业类型的划分，重点正是要引导我国传统物流企业向现代物流业加快迈进。

因此，从以上基本点出发，标准对物流企业进行了界定和三种类型的划分。既考虑到了我国传统物流业的发展特点，也考虑到了现代物流理念对企业的要求，符合我国物流企业发展选择的实际。

三、如何设定物流企业评估指标体系

物流企业评估指标体系的制定，主要考虑了以下基本原则：

第一，对物流企业的评估实际包括基本要求与等级评估两个部分。标准提出了三种类型物流企业的基本要求与等级评估指标，前者是物流企业的基本条件，不符合这些条件就不是物流企业，后者是对物流企业综合能力的评估，不能达到等级划分的要求，但只要满足前者提出的要求，就是物流企业，许多中小物流企业就是这种情况。

第二，对物流企业的评估应该是全面的、综合性的。根据现代物流的基本要求，达到较高水平的物流企业必须具备多方面的要素与能力，才具有提供良好物流服务的基础。因此，标准对三类物流企业的评估覆盖了经营状况、资产、设备设施、管理及服务、人员素质、信息化水平等六个方面，并细化为 16～18 项指标。多项指标的综合评估具有两重意义：一是少量指标还不足以反映企业之间的差别，通过多项指标的比较，可以全面、真实地反映企业规模与综合能力的差别，从而为提高物流服务质量奠定基础，从物流企业的实际情况来看，不同等级物流企业的区别确实表现在多项指标差别上；二是突出物流企业的特点，与单纯从事运输、仓储业务的企业相区别，因为单纯的运输、仓储业务不需要满足这样多的指标条件，反过来，一个运输、仓储企业能够全面达到这样多的指标条件，也就具备了提供物流服务的综合能力。

第三，在评估指标的设计上，既充分体现三种类型物流企业的共性要求，也要考虑三种类型物流企业的个性差异。对运输型物流企业特别提出了必须有一定规模的自有货运车辆，但没有提出仓储面积的要求；而对于仓储型物流企业，考虑它的业务收费水平，营业收入指标低于其他两种类型，货运车辆包括自有和租用的两种方式，同时仓储面积要求较高；对于综合服务型，考虑了轻资产的需要，资产要求低一些，货运车辆和仓储面积都包括自有和租用两种方式，但从物流一体化服务需要出发，对运营网点要求高一些，并特别提出要有为客户提供物流策划和实施方案的能力。

第四，对物流企业实施具体评估时，有些评估指标需要进一步具体化。例如对业务辐射范围，国际、国内、区域，在提出评估指标时只能这样规定，而在具体评估时则可以具体化。

四、如何认识标准实施的有关问题

这个标准发布以后，在贯彻实施中，需要明确以下两个问题。

1. 需要正确认识标准的性质与作用。这个标准是推荐性国家标准，根据推荐性标准的一般规定，其特点：一是标准只是提供一个指导性的规范，而不是行

政性规定或文件；二是标准的执行是自愿性的，不具有行政或法律的约束性；三是标准的修订周期一般在 3～5 年，个别内容可以及时修订。因此，当前这个标准基本上可以适应我国物流企业的发展现状，随着我国物流科学与物流产业的进步，标准也将会适时地进行修改、补充和完善。

2. 自愿参与对物流企业的评估。把物流企业划分为三个类型、五个等级，但企业不可能自封，中国物流与采购联合会作为物流领域的行业协会，将严格执行这个标准，在企业自愿申报的前提下，组织专家，充分发挥地方物流协会与评估机构的作用，客观公正地进行等级评定。将出台一系列评估的管理办法，希望大家进行监督。

（作者单位：全国物流标准化技术委员会。原文载于《中国流通经济》2005年第 8 期）

物流园区发展与创新探讨

王之泰

一、物流园区本身就是物流的一项创新

在一定时间学习、引进的基础上，在体制创新的推动下，21世纪中国物流进入了发展期。我们可以看到中国物流界进行的多方面探索，其中物流园区在这些探索性发展中占有相当重要的地位，可以说是中国物流的一件大事。

物流园区在中国的快速、大规模发展本身就是一种创新。要知道，几年前许多全面论述物流的专门著作还完全看不到物流园区的影子。物流园区是中国经济发展与物流发展内生的需求，来自于物流实践。

物流产业边界具有不清晰性，有"灰色"的色彩，物流产业的很多资源都与其他产业有一定程度的交叉，只有物流园区具有绝对的物流本体性，再加之物流园区发展的普遍性，物流园区数量很多，由此受到了经济界的普遍关注。

正因为物流园区是一个新生事物，所以在认识上存在很大分歧，在建设上有不同的思路，在运行上有不同的方式。应当说，这是很正常的现象，因为许多创新都蕴含在这些"不同"之中。我们的责任就是鼓励这些不同的探索，从中发现并发扬有价值的东西。

二、对物流园区的不同理解自然会导致不同的创新思路

物流园区是一个新生事物，直到今天，不仅对物流园区的评价存在很多不同意见，就连物流园区到底是什么，其认识和定义也存在分歧。这种分歧将直接影响物流园区的发展道路与创新指向。

国家标准《物流术语》（推荐性标准）对物流园区的定义是："物流园区是为了实现物流设施集约化和物流运作共同化，或者出于城市物流设施空间布局合理化的目的而在城市周边等各区域，集中建设的物流设施群与众多物流业者在地域上的物理集结地。"这个定义实际上可分成两部分：一部分是为什么要建设物流园区，另一部分是物流园区的内容。

为什么要建设物流园区呢？定义只对物流设施和物流运作两个方面进行了限定，作出了"三化"的表述，即物流设施集约化、物流设施空间布局合理化、物流运作共同化。实际上，建设物流园区的目的可能远不止于此，也可能有很多种表述方法。就拿运作来讲，难道建设物流园区的目的只是要实现共同化，而不需要个性化、低成本化、精益化、快速化、合理化吗？难道共同化只与物流运作有

关，物流设施就没有共同化方面的问题吗？……还有，改善城市环境，保证可持续发展这么重要的内涵为什么不予以表述？由此可见，对建设物流园区的目的进行标准化的表述显然不妥。

物流园区的内容包括两个方面，即集中建设的物流设施群和物流业者在地域上的物理集结地。笔者同意定义"物流业者在地域上的物理集结地"的表述，认为这是物流园区的主体内容。但笔者也认为这个定义存在缺陷，除定义中关于为什么建立物流园区（即物流园区的功能和作用）的表述限定不当之外，定义中"集中建设的物流设施群"这一内容也需要特别重视，因为这个表述太容易引起联想，会导致人们把物流园区与交通基础设施、商贸设施相互混淆起来，过大扩展物流园区的内涵，也就是说，会摆不正物流园区的位置，甚至指引出一条不当的发展道路。

笔者在参考国内外对物流园区的一些表述，并认真分析我国物流园区现状的基础上，认为物流园区的概念应该这样表述：物流园区是政府划定的一定规模的城市（或者经济区）的功能区域，供物流企业进行聚集和运作。

三、创新要围绕物流园区的基本定位进行

自 2008 年开始，美欧等发达国家之所以发生经济危机，其中一个原因就是在"创新"旗帜下跨越得太远，远离了基本定位而走向反面。创新是为了使所针对的事物得到更好更快的发展，当然并不排除创新的结果可能是出现了另外一个面目全新的事物，但这不属于我们的目的范畴，我们在研究和探讨物流园区创新时，应围绕物流园区的基本定位进行。

在国民经济中，物流园区的基本定位与现代物流一样，应当是"服务"。基于这个定位去寻找创新的灵感，应当是我们所追求的。如果脱离了这个定位，过分强调物流园区的主体意识，与其说是创新，还不如说是回归以自我为主、部门分割的旧体制。因此，按照物流园区"服务"定位派生的功能和作用才是我们应该追求的东西。笔者认为主要包括以下几个方面：

1. 进行城市科学布局，完善城市功能。合理配置城市产业，提升城市服务能力，改善城市人居条件，重点在于对城市进行科学布局，在不同的部位建立不同的功能区。数量众多、庞大且异常分散的旧的物流资源（如仓库、站场、营业网点等），会影响城市科学布局。通过建立物流园区，形成新的城市功能区，自然有利于解决这个问题。

2. 缓解物流对城市可持续发展造成的负面影响。物流对城市有很多负面影响甚至破坏性作用，如有毒废气对城市的污染，二氧化碳排放，噪音污染，交通事故等。随着城市物流量的增加以及车辆的日益大型化、快速化、重型化，近年来这个问题越来越严重，通过在城市周边特定区域建立物流园区可使之得以

缓解。

3. 集中对物流设施进行大规模建设。现代物流的发展需要大规模的工程设施建设，将之集中在一个区域之内，有利于做好这件事情。

4. 增强城市与外界的经济交往能力。物流园区的存在，可使城市与外界的物流实现一定程度的集中和规模化，促进物流能力的提升，扩大与外界的经济联系，降低交往成本。

5. 增强对城市内部各产业的物流服务能力。物流园区可有效解决城市发展对物流需求不断增长的问题，物流园区的建立使城市各产业的物流需求有所依靠，能提高物流服务能力和水平，对城市各产业的发展都将起到支持作用。

6. 提升城市现代化水平。物流园区的重要作用之一就是提升城市物流的现代化水平，进而提升整个城市的现代化水平。有规划、大规模、科学地建设物流园区，并在建设过程中大量采用新的科学技术手段，使之成为现代化的物流产业，必将促进物流产业升级，促使城市现代化水平得以提升。

……

除在更好地增强物流园区功能与作用方面有广阔的创新天地外，物流园区本身的设计、建设、运作、管理也正处于探索和发展过程之中，存在很大的创新空间。

四、坚持科学发展观，做好物流园区的事情

物流园区还处于发展和创新过程之中，鼓励创新，就是要鼓励不同意见之间的交流、争辩与融合，为创新创造一个良好的社会环境。下面发表一些不成熟的看法：

1. 物流园区需要体制创新：应对物流园区进行体制设计。对于把物流园区打造成一个什么样的事物，目前分歧很大。最大的分歧在于，是把它政府化还是企业化。现在有不少物流园区，由政府批地，卖地，再由政府成立一个管理委员会，管理委员会除要执行很多政府的使命外，具体的经济活动就是物业管理，这是把物流园区政府化的一般情况，其本质上是要把物流园区政府化。我们所讲的把物流园区打造成企业是指按照现代企业制度的要求把物流园区建设成适应市场经济需要的产权清晰、权责明确、政企分开、管理科学的独立的经济核算组织。只有解决了这个体制问题，物流园区才能够在市场经济中按照经济规律去运作，去发展，才能够形成生机勃勃的局面。

把物流园区打造成企业，是发展物流园区一开始就应当明确的事情。只有解决了这个问题，才能进一步深入解决物流园区企业制度与产权制度的问题，这是"做大做强"最基础的工作。

本人的看法是，现代企业制度与现代产权制度是物流园区需要特别重视的问题。物流园区不仅是物流企业聚集的区域，其本身也应当是企业，应按照现代企业制度的要求建立健全企业化的物流园区。仅仅解决物流园区企业化的问题是不够的，还要建立产权制度。要按照现代产权制度，采用资产证券化的办法，利用股份制来联合更多企业参与，也以此使政府通过股权实现主导。按照这种思路解决了物流园区的体制问题，物流园区就会步入良性发展的轨道。

对于把物流园区打造成一个什么样的企业，目前分歧也很大。最大的分歧在于，它是一个地产企业，还是一个物流企业。把物流园区打造成一个地产企业，进行企业化运作，是可行的，也是物流园区企业模式之一，但并非理想的模式。按照这种模式，物流园区本身并没有进行真正的物流经济活动，它所从事的实际上只是房地产业。笔者认为，物流园区不应是物流地产企业，而应是能够为物流企业提供物流方面支持和服务的服务性企业。为防止不公平竞争，物流园区本身与入驻园区的物流企业不适合从事内容完全相同的物流经济活动，物流园区企业本身应从事入驻园区企业需要但难以单独完成的经济活动，这才应是它的选择。

2. 应当走出具体的物流园区，从更为广阔的视野出发进行创新：把物流园区打造成平台。物流园区不能是仅仅为园区内企业提供服务的新型企业，它应成为更大范围乃至全国范围内物流企业进行物流运作，为生产企业提供生产性服务的平台，物流园区建设更注重平台功能。具体来讲，物流园区应具备绝大多数用户所需要的常规物流服务功能，包括具体运作服务和信息服务，这种服务应当是一站式的。当然，要实现这个目标，仅仅依靠一个园区的力量是不够的，必须通过多个园区及其他物流设施的协同，才能具备平台的能力。这种平台类似于各地区各自独立的飞机场，这些机场能够进行一站式服务，一个机场不仅仅是机场自身，还是平台的一部分。

3. 吸收其他产业的成功经验，将之转化为物流园区的创新：物流园区应当实现连锁。商业连锁是近年来商业创新的一大成果，如果把这个成果移植到物流园区上来，那就是物流的创新。

现在，我国的信息化水平已经比较高了，要充分享用我国改革开放所创造的信息化环境，以现代合作多赢的思想，按照网络结构形成物流园区的连锁，是一种理想的选择。单个物流园区服务范围和服务能力有限，一旦形成连锁，哪怕这种连锁是虚拟的，服务能力与服务范围就可以大幅提高。实际上，连锁是打造物流园区平台较为重要的方法之一。我国的物流园区由各地区分别规划建设而成，园区之间各自独立，缺乏联系，没有形成有效的网络体系，但客观上它们的广泛分布已经形成了一个网络的基础格局。令人遗憾的是，这种网络格局至今没有为我们自己所用，却为几年前才进入中国的跨国公司普洛斯所用，使之成为一个真正有效的网络。普洛斯公司作为一个外国企业，都能领先于中国在这个网络格局的基础上实现连锁，为什么中国人自己却没有实现呢？

4. 物流园区本身经济活动的创新。企业化物流园区与园区入驻物流企业的经济活动应当互补。这种经济活动的主体定位是为入驻园区的物流企业服务，弥补单个物流企业客户服务综合能力与基础平台能力的不足，打造一个服务性的平台。从某种意义上讲，相对于物流市场的客户而言，物流企业是生产性的服务业，物流园区又是为物流企业服务的企业，起着支持物流企业的作用，具有二线、后台、平台的性质。应该说，在众多的物流企业中，它所从事的是一般物流企业所不能替代的有特色的物流经济活动。这使得物流园区企业能够在物流产业中以独特的类别存在，物流园区在物流产业的企业分类中，应作为单独的类别存在。由于物流园区能充分体现物流的特点，与其他产业的边界比较清晰，又具有广泛性和大规模性，因此物流园区企业应是物流产业的主体企业之一。

物流园区本身所从事的具体经济活动，目前并没有为人们清楚的认识，也缺乏实践上的探索和应用。笔者认为，下面几项是物流园区本身具有优势而其他入驻企业难以承担的经济活动：物流园区之间的网络连接与连锁运作，物流园区网络的一站式服务，物流园区信息情报的收集、分析、研究、储存和发布，物流园区客户服务系统的建立、运作和管理，入驻物流企业共用设备设施及硬件平台的投资、建设和运作，物流科技、装备资源的聚集，物流园区本身的经营管理等。目前这些方面还处于探索和起步阶段，存在很大的创新空间。

（作者单位：北京物资学院。原文载于《中国流通经济》2009 年第 5 期，被《人大复印报刊资料·物流管理》2009 年第 8 期全文转载）

物流园区成长路径研究

王福华

根据系统学理论，系统是不同元素按照一定方式相互联系而成的整体，系统是元素与结构的统一，系统的变化是元素与结构变化的统一。[①] 物流园区由不同企业构成，这些企业之间存在一定的经济技术联系，可以把园区内的企业看成是元素，把它们之间的关系看成是结构，因而物流园区可以看成一个企业系统。由企业成长理论可知，企业的成长既包括规模的变化，也包括结构的演进。[②] 同理，物流园区作为一个企业系统，其成长路径也应包括规模扩张与结构演进两个方面。本文亦将从这两个方面入手探讨物流园区的成长。

一、物流园区规模扩张

物流园区规模扩张包括增量扩张和存量扩张两种方式。增量扩张指因物流园区企业数量增加而导致的规模扩张。外部企业入园给物流园区带来了新的资源和生产服务能力，使物流园区规模得以扩张。存量扩张指物流园区原有存量企业规模的扩张。物流园区由一个个具体的企业构成，这些企业规模扩张带来的结果是物流园区规模的整体扩张。

1. 增量扩张

本文拟通过简单的成本收益分析探讨外部企业迁移入园的影响因素。

（1）企业迁移成本及收益分析。企业是营利性经济组织，企业是否迁移入园是一种收益与成本比较的结果。企业迁移成本主要包括：一是迁移过程中发生的拆、迁、建费用，二是资产毁损价值，三是入园租金差。企业迁移收益可分为两个部分：一是地方政府给予的优惠政策和措施收益，二是企业利润增值。这是由企业入驻园区的集聚效应带来的额外利润增值。

（2）企业入园影响因素分析。第一，迁移成本是企业入园的阻力因素。迁移成本越高，企业入园盈亏平衡点经营年数越长，企业入园阻力越大；反之，阻力越小。企业入园尽管会产生额外利润增值，但如果迁移成本高昂，仍然会导致企业缺乏入园积极性。第二，政府优惠政策是企业入园重要的吸引子。优惠政策可减少企业入园盈亏平衡点经营年数，扩大企业入园获利空间，有助于吸引企业入

---

① 何明珂：《物流系统论》，高等教育出版社 2004 年版，第 1～2 页。

② E. Penrose："The Theory of the Growth of the Firm"，Oxford：Oxford University Press，1959，pp. 15～25.

园。第三，企业入园的利润增值对企业入园具有决定性作用。利润增值提高一倍，盈亏平衡点经营年数下降一半，因此利润增值预期是影响企业入园决策的关键变量。利润增值是企业入园后因集聚效应带来的利益。由此可见，正常情况下物流园区的集聚效应成为企业入园的决定性因素。因此，物流园区的设施完备程度、品牌影响力度、信息平台建设状况、区位优势条件以及园区内部已入园企业产业链的完整程度，都将影响企业对迁移收益的预期，进而影响企业入园决策。例如，2000 年德国德累斯顿物流园区由于负债过多开始出售土地，并利用卖地的资金修建有轨电车线路，解决运输问题。之后大众汽车公司在德累斯顿建设了一个很大的生产基地和两个运输公司，使得园区内物流需求大幅增加，吸引更多物流企业入驻，由此物流园区开发部门还清了所有债务并开始赢利，德累斯顿慢慢成长为德国最为重要的物流园区之一。

2. 存量扩张

物流园区的存量扩张取决于园区内企业自身的扩张和成长，这是物流园区成长的另外一种重要方式。园区内企业的发展和成长作为物流园区系统元素的变化，是物流园区这个系统成长的基础，没有园区内企业的发展就没有物流园区的发展。同时，物流园区内部企业的成长只有与物流园区的成长统一起来，才有助于物流园区这个系统的成长。企业规模扩张一般有两种方式：并购和扩大再生产。在这里，物流园区内部企业的扩张如果通过内部企业并购的方式实现，对物流园区规模而言基本不会产生影响。因而，物流园区规模的存量扩张主要通过园区内部企业扩大再生产的方式实现。

3. 物流园区规模边界

（1）规模经济与规模不经济。物流园区作为一种企业系统，同企业一样也存在规模经济与规模不经济，因而物流园区规模既有扩张的必要，也存在扩张的界限。

一般来说，物流园区规模在由小到大扩张的过程中会先后出现规模经济和规模不经济现象，物流园区服务产品长期平均成本曲线呈先下降、后上升的 U 型特征。在扩张的初期，随着产出的增加，物流园区平均成本递减，可称之为物流园区规模经济；物流园区产出超过最优规模之后，随着产出的继续增加，平均成本会出现递增的现象，可称之为物流园区规模不经济。

（2）物流园区规模扩张影响因子。本文认为，影响物流园区规模扩张的因素可分为要素供给、市场需求、外部经济三个方面。

第一，要素供给。要素（主要包括土地、劳动力、资本等）是物流园区赖以生存的基础，要素价格水平直接关系着物流园区及其企业的赢利水平，进而对物流园区规模扩张产生直接影响。物流园区要素价格受两方面因素的影响：一是一国（地区）的资源禀赋情况，这是影响要素价格的外因；二是物流园区对要素的特定需求情况，这是影响要素价格的内因。由外因即资源禀赋的总体性缺乏导致的要素价格上升，将使物流园区长期平均成本上升，在物流服务价格等其他条件不变的情况下，会使物流园区的最优规模缩小。曰内因导致的要素价格上升，将导致物流园区的规模不经济。有些要素对物流园区具有专用性，如物流园区的区位、所需的特殊人力资源等。这些要素会随着物流园区规模的扩张日趋稀缺，其价格不断攀升，从而导致物流园区规模不经济。

第二，市场需求。任何产品的市场需求都是有限的，包括物流需求。在物流园区达到一定规模的情况下，随着物流园区规模的不断扩张，物流服务市场供给会不断增加，而供给的增加将对市场造成一定的冲击，可能会使物流服务价格趋于下降。物流园区产品价格的下降会降低园区内企业的赢利水平，使园区对外部企业的吸引力减弱，阻碍物流园区规模的进一步扩张。

第三，外部经济。物流园区的外部经济效应来自于园区中具有一定公共物品性质的资源，[①] 如企业入驻园区所享受的园区品牌效应、良好的基础设施及生产与生活环境等。但公共物品只有在未产生"拥挤"之前，园区内企业才能免费享受。随着物流园区规模的进一步扩张，企业入驻园区所享受的外部经济效应不断弱化，公共物品出现使用"拥挤"现象。此时，园区内企业必须自己解决一部分具有公共物品性质的投资或接受公共物品供给不足的事实，这将导致物流园区整体运营成本提高，形成物流园区规模不经济，进而限制物流园区规模扩张。

（3）物流园区规模扩张边界。由上述对物流园区规模影响因素的分析可知，物流园区规模扩张的边界由物流园区的资源要素供给状况、公共资源外部不经济、物流市场需求容量共同决定。

一个国家（地区）总要素供给的缺乏将导致长期平均成本曲线上移，这时物流园区最优规模下降，稀缺状况越严重，物流园区最优规模越小，物流园区规模扩张受到的限制越大。反之，如果国家（地区）层面要素供给充足，最优规模将呈反向变动，但这种情况并不常见，因为要素的价格特别是劳动力和土地的价格一般具有上升的趋势。

物流市场需求量对物流园区规模扩张的影响体现在边际收益曲线向下倾斜的时间和幅度上。市场需求越小，边际收益曲线向下倾斜的时间越早，幅度越大，边际成本曲线与边际收益曲线相交的位置越靠左，物流园区最优规模越小。

物流园区规模扩张的边界并不是绝对的，通过改变限制物流园区规模扩张的因素，可在一定程度上拓展物流园区的规模边界，如改善物流园区生产要素供给

---

① 龙江：《物流成长与创新》，中国物资出版社 2005 年版，第 90～91 页。

条件，进行技术创新，开辟新的市场，改善物流园区公共资源供给状况等，都会使物流园区最优规模边界增大。

二、物流园区结构演进

物流园区作为企业系统，其结构演进主要指物流园区企业存量与企业本身性质未变，但企业之间的关系发生了改变，企业之间出现了新的组合状态，物流园区结构发生演进。例如，企业由过去的单纯竞争关系变为竞合关系，会带来物流园区的结构演进。

本文将物流园区的系统结构分为三个层次。第一个层次是物流园区的管理结构层。其主要职责是日常事务的管理及规章制度的制定。第二个层次是物流园区的辅助机构层。这是面向供应链管理的现代物流运作的必要条件，主要包括金融、保险、海关、教育、中介、物业等。银行、电信、保险、法律、会计等专业化服务，工商、财税、运管、公安等政府监督管理服务职能集聚到同一平台上，有利于促进政策协调，节约行政资源，为物流市场的高效管理和服务提供支持。第三个层次是核心企业层。由不同类型的物流企业构成，这是物流园区的主体部分。

伴随着物流园区的成长过程，物流园区系统结构中同一层次及不同层次之间的关系会发生渐进式的变化，从而带来整个物流园区的结构演进。

1. 园区内核心企业与园区管理机构之间建立协同关系

在物流园区中，核心物流企业与物流园区管理机构之间的关系是明确的。一般而言，发达的物流园区均与地方政府的物流产业政策有着密切的关系，而物流园区管理部门在很大程度上成为政府的代言人。首先，物流园区管理部门在物流园区内部建立起配套的公共机构。物流园区管理部门以公共管理者的身份，规定园区内部共同的行动准则，为各园区企业提供公共产品，协调企业之间的各种关系，为园区企业合作与竞争创造公平的环境，提高园区企业合作效率。其次，物流园区管理部门为入驻园区的企业提供服务。例如，1986 年成立的不莱梅物流园区管理委员会为园区内企业提供多种服务，如进行能源的集体采购，代理危险品检验，帮助园区企业与政府有关部门打交道等。

可以说，物流园区既是服务者，又是管理者。物流园区管理部门在提供物流基础设施服务的过程中，一方面要了解园区内物流企业对园区运营、政府政策的意见和建议，并将之反馈给园区主管部门；另一方面物流园区还是政府与企业联系的纽带。例如，为充分发挥这种纽带作用，上海外高桥保税物流园区代表政府有关部门向园区内的企业及准备入园经营的企业明确政府有关的优惠政策及一系列法律法规，协助政府相关部门指导企业的经营行为，同时作为园区内企业的合作伙伴，积极了解企业的要求，不断改进自身运营管理水平，并向政府有关部门及时反映企业的要求和意见。

2. 物流园区内核心企业与辅助机构之间建立协同关系

随着物流园区的不断发展，物流园区不仅需要吸纳各种类型的物流企业，为了更好地提供供应链一体化服务，还有必要引入各种辅助机构，促使其与园区核心企业之间建立协同关系。一方面，物流园区要为工商、税务、运管、检验检疫等政府服务机构的进驻提供条件，逐步完善政府一站式服务的功能。另一方面，物流园区要为银行、保险、中介、餐饮、住宿、汽配汽修等各种支持性服务机构的进驻提供相应的配套设施，并为入驻企业提供必要的商业服务，其中以金融和教育科研机构的作用最为突出。

（1）物流园区内核心企业与金融机构的协同。金融机构包括各种银行、投资公司、保险公司、租赁公司等。核心企业与金融机构之间的协同大体表现在两个方面。

第一，金融机构为园区内核心企业提供各种金融服务。根据2007年《全国物流园区发展调查报告》，资金不足是物流园区成长与发展过程中遇到的阻力之一。与大型物流企业相比，融资难已经成为阻碍中小型物流企业成长与发展的"瓶颈"，其主要原因在于银企之间的信息不对称。与周边金融机构之间建立信息沟通渠道，加强交流，有助于银行了解企业资产规模及运营情况，逐步建立起信任机制。

第二，核心企业与金融机构协作，为客户提供全方位服务。物流园区能否快速成长，与其能否提供多样化的服务密切相关。如果一个物流园区能够为工商企业提供各种专业化、全方位的服务，就能更好地提高客户满意度，从而为园区成长奠定良好的基础。企业与银行等金融机构进行协作，可使客户在物流园区范围内实现对物流服务的一站式选购，进一步提高效率。

（2）园区内核心企业与教育科研机构的协同。在提供一体化服务的物流园区内，通过与教育机构、科研院所合作，可以引入物流专业培训部门与科研机构，形成物流人才培养基地和科研开发基地。这种协同具有互动、互补、双赢的特点。首先，教育机构、科研院所不断向园区内核心企业提供新的知识、技术及人员培训与咨询服务，为园区创造良好的文化与创新氛围；其次，教育机构、科研院所为园区内企业提供培训、学习的场所，不断输出不同层次的毕业生，保障物流企业具有良好的人力资源储备，为科研成果提供转化为生产力的条件和机会；最后，教育机构、科研院所可与物流企业进行合作研发，充分发挥各自优势，针对实际问题提出具体的解决方案。

德国不莱梅物流园区在传统货运中心的基础上采用市场运作的模式，不仅有运输、仓储等提供传统服务的企业落户，还有大型货运代理公司、联运公司、计算机应用系统开发公司进驻，物流园区设有综合服务中心、维修保养厂、加油站、清洗站、餐厅、培训中心，甚至海关、金融、保险等部门和机构也设有工作点。不莱梅物流园区拥有不同类型的企业和单位，而且这些企业与单位之间的紧密合作已经形成了强大的合作效应。在这些企业中虽然也有大型的从事全球化物流服务的公司，但大部分都是提供部分物流服务的中小型公司，它们以诚信、伙伴关系、双赢等合作理念为指导结成了物流园区多元化的服务功能，加上海关、金融、保险等业务领域，使物流园区能够为"物"的流动提供多样化服务。

而根据 2007 年《全国物流园区发展调查报告》，保险、金融、海关等部门和机构在物流园区内设立工作点的很少，这使得物流园区内的服务比较单一，不能为工商企业提供全方位的物流服务，也说明我国大部分物流园区仍处于结构演进的初级阶段。[①]

3. 物流园区内核心企业之间建立协同关系

物流园区结构演进中最为重要的阶段是园区内核心企业由对立的竞争关系演变为协同关系。园区内核心企业之间的协同表现为核心企业之间的竞争与合作关系。竞争关系表现为核心企业之间在物流市场上围绕客户、物流资源、渠道及劳动力等方面展开竞争。[②] 园区内各物流企业均是独立的利益主体，在物流园区创业初期，进驻园区的物流企业普遍规模较小，综合素质较低，设施较为落后，业务范围较窄，物流企业之间结构雷同，极易产生过度竞争和无序竞争，如盲目压价，降低服务质量等。合作关系是物流园区集聚效应体现的基础关系。理查德森[③]互补活动观认为，高度互补性活动由于对质与量配比的要求很高，需要通过企业之间的各种协作进行协调，只有这样才能保障企业从事与自身能力相适应的活动。物流园区为企业之间的协作提供了平台，而协作能创造一种生产力，这种生产力是一种集体生产力。[④] 企业之间的协同除了共享公共资源外，还可以是共享自有物流资源，共用物流营销网络以及共同拓展物流业务等。

多数情况下，企业之间的协同合作是其生存所必需的，而空间上的临近性往往能使企业之间具有更好的信息沟通渠道及更高的信任程度，能使合作变得更加容易。园区内企业数量的增加，可以增加企业合作伙伴的选择范围，提高企业间合作的可能性，促使它们之间的合作越来越多，而且这种相互依赖将形成独特的竞争优势，于是合作与企业的规模和数量之间就形成了一个互动增加的过程。当

---

① 冯耕中：《全国物流园区发展调查报告》，《中外物流》2007 年第 z2 期，第 48～52 页。

② 梁世翔：《基于 ITS 的物流园区协同研究》，武汉理工大学学位论文，2007 年，第 29～30 页。

③ G. B. 理查德森：《产业组织》，载路易斯·普特曼、兰德尔·克罗茨纳：《企业的经济性质》，上海财经大学出版社 2000 年版，第 145～158 页。

④ 马克思：《资本论》第一卷，人民出版社 1963 年版，第 344～348 页。

然，这种互动增加机制需要时间来实现。园区内参与合作企业的数目与合作的层次，不仅依赖于园区内企业的规模与数量，还依赖于园区内企业雇员对合作的态度及过去的经验。成功的合作往往能增加深入合作的可能性，参与合作企业的数目及其对合作的态度有可能形成自组织机制，对园区企业竞争力具有很大的贡献。有很多事实可以证明企业的创新同企业自身与其他企业的合作有着清晰的关联。

企业间通过协作可以共享资源，并由此给企业带来共享优势。如共享销售渠道可使物流企业在共享销售渠道中提供多样化服务，为顾客提供一站式选购服务，以增进差异化程度，减少销售渠道辅助性成本等。当然，企业间共享的资源越多，共享的方式越全面，物流企业的运营成本就越低，越具有竞争优势。例如，日本东京的和平岛物流园区，30多家仓储企业共同租用了12.7万平方米的仓库；40多家运输企业共同租用了8.6万平方米的货运平台，开辟了1000多个运输到站，相互之间"调剂"起来非常方便。这样既能充分利用现有物流设施，又能降低物流企业的运作成本及相关费用支出，还能及时进行监督检查，确保服务质量。而对物流园区而言，企业的成长在很大程度上也意味着物流园区的成长。

三、结语

综上所述，物流园区是区域物流系统发展过程中物流产业协同的重要表现形式。它代表着小型的物流经济聚集地带，是各种物流设施与不同类型物流企业在该经济区域进行空间上集中布局的场所，是具有一定规模与综合服务功能的物流集结点。物流园区的成长过程在规模上表现为数量与存量的扩张，且存在规模扩张的边界；在结构上表现为作为物流市场主要参与者的物流企业与物流园区管理部门、金融机构等支撑部门以及它们之间关系的变化，由无序的竞争状态发展为有序的协同运作，逐步使物流园区拥有高效的功能整合机制，能提供一体化的物流服务以满足顾客需求。

（作者单位：天津大学管理学院。原文载于《中国流通经济》2009年第4期，被《人大复印报刊资料·物流管理》2009年第7期全文转载）

物流园区内部功能区规划建设探析

陶经辉　乔　均

一、引言

我国的物流园区规划和建设尚处于初步探索阶段，物流园区的规划和建设仍然缺乏许多成功的经验和模式可以借鉴。我国从 1999 年起，一些地区开始规划建设物流园区，2003 年全国物流园区规划建设达到了高潮，除了许多省份和经济中心城市积极规划建设物流园区外，还有许多中小城市甚至一些乡镇和街道办事处也要规划建设物流园区。但是，物流园区的规划建设是一项重大的物流基础设施投资项目，需要几千万、上亿元乃至数十亿元的投资，占用大片的规划用地甚至耕地。可是，在这些规划的物流园区中，存在一些仓促上马的物流园区项目，这些项目没有经过详细的市场调研和论证，有些物流园区的规划建设甚至是出于政府的"形象工程"目的或是有"圈地"之嫌，这些物流园区建成后没有良性地运作，也没能产生预期的社会经济效益。2003 年年初，零点研究集团就国内物流园区的建设及物流企业的需求等问题对全国 31 个省区市的制造、商贸、运输和物流服务共 304 家企业进行了一项调查，得出的结论是：当前国内物流园区的建设具有一定的泡沫成分，突出表现为部分物流规划单位尤其是地方政府，单纯地为物流而物流，盲目发展物流园区。另据中国仓储协会对我国物流园区的调查报告显示，目前我国的物流园区空置率高达 60%，其主要原因表现为物流园区的功能定位不准确，缺乏对客户需求的系统分析。例如，南京王家湾物流中心于 1999 年投资 300 多万元建成的信息交易大厅由于缺少客户而停用。物流园区盲目建设的危害已开始呈现，由于一些物流园区的服务功能定位规划不科学，物流园区建成后其运营已举步维艰。上述种种现象表明，探讨科学的物流园区内部功能区域规划显得十分必要。

二、物流园区内部功能区规划建设流程

从目前物流园区的规划建设情况看，物流园区规划建设主要包含三个方面的内容：[①] 一是物流园区的布局规划；二是物流园区的信息系统规划；三是物流园区的运作模式规划。其中，物流园区的布局规划包括物流园区的宏观空间布局规划和物流园区内部各功能区的微观布局规划。物流园区的宏观空间布局规划是指

---

① 王占权、杨东援：《物流园区规划初探》，《系统工程》2001 年第 19 卷第 1 期，第 79~83 页。

对城市区域物流用地进行宏观空间布局，包括区域内物流园区数量确定、物流园区选址确定、物流园区规模确定；物流园区的内部微观布局规划主要是指对园区内部的功能区进行微观设计和定位。相对而言，目前对于物流园区的宏观空间布局规划研究较多，①② 而对物流园区内部功能区域规划的研究相对较少。本文主要研究物流园区内部功能区域规划建设的思路和方法，希望能为各地的物流园区规划提供一些借鉴。

物流园区内部功能区的规划建设还没有统一的规划框架，从物流园区内部微观规划的现有研究情况看，主要集中于建设方法和运作模式等方面的研究。③④由于物流园区内部功能区规划主要是对服务功能的微观设计和定位，因此，规划时首先需要进行客户需求与系统分析，即根据目标需求，结合物流园区辐射区域的实际情况，细分市场，划分功能类型。其次是进行功能定位和功能区域规划，即通过把各个单一的服务功能向物流园区归并和整合后来确定园区的功能区域数目和类型。再次是进行园区功能区域系统布置。最后是对规划方案进行评价。图1给出了物流园区内部功能区的规划流程。

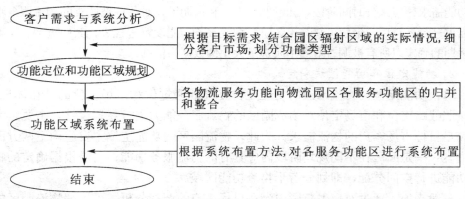

图1　物流园区内部功能区规划建设流程图

三、物流园区内部功能区规划建设步骤

1. 客户需求与系统分析

客户需求与系统分析是物流园区进行功能定位和功能区域划分不可缺少的前

---

① 陶经辉、李旭宏等：《基于多指标群决策的物流园区规模确定方法研究》，《公路交通科技》2005年第22卷第1期，第151～155页。

② Eiichi Taniguchi, Michihiko Noritake："Optimal Size and Location Planning of Public Logistics Terminals", in the *Transportation Research*, Part E, Vol. 33（1999），pp. 207～222.

③ 陶君成：《关于物流园区建设的几个问题》，《管理世界》2004年第12期，第138～139页。

④ 周庆、杨申燕：《湖北高桥物流园区建设及赢利模式初探》，《统计与决策》2005年第6期，第51～54页。

提条件，其内容主要是通过市场调研，如现场调查、集中访谈、表格问卷调查等方式，摸清主要客户的物流需求，包括物流服务需求功能种类、物流需求量、物流流向等基本数据。在此基础上，对所获取的数据进行相应的系统分析，以便整理出规划所需要的信息。

由于物流园区需要依托一定的市场来规划建设，在物流园区规划建设前期的可行性论证中，其服务对象应已明确，因此，客户需求分析的主要对象应是物流园区物流服务辐射范围内的各类工商企业。在各种调研内容中，物流需求量和流向以及在此基础上的预测数据是确定物流园区规模与建设地点的重要依据，而物流服务需求功能的调查是确定物流园区中所需服务功能区的重要依据。物流服务需求功能的调查可采用表格形式，被调查企业可根据自身的需求在空格中选择。

在选择调查企业对象时，园区辐射范围内的大型制造企业和大型商贸企业将是调研的主要对象。在物流服务需求功能的调查中，可事先设计好各种服务功能，且列出的服务功能应力争全面，并应留有足够的空格以便被调查对象选择或根据自身服务需要进行相应的补充。同时，由于物流园区的建设通常呈现出阶段性的特点，因此，服务功能需求还应区分时间阶段，如近期、中期和远期等。对各种被调查的物流服务功能需求进行汇总后，最后可总结出各阶段物流服务功能设置进程表，其中近期、中期和远期的确定以所有被调查对象中所选最大比例数据为依据。

2. 功能定位和功能区域确定

（1）功能定位。物流园区的功能定位是其战略定位和市场定位的外在体现，是按照战略定位和市场定位对物流园区的物流服务能力进行规划设计，主要是为了满足目标市场客户的物流需求。为此，物流园区的功能定位主要应确定两方面的内容：一是园区在不同规划阶段内应具有的物流服务功能；二是根据确定的物流功能进行空间分配，即划分若干物流功能区域。

一般来说，通过对辐射范围内潜在目标客户的调查分析，可了解物流园区的客户物流服务功能需求类型和层次。但是从调查本身分析来看，通常存在一定的局限性，主要表现在：一方面，调查样本的广泛代表性受到一定制约，不可能对所有客户进行调查；另一方面，抽样调查以现有的客户为主，对潜在物流客户的调查通常不足。

因此，物流园区的功能定位在调查结果分析的基础上，还应结合专家的相关经验与知识，同时还要体现四个原则：一是前瞻性原则。即园区的功能定位既应满足现在客户的需求，又要满足未来客户的需求。二是综合性原则。即园区的功能定位应综合调查的结果、物流产业的发展趋势、经济结构的调整及外来竞争压力等许多因素综合确定。三是阶段性原则。即园区的功能应体现不同规划阶段的特点，能根据不同阶段内的需求变化进行扩展。四是层次性原则。即园区的功能应体现出层次性，在发展建设初期应以物流基础性的服务功能为主，而在发展成熟期应逐步拓宽到增值服务层次的功能。

（2）服务功能区域确定。从目前物流园区的规划情况看，物流园区中的功能区通常包括仓储中转区、集散配送区、流通加工区、商务办公区、生产服务区、生活服务区等，[①] 但对于一个特定的物流园区究竟需要规划哪些物流服务功能区，应该以其腹地范围内的市场需求分析为基础，以该园区所在地的现有物流资源和设施的整合和优化为依托，在明确其物流服务对象、服务内容及服务方式的基础上，通过调查所需的物流服务需求功能，结合一定的原则来确定。

服务功能区域的确定对物流园区的规划具有决定性意义。一方面，确定功能区域也就大体确定了物流园区的内部总体结构；另一方面，功能区域是物流园区内部布局的基本空间单元。确定功能区域主要有三个方面的内容：一是确定功能区域的数目；二是确定功能区域的类型、承担功能、主要服务对象；三是确定功能区域内部的细部组成和相互关系等。其基本确定方法是将功能类型相同或相近的各个单一服务功能进行归并和整合为一个物流功能区域，可得到所需的物流功能区域数目和类型（见图2）。

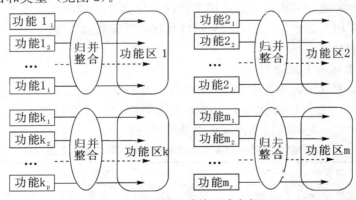

图2　物流园区功能区域确定

同时，在功能区域的确定过程中，还应兼顾下列一些原则：一是市场性原则。即园区的功能区域设定必须以物流市场需求为基础，立足现有物流需求，同时功能区域的类型和服务对象必须明确，能在市场经济的原则下进行规划、建设和运作。二是整合性原则。即园区功能区域的选定必须能有效整合现有的物流资源和设施，能对原有物流系统进行补充和完善。三是系统性原则。即园区功能区域之间功能上必须具有互补性、协作性和整体性，使这些功能区域既能独立承担

---

　　① 白世贞：《绿色食品物流中心运作过程标准化研究》，《中国流通经济》2006 年第 2 期，第 14～16 页。

物流服务业务，同时能共同承担层次更高、技术含量更高的增值物流服务，体现出园区物流系统化、层次化运作的能力。四是柔性化原则。即园区功能区域选择既要能满足现有市场的需求，又要满足未来发展的需求，具有一定的可扩展性和前瞻性。五是动态性原则。即园区功能区域的选择应根据市场需求环境的变化进行多阶段修正，具有一定的动态特性。

3. 功能区域系统布置

物流园区的功能区域系统布置就是在体现物流园区整体运作效率最大化的前提下，将所确定的所有物流功能区域进行系统布局。目前，应用于传统设施布置的方法大致可分为两类：[①] 一类是计算机化布置方法，即采用计算机辅助求解的布置方法，如 CRAFT 法（Computerized Relative Allocation of Facilities Technique）、CORELAP 法（Computerized Relationship Layout Planning）、ALDEP 法（Automated Layout Design Procedure）及 MULTPLE 法（Multi-Floor Plant Layout Evaluation）等；另一类是定性与定量相结合的经典方法，如 SLP 法[②]（Systematic Layout Planning，简称 SLP）。物流园区内部功能区布局规划涉及较多的定性因素，因此，应用单纯的数学模型求解难以达到理想的效果，而 SLP 法结合了定性和定量分析，较宜适用于园区内部功能区域的系统布置。[③] 对上述规划方案，采用系统评价方法，最后选择最优的系统布置方案。

四、实例分析

1. 客户需求与系统分析

在连云港粮食国际物流中心规划中，[④] 对其临港工业区和港口腹地的客户进行分析对比后，确定了 98 家重要服务客户作为物流服务需求调查的对象，经整理后得到表 1 所示的两阶段物流服务功能设置进程表。

表　连云港粮食国际物流中心两阶段物流主要功能设置进程表

序列	功能类型	近期	中远期	序列	功能类型	近期	中远期
1	集货发货	●		15	海关服务	●	
2	粮食仓储	●		16	货物跟踪		●
3	配送	●		17	电子商务		●
4	商品交易		●	18	物流咨询、培训、物流方案设计		●

---

①　王家善、吴清一：《设施规划与设计》，《工业工程》1998 年第 1 期，第 11～14 页。

②　蔡临宁：《物流系统规划——建模及实例分析》，机械工业出版社 2003 年版。

③　孙学琴：《系统布置设计在物流中心设计中的应用》，《科技进步与对策》2005 年第 10 期，第 117～119 页。

④　蔡临宁：《物流系统规划——建模及实例分析》，机械工业出版社 2003 年版。

（续表）

		●	◆			●	◆
5	物流信息服务	●		19	工商、税务服务	●	
6	包装		◆	20	保险服务	●	
7	流通加工		◆	21	金融服务		◆
8	订单处理	●		22	运输经纪人服务/代办托运	●	
9	装卸/搬运	●		23	粮食品种展示	●	
10	库存管理	●		24	物流设备租赁	●	
11	联运服务	●		25	停车、检修、加油		
12	集装箱堆场	●		26	商务支持		◆
13	检验检测	●		27	物业管理/保安服务	●	
14	自动化仓库		◆	28	住宿、餐饮娱乐	●	

2. 功能定位和功能区域确定

对表 1 中 28 个物流服务功能归并和整合，根据功能相同或相近的单一物流服务功能相互归并和整合的原则，将物流信息服务、检验检测、海关服务、物流咨询和培训、物流方案设计、工商和税务服务、保险服务、金融服务、物流设备租赁、停车检修和加油、物业管理／保安服务以及住宿／餐饮和娱乐等 11 项服务功能归并为综合服务区；将联运服务、集装箱堆场、货物跟踪以及运输经纪人服务／代办托运等 4 项服务功能归并为多式联运区；将商品交易、订单处理、电子商务、粮食品种展示和商务支持等 5 项服务功能归并为市场交易区；将包装和流通加工等 2 项服务功能归并为流通加工和包装区；将粮食存储、库存管理和自动化仓库等 3 项服务功能归并为仓储区；将配送、装卸／搬运和集货发货等 3 项服务功能归并为配送区。由此确定了连云港粮食国际物流中心需要规划建设综合服务区、多式联运区、市场交易区、流通加工和包装区、仓储区和配送区等六个物流服务功能区域。其中，由于连云港已经具备了综合服务区的各种服务功能，因此实际只需规划建设其他五个服务功能区域。

3. 功能区域系统布置

将需要建设的多式联运区、市场交易区、流通加工和包装区、仓储区和配送区等五个物流功能区共同作为 SLP 分析的基本单位，应用 SLP 法进行分析，确定出物流园区位置相关图与功能区域关系图后，再考虑具体物流园区的实际情况及布置的约束条件与物流动线，最后可得出连云港粮食国际物流中心五大物流功能区域布置关系图。

五、结束语

本文主要对物流园区内部功能区规划方法进行了探析，分析了物流园区内部功能区规划的流程，提出了客户需求和系统分析的思路，归纳了功能定位和功能区域规划的原则和方法，分析了基于系统布置规划方法的区域系统布置方法。物流园区内部规划是我国城市物流系统规划中的重点内容，而其内部功能区规划又是一项较为复杂的系统工程，如何科学确定其规划内容，如何采用更为合理的规划方法，是区域物流系统规划中需要进一步解决的问题。

（作者单位：南京财经大学营销与物流管理学院。原文载于《中国流通经济》2006 年第 6 期，被《人大复印报刊资料·特区经济与港澳台经济》2006 年第 9 期全文转载）

日本企业的全球化物流战略

〔日〕児玉骏著　郑可人译

泡沫经济破裂后，日本国内货物运输量（按吨计）从 1991 年的高峰逐年减少。2006 年国内货物运输量为 54.3 亿吨，与 1991 年的 69.2 亿吨相比减少了 22%。

1990 年以后，日本的 GDP 年平均实际增长率为 1.5%，而国内货物运输量以平均每年－1.4% 的比率在减少。不过，从吨公里数来看，由于每吨货物的平均运输距离有所增加，国内货物运输量仍以每年平均 0.3% 的微量在增加。

国内货物运输量的减少有以下几种原因。一是公共投资减少引起基建相关货物减少（如沙、土、石、水泥等）；二是出现了以"物"为中心的经济向服务经济的转变；三是"重、厚、长、大"货物减少，产品向"轻、薄、短、小"方向发展；四是由于网上销售得以普及，直接送货上门的产品增加，使多环节运输变为直接运输；五是企业建立了较高效率的物流系统；六是产品的产地向海外转移。

近年来，日本第三产业在 GDP 中所占比重持续上升，2006 年为 70.2%，与1996 年的 67.5% 相比有了较大增长，第一产业（农业、林业、水产业）和第二产业（制造业）所占比重在减少，且制造业中精密机器、电气化设备、一般机械、运输器具等高附加值产业比重也在增加。在这些产业中，每一万日元产值的发货重量逐渐轻量化（变得轻、薄、短、小）。如在电气化设备产业中，10 年前每一万日元产值的发货重量约为 10 千克，而现在仅为 2 千克，大概是以前的1/5。

由于互联网用户的增加（2006 年约为 8800 多万人，约占国民的 70%）和电子商务的发展，以前产品出厂后要经过多个批发商和零售商之后才能送达消费者（即多环节运输），而现在由于出现了大量的宅配送等直接送货上门服务，直接送达消费者的产品逐渐增加。2006 年日本宅配送的数量约为 30 亿个，与 10 年前相比增加了一倍，国民每人每年大约利用宅配送的数量达到 23 个，如果用 13 亿人口计算，则宅配送总量约为 300 亿个。

由于国民经济增长缓慢，为了确保赢利，日本企业一直致力于压缩物流成本。1996 年销售收入中物流成本所占的比重为 6.58%，而 2005 年已经压缩到了4.83%，这一变化为企业增加收益作出了重要贡献，物流成本的节约改善销售利润率达到 1.75%。其具体对策有削减库存、加强供应链管理、整合物流基地、改善物流信息系统等。这些措施的实施提高了物流效率，减少了物流不必要的损耗。

日本企业生产基地向海外的转移也加速了国内货物运输量的减少。生产基地向海外转移必然会引起物流向海外转移，传统的国内物流超越国境，变成了国际物流。日本制造业海外生产比例在逐年增加，2006 年具有跨国业务的日本制造业海外生产比例已达 31.2%，从整个制造业来看，海外生产比例也达到了 17.1%。

从中国境内日资企业的供销情况来看，采购总额中有 34.2% 来自日本，52.4% 来自中国，13.4% 来自东盟等第三国；销售总额中有 27.1% 销往日本市场，55% 销往中国市场，17.5% 销往亚洲、欧洲和美国等第三国。

由于企业经营的国际化，日本的国际物流量持续增加。国际海洋集装箱货物运输量平均每年以 4.8% 的速度增长。2006 年进出口总量约 2.5 亿吨，几乎是 1990 年的两倍。国际航空货运量平均每年以 5% 的速度增加，2006 年进出口总量约 320 万吨。

由于物流国际化的发展，日本企业（物流客户）对物流的要求也出现了国际化倾向。一是压缩海外物流基地的库存（从日本进行远端库存管理）；二是海、陆、空国际运输一体化以及对包含三国用户在内的直接运输；三是货物信息的国际化管理（物流的可视化）；四是全球综合物流成本的压缩。可以说，日本企业多年来削减国内物流成本的对策要扩大到国际水平，从而实施国际化物流管理。

这种需求变化要求物流企业成为具有国际视角的综合物流供应商。其具体功能有：第一，物流企业本身国际化及其全球网络构建；第二，具有可办理进出口和通关业务的海、陆、空一体化综合运输能力；第三，实现物流内容的可视化，提供能进行远端库存管理的全球化信息系统；第四，具有零库存（Cross Docking）、联运（Combine）发货、流通加工等综合物流功能；第五，具备包含货款结算的商流功能等。

因此，可称作全球物流供应商的这种新物流形态正在逐渐形成。在这种新兴市场中，陆、海、空物流企业（陆运公司、船运公司、航空公司）、综合供应商（Integrate）、国际运输代理（Forwarder）、邮政企业等均参与其中，相互之间展开了激烈竞争。为了在竞争中取胜，该领域中的各种国际协作（Alliance）也正在进行。

以下用几个事例说明日本物流客户和物流企业合作开展国际物流的情况。

第一个例子。某日本制造企业通过信息网将海外各国的物流基地连在一起，从日本总公司进行综合库存管理，并在全球范围内压缩库存。在这个事例中，日本通运公司作为物流企业所提供的国际物流信息系统（Remote Warehousing and Distribution System，REWARDS）发挥了威力，实现了含整合物流基地在内的物流成本压缩。

第二个例子。在国外进行供应商管理仓库（Vender Managed Inventory Warehouse，VMI）的设置和运营。这是指向日本企业（组装工厂）的海外工厂按准时方式（Just In Time）提供零部件时，专门设置供应商管理仓库对多个供货方（Vender）的零部件进行保管和供应，按照工厂的生产状况进行供货的管理方式。为此，物流企业必须具有通过物流信息系统将工厂的需要和供货方的货物供应有机地结合，并实施有效的库存管理和运输的能力。

第三个例子是混装服务（Buyers Consolidation Service，BCS）。这是指日本进口方企业（大型销售商）将所指定的中国等海外仓库，集中多个零部件供应商所提供的物品混装到进口方企业专用的集装箱，并运输到日本的服务方式。由于在海外（中国）进行仓库管理和流通加工并集约运输，所以大幅度降低物流成本是可行的。

第四个例子是将中国等地生产的日方货主所有的货物不运至日本，而直接运输到亚洲、美国、欧洲等地的用户手中，即"三国间物流"。这时，能够将多个不同货主的货物加以集中并集约混装运输是非常重要的，而物流企业在当地具有强大的货物集约能力是必要条件。

第五个例子是将地处中国华南地区的日方企业的零部件或产品等运输到越南等地的交叉运输（Cross Border Transportation，CBT）。与中国沿海地区相比，东盟地区的人工费用比较低廉，今后这种超越国境的物流需求还会越来越大。为应对这种需求的变化，日本通运公司开始了广州与河内之间的货车混装运输服务。

从以上五个事例可以看出，具有国际物流供应商功能的物流企业是不可或缺的。物流企业本身必须拥有充实的海外网络和全球物流信息系统，必须同时具有全球化的海、陆、空复合运输能力。

日本通运公司是日本最大的综合物流企业，是仅次于中外运敦豪（DHL）的世界第二大货物运输企业，是在世界 37 个国家的 196 个城市拥有物流基地的国际物流企业，其海外从业人员达 15000 余人，能够通过国际物流信息系统将各国的基地连接在一起，对全世界货物及其库存信息进行综合管理。

为日本企业国际物流战略提供支撑的还是以上这种具备广泛功能的国际物流供应商。为了促进物流的国际化，日本政府在政策上也给予了有力支持。2005年 11 月日本内阁会议通过了《综合物流实施大纲》，提出实现无断点（Seamless）低成本（Low Cost）的国际国内一体化物流与绿色物流是国家最重要的物流政策。同时提到要推进与以中国为中心的亚洲地区之间物流的"准国内化"，要具体制定提高国际基地港湾和机场的功能、国际国内运输模式有机结合、进出口手续简单化、高效率化等相关政策。

可以说，今后各国在进一步完善物流政策的基础上，共同推进国际合作的时代即将来临。

（作者单位：日本流通经济大学；译者单位：北京物资学院。原文载于《中国流通经济》2008 年第 6 期，被《人大复印报刊资料·特区经济与港澳台经济》2008 年第 9 期全文转载）

基于物流的竞争优势战略选择

张光明　赵锡斌

物流被称为"企业脚下的金矿"，是"第三利润源泉"。物流战略是企业竞争战略的重要内容之一，有哪些物流战略可供企业选择，它们与竞争战略有何关系，如何利用物流建立企业的竞争优势，既是一个值得探讨的理论问题，又是众多企业面临的实际选择。

一、物流战略概述

物流管理的发展大致经历了三个阶段：职能管理阶段，内部一体化阶段和外部一体化阶段。物流战略的提出，首先是基于将物流看作一个过程，通过识别物流过程的相互依赖性从而将整个物流过程的功能进行优化，并对各个物流功能进行分配（Brewer，Rosenzweig，1961）。物流过程并不是独立的，而是作为企业运作过程的一部分。因此，物流活动的统一化或过程化以及物流组织的运作，都与整个企业的运作密切联系，物流战略不具有独立性（Bowersox，1987；McGinnis，1990）。波特通过价值链的概念来分析物流活动的相互依赖性，分析公司内部及其同供应商和顾客之间的关系，为物流战略框架的形成提供了潜在的方法（Porter，1985）。波特认为，企业竞争优势的来源可通过五种基本活动即内部后勤、生产经营、外部后勤、市场销售、服务和四种支持性活动即企业基础设施建设、人力资源管理，技术开发、采购并加以识别。内部后勤、外部后勤以及采购都属于物流的重要过程，生产经营、市场销售和服务过程中也都包含物流过程，企业的竞争优势很大一部分来源于物流。

不同的战略导向对物流战略有不同的影响。Bowersox 等分析了三种战略导向对物流战略的影响。

一是过程战略。在这种战略导向下，物流活动通过附加价值系统来加以管理，关注的是将复杂的物流活动合理地分配到一个有效率的附加系统中，其基本目标是通过控制过程的各项活动，获得最大效率，降低库存和成本，提高经济效益。

二是市场战略。该战略强调物流活动通过业务单元来管理，通过对实体分配的协调来获得协同效应，通过不同的业务单元来实现共同的顾客服务。

三是渠道战略。该战略将物流活动同其他活动整合在一起，通过渠道系统来管理、协调和控制经销商、分销商网络，它所关注的是通过整个分销配送渠道的物流和信息流的协调、组织之间的协调与合作，降低库存水平，满足顾客要求。

市场环境的复杂性和顾客要求的多样性决定了物流活动的复杂性。物流战略不是一个简单的过程战略，也不是简单的市场战略或渠道战略，而是它们的组合，它具有复杂性、动态性、竞争性和环境适应性。物流战略的目标是时间、效率、成本、满足顾客要求或为顾客创造价值的函数。物流系统的有效性也是供应链过程时间、效率、成本、顾客要求的函数。每个企业的侧重点可能不同，有的企业追求效率，有的企业主要追求低成本，有的企业则将满足顾客要求放在首位。它们之间可能是矛盾的，需要经理人员进行协调和平衡。Thompson（1967）认识到绝大多数企业在短期内通过减少不确定性来提高绩效，同时又追求不确定性环境中的柔性。这种矛盾对企业经营管理提出了挑战，企业不得不在满足顾客要求和低成本的前提下，通过对供应链的协调对顾客作出快速反应。

随着顾客要求的个性化，市场竞争的加剧和技术进步的加快，物流战略越来越成为企业竞争优势差异的重要源泉。物流战略也不仅限于企业内部，还延伸到整个供应链之中，越来越成为供应链战略的主要内容。

二、物流战略的特征及其与竞争战略的关系

为培育和充分发挥企业的物流竞争优势，首先要明确竞争战略定位。迈克尔·波特在其经典名著《竞争战略》里提出了三种基本的竞争战略，即总成本领先战略、差异化战略和集聚战略。其中集聚战略是指在一个细分的市场中采用成本领先战略或差异化战略。选择不同的竞争战略模式，就会有不同的职能战略和措施与之相适应。作为重要的职能战略，物流战略也要与竞争战略相适应。表1列出了物流战略的基本特征及其与成本领先战略、差异化战略和反应式战略的关系。

表1 物流战略与竞争战略的关系

成本战略 物流战略特征	成本领先战略	差异化战略	反应式战略
主要目标	最低的成本	满足顾客特定要求	快速适应顾客的需求变化
库存特征	以成本最小确定库存	满足顾客要求的最小库存	反应式物流系统
运输配送特征	尽可能大批量	顾客要求	顾客要求，灵活
时间特征	一般要求	顾客要求	快速反应
物流信息特征	较稳定可靠	需要准确的预测	要求信息及时准确
供应商特征	低成本	基于顾客要求	复杂多变，适应性强
运作过程特征	精细、高效	模块化，规模定制	柔性

从表1可以看出，如果企业实行总成本领先战略，就要求在物流战略选择上以低成本为目标，保持低的库存水平和成本，采用大批量配送策略，在供应商的

选择上主要考虑成本，而时间可能不是其最主要的考虑因素。如果选择差异化战略，物流就要围绕顾客要求进行，满足顾客的个性化需求。若是反应式战略，就要建立快速的反应式物流系统，要具有快速适应环境和顾客需求变化的能力。

三、物流战略选择对竞争优势的影响

从前面的讨论可以看出，不同的业务流程、价值链，不同的战略环境与战略导向，要求有不同的物流战略与之相适应；而不同的物流战略对企业竞争优势的形成又有不同的影响。常用的物流战略包括以下几种：基于时间的物流战略，横向协作物流战略，纵向（供应链）物流战略，第三方物流战略，绿色物流战略与反向物流战略等。每种物流战略都有其不同的目的、战略重点、使用条件和风险，可以培育企业不同的竞争优势。因此，为充分发挥物流战略的作用和竞争优势，必须对物流战略作出谨慎的选择。

现代企业运作的主要目标是 TQCSFP（时间、质量、成本、服务、柔性、方便性），不同的运作重点就会有不同的竞争战略，从而有不同的物流战略选择。下面考虑不同物流战略的基本特征及其对运作目标与竞争战略的影响。

1. 基于时间的物流战略

在现代竞争中，时间已成为企业间竞争的重要要素之一，是竞争差异化和反应式战略的主要表现手段。差异化主要体现在尽快满足顾客的要求特别是交货期的要求，反应式主要是指在顾客的交货期要求之内，企业的整个供应链都必须协同地作出快速反应。我们可以应用供应链快速反应方法（QR）和有效顾客响应方法（ECR）来实现基于时间的物流战略。由于信息与通讯技术的发展及信息交换成本的下降，企业在信息收集、处理、传递等方面已经不存在问题，即商流、信息流、资金流都可以通过 internet、EDI（电子数据交换）或 EFT（电子支付系统）等快速实现，其主要瓶颈是如何快速地实现物流，同时又要尽可能地降低成本（尽管成本可能不是最主要目的）。但无论如何，企业只是有可能而非一定可以通过利用信息和通讯手段来提高物流运作的速度及准确性。正是在这样的背景下，基于时间的物流战略得到了广泛应用。

基于时间的物流战略又包括及时战略、延迟战略和运输集中战略。

及时（JIT）战略指根据最终顾客交货期的要求，进行物资的及时采购、及时生产、及时运输、及时交货，实现整个过程"一个流"和"无缝链接"的一种物流战略。该战略强调的是物流时间和零库存要求，但可能牺牲生产和运输的规模经济性，适合于顾客的个性化需求、多品种、小批量、柔性生产方式，还需要中心企业与供应商有很好的合作。这种物流战略很显然适用于以顾客要求为首要目标的反应式竞争战略。对于实施总成本领先战略的企业来说，及时战略可能是不合适的，它意味着以牺牲成本为代价，包括牺牲供应商的成本。单独就物流运

作来说，成本可能也是不经济的，必须同其他物流战略混合使用才能降低物流成本，发挥该战略的优势。

延迟战略包括生产延迟战略和物流延迟战略。生产延迟战略是及时战略的一种形式，它尽量延迟最终产品的形成，在收到顾客的订单后，再迅速装配顾客要求的产品并快速配送。其优势是可以获取生产的规模经济性，满足顾客的需求，缩短交货期。物流延迟战略是指物流空间上的延迟，通过设立必要数量的中央仓库对重要物品保持一定的库存，当收到顾客订单时作出快速反应，及时配送物品到销售仓库并满足顾客要求。物流延迟的目的也是为了保持生产的规模经济性，减少最终消费市场的库存量和库存成本，满足顾客需求。

运输集中战略主要指为了获取运输的规模经济性，将同一地域不同的市场需求进行计划安排，尽量做到集中运输的一种物流战略。要做到集中运输，需要有准确的库存信息和足够的顾客数量，必要时需要同顾客沟通预定送货时间，或者利用第三方物流实现协同运输。

一个企业不仅要考虑时间的要求，还要考虑生产、配送、运输等的规模经济性、成本以及效率。基于时间的物流战略，不仅可以快速满足顾客的要求，也可以有效地降低物流总成本。基于时间的物流战略不仅是反应式战略的要求，也是差异化战略的需要，谁能在最短的时间满足顾客的需要，谁就具有竞争优势。在总成本领先战略中，时间也是必不可少的基本要求，只是不是其首要要求。但对许多中小企业来说，采用基于时间的物流战略是有一定难度的，主要表现在：缺乏与顾客和供应商讨价还价的能力，缺乏足够的信息和信息系统支持以及物流运作能力，也很难承担较高的物流成本。

2. 横向协作物流战略

横向协作物流战略是指相同或不同行业的企业之间为了有效地开展物流服务，降低多样化和及时配送所产生的高额物流成本，形成一种通过物流中心的集中处理实现低成本物流的系统，而达成协调、统一运营机制的一种物流战略。有两种基本形式，一是在保留各企业原有配送中心的前提下，对某些商品进行集中配送和处理；二是各企业放弃自建的配送中心，通过共同配送中心的建立来实现物流管理的效率性和集中化。这种战略实现了物流集中处理的规模经济性，又能有效维护各企业的利益以及经营战略的有效实施。

横向协作物流战略的主要目标是降低成本。它完全建立在企业之间合作的基础上，需要企业之间很好地协调与合作，一旦配送时间、地点、设施、批量等出现矛盾，就有可能影响企业的生产运作和顾客的需求，也会影响企业之间的合作关系。因此，该战略具有较大的信用风险，通常适用于中小企业。

3. 第三方物流与供应链物流战略

第三方物流是指由供需双方以外的第三方即专业物流企业实施的物流活动。

第三方物流战略就是指企业为了减少投资，降低成本，提高效率，快速满足顾客的要求，充分利用专业物流公司在设施、人才、信息、管理等方面的优势，通过与专业物流公司的长期良好合作，对企业的物流进行规划、策划、咨询和物流服务的一种物流战略。这是一种对双方而言"双赢"的策略。第三方物流公司提高了运输设施的利用率，增加了业务量，提高了经营效率；对工商企业而言，既减少了许多物流方面的投资，又可以免除物流的后顾之忧，发挥企业专长，潜心于设计、生产和销售，而且还节约了大量的物流成本。

该战略以企业与第三方物流公司的长期稳定合作为基础，由第三方物流公司给企业提供物流解决方案并予以实施。该战略通常适合于具有与第三方物流公司讨价还价的能力和大宗物流业务量的大型企业，而且要实现的目标既有顾客要求、库存和成本的考虑，又有时间和快速反应的要求，是一种全面要求的物流战略。也就是说第三方物流战略，既可用于成本领先战略，又可用于差异化战略或快速反应战略。

第三方物流战略充分体现了波特战略理论中价值链的思想。企业之所以选择第三方物流战略，就是为了将企业的主要资源放在具有竞争优势的活动上，而将不具备竞争优势的活动交给其他具备竞争优势的企业来完成。

第三方物流战略也体现了供应链管理的思想。企业之间的竞争表现在与其相关的供应链之间的竞争。在物流领域，要充分发挥竞争优势，仅有第三方物流是不够的，还需要将物流纳入整个供应链进行考虑。基于供应链的物流战略就是要充分利用现代信息和通讯手段整合供应链资源，建立供应链中各企业之间的协作机制，即第三方物流公司不仅要与核心企业相连接，还要与核心企业的供应商、经销商、分销商和顾客实现协调、合作与信息共享，实现供应链一体化联盟。

4. 绿色物流战略

在传统竞争优势理论中，环境并未引起足够的关注。但近年来，环境问题日益引起重视，越来越多的公司开始重视环境问题。由于在其他战略相同的情况下，很难显示出企业战略的差异性，特别是给顾客带来的视觉和感知的差异性，因此绿色物流在物流领域得以盛行。

绿色物流战略主要需要考虑以下几方面：通过使用绿色材料、循环材料减少环境污染；在供应商以及材料的评价与选择上，要考虑环境因素，考虑产品整个寿命周期对环境的影响；在生产、销售、物流过程中，要实行绿色生产、绿色营销；面向环境设计绿色产品；通过生产流程再造和重新设计物流系统减少对环境的污染，减少物资消耗；通过实施 ISO14001 环境管理体系标准、ISO9001 质量管理体系标准及环境与质量审核体系建立和完善环境与质量管理体系；倡导和促进公众与企业供应链各个环节重视环境保护，以实现绿色物流和绿色经营。

绿色物流战略的实施，虽然从短期来看可能不会给企业带来明显的回报，但是它有助于树立企业的良好形象，会得到政府和社会各界的许可与支持。谁先实现绿色物流和绿色经营，谁就会形成竞争优势，得到丰厚回报，实现可持续发展。

5. 反向物流战略

反向物流（RL）是指计划、实施和控制原材料、半成品库存、制成品及相关信息，高效和低成本地从消费点到起点的过程，从而达到回收价值和适当处置的目的。反向物流是传统的产品退货和召回制度的扩展与完善，是相对于物流从供应商流向最终顾客的正向物流而言的。物流的现实告诉我们，在供应链的任何环节出现产品质量问题，如果企业不能及时通过反向物流来进行弥补，就会影响顾客和企业的利益及企业形象。在顾客使用的产品终结报废时，如果企业不通过反向物流对其进行销毁或再循环利用，就会造成环境污染，影响企业的形象，制约企业竞争优势的发挥。

长期以来，企业都重视正向物流而忽视反向物流，认为反向物流会增加经营成本，不能给企业带来价值，这是一种短期行为。我们应该看到，反向物流是企业树立良好形象、塑造竞争优势的一个很好的途径。

以上几种物流战略的目标、适用的竞争战略及其可能的风险如表 2 所示。

表 2　物流战略选择比较

物流战略	基本目标	适用的竞争战略	可能的风险
基于时间物流战略	时间	差异化战略、反应式战略	成本较高
横向协作物流战略	成本	成本领先战略	协调困难、违约
第三方物流战略	成本、效率、服务质量	成本领先战略、反应式战略	诚信、长期协作
供应链物流战略	成本、效率和服务质量	成本领先战略、差异化战略、反应式战略	资源、信息共享与协调困难、诚信、长期协作
绿色物流与反向物流战略	环保、服务质量、企业形象	差异化战略	投资回收期较长

物流战略的选择多种多样，具有不同的目标和风险，必须同企业的竞争战略相适应。只有在竞争战略的导向下，作出与之相适应的物流战略选择，才能充分发挥物流的功能，实现竞争战略的目标。同时，在培育企业核心能力的过程中，要注意培育物流的核心能力。物流的核心能力主要表现为物流的运作能力，供应链物流整合与协调能力，物流信息集成化能力等。

（作者单位：武汉大学商学院工商管理系。原文载于《中国流通经济》2003年第 12 期，被《人大复印报刊资料·商业经济》2004 年第 3 期全文转载）

青岛开发区物流企业运作现状及对策

董兴林　王立英

　　青岛开发区于 1984 年 10 月经国务院批准筹建，拥有国家级青岛经济技术开发区、青岛保税区、青岛市新技术产业开发试验区和省级凤凰岛旅游度假区，与青岛老市区陆路相连、海路相通，已形成了海、陆、空立体交通网络。青岛开发区充分利用多种区域功能优势和政策优势，以青岛前湾港集装码头、海尔、海信、澳柯玛等工业园区以及高合、三美和松下等驻区世界 500 强企业为载体，通过独资、合资、合作等多种方式大力发展集装箱、货物储存、货运代理、船舶代理和国际航运业务，逐步形成了符合市场经济规律、与国际通行规则接轨的物畅其流、快捷准时、经济合理、用户满意的社会化、专业化现代物流网络。目前全区（含保税区）拥有物流（仓储）企业 908 家，其中外资企业 69 家，注册资本人民币 17.3128 亿元，外资 4.8778 亿美元，全区物流产业呈现出飞速发展的态势。

一、青岛开发区物流企业发展现状

　　任何一个产业的发展都会经历形成期、成长期、成熟期和衰退期四个阶段，青岛开发区物流产业在较短时间内度过了形成期而进入快速发展的成长期。总体来说，青岛开发区物流基础设施建设和通讯网络建设步伐加快，为现代物流业的发展提供了保障。海外物流企业进军青岛开发区物流市场对开发区物流业的发展产生了巨大冲击，提出了严峻挑战，也加速了青岛开发区物流产业整合与重组、强强联合的步伐，以期尽快打造出具有国内或国际竞争力的大型物流企业。

　　1. 以香港招商局、沙特迪拜港、台湾长荣、丹麦马士基、英国铁行等跨国公司共同投资 200 多亿元兴建的 11 个深水集装箱泊位以及迪拜、泛亚、海丰三个集装箱码头项目取得突破性进展为契机，外资物流业快速登陆青岛开发区并迅速发展。

　　目前，丹麦马士基，日本伊藤忠、菱光、住友，韩国韩进海运、胜狮货柜，以色列以星航运，美国伯灵顿（中国）货运有限公司等近百家世界 500 强企业和国外著名物流公司抢滩青岛西海岸，入驻前湾国际物流园区、远洋大亚物流园区等专业物流园区，对促进青岛开发区现代物流的发展起到了积极的典型、示范和带动作用。但外来物流企业一般只是设立子公司或地区性分公司，其经营规模与提供的物流服务具有一定的局限性。更为重要的是，这类子（分）公司是其母公司为完善全球物流经营网络而设立的，往往从本企业自身经济效益出发，把为母公司承揽返程物流业务、进一步提高物流作业效率放在首位，因此与开发区经济社会发展的联系不像本地物流企业那样紧密，因而不能很好地适应和满足当地经济社会发展对物流的需求。

2. 中远、中国海运、中铁、中储、中外运、中集等国内大型物流企业设立的子（分）公司，也纷纷抢滩青岛开发区，推动开发区发展成为连接东南沿海，辐射华东、华北、西北、黄河流域的物流分拨中心和仓储中心，带动了开发区物流业的快速发展。

国内大型物流企业设立的子（分）公司专业化程度和作业效率相对较高，企业经济效益较好。但由于条块分割和部门分割，缺乏统一规划，重复建设现象严重，加之市场发育滞后，难以形成有效的社会服务网络。为实现宏观经济效益和微观经济效益的统一，使青岛开发区物流系统整体合理化，需要打破行业界限和部门分割，走社会化、专业化的道路，变分散的一家一户办物流的小生产方式为集约化的综合物流生产方式。

3. 开发区内海尔、海信、澳柯玛、国风等大企业均建立了各自的物流配送系统并向同行业或相关行业拓展业务，企业物流的发展呈现出勃勃生机，成为青岛开发区物流发展的一大亮点。

企业物流在一定程度上可以降低物流成本（降幅在20%左右），但它主要是依靠加强企业内部管理，尤其是原材料、零部件采购环节的管理获得的，因此效果十分有限，并不能从根本上解决物流费用居高不下的问题。究其原因，一是就某个工业企业而言，其原材料、零部件的流入与产成品的流出大都不对称，即购进的原材料、零部件的产地与售出的产成品销地不相吻合，货流量不均衡，导致企业物流的生产效率比较低；二是由于工业企业货运能力有限，货运网络不完善，尽管可以通过雇用社会运力弥补货运能力的不足，但其运输组织松散、衔接不及时，造成作业周期延长；三是包装、加工等环节仍由工商企业自己承担，不利于运输组织的技术创新和包装成本的降低，影响运输效率的提高；四是产成品的仓储和装卸仍存在着严重的重复作业，企业物流不能为产成品的销售提供可靠保障。虽然不少工业企业采取按一定销售区域租用库房建立中转库、预先将产成品入库存放的方式以满足市场销售的需要，表面上看生产基地的产成品库存减少了，实际上只是转移而已，无形之中还会加大工商企业的物流成本。

4. 引人注目的是，提供港口操作、货运代理、船务代理、水路和公路运输、仓储及其他物流增值服务的专业化物流园区和企业纷纷涌现，本地物流企业蓬勃发展。

本地物流企业的发展，首先要立足于对原有货运代理、船务代理、储运企业的改造，使之提升为能为经济社会发展提供专业化物流服务的现代物流企业；其次，这种改造要与储运企业的结构调整相结合，切忌不分大小，一哄而上；三要引导企业根据当地进出物流的主要流向，在流量较大的一些地区设立子（分）公司，建立健全货运网络和信息网络，不断扩大物流作业的覆盖面，提高物流服务水平，以适应当地经济社会和现代物流发展的需要。目前，开发区本地物流普遍存在着小、多、散、弱的现象，专业化程度低，社会物流整体效益较差。

5. 青岛开发区着力引进社会资本成立第三方物流企业，鼓励和倡导发展能为社会提供全方位物流服务的第三方物流，即专业化的物流企业。

工商企业要想大幅度降低物流成本，提高企业竞争力，就必须彻底突破小而全、大而全思想的束缚，尽早跳出企业物流的怪圈，按照市场经济社会化专业分工的原则，将属于物流环节的作业活动全部委托给专门的物流企业，使企业从自己不太熟悉的业务中脱离出来，专心从事新产品研制和市场开发，只有这样才能切实降低物流成本，从而获取更好的经济效益。这就要求青岛开发区物流产业在未来的发展进程中要大力发展第三方物流。

二、青岛开发区物流企业发展存在的主要问题

随着胶东半岛制造业基地核心区建设的展开，青岛开发区的物流需求正逐年上升，增幅将达 20％～30％，表明开发区物流产业的发展潜力和发展空间非常大。虽然青岛开发区的物流产业有了长足发展，但与西方发达国家相比还存在明显的差距，在物流产业的发展过程中还存在诸多问题，具体表现在以下几个方面：

1. 物流企业的经营规模小，市场占有率低，致使现代物流技术在这些企业中难以得到有效发挥。

青岛开发区各类物流公司数量多，规模小，发展水平参差不齐，资金、营运能力先天不足，妨碍了信息技术在物流领域的广泛应用，制约了电子商务的发展，影响了大型专业物流服务的进一步拓展。

2. 投资渠道不畅，投资主体不能多元化，企业资产并购、转让、整合困难重重，发展缺乏资金支持，特别是由传统储运企业转变而来的物流公司发展受限更大。

青岛开发区政府应考虑简化市场准入及各种经营权的审批手续；降低税负；避免重复征税；降低土地使用税费；财政贴息，减少建设中的配套费用；制定鼓励合资、合作的政策措施，鼓励联盟合作，促进区内物流企业健康、快速发展。

3. 不同的管理部门和管理层次多头管理，造成基础设施重复建设，区域结构不协调，难以形成规模经济效益。

青岛开发区物流企业在流通体制转变过程中未能及时转变经营观念，致使一些物流企业的发展仍带有浓厚的计划经济色彩，存在着明显的条块分割现象，地方保护主义十分严重，某些市场业务仍然依靠政府行政干预，物流运作效率低下。

4. 少数企业偏重于追求经济效益，违背市场诚信原则，无序竞争，物流行业整体信誉度不高，致使制造业和流通企业在委托外包物流业务时顾虑重重。

青岛开发区少数物流企业弄虚作假、投机取巧的行为反映了商业信用的严重缺失，也使得以合作信誉为前提的现代物流管理的实施变得十分困难。

5. 物流成本高，资金周转慢，运输效率低。

这些我国物流业发展中的通病，在青岛开发区也有十分明显的表现，这也是物流企业降低物流成本、提高服务质量迫切需要解决的问题。

三、推进青岛开发区物流企业发展的对策

青岛开发区的物流企业在向现代物流转型之际，关键在于资源整合和业务流程再造，形成核心竞争优势。在国外大型物流企业携先进的管理技术及资本优势大举进军青岛开发区物流市场的形势下，开发区政府和广大物流企业应加快研究和探讨促进物流市场发展的对策。

1. 政府应在促进物流资源整合过程中发挥主角作用

（1）要进一步解放思想，更新观念，充分认识目前青岛开发区物流市场发展不成熟的现实，合理运用与市场发展阶段相适应的手段和方法，解决物流市场通过市场方式难以解决的问题；充分利用政府宏观调控职能，促进青岛开发区物流市场持续、健康、协调发展。

（2）要在物流资源整合方面开拓新路子，总结新经验。物流企业只有取得较大的市场份额和业务规模，才能充分发挥现代信息技术的作用，提高效率，降低成本。根据青岛开发区物流企业资产流动性差的实际情况，应利用政府对国有资产管理的影响力，加快产权交易市场建设，促进资产流动，通过划拨或参股方式促成物流企业的资源整合，在提高资产利用率、降低产权交易成本、组建大型综合性现代物流龙头企业方面发挥作用。同时还应鼓励和促成大型生产或流通企业将物流业务委托给物流龙头企业，推动物流龙头企业尽快做大做强。

（3）要肩负起统筹规划、协调发展的责任。青岛开发区在发展物流产业的过程中，单靠行业协会还不足以冲破行业割据的局面，建议开发区政府设立一个综合协调机构，统筹调整物流产业发展政策；建立主管物流的协调部门，打破目前行业分割、部门分割的不利局面，促进不同产业之间的物流资源整合。

（4）要规范物流管理，防止物流泡沫，提高物流行业信誉。目前，青岛开发区掀起了物流热潮，各类打着物流招牌的物流企业较多，水平参差不齐，鱼龙混杂。这一方面妨碍了物流资源的优化整合和结构上的协调发展；另一方面容易造成恶性竞争，导致市场秩序混乱和行业服务水平下降，不利于物流行业信誉的提

高和物流业务的进一步拓展。

（5）要促成和实施物流一体化战略。物流一体化是以物流系统为核心，由生产企业、销售企业、物流企业直至消费者所组成的这一供应链条的整体化和系统化。物流产业是社会生产链条的领导者和协调者，能够为社会提供全方位的物流服务，是物流行业发展的高级阶段。物流一体化是物流产业化的发展形式，必须以第三方物流充分发育和成熟为基础。物流业发展到一定阶段必然会出现第三方物流的大发展，而第三方物流占有率与物流业的发展水平之间存在着非常规律的相关关系。西方发达国家物流产业的发展证明，独立的第三方物流占 50％时，物流产业才能形成。所以，第三方物流的发展程度反映并体现着一个国家物流业发展的整体水平。

（6）要尽快组建物流联盟。青岛开发区的相当一部分物流企业由传统储运业转变而来，因此，处于起步阶段的开发区物流业并非真正意义上的新兴产业，而是兼具传统储运业和新兴产业的双重特征。因此，物流企业之间通过联盟方式结成战略联盟，实施供应链管理，以优化的供应链参与国内、国际竞争，提高青岛开发区物流产业在国内、国际市场的竞争能力和市场份额，已成为区内绝大多数物流企业的发展战略。

从专业分工的角度看，制造企业的核心任务是商品开发、设计和制造，批发商和零售商应比制造商更具有组织物流的优势，因为他们的主业就是流通。但青岛开发区的制造企业（如海尔、海信等）不仅拥有庞大的销售网络，而且还有覆盖整个销售区域的物流配送系统，其物流设施比专业物流企业更为先进，这些制造企业完全可以利用现有物流网络和设施开展电子商务。对这些企业来讲，比投资更为重要的是物流系统的设计和物流资源的合理规划。因此，青岛开发区组建物流联盟的最佳途径就是充分发挥生产企业和专业物流企业两方面的优势，在生产企业已有物流设备的基础上，结合专业物流企业的经营理念和制度安排，共同建立青岛开发区的物流系统。

2. 物流企业要在物流市场中发挥主体作用

（1）建立青岛开发区模式的物流园区，进行有组织的开发和建设。一方面大力吸引国内外大型跨国物流企业入住园区，迅速提升区内物流企业运作质量和水平；另一方面，积极培育本地物流企业，通过兼并、联盟等方式整合区内现有物流资源，尽快形成具有一定竞争实力的物流集团。因此，青岛开发区在发展现代物流的过程中，应把培育本地物流企业作为重点，至少也应与引进外来物流企业并重，二者不可偏废。

（2）对扩大物流企业规模的长期性、艰巨性作好充分的思想准备，对物流是"第三利润源"的理念要有正确认识。青岛开发区物流企业的物流成本约占 GDP

的 16％，而发达国家仅占 8％～10％，这一巨大差异并不代表开发区物流市场存在巨额利润，因为在买方市场条件下，物流环节中成本降低所带来的价值既不是物流企业的利润，也不是生产和流通企业的利润，而是企业必须让渡给消费者的价值，只有这样企业才能在市场竞争中取得竞争优势，获得更大的市场份额。也就是说，运用现代物流技术的结果是让消费者得到实惠，为企业赢得市场份额。因此，开发区的传统物流企业要发展成为现代物流企业必须苦练内功，降低成本，提高服务质量，并做好企业将长期高投入、业务量高成长、运行低收益的思想准备和物质准备。

（3）做好物流企业自身的发展定位。青岛开发区众多的物流企业中，能够真正发展成为综合性现代物流企业的仅占很少一部分，大部分物流企业将在市场竞争中被淘汰或整合。因此，建立适应物流技术要求、合理有序的产业结构势在必行。一方面，应走集约化经营的道路，形成具有一定抵御风险能力、主导行业发展方向的企业集团；另一方面，通过市场竞争，筛选出一批运作灵活的小型企业来满足社会不同的物流需求，形成以少数大企业为主导、大量小企业为补充的稳定的物流产业金字塔结构；三要打破所有制、地域限制和部门分割，鼓励和引导本地物流企业与外地物流企业之间，不同领域、不同类型物流企业之间通过兼并、重组、合资、合作等形式，优势互补，携手发展物流业。

3. 物流企业要重视提高管理水平和服务质量，加强行业信誉建设

（1）质量是企业的生命，是企业可持续发展的重要因素。青岛开发区的物流企业应先求生存，再图发展，树立以用户为导向的营销理念，开发和拓展物流需求，在现有的市场领域内做大做强，加强企业间的横向或纵向联合，进一步拓展市场业务范围，提高服务质量。

（2）经营信誉是企业宝贵的无形资产。青岛开发区的物流企业应向管理要效益，在员工中牢固树立用户至上的经营观念，建立一套严格的业务规则和制度，在抓好内部机制管理、提高服务质量的同时，更要注意树立经营信誉，扩大在社会上的影响。只有整个行业的信誉提高了，货主企业才愿意将物流业务委托给物流公司代理，物流市场才能越做越大。

4. 建立虚拟物流企业

（1）信息技术与物流相结合是当前最引人注目的发展动向。随着全球经济一体化和信息技术的发展，国家之间、区域之间、城市之间、企业之间的合作日益加强，供应商、生产商、分销商、零售商及用户通过供应链组成了一个复杂的网络结构，因此，建立动态物流联盟已成为指导青岛开发区物流企业合作的新方向。

（2）建立虚拟物流企业。虚拟物流企业是由功能合理分配、信息和运作一体化、利益共享的各众多物流环节承担者所组成的物流共同体。它可以是制造企业

与物流企业之间的虚拟物流联盟，也可以是中小型物流企业构筑的虚拟物流合作模式，总之是以先进的信息技术为基础，以共享供应链信息为目的而构建的物流企业动态联盟。组建虚拟物流企业的目的就是通过物流组织、交易、服务、管理方式的虚拟网络化，使物流活动能够方便、快捷进行，实现物流的快速、安全、可靠和低费用。

5. 推进物流信息化和标准化建设

（1）物流信息化是物流发展的神经中枢。青岛开发区需要在加快物流信息基础设施建设、扶持和培育一批互联网物流信息服务供应商、加强物流企业信息化建设、加快物流相关行业管理部门信息化进程等方面做以下工作：一要推动企业物流管理的信息化。优化物流管理主要靠企业物流管理的信息化来推动，通过信息化手段能够促进企业物流管理的优化。二要推动智能运输管理系统、全球卫星定位系统和地理信息系统建设，加快构建口岸的公共信息系统平台，推动基础性、公益性物流信息资源的开发、利用。三要加强对物流信息关键技术的开发、研究和推广应用。

（2）物流标准化是物流发展的基础。物流标准化把物流作为一个大系统，制定系统内部物流设施、机械装备、专用工具等方面的技术标准，包装、仓储、装卸、运输等各类作业标准以及作为现代物流突出特征的物流信息标准，形成与国际接轨的标准化体系。青岛开发区经济社会外向度高，国际贸易和国际物流发达，因此，实施标准化物流更具有现实意义。

6. 开拓国际物流，寻求全球性的市场空间

青岛开发区的物流企业要增强竞争和忧患意识，在抓住国内市场的同时，还要放眼世界，构筑全球化战略，以一体化的物流管理和供应链管理在全球进行资源采购、生产装配和产成品分销，参与国际市场竞争。在全球范围内，通过对顾客的快速反应，提高顾客服务水平，降低物流总成本，提高开发区物流企业在国际市场上的竞争力，在全球化竞争中立于不败之地。

四、结论

目前，青岛开发区物流企业存在的主要问题是物流市场发育不成熟所造成的。因此，开发区政府要在促进物流资源整合、建设公用物流信息平台等方面发挥重要作用。传统物流企业要发展成为现代物流企业，就必须努力降低成本，提高服务质量，只有在取得竞争优势的情况下才能获取更大的市场份额，才有机会在未来物流市场发展中保留一席之地，真正成为现代物流市场的主体。

（作者单位：山东科技大学经济管理学院。原文载于《中国流通经济》2007年第7期，被《人大复印报刊资料·特区经济与港澳台经济》2007年第10期全文转载）

第三方物流企业演进及其经济学含义

——以宝供物流企业集团为例

张宏斌

根据美国供应链管理专业协会的定义，物流是供应链管理的一部分，指为了满足消费者需求，计划、实施和控制商品（包括服务）及相关信息从源头直到消费的高效流动过程，这种流动既包括正向的，也包括逆向的。而第三方物流指一家企业将包括运输和仓储业务在内的整体物流业务外包给第三方企业，后者就被称为第三方物流企业（Third-Party Logistics Provider，3PL）。第三方物流企业所提供的是一种综合性物流服务，而非单一的运输或仓储服务。第三方物流企业提供的服务包括：（1）仓储；（2）库存管理；（3）运输；（4）物流系统和物流战略设计、开发与咨询；（5）信息集成；（6）运输货物整合；（7）帮助客户进行订单处理，如接收订单、根据订单进行拣货和包装、将包装好的货物送达指定地点并协助客户的客户完成检验与签收；（8）物流成本审计和物流绩效评估；（9）货物通关服务；（10）退货管理；（11）跨库作业，即货物不经过储存，拆箱、整合、贴标签、包装后直接发货。[1][2]

1994 年，宝供只是一个不起眼的小转运站，如今已发展成为年产值近 10 亿元的物流企业集团。宝供物流企业集团（以下简称宝供）在行业内拥有多个第一：中国第一家物流企业集团，第一个将工业化的质量管理标准运用到物流运作上，第一个在中国建立基于互联网/内部网（Internet/Intranet）的物流信息系统，第一个在中国将产官学研相结合举办物流技术与管理发展国际高级研讨会，第一个在中国创办物流奖励基金。宝供的发展历程典型地反映了第三方物流企业的发展历史，也折射出了我国物流业从无到有、从有到强的发展历史。

本文试图在介绍宝供发展历史的基础上讨论两个问题：一是宝供的发展历程如何折射第三方物流企业的一般发展规律？二是宝供从传统仓储企业发展到第三方物流企业蕴含着怎样的必然性？即如何运用相关经济理论解释第三方物流企业的发展？

---

① Murphy, Paul R. & Richard F.："Poist. Third-Party Logistics：Some User versus Provider Perspectives", in the *Journal of Business Logistics*, Vol. 21, No. 1 (2000), pp. 121—133.

② Capgemini, GeorgiaInstitue of Technology, SAP, DHL.："2006 Third-Party Logistics：Results and Findings of the 11th Annual Study", in the *Capgemini Research Report*, 2006, p. 10.

一、宝供物流企业集团发展历程：从传统仓储到第三方物流

1. 起步

1990 年，宝供物流企业集团总经理和创始人刘武承包了一个处于亏损状态的货物转运站，该转运站是汕头供销储运公司设在广州的一个铁路货运站。承包后，货运站建立了货运准时、货物无损坏、仓库干净整洁的形象，并采用 7×24 小时运作机制。[①]

1994 年，宝洁公司（P&G）进入中国市场并首先在广州建立了大陆的第一座工厂。将产品从广州快速、安全地运往全国各地成为宝洁公司抢占中国市场的首要任务。因此，宝洁公司需要在广东寻找物流合作伙伴，为自己承担商品储存、运输等业务。

1994 年，大陆还很少有人用到"物流"一词，广东省物流市场基本被国有储存和运输企业垄断，这些企业具有以下几个特征：（1）缺乏竞争意识和竞争观念；（2）一家企业要么从事储存，要么从事运输，绝不越雷池一步从事综合储存和运输业务；（3）服务质量差，仓库脏、乱、差，运输过程中经常出现货物损坏现象，无法保证在正确的时间将正确的货物运达正确的地点；（4）服务意识不强，每天准时下班，当天生产的商品根本无法送出广州，当时的运输主要靠铁路，铁路运输企业只负责将货物送上火车，并不关心货物能否安全、按时到达。因此，宝洁公司无法在这些大型国营储存和运输企业中找到自己理想的物流服务商，于是将目光转向了小型民营企业，而刘武就是在这种背景下拿到了宝洁公司的第一单。

这个小货运站接到的宝洁公司的第一单是项小业务，将一批四个集装箱的货物从广州运到上海。这个业务虽然不大，但刘武非常重视，他召集业务人员将已经娴熟的运输过程又仔细讨论了一次。货物从广州运出后，他又亲自乘飞机到上海接货。四个集装箱按时到站入库，近七千件货物仅有一件破损，但就连这一件刘武也没有放过，查明原因后，他写了一份长长的分析报告送到了宝洁公司物流总监手中。宝洁公司对这一单服务非常满意，之后逐渐加大委托业务量，甚至一度将全部火车货运业务都交给这个小货运站来做。

2. 传统储运公司

为了进一步发展业务，刘武于 1994 年 10 月 18 日注册成立了广州宝供储运有限公司。成立之初，公司规模非常小，仓库和车队都是租来的，只有宝洁公司一个客户。

宝洁公司需要一个能直接负责将货物运送到商场或渠道商仓库的储运公司。

---

① 张鹏、尹小川：《IT 的味道——宝供储运的成长故事》，《IT 经理世界》1999 年第 15 期，第 31、34~37 页。

但宝供储运有限公司成立之初，只是负责在广州范围内将宝洁公司的货物运上火车，到达其他城市后，宝洁公司还需要另找一家公司将运抵火车站的货物运送到指定仓库。这样很不方便，一旦发生货物丢失或损坏，很容易互相扯皮。基于双方的成功合作，宝洁公司提出，宝供储运有限公司最好在全国范围内为其提供物流服务。为了满足宝洁公司的需要，宝供储运有限公司在成立后两个月又在广州、上海、北京、成都等地设立了四个分公司。这样，宝供储运有限公司负责宝洁公司货物从广州仓库到客户仓库整个环节的运输和仓储，为宝洁公司提供门到门的一条龙服务。随后，宝洁公司将所有铁路运输业务都交给宝供储运有限公司来做。

之后，宝洁公司又对宝供储运有限公司提出了新的要求，希望其增加整个运输过程的信息透明度。这迫使宝供储运有限公司建设自己的信息系统，开发了基于浏览器/服务器结构（B/S结构）的物流管理系统。严格的质量管理体系和完善的信息系统又为宝供带来了很多新的客户。

1997年，宝供有四十多个客户，其中90％为外资企业，它们主要专注于自己的核心业务构建核心竞争力，而将所有关联业务都外包给第三方企业去做。

3. 第三方物流企业

1999年，宝供在物流信息系统的基础上，为自己的客户提供仓储、信息管理、配送、订单管理等全方位服务，在整个供应链管理过程中起着至关重要的作用。宝供将客户的产品从生产线下线到送达全国各地零售商的整个过程都管理了起来，它已经不再是一个传统的仓储和运输企业，而成为一个真正的第三方物流企业。因此，宝供想为自己正名，首先向广东工商管理局申请注册"宝供物流企业集团有限公司"。由于当时物流在国内还是一个非常陌生的名词，广东工商管理局不清楚物流应该归口在哪个行业而无法注册。于是，刘武向国家工商总局提出申请并解释物流的含义。1999年10月，经国家工商局批准，宝供物流企业集团有限公司正式注册成立，成为我国第一个以"物流"命名的企业。

从宝供储运变为宝供物流，宝供见证了我国物流业的发展。如今，物流已经成为一个炙手可热的名词。

4. 走向第四方物流企业

随着客户的增多和业务的发展，宝供对自己的角色定位也一直在改变。最初只是为客户提供单纯的货物储存和运输服务；然后又为客户提供信息管理服务，增加物流过程的信息透明度，负责客户产成品的整个物流过程，成为一个典型的第三方物流企业；2002年，宝供开始为客户提供供应链管理服务，利用信息连接供应链上的各个企业，提高客户供应链管理绩效，降低整个供应链成本，宝供称自己为供应链一体化服务商，这实际上是第四方物流企业的概念。①

供应链一体化服务商并不只是一个简单的概念转换。原来宝供基本上是一个无资产的第三方物流企业，仓库是租来的，使用的是社会车辆。然而要与客户结成供应链一体化合作伙伴，就要为客户的客户提供服务，客户的客户在哪里，自己的服务就必须延伸到哪里。宝供的客户一般都是大型外资企业，其产品销往全国各地，因此，宝供必须建设一个庞大的服务网络，才能将服务延伸到客户的客户。这个网络不仅包括虚拟的信息网络，而且包括配送中心网络等，只有这样才能集成地为客户的供应链提供信息流和物流统一的服务，提高整个供应链的反应速度，为客户赢得竞争优势。

为了实现转向，宝供开始实施基地战略。在原来合肥基地的基础上，建设广州南岗、苏州、顺德、北京、沈阳等10个基地。这10个基地作为宝供的配送中心，形成了覆盖全国的服务网络。配送中心作为制造商和零售商之间的桥梁，对货物的出入库、存储、拣库、配货以及车辆调度等进行科学、高效的管理，为客户提供高效、优质的物流服务。每个物流基地都按照现代物流配送中心的标准建设，里面有大型的立体仓库、完善的机械设备、先进的计算机网络和信息系统。

二、第三方物流企业发展的经济学分析

从宝供的发展历程可以总结出几个明显的历史阶段：1997年之前，宝供是一个传统的物流服务商，提供简单的储运业务；1997年，宝供开始认识到信息在物流服务中的重要作用，利用信息技术和信息系统为客户创造价值；1999年，宝供开始为客户提供综合的物流服务，成为一个真正的第三方物流企业；2002年，宝供开始为客户管理供应链，逐步走向第四方物流企业。

从宝供的发展历史也可以总结出第三方物流企业发展的一般趋势。最初，只是普通的储运企业，提供以运输和仓储为主的传统物流服务，与客户一般是短期的交易关系；后来，这些传统的物流服务商逐渐发展成为第三方物流企业，提供咨询、仓储、运输、订单履行、退货等综合物流服务，与客户一般是中短期的合约关系；之后，第三方物流企业中的佼佼者又发展成为所谓的领先物流企业（Lead Logistics Provider，LLP），领先物流企业不仅是物流服务商，而且为客户管理所有的物流服务，管理客户所有的物流服务商，它管理所有的物流流程，负责集成信息技术、制定相关标准、评估物流绩效，领先物流企业与客户一般是中长期的合约关系，双方共担风险；最后，部分领先物流企业发展成为第四方物流企业（Fourth-Party Logistics Provider，4PL），它们成为客户的供应链管理者，是客户和众多物流服务商之间的唯一桥梁，提供供应链咨询与优化、管理其他第

---

① 贾鹏雷：《物流企业信息系统：蜡头枪还是杀手锏?》，《计算机世界》2004年11月29日。

三方物流企业以及供应链上的综合物流业务等服务，与客户之间是长期的合作伙伴关系。①②③

1. 第三方物流企业发展的分工演进理论解释

第三方物流企业的发展蕴含着怎样的经济规律呢？首先，第三方物流企业的发展可以用分工演进理论进行解释。④ 根据新古典经济学的理论，分工是交换的产物，分工和专业化能够加速知识积累，带来效益增加。但协调分工又需要成本，即交易成本。分工的深化程度取决于分工收益与交易成本的比较，呈现出一个自发演进的过程。在物流发展的初期阶段，物流活动以运输、仓储、包装、装卸搬运等形式分散在企业生产的各个环节，各个企业也以自给自足的方式进行物流服务。随后，分工效益催生了专业化的运输和仓储企业，生产企业开始将仓储和运输等物流业务以分散的形式进行外包。之后，随着先进物流技术和信息技术的推动，企业把原来分散的运输、仓储、包装、装卸搬运、采购等物流活动加以整合，形成内部一体化的物流业务。这时，如果仍然以分散的形式外包物流业务，显然会使交易成本显著增加，第三方物流企业应运而生，生产企业可以将自己内部一体化的物流业务外包给一个第三方物流企业。但企业不是独立存在的，它运作在一个广大的市场中特别是某一个供应链中。企业的上下游企业都有各自的第三方物流企业，因此，企业不得不和供应链上众多的第三方物流企业打交道，交易成本也很高。领先物流企业和第四方物流企业充当了企业和众多第三方物流企业之间的桥梁，这样，在供应链管理活动中，企业只需同一个物流服务商进行交易，让它来管理其他第三方物流企业，可在降低交易成本的同时，增加分工和专业化收益。

2. 第三方物流企业发展的规模经济理论解释

第三方物流企业的发展，利用经济学成本理论可以解释为学习曲线和规模经济双重作用的结果（如图 1 所示）。开始时，企业一般自营物流业务，其平均成本在 A 点。随后，企业将自己的物流业务外包给传统的仓储或运输企业，由于规模经济性，平均成本下降到 B 点。随后，出现了第三方物流企业，为客户提供综合的物流服务，由于学习曲线的存在，成本又由 B 点进一步下降到 C 点。领先

---

① Capgemini, Georgia Institue of Technology, SAP, DHL.："2006 Third-Party Logistics：Results and Findings of the 11th Annual Study", in the *Capgemini Research Report*, 2006, p. 10.

② Capgemini, Georgia Institue of Technology, SAP, DHL.："2005 Third-Party Logistics：Results and Findings of the 10th Annual Study", in the *Capgemini Research Report*, 2005, p. 15.

③ Capgemini, Georgia Institue of Technology, FedEx.："Third-Party Logistics：Results and Findings of the 2004 9th Annual Study", in the *Capgemini Research Report*, 2004, p. 9.

④ 赵俭：《中国与发达国家第三方物流产业比较研究》，上海海运学院学位论文，2004 年，第14～16页。

物流企业是第三方物流企业中的佼佼者，它规模更大、服务的企业更多，由于规模经济性，平均成本再次从 C 点下降到 D 点。随着第四方物流企业的出现，由于拥有更多专业人才和知识，营运经验更为丰富，同时由于学习曲线的作用，平均成本最终从 D 点下降到 E 点。

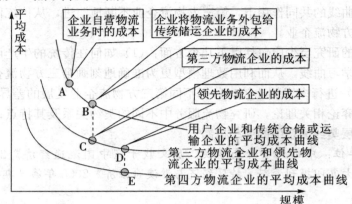

图　第三方物流企业发展的成本解释

3. 物流服务外包的成因分析

根据以上理论分析，企业之所以会把自己的整体物流业务外包给第三方物流企业，主要有以下原因：

（1）规模经济性。由于第三方物流企业从事专业物流服务，可以将不同企业的货物存储在同一个仓库，从而提高仓库利用效率，降低单位产品储存成本。同时，也可以将同一条线路上不同企业的不同产品进行整合运输，并进行运输线路优化，从而降低产品运输成本和车辆空载率。因此，随着规模的增加，第三方物流企业边际成本降低，存在较为显著的规模经济性。

（2）减小投资规模，降低财务风险。由于配送中心和相关信息系统建设投资额较大，将整体物流外包可以减少巨额固定资产投资，改善企业现金流，降低企业财务风险。

（3）资源优化配置。企业将物流业务外包，可以专心从事自己擅长的业务，将有限的资源投入核心业务上，有利于培养企业核心竞争力，提高竞争优势。

（4）专业分工。第三方物流企业从事专业物流服务，具有丰富的经验，可以提供更为高效、优质的物流服务。特别是随着全球化趋势的加强，许多企业在全球各地开展业务，它们的供应链变得非常复杂，如果将供应链管理业务外包给更为专业的第三方物流企业或第四方物流企业，将提高共应链管理的效率和效益。

三、结论

本文在总结宝供物流企业集团发展历程的基础上，利用经济学相关理论解释了第三方物流企业的发展趋势，主要包括以下几点：（1）第三方物流企业的发展具有一定的规律，一般经历传统储运公司、第三方物流企业、领先物流企业甚至第四方物流企业等几个阶段；（2）企业从自营物流业务、物流业务分散外包到企业物流业务内部整合再到整合物流业务整体外包是分工演进的结果；（3）在规模经济和学习曲线的共同作用下，第三方物流企业不断地演进，从传统储运企业发展成为第四方物流企业。

进一步的研究至少应包括以下几个方面：（1）如何在传统的生产函数中融入规模经济和学习曲线，从而利用数理模型更为准确地刻画第三方物流企业的发展和演进；（2）进行多案例比较，分析不同第三方物流企业发展的差异及其原因；（3）利用博弈论相关理论，研究物流服务中不同的契约关系及其特点；（4）分析物流服务多层契约关系中的激励机制。

（作者单位：中山大学岭南学院。原文载于《中国流通经济》2008 年第 5 期，被《人大复印报刊资料·特区经济与港澳台经济》2008 年第 8 期全文转载）

关联规则挖掘技术与第三方物流企业营销决策研究

黄远新　田红英

一、引言

随着物流业的迅猛发展和物流信息化水平的不断提高，物流数据信息也呈几何级增长，运用传统的处理手段通常难以对这些庞大的数据信息进行深入分析，而关联规则等数据挖掘技术是解决这类问题较好的处理工具。把关联规则挖掘技术应用到物流领域，对海量物流信息进行分析，挖掘出这些信息的潜在价值，有利于第三方物流企业（Third-Party Logistics Enterprises）管理层及时发现内在关联规律，为进行市场营销等经营决策提供科学指导。[①]

二、物流信息挖掘

数据挖掘（Data Mining），又称数据库中的知识发现（Knowledge Discovery in Database，KDD）。贝里和利诺夫（Berry & Linoff）认为，[②] 数据挖掘就是针对大量的数据，利用自动化或半自动的方式作分析，以找出有意义的关系或法则。瓜佩等人（Guape & Owrang）则认为，[③] 数据挖掘是从现存数据中剖析出新事实及发现专家们尚未知晓的新关系。法耶兹（Fayyad）等学者把数据挖掘定义为，[④] 数据挖掘为依据使用者需求自数据库中选择合适数据，加以处理、转换、探勘至评估的一连串过程，期望能找出真实世界运行时隐含于其内的运作规律，以辅助解决问题之用。

综上所述，数据挖掘就是从大量的数据中，抽取出潜在的、有价值的知识（模型或规则）的过程。关联规则（Association Rule）是数据挖掘的常用技术之一，它能够有效地发现数据间的联系，根据已有数据预测未来发展趋势，在企业客户关系管理、营销策略制定方面有着广泛的用途。[⑤]

---

①　王琳莎、林国龙、杨斌：《新的关联规则算法在物流行业中的应用》，《物流技术》2009 年第 31 卷第 3 期，第 41~43 页。

②　Berry Michael J. A．, Linoff Gordon S．："Data Mining Techniques: for Marketing, Sales, and Customer Relationship Management", New York: John Wiley & Sons, Inc．, 1997.

③　Guape F. H．, Owrang M. M．: "Database Mining Discovering New Knowledge and Cooperative Advantage", in the *Information Systems Management*, No. 12（1995），pp. 26~31.

④　Usama Fayyad, Gregory Piatetsky—Shapiro, Padhraic Smyth："The KDD Process for Extracting Useful Knowledge from Volumes of Data", in the *Communications of the ACM*, No. 11, Vol. 11（1996），pp. 27~34.

⑤　Michael J. A. Berry, Gordon S. Linnoff：《数据挖掘技术》，机械工业出版社 2006 年版，第 175~194 页。

随着物流信息化水平的提高，通过数据挖掘技术分析货物流向对于物流企业或者物流用户都有着至关重要的意义。借助关联规则挖掘技术可以在不增加成本的情况下预测出客户可能会感兴趣的产品，有针对性地推广产品。应用关联规则挖掘技术对客户的发货数据进行分析，从中可找到客户发货去向之间的关联，以及发货去向与发货种类之间的关联。[①] 企业则可以根据挖掘结果内在的关联规律作出市场营销分析决策报告，列出潜在目标客户群，有针对性地拓展业务，推销客户所需的服务，提高业务营销的成功率，创造更大的经济效益。

1994 年，阿格拉瓦尔（Agrawal）等人提出著名的 Apriori 算法。[②] Apriori 算法是发现关联规则所需频繁项目集的有效算法，至今仍然作为经典算法被广泛应用。它通过扫描数据库，先产生候选集 C1，然后生成频繁 1－项目集 L1，接着是 C2，L2，如此不断循环下去直到无法发现更多的频繁 k－项目集为止。[③]

三、实证研究

第三方物流（3PL）企业远成集团在全国各省会城市及经济发达的二、三线城市有着较完整的物流网络布局。现对其部分业务数据作一些试探性分析，从中找出客户发货去向之间的关联，以及发货去向与发货种类之间的关联，为公司制定营销决策提供支持。挖掘策略是：先对远成集团成都公司的数据进行分析，以成都公司为基点，找出各种关联规则。

1. 数据准备

从该企业成都公司数据库抽取 2008 年某时间段内的业务记录作为数据源，进行如下数据处理：

（1）发货方向归类。发货方向包含了全国各大中城市，为分析方便，归为 6 个方向：①东北方向：哈尔滨、沈阳等；②华北方向：北京、天津、青岛、石家庄等；③华东方向：上海、无锡、杭州、南京、宁波等；④华南方向：广州、深圳等；⑤西北方向：西安、乌鲁木齐等；⑥重庆方向。华中方向因为业务量较少，没有符合标准的记录。

（2）发货种类归类。归为 9 大类：①食品：泡菜、榨菜、淡口菜、大头菜、竹笋、醪糟、食用油等；②调味品：豆瓣、鸡精、火锅料、花椒油等；③酒类：郎酒、全兴酒、泸州老窖等；④药品保健品：三勒浆、中药材、西药、兽药等；⑤纺织品：服装、棉布、双宫丝、坯布等；⑥化工原料：PC 料、A 胶、BZS 添

---

① 陆璐：《基于关联规则的数据挖掘在集装箱追踪系统中的应用》，《铁路计算机应用》2008 年第 17 卷第 8 期，第 25～28 页。

② Agrawal R, Srikant R.："Fast Algorithm for Mining Association Rules in Large Database"，Proc. 1994 Int Conf. on VLDB, Santiago, Chile, 1994, pp. 487～499.

③ 毛国君、段立娟、王实、石云：《数据挖掘原理与算法》（第二版），清华大学出版社 2007 年版，67～69 页。

加剂、聚磷酸铵等；⑦纸张类产品：白纸、静电纸、夹板纸、胶版纸、纸浆等；⑧金属制品：锌锭、铁合金、稀土、射钉、皮带轮、柴油机等；⑨石材：花岗石、大理石等。

经过发货方向和发货种类归类处理后的部分数据如表1所示。

表1 处理后的远成集团成都公司部分业务数据

装载日期	运单编号	发货方向	种类	体积（立方米）	重量（吨）	运输方式
2008－3－12	K004849641	华南方向	食品	36.00	18.00	集装箱
2008－3－12	K004849644	华南方向	纺织品	50.00	20.00	集装箱
2008－3－12	K004849937	重庆方向	化工原料	29.70	18.00	行包
2008－3－13	K004849938	重庆方向	化工原料	60.30	34.20	行包
2008－3－14	K004853004	华南方向	纸张类	36.00	28.73	行包
2008－3－15	K004853026	华南方向	食品	33.00	19.53	行包
2008－3－16	K004853077	华东方向	调味品	16.83	13.25	行包

2. 挖掘关联规则

本实证研究采用 Spss 公司开发的数据挖掘软件——Clementine 对处理后的数据进行分析。执行"Apriori"模型，设置支持度为10%，置信度为20%，得到的挖掘结果如表2所示。Clementine 的可视化功能非常强大，通过执行"网络"模型，得到了非常直观的挖掘结果，从图1网络节点挖掘结果可以看出，｛纺织品（金属制品），华东方向｝、｛食品（调味品），华南方向｝被保留了下来，说明这几对项目关联程度是最大的。

表2 成都公司数据挖掘结果

后项	前项	支持度（%）	置信度（%）
华东方向	纺织品	10.766	88.889
华东方向	金属制品	10.766	55.556
华南方向	调味品	18.421	54.545
华南方向	食品	21.292	47.191
华南方向	纸张类产品	11.483	45.833
华东方向	纸张类产品	11.483	43.75
华北方向	金属制品	10.766	35.556
调味品	华南方向	33.732	29.787

（续表）

食品	华南食品	33.732	29.787
华北方向	调味品	18.421	28.571
华北方向	食品	21.292	26.966
纺织品	华东方向	35.646	26.846
食品	华北方向	24.88	23.077
酒类	华北方向	24.88	22.115
华东方向	食品	21.292	21.348
调味品	华北方向	24.88	21.154

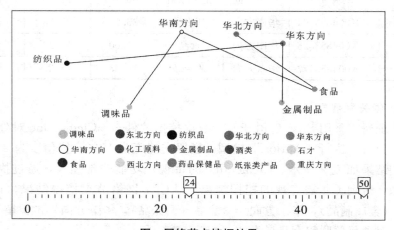

图　网络节点挖掘结果

执行 Clementine 的两个模型得到的结果基本相似，验证了挖掘关联规则的可行性与准确性。

3. 结果评估及对策制定

（1）成都和广州往返货源分析

表 2 显示，调味品和食品的发送量中分别有 54.55％和 47.19％是发往华南地区的，占发往华南地区货物总量的 29.78％，这表明了华南地区对食品和调味品的特殊吸引力。远成集团华南地区货物集散中心——广州公司到成都的货源情况如表 3 所示，其中数码产品和家用电器等两类货物的交易记录分别占总量的 35％和 25％。

表3 广州至成都货物关联情况

后项	前项	支持度（%）	置信度（%）
家用电器	纺织品	15.0	66.667
家庭日用品	家用电器、数码产品	15.0	66.667
数码产品	家用电器	25.0	60.0
家用电器	数码产品	35.0	42.857
纺织品	家用电器	25.0	40.0
家庭日用品	家用电器	25.0	40.0
数码产品	纺织品	15.0	33.333
纺织品	家用电器、数码产品	15.0	33.333

上述数据表明食品、调味品和数码产品、家用电器分别是远成集团成都公司和广州公司的主要货源，应该给予重点关注，调整营销策略，加大所在本地区特色货源的组织力度，有针对性地挖掘潜在客户，形成稳定的货源，最大限度地提高运输车辆的装载率，确保成都—广州干线运输业务的稳定，并促进其增长。

（2）成都和上海往返货源分析

表2显示，纺织品的发送量中有88.89%是发往华东方向的，占发往华东方向货物总量的26.84%，这就提醒成都公司在组织华东货源时，应该特别关注生产服装和布匹的厂家，提高这类产品营销的成功率。远成集团华东地区货物集散中心——上海公司到成都的货源情况如表4所示，其中机械设备的比重最大，占35.48%，其次是化工原料及产品，占25.8%，家用电器的比重排第三，占16.12%。这些数据也清晰地为上海公司的营销策略指明了方向。不过表2显示成都地区发往华东地区已经形成规模效应的货源品种单一，除纺织品以外其他种类的货物都是零散的，这就要求成都公司应该抓住西部大开发以及灾后重建等带来的巨大市场机会，努力拓宽货源种类，扩大成都—上海干线运输的业务量。

表4 上海至成都货物关联情况

后项	前项	支持度（%）	置信度（%）
家用电器	数码产品	12.903	75.0
机械设备	化工原料及产品	25.806	62.5
数码产品	家用电器	16.129	60.0
化工原料及产品	机械设备	35.484	45.455

四、结束语

本文通过研究指出在第三方物流（3PL）企业的信息管理中应用关联规则挖掘技术进行数据挖掘，找寻关联信息，为企业经营决策提供支持在技术上是可行的。实证研究表明，对 3PL 企业的发货记录进行关联规则挖掘，可以找到客户发货去向之间的关联，以及货物流向与货物种类之间的关联；3PL 企业经营者则根据挖掘发现的内在关联规律进行市场营销分析，作出科学决策，适时提供客户急需的物流服务，提高业务营销的成功率，从而扩大市场份额，增强企业的核心竞争力。

（作者单位：上海海事大学、成都职业技术学院。原文载于《中国流通经济》2010 年第 3 期，被《人大复印报刊资料·物流管理》2010 年第 6 期全文转载）

企业物流成本的战略成本动因研究

易　华　张文杰

一、问题的提出

随着经济全球化进程的不断加快和市场供大于求矛盾的不断突出，越来越多的企业①不得不花费更多的成本来提升其物流系统的效率和服务水平。但由于以往企业成本控制的重点在生产领域，对物流成本这个"黑暗大陆"知之甚少，因此，很多企业都存在物流成本浪费严重，不能从源头上加以控制的问题，严重影响了企业的市场竞争力。

有效控制成本的关键，并不在于对成本及相关财务数据本身的关注，而在于对引起成本变化的因素——成本动因，特别是战略成本动因的深入分析与考察，②③④⑤只有通过对各类战略成本动因进行合理的调整和改善，才能从根本上控制成本，实现各类资源的高效利用。显然，对企业物流成本的控制，也必须从成本动因，尤其是战略成本动因着手。

目前，国内外学者对成本动因的研究主要停留在"企业成本动因"阶段，并形成了较为系统和成熟的理论体系。而对于企业物流成本动因，特别是企业物流成本的战略成本动因，国内外学者研究得较少。在现有文献中，有些研究涉及了物流成本的作业成本动因，着重解决物流成本的计算问题，仅有孙朝苑对物流成本的现实动因进行了分析，但不够全面，没有进行更为详尽的分类，也未阐明它们之间的相互关系。⑥

本文将基于物流成本的特点及前人对战略成本动因的研究成果，试图更为系统全面地提出企业物流成本的战略成本动因及其分类，并分析各战略成本动因之间的关系，希望为企业从源头上实施物流成本控制提供一些帮助。

二、企业物流成本与战略成本动因

1. 企业物流成本的分类与特点

物流成本是企业物流活动所耗费的物化劳动与活劳动的货币表现，⑦ 是企业

---

① 本文所指的企业为制造企业。
② 迈克尔·波特：《竞争优势》，华夏出版社 2002 年版，第 34～102 页。
③ 迈克尔·波特：《竞争战略》，华夏出版社 2002 年版，第 187～234 页。
④ 爱德华·布洛克、孔·陈、托马斯·林：《战略成本管理》，人民邮电出版社 2005 年版，第 9～10 页。
⑤ 乐艳芬：《战略成本管理与企业竞争优势》，复旦大学出版社 2006 年版，第 84～104 页。
⑥ 孙朝苑：《企业物流成本与服务》，科学出版社 2005 年版，第 71～77 页。
⑦ 刘志学：《现代物流手册》，中国物资出版社 2001 年版，第 20～23 页。

物流系统的投入。

企业物流成本可以从横纵两个维度进行划分。横向维度指从物流功能的角度出发，将物流成本分为运输成本、仓储成本、库存持有成本、包装成本、信息系统成本等，[①②] 从该维度对物流成本进行细分，有助于物流系统本身的优化；纵向维度指从物流系统投资和运作的角度出发，[③] 将物流成本分为物流投资阶段成本、物流运作阶段成本，从该维度对物流成本进行细分，有助于优化物流系统的投资决策。

本文认为，在企业物流成本的众多特点中，以下两点对于企业物流成本战略成本动因的确定和分类具有指导性作用：

（1）企业物流成本与企业其他成本之间存在密切的关系，这种关系有时表现为同向变动，即一种成本上升，另一种或几种成本会跟着上升，反之亦然；有时表现为逆向变动，即一种成本上升，另一种或几种成本会跟着下降，反之亦然，如增大采购批量以获取价格折扣时，原材料成本会下降，而物流成本则会上升。由于物流成本是企业总成本的一个组成部分，在进行物流成本控制时，也要考虑其他与之相关的成本，因此，当物流成本某个战略成本动因的调整会引起物流成本与其他成本之间的逆向变动时，必须在物流成本和其他成本之间进行权衡，以达到企业总成本最优的目的。

（2）企业各类物流成本之间存在密切的关系，也会表现为同向变动或逆向变动。以逆向变动为例，当加大运输批量时，运输成本会下降，而仓储成本与库存持有成本则会上升；在建设了全自动立体仓库后，物流投资阶段成本会上升，而物流运作阶段成本会下降。由于企业物流成本控制以企业物流总成本为对象，因此，当物流成本某个战略成本动因的调整会引起某类物流成本与其他物流成本之间的逆向变动时，必须在此类物流成本和其他物流成本之间进行权衡，以达到企业物流总成本最优的目的。

2. 与战略成本动因相关的研究成果

（1）战略成本动因。迈克尔·波特、瑞利、库珀、卡普兰、乐艳芬等对企业成本的战略成本动因进行过系统而深入的研究，总结其研究成果可知：

成本动因是导致成本发生变化的因素，可分为两大类，即战略成本动因和作业成本动因。与作业成本动因相比，战略成本动因属于宏观层面，对成本的影响更长期，更持久，更深远，可塑性也更大，是影响企业成本的关键因素，可以控制住企业日常经营中存在的大量潜在问题。作业成本动因属于微观层面，对间接

① 李伊松、易华：《物流成本管理》，机械工业出版社 2005 年版，第 27～48 页。
② 李会太：《物流成本的横向控制》，《市场周刊》2006 年第 8 期，第 24 页。
③ 李会太：《物流成本的纵向控制》，《企业管理》2006 年第 5 期，第 70～72 页。

成本的分摊与计算意义重大。①②③

战略成本动因可以分为两个类型，即结构性成本动因和执行性成本动因。结构性成本动因是决定企业基础经济结构的成本动因，它往往发生在生产开始之前，属于资本性支出，具体包括规模、整合程度、学习与经验曲线、技术、地理位置；执行性成本动因是与企业执行作业程序相关的成本动因，用以分析在企业基础经济结构既定的情况下，如何提高能动性并优化组合，从而控制成本，具体包括员工对企业的向心力、全面质量管理、生产能力运用模式、生产设施布局、联系等。④⑤⑥

（2）企业物流成本的现实动因。孙朝苑指出，企业物流成本的现实动因包括生产经营环节、人力资源运用状况、物流标准化、客户服务和企业的地理位置。其中，生产经营环节包括供应与生产环节的衔接点、生产环节、销售与生产环节的衔接点；人力资源运用状况包括物流职工分布结构、人工费用、劳动效率。⑦

三、企业物流成本的战略成本动因及其分类

本文认为，企业物流成本的战略成本动因是对企业物流成本具有重大影响的成本驱动因素，通过对这些成本动因进行调整，企业可以从源头上控制物流成本，同时这些动因往往不可量化。

由前面的分析可知，物流成本与企业其他成本之间，以及各类物流成本之间是相互影响的。因此，本文认为，企业物流成本的战略成本动因可以分为两大类，即物流系统外部成本动因和物流系统内部成本动因。

1. 物流系统外部成本动因

物流系统外部成本动因处于物流以外的其他领域，它们的改变会对物流成本产生重大影响。物流系统外部成本动因包括物流服务水平、产品特点、制造中心的选址与生产布局、企业与上下游企业之间的联系。

（1）物流服务水平。物流服务水平反映了企业内外部客户⑧对企业物流系统产出——物流服务的要求。一般情况下，客户要求的服务水平越高，物流系统的投入——物流成本也就越高。

① 迈克尔·波特：《竞争优势》，华夏出版社 2002 年版，第 34～102 页。
② 迈克尔·波特：《竞争战略》，华夏出版社 2002 年版，第 187～234 页。
③ 乐艳芬：《战略成本管理与企业竞争优势》，复旦大学出版社 2006 年版，第 84～104 页。
④ 迈克尔·波特：《竞争优势》，华夏出版社 2002 年版，第 34～102 页。
⑤ 迈克尔·波特：《竞争战略》，华夏出版社 2002 年版，第 187～234 页。
⑥ 乐艳芬：《战略成本管理与企业竞争优势》，复旦大学出版社 2006 年版，第 84～104 页。
⑦ 孙朝苑：《企业物流成本与服务》，科学出版社 2005 年版，第 71～77 页。
⑧ 企业内部客户指企业中需要物流系统提供服务的其他部门，如生产部门。

（2）产品特点。产品特点指产品原材料及零部件的选取与采购、产品加工工艺与流程、产品形状、产品易损性、产品密度、产品质量、产品价值等。物流以一定的产品、半成品、零部件及原材料为对象，对不同特点的产品实施物流会产生不同的成本，如产品越容易损坏，为保证产品完好，所需花费的物流成本就越高。

（3）制造中心选址与生产布局。制造中心选址对企业物流成本影响很大，制造中心与客户和主要供应商的距离、制造中心所在地区交通的便利程度及外部自然环境等，都会使物流成本发生质的变化。生产布局也会对物流成本产生影响，尽量减少不同车间之间的距离，合理安排不同工序车间和设备的位置，可降低物流成本。

（4）企业与上下游企业之间的联系。如果制造企业与其供应商和销售商合作密切，就能实现以订单为驱动力的生产与采购，从而降低原材料与产成品的积压，减少运输等待时间，进而降低物流成本。相反，如果企业与其上下游企业之间合作松散，为保证生产的正常进行和产成品的供应率，或降低采购与生产成本，企业物流系统就必须承担更大的压力，从而导致物流成本增加。

物流系统外部成本动因不是企业物流系统自身可以决定的，它们不仅会影响物流成本，还会影响企业其他成本。对各项物流系统外部成本动因的调整，取决于物流成本与企业其他成本之间的权衡。如在郊区建设制造中心，地价便宜，有利于生产成本的降低，但郊区远离供应商和客户，也会导致企业物流成本增加。至于是否应在更为繁华的地段建设制造中心，则要看由此带来的物流成本的下降是否能够抵消相应的生产成本的上升。

2. 物流系统内部成本动因

物流系统内部成本动因位于企业物流系统之内，它们的调整会引起各类物流成本之间的连锁变动。本文认为，物流系统内部成本动因可以分为投资性成本动因和经营性成本动因两类。

（1）投资性成本动因。投资性成本动因大多是在企业物流系统建设时期确定下来的，如果以后要对这类动因进行调整，需要付出较大的代价，因此，这类动因不能进行经常性的变动，即使调整也要本着谨慎的原则进行。本文认为，投资性成本动因包括物流设施的位置与刚性布局、物流固定资产的技术水平。

一是物流设施的地理位置与刚性布局。物流设施的地理位置对企业物流成本具有很大影响，如恰当的配送中心的地理位置，尽管有可能增加土地成本，但却会提高日后物流运作的效率，从而使相应的成本降低；刚性布局指企业物流系统中一时难以改变的设施与设备的布局，如仓库大门的位置、月台的位置等。

二是物流固定资产的技术水平。物流固定资产的技术水平主要指企业物流系统中各类设施设备的技术先进性以及物流管理信息系统的技术先进性等。

投资性成本动因主要从纵向维度来影响企业物流成本，如恰当的物流设施的地理位置与刚性布局、高技术水平的物流固定资产会导致物流投资阶段成本的上升，但也会带来物流运作阶段成本的下降。投资性成本动因的调整主要取决于物流投资阶段成本与物流运作阶段成本之间的权衡。

（2）经营性成本动因。经营性成本动因与投资性成本动因不同，它们的调整相对比较容易，付出的代价也较小。本文认为，经营性成本动因包括物流资源的利用率、物流人员的素质与向心力、物流作业质量、物流系统中的非刚性布局、软性技术的应用。

一是物流资源的利用率。物流资源包括各类物流设施设备和人员等。物流资源利用率越高，单位物流作业的成本就越低。提高物流资源的利用率，减少设备和人员的闲置率，是降低物流成本的重要途径之一。很多企业将不用的物流设施设备租出去，或利用社会物流解决高峰时期的物流需求，这些都是提高物流资源利用率较好的方法。

二是物流人员的素质与向心力。有经验、熟练的物流人员工作效率和工作质量更高，会带来物流成本的下降。向心力能使物流人员发挥主观能动性，积极寻找降低物流成本的途径；也能降低物流人员的流动性，使物流人员随着工作量的不断积累而变得更有经验，素质更高。

三是物流作业质量。物流作业质量越高，因物流作业失误而造成的产品与人员的损失就越小，从而带来物流成本的下降。同时，某项物流功能的作业质量高，往往可以给其他功能的实施带来方便，进而促使其他功能的成本降低，如优良的包装可以降低产品对运输和仓储的要求，从而有助于运输和仓储成本的降低。

四是物流系统中的非刚性布局。物流系统中的某些布局比较容易调整，如仓库中备货区和存储区的位置、某项产品具体的存放位置等，这些非刚性布局的调整往往不需要付出太多代价，却可以切实地降低物流成本。如将出入库频率突然变大的产品，从仓库顶层移到仓库底层靠近大门的位置，就可以降低相应的成本。

五是软性技术的应用。与物流固定资产的技术水平不同，软性技术的应用不涉及固定资产投资，尽管其应用也会增加一定的成本，但只要成本的增加低于成本的降低即可。如对企业现有的配送线路进行研究，采用更为先进的线路规划方法，对配送线路进行优化，虽然线路优化会带来一定的成本支出，但优化后的线路能更大幅度地降低物流成本。

经营性成本动因主要从横向维度来影响企业物流成本，如运输规模的上升可以带来运输设备等利用率的提高，从而降低运输成本，但产品的大量运达也会给仓储活动带来较大的压力，从而使仓储与库存持有成本上升。经营性成本动因的调整主要取决于各项物流功能成本之间的权衡。

综上所述，企业物流成本的战略成本动因及其分类如图1所示。

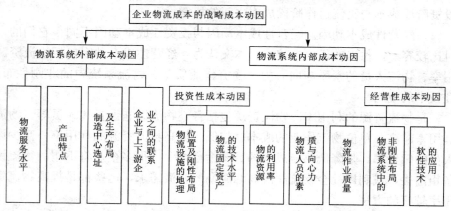

图1　企业物流成本的战略成本动因及其分类

四、战略成本动因之间的关系分析

在企业物流成本的各类战略成本动因中，物流系统外部成本动因对物流系统内部成本动因具有决定性作用，也就是说，物流系统内部成本动因受物流系统外部成本动因的限制，必须在物流系统外部成本动因的框架下进行调整。具体表现为，物流服务水平和产品特点影响所有的物流系统内部成本动因；制造中心选址及生产布局主要影响物流设施的地理位置及刚性布局；企业与上下游企业之间的联系主要影响物流系统内部成本动因中的各项经营性成本动因。

在物流系统内部成本动因中，投资性成本动因影响物流系统的硬件条件，经营性成本动因影响物流系统的软件条件；投资性成本动因决定了物流系统的固定成本，经营性成本动因决定了物流系统的可变成本。

在经营性成本动因中，各类动因之间是相辅相成的关系。如物流资源利用率的提高往往会增加物流人员的经验，从而提升物流人员的素质和向心力，而人员素质和向心力的提高又往往可以带来物流作业质量的提升；软性技术的应用往往可以带来物流作业质量、物流资源利用率和物流人员素质的提升；物流系统中非刚性布局的合理化往往可以提高物流资源的利用率和物流作业质量。

综上所述，企业物流成本的战略成本动因之间的关系如图2所示。

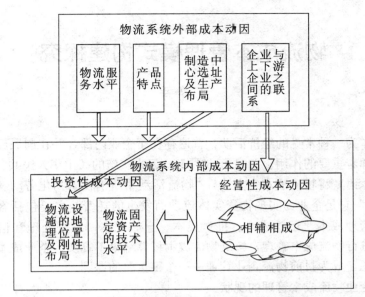

图2 企业物流成本的战略成本动因之间的关系

五、结论

物流成本是企业成本的重要组成部分。成本动因是导致成本发生变化的因素，其中战略成本动因是企业成本控制的源头。本文在深入分析物流成本特点并借鉴前人战略成本动因研究成果的基础上，提出了企业物流成本的战略成本动因，对这些成本动因进行了分类，分析了它们之间的关系。本文对企业物流成本产生的最为根本的源头进行了梳理，有助于企业从根本上对其物流成本实施控制。

（作者单位：北京交通大学经济管理学院。原文载于《中国流通经济》2008年第12期，被《人大复印报刊资料·物流管理》2009年第3期全文转载）

物流成本管理模式构建探究

王辛平

物流作为一种常见的经济活动，普遍存在于企业内部，并在国民经济和社会发展中发挥着重要的作用。2001年8月1日正式实施的《中华人民共和国国家标准·物流术语》将物流成本定义为："物流活动中所消耗的物化劳动和活劳动的货币表现。"它是企业为实现物资实体流动而发生的耗费，主要包括客户服务成本、库存管理成本、运输成本、批量成本、仓储成本、订货处理和信息成本六类。如何进行物流成本管理，解决物流成本核算结果不真实、企业成本管理效率下降等问题，成为目前物流企业管理中一个很重要的课题。

一、企业物流成本管理的现状

在西方发达国家，企业非常重视对物流活动的科学管理，并在降低物流成本方面取得了显著成效。

日本神奈川大学的唐泽丰教授认为，日本物流成本管理经历了四个阶段，即了解物流成本的实际状况阶段、采购预算管理阶段、设定基准值或标准值阶段、与会计制度接轨阶段。目前，日本企业物流成本核算与管理基本停留在第三个阶段。[①]日本运输省流通对策本部1997年推出的《物流成本推算统一标准》对物流成本的划分包括三类：一是按物流领域划分，可分为供应物流成本、公司内物流成本、销售物流成本、退货物流成本、废弃物流成本；二是按支付形式划分，可分为材料费、人工费、公用事业费、维持费、一般经费、委托物流费；三是按物流机能划分，可分为包装费、运输费、保管费、装卸费、流通加工费、情报加工费、物流管理费。这种划分影响深远，至今仍为许多国家使用或在此基础上略有改进。

我国学术界与实务界对企业物流成本的划分一般包括三类：（1）以财务会计中费用的发生为基础，按照交付形态的不同，可把物流成本分为本企业支付的物流费用和向其他企业支付的物流费用。其中，本企业支付的物流费用又可进一步细分为企业本身发生的材料费、人工费、工艺费、维护费、一般经费、特殊经费和委托物流费用。（2）按照物流功能的差别，物流成本可分为实物流通费用、信息流通费用和物流管理费用三类。（3）按照物流活动的不同阶段划分，物流成本包括采购、生产、销售和售后服务阶段的物流成本。还有一种说法是包括供应物

---

① 朱伟生：《物流成本管理》，2009年7月24日，http://baike.baidu.com/view/1981905.htm。

流成本、企业内部物流成本以及销售物流成本。

目前业内普遍认同的企业物流成本计算的概念性公式为：

企业物流总成本＝运输成本＋存货持有成本＋物流行政管理成本

但由于物流管理具有跨边界及开放性等特点，使得由一系列相互关联的物流活动产生的物流总成本既分布在企业内部不同的职能部门之中，又分布在企业外部不同的合作伙伴那里。从企业产品价值的实现过程来看，物流成本既与企业的生产和营销管理有关，又与客户对物流服务的要求直接相关。因此，这一公式显然很难让企业准确把握和计算物流总成本。鉴于此，又有人将物流成本分为显性成本和隐性成本两大类。所谓显性成本，就是将运输成本和库存成本作为物流显性成本的主要组成部分，它们能够用定量分析的方法近似估算；而隐性成本则很难用定量分析的方法进行估算，主要包括物流管理成本和逆向物流成本。

综上所述，尽管人们在物流成本管理方面进行了非常多的尝试，并取得了显著的成果，但受会计核算与我国统计体制及其他因素的影响，企业准确把握物流总成本的实际难度一直较大。

二、我国物流成本管理中存在的问题

我国物流成本管理中存在的主要问题有：

1. 与发达国家相比，我国物流成本偏高。发达国家物流总成本占 GDP 的比重为 10％左右，我国物流总成本占 GDP 的比重为 20％～27％，物流成本的降低存在较大空间。[①]

2. 企业物流成本信息的获取十分困难，物流成本控制效率低。许多企业根本无法清晰地知道自己具体的物流成本，对成本开支的具体情况心中没底，现有企业财务报告体系也没有对物流成本信息进行清晰披露。具体来讲主要原因有三：

（1）物流在企业财务会计制度中没有单独的项目，各企业均根据自己的理解和认识来把握物流成本，一般是将企业所有的成本都列在费用一栏中，较难对物流成本作出明确、全面的计算与分析，成本核算结果不准确、不符合实际，既无法就物流成本进行企业间的横向比较，也无法对各企业相对的物流绩效进行准确衡量。

（2）现行企业财务报告所反映的物流费用核算内容仅是企业向外部运输业者支付的运输费或向仓库支付的商品保管费等传统物流费用，而对于企业内部与物流相关的人员费、设备折旧费等各种费用则与企业其他经费统一计算，结果导致难以正确把握企业的实际物流成本。

---

① 敖天平：《山区物流成本控制模式研究》，《中国流通经济》2009 年第 8 期，第 25～28 页。

（3）物流成本的确认不科学，相关成本信息不能得到可靠量化。如果把物流成本划分为直接成本和间接成本两大类，那么直接成本，如运输、仓储、原材料管理、订货处理及库存等这些为完成物流工作而直接导致的费用可以从传统会计成本中提取出来，而间接成本和混杂在产品生产成本核算中的物流成本，传统会计方法主要依据生产过程中的直接人工工时或机器工时分配，歪曲了产品成本，不利于生产业绩的考核与评价。此外，还有一部分日常费用按照一定方法计入期间费用而不分配给物流活动也是不合理的，会影响企业管理人员的判断与决策。再如，仓储保管过程中因商品存放而使资金运行停滞所产生的机会成本以及因等待而失去的价值等，属于非账面损失，在现行条件下都无法得到可靠的量化。

三、物流成本管理模式的构建

物流成本管理模式的构建应在即时生产方式（Just In Time Production System，JIT）下，根据目标成本和目标利润设计最佳物流活动流程，按照全面质量管理的要求，以理想的作业链进行生产和营销管理，以作业成本法核算物流成本，按产品生命周期法完整披露成本信息。若将物流成本分为直接成本和间接成本，则物流成本管理模式框架如图1所示。

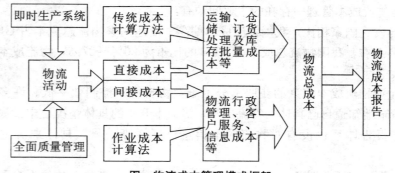

图　物流成本管理模式框架

1．即时生产方式

传统的生产营销管理是一种由前向后的推动式管理。前面的程序居于主导地位，后面的程序只是被动接受前一程序转移下来的加工对象，继续完成其尚未完成的加工程序。这种生产方式必然会导致生产营销各环节大量原材料、在产品、半成品和产成品库存的存在，占用大量流动资金，增加资金成本，也增加存货持有成本。

为最大限度地消除不增加价值的作业，尽可能提高增加价值作业的运作效率，企业必须实施即时生产方式。即时生产方式是一种由后向前的拉动式生产营销管理方式。企业以顾客订货时所提出的对产品数量、质量、交货时间等的特定要求为组织生产的基本出发点，以满足顾客需求为起点，由后向前逐步推移来安排生产营销任务。这种方式以后面的程序为主导，前面的程序只是被动、严格地按时、按质、按量完成后面程序所提出的生产营销任务。即时生产方式要求企业在供应、生产、销售等各环节紧密相扣，尽可能实现"零存货"，不仅能极大地削减存货所产生的资金成本和储存成本，还有利于企业生产经营各个环节的协调运转，有助于实现更高的效率和效益。采用即时生产系统是构建物流成本管理模式的前提。

2. 物流活动的设计

物流活动设计对产品性能、所采用材料、工艺流程、运输及成本等具有十分关键的影响。企业物流活动设计决定了企业在市场上的竞争力。据估计，产品成本的 $60\%\sim80\%$ 在产品设计阶段就已经确定了，产品投入生产后降低成本的潜力并不是很大。因此，构建物流成本管理模式的重心应放在物流活动设计阶段。为最大限度地压缩成本，物流活动设计必须着眼于目标成本和目标利润。物流活动设计首先要根据市场调查或顾客订货协议估计产品销售价格，然后再根据企业的目标盈利率确定产品的目标成本和目标利润。目标成本确定后，设计人员及各作业中心操作人员方可根据市场调查结果进行作业设计。如完成全部作业的成本低于目标成本，则该设计可行；如比目标成本高，则需要重新设计作业链，对成本进行一次又一次的挤压，直至可行为止。必须明确的是，物流活动设计并非单纯的作业设计，它还要使物流活动具有自身的特性和功能，能最终满足市场的需求，只有在这个前提下压低成本，才能确保企业在市场上的竞争力。

3. 全面质量管理

全面质量管理（Total Quality Management，TQM）是 20 世纪 60 年代由传统质量管理发展起来的，随着国际国内市场环境的变化，全面质量管理已经发展成为一种企业之间进行竞争的战略武器，一种由顾客需要和期望驱动、持续改进产品质量的管理哲学。全面质量管理的目标是公司在生产营销的各个环节追求产品和服务的"零缺陷"，并由顾客最终界定质量。全面质量管理是针对企业产品质量成本提出来的。质量成本指因产品质量不佳而导致的成本，是与缺陷产品制造、辨认、修理及预防有关的成本。传统质量管理的重点放在了生产过程终了时专业检验人员的质量把关上。一旦发现零部件或产品质量存在缺陷，就在可能的条件下，进一步追加人力、物力，尽量对已经发生的质量上的缺陷进行修补。

全面质量管理可使企业质量成本降至最低，与传统质量管理相比具有很大的优越性。全面质量管理是即时生产方式得以顺利实施的一个必要条件，也是构建物流成本管理模式的重要环节。

4. 理想的作业链

企业整个生产营销过程可看作由一系列作业链接而成的作业链。企业的生产营销作业可划分为可增加价值的作业与不可增加价值的作业。建立理想的作业链，首先要尽可能消除不可增加价值的作业，并降低可增加价值作业的资源消耗。因此，必须对企业的作业进行分析。企业的作业可能很多，只能选择一些重点作业进行分析。在进行作业分析时，要将本企业的作业与其他企业类似的作业进行比较，尽可能利用最先进的技术，采用成本与耗费最低的作业。此外，还要分析企业各项作业之间的关系，尽量实现作业共享，降低作业成本，使整条作业链上各项作业之间环环相扣，各项作业完成时间最少，以实现整个作业链资源耗费最低。在理想的作业链中，每项作业都是最有效的，而且能不断获得更新和改进。

理想的作业链是在即时生产方式条件下实现的，是产品生产营销成本的实际发生阶段，是物流活动设计的实践过程。

5. 作业成本法在物流成本管理中的应用

为增强物流成本核算结果的准确性，进一步降低物流成本，可在物流成本管理中引进作业成本法。作业成本法（Activity Based Costing，ABC）的基本思想最早于 20 世纪 30 年代末 40 年代初由美国会计学者科勒提出，其本质是确定分配间接费用的合理基础——作业，并引导管理人员将注意力集中到发生成本的原因——成本动因上，而不仅仅是关注成本结果本身。它通过对作业成本的计算和有效控制，克服传统的以交易数量为基础的成本系统中间接费用责任不清的缺陷，使以前许多不可控制的间接费用变成可控制。这对有效甄别物流成本，加强物流成本管理，具有十分重要的意义。

作业成本法的基本思想是产品消耗作业，作业消耗资源；生产导致作业的发生，作业导致成本的发生。作业成本法与传统成本计算方法在直接材料、直接人工等直接成本的核算方面并无不同，其特点主要体现在间接费用的核算上。

就物流成本而言，近期节能降耗的重点在于运输成本，长期的着眼点在于库存成本。从各国的经验看，如果没有重大技术突破，运输成本经过大幅度降低后会趋于稳定，而加快周转、降低库存则潜力无限。[①]

与传统成本核算方法不同的是，在作业成本法下，间接费用将不再全厂统一分配，而是采用多种标准，在若干具有同质成本动因的成本库分别进行分配。在计算过程中，不再以产品为核算对象，而是以作业为核算对象。

作业成本法把成本核算深入作业层次。它以作业为单位归集成本，并把作业或作业中心的成本按作业动因分配到产品。因此，应用作业成本法核算企业物流成本并实施管理可分为如下五个步骤：

---

① 宋则：《应对危机 降低物流成本 彰显物流业影响力》，《中国流通经济》2009 年第 6 期，第 26～28 页。

第一步，正确界定企业物流活动中所涉及的各项作业。作业是作业成本法中最基本的概念，是进行作业成本计算的核心与基础。作业是基于一定目的、以人为主体、消耗一定资源的特定范围的工作。常见的作业可分为以下四类：第一类是使单位产品受益的作业。这类作业是重复性的，每生产一个单位产品即需要一次作业，所耗费成本随产品数量变动，与产品产量具有正比例关系，如直接材料、直接人工等。第二类是使一批产品受益的作业。如针对每批产品进行的检验、机器准备、原材料处理、订单处理等，这种作业的成本与产品批数呈正比例变动。第三类是使某种产品的每个单位都受益的作业。如针对每一种产品编制数控规划、材料清单等。第四类是使某个机构或部门受益的作业。它与产品的种类及某种产品的数量无关。

第二步，建立作业链。作业成本法认为，企业管理深入作业层次后，企业本身实质上就成为一个为满足顾客需要而建立的一系列有序的作业集合体，进而形成了一个由此及彼、由内向外的作业链。[①] 每完成一项作业都要消耗一定量的资源，而作业的产出又会形成一定的价值并转移给下一个作业，依次推移，直至最终把产品提供给企业外部的顾客。

第三步，确认成本动因。作业成本法的核心在于把作业量与传统成本计算中的数量（如人工工时、机器工时）区别开来，并主张以作业量为大多数间接成本分配的基础。成本动因指那些决定成本发生的重要活动或事项，它可以是一个事件、一项活动或作业，它支配成本行为，决定成本的产生。因此，要把间接成本分配到产品中去，必须了解成本行为，正确识别成本动因。例如，从事各项作业的人数、订单的份数、问题最多的产品、会产生最多顾客的服务、电话的多少等。

第四步，建立作业成本库，归集费用。实施作业成本法应首先对企业生产经营的全过程进行作业分析，以主要作业为主体，将同质作业合并，建立作业中心，以便按照作业中心建立作业成本库。同时，根据作业成本库归集费用，计算各作业中心的作业成本。成本库按作业中心设置，每个成本库代表其作业中心引发的成本。同质成本动因引发的成本可以合并，在同质成本库中分配。

第五步，将各作业成本库归集的成本分配计入最终产品或劳务，计算出产品或劳务的成本。

在物流成本中，间接费用的比重日益增加，利用作业成本法进行物流成本核算，结果更为精确，能更好地反映物流活动的真实成本。特别重要的是，产品成本按照作业中心核算，可将作业成本信息反馈到物流活动的设计阶段，使物流活

---

① 于富生、王俊生、黎文珠：《成本会计学》，中国人民大学出版社2002年版，第240~250页。

动设计在原有基础上不断改进。

6. 物流成本报告

物流成本报告是一种内部管理报告，用以将成本信息反馈给企业管理者。传统的成本报告只披露生产过程中产生的成本信息，而实际上产品生产只是成本发生的一个环节，产品市场调查阶段、产品生产阶段、产品销售及售后服务阶段等都会产生成本或费用，仅仅报告产品生产成本是不够的。为从全局上控制企业的物流成本，必须将各个阶段发生的支出都报告出来，按阶段累计产品营销所引发的成本。这种成本报告方法可称之为产品生命周期法。利用产品生命周期法报告物流成本，能促使企业管理者重视物流成本产生的各个环节与阶段，从全局出发控制企业的全部成本与支出，将产品生命周期成本降至最低。

新的物流成本管理模式无论在成本核算还是成本控制方面都比传统成本管理模式具有更大的优越性。采用新的物流成本管理模式，不仅能提高企业价格决策与产出决策水平，完善业绩核算与考核系统，而且能促使企业改变组织结构，重视战略管理与过程管理，更好地适应市场竞争与高新技术发展的需要。

（作者单位：山西大学。原文载于《中国流通经济》2009 年第 12 期，被《人大复印报刊资料·物流管理》2010 年第 3 期全文转载）

第六编
物流技术与应用

物流技术的创新、选择和演进

魏际刚

物流技术是指人们在物流活动中所使用的各种工具、装备、设施和其他物质手段，以及由科学知识和劳动经验发展而形成的各种方法、技能和作业程序等。物流技术的改进和创新是推动物流发展的重要动力源。本文将着重探讨物流技术的创新、选择和演进问题。

一、物流技术的创新

按照熊彼特的观点，所谓"创新"就是"建立一种新的生产函数"，也就是说，把一种从来没有过的关于生产要素和生产条件的"新组合"引入生产体系。熊彼特所说的创新，包括以下五种情况：（1）引进新产品；（2）引用新技术，即新的生产方法；（3）开辟新市场；（4）控制原材料的新供应来源；（5）实现企业的新组织。由此，我们可以把物流技术创新作如图 1 所示的简要归纳。

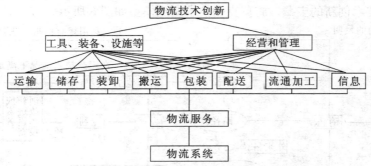

图 1　物流技术创新涉及的领域

根据对物流技术发展史的研究，按照时间序列关系，可以对从 19 世纪中期到 20 世纪末一些重要的物流技术进行大致的归纳，如图 2 所示。

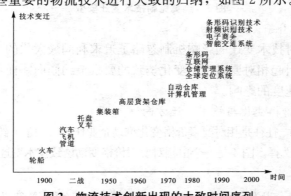

图 2　物流技术创新出现的大致时间序列

技术创新有三个主要原因：一是新的知识；二是知识的改进应用，即学习；三是企业家和机构。这三者代表了通过社会调节的技术的"无形"部分，包括像大学和 R&D 实验室这样的机构、科技期刊和应用杂志等媒体以及像专利保护这样的激励制度。"有形"的（硬件）技术变化要发生，必须以这样的技术的"无形"部分（软件）的新发展为先决条件，尽管随后"有形"的技术变化能够带来知识的进一步提升。新的科学知识带来新的技术，但科学也依靠技术来测量、检验与传播新的知识。[①]

二、物流技术的选择

物流技术创新之后，一种新物流技术能否被社会选择却是受多种因素影响的，其中需求和相对要素价格变化是两个基础性的重要影响因素。

1. 需求拉动与技术变迁速率

格里利切斯（Zvi Griliches）和雅各布·施莫克勒（Jacob Schmookler）在需求变化对技术变迁的影响方面进行了深入研究。他们的研究表明，发明活动的高涨响应了需求上涨。在技术创新源泉方面，施莫克勒强调，市场需求即赢利机会才能打开技术创新的宝藏。施莫克勒技术变迁模型如图 3 所示。

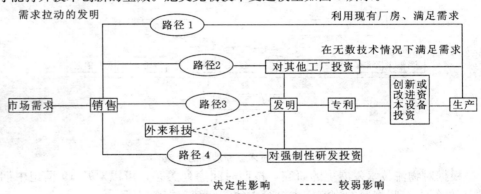

图 3 施莫克勒技术变迁模型

资料来源：沃尔什等（1979 年）

但是，需求对技术变迁的影响机制忽略了追求利润最大化的企业具有关注因相对资源稀缺而引起相对要素价格变化诱致的要素节约倾向，而不是仅仅局限于需求对技术变化速度的影响。

2. 相对要素价格变化与技术变迁方向

在现实社会中，往往是相对要素价格变化推动企业作出有利于节约相对高价格要素的技术变迁的方向选择。图 4 是一个由相对要素价格变动诱致技术变迁的解释模型。

---

① Arnulf Grubler：《技术与全球性变化》，清华大学出版社 2003 年版，第 79 页。

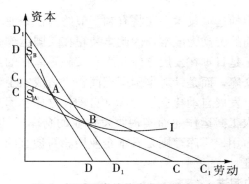

图4 相对要素价格变化和技术选择

在图4中，A和B分别代表资本相对稀缺和相对丰富条件下的最优技术（要素投入结构）选择，SA代表资本相对稀缺的国家选择技术B需支付的补贴，SB代表资本相对丰富的国家选择技术A需支付的补贴。图中曲线I是生产一个单位某种产品的各种可能的资本和劳动比例的技术所组成的等产量曲线。A点所代表的技术和B点所代表的技术相比，前者劳动较为密集，而后者资本较为密集。图中的CC、C_1C_1、DD、D_1D_1则代表几条不同资本和劳动价格之下的等成本线。在两条斜率相同的等成本线中，越接近原点O的，成本越低。等成本线的斜率则代表资本与劳动的价格比。图中CC的斜率小于DD，其意义为CC的劳动价格相对较低而资本价格相对较高。

从图4中可看出，当一个经济体中的劳动价格相对低而资本的价格相对高（如等成本线CC所示）时，选择以劳动较密集的技术A来生产比选择以资本密集的技术B来生产的成本低。反之，当劳动的价格相对高而资本的价格相对低（如等成本线DD所示）时，选择以资本较密集的技术B来生产比选择劳动较密集的技术A来生产成本低。

在一个只生产一种产品的完全竞争的市场经济中，给定资本和劳动的相对价格，一个企业要获得正常的利润水平，必要条件是其生产成本必须最小化。成本最小化要求企业所选择技术的资本和劳动的相对密集度，必须反映这个经济体劳动和资本两种要素的相对稀缺性，亦即等产量线正好和这个经济体的等成本线相切的点。

集装箱在发达国家的引入是这方面的一个典型例子。由于劳动力成本日益上升，运输企业提高劳动生产率要求最少数量的劳动力投入的资本密集型的运输系统，集装箱技术不仅带来资本/劳动替代，而且由于通过减少包装要求和转运的处理过程也相应增加了运输的效率和货运速度。[①] 在美国，劳动力相对十分昂

① United Nations Conference on Trade And Development："Multimode Transport and Conterization"，United Nations，1984，p. 5.

贵，因此节省劳动力的运输技术发明将有利于节约运输企业成本，集装箱的出现大大降低了转运方面的劳动力成本，因此集装箱在美国运输企业中率先得到大规模普及。另一个例子是日本在发展立体仓库和实施零库存的经验，日本并没有像美国一样发展平面仓库，而是针对本国国土面积小造成的土地资源稀缺和人力资源成本很高的特点，发展自动化立体仓库（自动化立体仓库是由电子计算机进行管理和控制，不需人工搬运作业而实现收发作业的仓库），以降低高昂的人力成本，减少土地资源占用。零库存则是日本企业用相对便宜的及时运输替代相对昂贵的储存空间的例证。

三、物流技术的演进

1. 技术的演进性

20世纪上半叶，威廉·F. 奥格本（William F. Ogbum）、S. C. 吉尔菲兰（S. C. Gilfillan）和阿博特·P. 厄舍尔（Abbott P. Usher）这三位学者从达尔文《物种起源》中得到启发，提出了基于演进的技术发展理论。吉尔菲兰专门对船的"进化"进行了研究，他深入研究了从最早漂浮的圆木到近代内燃蒸汽机驱动的汽船。据他考证，最早的船是用人手代桨来推动掏空了的圆木。当早期的水手们在掏空了的独木舟里站立时，发现风从背后吹着他们的衣服，加快了他们的行船速度，于是帆船就发明了。不过这种"进化"的解释到蒸汽动力船时却不能再继续下去。吉尔菲兰将蒸汽船的源头追溯到了拜占庭帝国，从而克服了这一障碍。在16世纪早期的一幅画里，出现了由三组牛牵引的桨轮（Paddle Wheels）驱动的战船。用牛或马等畜力带动的桨轮船，也是以一种演进的方式发展的。18世纪欧美人用蒸汽机代替畜力驱动桨轮。问题不是蒸汽机取代帆，而是蒸汽机取代由牛马等畜力驱动的桨轮船了。

不光是船的演进，车的发展也具有演进的特征。在远古时代，人类从事采集和狩猎活动就要搬运收获物。但真正的运输活动要从创造和使用运输工具的时候算起。最早的运输工具是木棒，或在棒的一端缚重物，由一人背负，或在棒的中部置重物，由两人抬行。在考古发掘出来的约5000年前苏美尔人的石雕上，就刻有两人用一根木棒抬着死鹿的图像。为了克服早期搬运重物的困难，人类早期发明的另一种重要运输工具是橇，它可用于雪地、土地或草地。用于土地的橇是在地面上拖曳的木板，然后在木板底下放圆木，以滚动代替滑动，从而大大减少了摩擦阻力。有了橇就能搬运较大的重物，可以集合多人一起用力，可以拉也可以推。历史学家考证，车的来源始于橇，人们削去橇下圆木的中间部分，成为中间细两端粗的形状，从而减少了运行时的摩擦阻力。再进一步的改革是分开制作，中间部分变成细长的轴，两端部分变成圆板形状的轮，于是出现了雏形的车。从圆木滚子分离出轴和轮两部分，既是橇进一步发展形成车的过程，也是橇和车的明显区分。①

这种技术长期变迁的演进理论到了 20 世纪 70 年代，由于纳尔逊和温特 (Richard R. Nelson and Sidney G. Winter) 的研究工作而得到很大的推进，他们发表了一系列文章，这些文章后来成为《经济变迁的演化理论》一书的基础。纳尔逊与温特认为，技术变迁可以作为一个演进过程来理解。纳尔逊写道："技术变化显然是一个演进过程，创新的产品不断地生产超过早先存在的实体，而调整的工作是缓慢的。"被开发的技术仅仅在相对的意义上是优越的，而不是绝对意义上的最优，并且系统绝不会达到均衡状态。技术变迁是开放的，并且是路径依赖的过程，可以发现，对技术问题没有最佳解决办法。

纳尔逊与温特讨论了企业响应环境变化作出的创新，分析了影响企业研究与开发的因素。他们认为，企业在作出响应时，会使用一套决策规则来指导搜寻活动——研究与开发。其一是一种产品的预期市场规模，它影响旨在改善那种产品或降低其成本而作的研究与开发的努力的数量；其二是研究与开发的支出；其三是选择研究与开发的类型。在一定意义上，企业要进行创新必须从主观上把上述因素考虑进去，但是个人与组织的理性是有限的，其认识必然受到原有知识的限制，这将带来两个后果：一是企业的搜寻只在其知识域的"邻近"区域进行；二是它对存在于它之外的知识基础与市场规模的预期是主观的。因而创新能否成功实现，必须由现实的环境进行选择。纳尔逊和温特强调市场作为选择环境的作用（当然还有非市场的因素），认为用户、竞争者、利润的可得性以及保证独占创新收益的制度安排，是创新成功与否的条件。创新的成果只有与环境相符相契，创新才能最终确立。环境将选择赢家与输家。这表明，创新不是孤立的，它与主体的知识状况以及与环境的关系是密切相连的。另外，组织因素在技术创新中的地位得到了演进理论的初步确认。

2. 技术变迁的路径依赖

技术变迁的路径依赖，是指新技术的采用往往具有收益递增性质，由于某种原因首先发展起来的技术常常可以凭借占先的优势地位，利用巨大规模促成单位成本降低，利用普遍流行导致的学习效应和许多行为者采取相同的技术而产生的协调效应，使它在市场上越来越流行，人们也就越来越相信它会更加流行，从而实现自我增强的良性循环。相反地，一种具有较之其他技术更为优良的技术却也可能由于晚人一步，没有获得足够的跟随者，从而陷入恶性循环，甚至"闭锁 (lock-in)"在某种被动状态，无法解脱。技术变迁的"路径依赖"性是由阿瑟 (Arthur) 和他的同事们在 20 世纪 70 年代后期及 80 年代早期提出的。在 20 世

---

① 中国大百科全书编写组：《车的发展简史》，载《中国大百科全书（交通卷）》，中国大百科全书出版社 1990 年版，第 21 页。

纪 80 年代中期和后期，保罗·大卫（Paul David）提出了一系列历史研究结果——打字机、电灯和电力供应产业——来支持路径依赖角度的合理性。阿瑟和他的同事们的研究工作强调递增规模报酬作为技术闭锁的源泉。技术的路径依赖特性表明，并不一定是技术性能最优的方案会被市场选择，如 QWERTY 键盘设计、PC 的系统结构等。

格鲁贝勒（Grubler）分析了运输方式之间替代过程中小汽车普遍流行所具有的"路径依赖"特性。格鲁贝勒认为，美国小汽车开始是通过对马车的替代成长起来的，它的成长阶段到 20 世纪 30 年代结束。此后，小汽车运输市场得以形成：在长途运输方面能与铁路进行竞争，短途运输方面能随着美国正在发生的郊区化为特征的定居模式而转变，其结果是美国现在拥有大约 13500 万辆小汽车，大约每人 0.6 辆小汽车。美国这种高密度的小汽车流行主要基于如下特定的初始条件：人口的高度流动性（即使在小汽车出现之前）、一个长期保持精确开创生活的传播期、劳动分工的空间化、一个"汽车社会"的移民模式。

3. 技术演进的可能方向

未来技术应是企业在追求满足消费者需求和资源配置效率双重目标下进行的驱动创新和选择。可以预见，那些能够优先占据市场，并能提高物流速度和效率的新技术将会流行。根据美国物流管理委员会（CLM）进行的《1999 年职业模式调查》，新技术的选择变得对竞争至关重要，某些新技术还能够有助于创造竞争优势。一些研究表明，物流技术与装备的发展将有可能呈现以下趋势：先进性、信息化、多样性与专业性、标准化与模块化、系统性与可扩展性、智能化与人性化、绿色化与节能化。

（1）信息技术的可能方向。信息技术在物流技术中的地位无疑变得越来越重要。人们对信息的重视程度日益提高，要求物流与信息流实现在线或离线的高度集成，使信息技术逐渐成为物流技术的核心。物流装备与信息技术紧密结合、实现高度自动化是未来发展的趋势。现场总线、无线通讯、数据识别与处理、互联网等高新技术与物流设备的有效结合，成为越来越多的物流系统的发展模式。人们将会广泛采用无线互联网技术、全球定位系统（GPS）、地理信息系统（GIS）和射频标识技术（RFID）、条形码技术等。电子商务和因特网/万维网是最重要的，群件（Groupware）指的是越来越多的用以增强人们之间交互作用的一整套信息技术，也是很重要的。群件的例子有电子邮件、视频会议、电子公告牌、LoutsNotes 等，它们是现有技术如传真和声音邮件的补充。无线数据传输设备在物流系统中更是发挥着越来越大的作用。运用无线数据终端，可以将货物接收、储存、提取、补货等信息及时传递给控制系统，实现对库存的准确掌控，借由联网计算机指挥物流装备准确操作，几乎完全消灭了差错率，缩短了系统反应时间，使物流装备得到了有效利用，整体控制提升到更高效的新水平。而将无线数据传输系统与客户计算机系统连接，实现共同运作，则可为客户提供实时信息管理，从而极大地改善客户整体运作效率，全面提高客户服务水平。

（2）运输技术的可能方向。运输技术有可能会朝着高速化、重载化、节能化、更安全的方向演进，陆上运输领域主要将会有以下一些技术得到重视：重载卡车、重载列车、集装箱拖车、道路交通信息通汛系统（VICS）、无须停车的自动付费系统（ETC）、先进安全汽车（ASV）、行驶支援系统、新交通管理系统(UTMS)、电子车牌（智能车牌）、互联网 ITS、探试信息系统等 ITS 技术、节能型汽车等。海上运输领域主要将会开发高速船、新一代的内航船（超级生态船），建立有效利用 IT 的新一代的海上交通系统。航空运输领域将会有超大型超高速飞机、新一代的航空保安系统等。

（3）装卸搬运技术的可能方向。装卸搬运技术将会朝着更加节省人力、更加智能、更有效率的方向发展，例如自动引导小车（AGV）、激光导引自动车(LGV) 和搬运机器人技术、更具人性化的叉车技术、更具标准化的托盘等。

（4）仓储技术的可能方向。仓储技术将会朝着更加节约土地、节约空间、更加高效率的方向发展。例如自动化立体仓库、驶入式激光导引高密度储存系统等。

（作者单位：国务院发展研究中心社会发展研究部。原文载于《中国流通经济》2006 年第 3 期，被《人大复印报刊资料·特区经济与港澳台经济》2006 年第 5 期全文转载）

便携式终端在智能仓储管理系统中的应用

秦惠林　朱　杰

　　仓储观念和功能的改变引起了仓储形态和内容的变化，仓储管理也随之多样化和复杂化，靠人工去管理已十分困难。在运作层面上，力求使集货、储存、拣选、分货和配货自动化；在管理层面上，改静态管理为动态管理；在工作层面上，融入智能化支持等。研究人员和业者一致认为，信息化并辅之以智能化是推动以上理念发展的重要保证。信息化的作用之一就是要让信息流动起来，把信息流与仓储、拣选、配送等各个环节紧密结合在一起，形成控制和反馈的双向作用。而智能化指的是在仓储空间分配、作业路径选择、作业流程排序等方面，以智能决策为支持，提高运作效率。因此，应用先进的计算机网络通讯技术改变现有管理模式，实现仓储管理的自动化已经成为一种必然。

一、应用背景

　　面对企业日益增长的物流配送需求，形态、空间、功能等不同的仓储、配送中心尤其是单体大型化仓库或多仓库企业不断涌现，使得信息的双向交流在这些多样化的物流仓储、配送中心的作业流程中矛盾突出起来，诸如如何加速仓库货物的定位及流动速度，如何实时更新库存状态，如何使配送信息快速到达终端操作者以及如何减少人为因素的不确定性等问题不断出现，造成了延迟交货，浪费时间，增大库存，增加成本，以致客户流失等。传统的仓储管理模式和设施在多样化的物流仓储、配送中心越来越力不从心。面对这些企业急需解决的问题，一种基于无线网络的，将无线技术、移动计算技术、条码数据采集技术相结合的，能有效地解决仓储人员流动操作带来的作业信息双向交流问题的便携式终端系统在智能仓储管理系统中的应用开始为越来越多的企业所关注。

　　在作业活动中，货物定位、配送等数字信息不能直接到达终端操作者或操作机械上是造成仓储作业效率低、出错率高的关键因素，同时也是提高现代化仓储、配送中心管理水平的瓶颈。仓储、拣选、配送等物流环节的信息化程度不高，主要是因为缺乏全过程的管理信息系统，具体表现在货物定位、拣选、配送等信息不能到达工作流程的端点。通过对多家物流企业实地考察，发现对于单体大型仓库、多仓库存储或面积较大的露天场地等仓储、配送中心，由于空间范围广、立体化存储等原因，造成了存储、拣选、配送等作业流程的终端操作者或运作机械（如铲车、吊车等）的流动性、位置的不确定性以及信息交换的困难。因此，研究开发适合于流动性、不受位置限制且易于操控的多样化仓储、配送中心环境下，包含有信息接收与处理的便携式终端系统具有较高的实用价值。

二、便携式终端子系统的作用

智能仓储管理系统是仓库实体在信息流中的映像，是结合无线技术、条码技术、Intranet、商业智能、数据挖掘、便携式终端等多方面技术，支持大型仓储中心和物流中心，实现业务操作完全自动化的仓储管理系统，由高层立体货架、堆垛机、输送系统、通讯系统、计算机控制系统、便携式终端子系统、监控系统和管理系统等组成，使仓储业务的作业效率大为提高。其中，便携式终端子系统正是通过采用无线实时处理技术的便携式终端来高效实现对货物特性信息、库位信息、移位信息、出入库信息等的识别与采集。

在仓储管理中，由于货物品种的多样性，使得操作员频繁处理各种出入库单据，往来穿梭于计算机与仓库之间，这样的工作方式效率低下，出错率较高。而采用便携式终端，操作员在任何地点都可以及时通过无线传输得到由系统传来的出入库预报通知，根据手持终端的提示进行出入库操作，同时利用条码技术扫描货物上的条形码，校验货物的准确性。

便携式终端是一种利用无线射频技术将条码扫描装置与数据终端一体化的无线终端，在智能仓储管理系统中有着巨大的优势。一是移动性，其无线的解决方案更能适应大面积、多仓库环境下作业流程的终端操作者或运输机械不受空间的约束。二是信息的双向交流，即作业终端与管理系统的信息交流是双向的、实时的。三是数据采集的高效率，它可以快速、准确地采集到数据，并传输给计算机处理。四是灵活性，其不受线缆限制，可随意增加和配置操作终端。五是低成本、易安装，无线局域网不需要大量的工程布线，其布置、设定和维护更为容易，且节省了线路维护费用。

便携式终端子系统在智能仓储管理中能够适应现场数据采集和扫描笨重物体等脱机使用场合的需要，能够从根本上保证操作过程、作业状态和后台数据库三方面随时随地准确统一，这不仅可以节省时间，减少工作量，降低管理费用，解决仓库管理操作人员的流动性问题，还可实现数据的实时传输，有效地改善库存结构。能够使得企业将与仓储有关的业务处理工作从办公室前移至仓储和作业现场，从事后或事前处理变为同步扫描和实时处理，从定点操作转换为移动操作，完成人工根本无法完成的任务，从而实现高效、可靠、实时、先进、科学的仓储管理。

三、便携式终端子系统的网络架构

便携式终端子系统须先建立无线网络，每个便携式终端都是一个自带 IP 地址的网络节点，通过 AP（Access Point）接入无线局域网实现与网络系统的实时数据交换，一个 AP 可以在一定的范围内管理一组移动终端。

由于便携式终端的操作区域遍及货场的各个角落，因此要求便携式终端在货场内部的任何地点都能与服务器主机保持实时通讯，于是在设计系统网络架构时，必须保证安装的 AP 点能对整个货场进行无线信号的全覆盖。对于一个大型仓库来说，其货场面积往往较大，且分为不同的库房，因此可以利用扩谱跳频技术的网络扩展能力和便携式终端优异的无缝漫游特性，对货场的无线信号进行多个 AP 点的组合，即通过设置多个 AP 点来实现无线信号的全覆盖。同时，相邻 AP 点之间的信号为冗余备份，便携式终端可以在所有 AP 覆盖区域内"漫游"，如图 1 所示。

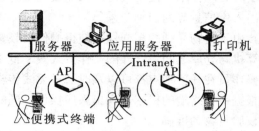

图　便携式终端子系统网络架构

从系统网络架构图 1 中可以看到，系统以集中服务为核心，针对仓储管理的需求，设计的无线网络拓扑结构为访问节点连接型。AP 以节点方式与有线网络连接，以基站的方式管理便携式终端，AP 可以在多个通讯频点中任意选取工作频点，多个 AP 会自动区分各自的频点范围而彼此不会产生干扰。便携式终端可以在所有 AP 覆盖区域内漫游，漫游时仅需要花费一次频率变动的周期。

四、便携式终端子系统的功能

在智能仓储管理系统中，作业终端操作者可通过便携式终端实现作业信息流的实时性，即从系统获取入库、出库、库存盘点及库位移动等信息，又使系统可以实时掌控作业状态。

1. 入库管理。入库时，仓储操作者先从主机系统下载入库信息到便携式终端中，以获得详细的入库数据，检查到货品种与订单要求是否一致，若查验过程中出现问题，可以拒收货物。登记货物入库日期和供应商名称等信息后，通过终端无线驱动打印机打印收货清单，最后将所有入库信息回传给主机系统。

2. 出库管理。出库时，仓储操作者先从主机系统下载发货单信息到便携式终端，核对发货数量、品种等信息与发货单信息是否一致，准确无误后，登记货品出库日期和相应客户名称，自动生成配送单、配送路线及出库单，并将出库单回传给主机系统。

3. 补货或退货管理。仓储操作者利用手中的便携式终端调用主机系统资料，与实际库存资料进行比对，并可通过便携式终端驱动打印机打印对照表。管理人员根据对照表，现场决定是否应补货或退货，通过终端调用后台数据库制作订单，以最快速度进行补货或退货，维持库存的合理性。

4. 分拣及搬运处理。便携式终端在分拣及搬运处理中主要是为了建立信息引导系统（IGS），该引导系统将自动化拣选、搬运控制与机械化系统的灵活性结合在一起，可大幅度提高生产效率。主要包括：查询货物在货区的具体位置，实现货物的全方位管理；实时查看货位货量的存储情况、空间大小及商品的最大容量，管理货仓的区域、容量、体积和装备限度；分拣、放置、移动货物；完成计算机辅助作业调度；在分拣提货过程中实现库存商品的先入先出；完成货位和叉车的对应位置测定。

5. 查询管理。在任何时间和地点，都可以通过终端查询货品信息、库存情况、变价核对、订单校验等。特别是在查询时可以伴随检验，查验可包括诸多信息的核对，并反馈给系统，使管理者的现场实时查询、指挥工作变得方便容易。

6. 点仓处理。通过便携式终端下载由主机系统生成的盘点数据后，仓储操作者便可在便携式终端的操作提示下，按指定的路线和顺序对库存货品进行逐项扫描、清点和确认，并不断把清点数据传输回主机，更新主机上的数据库系统，从而获得库存的盘点盈亏数据。由于点仓过程采用了实时处理方式，因此在点仓过程中，仓储中心的配送作业依然能够保持正常运行。

7. 库位移动管理。通过便携式终端从主机系统下载移库指令后，仓储操作者便可在提示引导下将某个库位的货品转移到目标库位，并实时将移位数据传回主机系统。

五、便携式终端子系统实现的特点

便携式终端子系统在软件实现上具有越来越人性化的特点。第一，便携式终端将由现在最简单的资料收集和有限的操作发展到可运行视窗软件。第二，存储能力的多少可根据操作系统和操作形式来确定。第三，以视窗软件为基础的系统与射频信息交流终端机连接使用，要求有很高的资料存储能力，以方便其使用。第四，接口更加便捷。在市场上出售的软件工具允许一些与射频信息交流器相连的采集器在一个真实的 C/S 环境下工作，使其处理能力得到充分发挥。第五，屏幕显示简洁。鉴于便携式终端显示屏幕有限，在界面设计上力求简洁、明了，且尽量减少交互式操作。第六，交互式输入方式可采用触摸屏、智能卡识读器和语音识别器等输入技术。

六、结束语

总的来说，利用便携式终端的智能仓储管理系统对数据的采集、管理、检索、存档和统计实时化，可动态地反映仓储现状，使管理者能及时、准确、全面地了解流通情况，从而采取必要和有效的措施，保证仓储管理能按预定的计划正常高效进行。系统大幅度减少了现有模式中信息查询时间，降低了成本，提高了点仓精度，大大加快了出入库的流转速度，增强了处理能力。同时对仓储运作与管理的工作效率、管理质量及管理水平也大幅度提高，为企业的决策、管理带来显著的效果，能有效地满足现代物流管理模式下对仓储管理的需求。

　　（作者单位：北京物资学院。原文载于《中国流通经济》2006 年第 7 期，被《人大复印报刊资料·特区经济与港澳台经济》2006 年第 10 期全文转载）

物流精益运营与物流作业成本核算

王丹惠

现代物流企业经历了由小到大（规模）、由简到繁（业务模式）、由粗到细（管理模式）的发展过程。在企业发展的过程中，企业的运营模式扮演着重要角色，随着企业的发展不断地演进，经历着一次又一次的转型。在市场全球化的商业浪潮中，众多物流企业由于先天在企业规模和企业资源上的不足，面临着快速发展和壮大的瓶颈。物流企业以规模扩张为主的粗放式经营模式正面临着越来越大的挑战，取而代之的是以客户价值创造为基础，对各项业务和物流成本效益进行精细化测算及管理的精益运营模式。美国著名战略管理学家迈克尔·波特指出，竞争优势归根结底取决于公司为客户所创造的价值大小。在物流企业实施精益运营的过程中，物流作业成本核算的应用将产生重要而积极的影响。

一、在物流精益运营管理中核算物流作业成本的意义

精益运营（也叫精细运营），就是用最优的过程为用户创造最大的价值，精益思想是人、过程和技术的集成。"精益"的概念最初来自于制造业，是随着竞争的加剧和用户需求的复杂化而产生的。今天，服务业已经广泛接受了"精益"服务的概念。精益服务的提供代表了对客户需求的灵活满足，对市场变化的灵活反应，是企业提高竞争力的必然选择。以客户关系管理、精益运作和精细化管理为代表的精益物流运营，是未来现代物流企业提高运营效率、提升整体效能、发挥最大效益，从而获取竞争优势的一个非常重要的途径，也是企业发展的必然之路。精益运营既然体现了精益的思想，因此降低运营成本是精益运营时代的重要价值目标之一。现代物流企业实施精益运营的目的在于创造价值来满足客户需求。但是，在为客户创造价值的过程中，不能以牺牲企业的价值来满足客户的需要，而是要实现企业与客户的双赢。精细物流所强调的是同步操作环境，循环时间压缩，全过程的可视性，精确时点绩效，过程的一致性和无缺陷。物流作业成本法（又称物流 ABC 法，是 Activity-based Costing 的缩写）将会在这方面起重要的作用。

物流作业成本之所以在物流管理中具有降低成本的作用，是因为它对物流成本的把握建立在作业层面上。目前物流管理成本基本上是从运费、保管费等方面进行核算的。比如对人工费用的测算还只是处于企业内部固定费用状态上。在这种状态下，不能解决物流管理中的实际问题，还只是亭留在预算和比较分析上，

与如何降低成本的联系并不密切。物流作业成本可以改变这种状况，其主要功能为：

首先，使用物流作业成本可以明确反映出物流服务的实态。通过物流作业成本计算可以了解分拣每一个商品所需时间，用这个时间与平均值、目标值去比较，可计算出不同客户的物流成本并对不同客户的销售、利润、成本进行测算，从而调整物流服务，也就是用物流作业成本下的成本可以明确反映出物流服务的实态，区分带来利润与不能带来利润的客户，而不是仅仅选择销售额大的客户。

其次，运用物流作业成本可以发现无效的成本支出。如物流作业成本可以计算每一商品的分拣成本。通过物流作业成本核算归集每一物流作业所消耗的资源，使管理人员能明确区分哪些物流作业能够创造价值，哪些物流作业不创造价值甚至浪费资源。使实际操作人员都能对整个物流流程优化的目标有更清晰的认识，并有针对性地对物流的业务运作流程进行重新设计与组合，消除其中重复和浪费价值的物流作业环节，降低物流成本，提高物流效率

再次，通过物流作业成本明确物流成本的责任。到现在为止，众多人认为，一提到物流成本，就是物流部门的责任，这种片面的认识阻碍了物流成本的降低。例如，由于采购部门大量采购，需要增加保管场所，其结果保管成本增加。如果无视成本的降低应由负担部门承担这个界限，那么就不能期待成本的降低。保管成本＝每平方米的保管成本×保管面积。每平方米保管成本与保管效率成比例，效率的高低是物流部门的责任；保管面积与保管量成比例，保管量的大小是采购部门的责任。

此外，通过物流作业成本改变物流管理。用物流作业成本进行物流成本的计算，可以把握物流实态的数据，这些数据也是物流管理中不可缺少的数据。比如，可以计算每个物流作业时间、每个物流作业的处理量、不同投入要素的成本，以及每个作业占用空间、每个作业机械设备的使用时间、每个作业物料用品的使用量。抓住物流作业实态，用数据进行物流管理，必将使物流管理发生质的改变。

二、物流作业成本四要素分析

通过物流作业成本核算可以获得作业成本、作业单价、作业时间及处理量这四个要素的有关数据。通过这些实测数据，一方面为物流管理提供了完整的信息；另一方面可以从不同的角度去观察物流管理，达到物流精益运营管理。

第一，作业成本是抓住物流管理的关键。作业成本反映在一定时间处理各个作业的耗费，可以根据需要分别计算各个投入要素、各个作业、大分类以及合计的作业成本。通过作业成本计算可以在结构中把握成本，可以观察大分类下、不同投入要素下的作业成本的构成；了解成本降低的关键点、优先顺序、集中在什么地方；作业成本把现场活动变成一个很容易理解的图像，是管理中可以使用的

物流成本。物流管理中既可以使用处理量，也可以使用作业时间，任何时候物流作业成本可以将作业时间与作业量换算为作业成本。

第二，作业单价是物流效率化探讨的关键。作业单价反映各个作业的效率，可以根据需要分别计算各个投入要素、各个作业的作业单价。用每一个作业的成本除以在计算过程中调查的作业量，即可计算作业单价。把作业单价反映的结果进行排序，可以反映各个作业的工作效率，发现成本降低可能性；可以看到各个作业下平均每次处理的不同要素的成本；将作业单价分解为［每次处理单价×一次处理量］，即可以制定提高效率的对策。比如，对于人工费用可分解为［每单位时间人工费用×一次处理时间］，可以看到要提高物流效率，降低作业单价，其方法可以通过降低人工费用或降低处理时间来完成。

第三，作业时间是分析作业的关键数据。作业时间是每个工作者的工作所花费的时间，可以根据需要分别计算各个作业、各类职工以及不同作业者的作业时间。可以观察作业时间的构成比例；根据掌握的每一个作业者平均每一次作业时间，与目标时间比较后，探讨缩短作业时间，去除无效劳务；可以探讨职工分类方式，使用人员替换方式来降低单位时间的人工费用。

第四，在物流管理中有效利用处理量。处理量与作业时间一样是实测数据，可以根据需要分别计算各个作业、各种目的、不同作业者以及不同客户的作业量。处理量在物流作业成本的计算中具有重要意义，用数据抓住物流中心的业务全貌，对物流管理非常有效。根据各种分类方法去实测处理量，在此基础上计算作业单价，可以计算各种各样的成本。按不同客户获取处理量其效果最好，可以正确反映出不同客户物流服务水平的成本，与收入比较后可以判断目前的服务成本是否妥当。

三、在物流精益运营管理中如何获取物流作业成本数据

传统成本的计算是把费用按照人工费用、占地费用、设备费用、耗材费用等方面进行归集；作业成本法是以作业为基础进行成本计算的方法。例如，人工费用按照作业分解之后，这样传统成本下的人工费用就变成入库的人工费用、分拣作业的人工费用等作业中的人工费用。物流作业成本计算流程具体如图1所示。

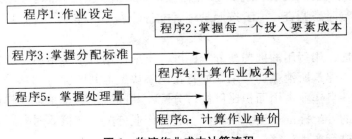

图1 物流作业成本计算流程

第一，制定物流作业成本计划，其过程如下：

物流部门		经理部门
成立计算小组	明确目的	共同制定计划
作业设定 ↓ ↑ 处理量的设定	物料用品使用量与作业使用量的把握	各个投入要素成本的计算
机械设备使用时间的调查 作业时间的调查 处理量的调查		
作业时间以及处理量的准确计算 作业成本及单价的计算		

图 2　成本计算计划的制订

第二，设定物流作业。作业的设定是物流作业成本的基础，可以说作业设定越细，其管理才能越好，但是可能会增加其工作量。按照现在一般企业实际业务状况大体可以分成七大类：入库、保管、出库、流通加工、退货、情报处理以及管理业务等，并且在每一大类下再根据企业业务特点设置若干个明细作业。例如，在入库作业下设置整箱入库·检验商品、散货入库·检验商品、大件入库·检验商品、叉车收纳等明细作业。作业设置后，要对每一个计算对象的作业进行明确的定义，规范其工作的范围并制成作业流程图。物流作业成本计算结束后，使用作业流程图可以做成价目表（进行编号、注释作业单价），以便随时计算每一个作业的物流成本。

第三，不同投入要素成本的计算与分配标准的选定。物流活动的投入要素是指在企业进行物流活动所投入的全部要素，包括人员、土地、建筑、机械设备、物料用品等。

（1）人工费用的把握与分配标准。首先对企业职工进行划分，确定人工费用包括内容。人工费用的分配标准按照作业时间，作业时间确定可以采取两种方法，可以进行时态调查；或者按照管理者配备的人员与作业计算，进行作业时间设定。

（2）土地占用费用的把握与分配标准。土地占用费用是指所计算的物流中心中关于土地与建筑所消耗的费用。如有在同一块土地共同拥有的部分，土地使用费用应按照各自作业占用面积比例进行分配。共同建筑物也采取同样的方法。土地占用费用的分配标准是按照使用面积进行作业分配，在核算时要对每一个作业的使用面积进行实地勘察。

（3）机械设备费用的把握与分配标准。原则上应该对每一个设备按照各自的作业进行规定并获取数据，即使有多项设备在同一个作业中进行使用。机械设备费用的分配标准是按照使用时间，如果有几个作业共同使用，按照使用时间进行分配。比如，升降叉车在入库与出库中都有使用，要根据出库与入库使用时间并按照这个比率进行分配。

（4）物料用品费用的把握与分配标准。物料用品是指在物流中心所使用的材料、物料等。物料用品费用分配标准可以按照使用量，对于重复使用部分，要把握各自使用量。

第四，设定每个作业的处理量。作业与作业成本把握之后，接下来计算的是处理量。处理量是指进行这个作业的数量。处理量因不同作业而不同，可能会出现已经设定的作业不能恰当地设定处理量。其原因可能是因为作业选项的不合适。如果作业是活动的最小单位，就没有问题。如果几个作业混在一起，其处理量就不能进行。比如，整箱分拣，用"箱"作为分拣的数量；散货分拣，就应按照"个数"作为分拣数量；那么对于分拣准备作业按定货次数分配比较恰当，因为它与作业次数呈比例，定货次数越多，分拣准备工作量越大。

为了能够设定处理量，要进行各种各样的探讨。在处理量不能确定时，有必要重新设置作业。在每一个作业设定后，就可以实际测量处理量。当企业业务量不是很多时，也可以通过票据去测算。另外，要注意的是处理量的调查与作业时间的调查要匹配。

第五，计算作业成本。通过对不同投入要素的调查，按各自标准去分配，就可以用下表进行作业成本的计算。并在表中的最后一栏设置合计栏，求出作业成本。

作业名称	人工费用		占地费用		机械设备费用		物料用品		合计（作业成本）
	分配率	分配标准	分配率	分配标准	分配标准	分配率	分配标准	分配率	
合计	100%		100%			100%		100%	

第六，计算单位作业成本。处理量测定后，即可以计算作业单价，也就是流程的最后环节。计算公式为：单位作业成本＝作业成本÷处理量。

综上所述，物流作业成本计算程序可以设置六个环节：制订计划；设置作业；计算不同投入要素的成本；对不同投入要素的成本，按作业进行分配，计算作业成本；掌握每一个作业的处理量；计算作业单价。

四、创造作业成本核算应用的条件，推进物流实施精益运营管理

在物流活动中通过物流作业成本可以提高物流效率，可以明确物流成本管理中的责任，可以指导和选择物流服务业务，改变物流管理观念。

第一，通过平均每次作业时间计算，提高物流效率。物流 ABC 使用作业成本、作业时间、作业单价及处理量等数据反映作业。用处理量除以作业时间，即可以计算出平均一次作业时间，借助这个指标可以实现物流高效管理。因为平均一次使用时间中有两个无效时间存在，使作业效率下降。通过实际的测量，计算出这两个无效时间，即等待与闲置时间，通过分析减少并消除这两个无效时间，就可以达到提高物流效率的目的。

第二，提高作业速度，缩短作业时间。设定平均每次目标作业时间，并按动作水平分解，在每一个动作中求出恰当时间，进行标准时间的分析。通过对作业对象实际测量，选择大多数作业者平均每次作业时间的平均值作为目标作业时间，目标作业时间是这个物流中心实际可以达到的目标。通过每一个作业者的实际作业时间与目标作业时间的差异比较，就可以反映提高作业速度，缩短作业时间的可能性。

第三，用标准化促进物流效率化。可以在物流作业成本计算结果稳定之后，进行基准的建立。在物流管理中建立基准是最有效的，借助物流作业成本的作业单价、作业时间等标准，可以有效提供管理指标。

第四，明确物流成本发生的管理责任。物流作业成本是唯一可以明确物流管理责任的方法，可以找出物流发生源及物流成本发生原因，并明确责任，改变传统认识。

第五，使用不同客户的物流成本，管理物流服务。物流服务是在推进物流成本降低过程中最大的制约条件，在目前物流管理中比较忽视这个问题。用物流 ABC 计算出不同客户的物流成本，用处理量抓住客户物流服务水平的差异，通过不同客户的核算与比较判断对不同客户物流服务的标准。

五、结束语

物流企业应为物流作业成本核算创造相关的基础条件，来达到物流的精细管理。精益运营为减少浪费、降低成本、缩短操作周期、提供强化的客户价值从而增强企业的竞争优势，提供了一种科学的方法，在生产企业使用中已经取得成效。作业成本法经过西方企业的应用，被证明是先进而有效的成本管理会计方法。在物流企业中局部的应用，对物流企业管理水平的提高、竞争力的增强，有明显的推动作用。从长期来看，会促进物流企业自动化水平的提高。任何管理理论和方法都要受到企业内外各种环境因素的制约和影响，比如企业管理水平、技术基础、社会环境、会计电算化现状、会计人员素质等诸多因素的

影响，必然出现管理领域进一步延伸的问题。因比，我们应积极利用国外比较成熟的经验和运行模式，在现代物流企业中，创造作业成本核算应用的条件，推进物流实施精益运营管理，改变物流管理观念．推动我国物流企业管理制度创新和技术进步。

（作者单位：北京物资学院。原文载于《中国流通经济》2006 年第 7 期，被《人大复印报刊资料·特区经济与港澳台经济》2006 年第 10 期全文转载）

2008 北京奥运食品冷链物流需求预测分析

兰洪杰　　汝宜红

一、引言

随着现代奥运会的不断发展和赛事规模的不断扩大，奥运会越来越受到世界各国的关注。2008 年北京奥运会即将召开，奥运食品安全问题直接影响到参赛人员的身体健康和赛事的正常进行，是 2008 年北京奥运会成功举办的一个重要影响因素。奥运食品冷链物流作为保障奥运食品安全的重要环节，是奥运会保障体系的重要组成部分，其高效运作对奥运会的成功举办至关重要。对奥运食品冷链物流需求进行预测分析，可在一定程度上减少冷链物流在实际运作中的不确定性，为奥运食品冷链物流的系统规划和实际运作提供参考。结合北京市食品冷链物流现状和奥运会对食品冷链物流的需求，对北京市冷链物流软硬件进行规划，可在最大程度上保证奥运食品安全和冷链物流高效运作。

二、奥运食品冷链物流需求分类

汝宜红教授指出，奥运物流需求是指在举办奥运会的一定时期内由于赛事及其相关活动对比赛物品等配置所产生的物流活动要求，其基本要素有运输、储存、包装、装卸搬运、流通加工、配送及相关信息处理等。[①] 参考奥运物流需求的概念，本文提出，奥运食品冷链物流需求是指在举办奥运会的一定时期内，因奥运会参与者对冷冻冷藏食品的需求而产生的对冷冻冷藏食品运输、仓储、装卸搬运、流通加工、配送及相关信息处理等物流活动的需要。奥运食品冷链物流需求分析是进行奥运食品冷链物流系统规划的定量化依据。

根据不同的分类标准对奥运食品冷链物流需求进行分类有助于细化奥运食品冷链物流需求，对不同类别的需求采用不同的预测方法能够提高预测分析的精度。本文按奥运食品冷链物流需求主体和需求客体对奥运食品冷链物流需求进行分类。

1. 按需求主体分类

根据 2008 年奥运会的参与人员以及北京奥组委的计划可以将奥运食品冷链物流需求分为不同主体的需求，分别为运动员、代表团其他成员、技术官员、媒体记者、奥林匹克大家庭成员贵宾、国际与国内贵宾、奥运会志愿者、奥运会观众等的冷链物流需求。

---

① 朱煜、汝宜红、徐杰：《奥运物流需求特性研究》，《中国招标》2002 年第 538 期，第 15～19 页。

2. 按需求客体分类

根据相关的食品分类可以将奥运食品冷链物流的需求客体分为以下几类：肉制品、乳制品、水产类、水果类、蔬菜类、冷冻食品、豆制品、饮料类等。奥运食品冷链物流需求可分为相应客体的需求。

三、预测对象与预测思路

从奥运食品冷链物流的需求主体看，奥林匹克大家庭成员贵宾、国际与国内贵宾和技术官员奥运期间主要住在奥运指定饭店，而奥运会所招募的志愿者原本就居住在北京市，对他们的研究不能反映奥运会所带来的食品冷链物流增量。运动员、代表团其他成员、媒体记者和观众是引发奥运食品冷链物流增量的主要因素，因而本文对奥运食品冷链物流需求主体的这四个部分进行预测，以抓住问题的主要矛盾。从奥运食品冷链物流需求客体来看，需求客体种类繁多，不便于逐个进行预测。中国猪肉生产和消费总量居世界第一，而且随着人民收入水平的提高，对牛羊肉的消费需求也迅速增加，因此本文选择具有代表性的猪肉和牛羊肉进行预测。

综合起来，本文主要是预测居住在奥运村的人员（包括运动员、代表团其他人员和媒体记者）与国内外观众对冷冻冷藏食品的需求所引发的冷链物流需求量。

本文预测思路如图 1 所示。首先对本文所界定的需求主体数量进行预测，然后根据预测结果并结合人均食品消耗量预测冷冻冷藏食品（猪肉和牛羊肉）的总需求量，最后根据单位设施设备的能力预测食品冷链物流的需求量。

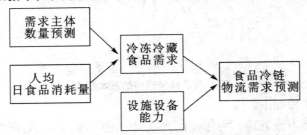

图1　奥运食品冷链物流需求的预测思路

四、2008 奥运食品冷链物流需求预测

对奥运食品冷链物流需求进行预测分析可以为奥运会期间的相关组织规划工作提供一定的数据支持，根据需求数量等相关数据准备好所需的运输、仓储、配送等设施和设备，确保奥运食品冷链物流的有效运作，保证奥运会期间冷冻冷藏食品的安全。

1. 奥运食品冷链物流需求主体预测

针对所搜集资料的特点与需求主体的不同类别，本文对不同预测对象采取了不同的预测方法，如神经网络算法、信息采集法及因果分析法。

（1）对运动员人数的预测

奥运食品冷链物流系统是一个开放性的复杂系统，影响需求的因素很多，既有定性因素，也有定量因素。从本文所搜集的历届奥运会参赛运动员人数来看，运动员人数一般呈非线性、随机性特征，并与国际局势、主办国等因素有很大关系，这些因素难以定量描述，而且难以与预测目标建立确定的函数关系。神经网络能模拟人脑思维结构，具有自学习、自组织、自适应能力，容错性强，可有效解决非线性预测问题。本文采用神经网络算法对 2008 北京奥运会运动员数量进行预测，以此作为奥运食品冷链物流需求预测的基础。

具备自学习和自适应能力的基于误差反传算法（以下简称 BP 算法）的神经网络（以下简称 BP 神经网络）具有很好的自调整功能。简单的 BP 神经网络模型由输入层、输出层和若干隐含层组成，其中隐含层可以有多层，各层神经元之间通过连接权重相互连接。BP 算法基本思路是：输入信号从输入层经隐含层函数作用后到达输出层得到输出信号，若实际输出的信号与期望值不符，网络就进行反向传播，反复修正各层间的权值和阈值，直到得出的期望输出值最小，即网络全局误差最小。[①] 其基本结构如图 2 所示。

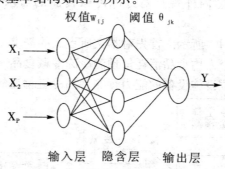

图 2　BP 神经网络的基本结构

具体预测步骤如下：

第一步，样本预处理。为保证预测结果的准确性，本文对所收集数据进行预处理。历届奥运会运动员人数如图 3 所示。其中 1916 年、1940 年、1944 年因世界大战未举办奥运会。

① 贾星辰、王铁宁、裴帅：《基于 BP 神经网络的物流需求量预测模型研究》，《物流科技》2006 年第 128 卷第 4 期，第 3～5 页。

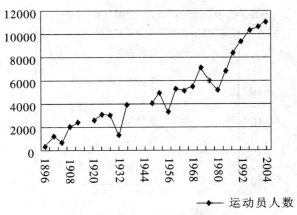

图3 历届奥运会运动员人数

图3中有几个数量明显下降的异常点，分别为1904年、1932年、1956年、1976年、1980年和1984年举办的奥运会。本文将这些异常点剔除，以剩下的数据作为预测样本，并将2000年和2004年的数据作为检验样本。针对BP神经网络的特点，本文对预测样本进行了归一化处理，算法为：

$$p_n = 2 \times (p - Min_p) / (Max_p - Min_p) - 1$$

其中，p_n为最终输入数据，p为原样本数据，Max_p、Min_p分别为预测样本中的最大值与最小值。

第二步，模型的建立。1989年，罗伯特·哈切特·尼尔森（Robert Hecht Nielson）等人证明，任意一个连续函数都可用一个三层（含一个隐含层）的BP神经网络来逼近，因而本文选用了三层的神经网络。其第一层传递函数为S函数，第二层传递函数为线性函数。本文利用$2n-1$、$2n$、$2n+1$三种隐含层神经元数目进行预测，发现$2n+1$最优，因此采用了隐含层神经元数目为$2n+1$的三层BP神经网络。通过对神经网络进行训练，发现输入层、隐含层和输出层节点数分别为3、7、1时，模型拟合效果更好，故本文采用此模型。

第三步，训练及预测。本文使用数学工具软件Matlab 7.0编制了BP网络训练和分析程序。由图4、图5可以得出，该网络能够较快收敛，并且很好地拟合了函数。表1的结果显示，检验样本预测的相对误差均小于3％，模型能得到较为满意的预测精度。本文以1996年、2000年和2004年的数据作为输入数据，外推预测2008年北京奥运会运动员人数，计算结果为11555人。

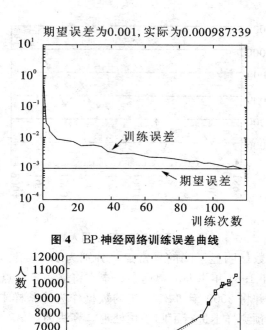

图4 BP神经网络训练误差曲线

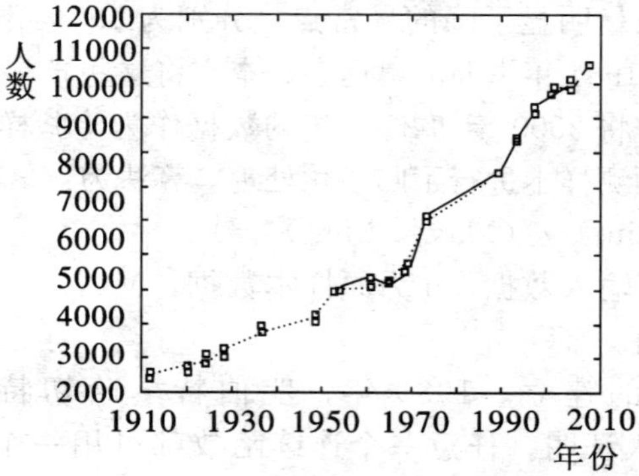

图5 仿真逼近结果曲线图

表1 BP网络检验样本预测值与实际值比较

年份	预测值	实际值	绝对误差	相对误差
2000	10843	10651	192	1.80%
2004	10854	11099	245	2.21%

诺贝尔经济学奖获得者克里夫·格兰杰（Clive W. J. Granger）在2005年诺贝尔经济学论坛上，以统计推论对参加北京奥运会的运动员人数进行了精确预计：2008年奥运会运动员人数将达到11468人。该结论与本文的结论非常接近。为便于计算，本文将运动员人数记为11500人。

（2）代表团其他人员及媒体记者数量分析

根据往届奥运会的经验，代表团的人数通常与运动员的数量存在相关性。克里夫·格兰杰提出，每1000个运动员将另外会有500名随行的官员、教练、厨师、保安等。因此，在运动员数量预测的基础上，本文预测出2008年参与奥运会的代表团其他人员数量为 5750 人。

据北京奥组委副主席蒋效愚在第二次国内媒体研讨会上透露的信息，可得知采访北京奥运会的中外注册记者将达到 21600 人。

（3）2008 年奥运会观众数量预测分析

奥运会主办城市确定后，该城市旅游人数往往会有大幅度的增加，增加较多的是来自世界各地的外国游客。根据历届奥运会的经验和统计资料以及北京在国际旅游中的地位，届时海外游客的数量应该在 25 万人左右甚至更多。

对于国内观众，由于没有相关资料可供参考，本文以北京历年七八月份的旅游人数为基础进行预测。根据统计资料，北京近两年七八月份的月平均旅游人数在 75 万～85 万左右。尽管奥运会是重大的体育赛事，但由于举办时并非长假期间，预计到北京现场观看奥运会比赛项目的国内观众不会太多。因此奥运会期间来京旅游的国内人员数量应与其他年份旅游人数持平，为 75 万～85 万。[①] 在此，本文取平均数 80 万人。

综上，本文对奥运食品冷链物流各需求主体的预测结果为：运动员为 11500 人，代表团其他人员为 5750 人，媒体记者为 21600 人，国内观众为 80 万人，国外观众为 25 万人。

2. 奥运食品冷链物流需求客体预测

各国国情不同导致不同国家居民消费习惯不同，在此，本文将分开计算国内观众及其他人员对猪肉和牛羊肉的需求。

（1）国内观众对冷冻冷藏食品（猪肉和牛羊肉）的需求总量

本文假定境内旅游人员的消费水平与北京市居民的消费水平相同，根据《北京统计年鉴》中的相关数据，对 2008 年北京奥运会期间境内旅游者对冷冻冷藏食品的日需求总量进行预测。人均日消费量由商品交易市场商品成交量除以当年北京市居住人口数量然后再除以 365 得到，其中当年北京市居住人口数量为当年北京市常住人口数量与外来人口数量之和（参见表 2 和图 6）。

表 2　北京市人均猪肉和牛羊肉日消费量　　　　　　单位：千克

年份	1995	1996	1997	1998	1999	2000	2001	2002	2004	2005
猪肉	0.046	0.053	0.074	0.055	0.071	0.040	0.038	0.032	0.038	0.037
牛羊肉	0.016	0.020	0.034	0.023	0.023	0.021	0.015	0.015	0.025	0.021

资料来源：《北京统计年鉴 2006》及《北京奥运物流系统规划》。

---

① 张文杰：《北京奥运物流系统规划》，中国物资出版社 2007 年版，第 92～94 页。

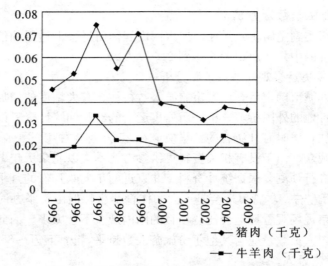

图6 北京市人均猪肉和牛羊肉日消费量趋势

由图6可以看出，猪肉和牛羊肉的人均日消费量几年之内基本持平。因此本文以全部数据的平均值作为猪肉和牛羊肉人均日消费量的估计值，分别为0.0484千克和0.0213千克。由此得出奥运会期间国内观众对猪肉的日需求总量为38720千克，对牛羊肉的日需求总量为17040千克。

（2）其他人员对冷冻冷藏食品（猪肉和牛羊肉）的需求总量

根据美国农业部门发布的研究报告，[①] 经计算得知，美国人均日消费猪肉0.08256千克，人均日消费牛肉0.062895千克。根据加拿大农业及食品部门网站发布的信息，加拿大人均日消费羊肉0.003217千克。[②] 本文以这两个数据作为国外人员对猪肉及牛羊肉的人均日消费量。运动员、代表团及媒体记者数量共为38850人，国际游客25万人。本文推算出奥运会期间除国内观众外其他人员对猪肉的日需求总量为23846.07千克，对牛羊肉的日需求总量为19096.53千克。

由上面的分析可以得出，2008年北京奥运会期间，每天需要猪肉量为62566.07千克，牛羊肉量为36136.53千克。

3. 奥运食品冷链物流需求预测

以下将根据奥运会冷冻冷藏食品（猪肉和牛羊肉）的需求总量，结合冷藏车的承载能力，利用因果分析法对所需的冷藏车辆进行预测。

① Christopher G. Davis，Biing-Hwan Lin："Factors Affecting U. S. Beef Consumption"，2005－10－07，http：//www. ers. usda. gov.

② Anna Staciwa："Annual Per Capita Disappearance of Selected Foods，Canada，2001－2006"，2007－06－08，http：//www. omafra. gov. on. ca / english / livestock / swine / facts / info _ qs _ annualper. htm.

现在国内有载重为 1.25 吨、2.5 吨、3.5 吨、5 吨甚至更大吨数的冷藏车。但受北京市法规的限制，5 吨及以上载重的冷藏车白天不允许进入市区，因此本文仅考虑前三种载重量相对较小的冷藏车。根据奥运会期间每日猪肉、牛羊肉的需求量，假设冷藏车的满载率为 70％，不考虑车辆的重复使用，可得表 3 所示的结论。

表 3　每日配送猪肉和牛羊肉所需冷藏车数量

单位：辆

配送内容　　车辆载重 冷藏车数量	1.25 吨	2.5 吨	3.5 吨
配送猪肉所需冷藏车数量	72	36	26
配送牛羊肉所需冷藏车数量	42	21	15

奥运会期间，奥运村餐厅将全天 24 小时为"村民"提供餐饮服务，届时所需猪肉和牛羊肉数量将大于本文的预测量，所需冷藏车数量也将增加。且奥运会期间，奥运村实行锁闭（Lock Down），对所有进入奥运村的车辆进行控制（包括对车型、车辆数量及车辆进入时间等的控制），因而，奥运餐饮服务提供商需要依据预测对每日配送计划进行很好的规划。

五、结论与讨论

本文以猪肉和牛羊肉为代表对奥运食品冷链物流需求进行预测分析，预测了 2008 年北京奥运会所需的猪肉和牛羊肉总量及冷藏车数量。在奥运食品冷链物流的实际运营中，冷冻冷藏食品数量将是猪肉和牛羊肉数量的数倍，对食品冷链物流的需求量也将成倍增加。

根据当前情况，多数生产企业自有冷藏车数量较少，不足以应对奥运会期间对冷藏车需求的增加。因此，北京市和相关奥运餐饮服务提供商需要考虑是购买冷藏车还是与第三方物流公司合作进行配送。同时鉴于奥运需求只是短时间内的需求，政府和企业既要考虑到奥运会期间的需求，更要考虑到奥运会之后的经济效益。

在本文分析的基础上，以后可从以下方面对奥运食品冷链物流进行研究：

第一，奥运食品冷链物流可以采用何种配送模式；第二，为保证奥运食品安全，应如何规划奥运食品冷链物流的信息管理系统。

（作者单位：北京交通大学经济管理学院。原文载于《中国流通经济》2008 年第 2 期，被《人大复印报刊资料·特区经济与港澳台经济》2008 年第 5 期全文转载）

食品冷链物流系统协同对象与过程研究

兰洪杰

一、食品冷链物流系统协同的含义及目标

食品是人类生存和发展最重要的物质基础。从 20 世纪 90 年代开始，全世界范围内发生了数起有关食品安全问题的事件，[①] 从苏丹红、孔雀石绿、甲醛到回收奶、早产奶，到 2008 年年初的日本毒饺子，再到三鹿奶粉事件，全球食品消费领域所发生的事件无一不与食品安全的脆弱性有关，这些事件使人们对食品安全问题给予了越来越多的关注。从食品安全问题产生的根源来说，食品安全问题可分为两类：一类是生产过程中产生的食品安全问题，[②] 如食源性污染或加工制造过程中受到的污染等；另一类是物流过程中产生的食品安全问题，如由于食品在物流过程中受到污染或未在冷冻冷藏条件下储存、运输等而产生食品变质、腐烂所导致的食品安全问题。

食品冷链物流系统协同指的是在食品从供应地向接收地的实体流动过程中，食品冷链物流系统各主体企业为保证食品始终处于维持其品质所必需的可控温度环境下，通过相互协作及信息和资源共享，来实现食品冷链各物流环节的无缝衔接，以保障食品安全，提高食品物流效率，降低食品物流成本。

食品冷链物流系统以保证食品品质为目的，以保持低温环境为核心，比一般常温物流系统要求更高，也更复杂。首先，与常温物流系统相比，食品冷链物流系统建设投资较大，是一个庞大的系统工程。其次，食品的时效性要求食品冷链物流系统各环节具有更高的组织协调性，对食品冷链物流系统的运作效率要求更高。而目前我国食品冷链物流系统各环节的企业合作关系较为松散，缺乏协同合作的意识与能力，导致我国食品冷链物流系统效率低，成本高，不能有效满足消费者日益增长的对食品品质及安全的要求。[③] 因此，从企业层面上看，要有效解决我国食品冷链物流系统发展过程中存在的相关问题，就需要实现食品冷链物流

---

① 韩俊：《中国食品安全报告（2007）》，社会科学文献出版社 2007 年版，第 1～14 页。
② 张云华：《食品安全保障机制研究》，中国水利水电出版社 2007 年版，第 24～26 页。
③ L. R. Williams, T. L. Esper and J. Ozment: "The Electronic Supply Chain: Its Impact on the Current and Future Structure of Strategic Alliances, Partnerships and Logistics Leadership", in the *International Journal of Physical Distribution & Logistics Management*, Vol. 32, No. 8 (2002), pp. 703～719.

系统各企业之间的协同。[1] 这是因为食品冷链物流系统的协同意味着原来各自为政的企业集成为追求共同利益的整体。[2] 各企业遥过协同运作能够避免并减少食品冷链物流系统各环节的延误和浪费，优化食品冷链物流系统性能，实现总体目标。

二、食品冷链物流系统协同的对象

食品冷链物流系统可分为主体、设施设备和信息三类要素，食品冷链物流系统协同的对象也可相应分为主体协同、设施设备协同和信息协同。

1. 食品冷链物流系统主体协同

食品冷链物流系统主体指的是包括食品原材料供应商、食品加工制造商、食品批发零售商、食品物流商等在内的食品冷链物流系统成员。本文将从协同主体性质及数量两个方面来阐述食品冷链物流系统主体间的协同。

（1）按食品冷链物流系统协同主体性质分类。从食品冷链物流系统协同[3]主体性质看，食品冷链物流系统的协同包括横向协同及纵向协同。[4]

第一，食品冷链物流系统主体横向协同。指的是不同食品冷链物流系统相同类型主体之间的协同，如不同食品冷链物流系统食品原材料供应商之间的协同、食品加工制造商[5]之间的协同以及食品冷链物流商之间的协同等。[6]

食品原材料供应商之间的协同指的是食品原材料供应商之间为获得协同效应而进行的合作。例如，食品原材料供应商为改善冷库资源不足问题，降低投资建设开发成本和风险，而与其他经营内容相同的食品供应企业开展合作，这就是一种典型的协同。处于不同食品冷链中的食品原材料供应商通过横向协同可达到提升自身竞争力的目的，也有利于提高双方所在食品冷链的竞争力。

在食品冷链物流系统主体横向协同中，一种较为典型的方式就是食品冷链物

---

① P. Humphreys, J. Matthews and M. Kumaraswamy: "Pre-construction Project Partnering: from Adversarial to Collaborative Relationships", in the *Supply Chain Management: An International Journal*, Vol. 8, No. 2 (2003), pp. 166~178.

② 罗伯特·S. 卡普兰、戴维·P. 诺顿：《组织协同——运用平衡计分卡创造企业合力》，商务印书馆 2006 年版，第 9~20 页。

③ H. Fujimoto: "Collaborative Networking in a Multi-stage Industrial Channel", in the *International Journal of Physical Distribution & Logistics Management*, Vol. 33, No. 3 (2003), pp. 229~235.

④ 熊励、陈子辰、梅益：《协同商务理论与模式》，上海社会科学院出版社 2006 年版，第 178~179 页。

⑤ T. Z. Chang, S. J. Chen and P. Polsa: "Manufacturer Channel Management Behavior and Retailers' Performance: an Empirical Investigation of Automotive Channel", in the *Supply Chain Management: An International Journal*, Vol. 8, No. 2 (2003), pp. 132~139.

⑥ S. L. Golicic, J. H. Foggin and J. T. Mentzer: "Relationship Magnitude and Its Role in Interorganizational Relationship Structure", in the *Journal of Business Logistics*, Vol 24, No. 1 (2003), pp. 57~75.

流商之间的协同。具体来说，食品冷链物流商之间的横向协同指的是处于不同食品冷链中的物流企业为有效提高物流服务，降低多样化与及时配送的高成本，互相利用双方已有的食品冷链物流设施设备或联合建立新的食品冷链物流设施，共同投资购买冷藏车等相关设备，并就食品冷链物流管理达成协调统一的运营机制，形成一种集中处理食品冷链物流业务从而降低成本的协同方式。与一般物流系统相比，食品冷链物流系统的特点之一就在于相关冷链物流设施设备较为昂贵，需要较大的投资。因此，食品冷链物流企业之间的协同对于降低成本和风险，提高运作效率具有十分重要的作用。

食品冷链物流系统中的其他主体企业也可实现横向协同，这是食品冷链物流系统的一种重要协同方式。

第二，食品冷链物流系统主体纵向协同。指食品原材料供应商、食品加工制造商、食品物流商、食品批发零售商等处于同一食品冷链中不同阶段的企业之间的相互协调与共同合作。[①] 这种协调与合作能保证从生产源头到消费者的整个物流过程中，食品始终处于维持其品质所需的可控温度环境下。为实现食品冷链物流系统主体间的纵向协同，主体企业之间需要制订一系列计划，主要涵盖协同的内容、框架协议、食品冷链物流流程、技术应用等一系列内容。食品冷链物流系统主体纵向协同所追求的不仅是食品冷链物流活动的效率性，即实现物流成本的降低；还包括食品冷链物流活动的效果性，即食品能够迅速、有效地从上游企业向下游企业转移，提高食品冷链物流服务水平。

对于食品冷链物流系统来说，主体间协同的形式主要有食品供应商与加工制造商之间的协同、食品加工制造商与零售商之间的协同等。

食品供应商与加工制造商之间的协同主要有两种形式：一种是在食品供应商实力较强的情况下，为强化销售功能或提高物流作业效率，由食品供应商承担主要物流功能，或利用自己的信息网络对食品加工制造企业进行高频率、小批量的配送；另一种是在食品供应商实力相对较弱而食品加工制造企业实力较强的情况下，由食品加工制造企业集中处理物流活动。

食品加工制造商与零售商之间的协同也有两种形式：一种是超市等大型零售企业建立自己的食品冷链物流配送中心，食品加工制造商销售的商品必须经过该中心再向食品零售企业的各店铺进行配送。而零售商与食品加工制造商之间通过特定的框架协议简化订货、收货等手续，提高物流效率。另一种是由食品加工制造商建立物流中心。这种模式对中型零售企业来讲，既可有效利用食品加工制造

---

① P. K. Humphreys, W. K. Shiu and F. T. S. Chan: "Collaborative Buyer-supplier Relationships in Hong Kong Manufacturing Firms", in the *Supply Chain Management: An International Journal*, Vol. 6, No. 4 (2001), pp. 152~162.

商的食品冷链物流资源，专注于自己的零售业务，又能享受食品冷链物流中心集中配送带来的利益。对于食品加工制造商而言，该模式能够加强自己与零售商的合作关系，全程可控，既能保证食品质量安全，又能将剩余的资源提供给其他企业，扩大业务量，获得规模经济效益。

对食品冷链物流系统来说，食品冷链物流企业既是一个重要的主体，也是食品冷链物流系统实现协同的一种重要方式。食品冷链物流企业通过协调上下游企业之间的食品冷链物流活动，提供物流服务，形成了一种集成的食品冷链物流作业模式，创造出了一种比上下游企业自营物流服务更有效率、更为安全、服务水平更高且成本更低的食品冷链物流服务。从食品冷链物流企业协同的对象看，既可依托下游零售企业，成为众多零售企业的集中配送中心，也可依托上游食品加工制造企业，成为其物流代理。

（2）按食品冷链物流系统协同主体数量分类。从食品冷链物流系统协同主体的范围看，又可将食品冷链物流系统协同分为独立主体的主体内协同、两个主体之间的协同及多个主体之间的协同。

第一，食品冷链物流系统主体内协同。食品冷链成员企业通过内部各部门之间的协同，获得协同效应，即企业内部各部门之间实现整体性协调之后获得的企业整体效益超出企业各部门效益之和。

以食品冷链物流企业为例，其内部协同指的是企业内部的业务、仓储、运输及客户服务等部门之间，以提高企业的业务效率与效益为共同目标，实现各部门在人员、设备、机构、组织等方面的协作。这些部门之间的协同有助于实现企业内部业务流程的无缝衔接，提高企业运作效率。这种主体内协同的实现是食品冷链物流系统实现协同的基础，只有每个主体理顺了自身业务流程，实现了所有业务流程及相关组织、人员在内部的高效、流畅运转，主体与主体之间的协同才有意义，才能最终实现整个食品冷链物流系统的协同。

第二，两主体协同。食品冷链物流系统两主体之间的协同是食品冷链物流系统协同中最为简单的一种模式。两主体协同包括两种情况：一种是两主体的横向协同，指的是不同食品冷链上两个相同类型主体之间的协同。如处于两条不同食品冷链上的两个食品冷链物流企业，为降低相关食品冷链物流投资、物流费用及运作风险，提高运作效率，通过横向协同的方式共同建造食品冷链配送中心，共同投资建设冷链相关设施设备。还有一种情况是处于同一条食品冷链中的上下游企业之间的协同。如上文提到的食品加工制造企业与食品批发企业的协同，食品批发企业与食品零售企业的协同及食品冷链物流企业与生产商、批发商、零售商的协同。食品冷链物流系统两主体协同是更多主体之间协同的基础。

第三，多主体之间的协同。事实上，两个主体之间的协同只是多主体之间协同较为基础的一种情况，很多食品冷链物流系统都涉及多主体之间的协同。这种多主体之间的协同复杂程度远高于两个主体之间的协同。这是因为两个主体之间的协同无论在战略层、战术层还是操作层的相关协同框架中，都只涉及双边关系；而多主体之间的协同必须充分考虑所有主体的需求和利益，因而更为复杂。多主体之间的协同也可分为多主体之间的横向协同和纵向协同。

在多主体之间的横向协同中，仍然以食品冷链物流企业为例，多个食品冷链物流企业共同就合作框架协议、物流设施设备建设、运作模式等内容达成共识，目的在于共同提高运作效率，降低成本。而多主体之间的纵向协同指的是同一条食品冷链上多个主体之间的协同，如食品加工制造企业、食品批发企业、食品冷链物流企业、食品零售企业之间的协同等。食品冷链物流系统多主体之间的纵向协同是最为复杂的一种协同方式。

2. 食品冷链物流系统设施设备协同

（1）食品冷链物流系统运输设备协同。运输设备协同指各协同主体在运输设备的购买、维护、使用等方面达成共识，共同使用这些运输设备，以达到提高设备利用率的目的。

冷链物流活动中使用的运输设备主要有冷藏汽车、铁路冷藏车、冷藏船、冷藏集装箱、冷藏飞机等。为确保食品安全，运输设备要满足一定的条件，如无毒，无害，无异味，无污染并符合相关食品卫生要求。运输设备厢体应配备温度自动记录装置，以记录厢体内温度。应定期进行检查和保养，发现设备异常时应立即停止使用并及时进行维修。

与一般运输设备相比，食品冷链物流运输设备不仅价格昂贵，初期投资较大，且后期的使用维护费用也较高。总而言之，食品冷链物流系统运输设备的投入比一般物流系统要高得多。较高的运输设备投入往往会给企业带来较大的资金压力与风险。实现运输设备协同是降低单个企业资金压力与风险，提高运输设备利用率的一种策略。

（2）食品冷链物流系统仓储设施协同。仓储设施协同指协同主体之间在食品冷链物流系统仓储设施设备的建设方案、空间分布、规模、内部布局及运作机制等方面，充分考虑各主体的需求，达成一致的协议。这种协同方式能有效降低单个企业的投入与风险，提高仓储设施设备利用率。

食品冷链物流系统中的仓储设施设备主要包括冷库及冷库中的附属设备，如货架、叉车、托盘等。冷库应具有冷藏等基本功能，还要能够利用现代控制技术对各冷藏库房、封闭式月台及压缩机房的制冷设备进行自动控制。此外，要定期对冷库设备和机器等进行检查、维护，发现异常要及时修理。要定期或不定期对冷库、作业工具、周围环境等进行清洁、消毒，使之达到相关食品卫生要求。因此，相对于一般仓库而言，冷冻冷藏仓库无论在建设成本还是维护成本方面都要昂贵得多。而这种设施类固定资产一旦建设完成，改变余地很小，可能会面临投入较高而货源不足的困境，产生设施利用率低的风险。

3. 食品冷链物流系统信息协同

在信息技术不够发达的时代，受信息传递和处理能力的限制，数据采集、处理、存储和传递的速度都十分缓慢，很难建立一个共享的数据库，而只能借助于原始的可以处理数据的自动化形式。食品冷链物流系统主体企业之间信息传递的失真经常会导致固有的不经济性，如过分的固定资产投资，服务质量差，经济效益低下，物流计划不合理，误导运输供给与生产计划等。随着信息技术的进步，能更为快速、准确地对大量信息进行处理和传递。以开放分布式系统为基础的共享数据库与信息结构的应用，不仅使企业内部，而且使整个食品冷链物流系统中的信息都可以共享。业务数据不仅对顾客和供应商是透明的，而且对顾客的顾客和供应商的供应商也都是透明的。实际上，只要各个企业加强协同，完全可以借助信息技术实现食品冷链物流系统主体企业间的信息共享与协同。

物流系统协同的产生和发展与信息技术的应用密不可分。可以说如果没有当今迅速发展的信息技术和计算机技术，就不会有协同管理思想的产生，也就无法实现食品冷链物流系统协同管理。

没有信息技术的支持，食品冷链物流系统的存货管理、运输计划、自动补充库存等作业不可能实现。食品冷链物流系统协同管理为企业获得竞争优势提供了非常重要的管理思想和方法，而这一思想和方法从诞生起，就与计算机技术及通信技术紧密结合在一起。

食品冷链物流系统协同管理强调对企业内外部资源、设施和技术的协同。而协同的实现离不开网络技术的支持，协同与网络化相互支持并互为补充。协同强调对人力资源及其他各种资源的调整与再调整、整合与再整合。协同过程是在管理中实现与顾客、顾客的顾客及供应商关系的协同，可帮助企业了解客户的需求，进而对共同的机会作出敏锐的判断，因此协同离不开信息技术的支持。

三、食品冷链物流系统协同过程

食品冷链是供应链的一种类型，而食品冷链物流是食品冷链的一个组成部分。可根据管理过程将食品冷链物流系统由上至下分为战略层、战术层和操作层三个层次。[①]

食品冷链物流系统战略层协同以概念模型与协同管理思想为基础，对整个食品冷链进行整体的定性或定量分析，主要研究物流系统协同管理要素与机制等方

---

① 姚慧丽、于云霞、安宁新：《基于系统观的供应链协同机制研究》，《集团经济研究》2006年第12S期，第236～237页。

面的问题；战术层协同主要研究具有直接供需关系的食品冷链上下游企业间的物流协同策略等；操作层协同是供应链实现协同的关键和基础，主要研究如何实现供应链的同步运作及信息协同等问题。

食品冷链物流系统协同过程，由战略层协同开始，之后进行战术层协同，以操作层协同为基础。操作层协同会影响战术层协同，战术层协同也会影响战略层协同。具体如图 1 所示。

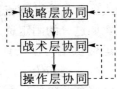

图　食品冷链物流系统协同过程

本文根据食品冷链物流系统的要素特点及协同对象，从组织（主体）、资源（设施设备）和信息三个方面对食品冷链物流系统协同的发展过程进行了分析，具体见表 1。

表　食品冷链物流系统协同发展过程

	组织（主体）	资源（设施设备）	信息
战略层协同	①协同组织的构建 ②协同组织的维护及持续改进	①软件资源协同 ②硬件资源协同	①确定信息系统战略 ②确定信息共享机制
战术层协同	①组织成员确定协同内容 ②各主体企业调整内部组织	①软件资源战术层协同 ②硬件资源战术层协同	①共享订单信息 ②共享配送计划信息 ③共享库存信息
操作层协同	①信息技术的应用 ②操作标准化与规范化		

四、结论

食品冷链物流系统协同的对象可分为主体协同、设施设备协同和信息协同。协同的过程可分为战略层协同、战术层协同和操作层协同。其中，对协同对象的分析是协同过程、方法与步骤分析的基础。

（作者单位：北京交通大学经济管理学院。原文载于《中国流通经济》2009年第 2 期，被《人大复印报刊资料·物流管理》2009 年第 4 期全文转载）

物流与金融协同发展应用研究

刘晓春　　彭志忠

一、物流与金融协同发展机制分析

物流业与金融业作为国民经济运行中两个重要的部门，存在着日益明显的相互协同与相互作用关系。

1. 从宏观层面看。无论从物流业和金融业发展的现状进行分析，还是通过投入产出表进行定量研究，都表明脱离了金融业的资金支持，物流业难以蓬勃发展。金融对物流具有巨大的推动与支持作用。

2. 从微观层面看。物流企业的发展需要向银行融资。在物流供应链流程中，金融支撑体现在能够为之提供资金存贷、结算、划转等服务以及依托现代金融工具提供多种个性化服务；在物流基础设施建设中，金融支撑体现在能够为之提供多种投融资渠道和资金支持；在物流风险保障方面，金融支撑体现在能够为之提供多样化的保险品种和保险模式，最大限度地降低物流业经营风险。

数据分析也表明，物流企业还款水平高于制造业、建筑业、石油加工业等行业。银行向物流企业增加贷款能有效降低信贷风险，有利于提高商业银行的投资回报率。因此，物流企业与银行信贷的协同，不仅有利于物流企业的快速壮大，也有利于商业银行信贷风险规避能力的增强，对两者的发展均具有推动作用。

3. 从创新层面看。物流与金融的协同发展，衍生出了新的业务模式，即物流金融业务，通常也被称为物流银行或融通仓。物流金融的产生为解决中小企业融资困难带来了新的措施，为物流企业带来了新的利润增长点，同时也为银行信贷向低风险高回报的方向发展开辟了新的途径。[①]

综上所述，物流业的发展离不开金融业的支持与保障，金融业的发展可以借助物流业开拓新的服务方式及服务对象，控制金融风险，两个行业需要寻求相互协同，以实现共同发展。物流业与金融业客观上存在相互影响、相互促进的耦合关系，与外界不断进行物质、能量和信息的交换，二者的协同关系才刚刚起步，远离平衡态，物流业与金融业内部存在着物质、资金分布

---

① 陈祥锋、朱道立：《现代物流金融服务创新——金融物流》，《物流技术》2005 年第 2 期，第 4～15 页。

的显著差异，不断进行着物质、资金的宏观转移和变换。因此，可将其构建成物流与金融协同发展的大系统。

二、物流与金融协同发展应用模型分析

1. 协同发展的运行反馈机制。物流与金融协同发展应用模型把被研究对象划分为若干子系统，建立各因素之间的因果关系，明确各子系统之间的因果关系，确定因果反馈循环。通过系统分析、推理与综合，建立系统的计算机模拟模型。通过验证系统模型的有效性，进行计算机模拟，模拟各种政策、措施执行的效果，并对影响系统发展的主要因子进行灵敏度分析。通过分析比较，提出改进系统结构的建议，为制定战略与决策提供依据。可利用 DYNAMO 仿真语言及 VENSIM 仿真软件构建物流与金融协同发展因果关系模型，模拟物流与金融协同发展内在因果关系运行机制（如图 1 所示）。[①]

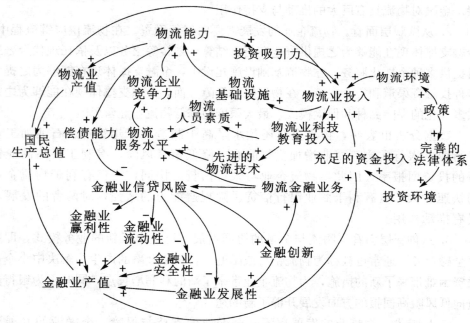

图 1　物流与金融协同发展因果关系运行机制

物流与金融协同发展系统基本因果关系运行机制中包含几个基本反馈循环。其中一个正反馈循环表示经济发展会促进物流业科技教育投入，进而提高物流从业人员素质，为物流业提供先进的物流技术，有利于物流服务管理水平的改善、

---

　　① 帅斌等：《物流产业与外部环境互动的系统动力学分析》，《生态经济》2005 年第 11 期，第 74～76 页。

物流能力的提升、物流业产值的增加及物流业的快速发展，对国民经济发展具有极大的促进作用。这是一个良性的反馈回路，表明了科技教育投入对物流业的影响和作用，也反映了物流业对国民经济增长的促进作用。

另外一个正反馈循环表现为完善的法律制度有利于形成良好的投资环境，增加对物流业的资金投入，对物流业具有正向的影响和作用。国民生产总值的增加促使物流业资金投入增加，有利于完善物流基础设施，提高物流能力，增加物流业产值，促进国民经济发展，形成了一个良性的正向回路。

还有一个正向回路是完善的法律制度有利于形成良好的投资环境，增加对物流业的资金投入，完善物流业基础设施，进而提高物流能力。这使得物流企业偿债能力大大提高，更具融资吸引力，能吸引更多资金投入物流业，这也是物流与金融协同发展的良性循环。

图1中多个反馈循环之间的关系可以表现金融业内部的协同发展机制。金融业产值的增加有利于促进国民生产总值的提高，国家会制定相应的产业政策，形成完善的法律体系，构建一个健康和谐的投资环境，有利于金融业的良性发展，进一步促进金融业产值的提高，这是一个良性循环的正反馈过程。但对于金融业发展过程中存在的问题，我们也不能忽视，即随着金融业产值的增加，金融业的信贷风险也会逐步升级，如果不采取有效措施加以防范和控制，金融信贷风险的增加势必会影响到金融业的赢利性、流动性、安全性及发展性，会对金融业产值提升产生负面影响。

考虑到信贷风险使金融业增长面临一个负面的反馈循环，图1中还存在另外一个负反馈循环，可控制金融业信贷风险的进一步扩大，即通过金融创新来进行控制。当金融业信贷风险逐步增大时，金融业会选择信贷风险较小的企业进行投资，此外金融创新也经常被用来缓解风险。通过金融创新可衍生出新的金融产品，降低风险，提高金融业整体水平。

2. 协同发展模型设计。物流与金融协同发展系统动力学因果反馈回路表明了系统发生变化的原因即反馈结构，但这种定性描述还不能确定回路中变量发生变化的机制。为进一步明确表示系统各元素之间的数量关系并建立相应的动力学模型，系统动力学方法利用广义的决策反馈机制描述上述机制（如图2所示）。①

① 曹明秀等：《资源型城企物流耦合系统的系统动力学模型及其应用》，《物流技术》2007年第10期，第8～11页。

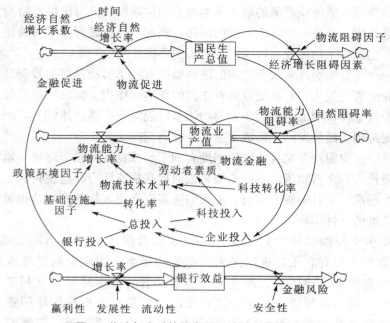

图2 物流与金融协同发展系统动力学模型设计

建立物流与金融协同发展系统，就要确定模型有关参数的变化趋势、发展变化规律及有关指标与某些因子的定量关系，这需要一系列的预测模型。根据系统演化过程中断产生的新的信息和可能产生的干扰，本文将采用 SD 辅助预测模型，这些模型包括指数平滑、灰色 GM（1，1）预测模型。

从金融角度考虑，银行流动性用现金资产比值（现金资产比值＝现金资产/总资产）表示。由于现金资产是银行中最安全且流动性最强的资产，因此该比例可反映银行资产的流动性和安全性。同时由于现金也是收益最低的资产，所以该比例并非越高越好。

银行的营利性用收入利润率（收入利润率＝净利润/总收入）表示。这个比例可以说明银行总收入中有多大部分最后形成利润留在银行。银行的总收入首先要支付成本，包括固定成本、变动成本等，多余部分才能真正形成利润。那么，在总收入不变的情况下，成本部分越小，利润部分越大。

三、协同发展应用研究

物流与金融协同发展系统动力学模型能否正确反映实际系统的功能和结构，能否运行于不同的环境，对模型真实性、有效性与可行度的评估至关重要。系统动力学模型的行为时间特性与现实系统可观测到的现象应当没有显著差异，这种检验是对历史数据的仿真，包括系统存在问题的再现以及根据原有系统假定所推断的行为等。如果一个模型的仿真结果不能与实际系统的历史数据相拟合，该模型就是不可信的。主要仿真结果与实际统计数据的拟合情况如图3、图4、图5所示。

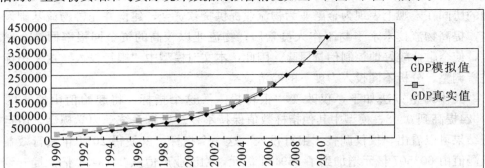

图3 国民生产总值指标的模拟状况对比

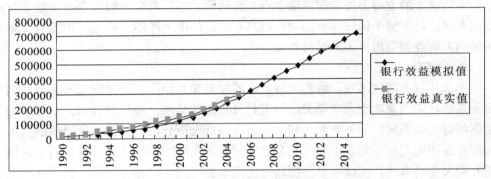

图4 银行效益指标的模拟状况对比

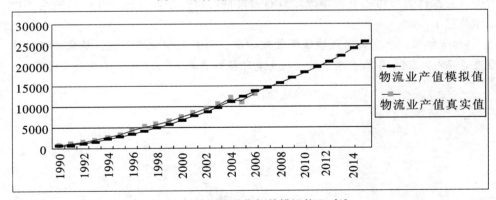

图5 物流业产值指标的模拟状况对比

国民生产总值、银行效益指标及物流业产值指标是物流与金融协同发展系统动力学模型中的三个水平变量。从各拟合对比图来看，本模型拟合程度较高，能较好地再现实际系统，说明模型具有较高的可信度。

物流与金融协同发展系统动力学模型，可模拟物流与金融协同带来的经济效益，利用系统动力学模型，可以分析变量取不同值时带来的经济效益。物流与金融的协同在宏观上表现为金融业为物流业提供贷款资金，建设并完善物流基础设施，提高物流技术水平与工作人员素质；物流业以较高的资金回报率回馈金融业，使金融业较好地控制信贷风险。因此，本文对模型中"银行投入"这一指标进行调整，分析不同投入力度下的经济效益。

具体调整方法如下，仅改变"银行投入"这个指标，将起始值由原来的0.024提高到0.08，模型中其他指标数值保持不变。运行系统动力学模型，由运行结果可以看出，仅仅调整"银行投入"这一个指标，就使得2014年银行效益预测值由603507亿元增加到了669131亿元，物流业产值从24154.1亿元提升到了28871.4亿元，GDP从735316亿元增加到了763781亿元。由此可见，提高金融业对物流业的支持力度，促进两个行业的协同，不仅有利于物流业与金融业自身的发展，对于整个国民经济的增长也具有一定的促进作用。可见，物流与金融的协同发展能创造出更多的经济效益。

四、结论

本文从行业高度出发，将物流与金融的发展相互协同，构建物流与金融协同发展系统，采用系统动力学模型进行定量分析，这是一个崭新的尝试。系统动力学能综合考虑系统内部各要素之间的关系并进行全面分析，根据本次建模的目的和所要解决的问题，划定了物流与金融协同发展系统的边界，符合物流与金融协同互动关系的本质，因此本模型能较好地反映物流与金融相互协同、相互作用的经济效益及社会可持续发展情况，具有合理性与可行性，为进一步的研究与实际工作奠定了基础。

（作者单位：北京交通大学经济管理学院、山东大学管理学院。原文载于《中国流通经济》2009年第4期，被《人大复印报刊资料》2009年第7期全文转载）

现代农村物流金融中心的风险识别、评估与控制

胡　愈　谢慧娟

一、引　言

现代农村物流作为推进新农村建设中带动中国农村经济发展一个新的利润增长点，得到了党和国家及科研机构越来越广泛的关注。党的十七届三中全会提出推进农村改革，为发展农村物流和农村经济，推进社会主义新农村建设，构建现代农村物流金融服务体系提供了一个契机。商务部在全国实施"万村千乡"市场工程（据商务部统计，截至 2009 年 2 月底，已建设全国村级店 243805 个，乡级店 30608 个，全国配送中心 595 个），推进我国农村基础设施建设、村容村貌改善以及环境整治，初步建立了农村现代流通网络，这为推进农村现代化，发展现代农村流通产业及现代农村物流金融中心，开展物流金融服务提供了现代化网络支撑。

随着现代物流业的飞速发展，特别是外资物流企业的快速进入，迫使我国农村物流打破传统农村物流的格局走向市场化，向现代农村物流转型，即不断地向价值链的其他环节延伸，为现代农村物流企业提供更多的增值服务，如采购、销售、交易、电子商务、金融等衍生服务，都是在现代农村物流金融中心提供物流金融服务的基础上展开的。

现代农村物流金融作为现代农村金融衍生产品，为有效地组织和调节现代农村物流领域中货币资金运动，满足现代农村物流建设金融供给的需求，势必要求现代农村物流建设有效地融合现代农村物流、资金流和信息流，加强现代农村物流金融组织形式创新，建立多元利益主体的现代农村物流金融中心，[①]这对加速我国现代农村物流建设具有极其重要的意义。物流是基础，资金流是保障。为现代农村物流的发展提供资金信贷、支付结算、分散风险等综合衍生业务服务，是现代农村金融中心为现代农村物流运营开发金融衍生服务的一个重要方面。[②] 因此，现代农村物流金融中心拓展物流金融业务具有划时代的意义。然而，由于我国现代农村物流发展受到农村金融的抑

---

① 胡愈、柳思维：《现代农村物流金融中心组织形式创新》，《中央财经大学学报》2008 年第 1 期，第 33～37 页。

② 林劭亮：《对第三方物流企业开展物流金融服务的思考》，《广东商学院学报》2005 年第 6 期，第 16～20 页。

制，致使现代农村物流金融生态环境不容乐观，问题集中表现在现代农村物流金融生态外部环境失衡和现代农村物流金融业内部主体之间不和谐，[①] 这无疑给现代农村物流金融中心开展物流金融业务带来巨大风险。由此可见，如何防范和控制现代农村物流金融中心开展物流金融业务风险，并进行风险管理是至关重要的。

二、现代农村物流金融业务风险识别及判断标度的设定

成功地识别现代农村物流金融中心开展现代物流金融业务的风险，是对其进行风险评估和控制的前提与基础。现代农村物流金融中心在开展物流金融服务的过程中，要特别注意以下几方面风险因素的识别与控制：

1. 客户资信风险

现代农村物流金融中心开展物流金融业务应谨慎选择客户，客户的经营能力、信用状况及其商品来源是否合法等，对现代农村物流金融中心来说都是潜在的风险。

2. 质押商品选择风险

质押品种的选取存在市场风险和质量风险，并不是所有的商品都适合进行仓单质押，因为商品在某段时间的价格和质量都会随时发生变化。

3. 仓单风险

仓单是质押贷款和提货的凭证，是有价证券，也是物权证券，虚假仓单风险和改单风险是现代农村物流金融中心控制的重点。

4. 操作风险

现代农村物流金融中心的信息化程度不高，甚至还停留在人工作业的阶段，难免会出现内部人员作业和操作的失误，形成管理和操作风险。

5. 安全风险

农产品在库期间，现代农村物流金融中心提供物流金融服务时，必须对其发生的各种损失负责，因此货物灭失风险、内部欺诈风险以及保存货物的设施能否有效防止损坏、变质等问题都要加以考虑。

现代农村物流金融中心决策者在某一准则下，根据其个人的经验、知识将待评价的各风险因素两两比较其相对重要性。为了使判断定量化及其结果能较好地反映决策者的实际估计，以下引入 0.1～0.9 九标度方法[②]（参见表1）。

---

① 谢太峰：《关于金融生态内涵与评价标准的思考》，《金融理论与实践》2006 年第 4 期，第 26～27页。

② 林钧昌、徐泽水：《模糊 AHP 中一种新的标度法》，《运筹与管理》1998 年第 7 卷第 2 期，第 37～40页。

表 风险因素比较标度方法

标度	含义
0.1	甲乙两个风险因素相比，乙因素极端重要于甲因素
0.138	甲乙两个风险因素相比，乙因素强烈重要于甲因素
0.325	甲乙两个风险因素相比，乙因素明显重要于甲因素
0.439	甲乙两个风险因素相比，乙因素稍微重要于甲因素
0.5	甲乙两个风险因素相比，具有同样的重要性
0.561	甲乙两个风险因素相比，甲因素稍微重要于乙因素
0.675	甲乙两个风险因素相比，甲因素明显重要于乙因素
0.862	甲乙两个风险因素相比，甲因素强烈重要于乙因素
0.9	甲乙两个风险因素相比，甲因素极端重要于乙因素

三、现代农村物流金融中心开展物流金融业务的风险评估

为科学地评估现代农村物流金融中心开展现代物流金融业务服务的内在风险，本文引入三角模糊数互补判断矩阵方法，这一评估方法能极大地消除评估过程中现代农村物流金融中心决策者个人感情等主观因素的影响。

1. 三角模糊数互补判断矩阵的构造及一致性检查

科学地评估现代农村物流金融中心开展物流金融业务的风险，由于考虑到人为判断的模糊性，不妨引入三角模糊数，[1][2] 即在因素间两两比较时，用三角模糊数来定量表示比较的结果。根据表1所示的风险因素标度，由决策者对风险因素进行两两比较，构造出三角模糊数判断矩阵 A：

$$A = (a_{ij})_{5 \times 5}$$

其中，$a_{ij} = [a_{ij}^L, a_{ij}^M, a_{ij}^U]$ 为一三角模糊数，a_{ij}^L、a_{ij}^M、a_{ij}^U 分别表示风险因素 u_i 和 u_j 进行比较时，现代农村物流金融中心决策者给出的风险因素 u_i 相对于风险因素 u_j 重要度的最悲观估计、最可能估计和最乐观估计。由表1的标量方法可知，A 为三角模糊数互补判断矩阵。[3]

在实际应用中，现代农村物流金融中心开展现代物流金融业务服务的风险因

---

① Van Laarhoven P J M, Pedrycz W.："A Fuzzy Extension of Saaty's Priority Theory", in the *Fuzzy Sets and Systems*, No. 11 (1983), pp. 229—241.

② G. Facchinetti R. G., Ricci, Muzziolis："Note on Ranking Fuzzy Triangular Number", in the *International Journal of Intelligent System*, No. 13 (1998), pp. 613—622.

③ 徐泽水：《基于FOWA算子的三角模糊数互补判断矩阵排序法》，《系统工程理论与实践》2003年第10期，第86～89页。

素较多时，根据其决策者判断信息所建立的三角模糊数互补判断矩阵可能不满足一致性的要求，此时需重新给出判断信息，直至得到的三角模糊数互补判断矩阵满足一致性的要求为止。关于三角模糊数互补判断矩阵的一致性检查问题，本文用一种近似的方法加以判定，即提取其风险因素两两比较判断信息的最可能估计值，得到一个模糊互补判断矩阵，设为：

$M = (a_{ij}{}^{M})_{5 \times 5}$

如果 M 满足一致性的要求，则可近似认为 A 也满足一致性。此时，问题转化为普通模糊互补判断矩阵的一致性检查问题。

对模糊互补判断矩阵 $M = (a_{ij}{}^{M})_{5 \times 5}$ 按行求和，记为：

$r_i = \sum_{j=1}^{5} a_{ij}^{M}$，$i = 1, 2, \cdots, 5$，并进行数学变换：

$r_{ij} = \dfrac{r_i - r_j}{2(n-1)} + 0.5$ $(n=5)$

得到 $R = (r_{ij})_{5 \times 5}$ 为模糊一致性矩阵。[1]

令 $\alpha = max\{|a_{ij}{}^{M} - r_{ij}|\}$，$i$、$j = 1, 2, \cdots, 5$；

$\beta = \dfrac{\sqrt{\sum\limits_{i=1}^{5}\sum\limits_{j=1}^{5}(a_{ij}^{M} - r_{ij})^2}}{5}$

若 $\alpha < 0.2$ 且 $\beta < 0.1$，则模糊互补判断矩阵 A 较为合理，满足一致性要求；若 $\alpha \geqslant 0.2$ 或 $\beta \geqslant 0.1$，则模糊互补判断矩阵 M 的一致性较差，需要现代农村物流金融中心决策者对各风险因素相对重要性重新判断，直到满足一致性要求为止。

2. 风险因素的排序

利用两个三角模糊数比较的可能度公式，[2] 对满足一致性要求的三角模糊数互补判断矩阵的第 i 行中所有元素 a_{ij} 进行两两比较，建立可能度矩阵 $p^i = (p_{kl}{}^{i})_{5 \times 5}$，其中 $(p_{kl}{}^{i}) = p(a_{ik} \geqslant a_{il})$，$i = 1, 2, \cdots, 5$。则该模糊互补判断矩阵排序的一个简洁公式[3]为：

$$\rho_k{}^i = \dfrac{\sum\limits_{l=1}^{n} p_{kl}^{i} + \dfrac{n}{2} - 1}{n(n-1)} \qquad k = 1, 2, \cdots, n, n = 5 \qquad (1)$$

求得排序向量 $\rho_i = \rho_1{}^i, \rho_2{}^i \cdots, \rho_5{}^i$，再按 $\rho_k{}^i$ $(k = 1, 2, \cdots, 5)$ 的大小对 a_{ij}

① 林钧昌、徐泽水：《模糊 AHP 中一种新的标度法》，《运筹与管理》1998 年第 7 卷第 2 期，第 37～40 页。

② 徐泽水：《基于 FOWA 算子的三角模糊数互补判断矩阵排序法》，《系统工程理论与实践》2003 年第 10 期，第 86～89 页。

③ 徐泽水：《模糊互补判断矩阵排序的一种算法》，《系统工程学报》2001 年第 16 卷第 4 期，第 311～314 页。

$(j=1, 2, \cdots, 5)$ 进行排序，并得到 $\{c_1, c_2, \cdots, c_5\}$，$c_m$（$m=1, 2, \cdots,$ 5）表示 a_{ij} 中第 m 个最大的元素。

由模糊有序加权平均（FOWA）算子[①]

$$f\ (a_{i1}, a_{i2}, \cdots, a_{i5}) = \sum_{j=1}^{5} w_j c_j \qquad (2)$$

得到风险因素 u_i 相对于其他风险因素的重要性程度，不妨记为 d_i，由三角模糊数的运算法则知 d_i 为三角模糊数。

其中，$w=(w_1, w_2, \cdots w_n)^T$ 是与 f 相关联的加权向量，$w_i \in [0, 1]$，$\sum_{i=1}^{5} w_i = 1$，且 c_j 是以三角模糊数形式给出的一组数据集合 $\{a_{i1}, a_{i2}, \cdots, a_{i5}\}$ 中第 j 个最大的元素。

同样，再利用可能度公式对三角模糊数 d_i 进行两两比较，建立可能度矩阵 $p=(p_{ij})_{5\times5}$，其中 $p_{ij} = p\ (d_i \geqslant d_j)$，然后由排序公式（1）求得排序向量 $z=(z_1, z_2, \cdots, z_5)$，再按 z_i 的大小对 d_i 进行排序，从而得到现代农村物流金融业务风险因素 u_i（$i=1, 2, \cdots, 5$）重要性程度的排序。

3. 风险因素排序的解释

运用上述方法，可以有效地解决现代农村物流金融中心在开展现代物流金融业务过程中的风险因素评价问题，它不仅充分考虑了人为判断的模糊性，还尽可能地消除评价过程中现代农村物流金融中心决策者个人感情等主观因素的影响。一般来说，风险因素重要性程度越高，说明该风险因素的出现，预示着整个现代农村物流金融业务实施过程中发生危机的可能性越大。因此，排序结果有助于现代农村物流金融中心决策者了解现代农村物流金融业务在实施过程中不同风险因素的重要程度，从而将有限的精力用在风险较高要素的管理上，为现代农村物流金融中心制定相应的风险规避策略提供有力的支持。

四、现代农村物流金融中心开展物流金融业务的风险控制策略

现代农村物流金融中心开展物流金融业务服务的风险控制，其目的是通过有效、合理的策略，将特定的风险可能造成的影响降到最低程度，且最大可能地提高现代农村物流金融中心开展现代农村物流金融业务的成功率。在对现代农村物流金融中心开展现代农村物流金融业务的风险进行科学、合理评估的基础上，从以下诸方面提出一个规避和控制现代农村物流金融中心开展现代农村物流金融业务风险的策略性框架。

1. 客户资信风险控制策略

现代农村物流金融中心应建立客户资信调查核实制度、客户资信档案制度、

---

① 徐泽水：《一种 FOWG 算子及其在模糊 AHP 中的应用》，《系统二程与电子技术》2002 年第 24 卷第 7 期，第 31~33 页。

客户信用动态分级制度等一系列制度，对客户进行全方位的信用管理；要重点考察合作客户的经营能力，尽量选择那些内部管理制度健全，管理层素质较高，且主营业务突出，经营状况指标超过同行业平均水平，经营活动现金流充沛的客户；调查客户偿还债务的历史情况，分析客户在以往履约中所表现的履约能力，凡有不良信用记录的客户，应避免与其合作；对于长期合作的客户，应加强对货物合法性的鉴别，要求其提供与货物相关的单据（例如购销合同、发票、运单等），通过检查或验收相关货物单据的真实性确认货物的合法性。

2. 质押商品选择风险控制策略

现代农村物流金融中心在质押物的选择过程中，所选质押物最好为价值易确定且相对透明、稳定、市场需求量大、流动性较强、变现性较好的商品；要建立灵活快速的市场商品信息收集和反馈体系，在开展现代农村物流金融业务时能把握市场行情的脉搏，掌握商品的市场价值和销售变化规律，及时获得真实可靠的资料，以利于质押货物的评估和选择，避免信息不对称情况下对质押货物的评估失真；同时，质押的货物品种应该具有质量稳定，容易储藏保管等特征，如农产品中的棉花等。

3. 仓单风险控制策略

现代农村物流金融中心在开展现代物流金融业务时要规范空白仓单的领用登记制度，空白仓单和仓单专用印鉴一定要指定专人负责，妥善保管，防止丢失；在办理各种出库业务时要根据预留的印鉴进行验单、验证、验印，必要时还要与货主联系或者确认提货人身份；在开展物流金融业务中，现代农村物流金融中心可根据业务要求使用带密码的提单，在提货时进行密码确认，防止假提单；另外，单证在传递过程中也会存在许多意想不到的风险，有可能会出现改单的现象，尤其是货物交接时单货不符最容易出现纰漏，因此现代农村物流金融中心在开展现代物流金融业务服务时还应加强仓单的规范管理。

4. 操作风险控制策略

现代农村物流金融中心作为客户或借款人都信任的第三方，要根据所开展的现代农村物流金融业务服务的不同方式，有针对性地制定严格的操作规范和监管程序，杜绝因现代农村物流金融中心内部管理漏洞和不规范而产生的风险。如按规定控制货物的质量、数量，不但要保证货物的属性，还要使货物的库存数量保持在规定的额度，避免在滚动提取时提好补坏、以次充好的现象发生；有条件的现代农村物流金融中心应通过计算机管理信息系统辅助操作人员进行货物管理，避免其操作风险。

5. 安全风险控制策略

现代农村物流金融中心在开展现代物流金融业务服务时，可要求现代农村物流企业的货主为仓储物品办理财产保险，以避免意外灾害造成存储物品灭失而带来的风险；加强现代农村物流金融中心内部人员管理，避免内外串通作案，给现代农村物流金融中心带来很大的损失；针对安全风险，现代农村物流金融中心还可以通过现代农村物流企业购买第三者责任保险，办理仓单质押项下的货物保险，积极寻求分散其内在的安全风险的途径。另外，现代农村物流金融中心在开展现代物流金融业务服务时还应充分发挥现代农村物流企业在其风险管理中的优势，利用自己掌握客户及质押物第一手资料的优势，在双方信息共享的情况下形成互动的监管和控制机制，既能更加有效地控制风险，又能更进一步巩固银企之间的信用关系。

五、结　语

如何有效地识别和评估现代农村物流金融中心开展现代物流金融业务服务风险，加强其风险管理，是现代农村物流金融中心开展物流金融服务的热点和难点问题，已逐渐引起研究者的关注。我国农村物流刚刚起步，现代农村物流金融服务正处于探索阶段，现代农村物流金融中心作为现代农村物流金融组织创新形式，尤其是对现代农村物流金融中心开展现代农村物流金融服务风险管理的研究不多，量化分析的就更少了。因此，本文在就现代农村物流金融中心开展物流金融服务过程中所面临的风险进行识别的基础上，充分考虑到现代农村物流金融中心在开展现代物流金融业务服务风险评估的复杂性和不确定性，以及人的思维各个因素的模糊性，提出了一种基于模糊有序加权平均算子的风险因素模糊互补判断矩阵排序模型，运用该模型，对现代农村物流金融中心开展现代物流金融业务服务过程尽可能地消除了人为因素的影响，从而实现风险因素重要度的排序，并以此确定哪些风险需要应对，哪些风险可以接受，哪些风险可以忽略，这些都为现代农村物流金融中心有效地规避和控制现代物流金融业务风险提供了理论依据，同时也为现代农村物流金融中心如何防范和控制现代农村物流金融业务风险提出比较全面的策略框架，还为现代农村物流金融中心开展现代物流金融业务、进行风险管理提供有效的支持。

本文对现代农村物流金融中心的风险识别、评估与控制进行探讨，无疑对加快现代农村流通产业发展，促进农村流通现代化，降低农村流通产业成本，以及保持我国国民经济持续稳定发展和消除国际金融危机影响，都具有丰富的现实意义和科学的应用前景。

（作者单位：湖南商学院经济与贸易研究院、中南大学商学院。原文载于《中国流通经济》2009 年第 5 期，被《人大复印报刊资料·特区经济与港澳台经济》2009 年第 8 期全文转载）

第七编
行业物流

关于应急物流建设的若干问题

王宗喜

在我国南方冰雪灾害和四川省汶川大地震中，应急物流扮演了重要的角色。从国家安全战略的高度审视应急物流的地位与作用，加速推进应急物流全面建设，值得我们认真研究。

一、搞好应急物流体系的规划设计

应急物流体系指为完成应急物流保障任务而由功能上相互联系、相互作用的各种应急物流要素和系统组成的复杂大系统。一般来说，应急物流体系有四项主要功能：一是维持社会经济秩序，稳定灾区民心；二是快速抢救受灾物资及各类设施设备，减少损失；三是及时补充物资，保障抢险救灾活动顺利进行；四是快速供应物资，帮助灾区重建。

1. 总体目标。总体上，应急物流体系应具备同时应对两起Ⅰ级（特别重大）突发公共事件的能力，并基本保证事发地以外地区社会经济正常运转，人民生活正常进行。具体而言，由于应急物流具有外部需求和体系能力的双重不完全确定性，因此应急物流体系既要维持充足的应急物流力量，又不能过多占用资源，影响国家物流体系的正常有序运作；在应对突发事件时，必须能够快速响应事发地各种类型应急物资的需求，确保物资畅通无阻、及时可靠地配送到终端用户，满足突发公共事件的物资需求。

2. 设计思想与原则。我国应急物流体系建设，应以科学发展观为指导，以应对突发公共事件为统领，以全程可视可控的信息网络为依托，以现代物流先进技术装备、智力工程、工作机制为支撑，逐步建成集物流指挥调度、物资筹措、物资运输、物资仓储、物资配送于一体，各环节有机衔接，一体联动，高效快捷，及时可靠，具有中国特色的应急物流体系。应急物流体系建设应坚持以下基本原则：

（1）整体谋划，逐步集成。加强顶层设计，统筹规划，从宏观上准确把握整体建设方向和进度，找准突破口，分阶段、按步骤、有计划地组织实施。

（2）政府主导，军民结合。以政府为主导，通盘考虑，整体谋划应急物流体系建设的蓝图，统筹规划，优化配置军民两大渠道的应急物流资源，形成"政府主导、军地协作"的军民融合式发展模式。

（3）着眼应急，兼顾平时。立足未来可能的需求，充分预计应急时各种复杂严酷的情况，具备足够的应急应变能力，同时搞好应急物流的常态化建设，使应急物流资源"寓急于平"。

（4）立足现有，边建边用。按照急用先建的原则，整合利用现有资源，通过重点、难点、热点、关键点的突破来带动整体的发展，边研究边建设，边建设边使用，在实践中及时检验建设的效果和质量，以实现迅速推广、全面推进、整体跃升的目标。

（5）厉行节约，注重效益。应急物流具有弱经济性，但也不能因此而忽视效益问题，应按照建设节约型社会的要求，着力突出效益问题，搞好前端设计和预案制定，以适度的冗余满足应急物流保障的需要，确保应急时能以最小的代价换取最大的效益。

3. 体系结构及功能。应急物流体系是一个复杂的大系统，涉及政府、行业组织、物流企业等不同层次、不同系统的机构，也涉及采购、仓储、运输、配送等不同功能的环节，还涉及信息、法规、人才、理论等不同的组成要素。一般来讲，从不同的角度出发，应急物流体系可划分为不同的结构。从要素构成入手研究分析应急物流体系的运行基础和运作机制，再从功能实现的角度进一步诠释整个体系，能更好地指导应急物流建设实践。应急物流体系主要包括应急物流组织系统、应急物资系统、应急物流设施设备系统、应急物流专业人员系统、应急物流信息管理系统、应急物流政策法规系统等。应急物流体系的这些组成部分相辅相成，紧密联系，既相对独立，又有机融合，是应急物流体系的基础构成要素，也是应急物流体系建设的着力点与着眼点。

（1）应急物流组织系统指应急物流体系运作所需的机构设置（组织架构）、部门职责、人员编制、工作流程等。它是应急物流体系的"大脑"，发挥着指挥调度物流的功能和作用，决定了应急物流的运作流程、运作方式和运作效率，是应急物流体系的核心。

（2）应急物资系统主要包括应急物资的数量规模、品种结构、布局形式、生产能力、存在状态等相关构成要素。应急物资是应对突发公共事件的重要物质基础与基本保障条件。应急物资系统是应急物流体系作用的对象，是实现有"物"可流的必备条件。

（3）应急物流设施设备系统指具有应急物流功能的站台、码头、交通航线和路线等各种固定设施，及运输、库存保管、搬运装卸、包装加工等相关设备和机具、工具等，是开展应急物流活动的必要条件与有效运作的物质基础。

（4）应急物流专业人员系统包括应急物流指挥决策、科研工作、专业技术、操作使用等各级各类专业人员。它是应急物流体系的能动力量，具体落实各种任务，直接决定应急物流体系建设及应急物流保障的质量效益。

（5）应急物流信息管理系统指用于应急物流需求感知、传递、分析、汇总、反馈的信息网络系统，相当于应急物流体系的"神经系统"，是应急物流支撑层建设中的一项基础性工程。

（6）应急物流政策法规系统指有关应急物流的国家法律、地方（部门、行业）法规及配套规章制度体系，政府制定的政策措施和应急物流预案计划，以及各种技术标准、性能规范等，主要对应急物流活动起到规范、激励、约束等作用。

此外，应急物流基础理论、应用理论与对策研究，既是推动应急物流体系建设的理论基础和强大动力，也是应急物流体系建设的重要组成部分。

二、确立军民融合、平战一体的建设思想

作为一种重要的保障手段，应急物流能够在应对突发公共事件时提供高效的物资保障，是我国全面建设小康社会的重要保障。在应急物流体系建设中，必须确立军民融合、平战一体的建设思想。

1. 必要性与可行性。一是必要性。突发公共事件的频繁发生，要求军民联合共同提高应急物流保障能力，全面提升全社会的应急管理能力。现代物流的建设与发展也需要以应急物流建设为契机，进一步整合优化军地物流资源，为建设和谐社会提供可靠的安全保障。从国家安全战略的高度看，无论国家经济建设还是国防与军队建设，都需要建立军民融合、平战一体的应急物流体系。

二是可行性。近几年突发公共事件的频繁发生，使全国军民日益重视应急物流建设。国家交通运输网络和应急管理体系等应急物流建设的基础环境已初具规模，应急物资储备体系正在加速建设。

2. 建设要点。一是力量的结合。要站在国家安全战略的高度，发挥政府的主导作用和军队的骨干作用，统筹规划应急物流体系建设，优化配置全社会应急物流资源，调动全社会应急物流潜力。

二是统一的指挥。组建常态化的应急物流专职部门，在纵向层级上区分国家、省、地、县等四级管理职能与协调方法，在横向业务上涵盖指挥调度、筹措、仓储、运输、配送等应急物流基本功能，逐步形成集中领导、分级响应、属地管理的纵向指挥调度体系与信息共享、分工协作的横向沟通协调体系，形成军民融合式的应急物流指挥机制。

三是统一的标准。制定应急物流标准体系表，规范应急物流运输、储存、包装、装卸、搬运、配送及相应的信息处理等环节内部和各环节之间的工作标准，与应急物流活动有关的设施设备、工具器具等技术标准，各环节各类技术标准之间及技术标准与工作标准之间的配合要求，还有与其他相关系统的配合要求等。

四是平时的演练。结合国情社情，平战一体，强化平时演练，在《国家突发公共事件总体应急预案》框架下，定期组织公众参加应急物流演练，使各级机构和广大人民群众熟悉物流应急预案，提高全民应急物流意识，增强防灾避险、减灾自救能力，并在演练中对预案进行实地检验和修订完善。

三、强化应急物流信息化建设

时间就是生命，应急物流就是与时间赛跑。信息在应急物流运作中发挥着主导作用，它能够优化调控物流，及时、准确、有效地驱散供需"迷雾"，实现应急物流全程可视可控，提高物流反应速度，降低物流成本。应急物流信息化建设是当前的一项重点内容。

1. 强化应急物流信息平台建设。运用系统集成手段，整合分散于有关应急模块中的应急物流系统，建立起上下贯通、左右衔接、军地一体的应急物流管理信息平台，分类反映，综合呈现地理信息、资源配置、物流通道、应急力量等方面的翔实信息，为应急物流管理指挥提供有力的信息支持。

2. 强化应急物流信息网络建设。建立基础性的应急物流信息资源库，建立健全应急预案、应急政策法规信息数据库，积极开展应急物流企业等终端节点的上网工程，依托政务网建成适应性强、功能强大、反应灵敏的应急物流信息网络，实现应急物流信息资源互联共享。

四、推进应急物流重点工程建设

应急物流体系建设是一项复杂的系统工程，涉及政府、军队、企业、家庭、个人等不同层面，社会、政治、经济、军事等不同领域，配套设施设备、人员思想观念、法律规章制度、工作关系流程等不同内容，若贸然全面铺开，不仅工作难度大，且建设质量无法保证。因此，必须研究分析当前的建设重点，以重点工程的突破来带动和促进应急物流体系的全面建设。

1. 智力开发工程。应急物流智力因素对提高应急物流保障的质量和效益具有直接影响。有效整合与开发应急物流智力资源是应急物流体系建设的一项重点工程。一要切实摸清应急物流现状。开展中国应急物流现状研究，切实摸清目前我国应急物流资源的情况，特别是应急物资及相关基础设施的情况，切实掌握国内发展现状，构建应急物流基础数据库系统。二要加强应急物流理论研究。依托中国物流与采购联合会应急物流专业委员会等社会团体与学术机构，在《应急物流科研指南》的框架下，整合应急物流科研力量，加大投入，加强应急物流基础理论、应用理论与对策研究，形成系统的应急物流理论体系。三要加快应急物流人才培养。加强应急物流教学培训机构建设，论证开设应急物流相关专业，加强专业人才培养、考核、认证工作，建设过硬的应急物流指挥管理、技术操作与教学科研专业人才队伍。

2. 设施设备工程。要将所有基础设施设备资源视为一个大系统，通过对系统各要素进行改造与重组，使之有机融合，相互渗透，紧密衔接，形成有机合理的结构体系，实现整体优化与协调发展，特别要围绕应急物资仓储、运输、配送等关键环节，重点加强设施设备等硬件条件建设，为应急物流体系建设夯实物质基础。一要统筹规划应急物流通道网络。打破常规建设思路，立足应对突发公共事件的需要，以城市、乡镇等人口密集聚居区为节点，综合考虑铁路、公路、水路、航空等运输方式，论证设置简易停机坪、物资空投点，提升空港、码头、高速公路服务区等设施的服务保障能力，构建立体网络化的应急物流通道，确保其始终处于高效运行状态。二要整合现有物流通道。立足现有条件，对常规物流通道加以整合利用，调整并改革交通运输基础设施管理体制与方法，充分发掘其应急功能，实现常规物流通道与应急物流通道的资源共享。三要发展实用型应急物流设备。在对常规物流设备进行"挖潜"的基础上，配备实用型便捷化应急物流设备，发展技术先进、性能可靠的尖端物流设备。

3. 应急储备工程。根据不同地区可能发生灾害的类型和强度，由国家主管部门统一部署，各级地方政府组织指导，从家庭储备做起，市场广泛参与，发挥国家储备的主体作用、军队储备的骨干作用、地方储备的补充作用、市场储备的辅助作用及家庭储备的基础作用，开展应急储备工程，按照布局合理、规模适度、结构优化、质量可靠的要求，建立国家、军队、地方、市场、家庭"五位一体"，具有中国特色的应急物资储备系统。一是加强国家和军队应急物资储备的一体化建设。从国家安全战略的高度出发，加大特殊应急物资的储备，将应急物资储备与国家、军队物资储备有机结合起来，优化配置，统筹规划，适当调整，综合布局，改造现有物资储备仓库，布设并增加新的储备库点，增加库容和储备量，充分发挥国家、军队物资储备在仓库布局方面的"网络优势"，有效弥补目前应急物资储备系统中仓库资源少、仓库布局不合理的缺陷。二是健全地方与市场层面的应急物资储备。地方应按照属地为主的原则，以行政区划为单位，依据人口分布情况，建立适应本区域自然地理与社会经济特点的常用救援器材与生产生活物资储备。三是建立家庭层面的应急物资储备。倡导建立适应我国国情的家庭应急物资储备，特别是我国广大农村家庭应着重提高粮食储存量，确保在有效救援不能及时到达的情况下具有基本的生活物资与生存条件，立足自身，提高应对各类突发公共事件的能力。

4. 法规制度工程。构建系统配套、功能齐全的应急物流政策法规体系，对于保障应急物流各项职能的正常运行，具有重要意义。一是提请在《动员法》等国家法律中加入应急物流相关内容，从顶层对应急物流建设进行明文规定。二是制定地方与部门法规，从管理层面对应急物流建设作出相应规定。三是完善应急物流相关规章制度、规则条例和标准规范，对实际操作进行规范化管理。建设应急物流政策法规体系，按照各级政府的职能分工，由相关机构分别制定各个层次的法规制度并进行修改和完善。

（作者单位：解放军后勤指挥学院军事物流工程实验室。原文载于《中国流通经济》2009 年第 3 期）

大力推进应急物流建设与发展

王宗喜

2008 年，我国连续发生了南方低温雨雪冰冻灾害和"5·12"四川汶川大地震两次大的自然灾害。在党中央的正确领导下，全国军民通力合作，取得了抗击灾害的重大胜利。两大自然灾害过后，我们进行了反思和总结，其中有一些成绩和经验，也有很多深刻的教训。摆在我们面前的有一个很重要的问题，即如何加强并推进我国应急物流的建设与发展。

一、充分认识应急物流的战略价值

抗震救灾期间，我们媒体关注的场面基本上都是抢险救人的，几乎没有一个镜头是反映物流问题的。实际上，物流就像一个默默无闻的战士一样在向一线输送物资。救人固然很重要，但救人所用的物资器材也同样重要。而我们仅仅看到了那些在一线救人的英雄，却没有看到这些在后方默默无闻向一线输送物资的应急物流的勇士们。由此可见，我们在对应急物流的认识上还存在一定差距。

我们应当从国家安全战略的高度来审视应急物流的意义与价值。应急物流是我国安全保障体系里一个非常重要的组成部分。比如说战争，无非就是三大流，其中一个是人流，一个是信息流，还有一个就是物流。人流就是在各级军事指挥员的组织下，一个军、一个师或者一个团在战场上从这个地方"流"到那个地方，完成攻防的转换。所以说，军事指挥从某种意义上讲就是人流的指挥。但人流无论"流"到哪里，物资包括装备、器材，也要同时同地到达，这两大流只有实现了最佳汇合才能发挥最大的战斗力。这两大流依靠什么来实现很好的流动呢？主要依靠的就是信息流。但人流也好，信息流也好，它们所需要的物资保障靠什么？要靠物流。因此物流是三大流的基础。国家安全保障体系里仅仅有解放军、武警部队等人流的力量是不够的，还必须有强大的物流作为支撑。所以说，应急物流是国家安全保障体系里非常重要的一个组成部分。如果我们的认识能达到这个高度，就能够自觉推动应急物流建设。

二、应急物流必须走军民结合的发展道路

军地物流一体化是军地物流联合发展的高级阶段。发展应急物流仅仅依靠军方的力量，或者仅仅依靠民方的力量，都难以取得成效。

古今中外无数的事实都证明了这样一个道理：只有军民结合，协调发展，才能真正构建高效能的应急物流体系，才能真正实现应急物流的建设目标。比如淮

海战役之后陈毅元帅曾经说过，淮海战役的胜利是山东人民用手推车推出来的。这里所指的就是军民团结一心共同搞好前线的物资保障，搞好物流。我们的抗震救灾工作也得益于军民合作，正是因为军民团结一心，并肩搞好物流保障，才取得了最终的胜利。

从理论上讲，军队物流和地方物流的终极目标是一致的，都是为了把我们的国家建设好。此外，两者在物流技术、设备、内容等方面也是相融的。在物流技术上，地方物流的先进技术可以移植到军队物流系统中，军队物流的先进技术也可以转用于地方物流。地方物流的运输、包装、仓储等业务内容可在一定程度上与军队物流系统实现联合经营。

三、当前应着力推进的工作

一是应急物资储备。所谓物流，首先要有物可流。有物可流靠什么？靠储备。没有储备就无物可流。从 2008 年两次自然灾害的应对过程中可以发现，我们储备的布局、储备的规模、储备的方式、储备的结构等，都需要大力改进，以适应应急物流的要求。在 2008 年年初的低温雨雪冰冻灾害中，由于广大农村地区很少有充足的粮食等物资储备，食品物流的通道也主要依靠城市，结果大雪封路后，物流通道被堵截，就束手无策了。所以，目前我国把应急物资高度集中于大中城市的方式是不合适的，可考虑把集中储备与分散储备有机结合起来。

二是军民结合的应急物流指挥体制。要有一个很好的机制把军地物流结合起来，进行统一有效的指挥。以 2008 年年初抗击低温雨雪冰冻灾害为例，当时为了清除道路上的冰层，解放军用坦克车、装甲车进行碾轧，但很快就又结冰了。在当时的情况下，需要对群众的车辆进行统一指挥，使之紧跟着部队的车辆前进。但当时军队指挥军队的车辆，地方指挥地方的车辆，两者没有衔接起来进行统一指挥，这给我们带来了很多的问题。再比如，应急状态下物流车辆抢道行驶，送油料的、送血浆的、送食品的等，都来抢道，谁来指挥？哪些物资先送出去，哪些物资作为后续的第二梯队？这些都存在统一指挥的问题。

三是平时的物流活性建设。物流活性问题越来越重要。这是因为，无论应急物流也好，军事物流也好，其矛盾的焦点都是时间矛盾，都需要及时地送上去，晚到一分钟就有可能造成巨大的损失。所以，应急物流矛盾的焦点就是时间矛盾。时间矛盾在物流领域怎么解决？主要就是增强物流活性。有的物资体积很大，很笨重，它的活性就差；有的物资很轻便，它的活性就好。物流活性指尽快投入物流作业的特性。物流活性与我们的日常生活息息相关。比如，我们日常穿的衣服放在衣架上活性就大，一有需要就可以披上走了，而如果放在箱子里，就麻烦得多了。现在很多人喜欢住高层的房子，但从物流的角度看，高层的活性不好，下楼得一层一层地转圈下来，即使有电梯，停电了又该怎么办？这里提一下物资的优先顺序问题，即哪些物资放在第一位，哪些物资放在第二位。例如，在抗震救灾中应把血浆放在第一位，食品放在第二位，排好顺序，确保依次快速通过。这是一项系统工程，需要从物资包装、放置位置及物资形态等多方面进行综合考虑，以增强物流整体活性，提高应急物流水平。

四是应急物流的系统化、标准化、信息化建设。系统化是应急物流的核心思想，即整体优化。要使整个应急物流体系形成高效运转的大系统，应从全局出发统筹应急物流的建设与发展。标准化是搞好应急物流现代化建设的基础，是满足应急物流系统各环节紧密衔接、有机协同的迫切需要。目前，地方上的物流管理体系与部队上的大同小异，都是按照物资门类划分的。在这种状态下，为整合物流资源，实现整体最优化，就要进行标准化建设。信息化是应急物流发展的根本动力，也是确保应急物流顺畅高效运行的基础条件。当前我们已经跨入了信息时代，任何一个系统，如果没有信息系统的支撑，就会变成死系统。而对于一个死系统，我们可以用信息把它激活。惩罚人最严酷的一个手段，就是把他投放到监狱里，切断他的一切信息来源。有些人在监狱里待得太久，出来之后话都说不好了，由此可见信息的重要性。同样，信息对于物流也非常重要。当然，提高物流的信息化水平必须实事求是，要根据工作任务和环境条件来搞，并不是说每人一台电脑就能够实现信息化了。

2008年年初抗击低温雨雪冰冻灾害时，出现了马灯、蜡烛价格飙升的现象。为什么？因为我们把之前一些行之有效的简单手段都忘掉了，现在很多东西都高度依赖电能，电的重要性越来越大，一旦没有了电，很多人就会手足无措。举个例子，低温雨雪冰冻灾害时，电力机车无法使用，必须临时调用一些蒸汽机车，可是人们却不会开了。我们现在建设小康社会，推进现代化进程，一定要实事求是，土洋结合，过去有些传统的管用的手段和方法，千万不要丢。只要军民团结起来，共同为应急物流事业增砖添瓦，我们的目标一定会实现！

（作者单位：解放军后勤指挥学院军事物流工程实验室。原文载于《中国流通经济》2009年第7期）

论中国军事物流的建设与发展

王宗喜

军事物流是国家安全体系的重要力量，肩负着向国防和军队建设、战争以及一切军事行动提供物资保障的特殊使命。无论在硝烟弥漫的战场，还是在抗击灾害的前线，始终活跃着军事物流的身影。在建设中国特色社会主义的伟大征程中，军事物流已经并将继续扮演不可或缺的角色。因此，必须加强军事物流的全面建设，推动军事物流快速发展。

一、充分认识军事物流的战略价值

只有从国家安全战略的高度审视军事物流的重大意义，并牢固树立军事物流意识，营造广泛关注并积极参与军事物流建设的崭新局面，才能动员和调动全社会力量，才能优质高效地构建军民结合的军事物流新体系。

1. 打赢信息化战争，必须拥有一支能征惯战的军事物流力量。从流的观点来看，信息化战争无非是人员流、物资流、信息流这三大"流"的综合作用。在战争中，离开武器装备、弹药器材等物质基础的支持，军队信息化程度再高、指战员再训练有素、战斗精神再强，也难以有效遂行和完成各种军事任务。无论是信息化战争初现端倪的海湾战争，还是近几年的伊拉克战争、阿富汗战争，胜利之神总是青睐三大"流"综合实力强大的一方。理论和实践都证明，打赢信息化战争，必须拥有强大的军事物流力量。

2. 建设强大的国防和军队，离不开军事物流的强力支持和保障。国防与军队建设的每一个环节、每一项工程，都要耗费大量的人力、物力、财力。其中，物资消耗与补充是关乎国防和军队建设成败极为重要的因素。而准确及时的物资保障，必须依靠强大的军事物流才能完成。军事物流覆盖面广泛，从部队的战备训练到生活保障，都发挥着大动脉的支援保障作用，时刻不停地满足着国防与军队的需求。

3. 完成多样化的军事任务，离不开军民结合的军事物流体系的支撑。党的十七大报告指出，我军要提高"应对多种安全威胁、完成多样化军事任务的能力"。[①] 要完成党中央赋予的这一历史使命，我军应从多方面入手，全面增强以打赢信息化条件下局部战争为核心的完成多样化军事任务的能力。其中，建设军

---

① 十七大报告辅导读本编写组：《十七大报告辅导读本》，人民出版社 2007 年版，第 40 页。

民结合的军事物流体系，强化军事物流保障能力，为遂行多样化军事任务提供坚实的物资保障，应当成为一项重要内容。

4. 实现小康社会的宏伟目标，离不开军事物流的卓越贡献。军事物流建设不仅具有军事效益，而且具有社会效益。一方面，建设社会主义和谐社会，实现小康社会的宏伟目标，需要军队在军事斗争准备及抢险救灾、反恐维稳等方面提供可靠的全方位的安全保障；另一方面，军事物流在支援和参与地方工程建设上，也发挥着重要作用。此外，军事物流的良性发展，还有利于合理利用社会资源，最大限度地发挥军费的效率和效益。总之，在建设中国特色社会主义的伟大征程中，离不开军事物流的强力支持与保障。

二、探索践行现代军事物流的发展观

发展观集中体现了现代军事物流的先进思想，是指导军事物流建设与发展的航标和灯塔。只有积极探索并认真践行现代军事物流的发展观，才能保证中国军事物流事业沿着正确道路蓬勃发展。

1. 军事物流系统发展观。军事物流是一个庞大的人工系统，结构复杂，大体包括筹措、运输、储存、配送、包装、加工等各个环节，人员、信息、物资、资金、设施设备、体制机制、法规制度等各个要素，战略、战役、战术等各个层次，以及军需、油料、卫生、营房等各个专业。军事物流并不是上述各个环节、各个要素、各个层次、各个专业的简单叠加，而是通过彼此的内在联系，在共同目标之下形成的一个有机系统。① 践行军事物流系统发展观，就是要用系统的观点来认识和考察军事物流体系，站在国家现代物流发展全局的高度，从要素特征、相互关系、整体功能特性等三个方面着眼，通过改革调整的方法，既要优化结构，又要优化流程；既要优化储备，又要优化配送；既要优化目标，又要优化举措。使军事物流的系统要素和结构形式得以综合集成与优化整合，实现军事物流整体的最优化目标。

2. 军事物流人本发展观。科学发展观的核心是以人为本。同样，军事物流提供的一切物资，其最终用户从根本上来说也是人，始终围绕"人"这个中心展开工作，通过调动和发挥人的主观能动性与积极性，来促进军事物流又好又快发展。践行军事物流人本发展观，就是要按照科学发展观的核心要求，重视人的价值，尊重人的价值。一方面，充分发挥军事物流的本质使命作用，全面、准确、及时满足部队指战员战备训练、生活保障等各方面的物质需要；另一方面，树立尊重劳动、尊重知识、尊重人才、尊重创造的理念，为军事物流指挥管理、操作使用等各层次人员创造良好的工作环境、学习环境、生活环境，使他们各尽其

---

① 王宗喜、徐东：《军事物流学》，清华大学出版社 2007 年版，第 30 页。

能、各得其所而又和谐相处，努力帮助他们实现人生价值和社会价值。

3. 军事物流效益发展观。在市场经济条件下，效益是所有经济活动的核心。军事物流效益主要考察军事物流活动所取得的效果和所要付出的代价。虽然近几年我军军费大幅增加，但仍然难以完全满足当前军事斗争准备的迫切需要，这就要求我们特别重视军事物流保障的综合效益，既要强调军事效益，又要关注经济效益。践行军事物流效益发展观，就是要摈弃军事需求不计成本的习惯思维，不片面强调和无限放大军事效益的重要性与紧迫性，而是在讲求军事效益的同时，尽量以最小的投入来获得最大的产出，将每一分钱都花在刀刃上，使有限的军费产出最优的军事效益和经济效益。

4. 军事物流信息发展观。信息在实现军事物流系统化、物流作业一体化方面发挥着重要作用。军事物流信息化是在军队的统一规划和组织下，将现代信息技术运用于军事物流领域，以信息为主导，紧紧围绕提高军事物流保障能力和军事物流效益，通过整合现有资源、重组保障流程、优化资源配置，实现军地资源兼容共享、物流保障全程可视、物资投送快速精确、物流态势实时可控的最佳状态。践行军事物流信息发展观，就是要确立信息制胜的理念，围绕军事物流需求设计信息化建设方案，更好地利用信息，以信息的高效流转，减少低效率、低增值的物流活动，提高军事物流保障的效率和效益，增强军队后勤的综合保障能力。

5. 军事物流和谐发展观。在军事物流保障活动中，应做到人与物、物与物、物流与自然环境的和谐统一，力求实现天人合一。践行军事物流和谐发展观，就是要按照绿色物流、环保物流、循环物流的理念，善待物资，善待环境，减少环境污染，节约有限的自然资源；按照快乐物流的思想，将军事物流打造成人与人相互合作的最佳平台，形成军事物流有关人员和谐相处、共同发展的良好局面。只有如此，才能使物流作业与物流环境和谐结合，共同推进军事物流的进步与发展。

6. 军事物流服务发展观。物流业是一种服务业，向用户提供优质服务是物流活动的出发点和归宿。军事物流尤其讲求服务质量，为部队用户提供优质服务，全面满足物资需求，也是军事物流体现出的一种崇高的奉献精神和职业道德。践行军事物流服务发展观，就是要树立服务至上的理念，根据需要设计并提供系列化、个性化的物流服务，面向战场、面向市场，军民结合、以军为主，全面满足多层次的军事物流需求。

7. 军事物流动力发展观。军事物流在运行过程中，客观上既有阻力也有动力。动力主要有利益驱动力、行政推动力、政治感召力、法律牵动力、情谊感染力等；阻力主要有观念阻力、体制阻力、环境阻力等。践行军事物流动力发展观，就是要不断增强动力，克服阻力，推动军事物流的改革与发展。

8. 军事物流关系发展观。军事物流涉及各级政府部门、相关企业以及军队内部各有关职能部门。其中，既有平行协作关系，也有监督与约束关系，还有服务保障与指挥调度关系。按照物流接合部理论，[①] 只有这些关系顺畅运行，不对整个系统产生阻滞力量，才能确保军事物流高效运作。践行军事物流关系发展观，就是要正确认识这些错综复杂的关系，运用法规制度手段来规范各种关系，使其始终在合理合法的轨道上高效运行。

三、大力推进我国军事物流的重点工程建设

军事物流建设是一项极其复杂的系统工程。只有重点突破，进而以点带面，整体推进，才能又好又快地实现军事物流建设目标。立足当前，着眼发展，我们必须抓紧搞好下述六大重点工程建设。

1. 军事物流智力开发工程。围绕创新发展军事物流理论、创建军事物流人才队伍而展开的建设，谓之智力开发工程。实践证明，只有通过卓有成效的军事物流科研与教学活动，才能不断推动军事物流理论与技术的创新发展；只有用先进的现代物流理论与技术武装各级各类军事物流人员，特别是军事物流高层指挥决策人员，才能有效提升军事物流运作质量和效益。第二次世界大战期间，美军正是通过大力开发军事物流智力工程，培育了大批物流专业人才，正是通过探索运用运筹学方法组织物资供应，取得了令人瞩目的成效，并由此逐步带动了军事物流乃至现代物流的飞速发展。随着世界新军事变革的深入发展，信息化战争登上人类历史舞台，军事物流面临着严峻的挑战与难得的发展机遇。我军使命和任务的不断拓展与全面建设现代后勤战略任务的深入开展，不仅对军事物流提出了新要求，也为军事物流发展创造了难得的机遇。

我军物流起步较晚，现代物流理论与知识普及不够，军事物流理论和方法尚未在后勤全系统、全领域、全过程、全要素的保障活动中普遍推广应用。同时，军事物流领域不仅需要高效率的操作使用人员，还需要高素质的专业技术人员，更需要高层次的指挥管理人才，而我军物流人员素质还不够高，特别是高层次专业人才极度匮乏，难以适应现代军事物流发展的需要。理论源于实践，又高于实践，并前瞻性地指导实践。人才是理论的掌握者和实践者，在军事物流中发挥着极其重要的基础作用。为抓住机遇，迎接挑战，实现我国军事物流又好又快发展，就必须加大教学与科研力度，大力推进军事物流智力工程，夯实军事物流人才资源理论基础，为军事物流的发展提供高质量的人力支持与智力支持。一是加大军事物流宣传教育力度，着力强化军事物流意识。主要是增强系统优化、信息

---

① 王宗喜：《漫话军事物流》，清华大学出版社 2005 年版，第 168~172 页。

制胜、技术集成、服务至上的先进物流理念。二是推动军事物流理论创新，完善军事物流理论体系。要整合军事物流科研力量，开发军事物流科研平台，开展军事物流理论交流，在基础理论、应用理论与对策研究上取得新突破。三是加快军事物流人才培养，建设军事物流人才队伍。主要是依托军队院校"主阵地"和国民教育体系"主渠道"，打好军事物流人才的基础。同时，要加强部队军事物流教育训练。

2. 军事物流"三化"建设工程。军事物流的系统化、标准化、信息化建设，谓之"三化"建设工程。军事物流涉及部门多，统筹难度大，组织协调难。只有加强基础建设，即从战略全局出发，搞好系统规划，打牢信息基础，完善标准规范，才能有效消除技术层面的障碍和壁垒，推动军事物流又好又快发展。其中，系统化是军事物流的核心思想，要求我们从全局出发统筹各种资源，推进军事物流建设与发展；信息化是现代军事物流发展的根本方向和强大动力，为军事物流的顺畅高效运行提供基础；标准化是军事物流展开的重要基础，确保军事物流系统各环节、各要素紧密衔接、有机协同。因此，推进军事物流"三化"工程建设，对于打牢军事物流基础、提升发展后续力量具有重要而深远的意义。

军事物流系统是一个涵盖仓储、运输、物资等后勤保障部门的大系统，其整体效能的提高同样取决于各子系统的耦合与协调。但长期以来我军后勤保障条块分割，各专业勤务之间缺乏充分沟通与协调，仓储、运输、配送等各环节尚未实现有机融合。特别是军事物流装卸搬运环节，功能配套性较差，成为整个军事供应链的"瓶颈"。军事物流的系统化就是要把物品在供需双方之间的转移过程看成一个有机整体，通过调节资源配置，使物流过程的筹措、仓储、运输、配送等各环节有机衔接，设施设备、标准规范、信息资源、人才队伍等各要素协调发展，实现总体上的效率与效益最优化。在军事物流标准化方面，军队与地方的物流标准还不够协调统一，妨碍了地方上先进的物流企业及技术与管理方法进入军队，严重制约了军事物流的良性发展。虽然我军正在积极开展物流标准化研究与标准制定工作，但受多种因素的制约，军事物流标准化建设依然任重道远。在军事物流信息化建设方面，军地物流信息甚至军内物流信息还远远没有实现及时有效的兼容互通与实时共享，有关军事物流的信息还缺乏综合的呈现平台，更无法从战略层面上对军事物流实施协调一致的指挥控制。

为解决军事物流当前面临的突出矛盾，必须大力推进军事物流"三化"工程。一要以军事物流系统化为目标，突出搞好顶层设计和规划，按照要素集成、单元集成、系统集成的步骤，对军事物流系统进行综合集成；二要以军事物流标准化为基础，系统整合物流技术领域的军用标准和民用标准，尽可能采用先进的民用技术标准和性能规范政策，实现军队和地方物流的对接融合与无缝衔接，为构建军民结合的军事物流体系扫除技术标准上的障碍；三要突出军事物流信息化，运用现代信息技术，妥善处理信息共享与信息保密的关系，力求实现与地方物流信息的有机衔接和实时共享，整合优化全军现有资源，打造一个科学、高效、可靠的军事物流信息化平台。

3. 军事物流仓储转型工程。仓储是军事物流重要的组成部分，是调节军事物流流向与流量的重要手段。加速推进我军后方仓库向军事物流中心转型，构建具有我军特色的军事物流体系，是适应新军事变革发展，适应战争形态转变，适应我国市场经济发展，打赢未来信息化战争的必然要求。从物流大系统考量，我军目前后方仓库大都功能单一，物流配送发展相对落后，难以适应军事物流的要求，必须下大力气推动仓储转型工程。

实施仓储转型就是从全军的战略全局考虑，统一规划军事物流体系建设，拓展仓库功能，使后方仓库由原来单一储物的机构，扩大为集调节流向、流量、储备物资、保养物资、整合信息等多种功能于一体的物流中心与配送中心，真正成为军事物流大系统中的重要节点。一要积极拓展后方仓库核心功能，按照功能拓展、结构优化、军民兼容、仓储统管的总体要求，整合优化仓库群资源，挖掘利用地方物流中心资源，实现单一仓储功能向仓储、配送功能复合化发展，变被动响应为主动保障，变粗放型保障为精确化保障。二要优化整合军地仓储资源，通过改造扩建、整合重组、布点新建等手段，构建科学合理的仓储网。三要从战略、战役、战术三个层次出发，构建物流基地、物流中心、配送中心三级无缝衔接且有机融合的军事物流体系。其中，物流基地以物资储备为主要职能，物流中心以中转运输为主要职能，配送中心以物资配送为主要职能。

4. 军事物流机制体制建设工程。科学合理的体制机制是军事物流高效运作的重要基础，体制不健全、机制不顺畅、法规不完善，必将导致军事物流运行效率与效益低下，严重影响和制约保障任务的高效完成。要实现体制机制上质的飞跃，必须坚持科学发展观，与时俱进，用改革创新的方法和手段，积极推进军事物流的体制机制建设工程。其中，法规制度是军事物流有效运行的重要保障。因此，要建立健全军事物流法规制度，把军事物流各领域、各层次、各环节的工作都纳入法制化轨道，创造改革发展所需的基本条件和依据。

我军物流管理涉及诸多部门、行业和工作环节，物资供应保障体系相对分散、封闭、垂直，长期以来在体制上处于"条块分割"的状况，未能形成有效的军事物流管理机制，尚未实现真正意义上的资源共享。同时，我国军地物流一体化发展相对滞后，缺乏有效的资源整合手段与平台，军队物流与地方物流体系未能实现有机结合。因此，要对军地之间及军队内部的编制体制和管理职能进行必要的优化调整，理顺管理机制，打破体制壁垒，通过适度的社会化、市场化手段，有效整合国家、军队与社会的资源，使军事物流体系在国家、地方、军队上整体衔接一体，在战略、战役、战术上纵向垂直一体，在总部、大单位、联勤分部上横向区域一体，在各军兵种和后方专业勤务上配套融合一体，全面提升军事物流保障能力。

推进军事物流体制机制改革创新，必须树立全局意识，搞好顶层设计与规划；确立市场意识，按照军民融合发展的思路，充分利用社会资源；提高开拓意识，主动跳出部门利益与局部利益的局限，以时不我待、排除万难的精神组织开展工作。一要调整现有军事物流相关职权，赋予各级后勤综合部门相应职权，强化其职能作用，以此为契机理顺各业务部门以及与地方有关职能部门的"权责利"关系；二要研究制定《军事物流保障条例》等法规制度，为军事物流运作提供法规保障；三要建立健全完善配套的军事物流评价、监督、竞争、激励机制，有效提高军事物流运作的质量效益。

5. 军事物流活性建设工程。所谓物流活性，指物资易于投入物流作业的一种特性。现代战争及多样化的军事任务，要求军事物流必须克服时间矛盾，军事物资必须更为迅速地投入物流作业，以满足快节奏的军事需求。

物流活性工程就是围绕军事物资物流活性提升而展开的工程建设。军事物流总是希望物资处于最容易被移动的状态，迫切要求揲升物资物流活性。主要可从以下几个方面考虑：一是改进物资包装，改善物资储备条件；二是改善物资存放空间，优化物资存放布局；三是加强物资管理，改进作业方式；四是推广应用射频技术等先进物流技术。如调整物资摆放位置，贴上易于发现和识别的标志、标签，编制物资优先顺序；改进物资包装，进行集装化、托盘化储存，全方位提升军事物资物流活性。

6. 应急物流建设工程。应对多种威胁、完成多样化军事任务，是现阶段我党赋予军队的新的历史使命。2006年1月国务院颁发的《国家突发公共事件总体应急预案》明确规定，军队是处置突发公共事件的骨干与突击力量。中央军事委员会在《军队处置突发事件总体应急预案》中，也明确规定军队承担处置军事冲突突发事件、协助地方维护社会稳定、参与处置重大恐怖破坏事件、参加地方抢险救灾、参与处置突发公共安全事件等五大基本任务。多样化军事任务的完成，在很大程度上有赖于一个高效、可靠、精确的物流体系。军事物流体系与应急物流体系有很多相似的特点和要求，在建设与发展模式上也有相通之处，两者可以相互促进、有机融合、协调发展。因此，为提高我军完成多样化任务、应对多种威胁的能力，必须适应新形势、新要求，积极发挥军队在应对突发事件中的骨干与先锋作用，按照平战结合、平急结合的目标，努力推进应急物流体系建设工程。

鉴于军队在应对突发事件中的重大作用，在组织机构上，可考虑由中央军委委派一名领导作为主要领导成员，参加国家应急物流领导机构，军队各级领导也参加相应级别地方政府组织的应急物流相关领导机构，统一协调军队物流资源的运用，从而在我军形成一个响应及时、运作高效的应急物流组织实体，实现军地及军队内部的横向联动、纵向整合，以理顺职责、形成整体，确保应急物流各要素在组织上的统一性、行动上的协调性、资源上的共享性，从而确保在处置突发事件时能够做到行动迅速、相互协作、优势互补。特别是军队仓储系统，具有覆盖面广、反应速度快等优势，在弥补国家应急物资储备资源不足、布点不均等方面，能够发挥重要作用。

（作者单位：解放军后勤指挥学院军事物流工程实验室。原文载于《中国流通经济》2009 年第 10 期）

略论军事物流发展策略

王宗喜

军事物流发展策略是推动军事物流发展的关键，对整体推进全面建设现代后勤、引领军事物流沿着正确道路持续发展具有十分重要的意义。因此，为扎实推进军事物流科学发展，笔者认为必须坚持军民结合、互促共赢，创新机制、综合集成，科技进步、信息制胜，重点突破、扎实推进，以人为本、和谐持续等五大发展策略。

一、坚持军民结合、互促共赢的发展策略

军事物流的本质使命是满足军队用户物资需求。要优质高效地完成这一使命和任务，应充分依托以社会为主体、以军队为骨干的现代物流资源体系。从这个意义上讲，军事物流必须走军民结合之路，构建军民结合的科学体系，实现军民互促共赢。实施这一策略，有三个主要的着力点。

一是理顺军民物流联合发展机制。军民两大领域的物流活动具有天然联系，双向开放与资源共享，具有独特优势。但是，军队和地方分属两个不同的管理系统，无疑存在体制机制壁垒。因此，应立足国家安全发展战略全局，优化统筹军民物流资源力量，建立并完善军民物流联合发展机制，实现军民物流资源的合理布局、科学配置与有机融合。

二是搞好军地物流联合演练。结合国家重大活动和重点建设项目，如修建高速铁路、大型机场、码头、桥梁、水库和奥运会、国庆阅兵、世博会等，组织军地物流联合保障演习，突出演练军事物流指挥流程、军地物流力量协调配合，锤炼军事物流保障人才，提高军事物流保障能力。

三是探索军地应急物流发展规律。应急物流作为军事物流体系建设的突破口，应重点从理论与实践的结合上，研究探讨其统一指挥和军地协调、物资军民联储、设备设施共建共享以及军地教学科研资源整合利用等问题，深刻认识并有效把握军民结合应急物流的特点和规律，不断推动军事物流科学发展。

二、坚持创新机制、综合集成的发展策略

军事物流的综合性很强，横跨多个专业、部门和系统，组织协调难度很大，必须立足安全发展战略全局，积极创新管理机制和运行机制，综合集成军事物流各力量要素，全面实现军地物流资源的统筹优化。

一是集成各类技术，形成主动配送式物流服务机制。现代化战争强调速度，

传统的被动请领式保障难以有效满足现代化战争的需要，要求军事物流能够及时预测需求信息，积极提高服务保障的质量与效益，综合运用各种先进的技术手段，进行技术集成创新，提高军事物流主动配送能力。

二是集成信息技术，形成感知调控的物流运行机制。现代信息技术发展迅猛，种类繁多，内容丰富，功能强大。应当在综合考察与评估各种信息技术先进性、成熟性、系统性、适用性的基础上，加以优选，形成具有军事物流特色的感知调控技术，使之能够有效管控军事物流运行状况。

三是集成供应链，形成服务接力的物流保障机制。围绕军事物资供应部门，从军事物资生产开始，经由筹措、运输、储备、配送等军事物资供应环节，将制造商、供应商、第三方物流企业、军事物资供应部门、各级军事物流基地（或中心）直到部队最终用户，逐层级、逐环节连成一个完善的功能网链结构体，在此基础上形成系统配套、无缝衔接、有机融合的保障机制。

四是集成各专业力量，形成协调联动的物流指挥机制。逐步打破传统的保障模式，理顺军事物流管理"条块"关系，在军队内部和军地之间，通过优化整合各专业力量，逐步建立起军地协调联动的军事物流指挥机制。

三、坚持科技进步、信息制胜的发展策略

没有现代科学技术，就没有现代物流。因此，应叫响科技兴流的口号，以科学技术进步来推动军事物流事业的发展，特别要注重发挥信息技术在军事物流保障中的"倍增器"与"黏合剂"作用，提升军事物流保障质量效益。同时，还要借势而为，充分利用社会科技资源和力量，积极推动军事物流技术集成创新与学术理论创新，提高军事物流技术水平。

一是积极开展学术交流，加快研发军事物流科技成果。军事物流学科具有海纳百川的学术特质，很多现代科学理论方法与先进技术在军事物流领域都可以得到广泛应用。特别是作为新兴学科，军事物流也需要学术上的碰撞和激荡。只有更加广泛而深入的学术交流与科学研究，才能推动军事物流研究成果的大量涌现和普遍应用。

二是围绕三大功能，加强军事物流信息化建设。军事物流信息化大体具有三个功能，即扫除迷雾、辅助决策和全程可视可控。通过军事物流信息化，有效扫除需求迷雾、资源迷雾、环境迷雾三大迷雾；全面掌握物资保障态势，辅助分析判断情况，提出决策建议和意见；随时掌握物资流量、流向、流速，并进行有效管控。

三是积极做好准备，迎接物联网技术应用的挑战。物联网技术是一个使人与人、人与物、物与物之间进行共享互补的综合集成的信息化的网络技术，这项技术将彻底改变人类的生产和生活方式。军事物流领域应当尽早做好各项准备，全

面迎接物联网时代的到来，在人才队伍、标准规范、应用方案上都要作好全面的准备。

四、坚持重点突破、扎实推进的发展策略

军事物流包含了后勤保障方方面面的内容，包含了筹措采购、运输配送、仓储保管、维护保养等各个功能环节，应当抓住重点工程，并以此为突破口，稳步推进建设任务的落实。

一是应急物流工程。军队执行多样化军事任务，迫切要求启动应急物流建设工程。因此，应站在国家安全发展战略高度，整体谋划应急物流建设，包括应急物流指挥系统、物资储备系统、设施设备以及法规政策等方面的建设任务。在不改变现行编制体制的情况下，启动应急物流建设工程，无疑是推进军事物流建设与发展的最佳选择。

二是智力开发工程。所谓智力开发工程，是指以开发物流人员智力为主旨的建设内容，包括理论研发和人才建设等。当前，军事物流知识虽然已经初步普及，但军事物流先进理念尚未完全确立，现代军事物流理论方法也没能得以全面推广应用。为此，应加大军事物流教育投入，培养各级各类、各个环节的物流人才，整合军地物流科研力量，开发现代军事物流新理论和新技术，促进军事物流的持续发展。

三是仓储转型工程。从军事物流大系统考量，后方仓库大都功能较为单一，难以适应军事物流保障需求。因此，应下大力气推动仓储转型工程，科学区分储备型、中转型和配送型仓库，分门别类地拓展仓库的功能作用，使后方仓库由原来单一的具有储物功能的机构，转变为集调节流向流量、储备物资、保养物资、整合信息等多种功能于一体的物流中心和配送中心，真正成为军事物流大系统中的重要节点。

四是活性建设工程。所谓活性建设工程，是指围绕提升军事物资物流活性而展开的建设任务。现代战争及多样化的军事任务，要求军事物流必须下大力气克服时间矛盾，军事物资必须更为迅速地投入物流作业，以满足快节奏的军事需求。因此，应下大力气改进物资包装标识，改善物资储备条件，加强物资维护管理，推广应用先进技术，全方位提升军事物资的物流活性。

五、坚持以人为本、和谐持续的发展策略

以人为本，善待环境，实现和谐与可持续发展，是科学发展的应有之义，也是当前军事物流乃至现代物流领域所面临的重大问题。

一是讲求适应策略。凡是大环境，如国际环境、社会环境，应积极主动地适应，顺势而为；对于小环境，凡是能够加以影响和管控的，应在科学论证的基础上，按照预定规划加以改造。因此，对待军事物流发展环境，总的策略是大环境讲适应，小环境讲改造。

二是创造绿色物流。绿色物流的一个重要理念就是坚持绿色理念，善待物流环境。通过先进的技术手段和科学的管理手段，在军事物流保障活动中提高运作效率，进一步节能降耗，实现低碳化，能够大大节约资源，保护环境。

三是发展物流文化。军事物流能否实现可持续发展，很重要的一点就是文化基础是否牢固。比如仓库的"库歌"、"库史"，就是军事物流文化基础的具体体现。只有军事物流文化环境好了，才能更好地提高军事物流广大官兵的素质，激励他们更加高效、努力地工作。

四是提倡高品位管理。管理大致可分为低品位和高品位两类，高品位管理在调动被管理者积极性、主动性方面具有明显优势。在军事物流运作中，应当主动实施高品位管理，倡导创造良好的工作氛围，真正做到以人为本，激发广大官兵的积极性和创造力，增强主观能动性，提高军事物流保障的效率和效益。

（作者单位：解放军后勤指挥学院军事物流工程实验室。原文载于《中国流通经济》2011 年第 4 期）

中国应急物流政策研究

宋　则　孙开钊

随着各国工业化、城市化进程加快和大气环境、地质环境恶化，各类重大自然灾害、事故灾难、公共卫生事件等日益频繁，甚至日趋常态化，造成了巨大的人员伤亡和惨重的财产损失。中国是世界上自然灾害最为严重的国家之一，具有灾害种类多、分布地域广、发生频率高、造成损失重等特点，面临的资源、环境和生态压力更大，自然灾害防范应对形势更严峻复杂，应对突发事件的任务更繁重。据 2005 年中国首届城市应急联动系统建设高层论坛报告，中国每年因自然灾害、事故灾难和社会安全等突发公共事件造成的人员伤亡逾百万，经济损失高达 6500 亿元人民币，占当年 GDP 的 6%。2008 年南方冰雪灾害和汶川大地震的损失更为严重。

在这种背景下，如何严密防范和有效应对各类突发事件，已成为世界各国关注的要害问题。其中，构建应急物流体系是防范和应对突发事件的重要保障和有力支撑。因此，如何吸取以往的经验教训，高度重视应急物流，创新管理思维，建立信息化、精确化、高效率、低成本、快捷灵敏、安全可靠的应急物流管理体制，已迅速提上各国的议事日程，也是中国面对的紧迫问题。

一、应急物流及其一般特点

应急物流是指为满足突发性物流需求，超常规组织物品从供应地到接受地的实体流动过程，包括物品获得、运输、储存、装卸、搬运、包装、配送以及信息处理等经济活动。与普通物流一样，应急物流由产品的流体、载体、流量、流程、流速等要素构成，具有空间效用和时间效用，供求关系也要求空间均衡与时间均衡。但与普通物流有所不同，应急物流具有很强的政策含义，又有自己的特点。

1. 社会公益性。应急物流属于社会公共服务范畴，通常由公共财政支撑。应急物流的时效性要求极高，必须在最短的时间，以最快捷的流程和最安全的方式实施应急物流保障。一般而言，常规物流远远无法满足应急物流的需求，必须有超常的机制来配合。普通物流属于企业生产经营范畴，不仅强调物流的时间效率，更追求物流的经济收益；而应急物流更关注的是社会效益，强调的是全力以赴地快速动员、快速送达应急物资，经济收益不是考虑的首要问题。

但是，应急物流也有"极限"，不可能超出"需要与可能"的基本制约，成本—效能分析同样适用于应急物流。"凡事预则立，不预则废"，应急物流效能尤其如此。只有平时的精心设计才会有危急时刻的从容有效应对，才会收到最好的实效。

2. 超常规性。即应急物流的流程与常规物流有所不同。应急物流本着特事特办的原则，许多常规物流的中间环节被省略，整个物流流程表现得更紧凑，物流机构更精干，物流行为表现出很浓的非常规色彩。如中国在应对 SARS、禽流感和汶川地震的非常时刻，为保证医疗用品、食品和其他救灾物资的需求，就需要组织精干、权责集中的机构进行统一组织指挥，快速动员、快速响应、快速集结，以确保物流活动的协调一致和准确及时。

3. 不确定性和事后选择性。应急物流的不确定性源于突发事件的不确定性。由于人们很难准确估计某些突发事件的时间、地点、持续多久、强度大小、影响范围，而使应急物流具体内容也很难事先确定。如 2003 年上半年中国抗击非典的初始阶段，人们对防护和医疗用品的种类、规格和数量都无法准确把握，各类防护服的规格和质量要求都是随着对疫情不断了解而确定的。由于应急物流的突发性和随机性，决定了应急物流供给的事后选择性，不可能像企业内部物流或供应链物流那样按部就班地根据客户的常规订单或需求提供产品或服务。可以说，应急物流供给是在物流需求突发产生后，以极短时间在全社会快速动员、快速集结所形成的有效供给。这都对应急物流和应急储备预案提出了特殊要求。

4. 不均衡性。应急物流的突发性决定了应急物流流量、流向的剧烈变动，必须将应急物资在极短时间内实施大量、快速的运送。而随着事态恶化或好转，应急物资的流量和流向也必须快速调整，以防止时间和空间上发生供给断档或库存积压。可以说，如何最大限度地做到应急物流在执行中恰到好处，"既不多，也不少，刚刚好"，是考验各国应急管理、应急物流智慧的一个重要命题。

二、中国应急物流的优势和特点

1. 强大高效的组织动员能力。在应对突发事件尤其是重大自然灾害方面，中国形成了以国务院统一领导、各部委协同作战、全民参与的应急指挥体系。这种体制性优势主要体现在强大的动员能力、快速的反应能力、统一的组织能力、有序的协调能力。在这种体制下，整个应急物流运作流程表现得更紧凑，表现出极其浓厚的军事化、准军事化色彩，可确保应急物资迅速到位。1998 年的特大洪灾、2003 年的抗击非典、2008 年冰雪灾害、汶川大地震和 2009 年严重洪涝、干旱、地质灾害都一再显示了中国的体制优势和人力、物力、财力方面的动员能力，不仅最大限度地减少了灾害损失，确保了社会稳定和经济发展，而且展示了灾后迅速恢复重建的强大后劲和潜力。

2. 快速响应的军地一体化保障体系。面对近年来世界范围接连发生的一系列重大自然灾害，军队作为军事化救援力量在应对各种突发性危机中展示了举足轻重、不可替代的重要作用。尤其是在中国，军地一体化的"军民统一"、"平战结合"的思想在处理各种重大突发事件上起到了关键作用，极端危机时刻的许多应急物流任务都是由军队克服难以想象的重重困难而圆满完成的。因此，加强军地物流一体化建设是实现应急物流的重要模式。倡导军民合作、军地物流一体化是对中国应急物流事业发展的一个极大促进。构建"军地物流一体化"系统对军队物流和地方物流是互利互惠的好事。一方面，地方企业可在平时打开军方市场，军队过剩的仓储物流资源和力量也可在国家经济建设中发挥作用；另一方面，地方企业只有在平时与军事物流接轨，才能在战时作到快速反应，有效地承担为军队提供物流保障的任务。① 本报告认为，更具战略意义的是，实行包括应急物流在内的军队后勤保障体系的服务外包，将有力促进军工产业化、后勤社会化、国防现代化和军队管理体制的深刻变革。

三、中国应急物流中存在的主要问题

如前所述，受稀缺公共资源和有限公共财力的制约，在应急物流的体制、政策和预案问题上，必须按照效率最高、效果最好、成本最低的总思路进行科学合理的系统化设计，并据此进行事后的评估和改进。以此标准衡量，中国的应急管理和应急物流领域还存在不少问题和缺陷。

1. 对应急物流的重视程度不够，思路方法尚显欠缺。主要表现，一是在整个应急管理体系中，对应急物流作为先导、保障和支撑的重要地位还没有足够重视，在方方面面的预案中，对应急物流的预案设计安排远不如其他方面；二是对应急物流体系中存在的问题没有足够重视，解决问题的思路方法似显陈旧，尤其是忽视应急物流的成本—效能分析。结果是，中国应急动员能力确实令世界瞩目，但付出的代价也很可观。

2. 中国应急物流成本可观，改善潜力巨大。根据亚洲开发银行的统计，2003 年的 SARS 给中国经济带来了 176 亿美元的经济损失。其中与物流相关的成本有两类，一类是由防止 SARS 而直接发生的物流活动成本；另一类是因为 SARS 影响正常生产、经营和消费活动而产生的物流成本，具体包括四项：（1）医院、学校、车站、机场、码头、工厂、商店、机关、部队以及居民家庭等花费在 SARS 防治物资的运输、储存、包装及管理成本；（2）在运输途中对人员和车辆及设备进行重复检查、检测、消毒产生的成本；（3）由于过度预防造成后期库存的预防物资如消毒用品、药品的积压、变质、浪费以及临时性预防设施的维护与保养、处理等费用；（4）由于预防 SARS 造成的交货期延误或者取消运输发货

---

① 王宗喜：《加强应急物流研究与军事物流研究刻不容缓》，《中国物流与采购》2003 年第 23 期，第 20 页。

等造成的成本。以上四项合计至少应该在 30 亿美元。这些是 SARS 期间处理危机物流的巨大开支，而中国在每年处理类似应急事件时往往忽视成本，损失巨大。[①]

虽然这些物流成本的大部分是应对突发事件过程中难以避免、必须付出的代价，但同时也确实存在体制、机制和管理缺陷导致的不必要的物流费用。更重要的是，中国往往只关注突发事件引发的直接损失、直接成本，很少认真对待和分析突发事件带来的间接损失、间接成本，更很少分析评价应急物流预案、方案执行之后的利弊得失。而通常间接损失、隐性损失往往会大大超过直接损失，而应急实战过后的利弊得失分析更是改进提高的宝贵财富。因此，中国需要建立科学合理完整的灾害损失、灾害代价及其各种成本开支的分析评价体系和对相关当事人的事后补偿体系。

3. 国家应急物资储备思路不尽合理。一是应急储备系统的思路静态化有余、动态化不足。目前中国已形成以国家设立的 10 个中央级救灾物资储备库为龙头，全国 31 个省区市和新疆生产建设兵团建立了省级救灾物资储备库，251 个地市和 1079 个县市建立了多层级的救灾物资储备库和储备点的格局。尽管总体来看初具规模，但仍然不足以应付一些重大的突发事件，主要原因在于条块分割、层级过多的管理体制，导致应急储备"静态化有余，动态化不足"。如在汶川大地震发生之后，帐篷成为最急需的物资。在地震后的 48 个小时内，民政部便调空了中央储备库的帐篷，但还是远远不能满足地震灾区的需要，民政部只能通过其他渠道来筹集帐篷。这表明，即使有再充足的国家级的静态化的帐篷产品贮备，也不足以应付大规模的突发需求；帐篷应急物流体系迫切需要基于信息技术的、从静态化的单纯帐篷产品储备向动态化的帐篷生产能力储备的转变。如果事先有足够的帐篷生产能力的定向储备，则震后"黄金 48 小时"便可启动最初的补充资源，并为源源不断增加帐篷产品生产和有效供给赢得宝贵时间。

二是应急物资储备库网点布局不尽合理。从物流合理化角度看，应急物资储备库应尽可能靠近受灾地区，以对灾情快速响应。但是，民政部规划的 10 个中央级储备库大多数分布在中国东部和中部，整个西部只有西安和成都两个储备库，省、市、县级储备库网点更为薄弱。西部地区经济发展落后，交通运输、储备条件都不发达，对外界的依赖性更强，一旦发生重大突发事件，就不得不耗时费力依靠远距离调运物资，这就大大延误了救灾的时机。2003 年 2 月 23 日新疆伽师地震时，民政部不得不紧急从遥远的武汉储备点调运救灾帐篷入疆，6000 顶帐篷经过 5000 公里铁路跋涉后，2 月 28 日才抵达灾区，此刻离灾情发生已经

---

① 何明珂：《应急物流的成本损失无处不在》，《中国物流与采购》2003 年第 23 期，第 18 页。

过去了 5 天。①

三是应急物资储备分散于各部门，协同效率还不够高。目前中国的重要商品储备体系分别属于不同部门管理，分散管理、分散储备是中国应急物资储备突出的体制性特点。如衣被、帐篷等生活类应急物资储备由民政部门负责，药品、医疗器械、车辆、粮食等其他应急物资分别由医药卫生、交通和粮食部门负责。由于缺乏扁平化的有效协调机制和跨地区、跨部门的协调预案，导致应急响应过程中相关信息被条块体制阻隔而传递过慢，加之储备仓库设施和仓储管理水平方面还不完善，大大影响了应急储备物资的装卸及搬运效率，致使物资供应组织动员困难，应急保障的体制性成本过高。特别是在应对重大突发事件等复杂局面时，由于缺乏有效的协同机制，往往会影响应急反应的速度和效率，延误应急物资到达指定位置的最佳时机。

四是应急物资供需失衡。灾难发生初期，中国应急物资捐赠基本依靠社会组织的快速反应，并通过政府号召全社会展开捐赠行动。由于救灾、应急信息不够通畅、捐赠主体繁多，社会捐助物资很容易出现品种、结构和时间上的供需失衡。灾害救援初期易出现救援真空、应急物资严重匮乏的情况，而在救灾后期，物资迅速饱和，易出现供应过多、浪费严重等问题。② 这种应急物资在时间和空间上的总量、结构失衡，反映出慈善机构、社会组织和政府职能部门之间缺少协调预案和信息沟通。

4. 应急物流保障体制以行政命令为主，缺乏专业化、社会化、市场化物流公司参与，应急物流配送体系不健全。根据应对突发事件的性质和特点，以政府为主导、以行政手段为主，妥善处置突发事件应属国际惯例，无可厚非。但是，实施这种模式的前提是，所有事先的预案安排都必须建立在经济、科学、合理的基础上，临危处置的政府主导模式更要依赖于社会方方面面的支持和响应，而不是政府包打天下。中国的问题，一是现行的应急物流保障体制过度依赖于行政命令和行政手段，从而导致应急资源的流量和流向比较粗放，缺少精确化、精细化设计，较少考虑物流运作成本，执行代价高昂。二是对于应急物流，政府包揽有余，企业和民间组织参与不足。专业化的物流公司主要活跃在常规性经营业务中，对于应对突发情况所产生的物流往往极少有参与的机会和意识，专门从事应急物流的企业如应急物流中心、应急配送中心等还相当缺乏。三是应急物流配送体系不健全，配送方式欠灵活，各种运输之间缺乏协调，应急物流节点布局不尽合理，不仅影响了效率，而且增加了成本。

---

① 《48 小时 10 库调空：中央救灾物资储备大考》，《21 世纪经济报道》2008 年 5 月 23 日第 2 版。
② 魏际刚、张瑗：《加强应急物流体系建设 增强应急物资保障能力》，《中国流通经济》2009 年第 5 期，第 17 页。

5. 应急物流信息化程度低，应急物流指挥体系不够完备。目前，中国应急物流信息化程度较低，信息不对称性较为严重，缺乏统一的应急物流信息共享和发布平台，缺少高效准确的信息传递与协调沟通，应急管理和应急物流的信息不全不准不及时的情况时有发生，甚至传递错误信息，致使应急物流指挥机构无法准确掌握事态发展，甚至作出错误判断。另外，应急物流往往同时涉及部队与地方。由于部队内部往往来不及组建应对突发事件的多兵种参与的统一组织指挥机构，外部也缺乏军地联合的指挥体系预案，这样就造成了应急物流的联系渠道不畅、多头指挥、各自为战、责任不明、打乱仗的局面，势必大大降低应急物流的效率和效果，物流成本也会相应提高。

四、完善应急物流管理体系的思路与建议

1. 高度重视应急物流的重要性。严密防范和有效应对各类突发事件，已成为各国应急管理机构关注的重要问题，应急物流体系是其中的重要保障和有力支撑。因此，必须明确应急物流、应急储备的重要性及其公共服务功能与公共财政性质定位。古语说，"兵马未动，粮草先行"，应急物流就是应对突发事件的"粮草"，必须有预案、有储备，"储得下、调得动、用得上"，该投入必须由各级财政足额投入，绝对不能含糊，更不能弄虚作假、缺斤短两。同时，要讲究科学合理，安排适度，绝不是多多益善。

2. 成本—效能原则是构建应急物流体系总思路的核心。我们的一个基本思路始终是成本—效能分析评价同样适用于应急物流。应急物流中的所谓"不惜一切代价"或"全力以赴"不应被误解，而必须建立在事先科学设计基础上，绝不意味着在关键时刻的慌乱决策、匆忙上阵、不顾效果、不计后果。可以说，正确处理紧急时刻的不惜代价与平时构建应急体系时的"效能—成本安排"，精打细算、精心设计这两者之间的相互关系，是各国都无法回避的核心问题。受稀缺公共资源和有限公共财力的制约，在应急物流体制、政策和预案方面，必须更讲究成本—效能原则，按照效率最高、效果最好、成本最低的总思路进行科学全面合理的系统化设计，并据此进行实战后利弊得失的评估和改进，这一点对中国显得尤其重要。

尽管各国存在社会制度、体制差别，但解决方案仍然有相通之处，即如何运用最小限度的应急物流资源，最大限度地支撑应对突发事件。一是在制定应急预案、应急政策和法律法规及应急机制时，必须根据应急物流各环节、各节点高度相关性的特点，以应急物流成本—效能原则为指导，进行通盘考虑，克服粗放式、不计代价的原有设计缺陷。二是在应急物资的运输、采购、流通加工和储存过程中，必须按照应急物流的规律和成本—效能原则优化设计，统筹安排，合理规划应急物资储备库，优化应急物流网络，采用先进的库存管理方法，最大限度减少应急物流成本，缩短应急物流时间。

3. 建立动态化、扁平化的应急物资储备机制。中国现行的应急物资储备体制尚处于静态、被动的状态，还很难完全按照成本—效能原则快速响应突发事件。中国应立足恶劣复杂环境条件下，同样能够根据不同地区可能发生灾害的类型、强度等实际情况，从容应对。总的设想是，由国家主管部门统一部署，各级地方政府组织指导，发挥国家储备的主体作用、军队储备的骨干作用、地方储备的补充作用、市场储备的辅助作用及家庭储备的基础作用，按照布局合理、规模适度、结构优化、质量可靠的要求，建立国家、军队、地方、市场和家庭"五位一体"的中国特色的应急物资储备系统，有效保障应对突发公共事件的物资需求。[①] 围绕这个基本设想，有三个重要问题值得理出改进的实战思路。

一是在应急物资的实物储备方式方面，实行市场化储备和政府储备相结合，从单一的政府行为转变为政府主导、全民参与。

各国的应急物流都由政府主导（也有程度区别）。但任何政府都没有包打天下的能力，需要社会各界的广泛参与，如红十字会、慈善机构、企业捐助等。其中，鼓励第三方物流企业的加入应是政策设计的重点。第三方物流因拥有专业化的设施设备和人才，可大幅提高应急物流运行效率，降低运行成本。而按照市场化对等原则，企业在应急物流中勇于承担社会责任要同政府建立合理的补偿机制相结合。

应急物资储备库是应对突发事件的基础，以政府为主体的传统方式容易造成应急物资的损失和浪费，如应急物资的过期、腐败变质等。在制订应急物流预案时，应综合考虑应急事件的影响程度及其连带后果等因素，在应急物资采购、资金安排、设施设备准备过程中，在防范"断储风险"、确保应急安全和政府主导的前提下，尽可能发挥市场化储备的基础性作用，充分考虑经济性目标，减少损失和浪费。

分类来看，对生产周期长、专用性强、采购难度大的物资应适当安排储备保有量，并以政府为主导；对于通用性强、易于补充的物资如生活类、药品类等则需要减少储备，主要通过市场化运作的方式，探索"寓急于民"、"以订代储"的新模式，如与有实力、有资质的生产厂商或者经销商签订合同，采取在应急期间实行先征用后结算的方法；也可采取合作的方法，由生产厂家、供应商及医疗机构代储或将储备库的一部分让厂家管理。同时建立企业数据库，对产品进行实时监管，对企业信息及时更新，以备随时调用。还要建立物资储备监测网络，收集应急物资的实时信息，为指挥机构判断情况、制定决策提供可靠依据。这样既可

---

① 王宗喜：《关于应急物流建设的若干问题》，《中国流通经济》2009 年第 3 期，第 21 页。

减少实物储备，降低成本，还能确保应急安全，保证应急物资的及时轮换，使应急物资始终保持一个良好的状态。

二是整合中央应急物资储备库和地方应急物资储备库，实现储备库之间的联动。应急储备必须消除"购不进、轮（换）不出、调不动、用不上"，"蓄水池"蜕变为"死水池"的旧体制弊端。目前，不同品种的储备库或者各地方的储备库间往往缺少必要的交流与沟通，造成应急储备的交叉重复和遗漏，甚至造成断档脱储与库存积压在时间和空间上同时并存的双重损失、双重风险。如汶川大地震使四川的储备体系瞬间瓦解，这就需要周边地区的储备库进行救援补充。所以必须从预案着手，建立信息透明、储备联动的大储备机制和异地储备救援机制。为此，要建立应急物资储备信息数据库，详细登录全国各类应急物资储备的品种、数量和分布情况；各有关部门应定期向主管部门报告应急储备物资动态，省政府应进行统计汇总并更新数据库信息，加强应急物资的运作和监管。

三是在应急物资储备上最大限度实施动态化和扁平化管理，由"实物储备"为主向"能力储备"为主转换。应急储备的最高境界是动态能力储备而非静态的实物储备。在应对突发事件的有效性和时速方面，不在于实物储备数量的多少而在于瞬间提供实物能力的大小，即在最短时间内募集到所需物资并发送到指定地区的能力，这种能力越强，实物储备就可以越少。"能力储备"可寓于平时相关企业的生产过程中。在信息技术时代，从实物储备为主转变为能力储备为主已经不是问题，关键在思路和体制。新体制的关键在于动态化、扁平化，要逐步改变目前静态化、条块分割、纵向层级多、横向协调少、反应迟缓、效能较低的状况。为此，要整合各类型的储备库，实现信息共享，建立层级简洁、反应快捷、动态化的应急储备机制。中国迫切需要率先探索一条减少实物储备和静态储备，以最小实物储备量和最大能力储备量，最有效应对最复杂突发事件的新路子，为世界各国提供低成本、高效能应急物流的新经验。[①]

4. 将应急服务项目外包，培育应急服务产业化，鼓励应急物流社会化。从近年来应对突发事件的实际情况看，中国的应急物流产业链、供应链过短，应急流程不完整，层次浅、水平低，主要表现是应急预案粗放，应急物资和应急能力准备不足，如汶川大地震期间，对灾区的救援缺乏大型救灾机械设备，导致救援速度缓慢；甲型 H1N1 病毒爆发后，酒精棉球、手套、口罩等医疗用品需求量暴增，即使许多医疗用品企业处于满负荷运转状态仍无法满足需要。这一点暴露了中国应急产业的发展滞后，尚未达到规模化和产业化。国家发展与改革委员会、财政部等相关部委 2006 年曾预测，应急产业市场年容量在 500 亿～1000 亿元，

---

① 宋则：《中国商贸流通服务业影响力研究》，《经济研究参考》2009 年第 31 期，第 1 页。

如果包括所带动的相关产业链，该数值接近 4000 亿元，这表明中国的应急产业有很大的发展潜力。因此，政府应将应急服务项目外包，大力推进应急服务产业化，鼓励应急物流社会化。

一是培育应急物资、应急设施设备生产企业。建立一批专业化生产应急物资、设施设备的企业，实行日常生产品与应急品的"平战结合"，使其不仅能在平时和应急时刻为国家与人民作贡献，还能获得相应经济效益、社会效益和应急实战过后的适当补偿。

二是培育与应急物流平台建设相关的企业。近几年来，中国各级政府对于应急平台体系的建设都较重视，很多地方已建立城市应急物流联动平台系统，对于提高应急能力起到了积极作用。应急物流平台的建设需企业和政府的多方合作，建立一批与应急物流平台建设相关的骨干企业，对于应急物流的正常运行有极其重要的作用，应急物流平台的硬件建设和信息化建设、应急物流演练、应急物流评估等都是应急物流平台建设所必需的。

三是培育应急物流教育培训和咨询服务企业。随着各种突发公共事件的频繁出现，应急物流教育培训的需求不断增长，各级政府应安排专项资金开展相关应急物流培训。此外，应急物流咨询服务的市场需求同样巨大；已投入使用的应急物流系统和设备也需后续工程的完善与优化服务。同时，方案咨询、项目监理、系统升级、维护等有关应急物流管理的专业需求也会越来越多。这些都使培育应急物流教育和咨询服务产业显得更加必要。

四是培育应急物流企业。鉴于应急物流中心和配送中心具有相当的特殊性，盲目重复建设将占用太多费用。因此，原则上除部分地区根据需要新建一些专业应急物流中心或配送中心外，大部分地区可利用社会资源，以市场化方式与具备条件的国内大型专业物流企业签订协议，明确其在遇到紧急情况时启动应急物流运作。此外，鼓励第三方物流企业和专业物流仓储企业投入到应急产业中。另外，还要探索"军地物流一体化"的应急物流模式，有效整合军地应急物流资源，实现军地物流兼容部分高度统一、相互融合、协调发展。

5. 加强应急物流的组织管理和信息化建设。中国需要建立高效可靠的应急物流信息平台，推动应急物流从粗放、低效率、高成本向内涵化、高效率、精确化、低成本转变，这需要加强应急物资实物储备和能力储备的信息化建设，实施信息化知晓、信息化动员，建立信息化主导的应急响应体系，在需要时可在第一时间启动储备物资数据库，迅速调动所需物资和车辆，优化应急物流运输和配送网络，增强应急物流指挥中心与应急物资管理部门的接洽，减少应急物流环节，简化应急物流流程，第一时间将物资准确送达指定位置。此外，应急物流信息系统一定要和军方的信息系统对接，一旦发生情况，可与军方接洽救灾抢险事宜，动用军用运输设备、军用运输专用线路及相关设施，实现应急物资的快速配送。在防灾救灾的同时，还需要用现代先进科学技术进行减灾，将常规物流方面先进的技术设备引进到应急物流中，如地理信息系统（GIS）、全球定位系统（GPS）、卫星遥感（RS）等，用先进技术支撑应急物流信息系统和指挥决策支持系统。另外，还要加强对外交流，引进和吸收国外先进的科技手段与设备，提高应急物流管理水平。

6. 加强应急物流通道建设。应急物流最重要的作用是将应急物资以最快的速度送达指定位置，而畅通可靠的应急物流通道是应急物流的重要保障，此外，还要在体制和方法上进行创新。

一是应急物流通道的建设离不开相关政策和法律支持，包括与应急物流通道建设相关的设施、设备的相关技术标准以及应急物流通道的维护、使用等内容。

二是建立应急物流通道保障机制。应急物流通道需要有专门的机构来管理，在发生突发事件时，需要与应急指挥中心密切配合，对应急物资和运行车辆合理规划，特别是协调、衔接各应急物流方式转换节点，实现通道高效率运行，避免出现通道混乱和阻断。如在汶川大地震期间，众多企业和民众自发组织的抗震运输车队，由于没有统一调配造成道路拥堵，不仅浪费了极度稀缺的应急通道资源，耽搁了宝贵的救援时间，更有一些车辆被余震、泥石流所困，反而成为救援对象。此外，各省区民航、铁路和公路部门应互相合作建立横向性应急运输网络。在重点考虑运输路线的时效性和安全性前提下，事先规划几套运输替代方案，一旦发生自然灾害，则立即启用相应的运输预案。运输预案确定后，还要保证应急物资运输工具的优先安排、优先调度和优先放行，确保运输线路有序、畅通、安全和效能。

三是建立绿色通道机制。开通应急物资专用通道可保障应急物资的优先运输，让应急物资、救灾人员及时、准确到达受灾地区。同时，可采取一些优化措施，如简化海关检验检疫手续、免收高速公路费等。这不仅可保障应急物流的畅通、高效运作，还能消除迟滞耽搁造成的各种损失，节约应急物流成本。在这方面，近年来应对冰雪灾害和汶川大地震的应急通道免费政策做法为此积累了宝贵经验。

四是努力降低应急物流的体制性成本。应急物流产业、应急通道建设是环节多、节点多的系统，也是复合型产业，涉及的领域非常广泛，需要各系统和部门通力配合。而传统体制条块分割严重、互相掣肘、九龙治水、管理混乱，使应急物流通道建设增加了体制性成本。体制性成本是体制、政策不合理引发的成本，是人为造成的，其消极影响不容低估，有时候甚至比应急物流其他部分造成的损失浪费还要多。如过时的不合理审批制度、政策规定、庞杂收费、税制缺陷、行政垄断、地区封锁、标准混乱等都极大增加了应急物流成本。对于体制性成本，只要不合理的体制和政策一经改变，就会即刻消失。①②

7. 建立专业化的应急物流指挥体系和完善应急物资的配送体系。突发事件发生后，应急指挥机构根据事件的产生原因、大小、性质、影响范围等，对所需应急物资进行初步需求分析，并通过应急物流信息系统查询应急物资的储备、分布、品种、规格等情况，决定应急物资的发放、数量、种类等，随后通过各种渠道筹措应急物资，组织运输与配送，直到送达需求者手中。中国有必要依据国情和物流的运作流程，组建类似于国务院防汛抗旱总指挥部那样常设的、专业的应急物流指挥中心，专门用于救灾指挥工作，保障应急物流高效、顺利地实行。

应急物资的配送是应急物流的最后一环，也是应急物资到达指定位置重要的"最后一公里"。纵观历年来中国应急物资的发放情况，都是通过政府工作人员、救灾部队和志愿者等组织进行，效率较低，效果不理想。因此，有必要完善应急物流配送体系。一是在紧急情况下，可与军方联系救灾抢险事宜，动用军用运输装备、军用运输专用线路及相关设施，实现应急物资的快速配送。二是全民参与应急物资的配送。各级政府要动员地方部队、志愿者、当地政府等多方力量，包括相关机构、红十字总会、全国性物流网络、信誉高和实力强的物流公司等结成战略合作伙伴。这样，在突发性事件发生时，全国各地的红十字会可迅速联系结盟公司进行货物的集结和调运，形成全国一盘棋的有效管理方式，以有序、高效、准确、快捷的方式将应急物资发放到受灾地区和当事人手中。

8. 要同样重视日常生活中的应急物流。在进行应急物流预案、体系建设和系统设计时，还要注意研究在经济大起大落、市场供求急剧波动、恐慌抢购、重大赛事和其他突发事件等特殊情况下引发的应急物流。奥运会、全运会等重大赛事会由于人流的瞬时大量聚集而引起物资瞬间的大量需求，从而形成应急物流；每年的春运和重要节假日会造成物资流量的突发性和超常变动；由于企业决策失误、气候急剧变化也会导致产品流量、流向的巨大变化。最重要的是，由于种种意外原因，可能会导致市场基本生活必需品供求矛盾瞬间加剧，居民恐慌抢购，物价大幅波动，社会秩序紊乱，这都需要应急响应和应急物流加以解决。在这种场合，应急预案和应急物流及其强大的动员能力同样会发挥举足轻重、不可替代的重要作用。

---

① 宋则：《铲除不合理的体制性成本 建立高效快捷的绿色通道》，《北京工商大学学报》2008年第5期，第1页。

② 宋则：《应对危机 降低物流成本 彰显物流业影响力》，《中国流通经济》2009年第6期，第26～28页。

9. 通过提升现代物流业的发展水平夯实应急物流的基础。应急物流需要一个良好的基础环境，物流产业的发展水平对保障应急物流的实施起着关键作用，只有设备、设施、储备、运输、配送等与应急物流密切相关的行业整体水平不断提高，才能促进应急物流的更好发展。无论是应急物流还是日常一般物流都需要强大的基础设施和良好的物流政策环境，物流的前沿理论和先进的物流技术也都会推动应急物流水平实现质的提升。因此，要加紧落实《物流业调整与振兴规划》，开创物流行业活跃发展的新局面。

10. 定期开展应急物流知识宣传和演习。政府和相关组织要通过媒体普及、传播应急物流知识，使公众了解应急物流的运作流程，掌握应急物资的捐赠流程、领取流程。一旦出现突发事件，可提高自我防范能力和提高应急物资的配送效率。此外，要借鉴日本的做法，定期举办应急演练，以提高应急物流在实战中的应对能力。

11. 大力培育综合管理人才和专业人才。应急管理涉及多个学科，需要多种知识，尤其是应急物流涉及交通、运输、储存、航空等多部门，需要一支专业化的应急物流人才队伍。应急物流面临的任务一般都较艰巨，再加上应急物流的不确定性和不可预见性，灾害发生后往往引发连带灾难，如汶川大地震后形成的堰塞湖灾害等，这就要求人才队伍知识结构要专业化和综合化。中国一方面需要能够统筹规划和指挥的管理人才，另一方面也需要实战经验丰富、能够熟练操作和使用应急设施设备的专业化人才。

有关部门应当大力培养综合性的应急管理"通才"，而不仅仅培养各领域的应急"专才"。高等院校要承担培养应急管理、应急物流管理人才的社会责任，全社会也要倡导把应急管理、应急物流管理当成职业和事业去做的意识。全面加强应急物流高层管理人员的培训和综合实战演练，按规划和预案的要求，提高应对突发公共事件的指挥能力；积极探索利用市场化手段组织企业、非政府组织等参与应急物流管理和服务的长效机制，形成专职、兼职队伍相结合的突发公共事件应急物流指挥人才队伍和专业技术力量，并注重平时培养，做好应急物流人才的后续储备。

12. 加强应急物流的成本—效能分析和数据库建设。中国需要强化应急物流成本—效能的理论和实践研究，一是建立应急物流成本—效能的分析评价指标体系，解决应急物流成本—效能的识别方法和途径问题；二是对近年来针对突发事件实施应急物流所产生的利弊得失、成本—效能实际状况进行分析；三是加紧对各种应急物流、应急储备预案的成本—效能的比较、评估和改进；四是逐步建立和完善应急物流成本—效能的数据库。

（作者单位：中国社会科学院财政与贸易经济研究所。原文载于《中国流通经济》2010年第4、5期）

发展现代物流　增进粮食安全

高铁生

　　当前，粮食问题已经引起世界各国的普遍关注。解决由粮食短缺和粮价上涨引起的社会恐慌乃至政治危机已经成为不少国家的当务之急，以至于联合国秘书长不得不亲自召开会议研究对策。正如当今世界每临大事首先瞩目中国一样，许多国家开始担心中国会在世界市场上抢购粮食，推波助澜。但是，中国政府总理温家宝在国际会议上公开表示：中国有足够的粮食储备，不存在粮食危机。作为前国家粮食储备局官员和中国粮食储备体系建设的亲历者，我有充分的把握告诉大家，这是千真万确的，也是来之不易的。公允地说，这其中有粮食物流发展所作出的不可或缺的贡献。但是，如果今后要更好地确保中国的粮食安全，中国粮食物流的现代化进程还有很长的路要走。

一、中国粮食安全的概念与现实

1. 中国的粮食安全观

　　"粮食安全"概念几乎在中国和世界同步提出。20世纪70年代初期，世界主要粮食生产国先后减产，国际粮食供应趋于紧张，粮食安全问题引起了许多国家的高度重视。1974年联合国粮农组织在罗马召开世界粮食大会，呼吁各国关心国家粮食安全问题。在中国，直到改革开放前，老百姓的吃饭问题都没有得到根本解决。粮食安全同样是中国需要长期面对的重大经济和社会问题。

　　无论在中国还是在世界，粮食安全始终是一个动态概念，内涵不断深化。由数量安全到质量安全，由国家粮食安全到家庭粮食安全，由营养安全到可持续安全，粮食安全的内涵不断充实。

　　中国的粮食安全定义应当借鉴世界粮食安全的内涵，并反映中国国情的特殊要求。

　　（1）数量保证。我国人口众多，社会经济不断进步，保障粮食安全的首要标准是为社会提供足够数量的粮食供给。

　　（2）质量保证。必须以人为本，保证食物的生产和消费安全，确保一定的质量标准，而且应具备足够的营养价值。

　　（3）生产能力。为了实现可持续的粮食安全，必须保证有足够和稳定的粮食生产能力，其中包括科技力量的足够支持、稳定的粮食播种面积、合理的农业和粮食结构以及粮食生产所必需的资源保障和配套设施。

（4）调节能力。国家必须具备足够的调控力量，以保持必要的年度间平衡，避免国内粮食市场价格出现剧烈波动。

（5）区域安全。中国幅员辽阔，粮食产销区不对称，必须保证全国各地，包括边远销区，能够得到充足、及时的粮食供给。

（6）应急供应。国家要具有应对突发事件的能力，包括保证粮食储备及时转换为成品粮，并供应城乡居民需要的能力。

2. 粮食安全需要粮食物流支撑

粮食安全不仅仅是一个数量问题，对于粮食安全来说，这只是一个必要条件，而不是充要条件。由于中国各地气候、土壤条件差异较大，经济发展水平不同，因而粮食产销衔接存在一系列复杂问题，如主产区与主销区之间的关系问题、季产年销问题、进出口问题和粮食加工问题等。上述问题必须由相应的仓储设施、运输工具、加工能力、配送系统和保鲜条件来解决。没有一整套现代化的粮食物流体系，粮食安全是不可能实现的。

改革开放前，中国长期处于粮食短缺状态，仓储设施简陋落后，无法适应农村经济改革后粮食产量不断增长的现实。由于工业化、城市化的重心逐渐由北向南转移，粮食主产区和粮食主销区也发生了明显的位移，然而中国的交通运输体系却没有为北粮南运做好充分准备。粮食综合生产能力和人民生活水平的提高内在地要求粮食在国内市场与国际市场之间进行调剂，而加入 WTO 也为此创造了更为有利的条件。这种粮食双向流动对港口粮食装卸吞吐能力提出了更高的要求。经济体制改革的市场化导向促进了粮食市场体系的发育，期货市场、批发市场以及电子商务和网上交易呼唤现代化物流为其提供配套服务。粮食产业化的蓬勃发展越来越依赖粮食物流的支撑。

从一定意义上来讲，中国的粮食安全不仅取决于多生产多少粮食，还取决于少浪费多少粮食。中国粮食的产后损失大部分是由粮食物流设施、技术和管理的落后造成的。在粮食价格中，物流成本占 1/3 甚至更多。推动中国粮食物流现代化已经成为中国粮食安全的重要环节。

二、中国粮食物流发展中的成绩与差距

20 世纪 90 年代后，中国粮食物流设施建设的步伐加快。从 1993 年开始，利用世界银行贷款和国内配套资金 80 亿元，重点在东北地区、长江沿线和西南沿海建设粮食中转库、港口库和收纳库近 300 个，总仓容 480 万吨。1998 年后，利用国债资金 343 亿元，建设现代化储备粮库 1051 个，形成仓容 5560 万吨。截至 2003 年年底，全国共有粮库 3.1 万个，有效仓容 2.47 亿吨。

目前，中国粮食仓储体系基本形成，粮食储存仓容不足、设施落后的问题基本解决。粮食仓储条件和技术水平明显提高，东北等地区粮食现代物流的框架初步形成。大规模仓储设施建设为全面开放粮食市场，健全中央储备粮垂直管理体系奠定了坚实的物质基础。这对稳定农业生产、保证粮食供应、增强国家调控能力、确保国家粮食安全起到了十分重要的作用。

但是，我国现有的粮食物流体系建设仍然存在一些亟待解决的问题，具体表现为：

第一，未形成现代物流的完整系统，跨区域粮食流通不畅。由于历次粮库建设缺乏总体规划，使粮食库容在主产区与主销区间分布不均衡，一些物流节点和主要港口的散粮接卸、中转能力严重不足，不同功能的粮库比例不协调（中转库容仅占13％），粮食储备布局与加工布局不匹配，导致现有仓储资源不能有效利用，粮食仓容闲置与不足并存，仓库、运输工具和中转设置之间不能有效衔接，尚不能适应四散化（即散储、散运、散装、散卸）作业的需要，信息化、网络化建设落后，物流系统效率低。

第二，粮食运输方式落后，成本偏高。除东北地区形成区域性散粮运输雏形外，全国大部分地区原粮仍然以包装运输为主，占全国流通量的85％左右，而包装运输成本高、速度慢、效率低、损耗大。典型调查表明，散粮装车成本比包装粮装车成本每吨少18.2元。因运输和装卸方式落后，每年损失800万吨粮食。

第三，铁路运力受瓶颈限制，海上运输比例偏低。近年来，全国粮食年流通量约为1.7亿吨，其中跨省区流通量约为9500万吨，主要依靠铁路和铁水联运进行运输，但受铁路运能整体不足、运输瓶颈限制以及煤炭等原材料运输需求增加的影响，致使北粮南运的铁路运量难以增加，而水运价格偏高及港口中转设施不足导致粮食海上运输比例偏低。

第四，粮食物流组织化程度低。物流资源分散，粮食物流企业数量多、规模小，难以形成规模效益。

三、中国粮食物流发展：下一个十年的目标与任务

1. 发展目标

按照国家发展和改革委员会最近编制的《粮食现代物流发展规划》，到2015年要稳步建成全国主要散粮物流通道和散粮物流节点，形成物流网络，基本实现主要跨省粮食物流通道的四散化作业和整个流通环节的供应链管理，形成现代化的粮食物流体系，增强国家对粮食市场的应急调控能力。

第一阶段（2006～2010年），重点发展跨省原粮流通四散化。全国原粮流通量中散粮流通比例由现在的15％提高到35％，其中国内跨省流通量（不包括进出口）中散粮流通比例由现在的20％提高到50％。

第二阶段（2010～2015年），建设跨省粮食四散化运输体系和应急调控体系。全国原粮流通量中散粮流通比例达到55％，其中国内跨省流通量中散粮流通比例达到 80%，主要跨省散粮物流通道基本实现散粮运输。

2. 主要任务

（1）推广散粮运输方式。依托现有散粮设施，完善重要通道和节点的散粮配套设施，打破制约散粮运输发展的瓶颈，形成多种运输方式高效衔接、全程一体化的散粮运输系统。

（2）建设主要散粮物流节点。在主要粮食集散地和交通枢纽，建成一批适应四散化作业的主要粮食物流节点，完善集、疏、运网络，实现铁路、水路和公路的有效衔接、跨省和省内长短途运输方式的合理转换，提高粮食快速中转能力。

（3）形成主要跨省散粮物流通道。根据全国粮食流向和流量，加强流出地区散粮发运能力和流入地区散粮接卸能力建设，形成全国六大跨省散粮物流通道，分别是东北主产区玉米、大豆和稻谷流出通道，华东沿海主销区粮食流入通道，华南主销区粮食流入通道以及京津主销区粮食流入通道，实现流出与流入通道的对接。

（4）提高粮食物流组织化程度，加强粮食产销地区合作。按照销地粮食调运的需求，加强产地粮源组织和铁路专列、海运班轮的发运工作，建立稳定的粮食运输通道，实现产销区的有效对接。扶持建立现代化大型粮食物流企业，积极发展第三方粮食物流，提高粮食市场信息服务水平，发展粮食网上交易。

（5）加强技术设备研发和标准化工作。通过自主开发和国外引进，加快粮食物流关键设备和技术的开发，尽快研制通用散粮火车、散粮集装箱和散粮汽车，推广散粮运输技术设备，提高粮食物流技术装备水平，制定和推广粮食物流标准，实现粮食仓储设施、运输工具、装卸机械、信息编码和品质检测的标准化。

（6）建立粮食应急调控体系。可以采取由中央和地方国有粮食企业直接投资的方式，控制一些重要物流节点，建立全国粮食应急调控体系。

3. 推进粮食现代物流发展遵循的原则

（1）统一规划、合理布局。按照粮食现代物流发展规划，合理布局粮食现代物流设施项目，引导企业投资方向，避免盲目扩张和低水平重复建设。

（2）市场运作、政府扶持。建设资金主要由企业自行筹措，投资风险由企业自行承担。中央及地方政府对全国性、区域性粮食现代物流重点项目进行政策和投资上的扶持。

（3）打破分割、整合资源。打破行业和地区分割，充分利用现有粮食物流设施，整合粮食物流资源，提高资源利用效率。

（4）统筹协调、因地制宜。加强地区之间、行业之间和企业之间的统筹协调，根据区域特点因地制宜选择运输方式。

（5）突出重点、分步实施。根据全国粮食生产和消费的布局，突出重点，逐步推进。首先解决北粮南运的突出问题，重点建设跨省粮食主要物流通道和重要物流节点的散粮设施项目。

四、粮食物流建设中需要解决的认识和政策问题

1. 解放思想，坚持市场化的发展方向

由于长期受计划经济体制的束缚和影响，改革开放以后，虽然粮食物流设施建设取得了很大成绩，但观念上还有备战备荒的烙印，表现为重数量轻布局、重产区轻销区、重国有轻民营、重仓储轻流通。这种观念上的守旧极大地限制了粮食物流的发展，使粮食物流资源不能得到充分的利用。此外，对中国粮食流通在国际市场上余缺调剂的定位也不利于粮食物流快速走向世界。大量实践表明，粮食物流现代化只有与市场化相结合，才会有广阔的发展空间。

2. 调整政策，消除各种制度性障碍

当前中国正处于向市场经济转型的过程，发展现代物流必须不断调整现行政策，排除发展中遇到的各种梗阻现象，如部门和地方的市场分割、现有粮食物流资源的极度分散等。中央和地方的粮食物流设施缺乏统一协调和配合机制，重复建设、各自为政的问题相当突出。粮食需要跨省流通，但粮食物流企业很难跨省联合、兼并和重组。以铁路运输为例，由于铁路部门的车辆和企业自备车收费不同，使许多企业自备车只备不用。由于运费政策设计欠妥，我国粮食陆路运输瓶颈严重，而海上运输相对冷落；海上远途运输费用较合理而近途运输不经济。一些不合理的政策甚至导致粮食不必要的回流，浪费了宝贵的粮食物流资源。粮食物流现代化不仅要求设施现代化，更迫切要求政策现代化。

3. 走专业化和通用化相结合的道路

粮食是一种有生化活性的特殊商品，因而粮食物流包括仓储运输也有其特殊性，要求有专用的物流设备和技术。但粮食物流又是社会物流的一部分，离不开社会物流的配合与支持。其中一个很现实的问题是如何使物流方式具有通用性，解决粮食散运返空率和运输成本过高的问题。如果能够解决运输工具互换和替代问题，将使现有物流资源得以充分利用，大大降低粮食的销售价格。

4. 从高端物流入手，增强粮食的现实流通力

最近十年，国家在粮食物流项目建设上投入了巨大的财力，形成了大批粮食物流设施，如港口码头、仓库、车辆等，强化了粮食物流的物质基础。但在现实中，这些巨额投资形成的设施、设备和技术并没有形成预期的流通能力与调控能力。原因在于各孤立散在的设施没有形成完整的通道，没有达到理想的流量。国家宏观调控部门深切感到，无法有效整合分散的粮食物流资源已经成为国家对粮食市场实施宏观调控的软肋。现实告诉我们，国家对粮食市场调控的支点已经不再是粮食仓库、粮食专用港口和粮食批发市场，而是健全的粮食供应链。当务之

急是以高端人才培养和高端物流方案的研发、设计为支撑，尽快培育粮食供应链的核心组织者，培育强有力的第三方、第四方粮食物流企业，迅速提高和增强确保国家粮食安全的现实流通力。

五、结束语：一个走出两难困境的理性选择

在粮食问题上，我们面临着一个两难困境：如果不提高粮价，农民就没有种粮的积极性，许多地方粮田撂荒，令人怵目惊心；而提高粮价，又会推高 CPI，不可避免地加速通货膨胀。摆脱两难困境需要多谋善断，但是发展现代粮食物流，降低流通费用，既可以增加农民收益，又可以抑制粮价上涨，绝对是一个理性而又有效的选择。

（作者单位：中国市场学会。原文载于《中国流通经济》2008 年第 6 期，被《人大复印报刊资料·特区经济与港澳台经济》2008 年第 9 期全文转载）

粮食安全视角下我国粮食物流发展对策

高铁生

近年来，受世界粮食危机的影响，粮食安全问题备受关注。在对外开放的形势下，中国作为粮食生产和消费大国，如何确保粮食安全既事关重大又颇为复杂。除了要做到粮食生产总量增长必须适应人口总量和工业需求增长之外，还要考虑粮食产销结构匹配、布局合理、国内外市场衔接以及粮食储备吞吐轮换是否顺畅等诸多因素，这些因素能否经济合理地发挥作用，关涉现代粮食物流的进步程度与效率高低。当今，在粮食安全形势出现一系列新变化的条件下，粮食物流的重要作用尤为突出。

一、中国粮食安全面临新形势

1. 生产和消费的格局发生重大变化

随着改革开放的深化以及工业化和城市化的发展，中国粮食生产资源总量长期处于递减趋势。在这样的形势下，粮食生产和消费的格局适应资源有效利用的要求，出现了生产更加集中、产销加剧分化的局面。中国长期保持的"南粮北调"格局逐渐被"北粮南下"和"中粮西进"格局取代。一些工业发达的沿海省份因大量减少粮食生产而演变为主销区。粮食生产更多地向东北地区、华北地区转移，并形成不同粮食品种的集中生产区域。受此影响，原本省内和地区内的产销衔接转化为跨省、跨地区的产销平衡。

2. 国内外市场联系更加密切

中国长期以来坚持立足于国内解决粮食供求平衡问题，粮食的进出口主要用于调剂余缺。这对于中国这样一个人口众多而土地和水资源十分匮乏的国家来说是相当困难的，也是非常必要的，对世界粮食安全无疑也是一个巨大的贡献。但是，中国加入 WTO 之后，国内、国际两个市场逐渐融为一体，在正常情况下，受国际市场价格变化的影响，势必会出现粮食跨国流动。以大豆为例，由于出油率高和价格便宜，美国和拉丁美洲国家生产的大豆大量进入中国市场，对国产大豆的生产和加工业形成严重挤压。进口大豆的仓储加工企业大量布局在沿海港口附近，而产品销往全国大中城市。不仅如此，其他粮食品种，如小麦、玉米也将面临国内外差价引起的进出口。因此，在宏观上既要充分有效利用国外粮源，又要避免对其形成过分依赖，还要对国内粮食生产基地和加工企业予以必要的保护。如何破解这一难题，无疑需要粮食物流发挥重要作用。

3. 粮食加工业在宏观调控中的地位更趋重要

改革开放后，随着收入水平提高和消费习惯的变化，我国城乡居民越来越青睐于消费深加工的粮油产品。与此相适应，少数现代化大型粮油加工企业逐渐取代了初级加工企业。而跨国粮油企业的进入又加速了粮食加工业的兼并重组。当前不少粮油品种的加工业正形成垄断竞争的局面。

粮油加工业的变化深刻改变了国家对粮食市场的调控方式，几十年来通过抛售原粮平抑市场的做法遇到了挑战。因为抛售的原粮有可能被加工企业截留，从而无法实现调控的目标。因此各级调控主体只有掌握一定的加工能力才有可能突破"梗阻"，把调控的目标贯彻到终端市场。粮食加工业地位的变化以及由此引发的调控方式调整，将对中国粮食安全产生重要影响，也需要在粮食物流方面采取必要的应对措施。

4. 粮食储备的结构、布局和轮换方式亟待调整

根据粮食宏观调控的需要，中央和地方两级储备的粮油品种应与口粮、饲料粮和工业用粮的消费结构保持一致。为适应消费结构的变化以及应对突发性事件，储备粮不仅需要调整原粮的品种结构，也需要适当增加成品粮油的储备。

由于粮油加工业的集中度不断增强，各地中小粮食加工企业相继退出竞争，原有的储备粮布局面临某种尴尬局面，在一些销区或产销平衡区出现"两头在外"的情况，即轮入粮源在省外，轮出市场在省外。在需要轮换时，不得不把从产地购入的粮食又运回产地卖给那里的加工企业。在动用储备粮救灾时，也不得不经过这种低效率的迂回运输。这不可避免地造成运力浪费，增加了财政和消费者的负担。这可以从两个方面解决：一是调整储备布局，让储备粮尽可能靠近加工企业；二是在储备粮相对集中的地区匹配必要的加工能力，或者结合储备粮由静态轮换转向动态轮换，延长储备企业产业链，形成必要的加工和物流能力。

5. 粮食物流基础设施薄弱，资源分布过于分散

新中国成立后，粮食长期供不应求，储备数量微不足道，与之相应的是仓储设施的匮乏与落后。20 世纪 90 年代国家开始重视粮食仓储设施建设，特别是1998 年用国债资金新建了 1000 多个现代化粮库，有效缓解了仓储能力不足的压力。但是，由于当时对增强粮食流动性、促进地区间供求平衡重视不够，粮食运输、加工、装卸等物流配套设施的投资力度不足，不利于粮食资源在全国范围内合理配置。近年来这种先天不足又与分散投资、重复建设相互叠加，即中央与地方之间、不同部门之间、不同所有制企业之间，在粮食物流基础设施建设上各行其是，缺乏统一协调，有限的粮食物流设施未能形成现实的物流能力，成为制约粮食物流发展的突出问题。

6. 粮食市场体系和交易方式不断演化

近些年来，我国粮食市场体系不断向纵深发展，在现货交易的基础上，粮食期货交易的品种逐渐增加，交割仓库也不断扩大覆盖空间。与此同时，一些重要粮食品种的远期现货交易在电子商务的技术支持下在流通领域发挥着重要作用。同时，粮食现货交易也以"B to B"的形式在网上开展。这些交易方式要求粮食物流提供更及时、灵活、有效的服务。

中央和省市的储备粮、中央运作的按最低收购价收储的托市粮和进口粮的拍卖，通常选择在一些省市重要的粮食批发市场上进行，这种商流和物流相对分离的运作模式，客观上要求发展一种新的粮食物流配送服务。

二、发展现代粮食物流，确保国家粮食安全

面对上述形势与问题，显然需要从粮食生产、流通、消费乃至提高宏观调控水平等诸多方面加以解决。但是，不容忽视的是，进一步推进粮食物流现代化对破解困局至关重要。因为无论是实现北粮南运，还是妥善衔接国内外市场、完善市场体系、优化交易方式等，都需要大力发展现代粮食物流业，不断夯实流通的物质基础，强化流通的科技含量，提高整体运作的效率和水平。

1. 加大国家投资力度，提供更多粮食物流的公共产品

粮食物流与全社会物流一样，作为"第三利润源"越来越受到重视，但同时也产生一种误解，以为放开粮食市场，加快粮食国企改革，粮食物流业就会随市场流通需要应运而生，自发成长。而粮食流通改革与发展的历程表明，现代粮食物流固然离不开粮食流通市场化的驱动，却又不完全是市场自身发展的产物。因为，从本质上看，它是一种公共产品，有明显的经济外部性，尤其是服务于整个国家和社会的粮食物流基础设施与共用技术的研发和运用需要更多地依靠国家的投资与推动，如粮食物流跨省通道的建设、粮食对外贸易依托港口的建设、粮食多式联运工具与技术的开发以及粮食物流信息公共服务平台的建设等只能以国家投资为主，并力争带动社会资金的跟进。特别是在其启动和发展初期，国家应当承担主要责任，而不能过分依赖市场调节的作用。只有以足够的国家财力解决粮食物流发展中的瓶颈问题，兴建重要的公共平台工程，突破关键性的互通互联技术，才能吸引更多社会物流企业进入这一领域，从而收到纲举目张的效果。

2. 整合物流资源，培育现代物流集团

我国粮食物流和社会物流对接不够，中央物流项目和地方物流项目平行推进，央企之间各自为政，缺少合作，铁路、公路、水路之间不能协调发展。这种局面使有限的粮食物流资源不能充分合理地发挥作用。同时，也制约了物流企业的规模化和现代化，导致技术落后、实力薄弱的中小企业居多，而现代化的大型物流集团偏少，不能为国家对粮食市场的宏观调控提供强有力的支持，这就要求

国家出台的政策和投资要有利于整合现有粮食物流资源。国家粮食物流发展规划要引导粮食物流企业走合作共赢的发展道路，逐渐形成兼容贯通的粮食物流产业链，为国家宏观调控提供有效的物流支撑。国家应尽快破除不利于粮食物流企业跨省兼并重组的体制性、政策性障碍，以利于国家级现代化粮食物流集团脱颖而出，加快发展。

3. 大力提升粮食物流科技水平，培养高素质物流人才

与国外现代粮食物流业科技发展水平相比，我国粮食物流业存在相当大的差距，远远不能满足粮食流通改革发展和国家宏观调控的需要。从国家层面来讲，粮食物流设施应进一步提高机械化、自动化和计算机化水平。具体到企业层面，则应进一步提高信息、运输、配送、装卸搬运、自动化仓储等的专业技术水平。我国粮食物流装备技术水平不仅要弥补在"四散化"作业方面的差距，而且也要根据我国粮食流通格局和市场体系深化的要求，发展集装箱、集装袋运输等多种适用运输技术，以适应粮食物流形态多元化发展的需要。

随着粮食物流业地位和作用的变化以及粮食物流装备和技术的发展，对现代粮食物流专业人才的需求也更加迫切，人才的匮乏制约了我国引进和运用更多的先进装备和仪器。我国各种独具特点的粮食物流装备和设施之间，特别是不同运输方式之间的衔接技术有待熟稔国情的专家团队去突破。为此，必须尽快通过各种专业知识培训和系统学习，使现有管理和操作人员更快接受新理念，突破新技术，增长新才干，以适应物流现代化发展的需要。

4. 加强宏观调控，坚持市场导向

建设适应新时期国家粮食安全需要的现代粮流体系是一项十分复杂而又艰巨的任务。由于历史和现实的诸多因素制约，我国粮食物流发展存在一系列的不均衡问题。从总体来看，铁路运输能力紧张，而海路运输潜力较大。从基础设施来看，仓储设施解决得比较好，而加工、物流发展滞后。原粮运输工具优化已经起步，但成品粮、半成品粮运输尚待破题。这些问题的解决，有赖于从宏观层面采取财政、金融、价格多方面的政策进行调控和引导，推动其协调发展。

另外，现代粮食物流发展必须以企业为支点。因此，国家调控应有利于各种经济成分的粮食物流企业共同发展，各项政策应使不同粮食物流主体和运输方式均衡发展，从而使各种物流业态、物流市场、物流企业都能发挥作用，使现有的粮食物流资源得到有效整合，形成服务于国家粮食安全的综合实力。

5. 坚持对外开放，开展国际合作

中国粮食安全立足于国内，但不等于拒绝利用国际市场和国际资源。而且世界粮食危机表明，正是因为粮食资源不能在全球范围内合理配置，使许多国家陷于粮食匮乏的困境之中。中国作为一个世界上负责任的大国，应在克服世界粮

危机方面有所作为。中国已经由粮食受援国转变为援助国，一些国内企业已走出国门支援国外粮食生产和争取必要的粮源补充。与此相适应，中国必须在粮食物流方面开展必要的国际合作。不久前，中国储备粮管理总公司已宣布与日本丸红公司在大豆采购和运输方面达成合作协议，这是一个良好的开端和重要的举措。从储备实力看，我们完全可以与亚洲一些国家建立共同粮食储备，以应对世界范围的粮食危机。我国粮食物流企业有条件也有必要走出国门，开拓国际粮食物流业务，成为国际粮食流通的重要市场主体。

不久前出台的国家物流业振兴规划把促进粮食物流业的发展作为一项重要的内容，这是富有远见的决定，希望社会各方面始终关注粮食物流这个重大主题。我们有理由期望本次论坛和举办论坛的北京物资学院能为中国粮食安全和粮食物流作出自己的贡献。几百年前，一条贯通中国南北的水上粮食运输大通道就从这所学校附近流过。抚今追昔，推及未来，中国粮食安全呼唤这里能够涌现出更多更杰出的高素质粮食物流人才，并且在中国和世界粮食市场上一展雄才，挥斥方遒。对此，我们殷切地期待着。

（作者单位：中国市场学会。原文载于《中国流通经济》2009 年第 6 期，被《人大复印报刊资料·物流管理》2009 年第 9 期全文转载）

农产品物流与冷链物流的价值取向

丁俊发

一、农业物流的重大战略意义及其内涵

2009 年 3 月 10 日，国务院发布《物流业调整和振兴规划》，高度重视农业物流。规划明确提出："加快发展粮食、棉花现代物流，推广散粮运输和棉花大包运输，加强农产品质量标准体系建设，发展农产品冷链物流。完善农资和农村日用消费品连锁经营网络，建立农村物流体系。"又提出："加强城乡统筹，推进农村物流工程。进一步加强农副产品批发市场建设，完善鲜活农产品储藏、加工、运输和配送等冷链物流设施，提高鲜活农产品冷藏运输比例，支持发展农资和农村消费品物流配送中心。"同时明确，要针对农产品冷链制定专项规划。

我国作为世界第三大经济体，既是一个工业大国，又是一个农业大国。我国现代物流业的发展需要制造业、商贸业物流先行，工业、农业物流并重，没有农业物流的现代化，就谈不上中国物流业的现代化。农业物流的落后不仅拖累了物流业发展的整体速度，也严重阻碍了现代农业与农民生活水平的提高，必须引起高度重视。

2007 年 4 月 16 日，本人在《经济日报》上发表了一篇题为《大力发展适应现代农业要求的物流产业》的文章，提出了农业物流的四大内涵：

第一，满足农业生产需要的农业生产资料物流。既包括种子、化肥、农药、农膜、农机具、水利灌溉、饲料，也包括钢材、水泥、柴油、农用车等。

第二，满足全国人民消费需求的农产品物流与为实现农产品总量供需平衡而进行的进出口物流。

第三，为满足农村劳动力再生产需要而形成的生活消费品物流。

第四，为推进循环经济和建设节约型社会需要而形成的可再生资源的回收物流。

农业物流有四大特点：第一，物流量特别多；第二，物流难度大；第三，物流时空要求高；第四，是一个城乡双向物流系统。

随着工业化、城市化的加速，新农村建设、工业反哺农业的推进以及农民生活逐步迈入小康社会，农业物流的发展正当其时。我们相信，经过 10～20 年的发展，农业物流将呈现出一个新的面貌。

二、对我国当前冷链物流的基本估价

冷链物流指的是易腐变质食品在从产地采购开始，经过产品加工、储藏、运输、配送、销售，直到消费者手里的整个过程中，其各个环节始终处于低温环境下的特殊的供应链系统。目前有三类产品必须经过冷链系统：一是生鲜农产品，如蔬菜、水果、肉禽蛋、水产品、花卉等；二是加工食品，如速冻食品、熟食制品、奶制品、冷饮制品等；三是药品等特种商品。本文下面所讲的主要是前面两种：

1. 取得的成绩

（1）发展速度快。由于城乡居民生活水平不断提高，已经从温饱型向小康型转变，从对生活数量的追求向对生活质量的追求转变，特别是食品安全问题越来越引起全民的关注，冷链物流也因此很快提上了议事日程。2000～2008 年，中国农副产品冷链物流市场规模以年均 26％的速度增长，2008 年已经达到 1.35 万亿元。据仲量联行公司测算，2008 年中国人均冷冻食品消费量为 3.47 公斤，比2002 年提高了 70％。据科尔尼咨询公司预测，未来 10 年中国冷藏车与冷库平均增长量为 28％和 30％。

（2）政府高度重视，加快立法与规划制定工作。政府已经制定了粮食物流方面的规划，正在制定冷链物流专项规划，为贯彻好《食品安全法》（2009 年 2 月28 日发布）、《生猪屠宰管理条例》（2008 年 8 月 1 日施行）、《动物防疫法》等法律法规，商务部、农业部等 9 部门出台了《关于加强猪肉质量安全监管工作的意见》，制定了《鲜、冻肉运输条件》、《肉与肉制品物流规范》等国家标准，《速冻米面食品标准》、《初级生鲜食品配送良好操作规范》等行业标准。商务部正在制定"放心菜"、"放心肉"服务体系建设意见。国家工商行政管理总局出台了《食品流通许可证管理办法》和《流通环节食品安全监督管理办法》。

（3）生产商、物流商、经销商开始联手打造冷链物流链。目前中国农副产品冷链物流运作模式大体可分为四类：一是以农副产品批发市场营运商为主导的冷链物流模式；二是以大型连锁超市为主导的冷链物流模式；三是以食品加工企业为主导的冷链物流模式；四是以冷库为主导的冷链物流模式。目前，生产企业如上海光明乳业股份有限公司、河南双汇集团、内蒙古蒙牛乳业集团、江苏苏食集团、上海食品公司、天津水产集团等的冷链都有新的突破。上海百联、北京物美、江苏苏果等连锁集团以及广东省食品进出口集团、北京二商集团的冷链物流大步推进。锦江低温、山东荣庆、重庆雪峰、中外运裕和、上海新天天大众低温物流有限公司等第三方冷链物流企业快速成长。烟台冰轮股份公司生产的制冷设备年销售额突破 30 亿元。

（4）外资快速进入中国冷链物流、冷链装备与冷链基础设施建设领域。美国冷链物流巨头英格索兰公司在中国投资 4 亿多美元，设立了 11 个生产厂、3 个贸易公司，其下属子公司冷王与开利合资生产冷藏库与冷藏车。美国另一冷链巨头普菲斯冷冻仓储服务有限公司将在长江三角洲、珠江三角洲与环渤海地区进军我国冷库市场。日本三井物产公司联手上海食品公司与大众交通股份有限公司，合资组建上海新天天大众低温物流有限公司。澳洲太古公司与广东食品进出口集团合资成立广东太古冷链物流公司。进军我国冷链物流市场的还有普洛斯、夏晖、怡之航、世界速递、意露国际等企业。

2. 存在的问题

(1) 农副产品冷藏运输率低，损耗大，物流成本较高。目前我国大约 90% 的肉类、80% 的水产品、大量的牛奶和豆制品基本上仍在没有冷链保证的情况下运输。果蔬在物流过程中的损耗率高达 25%～30%，而发达国家则控制在 5% 以内，美国只有 2%。

(2) 冷藏运输设备陈旧落后，数量很少，现代化冷库容量不足。《中国汽车工业年鉴》统计数据表明，2008 年我国有保温车、冷藏车、保鲜车 3 万辆，而美国有 20 多万辆，日本有 12 万辆。我国冷藏保温汽车仅占货运车总量的 0.3% 左右，而美国为 0.8%～1%，英国为 2.5%～2.8%，德国为 2%～3%。《中国交通年鉴》统计数据表明，截至 2008 年年底，我国铁路冷藏运输量仅占易腐货物运输量的 25%，不到铁路货运总量的 1%；铁路冷藏车有 7492 辆，占运行车辆的 1.34%，机械式速冻车辆与加冰冷藏车大多为国外即将淘汰的产品。目前，我国冷库总容量达到 3800 万立方米，但大多数只能用于肉类、鱼类的冷冻与储藏，功能单一，使用率仅为 20%～30%。多功能冷库、适用于果蔬的冷库、加工型冷库、批发零售冷库严重缺乏。

(3) 冷链物流系统上下游之间缺乏整体规划与协调，容易出现冷链断点，导致冷链产业链断裂，严重影响冷链物流效率与效益。冷链物流涉及生产商，如生产地头、牛奶场、食品加工厂等，存在滥用农药、添加剂等问题；涉及冷链物流商，存在冷链运输车辆不合格，甚至为省油而人为不制冷等问题；涉及经销商，销售环节存在储存、货柜不达标等问题，致使一些原本合格的产品变成了不合格产品；涉及消费者，缺乏自我保护意识；也涉及政府监管，存在职责不清、执法不严、缺乏全过程监控等问题。

(4) 市场化程度低，第三方冷链物流发展滞后。工业品物流可以进行规模化运作，利润率相对较高，因此起步较早，发展较快。而农副产品物流由于中国农业的小农生产方式，物流难度较大，特别是冷链物流一次性投入高，回收慢，因此农副产品物流相对来讲市场化程度低，特别是专业冷链物流公司发展严重滞后，满足不了快速增长的冷链物流需求。

三、我国冷链物流发展的六大任务

1. 政府统筹规划，大力推动

要对粮食物流、棉花物流、烟草物流、冷链物流等作出相应规划，制定目标与达到目标的措施，并给予人、财、物等方面的大力支持。国家发展和改革委员会仍然要把支持农副产品物流发展项目作为贴息贷款与技改项目的重点。商务部自2006年以来已经支持农副产品批发市场冷链项目92个，新建冷库55万立方米，农副产品流通企业冷链项目171个，今后应继续加大支持力度。财政部的支农物流项目仍要继续推进。冷链物流应实行政府推动力与市场推动力并举。

2. 把冷链产业上下游结成供应链，形成一个完整的体系，实行全过程监控，加强冷链物流信息化、精细化、标准化、智能化建设，改变各自为战的局面

这样，无论哪个环节出了问题都可以进行追溯，找出真正的原因。特别要推进信息共享，提高冷链全程透明度，加快冷链标准制定和修订工作，尽快与国际接轨。

3. 加强冷链物流技术研究与新技术推广，加强现代冷藏车、冷库建设

冷链物流技术包括生鲜农产品采后低温加工包装保鲜技术，连接生产、加工、储藏、销售全过程的冷冻、冷藏链技术，全程监空的信息化技术，机冷式冷藏集装箱技术等。要加快发展现代冷藏车与冷库，适应小批量、多品种冷链物流的需要。要推进冷链物流中铁路、公路、水路、航空多式联运的发展。

4. 加快发展第三方冷链物流企业，建立冷冻冷藏产品加工配送中心，推进集约化共同配送

对现有冷链资源进行重组与整合，提高效率。对综合性或专业性冷链物流企业给予必要的支持，特别是政策与金融支持。

5. 进一步扩大对外开放，引进国外先进的冷链物流技术与装备、运作模式与管理经验

可以把派出去、请进来结合起来。通过引进、消化、吸收，实现创新，享有我国自主的知识产权。

6. 大力培养冷链物流专门人才

目前，冷链物流人才短缺，冷链物流发展所需要的研发人员、管理人员与操作人员，要通过学历教育、在职培训逐步加以解决。

发展冷链物流的黄金时代已经到来，让我们一起为此作出不懈的努力。

（作者单位：中国物流与采购联合会。原文载于《中国流通经济》2010年第1期）

论我国农村物流体系结构设计

王新利

随着我国经济的发展和社会的进步，农村物流的建设与发展就成为推动农村生产和提高农业经济效益等方面的制约因素，建立我国农村物流势在必行。在农村物流的建设中，农村物流体系的结构设计是关键一环。

一、国家构架

国家在农村物流体系的构建中主要是加强规划引导，立足整合，重点突破。要在调查研究、摸清家底的基础上，尽快组织编制全国物流产业发展规划。把物流产业的规划与城市总体规划、农村小城镇建设、物流设施的布局、物流企业的发展有机结合起来。要坚持政府支持、多元投资、市场运作、立足整合的原则，在规划的指导下，循序渐进、分步实施、重点突破，防止行动盲目、一哄而上、贪大求洋。在建设中，要突出专长、发挥优势、形成特色，坚决杜绝各自为政、自成体系，走资源整合、优势互补、共同发展的道路，构建专业化、规模化、网络化的物流体系。通过市场分工，逐步将全社会物流市场化，进而参与国际竞争。

1. 国家层次的农村物流体系功能

（1）战略规划。农村物流体系是一个复杂的动态系统，根据物流的国际发展趋势、本国现状、经济结构调整需求、资源及市场状况等，国家应制定具有前瞻性的现代农村物流发展战略目标和战略规划，作为制定政策、协调资源的依据。我国农村物流体系的发展目标，应同时结合两个产业发展目标，一是农业及农村的经济发展总体目标，另一个是国家物流业发展目标。以前者为主，后者是为前者服务的。我国农村现代物流体系发展目标可表述为：以国家主干物流网为基础，以现代物流技术为手段，以降低农产品综合成本，全面提高农业综合竞争力为前提，结合农村和农业特点，通过市场化原则，优化重组现有物流资源，建设新型现代化农村物流体系，以满足我国农产品需求战略和市场发展战略的需要。

（2）政策制定。为完成农村物流体系建设的战略目标，政府应制定相应的法规和政策，激励社会资源向有利于实现国家战略规划目标的方向流动。这些政策和法规一方面要充分利用市场竞争机制在资源配置方面的作用，另一方面要发挥政府的作用弥补市场机制的不足，创造一种公平竞争的环境，创建一种鼓励低成本、高质量服务、高效率经营的机制，实现利益分配上的公正性和系统整体最优化。这些政策和法规包括产业政策、价格政策、投资政策、税收政策、收入调节政策、运输工具和企业运营的规范政策以及其他相应的法规制度。

2. 发展步骤

第一阶段（3~5年）：全局准备，局部试验。全局准备就是国家在农村物流体系研究、战略规划、政策措施制定、人才培训、市场体系建设和完善等方面进行先期准备。局部试验就是根据国家农村物流发展总体规划，选择经济发达物流基础条件较好的农产品生产区域和主要消费区域进行农村物流体系建设的试验。这些区域包括长江三角洲、珠江三角洲、北京等农产品重要消费城市和区域以及黑龙江、山东等农产品商品基地。通过这一阶段的运作，营造环境，取得经验。

第二阶段（8~10年）：全国协调，区域推行，建设区域主干网。政府的职能在于确定方向，宏观调控，资源调配。调控体现在以下几个方面：

第一，农村和城市运输系统的对接。现代农村物流体系的建立，除了国家基础主干网（交通通讯）由国家和专业运输机构如铁路、民航、航运、邮政、电信等部门建设外，政府部门最重要的职责就是鼓励专业运输机构和农村物流体系之间建立接口，如流程标准、作业标准、服务标准、产品包装标准、产品质量标准体系的建立，为农产品和农用品的综合运输、多式联运、门对门服务创造条件。

第二，农产品和农用品主要生产地和消费地的协调。这其中包括市场体系和服务体系的进一步建立和完善，区域分工合作，农产品生产基地的建设和专业化发展，农产品和农用物资物流中心的布局和建设等。随着国内农产品生产区域化和专业化的发展，国家要有意识地推进区域性农产品物流中心的建设和区域合作的发展。在农业生产条件较好，农产品商品化和农村市场化程度较高，物流基础条件较好的地区率先建立现代农村物流体系。

第三，东西部地区的协调。我国的自然资源和物流资源的配置极为不协调，拥有大量农业自然资源的西部地区物流体系落后，与拥有大容量市场资源的东部、沿海地区对接困难，严重影响了西部地区农业资源的开发、农产品商品化和农村市场化的发展。国家在制定西部大开发战略时，应充分考虑西部地区农村物流体系的建设和发展，并在财政、税收等方面提供优惠政策和措施。

第三阶段（10~15年）：全面推进现代化的农村物流体系。在区域性农村物流体系推广完成后，随着国家物流基础设施的完善，全面建设小康任务的完成，国家着力将现代农村物流体系向全国推广。

3. 国家构架内容

（1）基础设施建设。现代农村物流体系的建设有赖于国家物流基础设施的建设和完善。除了铁路、空运、航运等建设外，在农村物流体系基础设施建设中，联结城镇乡村的公路网建设、农产品的集中储存保管及配送中心建设占据相当重要的地位。这里应特别强调的是，随着我国通讯主干网及电话、电视有线网在农村的普及，农村信息化的基础条件已经具备。充分利用现代信息技术手段，建设农产品及农用品的生产者和消费者之间的桥梁，沟通信息，整合供应链各个环节，缩短需求市场距离，是现代农村物流体系建设非常重要的环节。过去说，"要想富，先修路"，随着交通运输状况的改善，现在应该说"要想阔，上网络"。农村信息化的实现，有助于生产者和消费者之间的信息沟通，商品化和市场化的发展，反向会刺激对现代农村物流体系的需求。因此，农村信息体系的建设应该纳入农村基础建设之中。

（2）市场体系建设。在市场经济条件下，农村物流体系的建立依赖于需求体系的建立，依赖于对物流体系需求的发展，没有市场需求，物流体系的建设就失去了动力。因此，农村物流体系的建设必须与农村市场体系建设相协调。我国农村物流业的发展目前仍然处于低水平发展阶段，农村物流业务范围所包括的生产物流、供应物流、销售物流、回收物流和废弃物流发展极不均衡。市场化程度较高的供应物流和销售物流发展水平相对较高。目前在农产品和农用品物流中，存在着小（规模小）、散（接口不顺，分布不均）、差（服务质量差）、弱（服务能力弱）的特点。国家应在交易场所、流通渠道建设、交易规则的制定等方面，采取相应的扶持和支持措施，鼓励有实力的大型企业和外资企业投资于农业市场体系建设，促进规模化的发展，进一步完善市场体系，促进市场运行规范化。建立一个网络结构合理、功能齐全、交易灵活、高效统一的市场体系是保证农村物流畅通的基础。

（3）研究和进行人力资源培训。我国现代农村物流体系特别是从供应链一体化角度的研究方面几乎是空白，从事农村物流的专业技术人员屈指可数。一个行业的发展最终离不开人才的推动，国家应加大这方面的投入力度，使农村物流体系建设与国民经济、农村经济的整体发展相协调并促进农村经济发展。

二、区域构架

1. 基本目标

区域规划的基本目标可归纳为：根据国家物流体系的总体发展战略和布局，结合区域资源特点及市场需求，制定相应的农村物流发展规划，通过加强本区域物流基础设施建设，尤其是农村物流配套设施和市场体系建设，充分利用当地的区位优势、经济优势、资源优势，来满足农用品和农产品物流需要和降低农产品物流成本，提高区域农业竞争力，促进农村经济发展和城镇农产品供应的需要。

2. 规划和措施

（1）建设农村区域物流中心点。作为农村区域物流中心点不仅要求自身物流系统及工商企业、物流服务企业具有较高的物流组织管理水平、运作效率和较低的综合成本，而且要对区域内物流活动及各相关产业发展形成重要影响，对周边地区物流运作具有重要带动和支撑作用。这些中心点包括农产品采购中心、加工包装中心、分拣运输中心、储存保管中心、农用品供应服务中心、城市的农产品销售配送中心等等。通过物流中心点的建设，强化本区域在现代物流基础设施、组织管理、经营运作、信息服务等物流活动中的区域性中心地位，成为区域物流活动或物流组织管理的枢纽。

（2）区域物流网的建设。农产品的区域物流网建设应该是一个采集—集中—配送的过程。每一个中心点所联结的各个端口形成一个区域物流系统，这个系统又是一个更大的区域物流系统的子系统。区域农产品物流体系的建设应形成以批发配送、仓储中转、水运直达运输、公路快速运输、航空高速运输、铁路大宗运输和信息即时服务为主体的物流体系，构建满足区域内生产、生活需要的农产品区域快捷配送网络，支撑不断扩大的电子商务发展。

3. 区域物流网的层次结构

（1）一小时左右高效配送物流圈。在该区域周边地区建设农产品物流基地及配送中心体系，以此为依托，服务于都市圈内农产品加工、农贸市场、大型超市及连锁超市。

（2）24小时内分拨及终端配送物流圈。以城市为中心，对内服务于经济区内地、县级市及乡镇，对外服务于全国中心城市，满足商品集散功能的需要。

（3）48小时内与国外物流网络接轨的国际物流圈，完成国内外物流的一体化。

在农村生产基地建设以乡镇为依托的农产品集贸中心及农用品的营销网点，在县级城市建设农产品和农用品的分类储存保管及运输中心，并主要做好与大型城市的物流体系接口工作。

三、行业构架

1. 运输系统

整合铁、水、公、空综合运输网络，构筑现代化综合立体交通运输平台，并使其服务直接延伸到农业生产者。当前要在加快建设的同时，推进各种运输方式的联合，发展多式联运，保障无缝链接。要发挥铁路中远距离运输的优势，推进水铁联运、公铁联运、空铁联运以及对特殊农产品的运输保障，积极做好干支线铁路规划建设工作。依托公路形成以集装箱运输、零担班车运输为主的通往全国各省市的快速运输网络。形成以箱式货车为主的城市市区货物快捷配送运输网络。航空运输要提供对特种农产品、野生植物资源（如野山菌）、鲜花、时令蔬菜水果、反季节蔬菜水果等鲜活农产品的高速运输服务。随着专业运输系统服务的逐渐完善，其服务功能应在较短的时间内完成农产品及农用品的运输要求，关键是与农业体系的对接。

2. 通讯信息系统

进一步加快发展农村综合通讯网络，加快物流企业、农户、农产品生产及加工企业、农用品供应企业的信息化进程，积极利用 EDI 技术，以互联网为依托，专业化物流信息网络为支撑，构筑农村物流与市场信息相结合的信息平台。农村物流信息平台要借助区域性乃至全国性的综合信息网络，提供高效便捷的物流信息服务，如货物信息的收集处理能力，缩短物流信息交换与作业时间，增加操作透明度和可信度，实现交互式适时性数据交换，为农户、农业及相关企业提供一个从事物流运作与商贸活动有机联系的良好信息环境。

3. 生产资料生产及供应系统

在农村物流体系中，农业生产资料生产和供应系统不仅决定了农业产出品（与农产品销售品相对应）中的物流费用水平，而且也影响着农产品的产出水平。很明显，当化肥养分含量不足或劣质种子被播种或杀虫剂没有及时送到农户手中时，农产品的产出量必定受到不利影响。在计划经济时代，农业生产资料的供应和物流服务是非市场化的行政行为，随着我国农村市场化的进展，农业生产资料的供应出现了百花齐放，大家齐上的局面，所带来的负面影响就是无序竞争、资源浪费及重复建设，物流服务水平没有实质性的提高，物流费用却在不断加大，农民负担加重，成本上升。农业生产资料物流市场面临重新洗牌和整合的局面。特别是我国加入 WTO 后，国外的农业生产资料供应和物流服务企业进入中国，势必对我国落后的农业生产资料物流服务体系形成较大冲击，另一方面也是一个积极因素，农民将有更多的选择和享受更现代化的服务。政府应该完全采取市场化的发展原则，制定鼓励向农业生产资料服务领域投资的政策和保证市场公平竞争的环境。

4. 农产品原料生产及农产品加工系统

农产品原料生产（包括农户及农产品生产企业）及加工部门在物流体系中主要是以客户出现的，在农村物流体系中，其作用主要体现在以下几方面：一是企业内部物流（如从仓库到田间、从仓库到客户的装卸、搬运及运输，库存物品保管、清理及决定库存水平等）；二是农产品的延伸服务（如净菜、分等分类、初包装等）；三是与物流体系的接口问题（包括质量、标准、包装、信息系统的兼容等）。该系统急需解决的是与其他物流系统的接口问题，如规范化的包装、条形码的使用等。

5. 农产品销售及第三方物流系统

农产品销售部门是联结农产品生产者和消费者的桥梁。在目前我国农产品销售流通体系中，农产品销售系统主要有如下成分：个体销售者、农村供销社、农产品批发及零售企业、农村及城镇的集贸市场、大卖场、连锁超市、国营粮库、农产品加工企业、农产品进出口企业等。我国农村及农业中的第三方物流企业并不发达，初具规模的仅有粮食及化肥等大宗货物的专业化运输，而且大都是运输个体户在从事此项服务。在这个系统中目前存在的问题是：成分复杂、规模小、专业化程度和管理水平低、服务质量及信誉度差。规模集团化、业务专业化、质量（包括作业、流程等）标准化、服务规范化、业务活动信息化等是这个系统的发展方向。应培养和鼓励有实力的大企业进行资源重组和整合。

6．农业科研及教育部门

从某种意义上说，在现代物流发展的问题上，我们与发达国家的差距，不仅仅是装备、技术、资金上的差距，更重要的是观念和知识上的差距。我国的物流专业教育及研究力量相当薄弱，对农村物流的人才培养和研究几乎是空白，随着我国物流产业的蓬勃兴起及农村经济的发展，农村物流的专业人才培养和研究必须受到重视。加强人才培养，造就一大批熟悉农村物流运作规律，具有开拓精神的管理人员和技术专家，这是我国现代农村物流业兴旺发达的最重要、最紧迫的要求。在人才培养方面，可以通过高等院校设置农村物流专业，举办多种形式的培训班，召开各种形式的研讨会，到发达国家进行考察，国内不同地区的经验交流等，以尽快提高从事农村物流及其相关业务活动的公务员和企业员工的物流素质。在农村物流研究方面，国家和地方政府应有计划地配合物流发展战略和农业发展战略进行超前性研究，除理论研究外，应更侧重于实证性研究，以尽快解决现代农村物流体系建设中所出现的诸多问题。

政府部门、广大企业要加强与科研院校、咨询机构、社团组织的联系，充分发挥他们在理论研究和人才培养方面的优势，采取多种形式，积极开展合作，加强理论研究和实践探索，使现代物流的理论知识与社会的实践活动有机地结合起来，为建立中国农村现代物流体系共同作出贡献。

四、企业构架

在市场经济体制下的现代物流体系中，企业是市场经济及现代物流的主体。农业及农产品对物流服务的需求固然需要政府部门的支持推动，但不能采用行政手段，而应主要通过市场规律来运作，以企业为主体来实现。从宏观调控角度讲，政府在企业层面的作用应该是引导、规范、激励，即政府通过制定相应的价格政策、税收政策、资源配置政策、法律法规的约束来引导、规范和激励企业向有利于农村现代物流发展的方向发展，营造有利于企业发展的经济、法律环境。

引导培育现代物流主体，应从以下三个方面着手：一是在对现代物流比较敏感并已建立自身营销网络的大中型工商企业中，开展专业化物流的试点工作，以提高营销效率、降低企业综合物流成本为目标，鼓励企业将自营物流整合为一体化的社会物流。二是加快传统储运业及批发贸易企业的配送中心向现代物流企业的转变。发挥其拥有大量物流设施、相对稳定的客户及经营网络的优势，通过机制创新、服务内容整合和服务设施改造，立足核心功能，向"两头"延伸。三是大力发展新兴的民营或合资物流服务企业，发挥其经营观念新、机制灵活、管理方式适应性强的优势，加强与传统储运业的嫁接和联合。

在我国目前发展阶段，农村物流体系中的相关企业成分和形式比较复杂，纯粹的第三方物流企业发展并不成熟，大多是从事物流过程的某些环节，如运输、储藏保管、包装、装卸等，或者是商业、流通、加工企业自备某些流通功能。

农村物流体系中的企业构架，作为微观运作层次，主要包含企业物流和物流企业。从业务范围来讲，可以分为以下几类：第一类是专门从事物流活动的某个、某些或全部环节的物流企业。其包括仓储企业（如粮库、冷库等），运输装卸企业，分拣配送企业，包装企业（如水果、蔬菜的分类、分等包装公司），第三方物流公司。第二类是从事农产品生产加工贸易的相关企业，企业内部包含一部分物流功能。如从事农产品外贸的企业，农业生产资料生产企业，农业生产及加工企业，农产品批发零售企业，农业综合商社（农工商一体化），电子商务企业。这些企业都或多或少地拥有部分物流功能，如自备冷库、运输装卸设备，自备分拣配送中心等。第三类是中介机构。这些企业不直接从事物流活动，但可以协助或辅助物流业务的开展。如提供信息平台的电子商务企业，第四方物流企业，物流咨询、策划企业，农产品检验、检测机构，农产品及物流标准化服务机构等。

从微观运作角度讲，作为企业，它们有着共同的发展规律而且面对同类的发展问题，如企业战略规划和方向的制定，企业股权结构和组织结构，企业内部激励机制和监督机制的建立，企业财务管理和控制系统的建立，成本核算体系、市场及品牌策略、产品及服务策略等等。但作为农村物流系统的相关企业，必须适应农业及农产品市场的需求特点，服从农业及物流企业的运作规律。在构建农村物流企业体系中，应着重考虑以下因素：

（1）现代物流意识。企业物流表面上看是货物的流动，背后是客户需求、服务水平、库存情况等信息的流动，而根本上也是企业利润的流动。对于企业来说，物流管理既是降低成本的有力武器，也是增加收入的重要手段。从另一个角度讲，它可能是企业利润的源泉，也可能会是吞噬企业利润的无底黑洞。出色的运输、仓储和库存控制系统能够带来高水平的服务质量，赢得顾客满意，从而获得更高的利润率和顾客忠诚度；反之，企业将会在市场竞争中被淘汰出局。因此，农村物流体系中的相关企业，必须建立现代物流意识，充分认识到物流在企业运作以及企业经营成果中的重要意义。

（2）企业的适应性。农村物流体系中的相关企业生存在一个相当复杂的系统和环境之中，作为联结生产者和市场及最终消费者的纽带，广泛的适应性和应变能力是农村物流企业必备的素质之一。

（3）企业的专业化和综合化。应该说，中国大部分农村物流企业是从专业化起家的，即当初仅仅从事农村物流活动的某个环节：如运输、经销、加工等。但是随着企业的发展，逐渐向纵向或横向延伸，如批发企业中融进了运输、加工功能；大型零售企业设立自己的配送中心甚至自己的农产品生产基地；而农产品生产企业又进城开办了自己的零售网络等。综合化（一体化）或专业化经营都有成功和失败的案例，关键是审时度势，量力而行。要充分考虑企业对资金、人员、业务、客户的管理半径和控制能力。企业在管理一个复杂多变的系统方面，必须拥有丰富的专业知识。企业应根据自身的经营战略和核心竞争能力以及有别于竞争对手的产品和服务，来构造独特的物流战略。

（4）企业的核心竞争能力。企业的核心竞争力是企业在激烈市场竞争中生存的基础，作为农村物流体系中的一员，不可能包揽物流的所有市场、客户、业务环节。物流企业的核心竞争能力是指在整个供应链中，其业务环节能以最低价格给客户提供最完善的服务和最可靠的承诺（诚信）。

（5）企业的成本核算体系。对于非物流企业，其企业成本体系中，并没有单独列出物流成本这一项，物流费用在整个费用中的比重以及它们对企业经营成果的影响（作用）也就被掩盖起来。作为农村物流体系中的相关企业，除了在认识和战略考虑上重视物流的作用外，在成本核算体系中也要采取切实的措施，建立企业物流成本的核算体系。

（6）企业信息系统建设。在现代物流体系中，信息系统无疑起着非常重要的作用。在目前条件下，农村物流体系中的相关企业在设计企业信息系统时，要与企业自身条件相适应，既不能贪大求洋，越先进越好，也不能因循守旧，不求进取。要充分考虑企业成本承受能力，人员素质状况，与其他系统（企业）接口程度，系统的适用性等因素。

（7）供应链联盟。供应链管理是物流的延伸，现代物流管理越来越要求企业和供应链其他成员形成伙伴关系，这就是供应链联盟。供应链管理涉及核心企业中上游供应商直到供应链下游各级分销商、零售商、最终用户的整个过程，涉及与供应链相连的所有相关企业、部门、人员、业务，是一种纵横一体化的集成化管理模式，强调核心企业与相关企业的协作关系。在农村物流体系中建立供应链联盟，对于规模小、离散度大的农村物流体系具有特别重要的意义。但这是一个市场行为过程，国家可以通过政策引导，不能强迫；企业本身应具有超前意识，积极主动地适应物流发展的潮流。

（8）中介组织的发展。建立市场中介组织是农村改革和发展的必然趋势，也是加速农村物流体系市场化的必经之路。如何把分散的形式各异的农村物流相关企业乃至千家万户的农民同国内外市场连接起来，实现物流一体化，并将其组合到供应链联盟中，从而充分协调社会的物流资源，提高物流资源的使用和运作效率，是解决小生产与大市场矛盾的重要措施。一方面政府要制定相关的激励措施；另一方面，有见识的企业家和投资者应积极地投入到这一行业的开发建设中。

（作者单位：西北农林科技大学。原文载于《中国流通经济》2003 年第 5期，被《人大复印报刊资料·商业经济》2003 年第 8 期全文转载）

试论发展中国的农业物流业

谢培秀

一、农业发展已进入节约要素投入和改善要素配置效率阶段

农业发展的基本资源是土地，耕地资源不足必然严重制约农业发展和农民增收的空间。农村改革初期，农业发展和农民增收主要依靠增加资金和劳动投入来替代土地，由于粮食供不应求，这一方法十分奏效。而在农业获得长足发展后，耕地、资金和劳动投入的边际效益开始下降，粮食销售的市场约束也逐渐显现，继续增加对土地的资金和劳动投入来换取"利润"已变得越来越不经济。

与此同时，劳动力转移增收逐渐成为粮食主产及产销平衡地区的亮点，农业资金也在寻找增值渠道，有些已悄然流向非农领域。计算表明，仅安徽省"九五"期间，由于劳动力由农业生产领域净流出，约损失了30亿元农业产值和13亿多元农业纯收入。尽管相比增收额而言减少额微不足道，但对政府决策者或农民来讲，进一步增收都面临着一个两难抉择：农民增收要靠非农就业，而农业发展尤其是粮食安全又要力戒生产要素净流出。

怎样才能做到既有利于农民增收又有利于农业发展？采取什么样的措施才能够既推动农村剩余劳动力转移，又不损害农业基础及粮食安全？对农业占较大比重及作为劳务输出地的中西部地区来讲，这是一个重大的战略决策问题。我们认为，可以通过"抓中间带两头"来解决这个问题。所谓"抓中间"是指抓粮食流通体制改革，加快发展农业物流业，尤其是第三方物流业，通过在大宗农产品流通领域创造就业机会、提高流通效率来达到促进农业劳动力转移、增强农产品竞争力和农民增收的目的。这与以往鼓励农民千家万户闯市场不同，而是提倡组织起来，通过农业物流企业、农民专业协会等形式参与大宗农产品流通。这样做既避免了过多的农业要素滞留于土地上投入不经济，又防止这些要素净流出农业而带来的损害。"抓中间"一头带农业发展，一头带剩余劳动力转移、农村产业结构调整或农民非农就业增收。大宗农产品流通领域要素投入的边际效益看好，符合农业生产要素趋利增值的市场规律。

二、农村制度变革呼唤发展农业物流业

1. 粮食安全是农村税费及"乡政"改革不可逾越的"底线"

农村税费改革目前已在全国大部分省区展开。然而，对于这一改革的最终目标取向，理论界看法并不一致，有"减免"和"取消"两大主张。造成分歧的原

因在于不清楚改革的依据所在。而对于"乡政"改革，有"增强"、"削弱"和"取消"三种说法，分歧原因同样在于对"乡政"功能定位不清楚。从目前乡村政权功能来看：一是负责农村公共产品供给；二是维护粮食安全，尤其是中国37％的城市人口口粮及必要的救灾、储备用粮安全。人们在讨论农业税费及"乡政"改革时，更多关注的是农村公共产品供给，而其存在的实质及最重要的功能应是维护国家的粮食安全。农村税费的征收及使用，不过是确保"乡政"运转及所承担功能的实现，尤其是粮食安全，这是改革不可逾越的"底线"。所以笔者认为，农村税费改革的目标取向依赖于"乡政"功能定位，而"乡政"功能定位又取决于采用何种模式的粮食安全制度，是继续维持在目前的计划基础上，抑或下决心进行大刀阔斧式的改革，使之彻底转到市场化基础上。

2. 农村制度变革的关键在于改革传统粮食流通体制

传统粮食安全制度主要建立在主产省政府财政及农业发展银行不堪重负、乡村政权机构人员臃肿、国有粮食购销企业亏损累累及农民负担日益沉重的基础上，其核心是传统粮食等大宗农产品流通制度及与之相适应的、臃肿的农村组织制度，计划色彩浓厚，存在诸多弊端。只有对现行粮食流通体制进行改革，在市场化基础上重新确立新的粮食安全制度，农村税费及"乡政"改革的目标取向也才能明朗。这就是说，农村制度变革的关键是必须首先在粮食流通体制改革上取得突破。目前，粮食主销区已全面放开粮食市场，安徽、湖南、山西等部分粮食主产及产销平衡区也已放开粮食购销市场，取消保护价收购而代之为直接补贴农民试点。然而事情并未像市场一放了之那么简单，在市场化基础上确立新的粮食流通体制，需要进行包括国有粮食购销企业改革、农村金融及收购贷款制度改革、农业补贴方式改革、发育新的农业物流企业以及农产品营销业态改革等一系列配套改革措施在内，其中最为棘手的是国有购销企业亏损、收购资金银行挂账等历史包袱的妥善处理，以及新形势下农业发行信贷资金安全。只有上述改革措施全部到位，并经得起保障不断增长的城市人口口粮及副食品供应检验，新的粮食安全制度才能确立。发展新的、面向市场的农业物流业，恰好迎合了这一改革需要。

三、加快发展农业物流业关系到中国的农业现代化进程

1. 有利于农业生产的专业化和区域化。现代农业物流业发展要求农产品种植实现专业化和区域化，这样虽然单个农户的生产量不大，但区域化集中种植可使农产品供应总量增大，这样既便于组织货源及第三方物流业或流通经纪人的介入和发育，也有利于采选、分拣、包装、加工等农业流通产业的发展。

2. 有利于绿色食品生产和参与农产品出口竞争。过量使用农药和化肥引起的污染和食品安全问题一直是中国农产品出口的最大障碍。加快发展农业物流业，可以在农产品种植区域化、生产专业化的基础上，统一供应高效低毒农药和生态肥料，统一技术扶持和监控农户生产流程，统一收购符合出口标准的农产品，同时方便了农产品的后续加工、包装、运输、报验（检）等出口手续。

3. 有利于扩大劳务输出和创造新的就业机会。传统销售方式束缚了大量农村强壮劳动力，影响了农民从事劳务输出。加快发展农业现代物流业，可以解放大量的农业销售劳动力，节约农产品流通成本，使更多的农业劳动力参与劳务输出。同时，农业物流业的发展还可以创造出大量的就业岗位和就业机会，农产品的采选、分拣、包装、加工会从传统农业中分离出来，与此相关的农村二、三产业便可发展起来，从而吸纳大量的农村剩余劳动力就业。

4. 有利于农业产业化发展。农业物流业的发展使农业生产资料供应和产品销售实现了专业化和现代化，更加便于组织农产品加工，直接促进了农业产业化发展。反过来说，农业产业化发展，由于在生产资料供应和农产品销售环节实现了集中供应和收购，也从某种意义上促进了农业物流业的发展。农业产业化与发展农业物流业存在着相互促进的关系。

5. 有利于提高农产品竞争力和促进农民增收。农业物流业的发展滞后使农产品销售的人工成本居高不下，销售时间长、效率低，从而导致农业整体效率低，农产品价格竞争不具优势。发展农业物流业可提高流通效率，有利于提高农产品竞争力和多环节促进农民增收。

6. 有利于推动农业适度规模经营和农业现代化进程。农业物流业发展可使农业流通效率提高，流通效率提高会反过来刺激生产，农业生产结构不适应的矛盾就会突出。农业产前、产后现代化必然会促进产中的现代化，改善流通的结果最终会促进农业适度规模经营和现代化进程。

四、加快发展农业物流业的若干政策建议

第一，采用现代企业制度改造国有粮食购销企业，促之成为从事农业物流业的中坚力量。物流业的主体是物流企业，物流业的发展主要依靠物流企业的发育、成长及运作来实现。国有粮食购销企业承担着粮油等大宗农产品流通任务，发展农业物流业必须搞活国有粮食购销企业。当前，国有粮食购销企业存在的问题主要有：经营方式落后、经营机制不活、管理粗放、历史包袱过重、依赖财政补贴、吃"大锅饭"情况普遍存在。随着我国加入 WTO，粮食流通完全市场化是必然方向，国家支持粮食生产的财政补贴也必然要由补贴流通环节的间接方式向直接补贴农民转变，粮食市场全面放开也只是时间问题，增强国有粮食购销企业的实力和竞争力已迫在眉睫。当务之急是，国有粮食购销企业必须彻底转换经营机制，撤销原中心粮站独立核算单位，运用现代企业制度组建区域性粮食购销公司，实行统一核算、统一经营、统一管理和统一调配公司资产。根据企业资产及经营的具体情况，可以先搞成国有全资、控股或参股的有限责任公司，再逐步改造成职工参股的股份有限公司，有条件的还可以向上市公司方向努力。国有粮食购销企业可以通过改制广泛吸引社会各界投资，达到改善资产质量、彻底转变经营机制及增强企业竞争实力的目的。

第二，积极支持和发育多种所有制成分的农业物流企业。农产品品种多、数量大，其物流任务绝非国有商业一家可包揽得下，尤其是蔬菜、瓜果等经济作物、畜牧、水产等养殖品以及一些小品种农产品的流通，需要大力扶持和发展包括个体、私营、中外合资等多种所有制成分的农业物流企业来完成。随着粮食等大宗农产品市场的放开，这些民营物流企业也将参与粮棉油的流通。如部分粮食主产省放开购销市场后，收购主体多元化引发了粮食收购的激烈竞争。湖南有数千家非国有粮食企业的粮商走村串户收购早稻，安徽有大批个体粮商活跃在田间地头，收购季节深入农户装包、过磅、付款、装运，播种季节及时为农户运送化肥、农药。随着越来越多的省区放开粮食购销市场，在各类购销主体的基础上发育多种所有制成分的农业现代物流企业的条件已经成熟。农业发展银行也应当及时转变观念，研究新的贷款政策，做到不以身份而以效益、信用来识别贷款对象，只要其从事农产品流通，有利于农业发展和农民增收，就应该给予支持。

第三，先试点后推广，积极稳妥地培育、构建现代农业物流企业。可以在目前安徽、湖南、山西等粮食主产区及产销平衡区省份以及主销区省份放开粮食购销市场，试行直接补贴给农民试点相结合，在上述地区进行国有粮食购销企业建立现代企业制度试点，全面取消粮食流通环节的财政补贴，通过"断奶"手段推动企业制度创新。上级政府应当在解决企业历史遗留问题、补充资本金、给予改制指导等方面给企业以帮助。农业发展银行应在粮食企业组织制度创新和产权制度改革过程中，充分重视信贷资产的安全问题，采取有效措施防范粮食收购政策性贷款面临的风险。改制后的国有（最好改造成混合所有制）农业供销公司应当打破品种、地域界限，实行跨品种、跨地域经营，既搞农产品销售物流，又搞农资供应物流。企业组织制度可采取"布吉模式"：由总公司负责资产经营，控股或参股各购销分公司；各分公司具体负责某种农产品（如粮油、棉花、蔬菜瓜果等）加工、流通，或农业生产资料供应、批发市场经营、储藏、运输等物流业务，分公司以赢利为中心。公司实行董事会下的经理负责制，财产权与经营权分离。通过新型农业物流公司将经营范围扩展到各类市场的建设与管理，既可有效防止各级政府工商管理部门在市场建设上的自建自管、引发腐败等政企不分现象，又可促进各级政府粮食、农产品供销管理部门人员向物流企业一线分流，真正形成"产权清晰、权责明确、政企分开、管理科学"的现代企业制度。

第四，扶持建立相应的区域性农协组织与之配合。区域性农协组织的发展能够协调农民种植、采摘和粗加工行为，使得农产品种植在品种、采摘时间、分拣、包装等规格上做到统一，既方便销售，又方便组织对路农业生产资料供应，也便于相关物流企业的介入和参与。反过来说，此时如果没有第三方物流企业的介入，在此基础上发展农民自营物流业也十分容易。

第五，需要逐步提升城市农产品经销业态与之配合。当前农产品销售主要采取农民自销，或由流通商收购后经农贸市场、零售商销给城市居民的方法。农业现代物流业发展起来后，可以在销售地建立农产品配送中心，建立农产品连锁商店或超市的方式销售农产品。当前，我国大型百货商店正在经历经营业态的升级过程，纷纷向配送中心、连锁超市的方向发展，这一业态升级为发展农业物流业奠定了基础。

第六，在现代物流和市场化运作基础上形成新的粮食安全体系。新的粮食安全体系包括粮食风险基金保障，粮食市场体系与储备体系整合，以及粮食预警、应急机制等。目前已形成中心批发市场与区域性市场相结合、产供销相结合、期货现货相结合的较为完整的多层次粮食市场体系，以及中央、省区与市县三级储备相结合的粮食储备体系。整合的目的是要在粮食产区与销区之间，在粮食市场体系与储备体系之间，在粮食中心批发市场与区域性大中型市场之间，在粮食中央储备库与省区储备库之间，发育连接各地区、各体系、各市场及各储备库节点，在市场化基础上运作，采用现代物流技术与手段的高效、大型农业物流企业。这就需要对各省原有国有粮棉购销企业进行整合，采用现代企业制度组建跨地区、跨行业、跨品种经营的大型农业物流企业，从事批发市场建设与经营、粮棉油购销及加工、粮食储备与运输等主要物流业务，以便在市场化基础上支撑起我国新的粮食安全网络体系。

（作者单位：安徽省社会科学院。原文载于《中国流通经济》2003年第11期，被《人大复印报刊资料·商业经济》2004年第2期全文转载）

第八编
区域物流

全面开放下的中国物流市场结构与特征分析

刘秉镰

一、中国物流市场发展的宏观经济环境

经过近三十年的发展 ①，中国现代物流业已经迈入快速发展时期，并已成为支撑中国经济发展的重要产业之一 ②。特别是中国加入 WTO 并承诺开放物流市场后，第三方物流市场得以迅速发展壮大，逐步形成具有一定规模的现代服务业。"十五"时期，我国社会物流总费用与 GDP 的比例由 2000 年的 19.4％下降到 17％左右，物流业增加值占全部服务业增加值的 16.8％，已经成为现代服务业的支柱。

中国物流业之所以取得如此快速的发展，与其所处的宏观环境紧密相关。首先，通过区域经济组织或协定进行分工协作，促进经济繁荣发展，已经成为世界经济发展的主流。当今世界近 50％的贸易是通过区域合作、区域组织等方式进行的。截至 2005 年 6 月底，全世界向 WTO 通报的区域贸易安排已达到 328 个，仅 2005 年上半年就新增 21 个。据统计，过去几年区域经济合作各种安排的金额已经达到 334 亿美元。当前，全球经济逐步形成以欧盟、北美自由贸易区和亚洲经济合作为主的三大地区板块，尤其是起步较晚的亚洲区域经济合作近年来发展更是突飞猛进。作为东亚重要成员的中国，更是在区域经济合作中发挥着举足轻重的作用。目前，中国大陆和港澳地区已经达成了 CEPA（内地与香港关于建立更紧密经贸关系的安排）；在与东盟的经济合作中，中国也为"10＋3"和"10＋1"的发展作出了重要贡献。

其次，中国经济迅速崛起可谓是一个奇迹。一个 13 亿人口的国家，28 年间持续保持 10％的经济增长速度。"十五"期间，中国经济平均增长 9.5％，2006 年实现国内生产总值 209407 亿元，比上年增长 10.7％。2005 年中国经济总量超过意大利、法国和英国，跃至世界第四位，国内生产总值约占世界份额的 1/20，中国日益成为世界增长最快的市场、最具潜力的市场和最大的新兴市场。2006 年中国进出口总额 17607 亿美元，比上年增长 23.8％。联合国发布的《2006 年世界投资报告》显示，2005 年中国的外国直接投资（FDI）增长显著，达到 724 亿美元，成为全球第三大外国直接投资接受国、全球发展中国家最大的外国直接

---

① 1978 年中国从日本引入"物流"概念，也正是在这一时期，中国开始由计划经济向市场经济转型。

② 2006 年 3 月审议通过的《中国国民经济和社会发展第十一个五年规划纲要》，明确了物流业是国民经济中的一个重要产业。至此，中国物流业的产业地位在国家层面得以确立。

投资目的地。与此同时，中国日益成为东亚区域经济发展的引导者。持续高速的经济增长必然带动中国物流市场的急剧扩张。

二、快速成长的中国物流市场

中国物流市场从开始引入物流的基本理念到盲目的大规模投资，进而加入WTO后全面开放物流市场，经历了从小到大、从不成熟到逐步成熟的不同阶段。其外在的表现为产业规模迅速扩大、产业绩效不断提高、产业设施的改善和产业政策的完善；内在的表现则为市场结构的变迁。

1. 社会物流需求持续高速增长，物流业增加值稳步上升

据国家发改委、国家统计局、中国物流与采购联合会统计，"十五"时期，我国社会物流总额达 158.7 万亿元，比"九五"时期增长近 1.4 倍，年均增长23%，扣除价格因素，年均增长 15%左右，高于"十五"时期 GDP 增长 9.5%的水平。2006 年我国社会物流需求继续保持快速增长，社会物流总额达到 59.6万亿元，是过去五年社会物流总额的 1／3，同比增长 24%。① 2006 年 GDP 总量与物流总额相比的物流需求系数为 2.8，提高了 0.2 个百分点。可见，"中国物流"对"中国制造"的支撑作用持续增大。此外，2006 年物流业增加值为 1.41万亿元，按可比价计算同比增长 12.5%，比全国第三产业增加值 10.3%的增速快 2.2 个百分点，占其比重的 17.1%。

2. 社会物流总费用占 GDP 的比例稳步下降，经济运行质量进一步提升

现代物流产业对社会经济运行质量的提升效果正得以逐步体现，尤其是最近几年，物流产业开始由粗放式经营阶段向更加集约的方向发展。自 1991 年开始，我国社会物流总费用占 GDP 比例共下降了 5.7 个百分点。2006 年，我国社会物流总费用超过 3.8 万亿元，同比增加 0.4 万亿元，增长 13.5%，其占 GDP 的比例为 18.3%，同比下降 0.2 个百分点，表明我国物流业的运行质量进一步提高。

3. 物流业固定资产投资快速增长，物流基础设施建设进一步加强

"十五"期间，我国物流相关行业固定资产投资年均增速达 19.7%，比"九五"时期增加了 4.2 个百分点。铁路提速、公路联网、专业化泊位相继建成投产，车船运力加快向大型化、专业化方向发展，交通运输全面紧张的状况开始缓解。具体而言，"十五"期间，中国累计交通建设投资 21957 亿元，年均增长18.7%，超过新中国成立后 51 年完成投资总和。其中，公路建设完成 19505 亿元，沿海港口建设完成 1313 亿元，内河建设完成 326 亿元。2006 年，全国铁路营业总里程已达 7.66 万公里，公路通车总里程达 348 万公里，其中高速公路达4.54 万公里，已跃居世界第二位，仅次于美国。沿海港口新扩建泊位 252 个，其

---

① 按现价计算。

中万吨级深水泊位 144 个，新增吞吐能力 4.95 亿吨。内河港口新增吞吐能力 6720 万吨，改善内河航道里程 521 公里。

4. 物流政策逐步完善，物流产业地位在国家层面得以确立

由于我国经济和政治体制的特点，不同程度、不同类型的政府规制①广泛存在于我国物流领域，我国物流市场的发展伴随着各类政府规制行为，政府的巨大推动作用是我国物流市场快速成长的重要原因之一。特别是加入 WTO 之后，我国逐步开放物流市场，物流产业政策进一步完善。

表 1 以加入 WTO 为界，对我国主要物流产业政策进行了梳理。

表 1 加入 WTO 前后我国主要物流产业政策

时期	主要政策概要
加入 WTO 前	2001 年 3 月，现代物流首次纳入国家"第 10 个五年计划"之中 2001 年 3 月，国家六部委联合发布了《关于加快我国现代物流发展的若干意见》 2001 年 4 月，中国物流与采购联合会成立 2001 年 4 月，关于物流的第一个基础性国家标准《物流术语》正式发布 2000 年、2001 年开始，地方政府纷纷发布物流规划，如《深圳市"十五"及 2015 年现代物流发展规划》、《天津市现代物流发展纲要》、《上海市"十五"现代物流发展重点专项规划》等
加入 WTO 后	2001 年 12 月，中国加入 WTO，承诺逐步开放物流市场 2004 年，发改委规范物流园区建设 2004 年 6 月，商务部颁布《流通业改革发展纲要》 2004 年 9 月，国家发改委等 9 部委联合下发《关于促进我国现代物流业发展的意见》 2004 年 11 月，国家发改委和国家统计局正式批准建立我国首个社会物流统计制度 2005 年 2 月，国家发改委等 14 部门和 2 个行业协会正式建立全国现代物流工作部际联席会议制度 2005 年 3 月，国家质检总局与国家标准委员会发布《物流企业分类与评估指标》 2005 年 8 月，国务院 8 个部委发布《全国物流标准 2005～2010 年发展规划》等 2005 年 12 月，外资物流公司可在道路运输、保管仓库、货物代理等领域设立独资分公司 2006 年 3 月，《国民经济和社会发展第十一个五年规划纲要》中，第四篇"加快发展服务业"里单列一节"大力发展现代物流业" 2005 年 11 月和 2006 年 4 月，教育部先后成立中等职业学校和高等学校物流（类）专业教学指导委员会

资料来源：本研究整理。

---

① 根据政府规制对象的不同，分为经济性规制与社会性规制。经济性规制是对经济性活动进行的规制，即针对自然垄断和行政垄断等领域，政府通过法律、法规等政策手段对企业的进入、退出、价格、服务的质量和数量、投资、财务会计等有关行为加以规制；社会性规制是对非经济性活动，如医疗卫生、安全和环境等问题进行的规制。

总之，我国政府对物流产业的规制主要体现为中央和地方政府出台的一系列行政法规，政府规制行为逐步健全完善，政策制定主体跨部门合作程度较高，政府规制的范围和内容逐步深化，对于一些资源配置较好的竞争性物流行业，政府逐步放松经济性规制，开始注重对市场秩序的监督管理。

5. 物流市场集中度偏低，物流市场结构具有明显的二元经济特性

市场集中度①是测量市场结构的重要指标之一。根据拜恩（Bain，1968）产业结构衡量标准计算的 2005 年我国物流产业集中度结构来看，我国属于低度集中型、竞争性很强的市场。② 但是，随着外资物流企业的进入、大型民营物流企业的成立和国有物流企业的重组，中国物流市场已开始进行新一轮的整合，物流市场的格局进一步趋于合理，一些从事高端和专业化经营的物流企业已经具有一定的经济规模。此外，从我国物流产业进入、退出壁垒③的整体状况判断，我国物流市场结构具有较为明显的二元经济特性。

我国物流市场按其所提供物流服务的效率与技术水平的高低可分为高端物流市场和低端物流市场。高端物流市场以现代信息技术和物流技术为支撑，提供具有专业化、综合化的整体物流服务。而低端物流市场则主要从事较为单一的仓储、运输、配货等传统物流服务，缺乏流通加工等物流增值环节，各个物流环节也较为分散。具体特点如表 2 所示。

表 2　我国物流市场结构的二元经济特性

项目	高端物流市场	低端物流市场
人才	专业技能	基本技能
技术	信息化、现代化	落后
服务	综合化、专业化	单一
资金	投入量大	投入量少
顾客网络	紧密	松散
市场	空间广阔	过度拥挤
进入壁垒	高	低
退出壁垒	高	较高

资料来源：本研究整理。

---

① 一般市场集中度指标的计算公式为：$CRn=\sum_{i=1}^{n} S_i$。其中，S_i 表示第 i 家厂商的市场占有率，n 是市场中最大的前 n 家企业。具体而言，较为常用的分析四大厂商市场集中度指标和八大厂商市场集中度指标，即 CR_4 和 CR_8。CRn 的指标数值介于 0 与 1 之间，数值越大表示集中度越高，市场或产业卖方的独占力越大；反之，则越小。

② 这一判断是基于对中国物流市场的整体分析，物流产业作为一种复合产业，其中部分行业具有较高的市场集中度。如国际货运代理行业、航空运输业、港口集装箱运业、铁路运输业的集中度较高，属于中高度集中市场。

③ 进入、退出壁垒同样也是衡量市场结构的重要指标之一。

高端物流市场进入壁垒较高，新企业要想进入，必须突破人才、技术、服务、资金以及客户网络资源等一系列进入壁垒的限制，低端物流市场进入壁垒较低。因此，大量潜在进入者首先选择进入低端物流市场，造成了高端物流市场进入不足、低端物流市场进入过度的状况。二者悬殊的进入壁垒也同时导致低端物流企业向高端物流企业转型的流动壁垒很高。进入低端物流市场的企业既不能成功转型到高端物流市场，又难以顺利退出低端物流市场。两方面的窘境，迫使低端物流市场的企业数目迅速增加，市场过度拥挤。

三、全面开放下的中国物流市场的新特征

1. **外资物流企业深入渗透中国市场，国内外企业开展分层级竞争**

当前大量外资物流企业扩展其在华的物流网络，很多企业都将中国作为其全球供应链条中极为重要的节点，并将其物流中心迁往中国。随着外资物流企业的深入渗透，这些有着先进经营理念和技术的外资物流企业，已经开始扮演中国物流市场整合者的角色。

从投资方式的变化看，随着"入世"后我国物流市场的全面开放，外资物流企业进入方式已由合资经营转为独资经营。国际四大快递巨头 FedEx、UPS、TNT、DHL 已有三家完成了"单飞"计划。从服务内容看，国外物流企业一直在引领中国第三方物流服务功能的创新。由于技术引进可以实现快速对接，面临外资物流企业的竞争，国内物流企业加速转型。部分物流企业被淘汰出局，而另一些企业则在竞争中发展壮大。由于我国物流市场二元经济的特性，国内外物流企业展开了分层级竞争，三重竞争态势明显。一是外资物流企业高端市场竞争激烈；二是部分国内物流企业开始与国外企业在高端市场竞争；三是国内中小物流企业在低端物流市场竞争。由于目前中国经济发展的特征依然是粗放式的，经济增长的物流强度应处于较高水平，从而导致中国传统的物流市场仍然处于快速发展之中，并未出现高端物流市场迅速增长、低端物流市场快速下滑的趋势，而是两者共同快速增长。但是，随着中国物流市场重组和并购行为的增加，未来中国物流市场将面临重新洗牌的格局，竞争也将更加激烈。

2. **物流市场需求层次快速发展变化，新的物流需求层出不穷**

中国对外贸易额不断大幅攀升，贸易顺差迅速扩大，这些变化对中国国际物流的影响正逐步显现。2006 年我国贸易顺差达 1775 亿美元，增长 74%，外汇储备超过 10000 亿美元，达到 10663 亿美元，人民币面临升值压力。我国的外贸企业为了保持在国际市场的竞争力，急需开源节流，而物流作为第三利润源，正是外贸企业节约运营成本的关键环节。此外，出口产品结构的升级以及国际市场的多元化，使得国际物流体系运作更加复杂化，对我国物流企业的国际运作提出了更高要求。特别是伴随着中国经济的向外扩张，我国本土物流企业也正紧随其后，将触角伸向更为广阔的海外市场，开始融入全球物流市场的竞争。

居民消费结构升级明显，服务型物流发展空间广阔。2006 年我国城镇居民人均年可支配收入为 11759 元，扣除价格上涨因素，比上年实际增长 10.4%；2006 年废止农业税等一系列惠农政策的实施，使广大农村居民摆脱了收入多年徘徊不前的局面，2006 年农村居民人均纯收入达 3587 元，比上年实际增长 7.4%。居民可支配收入的增加和国内消费需求的快速增长，直接导致居民消费结构的升级。汽车、住房、通讯成为城市居民三大消费热点，各类服务型需求上升也很快。与此相适应，电子商务配送、冷链物流、绿色农产品封闭供应链、快递等与终端服务直接相关的物流需求不断涌现。

3. 物流管理技术创新推动企业规范物流运作流程

随着现代物流的发展，运用先进的管理技术全面整合商流、物流、信息流以提升物流的速度与效率，成为我国物流技术创新与探索中的一个明显趋势。当前物流管理技术创新不再是国外先进管理技术的学习、消化，而是将管理技术融入企业物流运作的流程，通过管理技术创新实现物流效率的提升。

例如，无线射频识别技术（RFID）以前往往表现为在具体行业的推进，2006 年这项技术则已经开始在物流市场迅速商业化，其技术优势逐渐显现在物流作业的流程之中。海尔集团将 RFID 应用于自动化仓库管理系统；上海至深圳的内贸集装箱管理的 RFID 工程已经完成；铁道部车辆调度系统也成功应用了 RFID 技术。这种竞争手段的高级化，迫使物流企业快速提高物流管理水平，规范物流运作流程，提高物流系统的运行效率。

4. 物流外贸形态不断升级，保税港区政策试点推行

保税港区的开发建设，是对保税区、区港联动的继承和延伸，是中国物流外贸形态不断升级的体现，标志着中国将以更加开放的姿态参与全球市场的竞争。

为适应更加开放的市场经济体制和新的国际规则，充分发挥核心城市的区位优势和政策优势，带动区域经济发展，参照 WTO 相关条件，中国政府在 2005 年 6 月、2006 年 8 月和 2007 年 1 月分别批准建立上海洋山保税港、天津东疆保税港区和大连大窑湾保税港区。三大保税港区的功能定位与国际上的自由港接近，不仅在地域范围上大于普通保税区，而且享受港口与保税区的联动效应。设立具有自由港性质的保税港区，将会为三大港口建设国际航运中心提供重要保证。就保税港区和世界经济自由区的基本内涵而言，保税港区是经济自由区的一种表现形式，向国际先进自由港迈出了积极的一步，是世界自由港在中国的一种特殊表现形式，是中国化的自由贸易港。

5. 区域物流一体化进一步加强，区域物流合作取得新进展

长三角、珠三角、环渤海区域物流一体化进程加快，带动并促进了我国现代

物流业的发展。2004年6月，长江三角洲物流发展联席会议在沪举行，《泛珠三角区域合作框架协议》正式签署，而《环渤海区域合作框架协议》也于这一时期正式达成。2006年，我国区域物流合作进一步加强。2006年4月，环渤海地区经济联合市长联席会第十二次会议在天津举行，与会代表一致认为，加强区域物流合作是加快环渤海区域经济合作的重要切入点之一。同年6月，闽粤赣十三市物流产业合作座谈会在厦门召开，会议提出了十三市物流合作发展思路。11月，中国物流与采购联合会、中国国际货运代理协会联合举办了中国—东盟物流合作高层论坛，中国和东盟十国商务部门的领导及有关专家共同探讨了加强区域物流合作的问题。

四、对未来中国物流市场发展的建议

我国物流产业之所以能在短时间内如此快速成长，得益于移植型产业成长模式。无论是物流理念、物流技术，还是物流管理方法，很多物流企业采取的都是拿来主义。但是随着物流市场的快速发展和物流产业新一轮的结构调整，我们不能再走单纯移植型产业成长的老路，应从产业创新着眼，从技术创新着手，迅速向内生型产业成长模式过渡。因此，政府应加大对物流创新的投入，激励创新的主体，培育创新的环境，推进创新的制度，努力为物流产业向内生型产业成长模式过渡创造条件。

此外，从我国物流产业规制的实践来看，我国物流产业政策往往集中于经济性规制，而缺乏对社会性规制的重视。因此，未来我国政府应加强对物流产业中公平环境、市场秩序和产业安全等问题的宏观调控与引导，加强对物流产业的统筹规划，防止资源浪费和重复建设。

就物流企业而言，业内企业应提升运营的管理绩效，通过资源整合、企业联盟等手段，拓展物流服务网络和自身物流服务能力。加强物流管理与物流技术的引进，力争通过物流管理技术创新带动物流服务创新。在物流功能拓展方面，业内企业应以物流市场需求为导向，随时留意市场多变的物流活动需求，改变以往单一的物流服务功能定位，向多功能、高附加值方向转变。此外，今后企业间的竞争也不再仅仅是低层次的价格竞争，应充分运用非价格竞争手段，谋求企业的发展。

未来，在物流产业内生增长的拉动和政府规制行为的引导下，我国的物流企业将在整合改造与合作联盟中进一步发展壮大，物流市场也将以更加开放的姿态融入世界的竞争，而我国的物流产业也必将在全面开放中不断成长。

（作者单位：南开大学现代物流研究中心。原文载于《中国流通经济》2007年第4期）

我国物流业地区间效率差异及其影响因素实证研究
——基于数据包络分析模型及托宾模型的分析

刘秉镰　余泳泽

一、引言

物流业是一个国家或地区经济发展的基础性产业，物流业效率的高低直接影响和制约整个区域经济的效率，进而影响整个经济的发展与成长。我国物流业虽然取得了很大的发展，但仍然比较薄弱，成为制约经济发展的瓶颈。分析物流业效率，剖析其主要影响因素，提出具体实施战略，具有重要意义。在物流业效率研究方法的选择上，帅斌、杜文[1]将数据包络分析方法（Data Envelopment Analysis，简称 DEA）与主成分分析方法（PCA）结合起来对物流业进行综合分析与量化评价。张兴远[2]认为，用 DEA 模型从宏观角度对物流业发展能力进行评估是适宜的。因此本文选择 DEA 模型及托宾模型（下文称 Tobit 模型）对我国地区间物流业效率进行分析并找出其影响因素。在实证研究方面，鞠颂东、李尹松、徐杰[3]采用横截面数据，对西部地区物流总量、物流政策与制度、投资、人力资源、物流企业、物流技术及设施、管理水平等进行比较研究，分析西部地区物流业效率与现状。郭晓平、张岐山[4]选取 2005 年各地区物流业发展相关指标数据，分别以物流业固定资产投资量、物流业从业人员数量两项指标为投入，各地区物流业生产总值、物流业从业人员工资总额两项指标为产出，利用改进的 DEA 模型对各地区物流业效率进行了分析。

目前，尽管研究物流业效率的文章很多，但大多数仅从微观层面进行研究，从区域物流角度进行效率分析的很少。在对区域物流业效率进行分析之前，大多数文献没有很好地定义物流业，特别是符合中国国情的物流业，这就导致在选择投入产出指标时没有很强的说服力，得出的结果与政策建议也不具有合理性。在

---

① 帅斌、杜文：《物流业结构的 DEA/PCA 评价》，《西南交通大学学报》2006 年第 10 期，第 56～60 页。

② 张兴远：《基于 DEA 的物流业发展能力评估模型》，《中国水运》2007 年第 10 期，第 131～132 页。

③ 鞠颂东、李尹松、徐杰：《西部物流与区域经济发展》，《数量经济技术经济研究》2003 年第 2 期，第 39～43 页。

④ 郭晓平、张岐山：《基于改进 DEA 方法的物流业竞争力评价》，《分析与决策》2007 年第 26 期，第 139～140 页。

现有研究中，对影响区域物流业效率的环境变量的分析较少。为此，本文将在定义符合我国国情的物流业基础上，对我国区域物流业效率进行较为充分的分析，对影响物流业效率的因素进行深入讨论。

二、计量模型与实证分析

1. 计量模型

（1）基于松弛变量的 DEA 模型。本文采用的数据包络分析方法是 1978 年查恩斯（Charnes）、库珀（Cooper）、罗德斯（Rhodes）依据法雷尔（Farrell）[1]提出的技术效率概念发展而来的，简称 DEA 模型。由于传统 DEA 模型（CCR 和 BCC 模型）[2][3] 基于法雷尔效率测度思想，且同属于径向（Radial，即从原点出发的射线）和线性分段（Piece-wise Liear）形式的度量理论，这种度量思想主要是它的可处置性（Strong Disposability），确保了效率边界无差异曲线的凸性（不会折弯），却造成了投入要素的"拥挤"（Congestion）或"松弛"（Slacks），当投入产出要素增多并考虑相应的松弛问题时，对企业效率进行整体比较将变得更加困难。为此，我们需要一种把松弛投入和松弛产出考虑在内的效率单一值评估方法，汤恩（Tone）[4] 的评价指标正是这样的，在此基础上建立了基于松弛变量的 DEA 模型，本文不再详细论述。

（2）Tobit 回归模型。Tobit 回归模型属于因变量受到限制的一种模型，其概念最早由托宾（Tobin）提出，然后由经济学家哥德博尔格（Goldberger）首度采用。如果需要分析的数据具有这样的特点：因变量的数值是切割（Truncated）或片段（截断）的情况，那么普通最小二乘法（OLS）就不再适用于估计回归系数，这时遵循最大似然法概念的 Tobit 模型就成为估计回归系数的一个较好选择。由于 DEA 方法估计出来的效率值介于 0 和 1 之间，最大值为 1，如果采用最小二乘法估计，可能会由于无法完整呈现数据而导致估计偏差，因此本文采用面板数据 Tobit 回归模型来分析物流业效率的影响因素。

2. 数据选取及处理

本文选取的样本为 2003～2007 年 29 个省、市、自治区的省级面板数据共

---

① M. J. Farrell：“The Measurement of Productive Efficiency”，in the *Journal of Royal Statistical Society*，Vol. 120（1957），pp. 253～281.

② W. Caves，L. R. Christensen，W. E. Diewert：“The Economic Theory of Index Numbers and the Measurement of Input，Output，and Productivity”，in the *Econometrics*，Vol. 50（1982），pp. 1393～1414.

③ William，W.，Copper，Kyung，S. P.，Jesust，P.：“A Range Adjusted Measure of Inefficiency for Use with Additive Models，and Relations to the other Models and Measures in DEA”，in the *Journal of Productivity Analysis*，Vol. 11（1999），pp. 5～42.

④ 甘小丰：《中国商业银行效率的 SBM 分析》，《金融研究》2007 年第 10 期，第 58～67 页。

1860个观测结果。①数据主要来自《中国统计年鉴》（2003～2008）、各地方统计年鉴（2003～2008）以及中国经济信息网和资讯行数据库网，并对相关数据进行了整理。在对各变量数据进行说明和处理之前，首先对我国物流产业进行基本界定。目前，各国统计的产业分类体系中都没有"物流产业"，即使目前最先进的北美产业分类体系（NAILS）也没有设立"物流产业"。从实际情况看，各年我国物流业增加值统计中交通运输、仓储和邮政业占到了物流业增加值总量的83%以上，基本能代表我国物流产业的情况。虽然我国对物流产业的界定还比较模糊，但从产业理论及国内外物流发展的实际经验看，只要在宏观层次上界定物流业就能对物流业进行定量分析了。本文界定的物流业包括：货物运输业、仓储业、邮政业三个部门，其中货物运输业包括铁路货运业、公路货运业、管道运输业、水上货运业、航空货运业、其他交通运输及交通运输辅助业。

各指标数据选择及相关处理如下：

（1）劳动（L）选取各地区交通运输、仓储和邮政业从业人员为模型数据。

（2）资本（K）采用各地区物流资本存量指标，选取各地区交通运输、仓储和邮政业固定资产投资额为基本数据，根据永续盘存法计算，本文选取的基年为1990年，在研究资本存量时，缺乏基年资本存量数据是一个主要问题，张军②采用代表几何效率递减的余额折旧法计算得到各省、市、自治区固定资本形成总额的经济折旧率为9.6%，因此本文选择折旧率为10%，与龚六堂和谢丹阳选取的10%的折旧率一致。在计算资本存量前，用各省、市、自治区固定资产投资指数对固定资产投资额进行平减，消除价格因素干扰。

（3）产出指标（Y）选取各地区交通运输、仓储和邮电业增加值数据，由于统计中包含了电信业的增加值，而我国交通运输、仓储和邮政业增加值只在国家层面有统计数据，因此依照全国各年交通运输、仓储和邮政业增加值占交通运输、仓储和邮电业增加值的比重对各省、市、自治区数值进行缩减。③ 在缩减之前对各地区交通运输、仓储和邮电业增加值用GDP缩减指数进行平减，消除价格干扰。

3. 实证结果及分析

（1）整体效率分析。对31个省、市、自治区物流业五年的投入产出数据

---

① 海南和西藏由于数据和地理位置等原因未包括在内，由于2003年之前邮政业还没有独立出来，因此本文选择的年度为2003～2007年。

② 张军、吴桂英、张吉鹏：《中国省际物质资本存量估算：1952～2000》，《经济研究》2004年第10期，第35～44页。

③ 根据2003～2007年的数据计算，全国交通运输、仓储和邮政业增加值占交通运输、仓储和邮电业增加值的96%左右。

进行整理，得到各年度综合技术效率值、纯技术效率值和规模效率值的平均值，见表1。

表1 我国区域物流业平均效率趋势表

我国物流业 整体效率　　年份	2003	2004	2005	2006	2007
综合技术效率平均值（TE）	0.5799	0.5895	0.6639	0.5657	0.5825
综合技术效率标准差	0.2234	0.2385	0.1876	0.1760	0.1935
纯技术效率平均值（PTE）	0.6792	0.6708	0.7504	0.6534	0.6503
纯技术效率标准差	0.2414	0.2605	0.2007	0.1969	0.2204
规模效率平均值（SE）	0.8734	0.9004	0.9015	0.8831	0.9126
规模效率标准差	0.7156	0.1676	0.1577	0.1574	0.1384

由表1可以看出，我国区域物流业整体效率较低。各年度规模效率平均值明显高于纯技术效率平均值，可见我国物流业的无效率主要来自纯技术无效率，纯技术效率衡量以既定投入资源提供相应产出（或服务）的能力。我国物流业技术效率低的原因可能是各地区物流业投资过热，而投资效率并不是很高。从综合技术效率的标准差可以看出，我国区域物流业效率的差异正在逐步缩小，这种缩小主要表现为纯技术效率差异的逐步缩小，而规模效率差异并没有明显变化。这说明我国物流业效率的地区差异正在扭转。

从纵向来看，我国物流业综合技术效率处于相对提高的状态，而导致综合技术效率提高的原因主要是规模效率和纯技术效率的提高，这说明全国物流业规模效率总体处于持续增长阶段。虽然我国物流业也存在规模无效率，但它并不是总体经营无效率的主要因素。分析规模无效率的原因，我们发现，物流业毕竟是一个规模经济的行业，只有以强大的物流需求为支撑，物流业才能达到较高的规模效率。而从纯技术效率来看，全国各省、市、自治区物流业纯技术效率一直在下滑，这是因为物流业是一种引致需求，只有其他产业对物流业的需求达到一定水平时，大规模投资物流业的投资效率才会很高。

（2）东部、中部及西部地区物流业效率分析。我国地区间经济发展并不平衡，各地区发展物流业的优势各不相同，各地区政府对于发展物流业的政策也不尽相同，这些都会间接影响物流业的投入产出效率。按照常规的地域划分方法，对我国东部、中部、西部地区物流业投入产出效率进行对比分析可以发现，东部经济发达地区物流业效率明显高于中西部地区。无论从综合技术效率、纯技术效率还是规模效率来看，东部地区都明显高于中西部地区。东部地区平均技术效率达到0.7578，西部地区平均技术效率只有0.4220。这既说明了经济发展对物流业发展的带动作用，也说明了物流业发展对经济发展的促进作用，证明了物流业与经济发展的互动关系。

从纵向来看，东部地区物流业效率呈下降趋势，中部地区物流业效率呈平稳上升趋势，纯技术效率与规模效率的同时上升促进了中部地区物流业效率的提高。西部地区物流业效率也呈上升趋势，说明近年来随着西部大开发战略的实施，西部地区物流业效率得到了一定的发展，但规模效率是促使物流业效率提高的主要原因。

（3）基于曼奎斯特（Malmquist）生产率变动指数（以下简称曼奎斯特指数）的动态效率分析。下面用曼奎斯特指数对我国各地区物流业在五个期间内的效率变动情况进行分析。由前面分析可知，表示生产率变动的曼奎斯特指数可进一步分解为综合技术效率变动和技术变动。其中，综合技术效率变动表示产业管理方法的优劣与管理阶层决策的正确与否，而技术变动表示行业的技术进步。综合技术效率变动又可进一步分解为纯技术效率变动和规模效率变动。

从数据可知，2003～2007 年曼奎斯特指数小于 1。这说明我国物流业生产率总体上是比较低的。从各项的变动看，效率变动由 2003～2004 年的 1.004 上升到了 2006～2007 年的 1.024，说明效率处于明显平稳状态；技术变动由 2003～2004 年的 0.998 上升到了 2006～2007 年的 1.099，说明技术变动有改善趋势；纯技术效率出现恶化趋势；规模效率变动处于较平稳状态。这表明，我国物流业生产率恶化的主要原因是纯技术效率的下降，表明我国物流业投资过热，而投资效率并不是很高。

三、影响我国物流业效率的因素分析

选择区域经济发展水平、物流资源利用率、区域市场化程度及港口物流在区域物流中的重要性作为分析影响区域物流业效率的环境变量。通过 Tobit 模型剖析隐藏在效率值背后的深层次原因，为本文得出的政策建议提供数据支持。

1. 模型建立

根据 DEA 二阶段方法和上文对因变量的假设，设计实证 Tobit 回归模型如下：

$$\text{Efficency}_i = \beta_1 + \beta_2 \text{GDP}\%_i + \beta_3 \text{Market}_i + \beta_4 \text{Utilization}_i + \beta_5 \text{Port}_i + \mu_i \tag{1}$$

其中，β_1 表示回归式的常数项；β_2 到 β_5 表示各自变量的回归系数；i 表示第 i 个区域；μ_i 表示回归式的误差项；Efficency_i 是因变量，代表第 i 个区域的平均综合技术效率值；$\text{GDP}\%_i$ 表示第 i 个区域的国内生产总值增长率；Market_i 表示第 i 个区域的市场化指数，樊纲、王小鲁等[①]基于大量调查数据，从政府与市场

---

① 樊纲、王小鲁等：《2001～2006：中国市场化指数——中国各地区市场化相对进程报告》，经济科学出版社 2006 年版，第 36～78 页。

的关系、非国有经济发展、产品市场发育、要素市场发育、市场中介组织发育、法律制度环境五个方面，构建了反映市场化进程的指标，并借助主成分分析法生成各指标权重，加权计算各地区市场化的总指数，本文采用的就是这一指数；Utilization$_i$ 表示第 i 个区域的资源利用率①；Port$_i$ 表示第 i 个区域港口物流的重要性。该回归模型用来检验上面有关区域物流业效率的五个影响因素的选取假设是否成立。

2. 影响变量的实证分析

对数据进行处理之后，利用 Eviews5.1 软件建立针对数据的随机（Random-effect）Tobit 回归模型，结果见表 2。

表 2　Tobit 模型回归结果

	系数	标准差	Z 统计量	显著性水平
C	0.260866	0.142487	1 830809	0.0671**
$GDP\%$	−0.42013	1.076482	−0.39028	0.6963
$Market$	0.047036	0.019337	2.432406	0.015***
$Ulilization$	3.529135	1.375138	2.566386	0.0103***
$Port$	0.172371	0.04708	3.661251	0.0003***
R^2	0.735520	极大似然函数值		31.18752

注： 代表 10% 的显著水平，＊＊代表 5% 的显著水平，＊＊＊代表 1% 的显著水平。

（1）各省、市、自治区国内生产总值系数为负，统计性不显著。这说明区域经济发展与区域物流业效率没有直接正相关关系，区域经济发展速度的增加并没有带来区域物流水平的提高。区域经济是一种集聚经济，是商流、物流、资金流、信息流等各种生产要素集聚在一起的规模化生产。规模化生产带来了大量原材料的集中和商品的扩散。而发达地区过分追求经济发展速度，没有注重经济发展的质量，并且往往会因为地方经济利益导致物流资源浪费，重复建设现象严重。

（2）各省、市、自治区市场化程度与区域物流业效率高度相关，系数为正（0.047）。这说明地区市场化程度每提高一个单位，物流业效率就可以提高 0.047 个单位。从另外一个角度来讲，我国物流业效率低下的一个重要原因就是市场化程度低。从市场化指数的衡量指标可以看出，我国物流管理体制滞后，条块分割

---

① 由于反映区域物流资源利用率的定量指标较多，本文采用主成分分析方法，从单位增加值占用的存货、库存周转率、单位铁路通过的货运量、单位公路通过的货运量、单位载货汽车的货运量、货运周转量与工业增加值之比等定量指标中确定了物流资源利用率。因篇幅有限，未给出具体计算过程。

严重，难以有效合作与协调；国有经济比重较大，非国有经济成分不足，市场不够活跃；各种运输方式多头管理、相互分割，各种运输方式长期分立发展，不同运输方式在运输组织方式、服务规范、技术及装备标准等方面差距较大；部门、行业和地方保护现象严重，各管理部门、各地方政府制定政策法规多从本部门、本行业和本地方利益出发，致使许多从事物流服务的企业想方设法寻求部门或地方政府保护，以在有保护的情况下开展物流服务活动，造成了一种不正常、不公平的竞争格局。以上都是市场化程度较低的重要表现，数据显示，这必然会导致物流业效率低下。

（3）各省、市、自治区物流资源利用率与区域物流业效率高度相关，系数为正（3.529），统计性显著。这说明物流资源利用率每提高一个单位，区域物流业效率就将提高 3.529 个单位。物流资源浪费是导致区域物流业效率低下的一个最重要原因。特别是在条块分割、多头管理的模式下，各种基础设施的规划与建设缺乏必要的协调，一方面导致大量的重复建设与过度竞争，如公路主干网络与铁路网络的平行发展，各地竞相建设港口、机场等现象；另一方面导致各种运输方式之间、国家运输系统与地方运输系统之间、不同地区运输系统之间相互衔接的枢纽设施和有关服务设施建设缺乏投入，对物流业发展具有重要影响的各种综合性货运枢纽、物流基地、物流中心建设十分缓慢。这种"重线路、轻节点"式的发展，造成了资源的极大浪费，影响了整个物流系统的协调发展。

（4）港口物流重要性对各地区物流业效率的影响系数为正（0.1724），统计性显著。港口区域物流业效率值比非港口区域物流业效率值高 0.1724 个单位，说明发展港口物流对于提高区域物流业效率效果显著。港口是生产要素的最佳结合点，是构成现代物流业竞争的重要因素。现代港口在物流活动中扮演了信息中心的角色，既是现代物流汇集量最大、最关键的节点，也是促成国际物流链连续、有效运作的技术节点。港口是现代物流网络中最有可能发展成为整合生产要素功能的平台，发展港口物流对于提高我国物流业效率具有明显作用。

四、简短结论

本文采用 DEA 模型和 Tobit 模型，利用省际面板数据对我国物流业地区间效率及其影响因素进行分析，得出了我国区域物流业整体效率不高的结论。有效率的地区主要集中于东部沿海和经济相对比较发达的地区。我国区域物流业无效率主要来自于纯技术无效率，纯技术效率衡量以既定投入资源提供相应产出（或服务）的能力。因此，近年来我国物流业效率较低是物流业投资效率没有凸现所造成的。从纵向来看，我国物流业综合技术效率处于相对提高的状态。我国东部地区物流业效率略高于中西部地区。从曼奎斯特指数的变动可以看出，我国区域物流业生产率总体呈恶化趋势。其中，技术变动呈恶化趋势，纯技术效率、规模效率的变动处于较稳定状态；物流资源利用率、区域市场化程度及港口物流在区域物流中的重要性是影响区域物流业效率的重要因素。

本文研究结果的政策含义非常明显：强化各省、市、自治区物流市场化程度，建设全方位、开放统一的市场和流通体系；提升区域物流技术投入及应用效率，提高物流信息技术应用水平；提高物流资源利用率，合理布局物流产业，防止地区条块分割，促使物流业由粗放型投资向集约型投资转变，强调区域物流有序竞争；加快港口物流发展等。这些都是提高我国物流业效率的有效办法。

（作者单位：南开大学。原文载于《中国流通经济》2010 年第 9 期，被《人大复印报刊资料·物流管理》2010 年第 12 期全文转载）

全球化的中国经济与采购

何明珂

一、中国改革开放以来的经济发展成果

从 1978 年开始，中国实行改革开放政策，经济的全面发展就是从那时开始的。25 年来，中国经济发展取得了举世瞩目的成果。

1. GDP 总量跃居世界第六位。1978 年以来，中国经济获得了高速增长，按可比价格计算，1978 年至 2002 年中国的 GDP 年平均增长率高达 9.4％，增幅和持续时间均为世界前列，2002 年中国的 GDP 总量达到 12370 亿美元，在世界排位上升至第六位。2002 年人均 GDP 为 950 美元，已达到中等国家水平，但尽管如此，中国的人均 GDP 指标仍然很低（见表1）。

表　中国 1978～2001 年 CDP 增长率与人均 GDP 值

年份	GDP（10 亿美元）	增长率（％）	人均 GDP（美元）	年份	GDP（10 亿美元）	增长率（％）	人均 GDP（美元）
1978	44	—	46	1991	261	9.2	227
1979	49	7.6	50	1992	321	14.2	276
1980	55	7.8	56	1993	418	13.5	355
1981	59	5.3	59	1994	564	12.7	474
1982	64	9.0	64	1995	706	10.5	586
1983	72	10.9	70	1996	819	9.6	674
1984	87	15.2	84	1997	899	8.8	731
1985	108	13.5	103	1998	945	7.8	762
1986	123	8.9	115	1999	988	7.1	789
1987	144	11.6	133	2000	1079	8.0	856
1988	180	11.3	164	2001	1158	7.3	911
1989	204	4.1	183	2002	1237	8.0	950
1990	224	3.8	197				

注：本文中所有美元值系根据中国国家统计局统计年鉴上的数据、按美元和人民币的固定兑换比率 1：8.2781 计算，读者如发现本文中关于中国 GDP 等客观性指标值与其他来源不同，可能因为采用的人民币和美元的汇率不同、对通货膨胀因素的考虑不同所致，具体数据请以中国官方或者国际组织公布的数字为准。

2. 外国直接投资最多的国家。截至 2002 年，中国已连续 10 年居发展中国家吸收外资首位，2002 年实际吸收外资为 527 亿美元，首次超过美国成为世界上实际吸收外资最多的国家。

3. 国家外汇储备世界第二。2002 年中国国家外汇储备为 2864 亿美元，仅次于日本居世界第二位，截止到 2002 年年底，中国城乡居民的金融资产达到 13515 亿美元，首次超过了 13167 亿美元的国有资产规模，这是中国扩大民间投资的基础。

4. 成为世界第五大国际贸易国。2002 年进出口总额达 6208 亿美元，占世界贸易总额的比重为 5.1%，排名世界第五，仅次于美国、德国、日本和法国，而中国与法国的贸易总额仅差 39 亿美元。2002 年中国进出口总额占国内生产总值的比重达 50.19%，首次超过 50%，自 1997 年以来，中国进出口贸易总额平均每年以 14% 左右的速度递增，这是中国经济全球化的主要标志之一。

5. 经济体制发生重大转变。中国 1978 年还实行完全的计划经济体制，商品短缺一直困扰中国经济发展，直到 20 世纪 90 年代中期，有些生活用品还实行凭票供应，但 2002 年中国的市场化程度已经达到 69%，99% 以上的日用品供过于求，成为一个市场经济国家。

25 年来，中国的经济改革和发展实践证明了以下几个基本事实：（1）中国是一个发展中国家；（2）中国是一个正在转型的市场经济国家；（3）中国是一个高度开放的国家，中国经济的对外依存度已经超过 50%；（4）中国是一个专心致志地发展经济的友好的国家。因此中国是一个大有前途、可以信赖的国家，这就是为什么多数跨国公司看好中国的原因。

二、中国经济高速发展还能持续多久

中国的经济发展才刚刚开始，经济发展的潜力巨大。

1. GDP 的增长还有很大空间。无论从 GDP 的总量还是从人均 GDP 值来看，中国的 GDP 增长都有很大空间。中国的 GDP 总量虽然居世界第六位，但人均 GDP 却仅排在第 140 位左右。目前世界最发达国家人均 GDP 已接近 4 万美元（挪威、日本、美国），新加坡等国人均 GDP 已超过 3 万美元，而 2002 年中国的人均 GDP 只有近 1000 美元。按照中国制定的远景规划，到 2020 年中国要将人均 GDP 提高到 3000 美元，这只相当于日本 1973 年的水平、韩国 1987 年的水平。与此同时，居住在最发达城市的 10% 的人口的人均 GDP 可以达到 1 万美元，要达到这样的目标，中国的 GDP 年均增长率要达到 7.5%～8.5% 之间。如果实现这个目标，中国的 GDP 就要比 2002 年增加 4 万亿美元，达到 5 万亿美元，这是一个巨大的增长空间，也是国际国内资本的巨大投资机会。

2. 个人消费市场容量巨大。与 GDP 增长相适应的是市场的巨大增长，因为

GDP 中的一部分会转化为消费需求，由于经济的发展，使得中国成为世界上难得的最大的新兴市场。中国 2002 年拥有人口 12.9 亿，2020 年将达到 14.8 亿，从个人消费需求来看，即使按照 2002 年中国人均消费支出 483 美元来测算，中国每年的个人消费市场容量为 6233 亿～7151 亿美元之间。

3. 国内投资需求巨大。中国的基础设施相对比较落后，未来近 20 年的基础设施投资需求非常巨大。2001 年加入 WTO 后，中国逐步放开了外资进入基础设施领域的投资限制。中国已经完成的最大投资项目是三峡工程，总投资约 200 亿美元，但中国未来要启动更多更大的投资项目，如南水北调（总投资约 587 亿美元）、西电东送（总投资约 520 亿美元）、西气东输（总投资约 177 亿美元）、青藏铁路（总投资约 32 亿美元）、中国 20 多个城市的城市地铁修建计划（总投资约 242 亿美元）、火车提速（总投资需要约 100 亿美元）、高速公路（总投资需要500 亿美元）、高速轮轨或磁悬浮列车（总投资需要约 500 亿美元）、农村电网改造（总投资约需 200 亿美元）、大型港口、机场建设（总投资约需 500 亿美元）以及电信基础设施投资（总投资需要 300 亿美元以上）。另外中国政府决定实施西部大开发战略，该计划的完全实施将需要超过一万亿美元以上的投资。中国未来 20 年，基础设施投资总额将达到 13658 亿美元，以上投资将带来大量的国际采购机会。

4. 出口增长还有潜力。2002 年，中国的外商投资企业出口额为 1699.4 亿美元，占全国企业出口额的 53%，这一数字从 1996 年开始，每年以平均 20% 左右的速度增长，中国吸引外资的数量还在持续增加，并且中国已经加入 WTO，中国有劳动力、政策等各种比较优势，中国制造的产品将会更具竞争力，这为中国制造的产品打开国际市场提供了保障。外资在中国制造或者采购商品，在全球销售商品，这是中国制造产品获得稳定出口增长的保证。

5. WTO 的加入加速了中国的经济发展。按照加入 WTO 的承诺，中国要全面开放市场，这将极大地促进中国的制造业、农业和服务业的发展和以现代信息技术为基础的产业升级，其中金融、会计、律师、分销、物流、咨询、会展、酒店、旅游等服务业的发展将会更加迅速。中国 2002 年服务业创造的 GDP 为 4167 亿美元，只有全部 GDP 的 33.7%，而发达国家为 70% 左右，因此服务业将提供前所未有的发展机会。

6. 中国的政治、经济和社会更加民主。中国的政治、经济、社会在过去的 20 年间发生了根本的转型和改革。1992 年，邓小平同志说"不管是白猫还是黑猫，抓住老鼠就是好猫"，这带来了一次思想解放，极大地加快了中国的政治、经济和社会的民主化进程。国际社会应该赶紧抛掉 20 年以前对中国的看法，新的中国已经融入国际社会。中国的法制在不断健全，政治体制在改革，政府对经济的管理更有经验，中国努力维护世界和平，所有这些目的就是争取中国经济在未来 20～50 年内的持续快速发展。

综上所述，中国经济增长的三驾马车个人消费、投资和出口在未来的近 20 年里都有巨大的增长空间；中国最发达的城市上海、北京、广州已经成为中国经济发展的火车头和其他城市的样板；毗邻香港的珠江三角洲、以上海为核心的长江三角洲、以北京为基础的环渤海三大经济圈已经成为带动其他地区经济发展的核心区域；稳定的政治、经济和社会形势，以及中国 2001 年加入 WTO、成功获得 2008 年奥运会主办权、2010 年世界博览会的主办权和上海作为一级方程式赛车场选址，这都为中国到 2020 年的持续快速增长奠定了基础。

三、中国经济发展面临的挑战

中国经济的长期快速发展遇到以下几个主要挑战：

1. **经济发展基础较差**。仅仅在 10 年前，中国执行的还是计划经济主导的经济体制，商品普遍供不应求，经济总量中人均占有量少，经济运行质量不高，其中有些问题到现在也没有根本解决。中国的人口占世界人口的 22% 左右，但经济总量只占不到 4%。中国人口比美国多 3 倍，而美国经济比中国大 9 倍，2002 年中国的人均 GDP 只有日本、美国的 3% 以下。

2. **体制转型还未完成**。中国现在实行的是有中国特色的社会主义市场经济，中国确定这样的定位实在不容易，与此相适应的经济、政治体制需要进一步改革。最近 5 年来，中国政府机构的规模减少了 50%，政府的职能也在发生根本性转变，办事效率在提高，但是政府对经济的管理能力还需要进一步提高。

3. **经济发展不平衡**。中国经济发展存在比较严重的区域、产业结构和城乡不平衡。第一，区域不平衡。2002 年 GDP 排名第一的广东省为 1410 亿美元，而排名最后一位的西藏只有 20 亿美元，2002 年人均 GDP 最高的上海市已达 4895 美元，北京已接近 3000 美元，而最低的贵州省才 371 美元，中国中部和东部的部分省市 2020 年能够超过人均 3000 美元的 GDP 的现代化标准，但是西部一些省份要达到这个目标需要到 2030 年。第二，产业结构不平衡。多年来，美国的第三产业在 GDP 中占 70% 以上，英法德日等国均在 60% 以上，而中国只有 33% 左右，因此中国需要大力发展教育、金融、商业、物流、餐饮、会计、咨询、会展、旅游等服务业。第三，城乡发展不平衡。2002 年，中国的城市人口与农村人口的比例约为 37：63，但农业创造的 GDP 只有 14.53%，城乡居民的收入比为 3：1，因此中国农村城市化的需求极为迫切。

基于以上分析可以看出，中国经济快速长期发展的趋势是不可逆转的，上述问题的存在没有动摇中国经济发展的根基，这些问题只能通过经济发展解决，只能在经济发展中解决，经济发展了这些问题也就解决了。

四、中国采购发展的机会

1. 中国采购概况。强劲的中国经济发展促进了中国采购的发展，中国的采购分为政府采购和企业采购，还可分为国内外企业在中国的采购、国内外企业在国外的采购。中国政府和国内外企业 2002 年从国外采购金额为 3001.58 亿美元，占当年中国 GDP 的 24.27%，国外政府和企业从中国采购金额为 3206.42 亿美元，占当年中国 GDP 的 25.92%。在中国的外商投资企业从中国采购额为 1699.4 亿美元，同比增长 27.6%，在中国的外资企业从国外采购额为 1602.9 亿美元，同比增长 27.4%，分别占中国当年 GDP 的 13.73% 和 12.95%。进入 WTO 后第一年中国进出口额快速增长的事实说明，跨国公司在中国的采购规模和中国参与的跨国采购规模还可以迅速扩大，同时由于目前中国政府采购才刚刚开始，随着中国财政预算规模的扩大，中国的政府采购还有很大的发展空间，并且正在通过法律的实施来保证政府采购占国家财政开支比例的增长。随着国际化战略的实施，中国本土企业也在扩大国外采购比例，比如中国的著名企业中石化、中石油、宝钢、中国电信、海尔、联想等著名大企业都建立了全球采购网。

2. 中国采购发展的机遇。一国采购的规模、优势、效益受制于该国的经济发展规模、优势及效益，日益发展的中国经济为外国企业在中国销售商品提供了广阔的市场，同时也为外国企业在中国采购商品提供了大量有竞争力的货源，"到中国采购，在中国销售"是中国经济全球化给中国采购带来的重大发展机遇。中国的采购发展有以下良好基础：

（1）全球制造基地的形成。到 2002 年，世界 500 强中已有 400 余家来华投资，设立研发中心的有近 400 家。世界上主要集成电路、计算机、信息产品、汽车等领域领先的制造商都在中国的上海、北京、广州、天津、深圳、无锡、苏州、南京、大连、青岛等地建立了世界制造中心，比如摩托罗拉、英特尔、IBM、通用电气、贝尔、本田、现代等。到 2002 年年底，英特尔在上海的芯片组装厂已经投资超过 5 亿美元，该公司还准备在西安投资建立生产基地，2003 年 5 月，英特尔公司已经开始向全球发售在中国上海生产的奔腾 IV 处理器。摩托罗拉已开始在中国实施"233"的五年发展战略计划。跨国公司在华设立全球制造基地的例子不胜枚举。

外资将全球制造基地设在中国的原因有以下几个：第一，中国是全球新兴、开放、最大的潜在市场，在中国设立制造基地可以满足本地市场的需求。第二，中国的经济已经持续高速发展近 20 年，至少还将继续高速发展 20 年，中国的物价水平低、通货膨胀比例低、政策稳定，这可以使外商放心进行长期投资。第三，中国的人力资源成本较低，人力资源的质量很高，中国每年毕业的大学生就有 200 多万人，中国普通工人每小时的工资平均只有 50 美分，而墨西哥为 2.3

美元，印度为 80 美分，因而中国劳动力具有明显的国际比较优势，在中国生产的产品制造成本较低，总的来说，在中国的采购成本比发达国家同类产品低 20％～50％，中国适合制造在全球销售的产品。第四，中国正在全方位对外开放，制定了最具吸引力的外资政策，具备了为外商提供全方位服务的配套环境和条件，2001 年加入 WTO 后，中国经济更加深入地融进了世界经济，中国政府通过法律保护外资。第五，中国的珠江三角洲、长江三角洲、环渤海经济圈已经形成了外资制造基地的集中地，具有强大的集聚效应，外资在这些基地的投资都获得了良好回报，已经进入中国的外资绝大多数表示要扩大在中国的投资和采购比例。同时中国形成了较为配套的外向型的产业结构和供应链，可以生产任何产品，由于外资云集，外资在中国制造商品时可以就地采购到跨国公司生产的原材料，可以减少原材料采购成本。第六，中国已经逐步建立了市场经济体制，而这种体制的实施有助于将中国市场与全球市场连接在一起。由于看好中国的长期发展，有更多的跨国公司准备在中国建立生产基地。

（2）全球或亚太采购中心的建立。中国现在已经成为 200 多家跨国公司的亚太或者全球采购中心，仅在上海就有近 30 家著名跨国公司设立亚太或者全球采购总部，跨国公司加大了在中国的采购力度，比如沃尔玛 2003 年将在中国采购 150 亿美元商品，戴尔 2002 年在中国采购金额为 25 亿美元，惠普、通用汽车、通用电气、家乐福等知名跨国公司每年在中国的采购金额都在 10 亿美元以上。跨国公司在中国采购的产品和服务从卫星发射服务、飞机尾翼、世界最大油轮、杂交水稻技术到丝绸服装、圣诞树和儿童玩具，一应俱全。为了方便跨国公司在中国进行采购，上海、北京、广州、天津、深圳、大连、青岛、南京等发达城市已经建立了跨国采购中心，中国的政府、城市和企业已经为外商的大规模跨国采购做好了准备，许多城市每年举办国际采购会议，在广州的中国出口商品交易会（广交会）已成功举办了 93 届。中国供应商已成为跨国公司离不开的采购渠道。

（3）中国政府和企业需要从国际市场采购。今天的中国人尤其是年轻一代，以消费国外名牌为自豪，他们吃美国橘子，喝可口可乐，穿皮尔卡丹西服，用装着奔腾 4 处理器和微软操作系统及 OFFICE 软件的戴尔电脑，用诺基亚手机给朋友发送拍摄的图片，戴防水雷达表参加国外潜水俱乐部举办的潜水训练班，开着菲亚特轿车环游欧洲，乘空中客车，看美国大片和 NBA 篮球赛，侃一级方程式大赛中的舒马赫兄弟，读英文原版教材，冲一杯哥伦比亚咖啡就着荷兰奶酪和俄罗斯面包就是一顿早餐。中国的消费日益国际化，凡是国际上流行的，中国肯定要流行或者中国已经流行过，巴黎的高档时装在中国可能会比在巴黎销售得还好，瑞士的名表在中国有稳定的消费群体，中国有一大批高档、时尚商品和服务的消费者。根据中国未来庞大的基础设施建设计划，中国政府和企业需要通过国际招标方式采购特里尼达湖的沥青、德国的磁悬浮列车和地铁自动收费系统、欧洲的空中客车和美国的波音、法国的核电技术和机场管理技术、美国的计算机硬件和软件、日本的重型施工机械等。由于中国市场已经是国际化市场，要满足中国市场的这些需求必须从国外采购，否则就请跨国公司干脆在中国建立工厂！

（4）政府采购法开始实施。列入中国政府预算的商品和服务已经开始面向全球公开采购，2002 年中国政府采购金额为 127 亿美元，占当年 GDP 的 0.97%，2005 年将达到 293 亿美元，同发达国家相比，中国政府采购的比例还很小，以后会不断扩大，这里充满了商机。中国的第一部以政府采购行为为规范对象的法律《中华人民共和国政府采购法》已于 2003 年 1 月 1 日正式实施，这部法律是对中国政府采购行为的规范和强制性要求，它的实施是中国履行 WTO《政府采购协议》的具体表现。与该法相配套的相关法律也早已出台，比如《中华人民共和国招标投标法》、《中华人民共和国反不正当竞争法》等，这些法律对消除政府采购中的腐败现象，节约政府采购成本，提高效率，维护公平竞争的市场秩序都具有举足轻重的地位，为国际供应商公平参与中国政府采购竞争提供了法律保证。

（5）优惠的吸引外资政策和不断完善的投资环境。中国政府深知，要发展中国的经济十分需要民间资本、私人资本和外资的广泛介入，要推动跨国采购，因此中国很多城市都设立了经济技术开发区，它们都是自由贸易区，制定了特别优惠的政策，包括采购在中国生产的产品时，在产品出口后返还部分增值税，在跨国采购中心采购时减免部分税费，外商在中国可以享受优惠的外汇管理政策，在中国设立采购中心使用的土地和聘用的人才都享受优惠政策等。

2003 年上半年，中国遭遇了人类所遇到的一种新型病毒 SARS 的袭击，商人们在网上询价，进行网上谈判，在网上发送订单，因此中国的电子商务在此期间得到了快速发展，这是中国采购发展的重要条件。为了支持日益扩大的对外贸易以及国内经济的快速发展，中国政府加强了道路、铁路、港口和码头建设，为适应快速增长的航空客货运输的增长，中国正在将北京、上海、广州的三大民航机场改造成枢纽机场，同时其他机场按照辐射机场的要求进行改造和建设，中国规划了较为完善的支持大规模快速采购和分销业务的物流中心、配送中心网络等物流基础设施，中国物流业每年均以 20%～30%的速度增长，跨国采购商在国外的物流合作伙伴现在基本上都来到了中国，中国当地的第三方物流也在迅速发展，中国的海关正在实施旨在集成商流、物流、信息流各环节以提高通关的透明度和速度的大通关计划，中国采购所需的物流环境在不断完善。

（6）行业协会的作用在加大。为了加强中国采购行业的自律与管理，中国政府批准成立了中国物流与采购联合会，该协会的主要使命之一是促进中国采购事业的发展，提高采购效率，降低采购成本，引进国际品牌，提高采购商品质量，消除采购腐败，承担部分政府职能等。目前协会会员都是中国或者全球主要的和著名的物流公司、采购与分销公司以及与物流和采购相关的服务机构，协会在帮助国内外企业和政府在中国和全球从事采购方面发挥了重要作用。

综上所述，中国是全球少有的新兴市场，中国的市场是为全球的采购商和制造商准备的，在大批著名跨国公司都在中国建立了制造基地、采购基地的时候，中国的采购已经具有了相当的规模，再加上不断完善的采购法律、物流基础设施以及行业协会等中介组织的作用，中国的采购一定可以为中国经济发展作出重大贡献。

（作者单位：北京工商大学商学院。原文载于《中国流通经济》2003 年第 8 期，被《人大复印报刊资料·商业经济》2003 年第 11 期全文转载）

区域物流发展现状及对策研究

马立宏　张文杰

现代物流作为一种先进的组织方式和管理技术，在全球经济范围内已经被广泛认为是企业在降低物资消耗、提高劳动生产率以外的重要利润源泉，在国民经济和社会发展中发挥着重要作用。因此，加快中国现代物流的发展，对于优化资源配置，提高国家经济运行质量，促进企业改革发展，推进中国经济体制与经济增长方式的两个根本性转变，将具有十分重要的意义。

一、我国区域物流发展的整体状况

值得欣慰的是，现代物流管理在我国已经起步，表现在国家领导人多次针对物流问题发表讲话，各种物流会议不断召开，开始出现以现代物流为主业的物流企业，以及一些省市和发达的经济区已经着手制定自己的物流规划。20 世纪 90 年代中后期以来，物流与电子商务、B2X、因特网等一起成为少数在媒体中出现频率最高的词。但是，"物流热"后的冷思考也使我们清醒地意识到，现代物流管理在我国才刚刚起步，表现在全社会对物流的认识还处于初级阶段，物流作为概念炒作的成分过多而真正成功的物流案例却是凤毛麟角，现代物流中心以及物流园区等物流领域的急先锋尚停留在"纸上谈兵"的阶段，刚刚迈开脚步的中国物流业还面临着太多的困惑。

世界银行 2000 年研究报告《中国：服务业发展和中国经济竞争力》的研究结果表明，在中国有 4 个服务性行业对于提高生产力和推动中国经济增长具有重要意义，它们是物流服务、商业服务、电子商务和电信。其中，物流服务占 1997 年服务业产出的 42.4％，是比重最大的一类。进入 21 世纪，中国要实现对 WTO 缔约国全面开放服务业的承诺，物流服务作为在服务业中所占比例较大的服务门类，肯定会首先遭遇国际物流业的竞争。事实上，新的世纪刚刚开始，跨国公司和国际著名的物流服务品牌就已经以"分享"的名义频频在各种会议上推出各自的中国市场物流发展战略、物流服务标准和以信息技术为基础的物流解决方案，一些知名跨国企业如可口可乐、宝洁等也已经开始投资建立自己的大中华区物流体系，或者物色中意的物流合作伙伴。我国的政府和企业应以什么样的姿态面对日益激烈的竞争局面？各个经济区域应如何建立与经济发展阶段相适应的物流通道？诸如此类的问题，物流研究工作者们应当有责任和义务提出相应的对策、建议和方案。

尤其值得注意的是，近几年来，在我国区域经济发展比较迅速的地区，政府部门已经认识到发展现代物流对于优化经济结构、改善投资环境和提高地区经济整体竞争力的战略意义，并已着手研究和制定有关物流规划与政策。如北京市已经完成了"北京市综合物流系统规划研究"；沈阳在"十五"规划中全方位融入现代物流；作为华北和环渤海地区重要的经济中心的天津市，把发展物流作为调整经济结构的重要措施，并编制了《天津市现代物流发展纲要》；作为全国经济中心、贸易中心、金融中心以及航运中心的上海市，在《上海市国民经济和社会发展第十个五年计划纲要的报告》中，把现代物流同生物医药、新材料、环境保护列为上海市四大新兴产业，并编制了《上海市现代物流发展规划》；深圳市则把现代物流与高新技术和金融并重，作为跨世纪经济发展目标的三大支柱产业之一，并委托美国盖兰德公司作了《深圳现代物流发展策略及交通运输相关政策研究》的咨询报告；山东省政府由省经委牵头，选择一批大型工商企业进行试点，总结经验，逐步推广，从启动工商企业的物流需求入手，把优化企业物流管理作为优化产业结构和经济高效运行的战略措施，重组企业物流系统，改变传统物流运作模式，创造物流服务产业化的社会基础条件，同时培育物流企业，提供物流服务，逐步满足工商企业对物流服务的需求，这些举措已取得了明显收益，并涌现出了一批企业物流管理先进典型。"物流热"的兴起与发展的确令国人振奋。然而，我们不得不承认，在区域物流理论研究严重带后于实践发展的今天，物流业的"遍地开花"不仅难以修成正果，而且很有可能导致新一轮的重复建设，带来很多意想不到的负面效应，区域物流自身实践的发展与不断深入，要求迅速建立起与之协同发展的区域物流理论体系。

二、区域物流发展存在的诸多误区

从目前情况分析，由于物流理论研究环节的相对薄弱与滞后，区域物流实践中亟须澄清的一系列基础性的问题均未得到及时的令人信服的解释，致使我国区域物流发展存在着许多误区。从某种意义上来讲，如何克服与清除这些误区也正是现阶段区域物流理论研究的基础命题。

误区之一：将发展现代物流的目的与发展现代物流的手段混为一谈。脱离我国尚处于现代物流初级发展阶段的现实，认为发展物流就是添置现代化设施和高技术装备，片面追求或热衷于现代化、大型化的物流基础设施建设及信息通讯技术的更新。在生产企业、流通企业、社会综合运输体系以及流通中心等结点系统的物流管理和运作效率相对滞后的情况下，这种不切实际盲目追求高技术含量的结果只能导致物流费用的进一步上升和物流资源的新一轮浪费，企业以及社会整体的综合物流效益将因此变得更低。

误区之二：将现代物流系统等同于"物＋运输－仓储＋信息网络"，认为只要具备相关的物流设施和设备，存在生产物流、销售物流等客观物流活动与需求，就可以经营和运作物流。企业或政府部门之所以存在这种思想，根本原因还是来自于传统的"大而全、小而全"的小生产意识。现代物流是社会分工进一步深化和专业化程度不断提高的产物，现代物流的形成与发展过程同时也是通过物流组织的专业化与协作化提高对物流资源有效整合的能力，并刺激新的物流生产力不断形成的过程。因此，如果以小生产的意识去发展，不仅传统储运向现代物流的转型将无从实现，还会在更大程度上降低企业物流效率和地区经济整体竞争能力。

误区之三：对"第三利润源"的社会期望值过高。由于近几年的"物流热"中片面强调和夸大了"第三利润源"以及"物流冰山"降低成本的潜能，从而出现物流业能产生高额回报率的错误认识。专业的和非专业的投资者、物流服务提供方和物流服务需求方，都在计划投资建设物流中心或者配送中心，大家纷纷组建新的企业或将传统企业翻牌加入到物流经营行列，而不管原来的主营业务是什么，总以为投资到这个第三利润源泉就能弄得斗满杯盈，大多数投资者可能不知道，这是不太可能的。目前，对于"第三利润源泉"这一说法的解释存在两种版本，一种认为，第一利润源泉是降低原材料成本，即降低物化劳动成本，第二利润源泉是降低劳动力成本，即降低活劳动成本，第三利润源泉是降低物流成本；另一个版本是，所谓的三个利润源泉依次是指降低生产成本、降低销售成本和降低物流成本。这两种说法都有道理，但不管如何表述，所谓第三利润源泉，主要是对物流服务的需求方而言的，投资建设物流设施设备与分享物流这一第三利润源泉之间并没有直接的关系，物流服务提供方能否分享这些利润，还要看其经营管理能力以及其他许多条件。因此，物流是第三利润源泉这一事实并不是投资物流设施设备就可以分享这些利润源泉的充分条件。说到底，物流只是向客户提供的服务，先进的技术也只是完善服务的手段。因此，不可能产生高技术行业那样超出社会平均利润很多的价值和超额利润。在目前许多地区均不同程度地存在物流资源过剩或利用水平不高的情况下，盲目投资发展新的物流主体，就违背了物流主要靠资源整合而发展的宗旨。

误区之四：区域物流理论研究人员和实际工作者在思考区域物流发展战略及其规划问题时往往产生两种错误倾向：一是"唯书"与"唯上"的倾向，就是不顾区情，按照"本本"和上级"指示"办事；二是"唯左"与"唯右"的倾向，就是脱离"区情"，照抄照搬"左邻右舍"（周围其他地区）的发展模式。事实上，在对待区域经济的问题上，也正是这两种倾向导致了我国各地的经济摩擦不断，地域分工体系不健全，产业结构趋同，经济技术的梯度推进迟缓，区域市场开放程度不高，地区商品封锁和垄断现象较重以及地方保护下的诸侯经济盛行的状况。区域物流如果照此趋势发展，其后果可想而知。

三、推动区域物流健康发展的对策建议

由于我国物流研究的历史还不长，理论体系尚未建立，还存在着许多有待填补的空白。基于对我国区域物流发展现状及存在问题的认识，我们认为，在我国物流业发展的起步阶段，及时对以下问题作出理论上的解释和分析是十分必要的。

首先，进一步明确区域物流概念体系。

国际学术界对区域物流的定义尚未统一，而我国对区域物流的解释则更不成熟，除物资部门和交通部门对物流的认识带有"偏见"外，人们对物流适用面的认识也普遍存在很多局限。观念认识上的分歧，导致理论研究存在着严重的本位主义，不论是物流战略规划还是物流经营管理理论的研究，都从研究者固有的立场和视角出发，片面地强调物流某个局部的功能要素。本位主义使区域物流系统的发展缺乏统一规划，区域物流失去了其作为一个整体系统的优势，物流与传统运输、仓储之间的区别变得模糊。

随着实业界和政府部门对物流产业的广泛关注，区域物流的内涵也在不断丰富和发展。因此，我们应从多角度来分析和认识区域物流，应有更多的经济学或企业管理方面的学者来关注物流这一新兴的管理技术和经济组织形式。从经济学、管理学、经济地理学等多种视角分析区域物流领域的学术问题，对于进一步明确区域物流概念体系，丰富与发展物流学科的理论构架，促进整个物流产业的健康发展将是很有裨益的。

其次，深入研究区域物流的增长机理。

区域物流活动要展开，必须首先弄清物流经营的增长机理。从宏观上讲，为什么要发展区域物流，区域物流的优势有哪些，物流产业发展的动因是什么，区域物流规模经济的表现形式是怎样的。在当前形势下，如何认识区域物流与区域经济之间的相互作用机制，如何开发区域物流与经济增长的协同运作模式，如何对物流系统的区域经济效益进行综合评价等等都是摆在我们面前的问题。这些问题虽然有一些总括性的答案，但由于对这些领域的研究才刚刚开始，有的甚至完全没有起步，导致投资商对物流的信心不足，抑制了物流企业数量的增加和区域物流规模的扩张。已经建立起来的物流企业（包括物流中心、配送中心等），由于缺乏政府的引导，对市场认识不足，加之规模小、经营能量有限，企业自行建立的经营规范和服务标准也难以有效贯彻，致使物流需求增长乏力，物流业发展缺乏必要的推动力。因此，深入研究区域物流的增长机理，从根本上激发物流需求市场的发展壮大，就显得尤为迫切。

第三，增加区域物流政策研究的内容。

各部门间、系统间在物流概念理解上的分歧实际上反映了管理体制和条块分

割所带来的各部门在发展物流产业指导思想上的不和谐,这种不和谐严重阻碍着物流产业的健康发展。因此,为了对区域物流进行有效管理,还必须制定综合性的物流产业政策。目前,很多经济发达地区的现代物流已有一定规模,一些区域性的物流市场正在形成,实践的形势要求我们去把握市场特点,研究市场规律,并制定相应的政策来规范市场行为,引导物流业的健康稳步发展。但由于我国经济发展的不平衡,各地区市场状况、企业素质和融资能力不同,物流业发展的规模和水平存在较大差异,近期内难以建立起全国性的物流政策体系。因此,各地区应根据自身的基础和条件,首先制定一些符合本地特色的区域物流政策。为了做好这项工作,理论界必须加大区域物流政策研究的内容。只有做好了区域物流政策的研究,才能建立起行之有效的物流政策体系,也才能为全国性的宏观政策提供依据和经验,从而规范我国物流企业的经营行为,培育健康活跃的物流市场,促进我国物流产业的全面发展。

一般地讲,一个区域物流体系的建设规模大、耗资多,技术性、系统性强,涉及的企业经济主体、行业、商品种类范围广,对城市、区域的社会经济发展往往有深远的战略意义和影响。因此,从区域规划的政策性、综合性、长期性、地方性的特点出发,我们必须运用区域规划和区域经济发展的理论为指导,遵循物流业发展的产业寿命周期规律,积极探索我国物流业的发展模式。

（作者单位：北方交通大学。原文载于《中国流通经济》2002 年第 4 期，被《人大复印报刊资料·商业经济》2002 年第 9 期全文转载）

北京市物流发展现状与对策建议

邬　跃

一、北京市物流现状及特征

1. 北京市经济总量逐年增加，对物流能力提出了新的要求

2001～2008 年间，北京市 GDP 总量及人均 GDP 呈现出大幅度增长的趋势。GDP 总量以年均 16.0％的速度递增，人均 GDP 以年均 13.1％的速度递增（具体如图 1 所示）。北京市经济总量快速增长，对物流能力提出了新的要求。

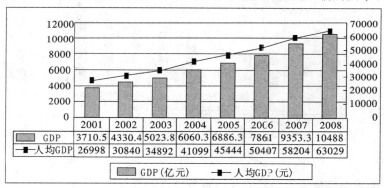

<table>
<thead>
<tr><th></th><th>2001</th><th>2002</th><th>2003</th><th>2004</th><th>2005</th><th>2006</th><th>2007</th><th>2008</th></tr>
</thead>
<tbody>
<tr><td>GDP</td><td>3710.5</td><td>4330.4</td><td>5023.8</td><td>6060.3</td><td>6886.3</td><td>7861</td><td>9353.3</td><td>10488</td></tr>
<tr><td>人均GDP</td><td>26998</td><td>30840</td><td>34892</td><td>41099</td><td>45444</td><td>50407</td><td>58204</td><td>63029</td></tr>
</tbody>
</table>

GDP（亿元）　　人均GDP（元）

图 1　北京市 2001～2008 年经济总量变化趋势图
资源来源：中国统计年鉴。

2. 北京市物流以进口货物及外省市进京货物为主

2007 年，北京市全社会物流总额达 30553.6 亿元，其中进口货物及外省市流入货物占物流总额的 70％（具体如图 2 所示）。这反映出北京市的物流是以进

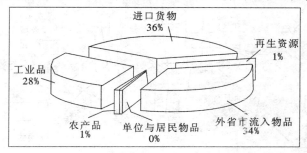

进口货物 36%
再生资源 1%
工业品 28%
农产品 1%
单位与居民物品 0%
外省市流入物品 34%

图 2　北京市全社会物流总额与产品构成
资源来源：中国统计年鉴。

为主，大部分货物由城市外部流入，消费型城市特征明显。因此，解决大宗货物流入的物流通道问题，构建顺畅的区域物流网络，促进区域物流和城市物流协调发展，显得非常重要。

3. 北京市物流服务领域以适应消费型城市特征的商业物流为主

北京市人口多，对生活物资需求量大，城市商贸活动频繁。尽管北京市社会消费品零售额、工业生产总值都呈逐年增加趋势，但社会消费品零售额大大超过工业生产总值（具体见图3）。因此，北京市在注重工业品物流的同时，更要关注商业物流。其中特别是节点与线路的有效衔接，多品种、小批量共同配送平台的建设等，成为城市商业物流重要的支撑与保障。

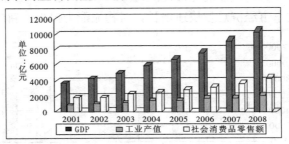

图 3　北京市 2001～2008 年工业产值
资源来源：中国统计年鉴。

4. 正南方向物流量大，已自发形成物流集聚区

根据《北京市"十一五"时期物流业发展规划》数据进行测算可以发现，北京市的物流量主要集中于五个方向（具体如图4所示）：西南方向（京石高速公路和107

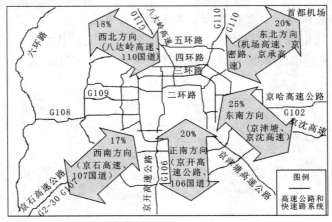

图 4　北京市物流流量、流向示意图
资源来源：《北京市"十一五"时期物流业发展规划》。

国道），约占全北京市物流量的 17%；正南方向（京开高速公路和 106 国道），约占 20%；东南方向（京津塘高速公路和京沈高速公路）约占 25%；东北方向（机场高速公路、京密路、京承高速公路），约占 20%；西北方向（八达岭高速公路和 110 国道），约占 18%。根据规划，在物流量最大的东南方向目前已建成马驹桥物流基地，且有通往京津塘高速公路、京沈高速公路两个方向的高速通道，基本解决了该方向物流需求的压力。东北方向也建设了顺义天竺空港物流基地。

相比之下，虽然根据测算，正南方向物流量占全北京市物流量的 20%，但《北京市"十一五"时期物流业发展规划》并没有在正南方向规划物流基地。经过几年的发展，目前北京市正南方向的四环路与五环路之间，已经自发形成了物流集聚区。

5. 北京市公路货运社会化程度与日本相当

2007 年，北京市公路运输营业性运输量为 17872 万吨，货运总量为 315811 万吨，营业性运输量已占到货运总量的 56.6%，而 2006 年日本营业性运输量占货运总量的比例为 53.4%。这说明北京市公路货运的社会化程度已经达到了一定的水平，企业已经意识到了物流社会化带来的效益。

6. 对现有物流基地的考核过于强调经济功能，而忽略了处于首位的公共服务功能

物流基地是城市功能的重要组成部分，它如同城市的公交系统、市政系统等公共事业一样，首要的是对城市经济社会的公共服务功能，其次才是经济功能。但目前有很多地区把物流基地等同于工业开发区，将之视为完全意义上的营利组织，而很少从公共事业层面来评价它的服务功能。受这种导向的影响，很多物流基地在招商引资过程中，过于强调入园企业的产值及利税等经济指标，过于强调对所在地的经济贡献。这种衡量标准大大提高了物流基地的准入门槛，使大批提供社会物流服务的企业被挡在了物流基地大门之外。据统计，在京的物流企业约有 4500 家，而进入政府规划基地项目的还不到 10%。结果使得很多物流企业只能在物流基地之外驻扎，在政府规划基地之外出现了自发形成的物流集聚区。

7. 二级物流节点定位不准确，尚未形成公共性物流中心和配送中心群

不仅物流基地公共服务性不强，二级节点也存在此类问题。在原规划中，二级节点多为专业性较强的企业自营物流中心和配送中心，虽然通过物流基地、物流中心、配送中心构成了三级物流节点系统，但政府与企业节点规划最大的区别在于前者的规划更强调节点的公共服务性，而后者更强调专业性、独立性和封闭性。因此，二级节点若要满足社会物流服务功能的要求，在规划时就应侧重于物流中心群和配送中心群的建设，通过入驻企业整合、聚合物流需求，形成共同配送网络，达到城市物流服务低成本、高效率、绿色化的运行目标。

8. 区域间、城市内、城市末端物流网络尚不健全

城市物流一般由区域间、城市内和末端物流三部分组成。经过多年的规划与建设，北京市在物流网络建设上取得了长足的进步，初步形成了物流节点与物流通道的有机结合。但目前的问题是虽然形成了物流的空间布局，但低成本、高效率、绿色化的城市物流系统尚未建成。北京是特大的消费型城市，生产生活所需的大多数物资都要从外地调入，如何打通进京方向主要通路的瓶颈，如何在北京城郊构建换装换载中心，如何保证进入城市中心区物资的无障碍通行等问题，成为了北京城市物流系统亟待解决的重要问题。据统计，目前北京市货运量中有近一半的货物在四环路以内流动，但为了减少城区交通压力以及环保方面的考虑，配送车辆不能随意进城，结果进一步突出了城市末端物流需求日益增长与车辆限行的矛盾，出现了大量无证车辆违规运行的现象。

二、北京市物流业发展的对策建议

1. 构建低成本、高效率、绿色化的首都大物流圈系统

在调研基础上，调整规划，重新定位节点功能，重点进行城市内物流网络规划、城市终端物流配送体系规划及北京与周边城市间的区域物流网络规划，构建城市间、城市内、城市末端物流高效配送网络，打造内外联系顺畅的首都物流圈系统，确保城市物流系统内的高效运作和系统外的有效衔接，构建低成本、高效率、绿色化的首都物流圈动态协调系统。

2. 创造物流需求

在满足北京市物流需求的基础上，创造北京市外部的物流需求，在北京市周边规划建设大型商品集散中心。例如，新发地农产品批发市场不仅能满足北京市大部分的农产品需求，同时也是周边区域的农产品集散中心，创造了新的物流需求。此外，还可利用北京市机动车数量多、品种多的优势，在北京市外围建设京津冀区域汽车零配件市场。

3. 增强物流基地及各级物流节点服务的公共性

针对大多数物流企业平均利润率较低的特点，一方面进一步加大对物流基地入驻物流企业的优惠政策，鼓励并扶持物流企业入驻，从税收、准入机制等方面进一步降低物流企业入驻门槛，重新调整和完善物流基地评价指标；另一方面加强对自发物流聚集区的规范和引导，将其纳入政府统一规划范畴，培养并增强物流基地的公共性。

4. 加快物流基地的调整、改造、升级和自发物流聚集区的规范化建设

调整、改造、升级已规划物流基地，重点解决空港物流基地、马驹桥物流基地、良乡物流基地、马坊物流基地等在开发和运营过程中出现的社会服务性差、公共性弱等突出问题，加强对入园企业的引导，鼓励公共型的物流企业入驻。针对近年来自发形成的铁路、公路货运市场及仓库区等物流设施大规模聚集区，进行专项规划与规范化改造，将其纳入政府统一规划，引导自发物流聚集区向现代物流基地转型，鼓励规范化与专业化经营；实行差别化的区域导向政策，配套相应的土地、税收等扶持政策，处理好自发物流聚集区与北京市空间发展战略及区县功能定位规划之间的关系。

5. 加快航空货运枢纽建设

近几年，民航货运发展较快，北京市航空货运量占全国航空货运量的比重由2001年的22.2%上升到2007年的25.4%。航空物流市场需求量增长迅速，北京市航空物流业未来发展前景广阔。建议加快航空货运枢纽建设，满足快速增长的航空货运需求。

6. 推动城市共同配送体系发展

以物流基地、物流中心和配送中心群为公共服务平台，构建物流公共信息平台，实现区域间、城市内物流节点及物流企业之间物流信息资源的共享。鼓励物流基地内企业、配送中心群内的企业以及中小商业企业和物流企业实施并参与共同配送，构建城市物流共同配送体系，培育和建设一批共同配送示范工程。逐步增加共同配送业务比重，最大限度地优化配置社会物流资源，降低社会物流成本，实现物流配送的社会化、共同化、集约化、效率化。

7. 配送车辆选型工程

以提升北京城市配送效率、改善环境状况、缓解交通压力为主要目标，综合考虑北京市内交通环境、交通政策、环保要求、配送需求等因素，选择几种装载能力强、装卸作业便利、符合环保要求的经济车型，作为北京市内配送推荐车型，优化货运车种结构，同时配套鼓励政策和措施，保护并促进配送企业可持续发展。

（作者单位：北京物资学院。原文载于《中国流通经济》2009年第7期）

物流在日本的发展历程与未来趋势

中田信哉著　孙前进译

一、序——三个视点

最近 50 年来，日本经济的发展经过了以下四个时代。

1. 20 世纪 50 年代中期开始到 70 年代初期的高速成长时代；

2. 70 年代的"水门事件"，第一次石油危机以后的经济不稳定和走向稳定成长的时代；

3. 80 年代起到 90 年代的被称为"泡沫"经济的过热、混乱时代；

4. 90 年代开始至今为止的低成长、停滞的时代。

物流是经济和经营的一个功能，由于经济条件及社会条件的不同，其所要求的内容与物流系统本身发展水准的应有状态也不同。

在日本，对于物流是经济和经营的一个机能的认识大约发生在 50 年前。尽管构成物流功能的各项活动诸如运送、保管、装卸、搬运、包装等是以各自单独的形式存在的，与此相应的技术开发、改善和合理化等活动也在进行，但是统合这些活动的物流概念及其词汇是不存在的。

物流概念的出现，归功于经济的高速成长。由于经济的急速发展，国内物资流动量急剧增长，结果是日本国内的运输能力、保管能力及其社会基础设施诸如道路、港口等严重不足。企业生产和销量的增加成为物资流动量增加的基础。这时企业运送、保管能力的扩大已成为当务之急。

另外，经济的过热在宏观上引起了通货膨胀，在企业经营的总费用中人工费占了相当大的比例。此时宏观上的流通结构的近代化和微观上的流通活动的合理化已势在必行。

从物理上的商品和货物的生产阶段到消费阶段，使流通结构现代化，同时需要和要求物流的统合化。基于此当初在美国流行的"physical distribution"一词被生硬地翻译成"物的流通"。以后，逐渐变成今天所常用的"物流"一词。

就这样，政府和企业吸收和接受了表示物流的一个功能的概念，这使物流系统的近代化、合理化得以发展。

在经济高速成长时期，物流的主要目的是能力的扩大和费用的削减。为此，宏观方面要求社会基础设施诸如道路、港湾等的整合和扩大，这就推动了运输产业的保护与扶持。企业力求建立自己的流通中心，其中包括现代化的机械购置及信息技术的引进，运送技术在运输业部门得到了采用。这被称为"由硬件带来的物流改善"。

经济进入稳定成长时期，不再是单纯的能力扩大和降低劳动强度，而是变成要求提高生产效率和物流系统整体效率的管理。微观上，托盘尺寸的大小、商品的条形码、物流成本的计算标准等社会化标准得到发展；宏观上，物流管理组织的确立、物流原价计算的实施、覆盖企业经营全部内容的信息网络的构筑，希望得到所谓的"软件带动的物流改善"，即"物流管理系统"。

泡沫经济时代，物流能力不足的问题主要表现在劳动力缺乏，企业对将来的"新的物流系统"抱着很大的期待。企业经营引进了美国在管理技术方面已经普及的、被称为战略物流的"logistics"。

泡沫经济破灭以后的经济低落以及在物流领域所进行的规制缓和的情况下社会规制得到了加强。这意味着大气污染、交通问题、居住环境恶化等与物流有着紧密联系的因果关系。

下面，我们将从国家物流政策的展开，企业（制造业，流通业）的物流管理的发展，运输结构的变化和市场的推移等三个方面对物流系统展开分析。

二、国家物流政策的展开

在日本，作为国家经济政策的物流政策的初次出现，是在 1960 年前后。以前就有包括道路、港湾、空港等社会基础设施的整合，运输企业的管理及保护等运输、交通政策，同样很早以前就存在着与流通业及制造业市场活动有关的商业及流通政策等也是事实，但在这个阶段"物流的视点"是不存在的。

在对物流概念及物流系统认识的基础上，首次采用物流政策是 20 世纪 60 年代的事情。首先出台物流政策的是通商产业省（即现在的经济产业省）和运输省（即现在的国土交通省）。大臣的咨询机关"产业构造审议会"在运输经济恳谈会上首次提出"物流系统化"的概念，制定了流通阶段整体近代化即"流通系统化"政策，通过实行多式联运和建设综合枢纽等来达到"货物运送体制一体化"的努力目标。也就是从这个阶段开始，出现了物流统合概念。1964 年，在通商产业省所发表的具体政策中，第一次使用了"物流"一词，随即被社会所认同。日本的物流政策从此开始得到了展开。

从 20 世纪 60 年代到 70 年代，政府的物流政策得到了积极的展开。其具体内容是，对物流近代化的直接投资，积极扶持民间企业在物流方面的改善，援助每一个业界在物流基础设施建设上的改造工程，并将物流纳入整个的社会标准开始实行。主要有以下政策：

1. 在港湾整合计划及道路整合计划中引进物流要素。
2. 在汽车货物运输及铁路货物运输中，引进新的组织及技术（比如，铁路货运中的集装箱专用列车与集装箱船的引进等)。

3. 物流基地的选址政策（汽车站场法,与流通市镇地相关的法律等)。

4. 积极促进各个业界的物流合理化（共同配送及批发团地的基地集合化)。

5. 整体性的引进集装箱化,托盘化,成套装运方式。

6. 推进商品条形码,托盘尺寸等的标准化。

7. 其他。

该阶段的目标是以硬件为中心的物流功能的强化与扩大。但是,经济进入了低速成长及稳定成长时期后,国家的物流政策方向开始发生变化。为了追求高效率的物流系统,在基础设施的建设上倾注了很大力气,特别是在信息系统的建设上,更能体现高效率的追求。为了构筑物流信息网络,开放了电话线路的使用,实行了与运输相关的经济的规制缓和,促进了与物流有关的企业的市场竞争。

其间,物流政策在不同业界主要是以物流近代化为目标所展开的,不同物资由不同的政府部门担当,并以各自不同的形式展开。另外,每一个地域的经济政策中都包含着物流政策,作为地域政策的物流政策得以实施。

进入 20 世纪 90 年代,开始产生新的问题。这既是社会问题的对应,也是与物流相关的外部不经济的缓解。维护由交通拥挤及交通事故等引起的交通秩序混乱,防止由二氧化碳、二氧化氮等引起的大气污染及噪音,与建筑物相关的居住环境等的保护问题。这就是在现在来说还是比较新的法律的实施才得以继续的原因。另外,以循环型社会为目标和方向的各种再生资源法也得到实施。

1999 年,日本内阁会议通过了“综合物流施策大纲”,在其后不久的 2002 年,“新综合物流施策大纲”被内阁会议通过实施。由此,形成了迄今为止由各部委承担的物流措施作为一个整体的基本形式。

现在,作为国家的物流政策,又面临着追求“物流的近代化与合理化”效率,同时要求“环境保护”以及在国际物流方面如何应对产业空洞化中的亚洲地区中心港口复活等问题。

三、企业物流管理的发展

所谓企业物流,当初是指在工厂、分店等各自的运送、保管、装卸、搬运等活动中进行作业改善活动。另外,对物流的统合功能的认识是从 20 世纪 50 年代开始到 60 年代的事情。这是因为吸取了物流的统合概念而发生的变化。但这仅仅是思维方式的变化,仍然是向不同的基地、不同的活动做着不同的对应。但是在经济高速成长过程中,力求引进新的运送部门和运输机械所产生的最大变化是要求“物流费用削减”,这是迄今为止完全不同的削减公司物流费用的思考方式。因为物流能力的扩大是理所当然的事情,其中的基本考虑是在各项活动的平衡中实现其现代化来削减物流费用。

以计算机的引进为契机，统合各种活动，把综合的物流系统作为一个方向在各种活动中展开，不仅提高了各种活动能力，而且由此引发的信息可以实现由于别的经营活动及经营功能的结合产生的机能间、活动间的连接。物流不是货物的集中而是各种活动的统合，是作为一个整体系统在意识上及物理上的实现。

20世纪70年代为止的企业物流系统，所进行的流通中心的机械化、物流活动的信息化和新运送机械的采用等使技术高度化的同时，企业构筑了全企业的物流系统，力求使"总物流"费用得到削减。

随着经济迈入了稳定成长时代，企业的物流系统要求"系统自身的高度化"。也就是说，要引进高质量的物流管理系统，即在企业内部确立"物流管理组织"，开发连接生产、经营或运输企业的"物流管理信息系统"以及"物流费用原价计算方式"，引进根据物流成本进行的物流评价系统等。

1990年前后，日本引进了美国在1960年开始使用和普及的"Logistics"管理思想和技术。当初，"Logistics"被翻译成战略的物流，不仅将物流管理合理化作为目标，而且可以认为是企业经营战略的重要贡献要素，适应市场也被看做是一个大的目标。另外，使企业的物流系统与企业的营销战略相互适应，形成从生产到消费的一条线流程，并与流行的SCM连接。

现在日本企业引进SCM风行一时。SCM不仅仅是物理的商品流动，促销、商品计划、流通政策等营销政策整体，形成一个从生产到销售作为一个整体所考虑的"供应链"和保证连续供给市场所要求的商品体制的思想，并据此形成综合性的管理系统。

SCM体制的构筑，并不仅仅是一个企业的事情，而是进行与此相关的多数企业的系统。现在大型生产厂家、中间批发业和大型零售连锁业等，正在推动SCM体制的确立。在这里，他们将成为SCM的主导企业，从而使业界和流通渠道重组结成一体。这不单单是追求经济的、经营的效果，而且还以应对社会要求为目标。

四、运输结构的变化和市场的推移

20世纪50年代日本国内流动货物中，不同部门所担负的运输比重，如果以吨公里计算，内航海运约占50%，铁道约占40%，汽车货运约占10%。可是到了现在，汽车货运约占55%，内航海运约占42%，铁道约占3%，航空运输约占0.2%。汽车货运得到了长足的发展，铁道运输变得衰落。国内海运因为几乎是以原材料及大量中间品的长距离运送为主，所以与汽车运输没有发生过多的竞争，市场份额比重变化不大。

铁路曾经是国内陆地运输的主要力量，日益增长的汽车货运与其争夺货源和市场。铁路运输向汽车运输转移的理由主要有：

1. 以汽车化为背景的国家汽车产业扶持政策中也有提高货运汽车性能及经济效率的内容。

2. 道路得到发展，货运汽车能够在有弹性且广大地域范围内运营。

3. 随着经济发展，产业结构从第一产业向第二产业转移，这也是产业比重从重工业向成品制造的转移，再发展到今天，第三产业已在经济中占了相当大的比重。

4. 随着都市化的发展，都市作为一个经济单位已占了相当大的部分。

5. 企业物流是以在库的高速运转为基础并要求细微精致的物流系统。

6. 为数众多的货运企业进入市场，竞争使汽车运输服务质量的提高和运输费用的降低得到了实现。

7. 其他（多频次小件物流已变得极为平常等）。

现在如果除去一部分产业（原材料）的运送和距离超过 600 公里的一部分长途运输外，汽车运输支撑着日本的物流。成品及零散货物即使长距离也是用汽车运输，中距离的大部分是用汽车运输，地区内几乎百分之百是用汽车运输。如果用运送总吨位来考察的话，那么总运量的 90％以上是由汽车运输的。

另外现在货物运送市场的规模大概是 21 兆日元，其中一半以上约 12 兆日元是汽车运输企业完成的，剩下的是由铁道、海运、航空、仓库业等共同完成。如果汽车的运送用吨／公里计算的话，80％是由汽车运输企业完成，企业自运占 20％左右。

就是说，汽车货运企业（营业用汽车货运）担负着日本的物流特别是运送业务。汽车货运企业近六万家，除掉 100 家像日本通运、八本、西浓运输、佐川急便等大企业外，绝大部分是中小零散企业。

汽车运输企业之间竞争激烈，存在着反映经济状态的运费愈来愈低的倾向，汽车运输的经营处于激烈的竞争状态。这是因为汽车运输的新型业务的开发、承担运送以外的业务（综合物流及外包）、开发新型系统（3PL）等新的市场机会的开拓。

这样以货运汽车为中心的运送体制，确立了日本的物流。但是，也存在着货运汽车比重过大的问题。这就是大气污染、道路交通拥挤、由于人口增长停止而带来将来劳动力不足的问题。这是因为政府虽然推出强有力的政策但效果甚微。这是地域内运送部分多，铁路运输的长距离运送少的缘故。除了集装箱专用专列和长距离的驳船以外，在铁路、内航海运中能够代替汽车运输的系统尚未出现。

另外，1995 年《货物自动车运送事业法》与《货物运送经营事业法》实施，对汽车货运业进行了大幅度的经济规制缓和，2003 年实施的《新货物自动车运送事业法》与《货物利用运送事业法》使该行业又更进一步得到了规制缓和。因此汽车运输业的竞争更加激烈，其中，汽车业界为了确保货源及业务作了很大努力，不允许简单地将货源向铁道和海运转移。日本是完全市场经济的国家，不管政府作出怎样的政策选择，汽车货运业都将依靠自身努力确保运输货源，并开发新的物流系统。汽车运输业可以说比别的运输部门更具有优越性。

五、物流系统存在的问题和今后的发展方向

曾经成为巨大课题的"物流能力的扩大"问题现在已不复存在。这是因为为数不少的生产基地与企业转向中国及东南亚，在日本从地方向大都市流向的物资也日趋减少。

物流量的停滞，特别是对运输企业可能已成为问题。市场停滞开始对产业及企业经营带来影响。与流通组织相同，运输组织也可能迎来了需要重新组合的要求。

制造业和流通业追求更高的效率化，其中提高物流效率就是其表现之一。具体来讲，即在销售额无增长的情况下，希望保持物流费用率而致力于开发生产效率更高的物流系统。

而且，在要求适应于社会的今天，要求开发具有迄今为止所没有的物流系统，而且这种物流系统能带来"物流的质的变化"。使用"IC tag"的追踪性是现在政府和企业所共同关心的，并可能成为物流系统的重要构成要素。

在国家政策中社会问题的解决可能是首位的，但与此不同的是，海港、空港特别是集装箱港的问题尤为严重，有待进一步研究和解决。亚洲的中心港口正向香港、新加坡、上海、高尾和釜山港转移，日本的神户、东京和横滨等主要港口的国际地位正在逐年下降。

这里有日本的生产基地向外国转移的原因，也有日本的国内企业从成本和服务项目的完善程度考虑，希望利用国外港口作为集装箱运输的中心港口也是一个原因。政府要求将中心港放在日本而展开了"超级中枢港湾"的计划设施。港湾依地域而分散的集约战略，如果国家从整体上不采用的话，日本的港口将会成为人们所担心的支港。另外，考虑到今后亚洲的经济发展，如果从地域开发、社会问题的对应、新的运送系统的开发的角度来看的话，港湾的分散化对将来是有利的。

关于处于集约和分散中间的日本物流的今后方向问题已经明确，关键在于政府或企业今后是否能够实施的问题。

（作者单位：日本神奈川大学经济学部；译者单位：北京物资学院。原文载于《中国流通经济》2003年第11期，被《人大复印报刊资料·商业经济》2004年第2期全文转载）

发达国家现代物流发展的特点、经验及启示

魏际刚

一、当前发达国家现代物流发展的主要特点

1. 物流效率不断提高，总体水平较高。社会物流成本与国内生产总值（GDP）的比率通常是衡量一个国家物流效率的标志。比率越低，表明物流效率越高。近二十年来，发达国家物流成本与 GDP 的比率一直处于下降态势，目前平均约为 10% 左右，而且这种下降趋势还在继续。例如，美国 1981 年全部物流成本与 GDP 的比率为 16.2%，2004 年已降为 8.6%，其中导致物流效率提高的最重要因素是存货持有成本的连续下降，从 1981 年存货持有成本占 GDP 比重的8.3% 降为 2004 年的 2.8%。

2. 第三方物流发展迅速。发达国家的企业普遍专注于价值链中的核心环节，积极推进企业内部物流活动社会化。近些年，仓储、运输和配送等环节已经成为各国物流外包的重点。物流外包促进了第三方物流的迅速增长，并成为物流市场发展中一个新兴领域。据 Armstrong & Associates 公司的研究结果，2004 年美国第三方物流的市场规模达到 894 亿美元，增长速度连续第 10 年超过美国经济总体增长速度。自 1996 年以来，美国第三方物流的综合年均增长率达 14.2%。

发达国家第三方物流目前还呈现几大趋势：一是着眼于消费者最终需求。第三方物流企业普遍以满足客户需求为出发点和落脚点，追求"在正确的时间、以正确的数量、用正确的价格、采用正确的方式、把正确的产品（或服务）送到正确地点的正确客户手中"。二是服务的专业化。如美国的第三方物流企业一般都有自己明确的行业定位。企业物流外包的主要目标就是能够享受到专业的物流服务，这就促使承接物流外包服务的第三方物流企业更加专业化和高效率。三是专业化基础上的综合化。如运输企业介入仓储服务、多式联运、门到门、海运企业上岸、货代企业下海、互为代理或在全球范围内的网络扩张等。面对日益激烈的市场竞争和迅速变化的市场需求，第三方物流企业必须更加注重满足客户追求的物流运作全过程的效率和效益，为客户提供"一站式"综合物流服务就成为第三方物流企业努力达到的目标。

3. 企业物流组织模式发生重大变化，并朝供应链物流演进。20 世纪 60 年代以前，发达国家的企业内部物流活动基本上处于分散状态。到了 20 世纪 60 至 70年代，一些制造企业将需求预测、采购、生产规划、制造库存、仓储和物料处理

职能集成为物料管理，包装、产成品库存、配送规划、订单处理、运输、顾客服务集成为实体配送予以统一管理。进入 20 世纪 80 至 90 年代，一些企业将物料管理和实体配送进一步集成在一起，并予以统一的计划、组织、协调和控制。尤其是 20 世纪 90 年代以来，许多有远见的企业实施基于供应链管理的组织改进，即利用信息技术全面规划上下游企业之间的物流、信息流、资金流等，并进行供应链全过程的计划、组织、协调与控制，这种改进突破了单一企业的局限，用更开阔的视野关注上下游企业间的物流总成本及效益，效果极其显著。

4. 配送中心、物流中心和物流园区有较大发展。配送中心、物流中心和物流园区的出现，是发达国家现代物流发展的一个重要特征。1960 年，美国的 Raytheon 公司建立了最早的配送中心，该中心利用当时较发达的航空运输网络为美国市场提供快速的物流服务。日本从 20 世纪 60 年代开始对物流园区发展进行规划和政策扶持，按经济特性把全国分为八大物流区域，在各区域建设和整顿物流设施，形成物流园区，然后区域间通过干线运输（高速铁路、高速公路和近海运输）形成跨地区的物流系统。欧洲一些国家于 20 世纪 60 年代末、70 年代初也开始建设物流园区，德国在物流园区建设方面则后来居上。1984 年德国建成第一个物流园区——不莱梅物流园区，现全国境内有 30 多个物流园区，集聚了 1000 多家企业，4 万多名工人，相当于全国物流工作人员的 5%～10%。

5. 物流企业兼并重组，推动着全球物流的扩张。20 世纪 90 年代以来，发达国家的物流和运输企业加强了彼此间的联合，物流市场的兼并重组变得十分活跃，并一直延续至今。例如，20 世纪 90 年代中后期世界班轮市场发生了大规模的兼并重组，形成了以发达国家为主的五大全球航运联营体。21 世纪初，欧洲运输、物流市场平均每天发生大大小小的收购或结盟活动。这种状况已波及中国物流市场。美国联合包裹（UPS）2004 年 12 月与中外运签署"赎买"协议，2005 年分阶段、有重点地接管了在中国最重要的 23 个商业中心城市的国际快递业务。2005 年 12 月，荷兰天地快运（TNT）完成了对华宇物流集团的收购，是当年中国物流市场最大的并购案。跨国物流企业之间的兼并重组，使得发达国家物流活动范围和影响力已经从一国物流向全球物流扩张，这顺应了跨国投资、异地采购、异地生产、异地销售的经济全球化浪潮，物流全球化趋势十分明显。

6. 大力发展循环物流。随着经济增长受资源、能源、环境等方面的约束越来越强，发达国家从 20 世纪 70 和 80 年代开始，从重点关注正向物流转向统筹考虑正向物流和逆向物流的一体化，即着眼于构筑循环物流体系，这使得废弃物的收集、运输、循环利用、最终处置在发达国家成为新的发展动向。为了推进这方面的建设，发达国家十分注重相应的立法。如美国 1976 年就制定了《固定废弃物处置法》，后又经多次修改。德国、日本等国先后颁布了促进废物回收利用的相关法律，推动逆向物流的有效实施。2002 年日本在颁布的《新综合物流施政大纲》中提出"构建低环境负担的物流体系，为循环型社会作出贡献"的目标。

7. 注重物流安全体系建设。这些年，发达国家还大大加强了物流安全体系方面的建设，主要鉴于物流过程中发生的事故会造成突发性的严重损害，包括人身伤亡、设备损失、商品损失以及环境的破坏等。特别是美国"9·11"事件以后，发达国家加大了对货物与人在物流过程中的安全措施，把物流与供应链安全上升为国家安全的战略高度。美国投入上百亿美元改善航空安全，提供数亿美元来改善铁路运输安全，启动海洋运输安全行动计划，加强与改善货车公路运输的安全。

二、发达国家现代物流发展的主要经验

1. 适应了经济、社会、环境变化的要求。经济结构的变化，买方市场的形成以及贸易的扩张，使得物流的空间和时间要求愈发严格，追求综合效率和效益成为必然，发达国家现代物流的发展顺应了这种变化要求。

（1）符合经济发展和产业结构调整的变化。作为一种现代服务方式，现代物流是经济社会发展到一定阶段的产物，物流需求量、需求层次与社会经济发展水平有相当密切的联系，不同社会经济增长时期决定了物流需求的不同特点。经济发展水平相对发达的地区，其物流需求水平相对也高一些。进入工业化中后期的发达国家，由于产业结构的轻量化，产品更多的是对高附加值和更高时效性的要求，因此多功能集成或一体化的物流需求比较旺盛。（2）符合市场环境的变化。发达国家在 20 世纪 50 年代就基本上进入买方市场，各类企业比较强调市场营销理念，追求让顾客满意的目标，物流发展早期的"实体配送"、"物料管理"乃至后来的"物流管理"等都是着眼于消费者最终需求的变化。进入 20 世纪 80 年代后，激烈的竞争环境使得企业要着眼于对"物"的全过程管理，通过总成本降低和提供差异化服务来提高经营效率和效益。另外，市场范围的扩大以及区域市场的一体化大大扩展了物流活动的范围，并进一步深化了物流的分工。贸易的自由化和产品的地理分工推动着物流、资金流、信息流的迅速增长，物流也从一国走向了全球。（3）适应了生产方式的改进。由于生产和消费之间的空间越来越分离，上下游企业之间的分工越来越深化，企业生产和销售要努力克服空间和时间带来的挑战和束缚，形成产品的成本领先或差异化。许多行业（如汽车、电子、服装等）的生产方式都不同程度地出现一些新的变化，即从福特制（以大批量、标准化生产和垂直一体化的大企业为特征）向后福特制转变，采用了一些极具挑战性和竞争性的新生产方式，如柔性生产、敏捷生产、精益生产、即时生产、大规模定制等，目的是为了能够对日益变化和细分的市场作出最迅速、最精确的反应。而要实现上述目标，整合企业内外的物流活动已经成为必不可少的环节，这既促进了企业物流组织的变革，也推动着物流外包的发展。（4）适应经济增长方式的转变。发达国家近一二十年来高度重视经济增长对资源和环境的影响，逐步调整大规模生产、大规模消耗、大规模排放的线型生产模式，而向减量化、低消耗、低污染、可循环的非线性、集约式经济增长方式转变。由于社会再生产过程是一个循环不断的过程，因此，伴随社会再生产过程的物流也必然是一个循环不断的过程。发达国家通过发展循环物流、绿色物流等，一方面集约了各种分散的物流活动，提高经济增长质量与效益；另一方面，明显地减轻了物流活动对资源和环境的影响。

2. 根据本国国情发展现代物流。发达国家在要素资源禀赋（如土地、人力、技术）方面存在着差异，因此各国的物流发展存在较大差异。例如，日本并没有像美国一样发展平面仓库，而是针对本国国土面积狭小、土地资源稀缺和人力资源成本高昂的特点，发展自动化立体仓库，以降低人力资源成本，减少土地资源占用。"零库存"是日本企业用相对便宜的及时运输替代相对昂贵的储存空间的又一例证。

3. 具有良好的基础设施。无论是美国、欧洲还是日本，现代物流发展之前大都已经具备了比较完善的交通运输体系。二战结束时美国已经拥有了发达而成熟的铁路网和四通八达的高速公路，民用航空网络颇具规模，港口码头也十分发达，各种物资可以方便迅速地通过飞机、火车、汽车、轮船等各种交通工具南来北往、通达世界。日本在现代物流发展早期就加强了对交通基础设施的建设，1953～1958 年日本政府对交通运输的投资占公共投资总额的 19.2%，1959～1963 年这一比例达到 29.5%，交通运输基础设施的建设为日本现代物流发展打下了良好的物质基础。

4. 放松对运输业和仓储业的经济管制。20 世纪 70 年代以来，欧、美、日等开始了一场放松运输业、仓储业经济管制（放松进入管制、价格管制等）的活动，这加速了运输业与仓储业及各运输方式之间的业务融合，从而大大促进了其现代物流业的发展。美国政府在 1977 年出台《联邦航空法案》经修改解除了对国内航空线、货运代理公司及发货人协会在定价和报关方面的限制，1980 年又通过了《汽车承运人法案》和《斯泰格斯铁路法案》，旨在降低入行或运营权的限制，赋予铁路运输公司定价的自由。放松运输管制大大强化了运输市场的市场机制，通过市场机制在各运输方式之间引入竞争，运输企业灵活定价，增强各种运输方式对市场的反应力和经营活力，运输公司的业务不再受到束缚，能够提供运输服务之外的其他服务，这对于各种运输方式根据市场需求扩展或收缩其业务边界起到了实质性的推动作用。

5. 不同程度地发挥产业政策的导向作用。发达国家主要通过国家发展战略、规划和相关的法律来确定物流发展的近期目标和远景目标。欧盟在促进欧洲统一市场形成的过程中，制定和大力推行统一的贸易政策、运输政策、关税政策、货币政策等，极大地促进了货物在全欧洲范围内的自由流动。日本自 1997 年以来，已连续 3 次制定和修订《综合物流施政大纲》，不断出台相关的法律和物流发展政策，对物流发展起到了不可估量的促进作用。美国作为自由市场经济国家的典范，政府在现代物流发展方面依然发挥着应有的作用，如 1991 年美国国会通过了《综合地面运输效率方案》（ISTEA），旨在利用高新技术和合理的交通分配提高整个网络的效率，该法及其后的系列法律对于推动美国现代物流和多式联运起了很大的促进作用。

6. 不断应用先进适用的物流技术。发达国家现代物流的迅速发展和效率的不断提高，离不开持续不断的应用先进适用的物流技术。从叉车、托盘（二战时期）、集装箱（20 世纪 50 年代）、高层货架仓库、自动化仓库（20 世纪 60 和 70 年代），到计算机仓储管理系统（20 世纪 80 年代）以及条形码、无线射频技术、互联网、电子商务、智能交通系统、ERP 等（20 世纪 90 年代及最近）等，给发达国家物流效率持续不断的提高带来技术上的支持。特别是信息技术在物流中的应用，成为 20 世纪 80 年代以来发达国家物流水平继续保持领先的最重要因素。

三、对我国现代物流发展的若干启示

1. 现代物流发展要适合我国国情和经济、社会可持续发展的要求。我国与发达国家在经济发展水平、经济结构、要素禀赋、消费者需求、物流市场发育等诸多方面存在较大差异。现代物流未来的发展，既要充分借鉴发达国家的普遍做法和经验，也要结合国情，选择符合实际的发展模式。我国还处于工业化中期，第二产业在国民经济体系中的比重还很大，这就要求我们既要大力发展"短、小、精、轻"产品的物流服务，也要始终把解决"长、大、粗、重"产品的物流放到基础性的位置；既要发展现代物流，也要发展传统物流。在区域物流政策方面，我们要承认东、中、西部的差异，采取不同的物流发展模式；在城乡物流发展方面，更应该注重农业和农村物流的发展；在资本和人力资源的选择上，要更多地考虑发挥人力资源的优势；在物流技术的选用上，既要跟踪"先进"又要强调"适用"。应当按照经济增长方式转变、走新型工业化道路、建设节约型社会、发展循环经济和可持续发展的要求，大力发展循环物流和绿色物流，最大限度地消除物流活动对环境、资源能源消耗和安全生产的影响。要结合我国国情，制定和实施物流发展专项规划，把降低社会物流成本、提高物流效率作为物流发展的重要指标。

2. 加强对物流资源的整合。主要有几个层面的整合：（1）培育有效竞争的物流市场。我国物流市场存在着集中度低、企业数量多、规模小、效益低、缺乏现代化物流运营方式、国际竞争力弱等突出问题，需要政府加强对整个市场的调控，推动物流企业之间的兼并重组或合作。（2）加强区域间物流的协调。一是加强与完善区域物流网络；二是加强区域间物流发展的协调。区域物流整合的基本思路是将区域内所有物流基础设施资源视为系统内诸要素，通过对区域物流系统内各要素的重组，使之相互联系、相互协调，形成有机合理的结构体系，实现整体优化，协调发展，发挥整体最大效能，实现整体最大效益。（3）加强企业内和企业间物流功能的整合，改进企业物流组织效率。

3. 物流基础设施建设要有一定的超前性。与发达国家相比，中国的铁路、公路、水运、航空等基础设施无论是从密度还是从设施上都存在差距。像铁路尚未跨过对经济增长制约的"门槛"，还未根本脱离"限制型"阶段。一些重要的物流节点（如港口）因吞吐能力不足及疏运能力不配套造成严重的货物积压。加强物流基础设施建设将是"物畅其流"的前提条件。

4. 积极引进和自主开发先进、适用的物流技术。通过引进消化和自主开发，加快推进物流信息、托盘、集装箱、各种物流装卸设施等通用性较强的装备和技术的应用和发展。（1）要积极推进企业物流管理信息化，促进信息技术的广泛应用。积极探索和运用企业资源计划（ERP）和供应链管理（SCM）技术，提高企业的信息化水平；推广电子自动订货（EOS）技术，推动物流信息化和现代化；推广与普及条码技术，注重无线射频识别技术（RFID）和电子标签的运用，提高物流领域的信息化水平；充分发挥地理信息系统（GIS）的作用，鼓励建立各种运输工具通用的物流综合信息系统；积极开发运用智能交通系统（ITS），实现卡车运输的高度信息化；建立全国性公路运输信息网络，实现信息共享，降低货车的空驶率；建立航空货运公共信息系统，为各方面提供信息服务。（2）加快推进装载单元化，推行以托盘为核心的单元装载方式。要统一托盘标准，推进并建立托盘共用系统，引进和开发单元装载化物流机械，支持单元装载化物流设施建设；鼓励企业采用装卸搬运、分拣包装等专用物流技术装备，提升我国物流装备的技术水平。

5. 形成有利于物流发展的综合政策体系。物流政策是推动我国现代物流发展的重要动力和基本保障。随着改革开放和社会主义市场经济体制的建立，人们对物流的认识也经历了一个从模糊到逐步变得清晰的过程，政府相关主管部门对物流发展的政策制定也经历了一个从各自分立到逐步协调和综合的渐变过程，但统一、权威的国家物流发展政策尚未完全形成。

随着国民经济和社会的进一步发展，特别是在全球竞争激烈的背景下，国家需要系统地考虑现代物流的发展问题，从国家层面统筹物流发展政策，明确国家物流发展战略与目标，制定中长期物流发展规划，完善物流市场体系，加强物流市场的监管和调控等。权威、统一的国家物流政策能够消除部门间在物流管理方面职能分散、职能交叉以及因中央和地方分权导致的部门主义、地方保护主义和市场分割现象，为构建全国统一的物流市场，促进跨地区物流资源的整合创造良好的政策条件。

（作者单位：国务院发展研究中心产业经济研究部。原文载于《中国流通经济》2006 年第 10 期，被《人大复印报刊资料·特区经济与港澳台经济》2006 年第 12 期全文转载）

中美物流成本比较研究

张 弘

所谓物流成本（Logistics Cost）是指物流活动中所消耗的物化劳动和活劳动的货币表现。从某种角度看，现代物流研究的核心是围绕着物流成本展开的，物流现代化的最终目的是以最少的物流成本，实现预期的物流服务水平，或以一定的物流成本实现最高的物流服务水平。作为"第三利润源泉"，物流成本已经成为世界各国物流现代化进程中的热点问题。

一、美国物流成本分析

目前，国际社会通常以物流成本占 GDP 的比重这一指标作为标准，衡量一个国家物流业的发展水平与运作效率。这是因为每个国家的物流成本都与各自的经济发展水平存在明显的相关性。

美国是当今世界上现代物流最发达的国家之一，其对物流成本的研究也更加深入，积累了许多值得我们借鉴和学习的经验和做法。

美国物流成本占 GDP 的比重从 20 世纪 80 年代中期到 90 年代初期一直保持在 11.4%～11.7%的范围内，进入 20 世纪 90 年代以后，这一比重有了显著下降，由 11%以上降到 10%左右，尤其是 1993 年达到 9.9%。进入 21 世纪以后，这一比重继续下降，2001 年为 9.5%，2002 年为 8.7%[①②]，虽然物流成本的绝对数量还在一直上升，但其上升的幅度低于国民经济的增长幅度，所以，物流成本占 GDP 的比重不断在降低，从而成为经济效益提高的源泉之一。

美国的物流成本（TLC）主要由三部分组成：一是存货持有成本（ICC），二是运输成本（TC），三是管理成本（LAC）。从总体上看，如果以 1981 年为基准，截止到 2001 年，美国总的物流成本（TLC）下降了 40%左右，其中，运输成本下降了 22%左右，存货持有成本下降了 60%多[③]。显然，存货管理效率的提高是美国物流系统效率提高的最主要驱动力所在。正如美国年度物流研究报告撰稿人之一 Robert V. Delaney 在他的报告中所强调

---

① 中国物流与采购联合会：《中国物流年鉴 2003》，中国社会出版社 2003 年版。

② 《国际商报》2003 年 6 月 14 日。

③ 中国物流与采购联合会：《中国物流年鉴 2003》，中国社会出版社 2003 年版。

指出的，每个从事物流管理的人都必须把注意力放在存货资产上，"要始终保持对存货的好奇心"。

从美国企业物流成本支出来看，2002年美国企业平均物流成本占销售额的比重为7.65％，是自1997年以来降幅最大的一年，相应的成本结构如表1所示。同期制造业企业物流成本占其销售额的比重为7.36％，其成本结构如表2所示。

表1　2002年美国平均企业物流成本占销售额的比重（％）

运输成本	3.34
仓储成本	2.02
订单处理/客户服务成本	0.43
行政管理成本	0.41
存货持有成本	1.72
物流总成本	7.65

资料来源：Establish. Inc Herbert W. Davis and Company。

表2　2002年美国制造业企业物流成本占销售额的比重（％）

运输成本	3.15
仓储成本	1.19
订单处理/客户服务成本	0.39
行政管理成本	0.37
存货持有成本	1.74
物流总成本	7.36

资料来源：Establish. Inc Herbert W. Davis and Company。

从第三方物流市场发展来看，2001年美国第三方物流市场规模为608亿美元，同比增长7.4％，占物流总成本的比重为6.3％。这是美国权威的Armstrong & Associates Inc公司发布的测算数据（见表3）。虽然2001年7.4％的增长率较之2000年24％的同比增长率有较大的下滑，但是，增值的仓储和分销服务的增长率却独树一帜，达到13.3％。有专家认为，这是因为仓库管理软件系统和供应链事件管理系统的一体化运作为客户提供了更好的存货可见性，进而增强了第三方物流服务供应商在仓储或分销领域的增值服务能力。

表3　2001年美国第三方物流市场

3PL服务供应商	总收入（亿美元）	同比增长率（%）
专项合同运输	83	2.5
国内运输管理	175	3.6
增值的仓储服务/分销	153	13.3
本土的国际物流运作	157	7.5
3PL软件	40	
总的合同物流市场	608	7.4

资料来源： "10th who's who in Logistics-Armstrong's Guider to Third Parth Logistics Service Providers"，Armstrong & Associates Inc，Stroughton，WI

2002年美国第三方物流市场规模为650亿美元，同比增长6.9%。在3PL企业各项服务中，国内运输管理增速最快，比2001年增长11.4%，表明制造商和分销商逐渐把选择运输公司和运价谈判等业务外包给3PL。另外，增值的仓储和分销服务也以10.5%的速度增长[①]。

二、中国物流成本分析

由于到目前为止，我国只有基本的货物运输量和货物周转量的统计，其他物流业的相关指标均没有公开的统计资料，也没有标准的物流成本统计方法，从而使如何准确地计算物流成本占GDP的比重失去了科学的统计依据。在这种条件下，我们只能依据经验数据大致估计我国的物流成本。

对于我国物流成本在GDP中所占比重，目前说法不一。2001年6月，由国家经贸委会同铁道部、交通部、信息产业部、商务部和民航总局联合举行的现代物流工作座谈会上，提出了我国2000年全社会流通费用为17880亿元，约占当年GDP（89404亿元）的20%。这应当是一个具有权威性的数据。但是，流通费用并不等同于物流费用，如何确定物流成本占GDP的比重，仍需进一步研究。但至少可以表明，总物流成本不会大于社会流通费用，也就是说我国物流成本占当年GDP的比重不会大于20%。

根据国际货币基金组织（IMF）估算的数据，我国现代物流市场的物流成本在1990年为5000亿美元，占当年GDP的14.5%；1997年为7180亿美元，占当年GDP的比重为16.9%，而同期国际平均水平为12%（见表4），高出4.9个百分点，约2082.5亿美元。显然，增加的这笔费用将转嫁为商品价格的提高、企业利润的下降和国家税收的减少。

---

① 《国际商报》2003年6月14日。

表4 1997年一些国家和地区物流成本估算

国家和地区	GDP（10亿美元）	物流成本（10亿美元）	物流成本/GDP（％）
中国大陆	4250	718	16.9
中国台湾	308	40	13.1
中国香港	175	24	13.7
新加坡	85	12	13.9
日本	3080	351	11.4
美国	8083	849	10.5
英国	1242	125	10.1

资料来源： International Financial Statistics，Washington D.C.，IMF

从表4可以看出，1997年美国的GDP大约是中国大陆的2倍，而物流成本差距不大，这说明我国国民经济发展的同时，物流活动造成的成本开支与美国相比，所占比例很大，服务成本率较高。

从第三方物流发展来看，第三方物流服务在中国刚刚起步，使用的比例远远低于美国等发达国家和地区（见表5）。大多数企业都是自己开展物流活动，拥有自己的车队和仓库，自我物流服务依然是工商企业获得物流服务的重要来源。这种"大而全"、"小而全"带来的是高成本投入和低效率回报。

表5 中国与美国等发达国家或地区第三方物流服务的使用比例（％）

指标 国别	第三方物流服务比例	无第三方物流服务但已提出第三方物流服务需求的	在三年内会增加使用第三方物流服务
欧洲	76	24	62
美国	58	33	72
日本	80		
中国	15	18.8	62.5

资料来源： www.drcnet.com.cn

三、结论与政策建议

通过中美物流成本对比分析可以看出，无论是上述的20％还是16.9％，虽然都不是对我国物流成本的精确计算，但同样表明了我国物流成本占GDP的比重偏高。总体看来，我国物流管理水平较低，物流效率不高，物流成本较大，不合理成分较多。造成这种状况的原因是多方面的，既有技术因素，更有制度因素的制约。其中，部门分割、地区封锁和地方保护主义，内外分割的管理体制和制造业的资金周转速度缓慢、库存巨大是最为根本的原因。

由于物流发展水平已成为衡量一个国家或地区综合国力的重要标志之一，通过强化物流管理，降低流通费用，提升国家竞争力已成为当今全球经济发展的一个重要内容。在借鉴美国物流成本管理经验的基础上，针对我国物流成本居高不下的原因，应主要从以下方面入手：

第一，切实转变政府职能，彻底打破行政性垄断。现代物流产业所具有的产业融合特征，决定了它的发展是以打破地区封锁和行业垄断，促进行业和地区间经济资源的自由流动为前提的。而目前我国各地区、各行业出于自身利益需要而割据一方的格局无疑会加大物流成本，阻碍现代物流业的发展。

转变政府职能，必须首先认识到，在市场经济条件下市场在国家宏观调控下对资源配置的基础性作用。政府作为宏观调控的主体，主要是弥补市场缺陷或市场失灵，提供市场无法提供或自由市场提供效率不高的公共产品。充分认识到这一点，是真正实现政府职能转换，打破行政性垄断的基础。政府管理职能必须从计划经济模式中彻底转变出来，从直接的管理者转变为协调者，减少行政性审批，规范审批程序，消除对非国有企业不合理的市场准入限制，加快"对内开放"步伐，消除地区封锁和行业垄断，建立一个统一、开放、有序、竞争的现代市场体系。

同时，还应加强政府部门之间的协调，逐步打破条块分割的传统管理格局，建立必要的政府部门协调机制，避免重复建设和资源浪费。政府应对现有的物流资源进行摸底清查，根据国家总体发展规划和交通网络、产业布局等特点，把分散的、零星的资源整合起来，统筹考虑，制定整体的规划方案，尽可能利用原有的资源，迅速改变目前各部门互不协调、物流系统分立、物流资源重复配置的格局。交通运输、仓储、工业、流通等有关部门和企业要服从规划，现代物流的发展规划要服从国家有关政策和国家长远发展规划。

第二，大力发展第三方物流，提升工商企业的核心竞争力。我国制造业由于受传统计划经济体制的影响而形成了"大而全"、"小而全"的组织形式，不仅物流功能而且其他一些非经济功能都与企业最核心的生产功能混合在一起。这样不仅削弱了企业对核心生产能力的关注，而且各个分散的物流组织形式因为不能发挥社会化物流的规模经济优势，造成如前所述的资金周转缓慢，企业库存增加，提高了物流成本，在一定程度上削弱了企业产品的竞争能力。

从世界范围来看，随着技术进步的速度越来越快，商业模式的创新也在加快，商业模式的创新与科学技术的集成和深度应用密切结合在一起，已逐步成为一个国际趋势。一是制造业的价值正在迅速向产前、产后的研发、分销和服务等领域转移，对这些领域的资源控制和整合的能力远比生产制造能力更加重要，已经影响到企业对于核心竞争力的选择。二是以信息和信息技术来整合社会资源的深度和广度在不断发展，对于资源"不求所有，但求所用"已成为企业的新理念，促进了专业化分工和非核心业务的外包。三是基础资源的整合形成社会化的服务网络体系，提供标准化的、更有效的基础性服务，有效性主要来自整合和服务的商业化模式。四是基础性的服务网络体系并非一个产权边界清晰的实体，而是一个开放的标准和规范体系，其形成也是一个逐步完善的建设过程。

根据美国物流成本管理的经验，库存费用比例的下降是导致发达国家物流成本下降的最主要原因。换言之，加速资金周转速度是降低物流成本的主要手段。而我国产业和企业竞争力不强的表现之一，正是总体经济效益差，呈现有增长、无效益的特点。因此，应尽快剥离普遍存在于单个企业中的物流功能，整合社会的物流资源，培育物流需求市场，大力发展第三方物流。

美国物流成本管理的经验还表明，第三方物流的形成和发展对物流资源合理配置、物流成本下降、物流效率提高、企业核心竞争力增强具有极其重要的作用。当前，政府应通过制定相应的政策法规降低工业企业从自营物流服务中退出的成本，消除国内存在的各种跨行业、跨部门、跨地区的不利于现代物流社会化、专业化服务的障碍，营造全国一体化的第三方物流服务经营环境。同时，利用市场力量帮助现有第三方物流企业提高自身素质，加速它们向真正的第三方物流企业转变。

第三，建立健全有关法律、法规，为现代物流业发展创造良好的制度环境。据不完全统计，改革开放以来，我国颁布实施的涉及物流业的法律法规有三万多个。应该肯定的是，这些法律法规对促进我国物流领域各行业的发展发挥了重要的积极作用。但我国现有与物流有关的法律法规多是部门性、区域性规章，往往带有部门或地区保护的色彩。物流市场的进入与退出、竞争规则基本上没有统一的法律法规可遵循，对社会性的物流服务缺乏有效的外部约束。同时，相应的法律法规的修改和制定有一定的滞后性，还没有形成一套较为完整的体系。在价格政策方面，以多式联运的价格和收费政策为例，集装箱运输价格有时明显高于杂件散货的运价，直接影响了以多式联运为基础的各种物流服务的发展。

完善的物流法律法规和标准是现代物流业健康发展和规范行业发展秩序的要求。为此，要对现行的与物流业相关的法律法规进行梳理。首先要对现行政策中影响物流业发展的相关规章制度进行必要的清理，特别是对妨碍公平竞争、限制市场准入等方面的政策进行清理，为物流业的发展创造相对宽松的政策环境；其次要研究和制定适应社会主义市场经济体制和现代物流产业发展的相关法律法规，利用完备的政策法律法规体系为现代物流业的发展"保驾护航"。

第四，加快发展行业协会组织，充分发挥行业协会的作用。目前，在国内物流领域影响较大，有一定规模的物流行业协会有十余家，如中国物流与采购联合会、中国交通运输协会、中国仓储协会等。这些协会的产生对市场经济的发展和体制改革起到了重要的推动作用。但是，从总体上看，绝大多数协会组织的自主性不够强，依附性较大，代表面不宽，有的协会形同虚设，社会影响不大，尚未真正起到维护利益、提供服务、协调矛盾的作用，凡事依赖政府的习惯定势远未被打破，个人、企业、行业和社会群体中一盘散沙的局面没有根本改变。不少协会组织不仅不能提供服务，反而巧立名目要求所属成员为它"服务"，以至于损害了协会组织的社会形象。这种状态也可以看作是市场运行组织化程度不高的表现。

根据中国国情，充分发挥物流行业协会作用的关键，一是提高民众、企业、行业的自主意识和自我负责精神，对正当权益培养自我保护能力，对经济行为培养自我约束能力，并增强其对经济事务和社会事务的参与意识。二是减少行政权力对协会组织的干预，使之拥有更大的自主活动空间。三是破除依附关系，创造条件提高协会组织的社会地位和社会影响，允许协会办更多的事情。四是提高协会自身的素质，加强协会的组织建设，淡化"官办"、"二政府"色彩，整合原来由各个行政机关翻牌而来、名目繁多的行业协会。五是根据我国物流发展的进程和企业与市场的需要，逐步引导各行业协会联合起来，形成合力。六是民间协会要向民间开放，扩大成员来源和经费来源。如果说"扩大企业自主权"的核心是"还权于企业"，那么发展行业协会的核心就是"还权于民间"。这不是建立社会主义市场经济的额外要求，而是它的内在规定，只有按照市场经济的要求，从旧体制的社会组织结构中解脱出来，重新加以社会组合，市场运行和市场经济的组织化程度才可能从根本上得到提高。

第五，重视现代物流领域的研究和创新，加快培养现代物流专业人才。降低物流成本，实施现代物流管理，在很大程度上要依赖于科学技术的发展和广泛使用。政府部门应积极支持和引导物流科研工作，一方面要积极支持物流基础理论和技术的研究，另一方面要充分调动企业、大学和科研机构的积极性，并促进他们之间的合作，加强应用性物流技术的开发和应用。

同时，应建立多层次、多样化的物流教育体系，培养现代物流专业人才。如在美国，已建立了多层次的物流专业教育，包括研究生、本科生和职业教育等。除正规教育外，在美国物流管理委员会（American Council of Logistics Management）的组织和倡导下，还建立了美国物流业的职业资格认证制度，如仓储工程师、配送工程师等。所有物流从业人员必须接受职业教育，经过考试获得工程师资格后，才能从事有关的物流工作。

政府应当鼓励各高等院校按照市场对人才的需求开办和设置相关的专业和课程，让有条件的学校开设专门的物流专业或相关的专业课程，为物流领域培养高级的经营管理人才。应采取多种形式，如把学校培养和在职培训结合起来，把长期培养和短期培训结合起来，引导企业、行业组织及民办教育机构参与并开展多层次的物流人才培训和教育工作。借鉴美国经验，推行物流从业人员资格认证制度，即根据个人受教育的程度、物流专业知识和技能特长，确认其所能从事的物流工作领域。

（作者单位：首都经济贸易大学。原文载于《中国流通经济》2004 年第 6 期，被《人大复印报刊资料·商业经济》2004 年第 9 期全文转载）

深圳与香港物流业竞争力分析

韩　彪

随着深圳物流业的崛起，深圳与香港物流业竞争力的比较越来越受到业界的关注。本文将对深、港两地物流业的竞争力进行系统考量，以客观评价两地物流业的竞争力，使两地物流业的合作更有针对性，更有成效。

一、深、港两地物流业生产要素成本比较

主要考量具有代表性的劳动力、生产资料、资本三个要素的成本。

首先是劳动力成本，详见表1，表明深圳物流业的人工成本只有香港的1/9～1/3。

表 1　深、港两地部分物流业劳动力成本比较

行业（主要职位）	月薪（元）		
	香港① （港币）	深圳② （人民币）	深圳是香港的百分比
船公司	11417～18679	2500～5000	22～27
集装箱运输	8635～14480	1000～3000	12～21
航空公司	9125～20011	2000～7000	12～35

注：①香港特别行政区政府统计处，《工资及薪金总额及统计报告》，2004年9月
②征询相应公司意见后得出的平均数，与个别公司或客户的实际费用可能有出入

其次是生产资料成本，主要是设施的造价、房屋租金、仓库租金等，详见表2，显示深圳物流业的生产资料成本只有香港的1/4～1/2。

表 2　深、港两地部分物流业生产资料成本比较

	香港	深圳	
普通仓租金	50～80元/立方米·月	20～25元/平方米·月	2/5左右
CFS仓租金	150～180元/立方米·月	35～40元/平方米·月	1/4左右
CFS作业费	50～100元/立方米	16～30元/立方米	1/3左右
集装箱堆场	30～50元/平方米·月	8～10元/平方米·月	1/4左右
机场	新机场的造价，约为703亿港元①	广州新机场的造价为197亿人民币元（参照）②	1/3左右
物流设备	西方制造	中国制造为主	2/3左右

注：①香港新机场于1998年7月6日投入运营，每年可处理3500万名旅客及300万吨货物；

②广州新机场于 2004 年 8 月 5 日正式运营，可满足年客运吞吐量 2500 万人次，货运吞吐量 100 万吨。

第三是资本成本。深圳的资本市场在国内算是比较完善、比较成熟的，但与作为国际金融中心的香港相比仍有较大差距。且不说烦琐的手续、冗长的审批程序、外汇管制以及多种不成文的限制，只是存贷款的利率差和手续就形成了大的差异。

除了银行借贷、同业拆借，企业还可以借助证券市场融资。证券市场融资的成本主要有两块，一个是财务成本，二是时间成本。以公司上市为例，财务成本主要包括保荐人顾问费、包销费、上市顾问费、公司法律顾问费、保荐人法律顾问费、会计师及核算师费用、估值费、公关顾问费、招股书印刷费、股票过户登记费、收款银行收费等。据专业人士估算（以集资两亿元人民币为例），在内地主板上市，融资成本一般约占融资额的 5%～6%，而在香港则高达 20% 以上，即使在香港创业板融资成本也要占到融资额的 10%～15%。①

企业在内地和香港上市的基本程序相同，区别主要在于项目开展和进程上。企业在内地上市首先需要有一年的上市辅导，辅导期满后再提出发行申请，从申请发行到核准还要经历漫长的排队等候，而且受上市"通道"限制，进程常不可预期。在香港上市，从拟上市筹备到发行上市一般只需 7～8 个月时间，上市进程可控。对擅长于把握机遇的企业而言，深圳筹资的机会成本相当高。

二、深、港两地物流业生产要素的组织成本

主要考量组织机构、政策与规划、信息获取成本、物流园的规划与建设、审批程序等。

首先是组织机构。在组织机构上，为加快物流业的发展，香港于 2001 年 11 月成立了"物流发展督导委员会"，负责提供政策导向。同年 12 月，成立香港物流发展局，负责落实督导委员会的指示。②

物流发展局与物流发展督导委员会之间是一种互相支援的关系，物流发展局除负责实施督导委员会制定的政策外，也为公营及私营机构提供议事机制，方便商讨及协调推进物流发展事宜，并负责推行公营和私营机构物流发展合作计划。

香港物流发展局下设五个专项小组：物流基建专项小组、物流资讯专项小组、物流人力资源专项小组、支援中小企业物流专项小组、物流市场推广专项小组。

深圳与香港相似，于 2002 年 6 月设立"深圳市现代物流业发展工作领导小组"，下设办公室（简称物流办）。物流办的主要职责是统一制定全市物流业的发

---

① 胡朝霞、于英川：《民营企业海外上市需谨慎》，见 http：//www. hnass. com. cn/qyhl/200311/no11－18. htm。

② 这一架构，取代了原先由香港港口及航运局和其辖下物流服务发展委员会负责的工作。

展规划及政策；及时研究解决重点、难点问题；加快重点项目的立项及国土、建设等环节的审批；依据物流业发展趋势制定相关技术标准；做好现代物流管理技术的推广和物流业发展状况的统计工作。其日常工作由市交通局物流处负责。同时，还成立了由专家、学者、政府相关机构和物流企业代表组成的"深圳市现代物流业发展咨询委员会"。

表3　深、港两地物流业管理机构比较

深圳		香港		对比
领导机构	现代物流业发展工作领导小组	决策机构	物流发展督导委员会	形式相似，香港的机构简练，工作重点是制定政策，重实务；深圳的机构庞大，工作重点是审定，重批准
实施机构	物流办	实施机构	无专门机构	深圳设有专门的管理机构，但人员配备与职能不相称，且附设在交通局，综合性受到限制；香港没有设置专门的政府部门，但其咨询机构——物流发展局承担了更为广泛的职能
咨询机构	现代物流业发展咨询委员会（无下设机构）	咨询机构	物流发展局（下设5个专项小组）	形式相似，深圳的重点是推荐行业标杆，功能狭窄；香港的机构充实，分工明确，重点是落实政策，推进发展，功能强大
综合评价：深圳的组织机构呈倒金字塔形、"官多兵少"，综合性较弱，人员配备与职能不相称。香港的组织机构呈金字塔形，"兵多官少"，综合性较强，人员配备与职能比较相称				

其次是政策。香港对现代物流业的发展十分重视，2000年2月，在策略发展委员会的报告中将物流服务确定为支援长期发展的七个领域之一。同年12月，港航局委托顾问公司进行"巩固香港作为国际和地区首选运输及物流枢纽研究"。在2001年的施政报告中，行政长官宣布将发展区域物流服务作为施政的重要政策。此后，在每年的施政报告中，物流业一直被列为香港四大支柱产业之一予以重点提升，阐述相关的施政纲领。

深圳市对物流业的发展也相当重视。1998年6月，深圳市委在二届八次会议上明确提出"加快发展现代物流产业，把深圳建设成为区域性物流中心城市"的战略目标。2000年5月，深圳市委、市政府提出将现代物流业定位为经济发展的三大支柱产业之一。2002年10月，深圳市政府公布了《关于加快发展深圳现代物流业的若干意见》。深圳市委三届六次、八次全会的报告中，都明确了深圳要建设现代物流枢纽城市的发展定位。在最近几年的政府工作报告中，都对现代物流业的发展进行重点阐述。

第三是信息成本。香港关于行业发展状况的信息与数据通常是比较准确、全面、及时的，而且获取的成本很低，甚至是免费的。尤其重要的是获取这些资料非常便捷，除了明码标价的购买费之外，交易成本趋近于零。在这方面，深圳与香港的差距很大。且不说信息资料的准确、全面和及时方面，仅拿获取的渠道与方式来讲，只有极少数的信息可以在网上查到或者买到。除此之外，必须花费高额的交易成本才有可能获取相对详尽的信息资料。

关于公共信息平台的建设。香港物流发展局已经就数码贸易运输网络（DTTN）平台的建设达成协议，很快就能投入服务。深圳的物流信息平台建设，呈现"雷声大、雨点小"，各自为政、部门分割、起点偏低的特征，相互之间技术水平不一，而且缺乏统一、有效的接口，难以真正起到公共平台的作用。

第四是物流园区的规划与建设。深圳于2000年推出物流园区规划，并开始建设。目前六个物流园区已经初具规模。香港则在2004年11月制定的《大屿山发展概念计划》中才提出在小蚝湾发展大屿山物流园。目前仍处于聆询、评估阶段，实现还需时日。

比较而言，深圳与香港在政策与规划上的差异应该是明显的，主要体现在四个方面。一是香港的政策与规划推出的速度比较慢，深圳的动作则很快，可谓雷厉风行。二是香港的政策与规划比较充分地考虑了业界与民众的意见，往往需要经过很长时间的聆询，再由产生于各阶层的议员进行表决，才能获得通过。深圳则比较多地体现管理当局的意图和专家学者的部分看法，偶尔也会征询一下民意，但大多是形式。三是香港的政策与规划比较稳定，深圳的政策与规划则有些不够严肃，甚至有些草率。

综上所述，香港与深圳的最根本区别在于香港体现的是一种集约化、精细化的发展思路，深圳体现的则是一种粗放的开发思路。

第五是审批程序。深圳与香港的物流业差别不大，总体上都属于市场开放行业，审批都比较容易。在香港，只要提供兴办者的相关资料和证明，便可注册登记，没有审批环节。在深圳则多了一项行业主管部门的审核，但一般不设限制，只要兴办者的资金、场地、人员符合最低要求便可通过。如果是内资兴办物流企业，只需到深圳市交通局初审，再到工商局登记核准；如果是外资兴办物流企业，则需获得深圳市贸易与工业发展局和交通局的联审，再到工商局登记核准。

由于要素组织上的差异及环境因素的影响，深圳的企业家们需要将比较多的时间花费在跟政府部门的沟通和人际关系处理上，制度成本较高。香港的企业家们则把大量时间花在跟客户、同行的业务处理和交流上，制度成本较低。

三、深、港两地物流业生产要素质量

主要考量产业规模、产业集群以及个体要素的质量。

首先看产业规模。从现实看，港口物流与航空物流都是深、港两地物流业的龙头，不妨以这两个行业为代表进行一些比较。

香港共有 9 个集装箱码头,① 其中 8 个坐落在葵涌港池,有 18 个泊位;另一个(9 号货柜码头)位于青衣岛东南面,共 6 个泊位,下一步有可能建 10 号货柜码头,但一切还处在动议之中,近期很难付诸实施。深圳港主要由东西两大港区构成。截至 2004 年年底,深圳港有集装箱专用泊位 18 个,2010 年之前,深圳还将兴建 16 个集装箱专用码头。

港口后勤活动是港口运作不可分割的重要环节。目前,香港大约有 380 万平方米的港口后勤用地,大多位于新界区(如元朗、落马洲等地)。深圳港的后勤用地也比较紧张,政府一直在努力协调,以腾出更多的空间支持港口发展。不过,目前深圳港的后勤活动用地仍以邻港为主,说明紧张程度远低于香港。

香港有 200 多条集装箱航线,每月有超过 1700 多班集装箱班轮为香港港口提供服务,连接香港港口至世界各地 600 余个目的地。深圳东西两港区已开通的集装箱班轮航线为 131 条,每月靠泊集装箱班轮 560 艘次,连接深圳港口至世界各地近 300 个目的地。

表 4   深、港两地港口航线规模与结构比较

比较指标		香港	深圳	深圳是香港的百分比
航区 (每周到达港口次数)	出口①	14201	2626	18
	进口②	5872	604	10
吞吐量(万标箱)③		2193.2	1365.5	62
航线总数(条)④		200 多	131	62
每月挂靠集装箱班轮		1700 多	560	33
航线连接目的地		600 多	近 300	50

注:①、②的资料来源:《香港船务周》,2004 年 11 月 29 日;③、④深圳部分的资料来源:李南玲,深圳港年集装箱吞吐量突破 1365 万箱,http://www.gd.xinhuanet.com,2005 年 1 月 7 日。

由表 4 可见,香港的港口物流业规模较深圳有相当的优势,但从发展空间看,香港受到的限制远大于深圳。

香港新机场目前主要有两座航空货站,分别是由香港空运货站有限公司经营的香港机场货运中心和由亚洲空运中心有限公司经营的亚洲空运中心。两家航空货运站每年合计可处理 300 万吨货物。其中香港空运货站有限公司经营的超级一号货站是全球最大的单一航空货运设施,所处理的货物占目前香港机场货运量的八成。

香港机场的另一项主要航空货运设施,是位于机场岛的南商业区的商贸港物流中心,占地 13800 平方米,物流中心大楼建筑面积 31400 平方米。中心内有超

---

① 在香港,集装箱码头被称为货柜码头。

过 50 家货运代理商、物流服务公司及辅助服务供应商营运，提供多元化的物流及供应链服务，例如存货管理、特殊货物处理、订单处理及装嵌服务等。

深圳宝安国际机场拥有年处理能力 20 万吨和 40 万吨的国际、国内货站各一座，另外还有南方航空股份有限公司的货站一座。

除了航空货站，深圳机场还有三项主要物流设施。一是海关监管仓，拥有密封式库房 11600 平方米，可独立操作货物拼装、打板、安检的功能。二是机场国际快件海关监管中心，规划占地 60000 平方米，已完成的一期工程占地面积 32400 平方米。三是国际航空物流园用地总面积 116 万平方米，规划投资 15 亿元。第一期实际总投资约 4.3 亿元，目前已正式运行。

目前，香港机场每天平均有超过 600 次的航班升降，其中经营定期航班的客运航空公司接近 60 家，经营全货运航空的公司有 15 家，航线目的地逾 140 个，遍布全球。深圳机场中短期内只能望其项背（详见表 6）。

表 5　深、港两地机场业务能力与相关设施

比较指标		深圳	香港
旅客处理能力（万人）		1500～1600	3500～8700
航空货站	座	3	2
	货物处理能力（万吨）	60＋14①	300～900
储运中心	占地面积（平方米）	60000	60000
	建筑面积（平方米）	32400	139000
物流园/物流中心	占地面积（平方米）	1160000	13800
	建筑面积（平方米）	50299	31400

注：①14 万吨为南方航空公司自建的航空货站。

表 6　深、港两地机场业务规模与结构比较（2004 年）

	深圳	香港①	深圳是香港的百分比
旅客吞吐量②（万人次）	1424.5	3714	38.3
货邮吞吐量（万吨）	49.5	310.26	15.9
飞机起降（万架次）	14.08	23.39	60.1

注：①香港部分资料来源：香港经济发展及劳工局，《香港航运业统计摘要》，2005 年 2 月；②由于航空货运中相当部分是通过客机的腹舱载货实现的，因此也将客运的情况一并在此列示。

由表 5 和表 6 可见，无论是现实还是未来发展潜力，香港的航空物流规模均比深圳大得多，优势仍十分明显。

其次是产业集群。香港的物流设施，尤其是现代物流设施配套，跨国物流企业云集，物流业态丰富，高中低端物流业务齐全。深圳的部分物流设施也相当现代，完全可以与香港媲美，但水平参差不齐。物流企业也不少，从事物流业务的企业更多，但在国际上有影响的物流企业不多，本土物流企业还不够茁壮，物流业务以中低端为主。这一方面深圳与香港仍有差距。

第三是个体要素的质量。从集装箱港口看，香港的五家营运商是现代货箱码头有限公司、香港国际货柜码头有限公司、中远—国际货柜码头有限公司、环球货柜码头有限公司和亚洲货柜码头有限公司，在世界上都处于领先水平。其中现代货箱码头有限公司和香港国际货柜码头有限公司也是深圳一多半以上集装箱泊位的营运商，深圳集装箱泊位的另一个主要营运商的背景是招商局集团，同样具有相当的实力。从集装箱港口营运商的素质看，深圳与香港基本持平。

比较深、港两地机场的飞机起降架次、完成的旅客吞吐量和货邮吞吐量等生产指标，可以清楚地看到深圳机场服务的多为中短程的中小型飞机，香港机场服务的多是中远程的大中型飞机，两个机场的效率存在明显差异。此外，香港机场的航线以国际航线为主，网络遍布全球，营运商的国际化程度很高，在历次全球性的评比中屡获殊荣。深圳机场经营的航线以国内航线为主，国际化程度较低。尽管它的营运能力在国内是比较杰出的，但与国际水准相比仍有相当差距。

深圳的现代仓储业相当程度上是在香港仓储营运商的引领下成长起来的，进步很快，但总体而言，目前还在给香港营运商当"学徒"，差距比较大。

至于道路货运业，经过十几年的学习与磨炼，深圳的营运水平已不在香港之下，假如香港的运输市场开放，相信深圳的企业一定可以在香港立稳脚跟。

从就业人员的素质看，香港的学历层次并不一定比深圳高，但综合素质比深圳要高得多。一是香港职员的敬业精神和工作态度明显好于深圳同行，这是大家公认的，没有一两代人的努力恐怕很难达到。二是香港社会十分重视在职培训，政府采用学费冲减税收、报销大部分学费等政策予以鼓励，这对于深圳同行是难以祈求的。而且，即使同为培训，深圳的培训在实用性、有效性、国际化程度上也远不及香港。三是香港职员的英文程度明显高于深圳同行。

总之，深圳的要素成本同香港相比，仍有比较明显的优势，但是深圳的制度成本比香港依然要高。至于生产要素的质量，"硬要素"的差距不大，"软要素"的差距还比较大。因此，对于中低端的物流业务，深圳的竞争力正在接近甚至超越香港，原本在香港境内完成的业务极有可能分层次地逐步转移到深圳和珠江三角洲，甚至邻近的其他内陆城市。

（作者单位：深圳大学经济学院。原文载于《中国流通经济》2006 年第 10 期，被《人大复印报刊资料·特区经济与港澳台经济》2006 年第 12 期全文转载）

责任编辑:刘　恋
封面设计:周方亚

图书在版编目(CIP)数据

现代物流新论/陈建中 主编. −北京:人民出版社,2013.10
ISBN 978 − 7 − 01 − 011440 − 8

Ⅰ.①现…　Ⅱ.①陈…　Ⅲ.①物流-物资管理-文集　Ⅳ.①F252−53

中国版本图书馆 CIP 数据核字(2012)第 274305 号

现代物流新论

XIANDAI WULIU XINLUN

陈建中　主编

人民出版社 出版发行

(100706　北京市东城区隆福寺街 99 号)

北京龙之冉印务有限公司印刷　新华书店经销

2013 年 10 月第 1 版　2013 年 10 月北京第 1 次印刷
开本:710 毫米×1000 毫米 1/16　印张:39.5
字数:750 千字

ISBN 978 − 7 − 01 − 011440 − 8　定价:80.00 元

邮购地址 100706　北京市东城区隆福寺街 99 号
人民东方图书销售中心　电话 (010)65250042　65289539